엠브이피 보카

편입 VOCA 대표 수험서

# MVP Vol.2

http://www.kimyoung.co.kr

김영편입
컨텐츠평가연구소
편저

김영편입

**M** O R E **V** O C A B U L A R Y **P** O W E R

# PREFACE

MVP is a smart and wise way to build your vocabulary!

수험생들이 편입 영어 시험을 준비할 때 가장 처음 접하는 책은 문법과 어휘 관련 교재일 것입니다. 두 교재 모두 영어 실력의 기초를 쌓는 데 우선이 된다는 것을 알고 있기 때문입니다. 그중 특히 어휘는 단순히 암기만 하면 된다는 생각으로 많은 수험생이 어휘책을 끝까지 무작정 외우려고 시도합니다. 하지만 어휘를 암기하는 과정 자체가 녹녹하지 않으며, 어휘 암기에 대한 부담감으로 인하여 이내 어휘 공부를 포기하게 됩니다.

『**MVP(More Vocabulary Power)**』는 수험생이 끝까지 편입 어휘를 포기하지 않고, "똑똑하고 현명하게" 어휘를 암기할 수 있도록 제작된 책입니다. 『**MVP**』의 표제어는 30년이 넘는 동안 각 대학에서 출제된 기출문제를 바탕으로 어휘, 문법, 논리완성, 독해 전 분야에서 출제된 기출어휘와 출제예상어휘를 골고루 섞어 선별했습니다. 수험생이 어휘를 지루하지 않고, 속도감 있게 암기할 수 있도록 각 DAY별로 초·중·고급 난도의 어휘를 균형 있게 배치했습니다. 그리고 표제어의 동의어, 파생어, 관련 어휘를 함께 수록하여 한 번에 표제어와 관련된 중요 표현을 익힐 수 있도록 구성했습니다. 또한 표제어의 의미를 문장과 함께 쉽게 익힐 수 있는 예문들로 책을 구성했습니다.

편입 어휘는 출제범위가 광범위하기 때문에 한 권의 책으로 편입 시험을 대비하기에는 무리가 있습니다. 미진한 부분을 보완하기 위해 『**MVP Vol. 2**』는 3,000개의 표제어 외에 고급 출제예상어휘(More and More Vocabulary Power)를 수록했습니다. 『**MVP Vol. 1**』과 『**MVP Vol. 2**』에 수록된 표제어와 관용어구, 고급어휘 등을 통해 편입 어휘를 정복하여 수험생이 원하는 대학교에 합격하기를 기원합니다.

**김영편입 컨텐츠평가연구소 편저**

# MVP CONTENTS

**교재의 내용에 오류가 있나요?**

**www.kimyoung.co.kr**
→ 온라인 서점 → 정오표 게시판

정오표에 반영되지 않은 새로운 오류가 있을 땐
게시판에 글을 남겨주세요. 정성껏 답변해 드리겠습니다.

# MVP Vol. 2의 특징

## 01 DAY별 구성으로 학습 효과 극대화

DAY별로 표제어 50단어씩 60일 완성으로 총 3,000개의 어휘를 수록했습니다. 표제어는 최신 편입영어 기출문제를 토대로 자주 출제되는 필수 어휘들로 구성하여 실전에 완벽 대비할 수 있도록 했습니다. 또한 DAY별 어휘의 난이도는 기초 어휘부터 고급 어휘까지 고르게 구성하여 암기에 대한 부담을 덜어주었습니다.

## 02 표제어, 파생어, 동의어, 반의어를 통한 종합적 어휘 학습

편입영어 기출문제를 토대로 엄선된 표제어와 함께 동의어, 반의어, 파생어 등을 MVP(More Vocabulary Power)로 표시해 두었으며, 표제어의 특정 주제와 관련 어휘들도 함께 수록해 실전 어휘력을 확장시킬 수 있도록 구성했습니다. 수록된 관련 어휘를 표제어와 함께 학습하면 연상 작용을 일으켜 보다 많은 어휘를 학습할 수 있을 것입니다.

표제어

1100 ★★
**amulet**
[æmjulit]

n. 부적 = charm, periapt, talisman

People wore **amulets** to ward off accident and sickness.
사람들은 사고와 질병을 미리 막기 위해 부적을 몸에 지녔다.

[2020 중앙대 기출문제]

Amulets are typically part of folk religion or paganism.
① trinket ② totems ③ tailsmans ④ tartans

부적은 전형적으로 민속 신앙이나 토속 신앙의 일부이다.

## 03 APPENDIX 수록: 고급 출제예상어휘 학습을 통한 어휘력 강화

표제어 외에 고급 출제예상어휘를 수록하여 편입 시험을 완벽 대비할 수 있도록 구성했습니다.

**More and More Vocabulary Power**

autochthonous  a. 토착의, 자생적인

[2019 서강대 기출문제]

The southern branch includes the other tribes in the United States as well as all <u>autochthonous</u> people in Central America and South America.

① sycophantic ② connubial ③ sapphic ④ indigenous

남부 분파에는 중미와 남미의 모든 <u>토착</u> 부족들은 물론 미국 내의 다른 종족들도 포함된다.

## 04 REVIEW TEST를 통한 실력 점검

각 DAY별로 제공되는 REVIEW TEST는 두 가지 유형, 즉 "어휘 뜻 쓰기" 문제와 "동의어 찾기" 문제로 구성되어 있습니다. 두 유형의 문제를 통해 암기한 어휘를 재확인할 수 있도록 했습니다.

# MVP 책의 구성

**01 60일 완성 과정**
DAY별로 50단어씩 총 60일 동안 3,000개의 단어를 학습할 수 있도록 구성하여 필수 어휘를 단기간에 체계적으로 학습할 수 있습니다.

**02 표제어**
편입영어 시험에서 출제 빈도가 높은 어휘들을 기초 어휘부터 고급 어휘까지 문법, 어휘, 논리 완성, 독해 등 전 영역에서 고르게 선별하였습니다.

**03 출제 빈도**
출제 빈도에 따라 각 표제어에 별표를 표시하였습니다. 별표가 많을수록 중요 어휘이므로 학습하는데 참고하시기 바랍니다.

**04 동의어**
편입영어 시험에 출제되었거나 출제될 가능성이 높은 동의어를 표제어와 함께 수록했습니다.

**05 MVP**
**(More Vocabulary Power)**
표제어와 관련한 파생어, 반의어, 혼동어휘 등을 수록하였으며, 특히 출제 빈도가 높은 접두어, 접미어, 어근의 경우 관련 어휘를 MVP로 표시해 정리했습니다.

**06 실용예문**
표제어와 함께 편입영어 시험에 자주 출제되는 뜻의 예문을 수록해 어휘의 이해를 도왔으며, 예문을 통해 보다 효과적으로 암기할 수 있도록 했습니다.

## DAY 01

0001 ★★★
**innocent**
[ínəsənt]

a. ① 결백한, 무죄인, 무고한 = blameless, guiltless
② 순결한, 순진한 = ingenuous, naive, unsophisticated

They have imprisoned an **innocent** man.
그들은 아무 죄가 없는 남자를 투옥시켰다.

We were fooled by his **innocent** look.
우리는 그의 순진한 모습에 속고 말았다.

MVP innocence n. 결백, 무죄; 순수, 순진
↔ guilty a. 유죄의

0002 ★★★
**hostile**
[hástl]

a. ① (사람이) 적의 있는, 적대하는; 적개심[악의]을 품은 = antagonistic
② 적의, 적군의
③ (사람·사물에) 불리한; (기후·환경 등이) 부적당한, 맞지 않은
④ 반대하는, 냉담한

His family seems to have **hostile** feelings toward me.
그의 가족은 내게 적의를 품고 있는 것 같다.

MVP hostility n. 적의(敵意), 적개심; 적대행위

0003 ★★
**glorify**
[glɔ́ːrəfài]

v. ① (신 등을) 찬미하다, (신의) 영광을 찬양하다, 찬송하다 = admire
② (사람·행동 등을) 칭찬[찬양]하다 = praise
③ 실제 이상으로 미화하다

Puritans think writing is a tool that should be used to **glorify** God.
청교도들은 글이 신을 찬미하는 데 쓰여야 하는 도구라고 생각한다.

He denies that the movie **glorifies** violence.
그는 그 영화가 폭력을 미화한다는 것을 부인한다.

MVP glorification n. (신의) 영광을 기림; 칭송, 찬미; 칭찬하기; 미화(美化)(한 것)
glory n. 영광, 명예

0004 ★★★
**deceased**
[disíːst]

a. 죽은, 사망한, 고인이 된, 고(故)~ = dead, defunct, departed, late
n. (the ~) 고인

All of the people present at the funeral eulogized the virtue of the **deceased**.
장례식에 참석한 모든 사람들은 고인의 덕을 기렸다.

0005 ★★
**antithesis**
[æntíθəsis]

n. ① 정반대, 반대(되는 것) = antipode, contrary, converse, inverse
② (둘 사이의) 대조, 대립 = contraposition, contrast, opposition

His idea was in complete **antithesis** to mine.
그의 생각은 나의 생각과 완전히 정반대였다.

## REVIEW TEST

A. Write the meaning of the following words.

| | | | |
|---|---|---|---|
| □ innocent | | □ virtuoso | |
| □ glorify | | □ laud | |
| □ antithesis | | □ tension | |
| □ multiple | | □ squalid | |
| □ refund | | □ rigid | |
| □ dotage | | □ signify | |
| □ satire | | □ cohort | |
| □ proficient | | □ illustrate | |
| □ exert | | □ verdant | |
| □ artificial | | □ check | |
| □ formidable | | □ prescribe | |
| □ commerce | | □ fix | |
| □ drastic | | □ circuitous | |
| □ usurp | | □ guffaw | |
| □ primitive | | □ subdue | |
| □ ramp | | □ crafty | |
| □ esteem | | □ buttress | |
| □ transit | | □ parallel | |
| □ acknowledge | | □ irksome | |
| □ peninsula | | □ disprove | |

※ 주어진 단어의 뜻을 본문에서 확인하시고 틀린 단어의 경우 박스에 체크한 뒤에 나중에 다시 학습하시기 바랍니다.

B. Choose the synonym of the following words.

| | |
|---|---|
| 1. whim | Ⓐ frank |
| 2. beneficial | Ⓑ antagonistic |
| 3. approximately | Ⓒ useful |
| 4. quirk | Ⓓ roughly |
| 5. deceased | Ⓔ enterpriser |
| 6. skull | Ⓕ dead |
| 7. mimesis | Ⓖ eccentricity |
| 8. entrepreneur | Ⓗ cranium |
| 9. hostile | Ⓘ imitation |
| 10. outspoken | Ⓙ caprice |

B. 1. Ⓙ 2. Ⓒ 3. Ⓓ 4. Ⓖ 5. Ⓕ 6. Ⓗ 7. Ⓘ 8. Ⓔ 9. Ⓑ 10. Ⓐ



**07 A: 어휘 뜻 쓰기 문제**

DAY별 학습이 끝날 때마다 40개의 표제어의 뜻을 빈칸에 써봄으로써 학습한 어휘의 암기여부를 스스로 확인해 볼 수 있도록 했습니다. 뜻이 생각나지 않는 표제어의 경우 옆의 체크박스에 표기해 두었다가 반드시 다시 학습하시기 바랍니다.

**08 B: 동의어 찾기 문제**

DAY별 학습이 끝날 때마다 10개의 핵심 표제어에 대한 적절한 동의어를 찾아봄으로써 동의어 문제를 대비할 수 있도록 했습니다.

## 01 학습 플랜을 구체적으로 세워라.

『MVP』를 학습하기 전에 학습 플랜을 구체적으로 세우시기 바랍니다. 어휘를 완벽하게 암기하기 위해서는 처음부터 끝까지 완독을 3회 정도 반복하시는 것이 가장 좋은 방법입니다. 1회는 하루에 1DAY(표제어 50개)를 학습하는 것을 목표로 해서 60일, 2회는 하루에 2DAY(표제어 100개)를 학습하는 것을 목표로 30일, 3회는 하루에 4DAY(표제어 200개)를 학습하는 것을 목표로 해서 15일로 기간을 설정하시기 바랍니다. 1회는 연습장에 자세히 쓰면서 암기하고, 2회, 3회부터는 눈으로 책을 읽듯이 끝까지 정독해 나간다면 공부 시간을 단계적으로 줄여나갈 수 있을 것입니다.

## 02 표제어와 예문을 우선 학습하라.

한꺼번에 모든 사항을 공부하려하지 말고 우선 표제어와 예문을 중심으로 학습하시기 바랍니다. 표제어의 뜻을 암기하고 예문을 통해 반드시 그 쓰임을 확인하시는 것이 좋습니다. 특히 예문을 통해 표제어와 함께 쓰이는 전치사나 구조를 학습하고, 문맥상의 의미를 파악하는 연습을 하시면 어휘뿐만 아니라 문법, 논리완성, 독해 전 영역의 학습에도 도움이 될 것입니다.

## 03 표제어와 연관된 어휘를 함께 학습하라.

표제어를 학습한 뒤에는 '동의어-파생어-반의어-숙어'의 순서로 암기하시기 바랍니다. 특히 본 책에서는 MVP(More Vocabulary Power)에 혼동어휘나 중요 접두어, 접미어, 어근에 대한 관련 어휘를 따로 정리하여 어휘력을 확장시킬 수 있도록 하였습니다. 표제어만 학습하기보다 표제어와 연관된 어휘를 함께 엮어서 학습하면 보다 많은 어휘를 효과적으로 암기할 수 있을 것입니다.

## 04 REVIEW TEST를 통해 실력을 확인하라.

DAY별로 학습이 끝나면 바로 REVIEW TEST를 통해 실력을 점검하는 것이 중요합니다. 그리고 틀린 단어의 경우 표제어 옆의 체크박스에 표기해 두었다가 반드시 다시 학습하시기 바랍니다. 또한 동의어 찾기 문제는 출제빈도가 높은 어휘들로 구성되어 있으므로 시험보기 직전에 다시 학습하시면 어휘 영역에서 고득점을 얻는 데 도움이 될 것입니다.

## 05 인덱스를 통해 최종 점검하라.

본 책을 모두 학습하고 나면 인덱스를 통해 최종 점검하는 것이 좋습니다. 인덱스를 훑어보면서 어휘의 뜻을 숙지하고 있는지 여부를 확인하고 모르는 어휘의 경우 표시된 해당 페이지로 가서 다시 학습하셔서 어휘학습에 만전을 기하시기 바랍니다.

# DAY 01 ~ DAY 60

0001 ★★★

**innocent**
[ínəsənt]

**a. ① 결백한, 무죄인, 무고한 = blameless, guiltless**
**② 순결한, 순진한 = ingenuous, naive, unsophisticated**

They have imprisoned an **innocent** man.
그들은 아무 죄가 없는 남자를 투옥시켰다.

We were fooled by his **innocent** look.
우리는 그의 순진한 모습에 속고 말았다.

MVP innocence n. 결백, 무죄; 순수, 순진
↔ guilty a. 유죄의

---

0002 ★★★

**hostile**
[hɑ́stl]

**a. ① (사람이) 적의 있는, 적대하는; 적개심[악의]을 품은 = antagonistic**
**② 적의, 적군의**
**③ (사람·사물에) 불리한; (기후·환경 등이) 부적당한, 맞지 않은**
**④ 반대하는, 냉담한**

His family seems to have **hostile** feelings toward me.
그의 가족은 내게 적의를 품고 있는 것 같다.

MVP hostility n. 적의(敵意), 적개심; 적대행위

---

0003 ★★

**glorify**
[glɔ́:rəfài]

**v. ① (신 등을) 찬미하다, (신의) 영광을 찬양하다, 찬송하다 = admire**
**② (사람·행동 등을) 칭찬[찬양]하다 = praise**
**③ 실제 이상으로 미화하다**

Puritans think writing is a tool that should be used to **glorify** God.
청교도들은 글이 신을 찬미하는 데 쓰여야 하는 도구라고 생각한다.

He denies that the movie **glorifies** violence.
그는 그 영화가 폭력을 미화한다는 것을 부인한다.

MVP glorification n. (신의) 영광을 기림; 칭송, 찬미; 칭찬하기; 미화(美化)(한 것)
glory n. 영광, 명예

---

0004 ★★★

**deceased**
[disí:st]

**a. 죽은, 사망한, 고인이 된, 고(故)~ = dead, defunct, departed, late**
**n. (the ~) 고인**

All of the people present at the funeral eulogized the virtue of the **deceased**.
장례식에 참석한 모든 사람들은 고인의 덕을 기렸다.

---

0005 ★★

**antithesis**
[æntíθəsis]

**n. ① 정반대, 반대(되는 것) = antipode, contrary, converse, inverse**
**② (둘 사이의) 대조, 대립 = contraposition, contrast, opposition**

His idea was in complete **antithesis** to mine.
그의 생각은 나의 생각과 완전히 정반대였다.

There is an **antithesis** between the needs of the state and the needs of the people.
국가의 요구와 국민의 요구 사이에는 대립되는 점이 있다.

MVP antithetic a. 대조의, 정반대의(= antithetical)

---

0006 ★★★
**multiple**
[mʌ́ltəpl]

**a. ① 많은, 다수의, 복수의 = a lot of, countless, many, numerous**
**② 다양한, 다방면에 걸친, 복합적인 = diverse, manifold, myriad, various**

Three people died in a **multiple** pile-up in freezing fog.
안개 낀 영하의 날씨 속에서 일어난 다중 연쇄 충돌 사고로 세 사람이 죽었다.

MVP multiply v. 늘리다, 증가시키다, 번식시키다
multiplicity n. 다수, 중복, 다양성

---

0007 ★★
**refund**
[rí:fʌnd]

**n. 환불(금) = rebate**
**v. 환불하다, (남에게 금전을) 돌려주다**

If there is a delay of 12 hours or more, you will receive a full **refund** of the price of your trip.
12시간 이상 지체될 경우에는 여비를 전액 환불해 드립니다.

We will **refund** your money to you in full if you are not entirely satisfied.
당신이 전적으로 만족하지 않으시면 돈을 전액 환불해 드립니다.

MVP refundment n. 환불, 환급
fund n. (특정 목적을 위한) 기금[자금]; v. 자금[기금]을 대다
money-back a. 환불이 가능한

---

0008 ★★
**dotage**
[dóutidʒ]

**n. ① 망령, 노망 = anility, decrepitude, senility**
**② 맹목적 애정**

In his **dotage**, the old man bored us with long tales of events in his childhood.
망령이 든 그 노인은 자신의 어린 시절에 관해 긴 이야기를 해서 우리를 지루하게 했다.

MVP dote vi. 노망나다, 망령들다; 맹목적으로 사랑하다

---

0009 ★★★
**satire**
[sǽtaiər]

**n. ① 풍자; 풍자 문학, 풍자시문 = parody**
**② 빈정거림, 신랄한 비꼼 = mockery, sarcasm**

The novel is a biting **satire** on the political corruption.
그 소설은 정치권의 부정부패를 신랄하게 풍자한다.

MVP satirize vt. 풍자하다; 빈정대다, 비꼬다
satirical a. 풍자적인, 풍자를 좋아하는

0010 ★★
**proficient**
[prəfíʃənt]

**a. 숙달된, 능숙한 = experienced, expert, skillful**

Because he's been practising with rifles since his childhood, he is a **proficient** shooter.
어린 시절부터 총을 가지고 연습해왔기 때문에, 그는 명사수이다.

MVP proficiency n. 숙달, 능숙

---

0011 ★★★
**exert**
[igzə́:rt]

**vt. ① (힘·능력 등을) 발휘하다, 쓰다; (권력·영향력 등을) 휘두르다, 행사하다 = exercise, wield**
**② 〈재귀용법〉 열심히 노력하다, 분투하다[for] = endeavor, strive**

Some people **exert** their influence by virtue of their position or title.
몇몇 사람들은 자신들의 지위나 직위의 힘을 빌어서 영향력을 행사한다.

MVP exertion n. 노력, 진력; (힘·권력·능력의) 발휘, 행사

---

0012 ★★★
**artificial**
[ὰ:rtəfíʃəl]

**a. ① 인조의; 인공적인, 모조의, 인위적인 = man-made, synthetic; factitious**
**② 부자연스러운, 꾸민, 거짓의, 가짜의 = unnatural**

The juice contains no **artificial** preservatives.
그 주스에는 인공 방부제가 전혀 들어 있지 않다.

MVP artifact n. 인공물, 가공품; 문화 유물
Artificial Intelligence 인공지능(= AI)

---

0013 ★★
**whim**
[hwim]

**n. 변덕, 종잡을 수 없는 생각, 일시적 기분 = caprice, vagary**

He was forced to pander to her every **whim**.
그는 어쩔 수 없이 그녀의 모든 변덕을 다 들어주어야 했다.

We bought the house on a **whim**.
우리는 일시적인 기분에 끌려 그 집을 샀다.

MVP whimsical a. 변덕스러운, 마음이 잘 변하는; 엉뚱한, 기발한
whimsy n. 변덕, 일시적 기분; 기발한 말[행동, 생각]; a. 색다른, 기묘한, 별난

---

0014 ★★★
**formidable**
[fɔ́:rmidəbl]

**a. ① 무서운, 무시무시한 = awesome, fearful**
**② 만만찮은, 얕잡아 볼 수 없는**
**③ 방대한, 엄청나게 많은 = tremendous**

The United States baseball team provided a **formidable** display of hitting to rout France 17:0.
미국 야구팀은 무서운 타격실력을 보여서 프랑스를 17대 0으로 격파했다.

The opponent was **formidable** but he finally won the game.
상대가 만만치 않았지만 그가 결국 경기를 이겼다.

0015 ★★

**commerce**
[kάməːrs]

n. ① 상업; 통상, 교역 = business; trade
② (사회적) 교류, 교제

The king encouraged education, publication of books, and **commerce**.
그 왕은 교육, 서적 편찬, 그리고 상업을 장려했다.

There wasn't a lot of social **commerce** going on between the two groups.
두 집단 사이에 사회적 교류가 그렇게 많지 않았다.

MVP commercial a. 상업의; 영리 위주의, 상업적인; 민영의; n. (TV의) 광고 (방송)
commercialize v. (특히 지나칠 정도로) 상업화하다

---

0016 ★★★

**drastic**
[drǽstik]

a. ① (변화 등이) 급격한 = dramatic, radical, rapid, sharp
② (행동·방법 따위가) 극단적인, 과감한, 철저한 = dire, extreme, radical

In most cases, **drastic** changes always lead to failure.
대부분의 경우, 급격한 변화는 언제나 실패로 이어진다.

The government is threatening to take **drastic** action.
정부는 극단적인 조치를 취하겠다고 위협하고 있다.

MVP drastically ad. 과감하게, 철저하게

---

0017 ★★

**usurp**
[juːsə́ːrp]

v. (권력·지위 등을) 빼앗다, 찬탈하다, 강탈[횡령]하다 = seize, arrogate

He rebelled against his superiors and **usurped** their authority.
그는 그의 상관들을 상대로 하극상을 일으켰고, 그들의 권한을 찬탈했다.

MVP usurpation n. 강탈, 횡령, 찬탈, 권리침해

---

0018 ★★★

**primitive**
[prímətiv]

a. ① 원시의, 원시시대의, 태고의 = ancient
② 원시적인

A spear is a **primitive** weapon.
창은 원시적인 무기이다.

The museum displayed the tools of **primitive** men.
그 박물관은 원시인들의 도구를 전시했다.

---

0019 ★

**ramp**
[ræmp]

n. (건물의) 경사로; 비탈길; (고속·간선 도로의) 램프 = incline, slope

A woman rolled her wheelchair up the **ramp** to the doctor's door.
한 여자가 경사로로 휠체어를 밀어 올려 진료실 문으로 들어갔다.

0020 ★★★
**esteem**
[istíːm]

vt. 존중[존경]하다, 높이 평가하다 = admire, regard, respect, revere
n. 존중, 존경 = admiration, appreciation, honor

I **esteem** him for his diligence.
나는 그의 근면함을 높이 평가한다.

The general public seems to hold less **esteem** for doctors than before.
일반대중은 예전에 비해 의사들에 대해 존경심을 덜 갖고 있는 듯하다.

MVP estimable a. 존중[존경]할 만한; 평가[어림]할 수 있는
self-esteem n. 자존심, 자부심

---

0021 ★★★
**beneficial**
[bènəfíʃəl]

a. 유익한, 이익을 가져오는 = advantageous, profitable, useful

Renewable energy is **beneficial** both to the environment and humans' health.
재생 가능 에너지는 환경과 인간의 건강, 양쪽 모두에게 이롭다.

MVP benefit n. 이익, 이득; v. ~의 득이 되다; 이익을 얻다
beneficent a. 선행을 행하는, 인정 많은
↔ detrimental a. 유해한, 손해가 되는

---

0022 ★★
**transit**
[trǽnsit]

n. ① 수송; 공공 여객 운송
② (다른 곳으로 가기 위한) 통과, 환승, 통행

Korean public **transit** is one of the best in the world.
한국의 대중교통은 세계 최고 중 하나다.

---

0023 ★★★
**acknowledge**
[æknάlidʒ]

vt. ① 인정하다, 승인하다, 자인(自認)하다, 고백하다
= admit, allow, grant, recognize
② (친절·선물 등에 대한) 사의를 표명하다; (인사 등에) 답례하다

We **acknowledge** that this issue is open to dispute.
이 문제가 논란의 여지가 있는 점을 우리는 인정한다.

MVP acknowledgement n. 승인; 자백, 고백; 감사, 사례; 답례품
acknowledged a. 일반적으로 인정된, 정평 있는

---

0024 ★★
**peninsula**
[pənínsjulə]

n. 반도(半島)

The Korean **Peninsula** is the world's last Cold War frontier.
한반도는 세계에서 마지막으로 남은 냉전 지역이다.

MVP peninsular a. 반도의, 반도 모양의

0025 ★★★

**outspoken**
[áutspóukən]

**a. 솔직한, 거리낌 없는, 숨김없이 말하는**
**= forthright, frank, open, straightforward**

Everyone was moved by his **outspoken** speech.
모든 사람들이 그의 거침없이 말하는 연설에 감명을 받았다.

---

0026 ★★

**virtuoso**
[və̀:rtʃuóusou]

**n. (예술의, 특히 음악의) 대가, 거장, 명인 = expert, maestro, master**

It's very common for a talented pianist to be called a **virtuoso**.
재능 있는 피아니스트가 대가로 불리는 것은 매우 일반적이다.

MVP virtuosity n. (고도의 연기·연주) 기교, 묘기
virtuosoship n. 대가[거장]다운 자질; 대가[거장]의 신분

---

0027 ★★★

**laud**
[lɔ:d]

**vt. 찬양하다, 기리다, 칭찬하다 = commend, compliment, eulogize, extol, praise**
**n. 기림, 찬미, 찬양, 칭찬 = admiration, eulogy, exaltation, glorification**

The participants **lauded** the program and gave positive feedback.
그 참가자들은 그 프로그램을 칭찬했으며 긍정적인 피드백을 주었다.

MVP laudation n. 칭찬, 칭송; 찬사
laudable a. (행위 등이) 칭찬할 만한, 칭찬해야 할
laudatory a. 칭찬하는, 찬양하는, 찬미하는

---

0028 ★★★

**tension**
[ténʃən]

**n. ① (정신적) 긴장, 불안, 흥분 = anxiety, strain**
**② (정세·관계 등의) 긴박, 긴장 상태**
**③ 〈물리〉 장력, 응력**

There is mounting **tension** along the border.
국경을 따라서 긴장 상태가 고조되고 있다.

MVP tense a. (사람이) 긴장한; (상황이) 긴박한; n. 〈문법〉 (동사의) 시제

---

0029 ★

**squalid**
[skwálid]

**a. 더러운, 누추한, 지저분한 = filthy, sordid**

Even though a person from Department of Sanitation pointed out that his shop is very **squalid**, he doesn't seem to correct it.
공중위생 부서에서 나온 사람이 그의 가게가 매우 더럽다고 지적했음에도 불구하고 그는 그것을 고칠 생각이 없어보였다.

MVP squalor n. 불결함; 비참함; 비열, 야비함

0030 ★★★
**rigid**
[rídʒid]

**a. ① 엄격한, 융통성 없는 = inflexible, rigorous, strict, stringent**
**② 굳은, 딱딱한, 뻣뻣한 = inelastic, inflexible, stiff**

There is a very **rigid** hierarchy in the company.
그 회사에는 매우 엄격한 위계질서가 있다.

The bodies of animals become **rigid** after death.
동물의 몸은 죽은 뒤에 뻣뻣해진다.

MVP rigidity n. 단단함, 강직; 엄격, 엄숙(= stiffness)
rigidness n. 엄격함, 완고함

---

0031 ★★
**entrepreneur**
[à:ntrəprənə́:r]

**n. 실업가, 기업가, 사업가, 전문 경영자 = enterpriser, industrialist**

In order to start any business, an **entrepreneur** needs money or capital.
사업을 시작하기 위해, 기업가는 돈, 즉 자본이 필요하다.

MVP entrepreneurship n. 기업가 정신
entrepreneurial a. 기업가의, 기업가적인

---

0032 ★★★
**approximately**
[əprάksəmətli]

**ad. 대략, 대강, 얼추 = circa, nearly, roughly**

**Approximately** 350 jellyfish species are known to the world.
약 350개의 해파리의 종이 세상에 알려져 있다.

MVP approximation n. 접근, 근사; 비슷한 것
approximate a. 근사한, 대체[대략]의; v. ~에 가까워지다

---

0033 ★★
**signify**
[sígnəfài]

**v. ① 의미하다, 뜻하다 = mean**
**② 알리다, 보이다 = indicate, show**

He nodded to **signify** that he agreed.
그는 동의한다는 것을 보여 주기 위해 고개를 끄덕였다.

MVP signification n. 의의, 취지; 표시, 표명
significance n. 의의, 의미; 중요성
significant a. 중대한; 의미심장한; 나타내는, 표시하는

---

0034 ★
**cohort**
[kóuhɔ:rt]

**n. ① (통계적으로 동일한 특색이나 행동 양식을 공유하는) 집단, 코호트**
**② 친구, 동료; (어떤 사람의) 지지자**
**= associate, companion, comrade; supporter**

A **cohort** in the business school consists of 70 students with the exact same classes and schedules.
경영대학원에서 70명으로 이뤄진 한 반 학생들은 완전히 같은 수업과 스케줄을 공유한다.

A **cohort** is a group of people who grow up at similar times and places.
코호트란 유사한 시대와 장소에서 성장한 사람들의 집단이다.

---

0035 ★★★
**illustrate**
[íləstrèit]

v. ① **설명하다, 예증(例證)하다; ~의 예증이 되다** = demonstrate, exemplify, explain
② **(~에) 도해[삽화]를 넣다**

This latest conflict further **illustrates** the weakness of the UN.
최근에 발생한 이 분쟁은 더욱 더 UN의 힘이 미약하다는 것을 잘 보여준다.

MVP illustration n. 삽화; 실례(實例), 예증
illustrator n. 삽화가; 설명[예증]하는 사람[이 되는 것]
illustrative a. 설명에 도움이 되는, 실례(實例)가 되는

---

0036 ★★
**verdant**
[vә́:rdnt]

a. ① **신록의, 푸릇푸릇한, 초목으로 뒤덮인** = green, leafy, lush
② **순진한, 경험 없는, 미숙한**

When the trees are still **verdant**, Anton Chekhov's summer house is worth visiting.
나무가 아직 푸를 때 안톤 체홉의 여름별장은 가볼만한 곳이다.

MVP verdure n. (초목의) 푸르름, 신록; 푸릇푸릇한 초목; 신선함, 생기

---

0037 ★★★
**check**
[tʃek]

n. ① **저지, 억제** = constraint, control, restraint
② **대조, 점검** = examination, inspection, investigation
v. ① **저지하다; 억제하다, 억누르다** = hinder, inhibit, restrain
② **대조[검사]하다, 조사[점검]하다** = examine, inspect, investigate

The government is determined to **check** the growth of public spending.
정부는 공공 비용 증가를 억제할 각오를 하고 있다.

Given our own exposure to war threats from North Korea, we need to **check** our own emergency preparedness.
북한으로부터 전쟁위협을 받고 있는 우리는 우리 자신의 비상 대비 태세를 점검할 필요가 있다.

MVP unchecked a. 저지[억제]되지 않은; 검사받지 않은

---

0038 ★★★
**prescribe**
[priskráib]

v. ① **규정[지시]하다, 명하다** = dictate, ordain, order
② **(약을) 처방하다**

The law **prescribes** what should be done and the penalties for neglect.
법률은 의무의 수행과 그 불이행에 대한 처벌을 규정한다.

The medicine he **prescribed** was very potent.
그가 처방한 약은 약효가 대단히 좋았다.

MVP prescription n. 명령, 규정; 법규, 규범; 처방, 처방전; 처방약
cf. proscribe v. 금지하다; 추방하다

---

0039 ★
**mimesis**
[mimíːsis]

**n. 모사(摹寫), 모방 = imitation, mimicry**

He sharpened up his artistic skills through the process of **mimesis**.
그는 모방을 통해 자신의 예술적 기교를 연마했다.

MVP cf. nemesis n. 인과응보, 천벌

---

0040 ★★★
**fix**
[fiks]

**v. ① 고정[고착]시키다 = adhere, attach, fasten**
**② 결정하다; (일시·가격 등을) 정하다 = decide; set**
**③ 고치다, 수리[수선]하다 = mend, repair**
**n. 곤경, 궁지 = dilemma, predicament**

New products come with warranties and this ensures that you can always get the product **fixed** for free.
새 제품에는 품질보증서가 들어 있고, 그것이 제품의 무료 수리를 항상 보증한다.

MVP fixation n. 고착, 고정; 병적인 집착
fixed a. 고정된, 일정한, 변하지 않는

---

0041 ★★
**circuitous**
[sərkjúːətəs]

**a. ① 우회로의, 빙 둘러가는**
**② (말 따위가) 에두르는, 간접적인, 넌지시 말하는 = roundabout**

He took us on a **circuitous** route to the hotel.
그는 우회로로 우리를 호텔로 데려다줬다.

MVP circuity n. 멀리 돌아감, 에두르기

---

0042 ★
**guffaw**
[gʌfɔ́ː]

**n. 갑작스런 너털웃음, (천한) 큰 웃음**
**v. 시끄럽게[크게] 웃다**

The company broke out into loud **guffaws** at the silly utterance.
일동은 그 바보스런 말을 듣고 요란스럽게 웃기 시작했다.

---

0043 ★★★
**subdue**
[səbdjúː]

**vt. ① 진압하다, 정복하다 = control, defeat**
**② (감정 등을) 억누르다 = moderate, restrain, suppress, temper**

Troops were called in to **subdue** the rebels.
반란자들을 진압하기 위해 군대가 투입되었다.

Julia had to **subdue** an urge to stroke his hair.
줄리아(Julia)는 그의 머리를 쓰다듬고 싶은 충동을 억눌러야 했다.

MVP subdued a. 정복된, 억제된; 조용한, 가라앉은, 차분한; 완화된

---

0044 ★★
**crafty**
[krǽfti]

**a. 교활한, 간사한; 교묘한 = cunning, devious, sly, wily**

The criminal was **crafty** and hid his crimes well.
그 범인은 교활하여 자기 죄를 잘도 숨겼다.

MVP craftiness n. 교활함, 교묘함
craftily ad. 교활하게, 교묘히

---

0045 ★★★
**buttress**
[bʌ́tris]

**vt. 지지하다, 보강하다, 뒷받침하다 = bolster, brace, support, sustain, underpin**
**n. 지지(물), 버팀목, 떠받치는 것[사람] = prop, shore, strut, support**

The sharp increase in crime seems to **buttress** the argument for more officers on the street.
범죄가 급증함에 따라 더 많은 경찰이 거리를 순찰해야 한다는 주장에 힘이 실리는 것 같다.

China has been a reliable **buttress** for North Korea for decades.
중국은 수십 년 동안 북한에게 믿을만한 버팀목이 되고 있다.

---

0046 ★★
**quirk**
[kwəːrk]

**n. ① (사람의 성격에서) 별난 점; 기벽 = eccentricity, peculiarity**
**② 기이한 일, 우연**

Psychologists regarded the **quirks** of genius as too erratic to describe intelligibly.
심리학자들은 천재들의 기발함을 너무 엉뚱해서 명료하게 설명할 수 없는 것으로 간주했다.

By a strange **quirk** of fate they had booked into the same hotel.
무슨 기이한 운명의 장난인지 그들이 같은 호텔에 예약을 했던 것이다.

MVP quirky a. 기벽(奇癖)이 있는; 기발한

---

0047 ★★★
**parallel**
[pǽrəlèl]

**a. ① 평행의, 평행하는, 나란한[to, with] = aligned, alongside**
**② 〈비유〉 같은 종류의, 유사한 = like, similar, uniform**
**n. 유사물; 필적하는 것[사람], 대등한 사람[to] = counterpart, equivalent**
**vt. ~에 필적시키다; ~에 유사[필적, 상당]하다 = correspond to**

The road runs **parallel** to the railroad tracks.
그 도로는 기찻길과 나란하게 뻗어있다.

MVP parallelism n. 평행; 유사; 비교, 대응; 대구법(對句法)
parallelogram n. 〈수학〉 평행사변형
unparalleled a. 비할[견줄] 데 없는; 전대미문의, 미증유의

0048 ★

**irksome**
[ə́:rksəm]

**a. 지루한, 귀찮은, 짜증나는 = annoying, irritating, tedious**

If you think this job is **irksome**, wait until we show you the next one.
이 일이 지루하다고 생각한다면, 우리가 다른 일자리를 제시할 때까지 기다려라.

MVP irk v. 짜증스럽게[귀찮게] 하다, 지루하게 하다

---

0049 ★★

**skull**
[skʌl]

**n. ① 두개골 = cranium**
**② 〈구어·경멸적〉 머리, 두뇌 = brain, head**

The **skull** protects the brain like a natural helmet.
두개골은 마치 자연적인 헬멧처럼 뇌를 보호하는 역할을 한다.

---

0050 ★★★

**disprove**
[disprú:v]

**vt. ~의 반증을 들다, 그릇됨을 증명하다, 논박하다 = rebut, refute**

New evidence discovered by him **disproved** the previous allegations.
그가 발견한 새로운 증거는 이전의 주장들이 잘못되었음을 증명했다.

MVP ↔ approve v. 시인하다, 찬성하다; 입증하다

## A. Write the meaning of the following words.

| | |
|---|---|
| □ innocent ______ | □ virtuoso ______ |
| □ glorify ______ | □ laud ______ |
| □ antithesis ______ | □ tension ______ |
| □ multiple ______ | □ squalid ______ |
| □ refund ______ | □ rigid ______ |
| □ dotage ______ | □ signify ______ |
| □ satire ______ | □ cohort ______ |
| □ proficient ______ | □ illustrate ______ |
| □ exert ______ | □ verdant ______ |
| □ artificial ______ | □ check ______ |
| □ formidable ______ | □ prescribe ______ |
| □ commerce ______ | □ fix ______ |
| □ drastic ______ | □ circuitous ______ |
| □ usurp ______ | □ guffaw ______ |
| □ primitive ______ | □ subdue ______ |
| □ ramp ______ | □ crafty ______ |
| □ esteem ______ | □ buttress ______ |
| □ transit ______ | □ parallel ______ |
| □ acknowledge ______ | □ irksome ______ |
| □ peninsula ______ | □ disprove ______ |

※ 주어진 단어의 뜻을 본문에서 확인하시고 틀린 단어의 경우 박스에 체크한 뒤에 나중에 다시 학습하시기 바랍니다.

## B. Choose the synonym of the following words.

| | |
|---|---|
| 1. whim | Ⓐ frank |
| 2. beneficial | Ⓑ antagonistic |
| 3. approximately | Ⓒ useful |
| 4. quirk | Ⓓ roughly |
| 5. deceased | Ⓔ enterpriser |
| 6. skull | Ⓕ dead |
| 7. mimesis | Ⓖ eccentricity |
| 8. entrepreneur | Ⓗ cranium |
| 9. hostile | Ⓘ imitation |
| 10. outspoken | Ⓙ caprice |

B. 1. Ⓙ 2. Ⓒ 3. Ⓓ 4. Ⓖ 5. Ⓕ 6. Ⓗ 7. Ⓘ 8. Ⓔ 9. Ⓑ 10. Ⓐ

0051 ★★★
**elementary**
[èləméntəri]

a. **초보의, 초급의; 기본적인, 근본적인**
= basic, primary, rudimentary; fundamental

He didn't know **elementary** mathematical formulas.
그는 기초적인 수학 공식들을 알지 못했다.

---

0052 ★★
**dogma**
[dɔ́gmə]

n. ① **교의, 교리; 신조** = creed, doctrine, principle, tenet
② **독단적인 주장**

My **dogma** concerning education is very simple: if it works, use it; if it doesn't, change it.
교육에 관한 내 신념은 매우 단순하다. 효과가 있으면 사용하고, 그렇지 않으면 바꾼다는 것이다.

MVP dogmatic a. 독단적인; 고압적인

---

0053 ★★★
**modify**
[mάdəfài]

v. ① **수정[변경]하다; 조절하다** = alter, change
② **(형용사·부사 등이 다른 어구를) 수식하다; (어구의 의미를) 한정하다**

I'd like to **modify** the terms and conditions of the contract.
저는 계약 조건을 변경하고 싶습니다.

MVP modification n. 수정, 변경

---

0054 ★★
**stationary**
[stéiʃənèri]

a. **움직이지 않는, 정지된** = fixed, motionless, static

The rate at which the air moves past a **stationary** object is how wind speed is calculated.
고정된 물체를 지나는 바람의 속도를 재는 것이 풍속을 계산하는 방법이다.

Plants and flowers are normally **stationary**.
식물과 꽃은 보통 움직이지 않는다.

MVP cf. stationery n. 문방구, 문구; (봉투가 딸린) 편지지

---

0055 ★★★
**altruistic**
[æltru:ístik]

a. **이타주의적인, 이타적인** = considerate, self-sacrificing, unselfish

Kids who do not have siblings are usually not **altruistic**.
형제자매가 없는 아이들은 보통 이타적이지 않다.

MVP altruism n. 이타[애타]주의
altruist n. 이타[애타]주의자(↔ egoist)
↔ egoistic a. 이기적인(= selfish)

0056 ★★
**rapture**
[rǽptʃər]

**n. 큰 기쁨, 환희, 황홀, 열중 = ecstasy, euphoria, exaltation**

He was in **rapture** after passing the test.
그는 시험에 합격하고 나서 크게 기뻐했다.

MVP rapt a. (생각 등에) 정신이 팔린; 황홀한
rapturous a. 기뻐 날뛰는, 미칠 듯이 기뻐하는, 열광적인
cf. rupture n. 파열, 파괴; 결렬; 불화

0057 ★★★
**deprive**
[dipráiv]

**vt. (물건·권리 등을) 빼앗다, 허용치 않다, 주지 않다[of]**
**= dispossess, divest, rob, strip**

Torture is a savage crime that **deprives** the victim of his dignity.
고문은 희생자로부터 인간으로서의 존엄성을 빼앗는 야만적인 범죄다.

MVP deprivation n. 탈취, 박탈; 궁핍, 빈곤

0058 ★★
**impasse**
[ímpæs]

**n. 난국, 곤경, 교착상태 = deadlock, dilemma, stalemate, stand-off, standstill**

The two countries tried to divide the land equally, but reached an **impasse**.
그 두 나라는 땅을 균등하게 나누려 노력했으나, 교착상태에 이르렀다.

0059 ★★★
**liberal**
[líbərəl]

**a. ① 아끼지 않는, 인색하지 않은 = charitable, generous, lavish, munificent**
**② 관대한, 편견이 없는, 관습[인습]에 얽매이지 않는 = lenient, permissive**
**③ 교양[생각]을 넓히기 위한, (일반) 교양의 = cultivated, cultured**

Most Western societies are **liberal** in outlook on the world.
대부분의 서구 사회는 세계관이 개방적이다.

MVP liberalize v. ~의 제약을 풀다; 관대하게 하다; 자유화하다
liberal arts (대학의) 교양과목

0060 ★★
**volition**
[voulíʃən]

**n. 의지, 결의, 의지력 = will**

His strong **volition** made everything possible.
그의 강한 의지는 모든 것을 가능케 했다.

MVP volitional a. 의지의[에 관한], 의지적인

0061 ★★★
**evaporate**
[ivǽpərèit]

**v. ① (액체가) 증발하다; (액체를) 증발시키다 = vaporize**
**② (차츰) 사라지다[증발하다] = disappear**

The sun is constantly **evaporating** the earth's moisture.
태양이 지구의 수분을 끊임없이 증발시키고 있다.

Her confidence had now completely **evaporated**.
그녀는 이제 자신감이 완전히 사라져 버린 상태였다.

MVP vapor n. 증기, 수증기, 김

---

0062 ★
## flaccid
[flǽksid]

**a. 연약한, 축 늘어진** = limp, loose

Caffeine can make your bones **flaccid** and stunt your growth.
카페인은 뼈를 연약하게 만들고 성장을 방해할 수 있다.

---

0063 ★★★
## bankrupt
[bǽŋkrʌpt]

**a. 파산한, 지급 능력이 없는** = broke, insolvent, ruined
**n. 파산자, 지급불능자**

His business is **bankrupt** and he is in dire trouble.
그는 사업이 파산해서 심각한 어려움에 빠져있다.

When a corporation becomes **bankrupt**, its stock is of no value anymore.
주식회사가 도산하면 그 주식은 더 이상 가치가 없다.

MVP bankruptcy n. 파산(= failure, insolvency)

---

0064 ★★
## epitome
[ipítəmi]

**n. ① 완벽한 본보기, 전형** = example, model, paragon, quintessence
**② 요약, 발췌** = abridgment, summary

He was a model student and the **epitome** of a hard worker.
그는 모범생이었고, 부지런한 사람의 완벽한 본보기였다.

MVP epitomize vt. 요약하다; 완벽한 보기이다, 전형적으로 보여주다

---

0065 ★
## pester
[péstər]

**vt. 괴롭히다, 고통을 주다** = annoy, harass, torment
**n. 훼방, 방해, 성가신 사람, 골칫거리** = bother, nuisance

Her children are always **pestering** her to buy them sweets.
그녀의 아이들은 항상 사탕을 그녀에게 사 달라고 졸라댄다.

MVP pestersome a. 성가시게 구는, 애를 먹이는
cf. fester v. 곪다; 심해지다, 악화되다

---

0066 ★★★
## conventional
[kənvénʃənl]

**a. ① 전통적인, 인습적인** = customary, orthodox, traditional
**② 틀에 박힌, 형식적인, 판에 박힌; 진부한**
**③ (특히 무기가) 재래식의, 비핵의**

New forms are always overtaking **conventional** art forms.
새로운 형태의 예술이 항상 기존의 예술을 따라잡는다.

Many **conventional** weapons are on display in a war memorial.
전쟁 기념관에는 많은 재래식 무기들이 진열되어 있다.

MVP convention n. (정치·종교·교육 따위의) 대회, 대표자 회의; 협정, 약정; 관례; 인습
↔ unconventional a. 관습[인습]에 얽매이지 않는



0067 ★
**risible**
[rízəbl]

**a. 웃을 수 있는; 잘 웃는; 우스운, 익살스런 = facetious, ludicrous, ridiculous**

She has been making **risible** attempts to write a novel.
그녀는 소설을 쓰려는 우스운 시도를 계속해오고 있다.

MVP risibility n. 웃는 버릇; (종종 pl.) 유머 (센스); 웃음

0068 ★★★
**summit**
[sʌ́mit]

**n. ① (산의) 정상, 산꼭대기 = apex, peak, pinnacle**
**② 절정, 정점 = acme, culmination, height, pinnacle, zenith**
**③ 정상 회담, 수뇌 회담**

A dark cloud is overhanging the **summit**.
검은 구름이 산꼭대기에 걸려 있다.

The **summit** is a meeting where the leaders from 20 countries get together.
그 정상회담은 20개국의 지도자들이 모이는 회의이다.

0069 ★★
**dispel**
[dispél]

**vt. (걱정·공포 등을) 떨쳐버리다, 없애다 = disperse, drive away, scatter**

When I listened to his cogent arguments, all my doubts were **dispelled** and I was forced to agree with his point of view.
그의 설득력 있는 주장을 들었을 때 모든 나의 의구심은 떨쳐졌고 그의 관점에 동의하게 되었다.

0070 ★★★
**prodigal**
[prɑ́digəl]

**a. ① 낭비하는, 방탕한 = extravagant, profligate, spendthrift, wasteful**
**② 풍부한, 남아도는, 아낌없이 주는 = abundant, lavish, profuse**

It takes wind that he has been **prodigal** with company funds.
그가 회사 자금을 낭비했다는 소문이 퍼졌다.

The **prodigal** son dissipated his father's fortune.
방탕한 아들은 아버지의 재산을 탕진했다.

MVP prodigality n. 방탕, 낭비
cf. prodigious a. (크기·정도·양 따위가) 보통이 아닌; 비범한, 놀라운

0071 ★★★

**agriculture**
[ægrəkʌltʃər]

**n. 농업, 농경 = farming, husbandry**

The country's economy is heavily dependent on **agriculture**.
이 나라의 경제는 농업에 크게 의존하고 있다.

MVP agronomy n. 작물 (재배)학; 농학, 농업 경제학
agrarian a. 농지의, 농업의
georgic a. 농사의, 농업의

※ 경작, 재배 관련 어휘

apiculture n. 양봉
aviculture n. 조류사육
horticulture n. 원예농업, 원예
sericulture n. 양잠
arboriculture n. 수목재배
floriculture n. 화훼원예
mariculture n. 해중 양식[재배]

0072 ★★

**hibernate**
[háibərnèit]

**vi. (동물이) 동면(冬眠)하다; (틀어박혀) 겨울을 지내다**

When animals **hibernate** their temperatures drop and they breathe very slowly.
동물들이 동면을 하면, 체온이 떨어지고 매우 천천히 숨을 쉰다.

MVP hibernation n. 동면
hibernal a. 겨울의; 한랭한
cf. aestivate v. 여름을 지내다[보내다]; (동물이) 하면(夏眠)하다(= estivate)

0073 ★★★

**client**
[kláiənt]

**n. ① 소송 의뢰인**
**② 고객, 단골 = customer, patron**

The lawyer's professional skill was so great that he had a large number of **clients**.
전문적인 기술이 너무나도 뛰어나서 그 변호사는 소송 의뢰인이 매우 많았다.

MVP cf. clientele n. [집합적] 소송 의뢰인; 고객, 단골

0074 ★★★

**thoughtful**
[θɔ́:tfəl]

**a. ① 사려 깊은, 신중한 = careful, cautious, deliberate, prudent**
**② 인정[동정심] 있는, 친절한 = considerate, kind**
**③ 생각에 잠긴 = contemplative, meditative, pensive, reflective**

A small group of **thoughtful** people could change the world.
소수의 사려 깊은 사람들이 세상을 변화시킬 수 있다.

0075 ★★

**flout**
[flaut]

**v. 경멸하다, 비웃다, 조롱하다, 무시하다 = disregard, mock, scorn**
**n. 경멸, 우롱, 조롱**

Those who enter our country illegally are **flouting** our laws.
우리나라에 불법으로 들어온 사람들이 우리의 법을 무시하고 있다.

0076 ★

**nexus**
[néksəs]

**n. 결합, 연결, 관계, 유대 = connection, link**

Times Square is the **nexus** of the New York subway.
타임스퀘어는 뉴욕 지하철의 연결점이다.

0077 ★★

**dichotomy**
[daikάtəmi]

**n. 양분(兩分), 둘로 갈림, 이분법 = division, split**

Many people look upon the world in terms of a **dichotomy** between good and evil.
많은 사람들이 선과 악이라는 이분법으로 세상을 바라본다.

0078 ★★★

**withdraw**
[wiðdrɔ́:, wiθ-]

**v. ① (뒤로) 물러나다, 철수하다; 철수시키다 = recede, retire, retreat**
**② (약속·명령·제의 등을) 취소[철회]하다 = recall, rescind, retract, revoke**
**③ (계좌에서 돈을) 인출하다 = draw out**

The bill, carried out against the will of the people, should be **withdrawn**.
국민의 의지에 반하는 법안은 철회되어야 한다.

MVP withdrawal n. 철회, 취소; 철수; 인출; (약물 중독으로 인한) 금단
withdrawn a. 내성적인, 내향적인

0079 ★★

**ostensible**
[αsténsəbl]

**a. 표면상의, 겉보기만의 = apparent, outward, pretended, seeming, specious**

The **ostensible** reason for his absence was illness.
그가 불참한 표면적인 이유는 병이었다.

MVP ostensibly ad. 표면상으로(= outwardly)
cf. ostentatious a. 과시하는, 겉보기를 꾸미는

0080 ★★

**photosynthesis**
[fòutəsínθəsis]

**n. 광합성(光合成)**

Plants generate energy from the sun through **photosynthesis**.
식물은 태양을 통해 광합성을 하여 에너지를 생산한다.

MVP cf. synthesis n. 종합, 통합; 합성

0081 ★★★

**surplus**
[sə́:rplʌs]

**n. ① 나머지, 여분, 잉여 = excess, nimiety, overhang, superfluity, surplusage**
**② 흑자 = black figure, black ink**
**a. ① 나머지의, 여분의 = excess, extra, leftover**
**② 흑자의**

**Surplus** grain is being sold for export.
여분의 곡물은 수출품으로 팔리고 있다.

The balance of payments was in **surplus** last year.
작년에는 국제수지가 흑자였다.

0082 ★★★
**calculate**
[kǽlkjulèit]

v. ① **계산하다, 산정하다, 추계하다** = compute, reckon
② **예측하다, 어림하다, 추정하다, 평가하다** = estimate, evaluate, measure

BMI, or body mass index, is a useful way to **calculate** your health and level of disease risk.
체질량 지수(BMI)는 당신의 건강과 질병 위험도를 측정하는 유용한 방법이다.

MVP calculation n. 계산; 추정
calculated a. 계산된; 계획적인, 고의적인
calculating a. 계산하는; 타산적인
calculable a. 계산할 수 있는; 신뢰할 수 있는
incalculable a. 헤아릴 수 없는, 무수한

0083 ★★
**introvert**
[íntrəvə̀:rt]

n. **내향적인[내성적인] 사람**
a. **내향적인[내성적인]** = introspective, introverted, reserved

An **introvert** is not interested in spending time with other people.
내성적인 사람은 다른 사람들과 시간을 보내는 것에 관심이 없다.

MVP extrovert n. 외향적인 사람; a. 외향성의
ambivert n. 양향(兩向) 성격자

0084 ★★
**maze**
[meiz]

n. ① **미로(迷路), 미궁(迷宮)** = labyrinth
② **당혹, 혼란, 분규** = confusion, imbroglio, puzzle, tangle
v. **어리둥절하게 하다, 혼란스럽게 하다** = bewilder, confuse, perplex, puzzle

Small fish can hide from big predators inside the **maze** of coral.
작은 물고기들은 산호의 미로 속에서 큰 포식동물로부터 숨을 수 있다.

0085 ★★
**pragmatic**
[prægmǽtik]

a. ① **실용적인; 실용주의의** = practical
② **분주한, 활동적인** = active

Taking a **pragmatic** approach to the problem is necessary for the country.
그 문제에 대한 실용적 접근이 그 나라를 위해 절실하다.

MVP pragmatism n. 실용주의
pragmatist n. 실용주의자

0086 ★★★

**grief**
[gri:f]

**n. ① (깊은) 슬픔, 비탄, 비통 = sadness, suffering**
**② 비탄의 원인 = hardship, trouble**

She went nearly mad with **grief** when her husband died.
그녀는 남편이 죽자 슬픔으로 미칠 것만 같았다.

MVP grieve v. 슬프게 하다; 몹시 슬퍼하다
grievous a. 슬픈, 통탄할, 비통한

---

0087 ★★

**anomalous**
[ənámələs]

**a. 변칙의, 이례적인 = aberrant, abnormal, atypical, exceptional, peculiar**

He has managed the company fund in an **anomalous** manner.
그는 회사 자금을 변칙적인 방식으로 운영해 왔다.

MVP anomalously ad. 변칙적으로, 이례적으로
anomaly n. 변칙, 이례; 변칙적인 것

---

0088 ★★★

**seize**
[si:z]

**v. ① (갑자기) (붙)잡다, 붙들다, 꽉 (움켜)쥐다 = grab, grasp, grip**
**② (기회 등을) 붙잡다, 포착하다 = capture, catch**
**③ 빼앗다, 탈취[강탈]하다; 몰수하다, 압류하다 = confiscate, exploit**

As you know, time awaits no one, so **seize** the day.
여러분도 잘 알듯이, 시간은 절대 기다려주지 않는다. 그러므로 지금을 즐겨야 한다(기회를 잡아야 한다).

MVP seizure n. 압류; 강탈; 점령; 점유; 발작, 졸도

---

0089 ★★

**yoke**
[jouk]

**n. ① (짐을 끌도록 마소에게 씌우는) 멍에 = harness**
**② (보통 the ~) 속박, 지배; 압제 = bondage, servitude, slavery, oppression**

No one wants to live under the **yoke** of a tyrant's rule.
어느 누구도 폭군의 압제 하에 살기 원하지 않는다.

MVP cf. yokel n. 촌놈, 시골뜨기(= rustic)
cf. yolk n. (달걀 등의) 노른자

---

0090 ★★★

**involve**
[inválv]

**vt. ① 연루시키다, 말려들게 하다, 휩쓸리게 하다 = embroil, entangle, implicate**
**② (필연적으로) 수반하다, 포함하다 = encompass, entail**
**③ 몰두시키다, 열중시키다 = absorb, commit, engross, preoccupy**

All operations **involve** risk to some degree.
모든 수술은 어느 정도의 위험이 수반된다.

MVP involvement n. 말려듦, 연루; 포함; (남녀의) 깊은 관계, 성적 관계
involved a. 뒤얽힌, 복잡한; (이성과) 깊은 관계가 있는

0091 ★★

**congenial**

[kəndʒíːnjəl]

a. ① (사람이) 마음이 맞는, 같은 성질인 = compatible, sympathetic
② (직업·환경 등이) (~에) 알맞은[적합한], 쾌적한
= agreeable, favorable, friendly, pleasant
③ 기분 좋은, 즐거운, 친절한

Some Americans are **congenial** to me, others are not.
몇몇 미국인들은 나와 마음이 맞고, 다른 이들은 그렇지 않다.

In big cities, there is a **congenial** downtown place for people to congregate at.
대도시에는 사람들이 모일 수 있는 쾌적한 도심 지역이 있다.

She's very **congenial**, always smiling and saying nice things.
그 여자는 아주 상냥해서 항상 웃으면서 친절하게 이야기한다.

MVP congeniality n. (성질·취미 등의) 합치, 일치; 적응[적합]성; 쾌적함
cf. congenital a. 선천적인

---

0092 ★★★

**trigger**

[trígər]

vt. (일련의 사건·반응 등을) 일으키다, 유발하다, ~의 계기가 되다
= bring about, cause, generate
n. (총의) 방아쇠; (반응사건을 유발한) 계기[도화선]

Exaggerations in an advertisement **trigger** impulse buying.
과장 광고는 충동구매를 유발한다.

---

0093 ★★

**scope**

[skoup]

n. ① (지력·연구·활동 등의) 범위, 영역; (정신적) 시야 = extent, range; purview
② (능력 등을 발휘할) 여유, 여지, 배출구[for]

Mathematics has been recognized as a mandatory subject for it deepens and widens the **scope** of our thoughts.
수학은 우리 사고의 영역을 깊게 해주고 넓혀주기 때문에 필수 과목으로 여겨져 왔다.

---

0094 ★★★

**resign**

[rizáin]

v. ① 사직[사임]하다 = quit, retire, vacate
② (권리·요구 등을) 포기[단념]하다 = abandon, renounce, surrender

The interim president of the Central African Republic has **resigned** after a disastrous nine-month rule.
중앙아프리카공화국의 임시 대통령이 9개월간의 재앙에 가까운 통치 끝에 대통령직에서 물러났다.

John was **resigned** to the fact that he couldn't take his holiday in July.
존(John)은 7월에 휴가를 갈 수 없다는 사실을 체념하고 받아들였다.

MVP resignation n. 사직, 사임; 단념, 체념
resigned a. 체념한; 퇴직한

0095 ★★

**byproduct**
[báipràdəkt]

n. ① 부산물 = spin-off
② (뜻밖의) 부작용 = side effect

I think success and fame are **byproducts** of hard work.
저는 성공과 명성이라는 것은 노력의 부산물이라고 생각합니다.

0096 ★★

**jubilant**
[dʒúːbələnt]

a. 매우 기뻐하는, 기쁨에 넘치는 = delighted, exultant, joyful

She was **jubilant** when she won the race.
그녀는 경주에서 우승을 하자 기쁨에 넘쳤다.

MVP jubilate vi. 환희하다, 환호하다

0097 ★

**adduce**
[ədjúːs]

vt. (증거·이유 등을) 제시하다, 인용하다 = cite, mention, present, quote

He **adduced** several facts to support his theory.
그는 자신의 이론을 뒷받침하기 위해 여러 가지 사실들을 제시했다.

0098 ★★★

**fraud**
[frɔːd]

n. ① 사기, 협잡; 사기행위, 부정 수단 = cheat, chicanery, deception, scam
② 협잡꾼, 사기꾼 = swindler, trickster

He was dragged into a **fraud** case regardless of his will.
그는 자신의 의지와는 상관없이 사기 사건에 휘말렸다.

0099 ★★

**plunder**
[plʌ́ndər]

v. 약탈하다, (강제로) 빼앗다; (물건을) 훔치다 = despoil, loot, pillage

Buildings in the capital have been **plundered** and burned, and at least 27 people have been killed in the riot.
폭동이 일어나서 수도의 건물들이 약탈되고 불탔으며, 적어도 27명의 사람들이 목숨을 잃었다.

MVP plunderous a. 약탈하는, 약탈적인

0100 ★★★

**civilization**
[sìvəlizéiʃən]

n. ① 문명(文明), 문화 = culture
② 문명화, 교화, 개화 = edification, enlightenment

The Roman Empire was one of the greatest **civilizations** in the ancient world.
로마 제국은 고대 세계에서 가장 위대한 문명국 중 하나였다.

MVP civilize vt. 문명화하다; (야만인을) 교화하다
civilized a. 문명화된, 개화된; 예의바른
uncivilized a. 미개한, 야만적인

## REVIEW TEST

### A. Write the meaning of the following words.

| | | | |
|---|---|---|---|
| □ dogma | ________ | □ dichotomy | ________ |
| □ stationary | ________ | □ withdraw | ________ |
| □ altruistic | ________ | □ ostensible | ________ |
| □ deprive | ________ | □ photosynthesis | ________ |
| □ liberal | ________ | □ surplus | ________ |
| □ evaporate | ________ | □ calculate | ________ |
| □ flaccid | ________ | □ introvert | ________ |
| □ bankrupt | ________ | □ anomalous | ________ |
| □ epitome | ________ | □ seize | ________ |
| □ pester | ________ | □ yoke | ________ |
| □ conventional | ________ | □ involve | ________ |
| □ risible | ________ | □ congenial | ________ |
| □ summit | ________ | □ scope | ________ |
| □ dispel | ________ | □ resign | ________ |
| □ prodigal | ________ | □ byproduct | ________ |
| □ hibernate | ________ | □ jubilant | ________ |
| □ client | ________ | □ adduce | ________ |
| □ thoughtful | ________ | □ fraud | ________ |
| □ flout | ________ | □ plunder | ________ |
| □ nexus | ________ | □ civilization | ________ |

※ 주어진 단어의 뜻을 본문에서 확인하시고 틀린 단어의 경우 박스에 체크한 뒤에 나중에 다시 학습하시기 바랍니다.

### B. Choose the synonym of the following words.

| | |
|---|---|
| 1. rapture | Ⓐ sadness |
| 2. agriculture | Ⓑ cause |
| 3. pragmatic | Ⓒ labyrinth |
| 4. impasse | Ⓓ will |
| 5. modify | Ⓔ ecstasy |
| 6. trigger | Ⓕ basic |
| 7. grief | Ⓖ alter |
| 8. volition | Ⓗ deadlock |
| 9. elementary | Ⓘ farming |
| 10. maze | Ⓙ practical |

B. 1. Ⓔ 2. Ⓘ 3. Ⓙ 4. Ⓗ 5. Ⓖ 6. Ⓑ 7. Ⓐ 8. Ⓓ 9. Ⓕ 10. Ⓒ

0101 ★★

**upheaval**
[ʌvphíːvəl]

n. **대변동, 격변** = cataclysm, convulsion, turbulence

The country suffers from post-war social **upheaval**.
그 국가는 전후의 사회 격변으로 고통 받고 있다.

---

0102 ★★★

**provisional**
[prəvíʒənəl]

a. **일시적인, 잠정적인, 임시의** = interim, temporary, tentative, transient

Dalai Lama left for India and set up the **provisional** government.
달라이 라마(Dalai Lama)는 인도로 떠나 임시 정부를 세웠다.

MVP provisionally ad. 임시로, 일시적으로

---

0103 ★★

**abide**
[əbáid]

v. ① **머무르다, 체류하다[at, in]** = dwell, live, remain, stay
② **〈보통 부정문·의문문〉 견디다, 참다** = bear, endure, suffer, tolerate

We **abide** in a small town.
우리는 소도시에서 살고 있다.

I can't **abide** people who can't make up their minds.
나는 마음을 정하지 못하는 사람들을 견딜 수 없다.

MVP abide by (약속·규칙 등을) 지키다; (결정·제의 등에) 따르다
abiding a. 지속[영속]적인, 불변의
cf. abode n. 거주; 주소, 거처; 체류

---

0104 ★★★

**species**
[spíːʃiːz]

n. ① **종(種: 생물 분류의 기초 단위)** = kind
② **(공통의 특성을 지닌) 종류** = class, sort, type, variety

There are about 2,000 **species** of mosquitoes in the world.
전 세계에는 약 2,000종의 모기가 있다.

MVP species-specific a. 한 종(種)에만 관련된, 종 특이[성]의

---

0105 ★★

**belligerent**
[bəlídʒərənt]

a. ① **호전적인, 공격적인** = aggressive, bellicose, combative, warlike
② **전쟁중인, 교전국의** = warring

n. **교전국**

The discussion was becoming increasingly **belligerent**: no matter what was said, someone in the group would challenge it in an angry voice.
토론은 점차 호전적으로 변해갔다. 무슨 말을 하든, 모임 내에서 누군가는 성난 목소리로 그것을 반박하려 했다.

0106 ★★★

**consume**
[kənsúːm]

**v. 다 써 버리다; 소비하다, 소모하다 = exhaust; expend, spend, use up**

Standby power is the power **consumed** by appliances during their lowest electricity-consuming mode.
대기 전력은 최저 전력소비 모드 동안 기기에 의해 소모되는 전력이다.

MVP consumption n. 소비, 소모; 소비액[량]; 폐결핵
consumer n. 소비자, 수요자
consumerism n. 소비자 중심주의, 소비자 보호운동

---

0107 ★★

**stagnant**
[stǽgnənt]

**a. ① (물·공기 등이) 흐르지 않는, 괴어 있는 = standing, still**
**② 침체된, 부진한 = depressed, sluggish**

**Stagnant** water is bound to corrupt.
고인 물은 썩기 마련이다.

The **stagnant** economy is the cause of weak domestic demand.
경기 침체가 내수 부진의 원인이다.

MVP stagnation n. 침체, 부진, 불황
stagnate v. (물이) 썩다, (공기가) 탁해지다; (일 따위가) 지체되다; 침체되다

---

0108 ★

**rue**
[ruː]

**v. 후회하다, 뉘우치다 = regret, repent**
**n. 비탄; 후회 = remorse**

Londoners will **rue** the day this buffoon assumed the mantle of leadership.
런던 사람들은 이 어릿광대가 지도자의 책임을 맡았던 그 날을 후회할 것이다.

MVP rueful a. 슬픈 듯한; 가엾은, 비참한; 후회하는

---

0109 ★★★

**propaganda**
[pràpəgǽndə]

**n. ① (주의·신념의) 선전; 선전 활동 = advertising, promotion, publicity**
**② (선전하는) 주의, 주장 = opinion, principle**

The elections are wrought with malicious **propaganda**.
선거판에 흑색선전이 난무하고 있다.

MVP propagate v. 번식시키다; 선전하다; (빛·소리 등을) 전파하다

---

0110 ★★

**demean**
[dimíːn]

**vt. 위신을 떨어뜨리다, 품위를 손상시키다, 비하하다 = abase, debase, degrade**

I wouldn't **demean** myself by asking for charity.
나는 위신을 떨어뜨리면서 자비를 구하지는 않을 것이다.

MVP demeaning a. 비하하는, 모욕적인, 품위를 손상시키는
cf. demeanor n. 처신, 행실, 품행; 태도, 몸가짐

0111 ★★★
**aftermath**
[ǽftərmæ̀θ]

**n. (전쟁·재해 등의) 결과, 여파, 후유증 = consequence, effect, outcome, result**

The earthquake was a severe one and many families got separated in the **aftermath**.
그 지진은 맹렬했으며, 많은 가족들이 그 지진의 여파로 헤어졌다.

---

0112 ★
**modulate**
[mάdʒulèit]

**v. 조정하다; 조절하다 = adjust, attune, regulate**

An elected committee will meet monthly to **modulate** the council's energy policy.
선출된 위원들은 위원회의 에너지 정책을 조정하기 위해 매달 모임을 가질 것이다.

MVP modulation n. 조음(調音); 조절; (음성·리듬의) 변화, 억양

---

0113 ★★
**showy**
[ʃóui]

**a. ① 화려한, 현란한 = flashy, gaudy, ornate**
**② 허식부리는, 허영에 들뜬 = flamboyant, ostentatious, pompous**

He wears **showy** clothes but there is not much of a person beneath them.
그는 화려한 옷만 잘 입었지 보잘 것 없는 사람이다.

---

0114 ★★
**partake**
[pa:rtéik]

**v. ① 참가[참여]하다, 함께 하다[in, of] = participate, take part in**
**② (~의 성질을) 얼마간 띠다, (~한) 기색이 있다[of]**

The vice president of the company **partook** in the meeting yesterday.
어제 그 회사의 부회장이 회의에 참석했다.

---

0115 ★★★
**culprit**
[kʌ́lprit]

**n. ① 범죄자, 범인 = criminal, felon, offender**
**② (문제의) 원인 = cause, root, source**

The police traced the call and arrested the **culprit**.
경찰은 전화 발신지를 추적해서 범인을 검거했다.

While junk food is often blamed for the rise in diabetes, researchers say gourmet food is another **culprit**.
정크푸드는 당뇨병을 증가시키는 원인으로 종종 비난받지만, 과학자들은 고급 요리가 또 다른 원인이라고 주장한다.

---

0116 ★★
**invigorate**
[invígərèit]

**vt. ① 기운 나게 하다, 활기를 북돋우다 = reassure, refresh, upraise**
**② (상황·조직 등을) 활성화하다 = activate, revitalize, stimulate**

The cold water **invigorated** him.
찬물에 씻고 나니 그는 기운이 났다.

They are looking into ways of **invigorating** the department.
그들은 그 부서를 활성화할 방안을 찾고 있다.

MVP invigorating a. 기운 나게 하는; (공기 등이) 상쾌한
vigor n. 활기, 활력, 정력; 힘, 생기

---

0117 ★★★
## talkative
[tɔ́:kətiv]

**a. 이야기하기 좋아하는, 수다스러운, 말이 많은**
**= chatty, garrulous, loquacious, verbose**

If you don't feel like chatting, you'd better avoid **talkative** people.
대화를 나눌 기분이 아니라면 수다스러운 사람들을 피하는 편이 좋을 것이다.

---

0118 ★★★
## scorn
[skɔ:rn]

**n. ① 경멸, 멸시, 비웃음, 냉소 = contempt, disdain, mockery**
**② 멸시, 조롱; 경멸의 대상, 웃음거리**
**v. 경멸하다, 모욕하다 = despise, disdain**

You should not think **scorn** of him because he is poor.
가난하다고 해서 그를 경멸해서는 안 된다.

MVP scornful a. 경멸하는, 비웃는

---

0119 ★★
## founder
[fáundər]

**n. 창립자, 설립자, 창시자 = father, initiator, organizer**
**v. ① (배가) 침몰하다 = sink, submerge**
**② (사업·계획 등이) 실패하다 = collapse, fail**

As the **founder** of modern philosophy, he demonstrates the independence of human rationality from God.
현대 철학의 창시자인 그는 인간의 합리성이 신(神)과 무관한 것임을 보여준다.

Our boat **foundered** on a reef.
우리 배는 산호초에 걸려 침몰했다.

The peace talks **foundered** on a basic lack of trust.
평화 회담은 기본적인 신뢰 부족으로 좌초되었다.

MVP found v. ~의 기초를 두다; 설립하다, 창설하다

---

0120 ★★★
## custom
[kʌ́stəm]

**n. ① 관습, 풍습; 습관 = convention, habit, practice, tradition**
**② (pl.) 관세; 세관, 통관 절차 = duty, tariff**

Importers declare lower prices on products to **customs** officials to relieve their tax burden.
수입업자는 세금 부담을 줄이기 위해 세관 직원에게 수입가액을 낮게 신고한다.

MVP customary a. 습관적인, 관습상의, 관례적인(= traditional)
customarily ad. 습관적으로, 관례상
customer n. 고객, 손님

---



0121 ★★★
**expect**
[ikspékt]

**v. ① 기대[예상]하다; 기다리다 = anticipate, forecast, foresee, predict**
**② (아기를) 출산할 예정이다, 임신 중이다 = be pregnant**

Double-deckers are **expected** to help alleviate the shortage of seats.
2층 버스는 좌석 부족을 완화시키는 데 도움이 될 것으로 예상된다.

MVP expectancy n. 기대, 예상; 가망; 기대[예상]되는 것; (통계에 의거한) 예측 수량
expectation n. 예상, 기대; 가능성, 공산
expectant a. 기다리고[기대하고] 있는; 출산을 앞둔, 임신 중인; 형세를 관망하는

---

0122 ★
**chimerical**
[kimérikəl]

**a. 공상적인, 비현실적인, 기상천외한 = fanciful, imaginary, visionary**

He was too involved with **chimerical** schemes to want to run a restaurant.
그는 비현실적인 계획에 너무 열중하여 레스토랑을 운영하기를 원치 않았다.

---

0123 ★★★
**drown**
[draun]

**v. ① 물에 빠뜨리다, 익사시키다; 물에 빠지다, 익사하다**
**② 흠뻑 젖게 하다; (물에) 잠그다 = drench, flood, immerse, soak, steep**

If my brother had not rescued me, I would have been **drowned**.
내 남동생이 구조해 주지 않았더라면 나는 익사했을 것이다.

A **drowning** man will catch at a straw.
물에 빠진 자는 지푸라기라도 잡는다.

---

0124 ★★
**replica**
[réplikə]

**n. 모사(摹寫), 복제; 복제품, 모형 = copy, duplicate, model**

The weapon used in the raid was a **replica**.
습격 때 사용된 무기는 모형이었다.

She is a **replica** of her father.
그녀는 아버지를 꼭 닮았다.

MVP replicate v. 복제하다, 복사하다

---

0125 ★★
**pierce**
[piərs]

**v. ① 꿰찌르다, 꿰뚫다, 관통하다 = bore, perforate, puncture**
**② 간파하다, 통찰하다 = penetrate, see through**

Harmful jellyfish have stingers that can **pierce** the skin.
해로운 해파리는 피부를 관통할 수 있는 침을 가지고 있다.

MVP piercing a. 꿰뚫는; 날카로운; 통찰력 있는
cf. fierce a. 흉포한, 몹시 사나운; 맹렬한, 격심한

---

0126 ★★★
**apparent**
[əpǽrənt]

**a. ① 확실히 보이는; 명백한, 분명한 = clear, evident, manifest, obvious, plain**
**② 외견(만)의, 겉치레의 = ostensible, seeming, superficial**

He concluded that a person's location had an **apparent** effect on his or her state of mind.
그는 사람들이 위치한 곳이 감정 상태에 분명한 영향을 미친다고 결론을 내렸다.

It was more **apparent** than real.
그것은 겉보기만 그렇지 실제는 그렇지 않았다.

MVP apparently ad. 보기에, 외관상; 분명히, 명백하게

---

0127 ★
**muggy**
[mʌ́gi]

**a. 무더운, 후텁지근한 = sultry, sweltering**

Food poisoning is a lot more common in the summer when the weather is hot and **muggy**.
식중독은 날씨가 덥고 후텁지근한 여름에 훨씬 더 흔하게 발생한다.

---

0128 ★★★
**infer**
[infə́ːr]

**v. ① 추리하다, 추론하다 = conclude, deduce, extrapolate, presume**
**② (간접적으로) 뜻하다, 암시하다 = allude, hint, intimate, suggest**

From the evidence, he could **infer** that the victim knew the criminal.
증거를 통해 그는 희생자가 범인과 아는 사이였음을 추론할 수 있었다.

MVP inference n. 추리, 추측, 추론

---

0129 ★★
**disparate**
[díspərit]

**a. (본질적으로) 다른, 공통점이 없는, (완전히) 다른 종류의**
**= different, dissimilar, divergent**

The two cultures were so utterly **disparate** that she found it hard to adapt from one to the other.
그 두 문화는 너무나 근본적으로 달라서 그녀는 한 문화에서 다른 문화로 적응하는 것이 어렵다고 보았다.

0130 ★★★

**emergency**
[imə́:rdʒənsi]

**n. 비상[돌발] 사태, 위급, 위급한 경우 = exigency**

The news of your **emergency** surgery was quite a shock for us.
당신의 응급 수술 소식에 우리 모두 매우 놀랐다.

MVP cf. emergence n. 출현; 발생; 탈출

0131 ★★

**vanquish**
[vǽŋkwiʃ]

**vt. ① 정복하다, 패배시키다 = conquer, defeat**
**② (경기·논쟁 등에서) (상대를) 이기다**

Your great army and my superior intellect shall together **vanquish** our foes.
귀국의 막강한 군사력과 나의 두뇌가 결합하면 쉽게 적을 물리칠 수 있을 것이다.

0132 ★★

**gingerly**
[dʒíndʒərli]

**ad. 매우 신중하게, 조심스럽게 = carefully, cautiously**
**a. 매우 조심스러운, 신중한 = careful, cautious, circumspect**

She picked up the expensive glass vase **gingerly**.
그녀는 매우 조심스럽게 그 비싼 유리 꽃병을 집어 들었다.

0133 ★

**domicile**
[dɑ́məsàil]

**n. 주소, 주거, 거주지, 집 = abode, dwelling, habitation, residence**

Any change of **domicile** should be notified to the proper authorities.
주소가 조금이라도 바뀌면 관계 당국에 알려야 한다.

0134 ★★★

**humane**
[hju:méin]

**a. 인도적인, 인정 있는, 자비로운, 잔혹하지 않은 = compassionate, merciful**

He wrote a letter demanding **humane** treatment of prisoners.
그는 죄수들을 인간적으로 대우할 것을 요구하는 편지를 썼다

Animals raised for meat should also be killed in a **humane** way.
고기를 얻기 위해 길러진 동물들은 잔혹하지 않은 방법으로 도축되어야 한다.

MVP humanity a. 인류; 인간성; 박애, 자애
↔ inhumane a. 몰인정한; 잔인한, 무자비한

0135 ★★

**lineage**
[láinidʒ]

**n. 혈통, 계통, 가계 = descent, genealogy, pedigree**

She uses her mother's surname as well as her father's in respect for her mother's **lineage**.
그녀는 모계의 혈통을 존중하여 아버지의 성은 물론이고 어머니의 성까지 사용하고 있다.

0136 ★★★
**whisper**
[hwíspər]

v. ① 속삭이다, 소곤거리다 = murmur
② (중상모략으로 ~에 대해) 남몰래 숙덕거리다, 몰래 말을 퍼뜨리다 = gossip
n. 속삭임, 귀엣말

It is bad manners to **whisper** in company.
사람들 앞에서 귓속말을 하는 것은 나쁜 태도다.

MVP stage whisper 〈연극〉 방백(傍白)
whisper against a person 뒤에서 남을 중상하다, 몰래 험담하다

0137 ★★
**outcry**
[áutkrài]

n. ① 부르짖음, 절규, 비명 = clamor
② (대중들의) 격렬한 항의 = objection, protest

The new tax provoked a public **outcry**.
신설된 세금은 대중의 격렬한 항의를 불러일으켰다.

0138 ★★
**factual**
[fǽktʃuəl]

a. 사실의, 사실에 입각한; 실제의 = actual, real, true, valid

The best thing about this documentary was its **factual** description of animal lives.
이 다큐멘터리의 가장 큰 장점은 동물의 생활을 사실적으로 묘사하고 있다는 점이었다.

0139 ★★
**avocation**
[ævəkéiʃən]

n. ① 부업 = by-job, by-work, parergon, sideline
② 취미, 취미삼아 하는 일, 여가 활동 = hobby, pastime, recreation

Jane is a doctor, but she does a bit of writing as an **avocation**.
제인(Jane)은 의사지만 그녀는 부업으로 약간의 글을 쓴다.

My father loves playing golf. What is your father's **avocation**?
우리 아버지는 골프 치는 것을 좋아하셔. 너의 아버지의 취미는 뭐니?

MVP cf. vocation n. 천직, 직업; (어떤 일에 대한) 소명 의식

0140 ★★★
**enlarge**
[inlά:rdʒ]

v. ① 확대하다, 확장하다, 넓히다 = aggrandize, expand, extend, magnify
② 상세하게 설명[진술]하다[on] = dilate, elaborate, exposit, expound

Reading will **enlarge** your vocabulary.
독서는 어휘력을 확장시켜줄 것이다.

The candidate will **enlarge** on this point later on.
그 후보는 이 점에 대해 나중에 상세하게 설명할 것이다.

0141 ★
**botany**
[bάtəni]

n. 식물학 = phytology

I passed all the other courses that I took at my university, but I could never pass **botany**.
나는 대학에서 들었던 다른 모든 과목들은 통과했지만, 식물학은 통과하지 못했다.

MVP botanist n. 식물학자
zoology n. 동물학

---

0142 ★★★
**resume**
[rizú:m]

v. 재개하다[되다], 다시 시작하다[되다] = begin again, recommence, restart

She **resumed** her career after an interval of six years.
그녀는 6년이라는 공백 뒤에 직장 생활을 재개했다.

MVP resumption n. 되찾음, 회수, 회복
cf. résumé [rèzuméi] n. 이력서

---

0143 ★
**pseudonym**
[sú:dənim]

n. (특히 작가의) 필명; 가명, 익명 = nom de plume, pen-name

In the nineteenth century, many women writers used **pseudonyms** because they were afraid of being labeled "unladylike."
19세기에, 많은 여성 작가들은 '숙녀답지 않은' 것으로 낙인찍히는 것이 두려웠기 때문에 필명을 사용했다.

MVP ↔ autonym n. 본명, 실명(實名); 본명으로 저술한 책

---

0144 ★★
**nonchalant**
[nὰnʃəlά:nt]

a. ① 무관심한, 냉담한 = apathetic, indifferent, insouciant, laid-back
② 차분한, 태연한 = composed, unconcerned, unperturbed

He was completely **nonchalant** as opposed to her being wildly excited.
흥분한 그녀와 달리 그는 완전히 차분했다.

MVP nonchalance n. 무관심, 냉담, 태연
nonchalantly ad. 무관심하게, 냉담하게, 태연하게

---

0145 ★
**zodiac**
[zóudiæ̀k]

n. ① (the ~) 〈천문학〉 황도대(黃道帶); 12궁(宮)
② (시간·세월 등의) 일주(一週); 〈비유〉 범위, 한계
= circle, compass; extent, range

Libra is the only inanimate object in all the **zodiac** signs.
천칭자리는 황도대의 별자리들에서 유일한 무생물이다.

0146 ★★★
**cardinal**
[kάːrdənl]

a. ① **주요한, 기본적인** = chief, leading, main, principal
② **붉은, 주홍색의**
n. ① **추기경**
② **홍관조**

The **cardinal** rule in the school is to obey the teachers.
학교의 기본적인 규칙은 선생님의 말을 따르는 것이다.

**Cardinal** Jorge Mario Bergoglio became the first pope from Latin America.
호르헤 마리오 베르고글리오(Jorge Mario Bergoglio) 추기경이 라틴 아메리카 출신 최초의 교황이 되었다.

---

0147 ★★
**interminable**
[intə́ːrmənəbl]

a. **끝없는, 지루하게 긴** = boundless, endless, incessant, infinite

Though it lasted only half an hour, the ponderous lecture seemed **interminable** to most of the students.
30분에 불과했지만, 그 지루한 강의는 대부분의 학생들에게 한없이 긴 것처럼 여겨졌다.

---

0148 ★★★
**blame**
[bleim]

vt. ① **나무라다, 비난하다[for]**
= censure, condemn, criticize, reprehend, reproach
② **~의 책임[원인]으로 보다, (죄·잘못 등을) ~의 탓으로 돌리다[on, for]**
= ascribe, assign, attribute, impute

It's not fair to **blame** the children for their parent's misdeeds.
부모의 잘못에 대해 아이들을 탓하는 것은 공정하지 못하다.

Police are **blaming** the accident on dangerous driving.
경찰은 그 사고가 난폭 운전 때문에 난 것으로 보고 있다.

---

0149 ★★★
**threat**
[θret]

n. ① **협박, 위협; 위협적인 상황; 위협적인 존재** = intimidation, menace
② **(나쁜 일의) 징조, 조짐, 기미** = indication, omen, portent, sign, symptom

The politician received death **threats** from right-wing groups.
그 정치인은 우익 단체들로부터 살해 위협을 받았다.

Today starts off with sunshine but there is a **threat** of rain later in the day.
오늘은 화창한 날씨로 시작하겠지만, 오후에 비올 기미가 있다.

MVP threaten v. 협박[위협]하다; (나쁜 일이 있을) 조짐을 보이다
threatening a. 협박하는, 위협적인; (날씨 등이) 찌푸린
threatened a. (야생 동·식물이) 멸종위기에 직면한

0150 ★★

**susceptible**
[səséptəbl]

**a. 영향을 받기 쉬운; 민감한[to] = impressible, prone, vulnerable**

Children are so **susceptible** to the lure of television and video games.
아이들은 텔레비전과 비디오 게임의 유혹에 쉽게 영향 받는다.

I thought the president was too **susceptible** to his problematic past.
나는 대통령이 문제 많은 자신의 과거에 대해 지나치게 민감하다고 생각했다.

MVP susceptibility n. 민감성; (병 등에) 감염되기 쉬움

# REVIEW TEST

## A. Write the meaning of the following words.

| | | | |
|---|---|---|---|
| □ upheaval | ______ | □ infer | ______ |
| □ abide | ______ | □ vanquish | ______ |
| □ species | ______ | □ domicile | ______ |
| □ belligerent | ______ | □ humane | ______ |
| □ stagnant | ______ | □ lineage | ______ |
| □ rue | ______ | □ whisper | ______ |
| □ propaganda | ______ | □ outcry | ______ |
| □ demean | ______ | □ factual | ______ |
| □ aftermath | ______ | □ avocation | ______ |
| □ showy | ______ | □ enlarge | ______ |
| □ invigorate | ______ | □ botany | ______ |
| □ scorn | ______ | □ resume | ______ |
| □ founder | ______ | □ pseudonym | ______ |
| □ custom | ______ | □ nonchalant | ______ |
| □ expect | ______ | □ zodiac | ______ |
| □ chimerical | ______ | □ cardinal | ______ |
| □ drown | ______ | □ interminable | ______ |
| □ replica | ______ | □ blame | ______ |
| □ pierce | ______ | □ threat | ______ |
| □ apparent | ______ | □ susceptible | ______ |

※ 주어진 단어의 뜻을 본문에서 확인하시고 틀린 단어의 경우 박스에 체크한 뒤에 나중에 다시 학습하시기 바랍니다.

## B. Choose the synonym of the following words.

| | |
|---|---|
| 1. provisional | Ⓐ different |
| 2. culprit | Ⓑ chatty |
| 3. emergency | Ⓒ spend |
| 4. gingerly | Ⓓ temporary |
| 5. consume | Ⓔ adjust |
| 6. partake | Ⓕ exigency |
| 7. disparate | Ⓖ carefully |
| 8. muggy | Ⓗ sultry |
| 9. talkative | Ⓘ criminal |
| 10. modulate | Ⓙ participate |

B. 1. Ⓓ 2. Ⓘ 3. Ⓕ 4. Ⓖ 5. Ⓒ 6. Ⓙ 7. Ⓐ 8. Ⓗ 9. Ⓑ 10. Ⓔ

0151 ★★★
**adroit**
[ədrɔ́it]

a. 능숙한, 솜씨 좋은, 교묘한 = adept, deft, dexterous

Her **adroit** handling of the boat saved us from going onto the rocks.
그녀가 보트를 능숙하게 조종해서 우리가 암초를 향해 돌진하는 것을 막았다.

MVP adroitly ad. 능숙하게, 노련하게(= dexterously)
↔ maladroit a. 솜씨[재치] 없는, 서투른

0152 ★★
**chronicle**
[kránikl]

n. 연대기; 역사 = annals
vt. 연대순으로 기록하다

She **chronicled** her precious memories of the jungle in her book.
그녀는 정글에서의 소중한 기억을 자신의 책에 연대순으로 기록했다.

0153 ★★
**prototype**
[próutoutàip]

n. ① 원형, 기본형; 시제품 = archetype; test product
② 모범, 모델, 본보기가 되는 사람[것] = model, original

Karl Draus invented the **prototype** of the modern bicycle in Germany.
칼 드라우스(Karl Draus)는 독일에서 오늘날의 자전거의 원형을 발명했다.

The camp became a **prototype** for other summer camps across the nation.
그 캠프는 전국적으로 다른 여름 캠프에 본보기가 되었다.

0154 ★★★
**successive**
[səksésiv]

a. 연속적인, 잇따른, 계속되는 = consecutive, ensuing

She has been absent from school for three **successive** days.
그녀는 3일 연속으로 학교에 결석했다.

It rained for five **successive** days.
5일간 계속 비가 왔다.

MVP succession n. 연속, 연속물; 상속, 계승

0155 ★★
**notify**
[nóutəfài]

vt. ~에게 통지하다, 공고[발표]하다 = announce, apprise, inform, warn

The teacher **notified** pupils to assemble in the auditorium.
그 선생님은 학생들에게 강당에 집합하도록 통고했다.

MVP notification n. 통지, 통고

0156 ★★
**counter**
[káuntər]

n. ① 계산대; 판매대 = checkout, checkstand
② (남의 생각입장 등에 대한) 반작용, 반대 = reaction, retroaction
v. ① 반박하다, 논박하다 = contradict, dispute, retort
② (무엇의 악영향에) 대응하다 = cope, reply, respond

I asked the woman behind the **counter** if they had any postcards.
나는 계산대 뒤에 서 있는 여자에게 엽서가 있냐고 물어 보았다.

Such arguments are not easily **countered**.
그러한 주장은 쉽게 논박할 수가 없다.

MVP counterattack n. 역습, 반격; v. 역습[반격]하다

---

0157 ★★★
## distort
[distɔ́:rt]

**vt. ① (사실 등을) 왜곡하다 = falsify, pervert, twist**
**② (형체·모습·소리를) 일그러뜨리다, 비틀다 = contort, deform, disfigure**

Japan shouldn't **distort** Korean history.
일본은 한국의 역사를 왜곡해서는 안 된다.

MVP distortion n. 찌그러짐; 왜곡, 곡해(= perversion)

---

0158 ★★
## eulogy
[jú:lədʒi]

**n. ① 찬사, 칭송 = encomium, panegyric, praise**
**② (특히 죽은 사람에 대한) 송덕문(頌德文), 추도연설**

This biography, however, isn't merely an **eulogy** to him, it examines his weakness as well as the qualities that made him a great president.
그러나 이 전기는 단순히 그에 대한 송덕문이 아니며, 그를 위대한 대통령으로 만들어 준 자질들뿐만 아니라 그의 약점 역시도 조명하고 있다.

MVP eulogize vt. 칭송[칭찬]하다

---

0159 ★★
## differentiate
[dìfərénʃièit]

**v. ① 구별[차별]하다, 식별하다[from]**
**= discern, discriminate, distinguish, separate**
**② 분화시키다; 특수화시키다 = specialize, specify**
**③ 달라지다, 구별이 생기다; 분화하다 = alter, change, convert, transform**

We have **differentiated** our product from the competition by its higher quality.
저희는 제품의 고품질로 경쟁사의 제품과 차별화를 했습니다.

---

0160 ★
## brazen
[bréizn]

**a. ① 뻔뻔스러운, 철면피의 = impudent, shameless, unabashed**
**② 놋쇠로 만든 = brass**

He was so **brazen** as if he didn't know anything.
그는 마치 아무 것도 모른다는 듯이 뻔뻔스러웠다.

0161 ★★★

**patriotism**
[péitriətìzm]

n. 애국심 = nationalism

Using domestic products is an act of **patriotism**.
국산품을 사용하는 것이 애국하는 길이다.

MVP patriot n. 애국자, 우국지사

0162 ★★

**improvise**
[ímprəvàiz]

v. (연주·연설 등을) 즉흥적으로[즉석에서] 하다 = ad-lib, extemporize

If you forget something, just **improvise**, and say something else.
만약 어떤 것이 생각나지 않는다면, 곧바로 즉흥적으로 대처해서 뭔가 다른 말을 하십시오.

MVP improvisation n. 즉석에서 하기; 즉흥 연주
improvised a. 즉석에서 지은, 즉흥의

0163 ★★

**momentous**
[mouméntəs]

a. 중요한, 중대한 = crucial, important, significant

The signing of the peace treaty was a **momentous** event in the nation's modern history.
평화 조약의 서명은 그 나라의 현대사에서 중요한 사건이었다.

MVP cf. momentary a. 순간의, 잠깐의, 일시적인; 덧없는

0164 ★★★

**feat**
[fiːt]

n. ① 위업(偉業); 공적, 공훈 = accomplishment, achievement, exploit
② 묘기, 재주, 곡예 = performance, stunt

He accomplished the splendid **feat** of winning all the major titles.
그는 모든 메이저 대회에서 선수권을 획득하는 눈부신 위업을 달성했다.

0165 ★★★

**contemporary**
[kəntémpərèri]

a. ① 같은 시대의, 동시대의 = concurrent, contemporaneous, synchronous
② 현대의, 당대의 = current, modern, present-day
n. 동시대[동시기]의 사람; 동년배 사람

My studies were devoted almost entirely to **contemporary** literature.
나는 거의 전적으로 현대 문학에 전념했다.

He was a **contemporary** of Freud and may have known him.
그는 프로이트(Freud)와 동시대인이었으므로 그를 알고 있었을지도 모른다.

0166 ★★

**synopsis**
[sinάpsis]

n. (글·희곡 등의) 개요 = outline, overview

The **synopsis** shows the net effect of the two policies.
그 개요는 두 가지 정책의 실제 효과를 보여줍니다.

MVP synopsize vt. 요약하다, ~의 개요를 만들다

0167 ★★★
**recognize**
[rékəgnàiz]

**v. ① 알아보다; 인지하다 = notice, perceive**
**② (공로 등을) 인정하다, 감사하다, 표창하다 = appreciate**
**③ (사실을) 인정하다; 승인하다 = acknowledge**

He became delirious and couldn't **recognize** people.
그는 의식이 혼미해져서 사람들을 알아볼 수 없었다.

MVP recognition n. 인식; 인지, 승인; (공로 등의) 인정, 치하, 표창
recognizable a. 인식[인지, 승인]할 수 있는; 알아볼 수 있는

---

0168 ★★
**devoid**
[divɔ́id]

**a. 결여된, ~이 없는[of] = destitute, lacking, wanting**

Deserts are not **devoid** of water, but they contain only minimal amounts.
사막에 물이 없는 것은 아니지만, 그 양은 매우 미미할 뿐이다.

---

0169 ★★★
**archaeology**
[ὰːrkiάlədʒi]

**n. 고고학**

Through **archaeology**, we can find out about the lives of our ancestors.
고고학을 통해 우리는 조상들의 삶에 대해 알 수 있다.

MVP archaeologist n. 고고학자
archaeological a. 고고학의

---

0170 ★★★
**pious**
[páiəs]

**a. ① 신앙심이 깊은; 경건한 = devoted, spiritual**
**② (세속적인 데 대해) 종교적인 = religious**

He was an extremely **pious** man and gave all he had to charity.
그는 신앙심이 매우 깊은 사람이었기 때문에 자신의 전 재산을 자선단체에 주었다.

MVP piety n. (종교적인) 신앙심; (군주·어버이 등에 대한) 충성심; 효심
↔ impious a. 불신앙의, 경건치 않은, 불경한
↔ secular a. 현세의, 세속의; 비종교적인

---

0171 ★★★
**criticize**
[krítəsàiz]

**v. ① (사람을) 비판하다, 비난하다 = censure, fulminate, lambaste**
**② (작품을) 비평하다, 평론하다 = comment, critique, review**

The decision was **criticized** by environmental groups.
그 결정은 환경 단체의 비판을 받았다.

We were taught how to **criticize** poems.
우리는 시를 비평하는 법을 배웠다.

MVP critical a. 비판[평론]의; 비판적인; 위기의; 중대한, 결정적인
criticism n. 비평, 비판; 비난
critic n. 비평가, 평론가; 혹평가, 흠잡는 사람(= faultfinder)
criticizer n. 비평가; 비난자
critique n. 비평, 평론; vt. 비평[평론]하다

0172 ★
**inmate**
[ínmèit]

n. (병원·양로원·교도소 등의) 입소자, 수감자, 입원환자, 피수용자

He was the third **inmate** put to death in Oklahoma this year.
그는 오클라호마주에서 올해 들어 세 번째로 사형에 처해진 수감자였다.

0173 ★
**slap**
[slæp]

n. ① 손바닥으로 (뺨을) 때림, 철썩하고 때리기; 타격 = blow, smack
② 모욕, 비난 = insult
vt. ① 찰싹 때리다 = smack, strike
② 혹평하다, 모욕을 주다 = insult

The divorce was like a **slap** in the face for Jennifer.
부모님의 이혼은 제니퍼(Jennifer)에게 대단히 모욕적인 일이었다.



0174 ★★
**loquacious**
[loukwéiʃəs]

a. 말이 많은, 수다스러운 = garrulous, talkative, verbose

He becomes **loquacious** when chatting about his football team.
그는 그의 축구팀에 대해 이야기할 때에는 수다스러워진다.

0175 ★★
**writ**
[rit]

n. (법원의) 영장 = warrant

The court served a **writ** for his arrest.
법원은 그에게 체포 영장을 발부했다.

0176 ★★
**vindicate**
[víndəkèit]

vt. ① 정당성[진실성]을 입증하다 = justify
② 혐의를 풀다 = absolve, acquit, exonerate
③ (권리·주의 등을) 주장[지지, 옹호]하다, 요구하다

I have every confidence that this decision will be fully **vindicated**.
나는 이 결정의 정당성이 충분히 입증될 것임을 전적으로 확신한다.

New evidence emerged, **vindicating** him completely.
새로운 증거가 나타나서 그의 혐의를 완전히 벗겨 주었다.

MVP vindication n. 변호, 옹호; 입증; (비난·오명에 대한) 변명
vindicator n. 변호자, 옹호자
vindicative a. 변호하는, 옹호하는; 변명하는
vindicable a. 정당화할 수 있는, 변호[입증]할 수 있는

0177 ★★
**treatise**
[trí:tis]

n. (학술) 논문, 보고서 = dissertation, thesis

The scholar was explaining a recondite **treatise**.
그 학자는 난해한 논문을 설명하고 있었다.

0178 ★★★

**magnify**
[mǽgnəfài]

v. ① (렌즈 등으로) 확대하다; 크게 보이게 하다 = aggrandize, amplify, enlarge
② 과장하다 = exaggerate, overstate

This microscope **magnifies** an object 200 times.
이 현미경은 물체를 200배로 확대한다.

MVP magnifier n. 확대하는 물건[사람], 과장하는 사람; 돋보기

---

0179 ★★

**roseate**
[róuziət]

a. ① 낙관적인 = bullish, optimistic, positive, rosy, sanguine, upbeat
② 장밋빛의, 장미색의 = rose-coloured, rosy

He predicted a **roseate** future for America in the twentieth century.
그는 20세기의 미국에 대해 낙관적인 미래를 예측했다.

---

0180 ★★★

**promote**
[prəmóut]

vt. ① 진전[진척]시키다, 조장[증진]하다, 장려하다 = develop, further, support
② (계급·지위 등을) 올리다, 승진시키다 = elevate, raise, upgrade
③ 홍보하다 = publicize

The president promised to **promote** economic growth and employment.
그 대통령은 경제 성장과 고용을 촉진하겠다고 약속했다.

MVP promotion n. 승진, 승격, 진급; 조장, 증진
↔ demote vt. 강등시키다

---

0181 ★★

**diplomat**
[dípləmæ̀t]

n. 외교관; 외교 수완에 능한 사람, 흥정을 잘하는 사람

Sometimes, culture plays a bigger role than **diplomats** in boosting national prestige overseas.
때때로, 국위를 해외에서 떨치는 데 있어서 문화가 외교관들보다 더 큰 역할을 한다.

MVP diplomacy n. 외교; 외교술[수완]; 권모술수
diplomatic a. 외교의, 외교 관계의; 외교 수완이 있는, 책략에 능한
cf. diplomate n. 자격 취득자; 전문 의사(= specialist)

---

0182 ★★★

**conform**
[kənfɔ́:rm]

v. ① (규칙·관습 등에) 따르다, 순응하다[to] = comply, follow, obey, yield
② 적합[순응]시키다[to, with] = accommodate, adapt, adjust, fit

Young people face enormous social pressure to **conform** in order to gain acceptance among their peers.
젊은이들은 자신들의 또래들 사이에서 받아들여지기 위해 순응하라는 거대한 사회적 압력에 직면한다.

MVP conformity n. 적합, 일치; 유사; 복종; 순응주의
conformist a. 순응주의의; n. 순응하는 사람

0183 ★★

**banquet**
[bǽŋkwit]

**n. (공식) 연회[만찬], 향연; 축연(祝宴) = feast**

They gave a huge **banquet** to host all the guests who came.
그들은 방문한 모든 손님을 접대하기 위해 성대한 만찬을 열었다.

---

0184 ★★★

**enrich**
[inrítʃ]

**vt. ① 부유하게 만들다; 풍부하게 하다; 비옥하게 하다 = richen**
**② (내용·빛깔·맛 등을) 진하게 하다; (음식의) 영양가를 높이다 = enhance, heighten**
**③ (동위 원소를) 농축하다 = concentrate, condense**

Reading books will **enrich** your imagination and life.
책을 읽는 것이 당신의 상상력과 삶을 풍부하게 할 것입니다.



---

0185 ★★

**quixotic**
[kwiksátik]

**a. 돈키호테 같은; 공상적인, 비현실적인 = idealistic, impractical, romantic, visionary**

The prime minister has been described as a somewhat eccentric and **quixotic** reformer.
그 수상은 약간 유별나면서 비현실적인 개혁자로 묘사되어왔다.

MVP quixote n. 열광적인 공상가, 실현 불가능한 이상을 추구하는 사람

---

0186 ★★★

**hazard**
[hǽzərd]

**n. ① 위험, 모험; 위험요소 = danger, jeopardy, peril, risk**
**② 우연; 운 = chance, fate, fortune, hap, luck**
**vt. 위태롭게 하다; ~을 걸다; 운에 맡기고 해보다 = endanger, imperil, jeopardize; risk**

The greatest **hazard** in life is to risk nothing.
인생에 있어서 가장 큰 위험은 어떠한 위험도 감수하지 않는 것이다.

MVP hazardous a. 위험한; 모험적인

---

0187 ★★★

**abstain**
[əbstéin]

**vi. ① 삼가다, 자제하다, 절제하다; 금주하다[from] = forbear, refrain, withhold**
**② (투표를) 기권하다**

They agreed to **abstain** from any actions that might endanger the peace process.
그들은 평화 협상 과정을 위태롭게 할지도 모르는 그 어떤 행동도 삼가기로 합의했다.

You need to **abstain** from alcohol for 24 hours before the medical test.
건강검진을 받기 전에 24시간 동안 금주를 해야 한다.

MVP abstention n. (조심하여) 삼감, 절제, 자제; 기권
abstinence n. 자제, 절제, 금욕, 금주(禁酒)
abstemious a. 절제하는, 자제하는
abstinent a. 금욕적인, 자제하는

0188 ★★
**furtive**
[fə́:rtiv]

**a. 은밀한, 남몰래 하는 = clandestine, elusive, stealthy**

The teacher noticed the pupil's **furtive** glances at his classmate's paper.
그 교사는 그 학생이 급우의 시험지를 은밀히 힐끔 힐끔 보는 것을 알아챘다.

MVP furtively ad. 몰래, 슬그머니, 슬쩍(= secretly)

0189 ★★★
**innate**
[inéit]

**a. 타고난, 선천적인 = inborn, natural**

She has an **innate** discrimination in her choice of goods.
그녀는 물건을 고르는 데 타고난 안목이 있다.

0190 ★★★
**stimulate**
[stímjulèit]

**v. ① 격려하다, 고무하다 = animate, buoy, embolden, inspire**
**② 자극하다, 흥미[관심]를 불러일으키다 = prompt, provoke, rouse, spur**

Parents should give children books that **stimulate** them.
부모는 자녀들에게 흥미를 불러일으킬 수 있는 책을 주어야 한다.

MVP stimulation n. 자극, 고무, 격려
stimulus n. 자극제, 자극
stimulant a. 흥분성의, 자극성의; n. 흥분제; 자극[격려]이 되는 것
stimulative a. 자극적인, 자극성의, 격려가 되는

0191 ★
**receptacle**
[riséptəkl]

**n. ① 그릇, 용기(容器) = container, repository, vessel**
**② 피난처, 은신처**

If the **receptacle** is made airtight, the contents will keep for quite a long time.
용기를 밀폐해 두면 내용물이 꽤 오래 갈 것이다.

0192 ★★★
**exhaust**
[igzɔ́:st]

**v. ① 다 써버리다, 고갈시키다; 기진맥진하게 만들다 = consume; overtire**
**② (어떤 주제에 대해) 샅샅이[철저히] 다루다**
**n. (기체의) 배출; 배기가스 = emission**

Excessive work can **exhaust** you.
과도한 업무는 당신을 녹초로 만들 수 있다.

Automobile **exhaust** greatly influences pollution in the atmosphere.
자동차 배기가스가 대기오염에 큰 영향을 미친다.

MVP exhausting a. 소모적인; (심신을) 피로하게 만드는
exhaustive a. (하나도 빠뜨리는 것 없이) 철저한, 남김 없는, 총망라한; 고갈시키는

0193 ★★
**junction**
[dʒʌ́ŋkʃən]

n. ① **연합, 접합, 연락, 합체** = combination, connection, juncture, union
② **접합점, 교차점; (강의) 합류점** = crossroad, intersection; confluence

You should always slow down as you approach a **junction**.
교차로 가까이에 오면 항상 속도를 늦춰야 한다.

MVP juncture n. 접합, 접속, 연결; 이음매, 접합점; (중대한) 시점, 시기
cf. conjunction n. 결합, 연결; 합동, 관련; 접속사
cf. injunction n. 명령, 훈령, 지령; 금지[강제] 명령



0194 ★★★
**overwhelm**
[òuvərhwélm]

vt. ① **압도[제압]하다** = crush, dominate, overcome, overpower
② **당황[난처]하게 하다** = embarrass, perplex

The army was **overwhelmed** by the guerilla troops.
그 군대는 게릴라 부대에 제압당했다.

The senator **overwhelmed** the diplomat with questions.
그 상원의원은 그 외교관에게 질문을 퍼부어 난처하게 했다.

MVP overwhelming a. 압도적인, 저항할 수 없는
overwhelmingly ad. 압도적으로

0195 ★★
**archaic**
[aːrkéiik]

a. **낡은, 고풍의, 구식의** = antiquated, obsolete, old-fashioned, outmoded

The system is **archaic** and unfair and needs changing.
그 제도는 구식이고 공평하지 못하므로 바꿀 필요가 있다.

0196 ★★
**gamut**
[gǽmət]

n. ① **(사물의) 전 범위, 전 영역** = range, sphere
② **〈음악〉 전 음계; (목소리·악기의) 전 음역**

She felt she had run the whole **gamut** of human emotions from joy to despair.
그녀는 환희에서 절망까지 인간의 감정 전체를 경험한 기분이었다.

0197 ★★★
**technical**
[téknikəl]

a. ① **(과학) 기술의, 기술적인** = scientific, technological
② **전문의, 전문적인; (학문·직업·기술 등이) 특수한** = specialist, specialized

Having good **technical** skills is the best way to get a job.
훌륭한 전문기술을 갖추는 것이 취업에 가장 유리한 방법이다.

MVP technicality n. 세부적인 내용, 세부사항
technique n. 기술; 수법
technical term 전문 용어

0198 ★★

**stun**
[stʌn]

**vt. ① 기절시키다, 인사불성에 빠지게 하다 = stupefy**
**② 어리벙벙하게 하다, 아연하게 하다, 대경실색케 하다 = bewilder**

The animals are **stunned** before slaughter.
그 동물들은 도살하기 전에 기절을 시킨다.

He was **stunned** when he read her letter.
그 남자는 그 여자의 편지를 읽고 까무러치는 줄 알았다.

MVP stunning a. 기절할 만큼의; 귀가 멍멍할 만큼의; 근사한, 멋진

0199 ★

**biopsy**
[báiɑpsi]

**n. 생체 검사, 생검(생체 조직의 현미경 검사)**

She did an open lung **biopsy**, and the results of the biopsy came back two weeks later.
그녀는 개흉폐생검을 했고, 2주 뒤에 결과가 나왔다.

MVP cf. autopsy n. 검시(檢屍), 시체 해부, 부검(剖檢)(= necropsy, postmortem)

0200 ★★★

**prevail**
[privéil]

**vi. ① 우세하다, 이기다[against, over] = dominate, predominate**
**② 만연[팽배]하다, 보급되다, 유행하다 [among, in] = abound**
**③ 잘 되다, 효과를 나타내다**
**④ (사람을) 설복하다, 설득하여 ~시키다[on, with]**

Such beliefs still **prevail** among certain social groups.
그러한 믿음이 특정 사회 집단들 사이에서는 아직도 팽배해 있다.

Justice will **prevail** over tyranny eventually.
정의가 결국에는 독재정치를 이길 것이다.

I **prevailed** upon him to stay.
나는 그를 잘 설득하여 머물게 했다.

MVP prevalent a. (널리) 보급된, 널리 행해지는; 유행하고 있는; 우세한, 유력한
prevalence n. 널리 행해짐, 보급, 유행; 우세, 유력; 보급률

## A. Write the meaning of the following words.

| | | | |
|---|---|---|---|
| □ adroit | ________ | □ magnify | ________ |
| □ prototype | ________ | □ promote | ________ |
| □ counter | ________ | □ diplomat | ________ |
| □ distort | ________ | □ conform | ________ |
| □ eulogy | ________ | □ enrich | ________ |
| □ differentiate | ________ | □ quixotic | ________ |
| □ brazen | ________ | □ abstain | ________ |
| □ patriotism | ________ | □ furtive | ________ |
| □ improvise | ________ | □ innate | ________ |
| □ feat | ________ | □ stimulate | ________ |
| □ contemporary | ________ | □ receptacle | ________ |
| □ recognize | ________ | □ exhaust | ________ |
| □ devoid | ________ | □ junction | ________ |
| □ archaeology | ________ | □ overwhelm | ________ |
| □ pious | ________ | □ archaic | ________ |
| □ inmate | ________ | □ gamut | ________ |
| □ slap | ________ | □ technical | ________ |
| □ writ | ________ | □ stun | ________ |
| □ vindicate | ________ | □ biopsy | ________ |
| □ treatise | ________ | □ prevail | ________ |

※ 주어진 단어의 뜻을 본문에서 확인하시고 틀린 단어의 경우 박스에 체크한 뒤에 나중에 다시 학습하시기 바랍니다.

## B. Choose the synonym of the following words.

| | |
|---|---|
| 1. notify | Ⓐ rose-coloured |
| 2. criticize | Ⓑ feast |
| 3. roseate | Ⓒ danger |
| 4. loquacious | Ⓓ outline |
| 5. chronicle | Ⓔ crucial |
| 6. successive | Ⓕ consecutive |
| 7. banquet | Ⓖ inform |
| 8. hazard | Ⓗ garrulous |
| 9. momentous | Ⓘ censure |
| 10. synopsis | Ⓙ annals |

B. 1. Ⓖ 2. Ⓘ 3. Ⓐ 4. Ⓗ 5. Ⓙ 6. Ⓕ 7. Ⓑ 8. Ⓒ 9. Ⓔ 10. Ⓓ

0201 ★★★
**humiliate**
[hjuːmílièit]

**vt. 굴욕감을 주다, 창피를 주다 = embarrass, humble, shame**

I didn't want to **humiliate** her in front of her colleagues.
나는 그녀를 동료들 앞에서 창피하게 만들고 싶지는 않았다.

MVP humiliation n. 창피를 주기[당하기]; 굴욕(감)
humiliating a. 굴욕적인, 면목 없는

---

0202 ★★★
**affluent**
[ǽfluənt]

**a. 부유한, 풍부한 = opulent, prosperous, wealthy, well-off**

Studies have shown that the more **affluent** workers become, the less sympathetic they tend to be towards a progressive political party.
연구 결과 근로자들은 더 부유해질수록, 진보 정당에 덜 공감하는 경향이 있다는 사실이 드러났다.

MVP affluence n. 풍부함, 풍요, 유복, 부유

---

0203 ★★
**peddler**
[pédlər]

**n. ① 행상인 = hawker, vendor**
**② (소문 등을) 퍼뜨리는 사람**

The **peddler** sold vacuum cleaners door to door, walking more than 15 miles every day to support her son in college.
그 행상인은 대학에 다니는 아들을 뒷바라지하기 위해 매일 15마일 이상을 걸어 다니며 집집마다 방문하여 진공청소기를 팔았다.

MVP peddle v. 행상하다; (소문 등을) 퍼뜨리다

---

0204 ★★★
**steady**
[stédi]

**a. ① (발달이나 전개 등이) 꾸준한 = constant**
**② 변함[변동]없는, 고정적인, 한결같은 = regular, uniform**
**③ 흔들림 없는, 안정된 = stable, reliable**

The castle receives a **steady** stream of visitors.
그 성에는 방문객이 꾸준히 이어지고 있다.

She drove at a **steady** 50 mph.
그녀는 한결같이 시속 50마일로 차를 달렸다.

MVP steadily ad. 꾸준히; 착실하게

---

0205 ★
**descry**
[diskrái]

**vt. 어렴풋이 알아보다, 발견하다 = discern, discover, espy, spot**

The captain could only **descry** the vessel in full sail.
그 선장은 돛을 모두 올린 배를 겨우 어렴풋이 알아볼 수 있었다.

MVP cf. decry v. 비난하다, 헐뜯다

0206 ★★★

**ethnic**

[éθnik]

**a. 인종의, 민족의; (소수) 민족[종족]에 관한[전해지는] = racial, tribal**

Kurds, an **ethnic** minority group in Iraq, are moving to expand their areas.
이라크 소수 민족 집단인 쿠르드족은 그들의 영역을 확장시키려고 움직이고 있다.

MVP ethnicity n. 민족성

---

0207 ★

**plod**

[plɑd]

**v. ① 터벅터벅 걷다 = trudge**
**② 끈기 있게 일[공부]하다 = drudge, grub**

I watched her **plodding** her way across the field.
나는 그녀가 들판을 가로질러 터벅터벅 걸어가는 것을 지켜보았다.

---

0208 ★★★

**subtle**

[sʌ́tl]

**a. ① 미묘한, 포착하기 어려운 = delicate, tender**
**② 엷은, 희박한, 희미한**
**③ (지각·감각 등이) 예민한, 명민한; (두뇌 등이) 명석한, 회전이 빠른 = clever**

These **subtle** differences between languages reflect deeply rooted ideas in cultures.
이러한 언어들 간의 미묘한 차이들은 문화에 깊게 뿌리내려진 사상을 반영한다.

MVP subtlety n. 예민함; 섬세함, 치밀함; 교활

---

0209 ★★

**boon**

[buːn]

**n. 혜택, 은혜, 이익, 요긴한 것 = advantage, benefit**

There is a saying that competition is a **boon** not a bane.
경쟁은 골칫거리가 아니라 이익이라는 말이 있다.

---

0210 ★★

**insinuate**

[insínjuèit]

**v. ① 넌지시 비추다, 암시하다 = hint, imply, indicate, intimate, signal, suggest**
**② (사상·감정 등을) 은근히 주입하다[심어주다] = indoctrinate, infuse, instill**

The article **insinuated** that he was having an affair with his friend's wife.
그 글은 그가 친구의 아내와 바람을 피우고 있다는 것을 암시했다.

By revealing the rumor, he **insinuated** doubt into Jane's husband.
그 소문을 공개함으로써, 그는 제인의 남편의 마음에 의심이 들게 하였다.

---

0211 ★★

**monetary**

[mάnətèri]

**a. ① 화폐의, 통화의 = numismatic, nummary**
**② 금전상의, 재정상의 = financial, fiscal, pecuniary**

Some countries tighten **monetary** policy to avoid inflation.
몇몇 나라들은 인플레이션을 막기 위해 통화 정책을 강화한다.

MVP International Monetary Fund 국제 통화 기금(= IMF)

0212 ★★

**discrepancy**
[diskrépənsi]

**n. 차이, 불일치 = difference, disagreement, variation**

Arm-to-arm **discrepancies** of blood pressure could be signs of inefficient metabolism.
양팔의 혈압 차이는 신진대사가 효율적으로 이뤄지지 못하고 있음을 보여주는 신호일 수도 있다.

The auditors discovered a serious **discrepancy** in the account information and the company's assets.
감사들은 그 회사의 자산과 회계 내용에서 큰 차이점을 발견했다.

MVP discrepant a. 어긋나는, 모순된

---

0213 ★★★

**contradict**
[kὰntrədíkt]

**v. ① (어떤 사람의 말을) 부정[부인]하다, 반박하다 = deny, disprove, gainsay**
**② (행동·사항·말이) ~과 모순되다 = belie, conflict with, contravene**

This morning's editorial **contradicted** what the Prime Minister said yesterday about the economy.
오늘 아침의 사설은 총리가 어제 경제에 대해 말했던 내용을 반박했다.

His mean actions **contradict** his fine words.
그의 비열한 행위는 그의 올바른 말과 모순된다.

MVP contradiction n. 반박; 모순
contradictory a. 모순[상반]되는

---

0214 ★

**zest**
[zest]

**n. ① 강한 흥미, 열정, 열의 = eagerness, enthusiasm, passion, zeal**
**② 풍미, 맛 = flavor, savor, taste**

He has a **zest** for life and a quick intellect.
그는 삶에 대한 열정과 영민한 지성을 가지고 있다.

MVP zesty a. 강한 풍미를 가진; 자극을 주는

---

0215 ★★★

**animate**
v. [ǽnəmèit]
a. [ǽnəmət]

**vt. ① 살리다, 생명을 불어넣다**
**② 생기를 주다, 활기를 띠게 하다; 격려하다, 고무하다**
**= energize, vivify; inspire, stimulate**
**a. 살아 있는, 생명 있는 = alive, breathing, living**

The success **animated** him to more efforts.
성공에 고무되어 그는 더욱 노력했다.

MVP animation n. 생기, 활기; 만화 영화
animated a. 생기 있는, 활기찬, 활발한
↔ inanimate a. 생명 없는, 무생물의; 죽은; 활기[생기]없는

0216 ★
**imperious**
[impíəriəs]

a. ① 전제적인, 오만한, 고압적인
= arrogant, domineering, haughty, high-handed
② 절박한, 긴급한 = exigent, imperative, pressing, urgent

She sent them away with an **imperious** wave of the hand.
그녀는 오만하게 손을 저어 그들을 물러가게 했다.

---

0217 ★★
**preclude**
[priklúːd]

vt. ① 방해하다, 가로막다 = prevent, prohibit, restrain
② 배제[제외]하다, 배척하다[from] = obviate, rule out

His religious beliefs **precluded** his serving in the army.
그는 종교적인 신념 때문에 군 복무를 할 수 없었다.

We won't **preclude** possibly testing a hydrogen bomb.
우리들은 수소폭탄을 시험할 가능성도 배제하지 않을 것입니다.

---

0218 ★★
**spendthrift**
[spendθrift]

a. 낭비하는, 낭비벽이 있는
= extravagant, improvident, prodigal, profligate, wasteful
n. 돈을 헤프게 쓰는 사람, 낭비벽이 있는 사람 = squanderer, wastrel

Five years ago, the man divorced his **spendthrift** wife.
5년 전에, 그 남자는 돈을 물 쓰듯 하는 아내와 이혼했다.

---

0219 ★★★
**drought**
[draut]

n. ① 가뭄 = aridity, lack of rain
② 고갈, 결핍 = scarcity

If this **drought** lasts long, the crops will suffer greatly.
이 가뭄이 오래 계속되면 농작물은 큰 해를 입을 것이다.

---

0220 ★
**oblong**
[ábl ɔ́(ː)ŋ]

a. ① 직사각형의 = rectangular
② 길쭉한, 길게 늘여진 = elongated, slab-sided

The medium-sized melon has a round or **oblong** shape.
중간크기의 멜론의 형태는 둥글거나 길쭉하다.

MVP square a. 정사각형의; n. 정사각형; 광장

---

0221 ★★★
**stem**
[stem]

v. ① 일어나다, 생기다, 유래하다[from] = arise, come, derive
② 저지하다, 막다 = curb, halt, restrain
n. (초목의) 줄기, 대 = branch, stalk

Many diseases **stem** from environmental pollution.
많은 질병이 환경오염으로부터 생긴다.

The IAEA will never be able to **stem** nuclear proliferation on its own.
국제 원자력 기구는 독자적으로는 핵 확산을 저지할 힘이 없다.

A cactus has a thick **stem** to store a lot of water inside.
선인장은 두꺼운 줄기 안에 많은 물을 저장한다.

---

0222 ★★
## insurrection
[insərékʃən]

**n. 반란, 폭동** = insurgency, rebellion, revolt, uprising

A long time ago, the entire household and all their kin used to be wiped out for **insurrection**.
옛날에는 반역 사건이 일어나면 그 집안의 씨를 말렸다.

---

0223 ★★★
## gratify
[grǽtəfài]

**vt. ① (욕구 등을) 만족시키다, 충족시키다** = content, fulfill, humor, satisfy
**② 기쁘게 하다, 흐뭇하게 하다** = delight, divert, entertain, gladden, please

The lecture **gratified** his thirst for knowledge.
그 강의는 지식에 대한 그의 갈증을 충족시켜 주었다.

I'm **gratified** that people think well of what I do.
내가 한 것에 대해 사람들이 좋게 생각해줘서 기쁘다.

MVP gratification n. 만족(감), 희열
gratifying a. 만족을 주는, 유쾌한
gratified a. 만족한, 기뻐하는

---

0224 ★★
## frantic
[frǽntik]

**a. 광란의, 미친 듯한** = distracted, frenetic, frenzied, insane, phrenetic

They made **frantic** attempts to revive their son.
그들은 아들을 소생시키려고 미친 듯이 매달렸다.

---

0225 ★
## cavity
[kǽvəti]

**n. ① 공동(空洞); 움푹 들어간 곳, 빈 곳, 구멍** = gap, hole, hollow, pit
**② 충치, 충치의 구멍** = decayed tooth, dental[tooth] decay

In fact, sticky candies like caramels and jellies are the main cause of **cavities**.
사실은, 캐러멜과 젤리 같은 끈적거리는 사탕이 충치의 주된 원인이다.

---

0226 ★★★
## precarious
[prikέəriəs]

**a. 불안정한, 믿을 수 없는; 위험한, 위태로운** = insecure, unstable; perilous

The professional model has a somewhat **precarious** existence.
모델을 직업으로 하고 있는 사람의 생활은 다소 불안정하다.

That ladder looks very **precarious**.
저 사다리는 매우 위태로워 보인다.

MVP precariously ad. 불확실하게, 위험하게(= insecurely)

---

0227 ★★★
**reduce**
[ridjúːs]

**v. ① (규모·크기·양 등을) 줄이다, 축소하다; (가격 등을) 할인하다 = diminish**
**② (신분·지위를) 낮추다, 격하시키다, 영락[몰락]하게 하다**
**③ (어떤 상태로) 떨어뜨리다, 몰아넣다; 〈보통 수동태〉 부득이 ~하게 하다[to]**

Some plants have small leaves to **reduce** the loss of water.
어떤 식물들은 수분의 손실을 줄이기 위해 작은 잎을 가지고 있다.

The poor man was **reduced** to begging.
그 가련한 남자는 구걸을 할 만큼 몰락했다.

MVP reduction n. 감소, 절감; 환원, 변형; 영락; 쇠미

---

0228 ★
**stopgap**
[stapgæp]

**n. 임시방편 = makeshift**
**a. 임시변통의, 임시의, 미봉책의 = extemporaneous, makeshift, patch-up**

The government employment policy amounts to nothing more than **stopgap** measures.
정부의 고용정책은 미봉책에 지나지 않는다.

---

0229 ★★★
**comprehensive**
[kàmprihénsiv]

**a. ① 포괄적인, 종합적인 = broad, extensive, inclusive, overall**
**② 이해력이 있는, 이해가 빠른**

The insurance policy was **comprehensive**; it covered all possible losses.
그 보험은 포괄적이었다. 모든 가능한 손실을 보상해주는 것이었기 때문이다.

MVP comprehend vt. 이해하다; 포함[내포]하다
comprehension n. 이해(력); 포함, 함축

---

0230 ★
**tribulation**
[trìbjuléiʃən]

**n. 고난, 고생, 시련 = adversity, hardship, ordeal, suffering**

The Japanese occupation period was a time of **tribulation** for our nation.
일제 강점기는 우리 민족의 수난기였다.

---

0231 ★★
**revile**
[riváil]

**v. 욕하다, 욕설을 퍼붓다, 매도하다 = abuse, curse, swear, vituperate**

Bush may be **reviled** now, but history will judge him much more fairly.
부시(Bush)는 지금 욕을 먹고 있을지도 모르지만, 역사는 그를 훨씬 더 공정하게 판단할 것이다.

0232 ★★★

**admission**
[ædmíʃən]

n. ① 입장(허가), 입학(허가), 입국(허가) = admittance, entrance
② 입장료; 입회[입학]금 = entrance[admission] fee
③ 자백, 고백, 시인, 인정 = confession, recognition

**Admission** is by invitation only.
입장은 초대받은 사람에 한한다.

His silence is an **admission** of being guilty.
그의 침묵은 자신의 죄를 시인하는 것이다.

MVP admit v. 입장을 허가하다; 인정[시인]하다
admitted a. 시인[인정]된; 명백한

---

0233 ★★

**laborious**
[ləbɔ́:riəs]

a. ① (일 등이) 힘든, 어려운 = arduous, backbreaking, onerous, strenuous
② 근면한, 부지런히 일하는 = assiduous, diligent, hardworking, industrious

Checking the entire report for mistakes was a **laborious** business.
실수를 찾아내기 위해서 전체 보고서를 검토하는 것은 힘든 일이었다.

MVP labored a. 힘든, 곤란한; 고심한 흔적이 보이는; 부자연스러운

---

0234 ★★

**wrath**
[ræθ]

n. (극도의) 분노, 노여움, 격노 = anger, exasperation, fury, indignation, rage

His trembling lips showed me that he was bottling up his **wrath**.
그의 떨리는 입술은 그가 분노를 억누르고 있음을 보여주었다.

---

0235 ★★★

**distinctive**
[distíŋktiv]

a. 독특한, 특유의 = peculiar, singular, special, unique

The male bird has **distinctive** white markings on its head.
그 새의 수컷은 머리에 독특한 흰색 반점들이 있다.

MVP distinctiveness n. 특수성
distinctively ad. 특징적으로; 구별하여; 독특하게

---

0236 ★★

**mesmerize**
[mézməràiz]

vt. ① 최면술을 걸다 = hypnotize
② 매혹시키다 = bewitch, captivate, enchant, enthrall, fascinate

The Indian healer **mesmerized** the patient.
신앙요법을 행하는 그 인도인이 그 환자에게 최면술을 걸었다.

He was **mesmerized** by her bewitching green eyes.
그는 그녀의 매혹적인 초록색 눈에 완전히 넋이 나갔다.

MVP mesmerizer n. 최면술을 거는 사람
mesmerization n. 최면술을 걸기; 최면 상태

0237 ★★★

**cautious**
[kɔ́ːʃəs]

**a. 주의 깊은, 신중한 = careful, chary, circumspect, discreet, prudent**

Even though his **cautious** approach has advantages, it looks awkward in this urgent situation.
비록 그의 신중한 접근법에 이점이 있긴 하지만, 이런 긴급한 상황에서는 어색해 보인다.

---

0238 ★

**nirvana**
[niərvάːnə]

**n. 열반, 해탈, 해탈의 경지**

**Nirvana** is the word that Hindus use to describe a sense of inner peace.
열반은 힌두교도들이 내적 평화에 이른 느낌을 묘사하기 위해 사용하는 단어이다.



---

0239 ★★★

**vertical**
[və́ːrtikəl]

**a. 수직의, 직립한, 세로의 = erect, perpendicular, plumb, upright**

Floors are horizontal and walls are **vertical**.
바닥들은 평평하고 벽들은 수직이다.

MVP vertically ad. 수직으로
vertical thinking 수직적 사고(↔ lateral thinking 수평적 사고)
↔ horizontal a. 수평의, 가로의; 수평선의

---

0240 ★★★

**exhibit**
[igzíbit]

**v. ① 전람[전시]하다, 출품하다, 진열하다 = display, show**
**② (징후·감정 등을) 나타내다, 보이다, 드러내다**
**= demonstrate, indicate, manifest, reveal**
**n. ① 공시, 전람, 전시, 진열; 전시회, 전람회 = exposition, fair**
**② 전시품, 진열품**

This year's Tokyo Motor Show **exhibited** many electric cars.
올해 도쿄 모터쇼는 많은 전기 자동차를 전시했다.

MVP exhibition n. 전람, 전시; 전람회, 전시회, 박람회
cf. inhibit vt. 금하다; 방해하다, 억제하다(= hinder)

---

0241 ★★

**mishap**
[míshæp]

**n. 불행한 사건, 사고, 재난 = accident, mischance, misfortune**

Automobile accidents occur with alarming frequency, but attract little media coverage because few people are killed or seriously injured in any particular **mishap**.
자동차 사고는 대단히 빈번하게 발생하지만, 그 어떤 불운한 자동차 사고에서도 죽거나 심각한 부상을 입는 사람이 많지 않기 때문에 언론 보도를 거의 이끌어내지 못한다.

MVP misadventure n. 불운; 불운한 일, 불행, 재난; 〈법률〉 우발적 사고
without mishap 무사히

0242 ★★★

**breathtaking**
[bréθtèikiŋ]

**a. 깜짝 놀랄 만한, 아슬아슬한 = amazing, astonishing, awesome, stunning**

Luckily for us, we live in an era of **breathtaking** biomedical advances.
다행스럽게도, 우리는 너무나도 놀라운 생명공학의 발전의 시대를 살고 있다.

---

0243 ★★★

**clue**
[klu:]

**n. (수수께끼를 푸는) 실마리; (조사·연구의) 단서 = cue, hint, indication**

The detectives groped for some **clue** to the case.
형사들은 그 사건에 대해 어떤 단서를 찾으려고 했다.

---

0244 ★

**gleam**
[gli:m]

**n. ① 어렴풋한 빛, (새벽 등의) 미광(微光); 섬광 = beam, flash**
**② (감정·희망·기지 등의) 번득임 = flash, glimmer**
**v. ① 번쩍이다, 빛나다; 미광을 발하다; 잠깐 보이다[나타나다] = glow, shine**
**② (생각·희망 등이) 번득이다, 어렴풋이 나타나다 = flash, sparkle**

There was a **gleam** of hope for a peaceful settlement.
평화적 해결에 한 줄기 희망이 보였다.

MVP cf. glean v. (이삭을) 줍다; (사실·정보 등을) 애써[조금씩] 수집하다

---

0245 ★★★

**abject**
[æbdʒekt]

**a. ① 절망적인, 비참한 = miserable, wretched**
**② 비열한 = mean**

The conditions that these people live in are **abject** and shocking.
이 사람들의 생활상은 비참하고 충격적이다.

MVP abjection n. (신분의) 천함; 영락한 상태; 비열, 비굴

---

0246 ★★★

**foresee**
[fɔ:rsí:]

**v. 예견하다, 앞일을 내다보다, 미리 알다 = anticipate, forecast, foretell, predict**

Ancient Israel had Isaiah who **foresaw** the collapses of Babylon and Assyria.
고대 이스라엘에는 바빌론과 아시리아의 몰락을 내다본 예언자 이사야(Isaiah)가 있었다.

MVP foresight n. 선견, 예지, 예측; 선견지명(= prescience)
foreseeable a. 예지[예측]할 수 있는

---

0247 ★

**ruddy**
[rʌ́di]

**a. 불그레한, 혈색이 좋은 = florid, high-colored, rubicund, sanguine**

Melinda does have a **ruddy** color and palpable vigor.
멜린다(Melinda)는 피부 혈색이 좋으며, 활력이 눈에 띌 정도로 넘친다.

0248 ★★★

**punishment**
[pʌniʃmənt]

n. ① 벌, 형벌, 처벌 = penalty
② 응징, 징계 = discipline
③ 난폭한 취급, 혹사, 〈구어〉 학대 = abuse, beating, torture

**Punishment** should always be proportionate to the crime committed.
처벌은 항상 저지른 범죄에 비례해야 한다.

MVP punish v. (사람 또는 죄를) 벌하다; 응징하다

0249 ★

**uplift**
[ʌplíft]

vt. ① 올리다, 들어 올리다 = elevate, hoist, raise
② (사회적·도덕적·지적으로) 향상시키다, (정신을) 고양하다
= advance, enhance, improve

n. ① 올림, 들어 올림
② (사회적·도덕적·지적) 향상, (정신적인) 고양 = advancement, improvement

Yoga is helpful to **uplift** the mind and the spirit.
요가는 마음과 정신을 고무시키는 데 도움이 된다.

0250 ★★★

**epoch**
[épək]

n. (중요한 사건이 일어났던) 시대; (역사·정치 등의) 새 시대, 신기원

Einstein's theories marked a new **epoch** in physics.
아인슈타인(Einstein)의 이론은 물리학의 신기원을 열었다.

MVP epochal a. 신기원의; 획기적인(= epoch-making)

## A. Write the meaning of the following words.

| | |
|---|---|
| □ peddler ______ | □ precarious ______ |
| □ steady ______ | □ reduce ______ |
| □ descry ______ | □ stopgap ______ |
| □ ethnic ______ | □ comprehensive ______ |
| □ plod ______ | □ revile ______ |
| □ subtle ______ | □ admission ______ |
| □ boon ______ | □ laborious ______ |
| □ insinuate ______ | □ mesmerize ______ |
| □ monetary ______ | □ nirvana ______ |
| □ discrepancy ______ | □ vertical ______ |
| □ contradict ______ | □ exhibit ______ |
| □ zest ______ | □ mishap ______ |
| □ animate ______ | □ breathtaking ______ |
| □ imperious ______ | □ clue ______ |
| □ preclude ______ | □ gleam ______ |
| □ drought ______ | □ abject ______ |
| □ stem ______ | □ ruddy ______ |
| □ gratify ______ | □ punishment ______ |
| □ frantic ______ | □ uplift ______ |
| □ cavity ______ | □ epoch ______ |

※ 주어진 단어의 뜻을 본문에서 확인하시고 틀린 단어의 경우 박스에 체크한 뒤에 나중에 다시 학습하시기 바랍니다.

## B. Choose the synonym of the following words.

| | |
|---|---|
| 1. spendthrift | Ⓐ insurgency |
| 2. oblong | Ⓑ shame |
| 3. tribulation | Ⓒ anger |
| 4. foresee | Ⓓ rectangular |
| 5. affluent | Ⓔ opulent |
| 6. cautious | Ⓕ extravagant |
| 7. distinctive | Ⓖ hardship |
| 8. wrath | Ⓗ forecast |
| 9. insurrection | Ⓘ careful |
| 10. humiliate | Ⓙ peculiar |

B. 1. Ⓕ 2. Ⓓ 3. Ⓖ 4. Ⓗ 5. Ⓔ 6. Ⓘ 7. Ⓙ 8. Ⓒ 9. Ⓐ 10. Ⓑ

0251 ★★

**outweigh**
[àutwéi]

**vt. ~보다 중요하다[뛰어나다]** = exceed, outbalance, overweigh, surpass

The ultimate benefits of quitting smoking far **outweigh** the anguish that accompanies it.
금연에서 얻게 되는 궁극적인 장점들은 그것에 수반된 고통보다 훨씬 크다.

---

0252 ★★

**flippant**
[flípənt]

**a. 경박한, 경솔한, 건방진** = frivolous, impertinent

Her **flippant** tone irked him.
그녀의 경박한 어조가 그를 짜증나게 했다.

MVP flippancy n. 경솔, 경박(= frivolity)

---

0253 ★

**panel**
[pǽnl]

**n. 토론자단, 강사단; 심사원단, 조사원단, (전문) 위원단**

The **panel** will meet on a biannual basis to check their progress.
위원들은 1년에 두 차례씩 모여 진행상황을 점검할 것이다.

---

0254 ★★

**sporadic**
[spərǽdik]

**a. 산발적인, 때때로 일어나는** = intermittent, occasional, periodic

These **sporadic** attacks seem to indicate that the enemy is waging a war of attrition rather than attacking us directly.
이런 산발적인 공격들은 적(敵)이 우리를 직접적으로 공격하기보다는 소모전을 벌이고 있음을 보여주는 것 같다.

MVP sporadically ad. 이따금, 산발적으로(= occasionally)
spore n. (식물의) 포자; 종자, 씨

---

0255 ★★★

**declare**
[diklέər]

**v. ① 선언[공표]하다, 단언[언명]하다** = affirm, announce, assert, proclaim
**② (세관·세무서에서 과세품 등을) 신고하다**

Taegeukgi was officially **declared** the national flag of Korea by King Gojong in 1883.
태극기는 1883년 고종(Gojong)에 의해 대한민국 국기로 공식 선언됐다.

MVP declaration n. 선언, 포고, 공표; (세관·세무서에의) 신고

---

0256 ★

**anthology**
[ænθάlədʒi]

**n. 명시 선집, 명문집; (한 작가의) 선집** = literary collection, garland

The **anthology** featuring 75 poems by 15 Korean-American poets showed the Korean immigrants' nostalgia.
15명의 한국계 미국인 시인이 쓴 75편의 시가 담겨 있는 선집은 한국 이민자들의 향수를 잘 보여주었다.

MVP analects n. 선집(選集), 어록(語錄)
the Analects of Confucius 논어(論語)

---

0257 ★★
**infringe**
[infríndʒ]

v. ① (행동·계획 등이 법규를) 위반하다
② (법적 권리를) 침해하다[on, upon] = encroach, trespass

Your company **infringed** a business contract last month.
당신의 회사가 지난 달 계약을 위반했다.

She refused to answer questions that **infringed** on her private affairs.
그녀는 자신의 사적인 문제를 침해하는 질문에 대해서는 답변을 거부했다.

MVP infringement n. 위반, 침해
fringe n. 가장자리

---

0258 ★★★
**chronic**
[kránik]

a. (병이) 만성의, 고질의; (버릇이) 상습적인 = continuous; inveterate

He is suffering from serious **chronic** illness that requires long-term care.
그는 장기 치료가 필요한 심각한 만성 질환을 앓고 있다.

MVP cf. chronicle n. 연대기(年代記), 편년사(編年史); 기록

---

0259 ★★
**expend**
[ikspénd]

v. (시간·노력·돈 등을) 들이다, 쓰다, 소비하다; 다 써 버리다
= consume, exhaust, outlay, use up

He regrets **expending** so much time doing meaningless things when he was young.
그는 젊었을 때 의미 없는 일을 하느라고 많은 시간을 낭비했던 것을 후회한다.

MVP expenditure n. 지출; (노력·시간 등의) 소비; 비용, 경비
expense n. 지출, 비용; 소요 경비; 수당
expendable a. 소비[소모]해도 좋은; 보존가치가 없는; n. (보통 pl.) 소모품
expensive a. 돈이 드는, 값비싼; 사치스러운

---

0260 ★★★
**burden**
[bə́ːrdn]

n. ① 무거운 짐, 짐 = cargo, load
② (정신적인) 짐, 부담; 걱정, 고생 = onus, responsibility, strain
vt. ~에게 짐을 지우다; 괴롭히다, 부담을 지게 하다 = bother, oppress

We played the game with the **burden** of having to win it.
우리는 꼭 이겨야 한다는 부담을 안고 경기에 임했다.

MVP burdensome a. 무거운 짐이 되는, 번거로운(= onerous)

0261 ★★
**snooze**
[snu:z]

v. ① 졸다, 선잠 자다, 잠깐 자다, 꾸벅꾸벅 졸다
= doze, drowse, nap, nod, slumber
② (시간을) 빈둥빈둥 보내다 = dally, fiddle, loaf, slug

My son was **snoozing** on the sofa.
우리 아들은 소파에서 선잠을 자고 있었다.

---

0262 ★
**defunct**
[difʌ́ŋkt]

a. 죽은; 소멸한, 현존하지 않는 = dead, extinct, nonexistent

That company is now **defunct**; it closed last month.
그 회사는 이제 없어졌습니다. 지난달에 문을 닫았습니다.

---



0263 ★★
**hearsay**
[híərsèi]

n. 소문, 풍문 = gossip, rumor, scuttlebutt

We can't make a decision based on **hearsay** and guesswork.
우리는 소문과 짐작에 의거해서 결정을 내려선 안 된다.

---

0264 ★★★
**mutable**
[mjú:təbl]

a. 변하기 쉬운, 변덕스러운 = capricious, changeable, fickle, volatile

We are all bound to flesh which is **mutable**.
우리는 모두 변하기 쉬운 육체에 구속되어 있다.

MVP mutability n. 변하기 쉬움; 변덕

---

0265 ★★
**allay**
[əléi]

vt. ① (공포·불안·흥분 등을) 가라앉히다 = calm, relieve
② (고통·슬픔 등을) 누그러뜨리다, 경감[완화]시키다 = alleviate, assuage

Authorities were trying to **allay** growing public fear of the virus.
당국은 점점 확산되고 있는 바이러스에 대한 시민들의 두려움을 가라앉히려고 애썼다.

---

0266 ★★★
**crucial**
[krú:ʃəl]

a. 결정적인, 매우 중요한 = critical, decisive, vital

Winning this contract is **crucial** to the success of the company.
이 계약을 따는 것이 그 회사의 성공에 매우 중요하다.

Parents play a **crucial** role in preparing their child for school.
아이의 학교생활 준비에는 부모가 결정적인 역할을 한다.

0267 ★★
**paraphrase**
[pǽrəfrèiz]

**v. (쉽게) 바꿔 쓰다[말하다], 말을 바꿔서 설명하다, 패러프레이즈하다 = reword**

She **paraphrased** the sentence to help her children to understand more easily.
그녀는 아이들이 더 쉽게 이해하도록 문장을 다른 말로 바꿔 설명했다.

MVP phrase n. 구; 구절, 관용구; v. (말·글을 특정한 방식으로) 표현하다

---

0268 ★
**terrain**
[təréin]

**n. ① 지대, 지역 = area, ground, region, territory**
**② 지형; 지세 = topography**

The **terrain** changed quickly from arable land to desert.
그 지역은 경작지에서 사막으로 급격히 바뀌었다.

MVP terra n. 흙; 땅, 대지; 지구
terra incognita 미지의 나라[땅, 세계]; 미개척의 영역

---

0269 ★★★
**lucrative**
[lú:krətiv]

**a. 유리한, 수익성이 좋은 = profitable, remunerative**

New drug production is a very **lucrative** business.
신약 생산은 매우 수익성이 좋은 사업이다.

---

0270 ★★
**inception**
[insépʃən]

**n. 처음, 시작, 개시, 발단 = beginning, commencement, initiation, outset**

The program has expanded since its **inception** to include children with absent, disabled, or unemployed parents.
그 프로그램은 신설된 이래로 부모가 없거나 장애인이거나 실업자를 부모로 둔 자녀들까지 수혜 대상을 확대해 왔다.

MVP incipient a. 시초의, 발단의, 초기의
cf. interception n. 도중에서 빼앗기, 차단, 저지; 요격

---

0271 ★★★
**disregard**
[dìsrigɑ́:rd]

**vt. 무시하다, 문제시하지 않다; 경시하다 = discount, ignore, neglect, overlook**
**n. 무시, 등한; 경시 = disdain, disrespect, negligence**

Ignoring traffic rules means **disregard** for life.
교통법규를 무시하는 행위는 생명을 경시하는 것이나 마찬가지다.

---

0272 ★★
**kin**
[kin]

**n. 친족, 친척, 일가 = kinfolk, relative**
**a. [서술적] 동족인, 친척 관계인; 동류인, 동질인[to] = akin, cognate, kindred**

He is **kin** to me on my mother's side.
그분은 외가 쪽으로 저와 친척이 됩니다.

MVP kinship n. 친족[혈족]관계; (성질 등의) 유사, 근사
kith and kin 친척, 지기(知己), 일가친척, 친척과 친구들

0273 ★★★
**revoke**
[rivóuk]

**v. (명령·약속·특권 따위를) 철회[폐지, 취소]하다, 무효로 하다, 해약하다**
**= annul, cancel, repeal, rescind**

His driver's license was **revoked** since he had too many accidents.
그는 너무 많은 사고를 내서 운전면허가 취소되었다.

MVP revocable a. 폐지[취소]할 수 있는
irrevocable a. 돌이킬 수 없는; 취소[변경]할 수 없는



0274 ★★
**binary**
[báinəri]

**a. ① 둘[쌍, 복]의 = double, dual**
**② 2진법의**
**n. 2진수**

Conventional computers operate in the **binary** system which uses 0's and 1's.
기존의 컴퓨터는 0과 1을 사용하는 2진법에 따라 작동한다.

MVP binary system 2진법

0275 ★★★
**consensus**
[kənsénsəs]

**n. (의견 따위의) 일치, 합의, 일치된 의견, 여론 = agreement, concord**

There is a general **consensus** among teachers about the need for greater security in schools.
학교의 보안을 더 강화할 필요가 있다는 데 대해 교사들의 의견이 대체로 일치한다.

0276 ★★
**insular**
[ínsələr]

**a. ① 섬의, 섬과 관련된 = islandic, islandish**
**② 배타적인, 편협한 = narrow-minded, parochial, prejudiced, provincial**

The coastal and **insular** areas have been developed to attract tourists.
해안 및 도서지역은 관광객들을 끌어 모으기 위해 개발되어왔다.

The British are often accused of being **insular**.
영국인들은 종종 배타적이라고 비난을 받는다.

MVP insularity n. 섬나라 근성, 편협
insularism n. 섬나라 근성, 편협
cf. peninsula n. 반도(半島)

0277 ★
**mangle**
[mǽŋgl]

v. ① 토막토막 베다, 난도질하다, 짓이기다 = cut, lacerate, mutilate, rend, tear
② (문장·연주 등을) 엉망으로 만들다, 망쳐버리다 = cripple, maim, spoil, wreck

The body was found horribly **mangled** in the laboratory.
그 시신은 무참하게 난도질당한 상태로 실험실에서 발견되었다.

---

0278 ★★★
**ecology**
[ikάlədʒi]

n. 생태학; 인류[인간] 생태학; 생태 환경

She studied water and air pollution and called the study of the environment **ecology**.
그녀는 수질오염과 대기오염을 공부했으며 환경에 대한 학문을 생태학이라고 불렀다.

MVP ecologist n. 생태학자; 환경보호론자
ecological a. 생태학의, 생태계의

---

0279 ★★
**prolong**
[proulɔ́:ŋ]

vt. (시간적·공간적으로) ~을 연장하다; 길어지게 하다; 연기하다
= elongate, extend, lengthen

The operation could **prolong** his life by two or three years.
그 수술은 그의 생명을 2, 3년 연장시킬 수 있을 것이다.

MVP prolongation n. 연장; 연기
prolonged a. 오래 계속되는, 장기적인

---

0280 ★★
**reminiscent**
[rèmənísənt]

a. ① 상기[연상]시키는, 회상하게 하는, 암시하는 = evocative, redolent
② (말·표정 등이) 옛날을 회상하는 (듯한), 추억의, 회고(담)의

This tall tree is **reminiscent** of the old oak tree in my hometown.
이 큰 나무는 내 고향에 있는 오래된 떡갈나무를 생각나게 한다.

MVP reminiscence n. 회상, 추억; 생각나게 하는 것
reminisce v. 추억에 잠기다, 추억을 말하다

---

0281 ★★★
**vow**
[vau]

n. 맹세, 서약 = pledge
v. 맹세하다, 서약하다 = promise, swear

They **vowed** that they would fight against the invaders.
그들은 침략자들에 맞서서 싸우겠다고 맹세했다.

---

0282 ★★
**spokesman**
[spóuksmən]

n. 대변인

A **spokesman** for the government denied the rumors.
정부의 대변인은 그 소문을 단호히 부인했다.

0283 ★★★
**collaborate**
[kəlǽbərèit]

**vi. 공동으로 일하다, 협력[협동]하다; 공동 연구하다 = cooperate, work together**

He's so accustomed to working by himself that I doubt if he is capable of **collaborating** on this project.
그는 혼자서 일하는 것에 너무 익숙해져 있어서 내가 생각하기에 그는 이 계획에 대해 다른 사람과 함께 일할 수 없을 것 같다.

MVP collaboration n. 협력, 합작, 공저(共著), 공동 연구; 협조, 제휴(= cooperation)
collaborator n. 공동자, 공저자
collaborative a. 협력적인, 합작의, 공동 제작의

---

0284 ★
**witticism**
[wítəsìzm]

**n. 재치 있는 말, 재담, 익살, 경구 = jest, joke, pleasantry, pun**

What you regard as **witticisms** can be offensive to sensitive people.
당신은 재치 있는 말이라고 생각하는 것이 민감한 사람에게는 불쾌한 것일 수 있다.

MVP wit n. 기지, 재치; 재치 있는 사람
witty a. 기지[재치]가 있는, 재기 발랄한
witless a. 어리석은, 무분별한



---

0285 ★★★
**accuse**
[əkjúːz]

**v. ① 고발하다, 고소하다[of] = charge, incriminate, indict, prosecute**
**② 비난하다[of] = blame, censure, condemn**

Tess was apprehended by the local police and subsequently **accused** for her misdemeanor.
테스(Tess)는 지역 경찰에 체포되었으며, 그 후에 경범죄로 기소되었다.

Do not **accuse** a person of something they did not do.
그들이 하지 않은 것들에 대해 그 사람을 비난하지는 마라.

MVP accusation n. 비난; 고발, 고소
the accused 피고, 피고인

---

0286 ★★
**peerless**
[píərlis]

**a. 비할 데 없는, 유례없는 = incomparable, unequalled, unmatched**

His **peerless** performance won him a prize.
그의 뛰어난 연기가 그에게 상을 안겨 주었다.

MVP peer n. 동료, 동등[대등]한 사람; vi. 자세히 보다, 응시하다[at, into]

---

0287 ★★★
**outlook**
[áutlùk]

**n. ① 조망, 전망, 경치[on, over] = prospect, scene, view**
**② 예측, 전망, 전도[for] = expectation, prospect**
**③ 사고방식, 견해 = approach, attitude, disposition, opinion, view**

The **outlook** for this business doesn't look very promising.
이 사업의 향후 전망은 그리 밝지 않다.

0288 ★★
## stall
[stɔ:l]

**v. ① 교착상태에 빠지다[빠지게 하다], 오도가도 못하게 되다[하다] = halt**
**② (엔진·차 등이) 멎다, (비행기가) 실속(失速)하다**
**n. 마구간, 축사; 칸막이, 가판대 = booth, compartment**

The car **stalled** and refused to start again.
차가 멎어 버리더니 다시 시동이 안 걸렸다.

Discussions have once again **stalled**.
논의가 다시금 교착상태에 빠졌다.

---

0289 ★★
## transient
[trǽnʃənt]

**a. 일시적인, 순간적인; 덧없는 = temporary, transitory; ephemeral**

He enjoyed a mere **transient** popularity.
그의 인기도 한때에 지나지 않았다.

Man's life is as **transient** as dew.
사람의 목숨은 이슬처럼 덧없는 것이다.

MVP transience n. 일시적임, 덧없음
transiently ad. 일시적으로, 단기적으로

---

0290 ★★★
## finance
[fáinæns]

**n. ① 재정, 재무**
**② (pl.) 재원, 재력, 자금; 자금조달, 재원확보 = assets, budget, funds**
**v. ~에 자금을 공급[융통]하다, ~에 융자하다 = fund**

His father had no funds with which to **finance** his education.
아버지는 그를 교육시킬 자금이 없었다.

MVP financial a. 재정의, 재무의, 회계의

---

0291 ★★
## plea
[pli:]

**n. ① 탄원, 청원 = appeal, entreaty, petition**
**② 변명, 구실, 핑계 = excuse, pretext**
**③ 〈법률〉 진술, 주장; 소송 = allegation; suit**

She made a tearful **plea** for a home for her family.
그녀는 가족이 살 집을 달라고 눈물 섞인 탄원을 했다.

MVP plead v. 탄원하다, 간청하다; 변호하다, 변론하다
cf. flea n. 벼룩

---

0292 ★★
## equitable
[ékwətəbl]

**a. 공정한, 공평한, 정당한 = fair, impartial, just, unbiased**

No one believed that the Supreme Court decision was **equitable**.
대법원의 판결이 공정하다고 믿는 사람은 아무도 없었다.

MVP ↔ inequitable a. 불공평한, 불공정한

0293 ★★★
## aptitude
[ǽptətjù:d]

**n. ① 경향, 성향 = bent, inclination, predisposition, proclivity, tendency**
**② (학문·예술 습득의) 소질, 적성, 재능 = ability, fitness, talent**

Young people have an **aptitude** to lose to control themselves.
젊은이들은 자제력을 잃는 경향이 있다.

The job which corresponds with one's **aptitude** is ideal.
자신의 적성과 일치하는 직업이 이상적이다.

MVP apt a. ~하기 쉬운; 적절한, 적당한

0294 ★
## nonplus
[nanplʌ́s]

**vt. 어찌 할 바를 모르게 하다, 난처하게[당황하게] 만들다**
**= baffle, bewilder, confuse, perplex**
**n. 당혹, 난처한 지경, 곤경, 궁지 = dilemma, predicament, quandary**

He did not know what to do because he was at a **nonplus**.
그는 진퇴양난에 빠졌기 때문에, 무엇을 해야 할지를 알지 못했다.

MVP at[in] a nonplus 진퇴양난으로, 당혹하여

0295 ★★★
## germ
[dʒə:rm]

**n. ① 미생물, 병원균, 세균, 병균 = bacteria, microbe, virus**
**② 〈비유〉 (사물의) 싹틈, 조짐; 기원, 근원 = beginning, origin**
**v. 싹트다, 움트다, 발생하다**

A single sneeze can send 100,000 **germs** into the air.
단 한 번의 재채기로도 공기 중으로 100,000마리의 세균을 내보낼 수 있다.

MVP germinate v. 싹트다, 발아하다; 자라기 시작하다; (생각·감정 등이) 생겨나다

0296 ★★
## foreboding
[fɔ:rbóudiŋ]

**n. (불길한) 예감, 전조 = premonition, presentiment**

She had a sense of **foreboding** that the news would be bad.
그녀는 그 소식이 나쁜 것일 거라는 예감이 들었다.

MVP forebode v. ~의 전조가 되다; (불길함을) 예감하다

0297 ★★★
## sociable
[sóuʃəbl]

**a. ① 사교적인, 붙임성 있는 = affable, amiable, friendly, gregarious, outgoing**
**② (모임 등이) 화기애애한, 친목적인**

She was a **sociable** girl who talked to anyone.
그녀는 누구에게나 말을 걸었던 붙임성 있는 소녀였다.

MVP social a. 사회적인; 친목을 위한, 사교적인; n. 친목회

0298 ★

**cavil**
[kǽvəl]

v. 흠잡다, 트집 잡다 = carp

I respect your sensible criticisms, but I dislike the way you **cavil** about unimportant details.
나는 너의 분별 있는 비판을 존중하지만, 중요하지 않은 세부사항까지 트집 잡는 방식은 싫어한다.

MVP caviler n. 트집쟁이

---

0299 ★★

**dividend**
[dívədènd]

n. 배당금, 이익배당 = bonus, return

When a company earns a profit, some of this money is typically reinvested in the business, and some of it can be paid to its shareholders as a **dividend**.
회사가 이윤을 내는 경우, 이 돈의 일부는 으레 사업에 재투자된다. 그리고 이 돈의 일부는 배당금으로 그 회사의 주주들에게 지불될 수 있다.

---

0300 ★★★

**medieval**
[mì:dií:vəl]

a. ① 중세의, 중세풍의
② 구식의, 시대에 뒤진

**Medieval** England was a very male-dominated society.
중세 영국은 매우 남성 중심의 사회였다.

# REVIEW TEST

## A. Write the meaning of the following words.

| | | | |
|---|---|---|---|
| □ outweigh | ______ | □ prolong | ______ |
| □ flippant | ______ | □ reminiscent | ______ |
| □ panel | ______ | □ spokesman | ______ |
| □ sporadic | ______ | □ witticism | ______ |
| □ declare | ______ | □ accuse | ______ |
| □ anthology | ______ | □ peerless | ______ |
| □ chronic | ______ | □ outlook | ______ |
| □ expend | ______ | □ stall | ______ |
| □ burden | ______ | □ transient | ______ |
| □ snooze | ______ | □ finance | ______ |
| □ defunct | ______ | □ plea | ______ |
| □ allay | ______ | □ equitable | ______ |
| □ crucial | ______ | □ aptitude | ______ |
| □ terrain | ______ | □ nonplus | ______ |
| □ inception | ______ | □ germ | ______ |
| □ kin | ______ | □ foreboding | ______ |
| □ revoke | ______ | □ sociable | ______ |
| □ binary | ______ | □ cavil | ______ |
| □ mangle | ______ | □ dividend | ______ |
| □ ecology | ______ | □ medieval | ______ |

※ 주어진 단어의 뜻을 본문에서 확인하시고 틀린 단어의 경우 박스에 체크한 뒤에 나중에 다시 학습하시기 바랍니다.

## B. Choose the synonym of the following words.

| | |
|---|---|
| 1. hearsay | Ⓐ ignore |
| 2. paraphrase | Ⓑ islandish |
| 3. lucrative | Ⓒ encroach |
| 4. consensus | Ⓓ reword |
| 5. infringe | Ⓔ pledge |
| 6. collaborate | Ⓕ cooperate |
| 7. vow | Ⓖ agreement |
| 8. insular | Ⓗ rumor |
| 9. disregard | Ⓘ profitable |
| 10. mutable | Ⓙ changeable |

B. 1. Ⓗ 2. Ⓓ 3. Ⓘ 4. Ⓖ 5. Ⓒ 6. Ⓕ 7. Ⓔ 8. Ⓑ 9. Ⓐ 10. Ⓙ

0301 ★★
**subtract**
[səbtrǽkt]

**v. 빼다, 공제하다[from] = deduct, withdraw**

You have to **subtract** 25% tax from the sum you receive.
당신이 수령한 총액에서 세금으로 25%를 공제해야 한다.

MVP subtraction n. 빼기, 공제; 뺄셈

---

0302 ★★★
**blunder**
[blʌ́ndər]

**n. 큰 실수, 터무니없는 실책 = fault, gaffe, mistake, oversight, slip**
**v. 큰 실수[실책]를 저지르다 = bloop, bungle, err**

The politician was very careful not to commit a **blunder**.
그 정치인은 큰 실수를 저지르지 않기 위해 매우 조심했다.

The government had **blundered** in its handling of the affair.
정부는 그 문제를 처리하는 데 있어서 큰 실수를 저질렀다.

---

0303 ★★
**conspiracy**
[kənspírəsi]

**n. 공모, 음모, 모의 = collusion, intrigue, machination, plot**

Last week, 330 retired and serving military officers were convicted of a **conspiracy** to launch a coup in 2003.
지난주에, 330명의 전·현직 군 장교들이 2003년에 쿠데타를 공모한 혐의로 유죄판결을 받았다.

MVP conspire v. 공모하다, 음모를 꾸미다
conspirator n. 공모자; 음모자

---

0304 ★★
**inscribe**
[inskráib]

**vt. ① (이름 등을 책·비석 등에) 쓰다, 적다, 새기다 = carve, engrave**
**② (마음속에) 아로새기다, 명심하다 = impress, imprint**

They received their new uniforms, **inscribed** with the numbers 9 and 8 respectively.
그들은 각각 9번과 8번이 새겨진 새 유니폼을 받았다.

The scene is deeply **inscribed** in her memory.
그 광경은 그녀의 기억에 깊이 아로새겨져 있다.

MVP inscription n. 명(銘), 비명(碑銘), 비문(碑文)

---

0305 ★★★
**peculiar**
[pikjú:ljər]

**a. ① 기묘한, 괴상한, 색다른, 별난 = bizarre, odd, strange, unusual**
**② 독특한, 고유의, 특유한[to] = distinguishing, particular, unique**
**③ 특별한; 두드러진 = distinct, special**

Like many other countries, Spain has its own **peculiar** customs.
다른 많은 나라들과 마찬가지로, 스페인도 자신만의 독특한 관습을 가지고 있다.

MVP peculiarity n. 특색; 기묘, 이상; 버릇

0306 ★

**scrawl**
[skrɔːl]

v. 휘갈겨[흘려] 쓰다; (벽 등에) 낙서하다 = doodle, scribble
n. 휘갈겨 쓴 글씨[편지] = scribble

Her signature was an illegible **scrawl**.
그녀의 서명은 읽기 어렵게 휘갈겨져 있었다.

MVP scribble n. 갈겨쓰기, 악필; v. 갈겨쓰다; 낙서하다

---

0307 ★★★

**amicable**
[ǽmikəbl]

a. (행위·태도·관계 따위가) 우호적인, 사이좋은, 원만한 = friendly, neighborly

They established **amicable** relations between the two nations.
그들은 두 나라 간에 우호적인 관계를 확립했다.

MVP cf. amiable a. 호감을 주는; 붙임성 있는; 상냥한, 온후한, 친절한

---



0308 ★★

**epic**
[épik]

n. 서사시 = epopee, epos
a. 서사시의, 서사시적인; 대규모의

These were **epic** novels about the settlement and growth of the West.
이 소설들은 미국 서부의 정착과 발전을 다룬 서사시적 소설들이었다.

MVP cf. lyric n. 서정시

---

0309 ★★★

**destitute**
[déstətjùːt]

a. ① 빈곤한, 가난한 = impoverished, indigent, poor
② ~이 없는[of] = devoid, lacking

The government must take care of the **destitute**.
정부는 극빈층을 돌봐야 한다.

The cold-blooded man is utterly **destitute** of shame.
피도 눈물도 없는 그 남자는 전혀 수치심이 없다.

MVP destitution n. 빈곤, 궁핍
the destitute 빈민

---

0310 ★★

**swell**
[swel]

v. ① 붓다, 부풀다, 부어오르다 = balloon, bloat, inflate
② (수·양 따위가) 증가하다 = burgeon, increase
n. 팽창, 부어오름; 융기

When the bee had stung her arm, her arm was beginning to **swell** up.
벌이 그녀의 팔을 쏘았을 때, 그녀의 팔은 부풀어 오르기 시작했다.

After gold was discovered in California in 1848, the population there **swelled**.
1848년에 캘리포니아에서 금이 발견된 이후, 그곳의 인구가 증가했다.

MVP swelling n. 팽창; 〈병리〉 종기; a. 커지는; 부푼; 과장된; 거만한
swollen a. 부어오른; 부푼; 물이 불은; 과장한, 과대한

0311 ★
**raconteur**
[rækantə́ːr]

**n. 이야기를 잘하는 사람, 이야기꾼, 담화가 = storyteller**

A renowned **raconteur**, he was also a popular broadcaster.
유명한 이야기꾼인 그는 또한 인기 방송진행자이기도 했다.

---

0312 ★★★
**cultivate**
[kʌ́ltəvèit]

**vt. ① (땅을) 갈다, 경작하다 = farm, till**
**② (식물·작물을) 재배하다 = grow**
**③ (재능·정신 등을) 신장하다, 계발하다 = develop, enlighten**

Originally **cultivated** in India, the banana was brought to the Americas by the Portuguese who found it in Africa.
바나나는 인도에서 처음 경작되었지만, 아프리카에서 그것을 발견한 포르투갈인들이 아메리카 대륙으로 가져왔다.

Companies have to procure and **cultivate** talented personnel.
기업은 인재를 확보하고 육성해야 한다.

MVP cultivation n. 경작, 재배, 사육

---

0313 ★★
**fanatic**
[fənǽtik]

**n. 광신자, 열광적인 애호가 = activist, devotee, extremist, maniac**
**a. 광신[열광]적인, 열중한 = addicted, devoted**

As part of his active campaign, the Judo **fanatic** stepped into the mixed martial arts ring held in Moscow.
그의 활발한 선거운동의 일부분으로, 유도를 광적으로 좋아하는 그 사람은 모스코바에서 열린 종합 격투기 경기링에 올랐다.

MVP fanaticism n. 광신, 열광, 열중; 광신적인 행위

---

0314 ★★★
**monotonous**
[mənɑ́tənəs]

**a. 단조로운, 지루한 = boring, dull, humdrum, tedious**

Factory workers are paid more than office workers because their work is more **monotonous.**
공장 근로자들은 일이 더 단조롭기 때문에 사무직 근로자들보다 더 많은 임금을 받는다.

MVP monotony n. 단조로움, 지루함

---

0315 ★★★
**disaster**
[dizǽstər]

**n. ① 재해, 재난, 참사; 큰 불행 = calamity, cataclysm, catastrophe, mishap**
**② 구제 불능인 사람[것]; 완전한 실패, 실패작 = failure, fiasco**

The movie is about a father who protects his family from a **disaster.**
그 영화는 재난으로부터 가족을 보호하는 한 아빠에 대한 이야기다.

MVP disastrous a. 비참한; 재난의, 재해의

0316 ★★

**tighten**
[táitn]

**v. ① (바짝) 죄다, 팽팽하게 치다, 단단하게 하다 = constrict, stiffen, tense**
**② (통제·관리 등을) 엄하게 하다, 강화하다 = strengthen, toughen**

The government has decided to **tighten** its immigration policy.
정부는 이민 정책을 강화하기로 결정했다.

MVP tight a. 단단한; 단호한, 엄격한
tight-fisted a. (돈에) 인색한, 구두쇠의

0317 ★★★

**symptom**
[símptəm]

**n. ① 증상, 증후 = sign, syndrome**
**② (특히 불길한) 조짐, 전조 = augury, indication, omen, portent**

Depression is also a **symptom** of Alzheimer's.
우울증 역시 알츠하이머의 한 증상이다.

MVP symptomatic a. 증상을 보이는; 징후[조짐]를 보이는

※ 증상 관련 어휘

congestion n. 충혈, 울혈
constipation n. 변비
pyrexia n. 발열(= febrility, fever)
cough n. 기침
diarrhea n. 설사

0318 ★

**virago**
[virɑ́:gou]

**n. 잔소리가 심한 여자, 말참견을 잘하는 여자 = shrew, termagant, vixen**

The poor man has a **virago** of a wife.
그 불쌍한 남자는 바가지 긁는 아내가 있다.

0319 ★★

**postulate**
v. [pɑ́stʃulèit]
n. [pɑ́stʃulət]

**vt. ① (자명한 일로서) 가정하다, ~을 당연한 것으로 치부하다 = posit, premise**
**② 요구하다 = demand**
**n. 가정, 가설; 자명한 일**

Most eschatologies **postulate** that God and the otherworld are existent.
대부분의 종말론은 신과 사후세계가 존재한다고 가정한다.

MVP cf. expostulate v. 충고하다, 타이르다; 훈계하다

0320 ★★★

**aid**
[eid]

**n. 원조, 지원, 도움 = assistance, backing, support**
**v. ① 원조하다, 돕다, 거들다 = assist, help**
**② 조성(助成)하다, 촉진하다 = encourage, further, promote**

Families with three or more children will receive more **aid**.
3명 이상의 아이를 가진 가정은 더 많은 원조를 받게 될 것이다.

MVP cf. aide n. 측근, 고문, 조수

0321 ★
**fractious**
[frǽkʃəs]

a. 성[짜증]을 잘 내는, 다루기 힘든 = grouchy, irritable, unruly

Children often get **fractious** and tearful when tired.
아이들은 지치면 쉽게 짜증을 내고 잘 운다.

---

0322 ★★★
**status**
[stéitəs]

n. ① (법적) 신분, 지위 = position, rank
② (진행 과정상의) 상황, 정세 = circumstances, conditions

She achieved celebrity **status** overnight.
그녀는 하룻밤 사이에 유명인사의 신분이 되어 있었다.

MVP status quo n. 현재의 상황, 현상(現狀)
status quo ante n. 이전의 상태, 구태

---

0323 ★★★
**interrupt**
[intərʌ́pt]

v. (말·행동을) 방해하다, 중단시키다, 가로막다 = disturb, intervene, intrude

Sorry to **interrupt**, but there's someone to see you.
방해해서 죄송한데, 어떤 분이 찾아왔어요.

MVP interruption n. 가로막음; 방해, 중지, 중절
interrupted a. 가로막힌, 중단된
uninterrupted a. 연속적인, 끊임없는

---

0324 ★★
**mainstay**
[méinstèi]

n. 크게 의지하고 있는 것, 대들보, 기둥 = backbone, bulwark, pillar, prop

The Quran is the **mainstay** of Islamic life and culture.
코란은 이슬람교도의 생활과 문화에 있어 대들보이다.

---

0325 ★★★
**compel**
[kəmpél]

v. 강요[강제]하다, 억지로 ~시키다 = coerce, constrain, force, impel, oblige

**Compelling** students to only study textbooks may bring about side effects.
학생들에게 교과서를 공부하도록 강요하는 것은 역효과를 불러일으킬 수 있다.

MVP compulsion n. 강요, 강제
compelling a. 강제적인; 흥미를 끄는(= noteworthy); 설득력 있는
compulsory a. 강제적인, 의무적인, 필수의(= mandatory, obligatory, required)
be compelled to do 어쩔 수 없이 ~하다

---

0326 ★
**dissertation**
[dìsərtéiʃən]

n. (대학 학위) 논문 = disquisition, monograph, paper, thesis, treatise

In my opinion, your **dissertation** needs a lot of corrections.
내 생각에, 너의 논문은 많은 수정이 필요하다.

0327 ★★

**nullify**
[nʌ́ləfài]

**vt. 무효로 하다, 폐기[취소]하다 = annul, cancel, invalidate, negate, void**

The president has used his veto power to **nullify** laws passed by the congress.
대통령은 자신의 거부권을 이용하여 의회를 통과한 법률들을 무효로 만들었다.

MVP nullification n. 무효로 함, 폐기, 취소

---

0328 ★

**homologous**
[həmɑ́ləgəs]

**a. ① (생물 기관의 위치·구조 등이) 상응하는, 일치하는 = corresponding, similar**
**② 상동(相同) 기관의**

The seal's flipper is **homologous** with the human arm.
바다표범의 지느러미 모양의 발은 인간의 팔에 상응한다.

MVP homology n. 상동(相同) 관계(종류가 다른 기관의) 상동(포유동물의 앞다리와 조류의 날개처럼 그의 기원이 동일한 것)

---



0329 ★★

**pasture**
[pǽstʃər]

**n. 목장, 방목장; 목초지 = grassland, meadow, ranch**

Sheep and cows were grazing in the **pasture**.
양과 소들이 목장에서 풀을 뜯고 있었다.

---

0330 ★★★

**instant**
[ínstənt]

**a. ① 즉시의, 즉각의 = immediate, instantaneous, prompt, quick**
**② 긴급한, 절박한 = pressing, urgent**
**n. 순간, 찰나 = flash, minute, moment, second**

The medicine showed an **instant** effect.
그 약은 즉각적인 효과를 나타냈다.

MVP instantly ad. 당장, 즉각, 즉시
cf. instance n. 실례(實例), 사례; 사실, 경우

---

0331 ★★

**equator**
[ikwéitər]

**n. (the ~) (지구의) 적도, 주야평분선**

As it is close to the **equator**, Indonesia has a tropical climate.
적도에 가깝기 때문에 인도네시아는 열대성 기후를 가지고 있다.

MVP equatorial a. 적도의, 적도 선상[부근]의
tropic n. 회귀선; (the ~s) 열대(지방)
zodiac n. 〈천문학〉 황도대(黃道帶)

---

0332 ★★★

**remove**
[rimúːv]

**v. ① 옮기다, 움직이다, 이전[이동]시키다 = shift, transfer, transport**
**② 없애다, 제거하다 = delete, eliminate, eradicate, erase**
**③ 내쫓다, 해임[면직, 해고]하다 = discharge, dismiss, expel, oust**

Fortunately, the police were able to safely **remove** the bomb.
다행스럽게도, 경찰은 폭탄을 안전하게 제거할 수 있었다.

MVP removal n. 이동, 이전; 제거; 철수; 해임, 면직

---

0333 ★★

## orator

[ɔ́:rətər]

**n. 연설가, 강연자, 웅변가 = speaker**

The **orator** represented the importance of the bill to his audience.
연설가는 청중에게 그 법안의 중요성을 설명했다.

MVP orate v. 연설하다, 연설조로 말하다
oration n. 연설
oratory n. 웅변(술); 수사(修辭)

---

0334 ★★★

## lower

[lóuər]

**v. ① (품위 등을) 낮추다, 떨어뜨리다 = abase, debase, degrade**
**② 내려가다, 낮아지다**

The government is pushing to **lower** mobile phone charges.
정부는 이동전화 요금의 인하를 추진하고 있다.

MVP ↔ heighten v. 높게 하다, 높이다; 강화시키다, 증대하다

---

0335 ★★

## travail

[trəvéil]

**n. 고생, 노고, 고통; 진통, 산고 = agony; childbirth**
**v. 수고하다, 고생하다 = toil**

Behind the success of Hines Ward, the Most Valuable Player of American Super Bowl, his mother's **travail** has been a great driving force.
슈퍼볼의 MVP인 하인즈 워드(Hines Ward)의 성공은 어머니의 노고가 큰 원동력이 되어주었다.

---

0336 ★★★

## characteristic

[kæ̀riktərístik]

**n. 특질, 특색, 특징, 특성 = feature, hallmark, peculiarity**

Self-confidence is the most important **characteristic** to have in order to succeed.
자신감은 성공하기 위해 지녀야 할 가장 중요한 특성이다.

---

0337 ★

## abjure

[æbdʒúər]

**vt. 맹세하고 버리다; (주의·신앙·나라 등을) 공공연히 포기하다**
**= abandon, recant, renounce**

He **abjured** the world and became a monk.
그는 세상을 버리고 수도승이 되었다.

MVP cf. adjure vt. 간청[탄원]하다(= entreat)

0338 ★★

**preface**
[préfis]

**n. 서문, 서언, 머리말 = foreword, introduction**

In his **preface**, he thanked all the people who had helped him.
서문에서 그는 도움을 준 모든 사람들에게 사의(謝意)를 표했다.

MVP prefatory a. 서문의, 머리말의(= prefatorial)

---

0339 ★★★

**reprehensible**
[rèprihénsəbl]

**a. 비난받을 만한, 괘씸한 = blameworthy, censurable, culpable**

The parents of the abused child demanded her teacher's resignation, saying his behavior had been **reprehensible**.
학대를 당한 어린이의 부모는 그 선생님의 사직을 요구하면서 그의 행동은 비난받아 마땅하다고 말했다.

MVP reprehend vt. 꾸짖다, 나무라다, 비난하다
reprehension n. 질책, 비난



---

0340 ★

**minstrel**
[mínstrəl]

**n. (중세의) 음유(吟遊)시인; 시인, 음악가 = bard, songstress, troubadour**

A **minstrel** was a popular musician and also a great lyricist in the Middle Ages.
음유시인은 중세시대의 대중적인 연주자이자 또한 위대한 작사가였다.

MVP cf. ministerial a. 성직자의; 내각의, 장관의

---

0341 ★★★

**defer**
[difə́:r]

**v. ① 미루다, 연기하다 = delay, postpone, procrastinate, put off**
**② 경의를 표하다; (남의 의견에) 따르다**[to]

The restructuring of the company was **deferred** because of the employees' demonstration.
직원들의 시위 때문에 그 회사의 구조조정은 연기되었다.

MVP deference n. 복종; 존경, 경의(= respect)
deferential a. 경의를 표하는, 공경하는
cf. deter vt. 제지하다, 단념시키다; 방해하다, 저지하다

---

0342 ★★

**competent**
[kάmpətənt]

**a. ① 유능한, 능력[자격]이 있는; (충분히) 소임을 감당할 수 있는 = able, qualified**
**② 요구를 충족시키는, 충분한, 상당한 = adequate**

He lost his place as he wasn't **competent** enough.
그는 능력이 부족했기 때문에 지위를 잃었다.

He is **competent** to do the task.
그는 그 일의 적임자다.

MVP competence n. 능력
↔ incompetent a. 무능한(= incapable)
incompetency n. 무능, 무능력, 무자격

0343 ★★★

**erode**
[iróud]

v. ① **침식하다, 부식하다, 좀먹다** = abrade, corrode, gnaw
② **서서히 약화시키다** = destroy, undermine, weaken

Wind and rain have **eroded** the statues into shapeless chunks of stone.
바람과 비가 그 조각상을 부식하여 볼품없는 돌덩어리로 만들어 놓았다.

Her confidence has been slowly **eroded** by repeated failures.
거듭되는 실패에 그녀의 자신감은 서서히 무너져 왔다.

MVP erosion n. 부식, 침식; 침식작용
erosive a. 부식성의, 침식성의

0344 ★★

**unilateral**
[jù:nəlǽtərəl]

a. **한쪽만의, 일방적인** = one-sided

**Unilateral** disarmament is the decision by one side in a conflict to lay down its arms.
일방적인 무장해제란 분쟁에서 어느 한쪽이 자신의 무기를 버리겠다는 결정이다.

MVP unilaterally ad. 일방적으로, 단독적으로
cf. bilateral a. 쌍방의, 쌍무적인
cf. multilateral a. 다자간[다국간]의
cf. trilateral a. 3자간의

0345 ★

**occurrence**
[əkə́:rəns]

n. ① **사건, 생긴 일** = event, happening, incident, matter
② **(사건의) 발생, 일어남** = appearance, existence

The **occurrence** of cyber crime is on the rise every year.
사이버 범죄의 발생이 해마다 증가하고 있다.

MVP occur vi. 일어나다, 발생하다; (생각이) 떠오르다

0346 ★★

**grueling**
[grú:əliŋ]

a. **녹초로 만드는, 기진맥진하게 하는; 엄한** = arduous, exhausting, laborious

Airplane workers demonstrated to call travelers' attention to their **grueling** shifts.
항공사 직원들은 자신들의 고된 교대근무에 대해 여행객들의 주의를 환기시키기 위하여 시위를 했다.

MVP gruel vt. 녹초가 되게 하다; 엄벌하다; n. 오트밀 죽; 엄벌

0347 ★★★

**prosper**
[prάspər]

v. **번영[번창]하다, 성공하다** = bloom, boom, flourish, succeed, thrive

We need to create a climate in which business can **prosper**.
우리는 사업이 번창할 수 있는 환경을 조성할 필요가 있다.

MVP prosperity n. 번영, 번창
prosperous a. 번영하는, 번창한, 성공한

0348 ★
**womb**
[wuːm]

n. 자궁 = uterus

The child in the **womb** deserves the right to life.
자궁 속의 아이도 생명의 권리를 보장받을만한 가치가 있다.

MVP from the womb to the tomb 요람에서 무덤까지, 태어나서 죽을 때까지
(= from the cradle to the grave)

---

0349 ★★
**bondage**
[bάndidʒ]

n. ① 노예[농노]의 신분 = serfdom, servitude, slavery, thrall
② 속박, 굴종 = captivity, subjection, subjugation, yoke

In the United States right this moment, 60,000 people are living in human **bondage**, or slavery.
바로 지금 이 순간 미국에서 6만 명이 강제노역을 하거나 노예로 살고 있다.

MVP bond n. 유대, 인연; 결속; 속박; 증서; 채권, 사채(社債)



---

0350 ★★★
**apprehend**
[æprihénd]

v. ① 체포하다 = arrest, catch, seize
② 파악하다, 이해하다 = comprehend, grasp, understand
③ 염려[우려]하다 = fear, worry

He was **apprehended** on suspicion of fabricating official documents.
그는 공문서 위조 혐의로 체포되었다.

I **apprehended** that the situation was serious.
나는 사태가 심각하다는 것을 깨달았다.

MVP apprehension n. 우려, 불안; 이해; 체포
apprehensive a. 염려[우려]하는, 걱정[근심]하는; 이해가 빠른
apprehensible a. 이해할 수 있는, 납득이 가는

# REVIEW TEST

## A. Write the meaning of the following words.

| | | | |
|---|---|---|---|
| □ subtract | ________ | □ pasture | ________ |
| □ conspiracy | ________ | □ instant | ________ |
| □ inscribe | ________ | □ equator | ________ |
| □ peculiar | ________ | □ remove | ________ |
| □ scrawl | ________ | □ orator | ________ |
| □ epic | ________ | □ lower | ________ |
| □ swell | ________ | □ travail | ________ |
| □ cultivate | ________ | □ characteristic | ________ |
| □ fanatic | ________ | □ abjure | ________ |
| □ monotonous | ________ | □ reprehensible | ________ |
| □ disaster | ________ | □ minstrel | ________ |
| □ tighten | ________ | □ defer | ________ |
| □ symptom | ________ | □ competent | ________ |
| □ virago | ________ | □ erode | ________ |
| □ postulate | ________ | □ unilateral | ________ |
| □ fractious | ________ | □ occurrence | ________ |
| □ status | ________ | □ prosper | ________ |
| □ interrupt | ________ | □ womb | ________ |
| □ dissertation | ________ | □ bondage | ________ |
| □ homologous | ________ | □ apprehend | ________ |

※ 주어진 단어의 뜻을 본문에서 확인하시고 틀린 단어의 경우 박스에 체크한 뒤에 나중에 다시 학습하시기 바랍니다.

## B. Choose the synonym of the following words.

| | |
|---|---|
| 1. raconteur | Ⓐ prop |
| 2. preface | Ⓑ exhausting |
| 3. blunder | Ⓒ mistake |
| 4. aid | Ⓓ coerce |
| 5. mainstay | Ⓔ annul |
| 6. amicable | Ⓕ friendly |
| 7. nullify | Ⓖ assistance |
| 8. compel | Ⓗ foreword |
| 9. destitute | Ⓘ poor |
| 10. grueling | Ⓙ storyteller |

B. 1. Ⓙ 2. Ⓗ 3. Ⓒ 4. Ⓖ 5. Ⓐ 6. Ⓕ 7. Ⓔ 8. Ⓓ 9. Ⓘ 10. Ⓑ

0351 ★★★
**contagious**
[kəntéidʒəs]

**a. 전염성의, 전파하는 = catching, communicable, infectious**

Diabetes is not a disease that is considered **contagious**.
당뇨병은 전염성이 있는 것으로 간주되는 질병이 아니다.

MVP contagion n. 접촉 전염, 감염; 전염병

0352 ★★
**pension**
[pénʃən]

**n. ① 연금, 생활 보조금 = allowance, annuity**
**② (학자·예술가 등에게 주는) 장려금 = scholarship**

A person who reaches 65 is entitled to a **pension**.
65세가 되는 사람은 연금을 받을 자격이 있다.

0353 ★★★
**justify**
[dʒʌstəfài]

**v. (행위·주장 등을) 옳다고 하다, 정당화하다, ~의 정당함을 증명하다**
**= legitimate, vindicate**

The end doesn't always **justify** the means.
목적이 항상 수단을 정당화하지는 않는다.

MVP justification n. 정당하다고 규정함, 정당성을 증명함, (행위의) 정당화; 변명, 변호
justifiable a. 정당화할 수 있는, 변명할 수 있는, 타당한, 정당한

0354 ★★
**sumptuous**
[sʌmptʃuəs]

**a. 호화로운, 사치스러운 = extravagant, lavish, luxurious, swish**

The couple dined in **sumptuous** surroundings.
그 부부는 호화스러운 환경에서 식사를 하였다.

MVP cf. presumptuous a. 주제넘은, 건방진

0355 ★★
**insomnia**
[insάmniə]

**n. 불면증 = insomnolence, sleeplessness**

Irregular sleeping habits can lead to **insomnia**.
불규칙하게 잠을 자는 습관을 들이면 불면증이 올 수 있다.

MVP insomniac n. 불면증 환자; a. 불면증의

0356 ★★★
**profound**
[prəfáund]

**a. ① 깊은, 심오한, 난해한 = abstruse, esoteric, recondite**
**② 학식[조예]이 깊은, 해박한 = learned, wise**

His world of art is too **profound** to understand.
그의 예술 세계는 너무 심오해서 이해하기 어렵다.

MVP profundity n. 깊음; 심오(深奧), 심원; 심연(深淵)

0357 ★★★

**shelter**
[ʃéltər]

n. ① 대피소, 피난처 = asylum, haven, sanctuary
② 보호, 비호; 차폐, 피난 = protection; refuge
v. ① 숨기다, 감추다 = conceal, hide
② 보호하다, 비호하다 = cover, protect, shield

Medical assistance, **shelter**, clothing, and clean water are needed for survivors of the earthquake.
의료지원, 피난처, 의복, 그리고 깨끗한 물이 지진 생존자들에게 필요하다.

---

0358 ★★

**exacting**
[igzǽktiŋ]

a. ① (사람이) 힘든 일을 요구하는; 가혹한, 엄격한 = rigorous, severe
② (일이) 고된, 힘드는, 쓰라린 = arduous, painstaking

He was an **exacting** man to work for.
그는 밑에서 일하기가 힘든 남자였다.

Paul has been engaged in **exacting** labor.
폴(Paul)은 고된 노동에 종사해왔다.

---

0359 ★★★

**superstition**
[sù:pərstíʃən]

n. ① 미신, 미신적 관습 = aberglaube
② 우상 숭배 = iconolatry, idolatry, idol worship

We are living in the 21st century but we still believe in **superstitions**.
우리는 21세기에 살고 있지만 여전히 미신들을 믿는다.

MVP superstitious a. 미신적인, 미신에 사로잡힌; 미신에 의한

---

0360 ★★

**quagmire**
[kwǽgmàiər]

n. ① 수렁, 진창 = bog, morass, slough
② 곤경, 궁지 = plight, predicament

Heavy rain had turned the grass into a **quagmire**.
폭우가 와서 잔디밭이 수렁이 되었다.

There is no easy way out of this **quagmire**.
이 곤경에서 쉽게 빠져나갈 방법은 없다.

MVP mire n. 습지, 늪; 수렁; 곤경

---

0361 ★★★

**announce**
[ənáuns]

v. 알리다, 고지[발표]하다, 공고[공표]하다, 전하다 = declare, report

TV and radio **announce** spot news minutes after it happens.
TV와 라디오는 사건이 발생하고 몇 분 후에 속보를 발표한다.

MVP announcement n. 공고, 고시, 발표
cf. denounce vt. 공공연히 비난하다; 고발하다
cf. pronounce v. 발음하다; 선언하다, 선고하다

0362 ★★

**magniloquent**
[mægníləkwənt]

**a. 뽐내는, 과장된, 호언장담하는, 허풍떠는**
**= bombastic, grandiloquent, pompous**

It is one of the most hackneyed, **magniloquent** and portentous speeches I've ever come across.
이것은 내가 지금까지 들어봤던 연설들 중에서 가장 진부하고, 허황되며, 터무니없는 연설들 중 하나다.

0363 ★★★

**disappoint**
[dìsəpɔ́int]

**vt. ① 실망시키다, 낙담시키다 = dishearten, dismay, let down**
**② (계획 등을) 좌절시키다 = frustrate, thwart, upset**

Many pizza lovers are **disappointed** at the franchises' false advertisement.
많은 피자 애호가들은 피자 체인점들의 허위 광고에 실망하고 있다.

MVP disappointment n. 실망, 낙담, 기대에 어긋남

0364 ★★

**stalwart**
[stɔ́:lwərt]

**a. ① 건장한, 강건한, 튼튼한 = hardy, stout**
**② (결의가) 굳센, 확고한 = resolute**

The Reverend John Fee, a **stalwart** opponent of slavery, established Berea in 1855 as a one-room schoolhouse.
노예제도의 완강한 반대자인 존 피(John Fee) 목사는 1855년에 교실이 하나있는 작은 건물에 베리어(Berea) 대학을 설립했다.

0365 ★

**camaraderie**
[kɑ̀:mərɑ́:dəri]

**n. 동지애, 우정 = comradeship, fellowship, friendship**

He felt real **camaraderie** from his colleague when he was placed in a difficult situation.
그는 어려운 상황에 빠졌을 때 그의 동료로부터 진정한 동지애를 느꼈다.

0366 ★★★

**bar**
[bɑ:r]

**vt. 방해하다; (길을) 막다; 금하다 = hinder, obstruct; block; prevent**
**n. ① 막대기; 방망이 = pole, rod, stake, stick**
**② 장애(물), 방해(물) = barricade, barrier, hurdle, obstacle**
**③ 법정, 심판; (the ~) 법조계, 변호사단, 변호사업**
**prep. ~을 제외하고 = barring, but, except**

The players are **barred** from drinking alcohol the night before a match.
시합 전날 밤에는 선수들이 술을 못 마시게 되어 있다.

0367 ★
**fracas**
[fréikəs]

n. (보통 공공장소에서의) 싸움 = brawl, fight, melee, quarrel

The police officer was also injured in that **fracas**.
그 경찰관들도 또한 그 싸움에서 부상을 입었다.

---

0368 ★★★
**intend**
[inténd]

v. ① 의도[작정]하다, ~하려고 생각하다 = aim, contemplate, design, plan
② 의미하다, 뜻하다, ~할 작정으로 말하다 = mean, signify

I did not **intend** to insult you at all.
당신을 모욕할 생각은 전혀 없었다.

MVP intention n. 의도, 의향, 의지, 목적
intended a. 의도된, 고의의
intentional a. 계획적인, 고의적인
intentionally ad. 의도적으로, 고의로

---

0369 ★★★
**synergy**
[sínərdʒi]

n. ① 공동 작용, 협동 = coaction, collaboration, cooperation
② 시너지 효과, 상승작용, 상승효과 = multiplier effect

When the two joins forces to create a new mobile service, the **synergy** can be endless.
두 업체가 힘을 합쳐 새로운 휴대폰 서비스를 만들면, 그 상승효과는 무한할 수 있다.

MVP synergic a. 함께 일하는, 공동 작용의

---

0370 ★★
**apprise**
[əpráiz]

vt. ~에게 알리다, 통고[통지]하다 = acquaint, inform, notice, notify

The magazine **apprised** its readers of an increase in rates beginning January 1.
그 잡지는 독자들에게 1월 1일부터 요금이 인상된다고 통지했다.

MVP cf. appraise vt. 값을 매기다, 견적[감정]하다; 평가하다

---

0371 ★★★
**ludicrous**
[lú:dəkrəs]

a. 우스운, 우스꽝스러운, 터무니없는 = absurd, foolish, laughable, ridiculous

Hindu Indians don't fear death, and the notion of fighting off aging is **ludicrous** to them.
힌두교를 믿는 인도사람들은 죽음을 두려워하지 않으므로 노화와 싸운다는 생각은 그들에게 우스운 일이다.

0372 ★

**reincarnation**
[rìːinkaːrnéiʃən]

**n. 다시 육체를 부여함, 재생, 환생; 윤회 = metempsychosis, rebirth**

Many Indians believe in the concept of **reincarnation**; in other words, they believe that once you die, you become reborn as another living thing.
많은 인도 사람들은 윤회 사상을 믿는다. 다시 말해, 그들은 사람이 죽고 나면 다른 생물로 다시 태어나게 된다는 것을 믿는다.

MVP cf. incarnation n. 육체를 갖추게 함; 인간의 모습을 취함; 화신(化身); 육체화, 구체화

---

0373 ★★

**impromptu**
[imprámptjuː]

**a. 즉흥적인, 즉석의 = extemporaneous, extempore, offhand, spontaneous**
**ad. 즉흥적으로, 즉석에서 = ad lib, extempore, offhand, offhandedly**

The **impromptu** speech received as much publicity as a carefully planned announcement.
그 즉흥 연설은 신중하게 계획된 연설만큼이나 많은 명성을 얻었다.

I spoke **impromptu** for about half an hour and then answered questions.
나는 즉석에서 30분 동안 연설한 다음 질문을 받았다.

---

0374 ★★

**hinge**
[hindʒ]

**v. ~에 달려 있다; 조건으로 하다, ~에 따라 결정하다[on, upon]**
**n. ① 돌쩌귀, 경첩**
**② 요체(要諦), 요점, 중심점 = gist, pivot**

My acceptance will **hinge** upon the terms.
나의 승낙 여부는 조건에 따라 결정될 것이다.

---

0375 ★★★

**demeanor**
[dimíːnər]

**n. 행실, 품행, 태도 = behavior, conduct, manner, mien**

Her whole **demeanor** is a facade.
그녀가 하는 모든 행동은 가식이에요.

MVP demean v. 행동하다, 처신하다; 품위를[신분을] 떨어뜨리다, 천하게 하다

---

0376 ★★

**astronomical**
[æstrənámikəl]

**a. ① 천문학의**
**② (숫자·거리 등이) 천문학적인, 엄청나게 큰, 방대한**
**= enormous, gigantic, tremendous**

The costs in ecological and human health terms have been **astronomical**.
생태계와 인간의 건강 면에서의 비용은 천문학적으로 늘어나게 되었다.

MVP astronomer n. 천문학자
astronomy n. 천문학

0377 ★★★

**cite**

[sait]

**vt. 인용하다; (실례·이름 등을) 예로 들다, 언급하다 = quote; mention**

Some people doubt his ability to make a sound judgement in major decisions, **citing** his lack of political experience.

어떤 사람들은 그의 정치적 경험 부족을 예로 들며, 중요한 결정에 타당한 판단을 내리는 그의 능력을 의심한다.

MVP citation n. 인용, 인용문(= quotation); (사실 등의) 언급, 열거; 소환, 소환장

---

0378 ★★

**rift**

[rift]

**n. ① (사람들 사이의) 균열[틈]; 불화 = breach, division**
**② (지면·암석·구름 사이로) 갈라진 틈 = chink, crack, fissure, split**

Efforts to heal the **rift** between the two countries have failed.

두 국가 간의 균열을 메우기 위한 노력들은 실패해왔다.

---

0379 ★★★

**gloomy**

[glúːmi]

**a. ① 울적한, 침울한, 우울한 = depressed, dismal, melancholy, miserable**
**② 비관적인; 희망이 없는, 암담한 = pessimistic**

The political state of Europe presents a **gloomy** outlook.

유럽의 정치 상황이 암담한 전망을 보여주고 있다.

---

0380 ★★

**enigma**

[ənígmə]

**n. 수수께끼; 수수께끼 같은 사람[것] = conundrum, mystery, puzzle, riddle**

The inventor researched this **enigma**, and found a clue.

그 발명가는 이 수수께끼를 조사해 실마리를 찾았다.

MVP enigmatic a. 수수께끼 같은, 불가사의한, 정체를 알 수 없는

---

0381 ★★

**transpire**

[trænspáiər]

**v. ① (~이라는 것이) 드러나다, 밝혀지다; (비밀 등이) 누설되다**
**= come to light; leak out**
**② 증발[발산]하다 = evaporate, vaporize**
**③ 일어나다, 발생하다 = happen, occur**

It **transpired** that the gang had had a contact inside the bank.

그 갱들이 은행 내부에 연락책이 있었다는 것이 밝혀졌다.

MVP transpiration n. 증발, 발산, 땀; (비밀의) 누설

---

0382 ★

**mores**

[mɔ́ːreiz]

**n. (사회의) 관례, 관습, 관행, 도덕관 = conventions, custom, manners, practice**

Every culture has developed its own social **mores** that are independent of other cultures.

모든 문화는 다른 문화와는 독립적인 고유의 사회적 관습을 발전시켜 왔다.

0383 ★★★
**prey**
[prei]

n. ① (특히 육식 동물의) 먹이 = game, quarry
② (타인·질병의) 희생(자), 피해자 = victim
vi. ① 먹이로 삼다, 잡아먹다[on, upon]
② (해적 등이) 약탈하다, 휩쓸다[on, upon]
= pillage, plunder, ransack, ravage

We live in a world where the strong **prey** upon the weak.
우리는 약육강식의 세계에 살고 있다.

MVP cf. pray v. (신에게) 기원하다, 빌다; 간청하다

---

0384 ★★
**curtail**
[kə:rtéil]

vt. 짧게 줄이다, 단축하다, 축소하다, 삭감하다
= diminish, lessen, reduce, shorten

Smoking sharply **curtails** life span.
흡연은 수명을 현저히 단축시킨다.

We have been **curtailed** of our expenses.
우리는 경비를 삭감당했다.

MVP curtailment n. 줄임, 단축, 삭감

---

0385 ★★★
**fluent**
[flú:ənt]

a. (언어실력이) 유창한, 능통한
= eloquent, facile, flowing, silver-tongued, voluble

We hope John will become **fluent** in many more languages.
우리는 존(John)이 더 많은 언어에 능통해지기를 바란다.

MVP fluently ad. 유창하게, 줄줄, 술술, 거침없이
fluency n. 유창; 능변

---

0386 ★★
**nomad**
[nóumæd]

n. 유목민; 방랑자 = itinerant, migrant, rover, wanderer

The Mongols are traditional **nomads** who are known for cattle raising and horse breeding on their huge grasslands.
몽골 사람들은 방대한 목초지에서 가축과 말을 기르는 것으로 유명한 전통적인 유목민들이다.

MVP nomadic a. 유목(생활)의; 유목민의; 방랑(생활)의

---

0387 ★★
**overnight**
[óuvərnàit]

a. 하룻밤 사이의, 돌연한 = brief, sudden
ad. ① 밤새껏, 밤새도록
② 하룻밤 사이에, 돌연히

Becoming rich **overnight** is just a daydream.
하루아침에 부자가 되는 것은 한낱 꿈에 불과하다.

0388 ★

**antibody**

[æ'ntibaˌdi]

n. 〈면역〉 항(抗)독소, 항체(抗體)

**Antibodies** seek out and bind with invading bacteria.
항체는 침입하는 박테리아를 열심히 찾아내어 꼼짝 못하게 한다.

MVP cf. antigen n. 항원(혈액 속에 들어가면 항체를 형성하는 물질)

0389 ★★★

**disinterested**

[disíntərèstid]

a. ① 사심 없는, 객관적인, 공평한 = fair, impartial
② 무관심한, 흥미 없는 = indifferent, unconcerned

The president must appoint **disinterested** individuals to the special committee, insofar as impartiality is the key to its success.
공정성이 성공의 관건인 한, 대통령은 객관적인 사람들을 그 특위에 임명해야 한다.

MVP disinterest n. 공평무사; 무관심, 냉담; vt. 관심을 잃게 하다

0390 ★★

**forestall**

[fɔːrstɔ́ːl]

vt. 미연에 방지하다, 선수를 치다 = preclude, prevent

Try to anticipate what your child will do and **forestall** problems.
자녀가 무엇을 할 것인지를 예상하여 문제를 미연에 방지하도록 노력하십시오.

0391 ★★★

**capacity**

[kəpǽsəti]

n. ① 수용력; 용적, 용량 = size, volume
② 능력, 재능 = ability, aptitude, capability
③ 자격, 지위, 역할 = function, position

They should have a **capacity** to understand the minds and feelings of other people.
그들은 다른 사람들의 마음과 감정을 이해하는 능력이 있어야 한다.

MVP capacitate vt. 가능하게 하다, ~에게 능력[자격]을 주다
incapacitate vt. 무능력하게 하다; 〈법률〉 ~의 자격을 빼앗다

0392 ★

**visceral**

[vísərəl]

a. ① (깊은 사고가 아니라) 강한 감정에 따른, 본능적인 = instinctive, intuitive
② 내장의 = splanchnic

She had a **visceral** dislike of all things foreign.
그녀는 이질적인 모든 것들에 대해 본능적인 반감을 갖고 있었다.

0393 ★★★

**purchase**

[pə́ːrtʃəs]

vt. 사다, 구입하다 = buy
n. 구입, 매입; 구입품 = acquisition

Our web sites do not sell products for **purchase** by children.
본 웹사이트에서는 아동이 구입할 수 있는 제품을 판매하지 않습니다.

0394 ★★★

**witch**

[witʃ]

**n. 마녀, 여자 마법사 = enchantress, hag, sorceress**

Many innocent people have been victims of **witch** hunts.
죄 없는 수많은 사람들이 마녀 사냥의 희생자가 되어왔다.

MVP bewitch v. 마법을 걸다; 매혹하다
witchcraft n. 마법, 주술; 마력
(as) cold as witch's tit 몹시 차가운[추워서]
cf. wizard n. (남자) 마법사; 귀재(鬼才)

※ 마법사 관련 어휘

conjurer n. 마법사; 요술쟁이; 〈구어〉 아주 똑똑한 사람
enchanter n. 마법사; 매력 있는 사람
magician n. 마법사; 마술사처럼 능수능란한 사람
necromancer n. 마법사, 점쟁이
sorcerer n. 마법사
thaumaturge n. 마술사, 요술사(= thaumaturgist)



0395 ★

**beatific**

[bìːətífik]

**a. 축복을 내리는; 행복에 넘친, 기쁜 = blissful, rapturous**

The name of the **beatific** figure is Bodhisattva Padmapani, a Buddhist deity who represents infinite compassion.
행복에 빛나는 이 인물상의 이름은 '연꽃을 든 보살'이며, 이는 무한한 자비를 나타내는 불교의 신이다.

MVP beatitude n. 지복(至福); 더없는 행복

0396 ★★★

**recline**

[rikláin]

**v. ① 기대다, 눕다[against, on]; 기대게 하다 = lean, lie down, rest**
**② 의지하다, 믿다[on, upon] = depend, rely**

Sleep generally will not come when your body is **reclined** or when your mind won't relax.
몸이 기울어져 있거나 마음이 편안하지 않을 때는 일반적으로 잠이 잘 오지 않을 것이다.

0397 ★

**post-mortem**

[pòustmɔ́ːrtəm]

**a. 사후의**
**n. 부검 = autopsy, necropsy**

A **post-mortem** is a medical examination of a dead person's body in order to find out how he or she died.
부검은 사람이 어떻게 사망했는지를 알아보기 위해 시신을 의학적으로 검사하는 것이다.

MVP ↔ ante-mortem a. 죽음 직전의

0398 ★★

**sage**
[seidʒ]

**a. 슬기로운, 현명한; 사려 깊은, 경험이 많은 = enlightened, judicious; learned**
**n. 현인, 철인(哲人); 경험이 풍부한 현자, 박식한 사람 = philosopher, wise man**

Warren Buffet, often called "the **Sage** of Omaha," is an American businessman and investor.
종종 '오마하의 현인(賢人)'으로 불리는 워렌 버핏(Warren Buffet)은 미국인 사업가이자 투자자이다.

---

0399 ★★★

**express**
[iksprés]

**vt. ① (감정·의견 등을) 표현하다, 나타내다; 말로 나타내다**
**= articulate, convey, state**
**② 속달[지급]편으로 보내다, 급송하다 = dispatch**
**a. ① 명시된, 명백한, 명확한, 분명한 = clear, definite, explicit, plain**
**② 급행의; 지급[속달]편의; 신속한 = fast, prompt, rapid**
**n. (기차·버스·승강기 등의) 급행편, 직통**

Do you usually **express** your opinion actively when talking to other people?
여러분은 다른 사람들에게 이야기할 때 보통 자신의 의견을 적극적으로 표현하나요?

MVP expression n. 표현, 표시; 말씨, 말투; 표정
expressionism n. 표현주의
expressly ad. 명백히, 분명히; 일부러

---

0400 ★

**tendentious**
[tendénʃəs]

**a. (발언 등이) 특정한 경향을[의도를] 가진, 편향적인**
**= biased, prejudiced, skewed, slanted**

The newspaper is notorious for the **tendentious** account of the affair, so people don't believe it wholeheartedly.
그 신문은 그 사건에 대한 편향적인 이야기로 악명이 높아서, 사람들은 그 이야기를 진심으로 믿지 않는다.

## A. Write the meaning of the following words.

| | |
|---|---|
| □ contagious ________ | □ gloomy ________ |
| □ pension ________ | □ transpire ________ |
| □ justify ________ | □ mores ________ |
| □ profound ________ | □ prey ________ |
| □ shelter ________ | □ curtail ________ |
| □ exacting ________ | □ fluent ________ |
| □ superstition ________ | □ nomad ________ |
| □ quagmire ________ | □ overnight ________ |
| □ announce ________ | □ antibody ________ |
| □ magniloquent ________ | □ disinterested ________ |
| □ disappoint ________ | □ forestall ________ |
| □ stalwart ________ | □ capacity ________ |
| □ bar ________ | □ purchase ________ |
| □ intend ________ | □ witch ________ |
| □ synergy ________ | □ beatific ________ |
| □ ludicrous ________ | □ recline ________ |
| □ reincarnation ________ | □ post-mortem ________ |
| □ hinge ________ | □ sage ________ |
| □ demeanor ________ | □ express ________ |
| □ rift ________ | □ tendentious ________ |

※ 주어진 단어의 뜻을 본문에서 확인하시고 틀린 단어의 경우 박스에 체크한 뒤에 나중에 다시 학습하시기 바랍니다.

## B. Choose the synonym of the following words.

| | |
|---|---|
| 1. sumptuous | Ⓐ instinctive |
| 2. camaraderie | Ⓑ conundrum |
| 3. visceral | Ⓒ quote |
| 4. enigma | Ⓓ comradeship |
| 5. apprise | Ⓔ inform |
| 6. impromptu | Ⓕ luxurious |
| 7. cite | Ⓖ sleeplessness |
| 8. astronomical | Ⓗ brawl |
| 9. fracas | Ⓘ extemporaneous |
| 10. insomnia | Ⓙ enormous |

B. 1. Ⓕ 2. Ⓓ 3. Ⓐ 4. Ⓑ 5. Ⓔ 6. Ⓘ 7. Ⓒ 8. Ⓙ 9. Ⓗ 10. Ⓖ

0401 ★★★

**permanent**
[pə́:rmənənt]

a. 영구적인, 영속하는; 불변의 = constant, fixed, lasting

He cut his hand and suffered some **permanent** nerve damage.
그는 손을 베어서 영구적인 신경 손상을 입었다.

MVP permanently ad. 영구히, 영구불변으로

0402 ★★

**snore**
[snɔ:r]

v. 코를 골다
= blow like a grampus, drive one's pig to market, make sleep noises

I can't sleep because your dad is **snoring** so loudly.
나는 너희 아빠가 코를 너무 크게 골고 있어서 잠을 잘 수가 없다.

MVP cf. snort v. 콧방귀 끼다, 코웃음 치다
cf. sneeze v. 재채기하다

0403 ★★★

**exorbitant**
[igzɔ́:rbətənt]

a. (욕망·가격이) 터무니없는, 과도한 = excessive, immoderate, inordinate

The recent increases in operation costs are too **exorbitant** for them to absorb.
최근 들어 운영경비의 증가는 그들이 감당할 수 없을 정도로 과도하다.

MVP exorbitance n. 터무니없음, 과대, 과도, 부당

0404 ★★

**corroborate**
[kərάbərèit]

vt. (사실·진술·생각 등을) 확증[입증]하다 = confirm, substantiate, verify

Science usually works towards **corroborating** its models.
과학은 대체로 과학의 모델들을 확증하는 것을 지향한다.

MVP corroboration n. 확실히 하기; 확증; 확증적인 사실

0405 ★★

**arson**
[ά:rsn]

n. 방화, 방화죄 = incendiarism

Sungnyemun was burnt down in an **arson** attack in 2008.
숭례문은 2008년 방화에 의해 불에 탔다.

MVP arsonist n. 방화범
cf. incendiary a. 방화의; 선동적인; n. 방화범; 선동자
cf. pyromania n. 방화벽(放火癖), 방화광

0406 ★★★

**striking**
[stráikiŋli]

a. ① 현저한, 두드러진 = outstanding, remarkable, salient
② 인상적인, 멋있는 = impressive

Her personality forms a **striking** contrast to his.
그녀의 성격은 그와 현저한 대조를 이룬다.

MVP strikingly ad. 현저하게, 두드러지게

0407 ★★

**procrastinate**
[proukræstənèit]

**v. (해야 할 일을 보통 하기가 싫어서) 미루다[질질 끌다], 지연하다[시키다], 꾸물거리다 = delay, prolong**

When Susan asked for an extension on the essay deadline, her professor scolded her for **procrastinating**.
수잔(Susan)이 에세이 마감 기한을 늦춰 달라고 말씀드리자 교수님은 그녀가 미적거린다고 야단을 치셨다.

MVP procrastination n. 지연, 지체; 미루는 버릇
procrastinator n. 꾸물거리는 사람, 미루는 버릇이 있는 사람

0408 ★★★

**immigrant**
[ímigrənt]

**a. (타국에서) 이주하는; 이민자의 = migratory**
**n. (타국에서의) 이주자, 이민; 외래 동물, 귀화 식물 = incomer, newcomer, settler**

Mr. Park has been teaching Korean to lots of **immigrant** students.
박 선생님은 이민을 온 많은 학생들에게 한국어를 가르쳐오고 있다.

MVP immigrate v. (영주할 목적으로) (타국으로) 이주하다
immigration n. (입국) 이주, 이민; 이민자
cf. emigrant a. (타국으로) 이주하는; n. (타국으로의) 이민, 이주민
cf. migrant a. 이동성의, 이주하는; n. 이주자; 계절노동자; 철새, 회유어(回遊魚)

0409 ★★

**discrete**
[diskríːt]

**a. 분리된, 별개의 = distinct, separate**

The organisms can be divided into **discrete** categories.
그 유기체들은 별개의 범주들로 나눌 수 있다.

MVP cf. discreet a. 분별 있는, 생각이 깊은; 신중한

0410 ★★★

**source**
[sɔːrs]

**n. ① (사물의) 근원, 원인, 원천 = origin, provenance**
**② (연구·집필을 위한 자료의) 출처, 출처, 출전 = authority, quarry**
**③ (뉴스의) 정보원, 소식통**

List all the **sources** at the end of the article.
그 논문의 맨 끝에 모든 출전을 나열하시오.

0411 ★★★

**hoard**
[hɔːrd]

**v. 저장하다, 비축하다; 사재기하다 = accrue, accumulate, store up**
**n. 비축[저장]물(특히 비밀 장소에 모아 놓은 많은 돈, 식품, 귀중품 등)**

Squirrels **hoard** nuts for the winter months.
다람쥐는 겨울을 나기 위해 열매를 모아둔다.

Because people expected prices to rise rapidly, they started to **hoard** goods.
물가가 가파르게 상승할 것이라고 예상했기 때문에 사람들은 물건을 사재기하기 시작했다.

0412 ★★
**munificent**
[mju:nífəsnt]

**a. (사람이) 아낌없이 주는, (선물이) 아낌없는, 후한 = generous, lavish, liberal**

A former student has donated a **munificent** sum of money to the college.
예전에 그 대학교의 학생이었던 사람이 그 대학교에 돈을 아낌없이 기부했다.

MVP munificence n. 아낌없이 줌, 후함

0413 ★★
**alleviate**
[əlí:vièit]

**vt. (고통 등을) 덜다, 완화하다, 경감하다, 편하게 하다 = allay, assuage, lessen, mitigate, relieve**

Use of icepacks helps **alleviate** the heat sensation.
얼음팩을 사용하면 화끈거리는 느낌을 가라앉히는 데 도움이 된다.

UN Security Council resolution 986 is intended to **alleviate** the suffering of the Iraq people.
유엔 안보리 결의안 986호는 이라크 국민들의 고통을 덜어주는 것을 목표로 한다.

MVP alleviation n. (고통의) 경감, 완화

0414 ★★
**caustic**
[kɔ́:stik]

**a. ① (물질이) 부식성의 = corrosive, erosive**
**② 통렬한, 매서운, 신랄한 = acerbic, biting, mordant, pungent, vitriolic**

The chemicals are **caustic** and need to be handled carefully.
그 화학물질들은 부식성이 있기 때문에 조심스럽게 다뤄야 한다.

There was no need for him to make such a **caustic** remark.
그가 그런 신랄한 발언을 할 필요는 없었다.

0415 ★★★
**dedicate**
[dédikèit]

**vt. ① (시간·생애 등을) 바치다, 헌신하다, 전념하다[to] = apply, commit, devote, give**
**② (저서·작곡 등을) 헌정(獻呈)하다[to]**
**③ (건물·기념물 등을) 봉헌[봉납]하다[to]**

Famed directors like George Lucas or Steven Spielberg have **dedicated** their lives to the film industry.
조지 루카스(George Lucas)나 스티븐 스필버그(Steven Spielberg)와 같은 유명한 감독들은 그들의 삶을 영화 산업에 헌신했다.

MVP dedication n. 헌신, 전념; 봉납, 봉헌; 제막식
dedicated a. (이상·주의 등에) 일신을 바친, 헌신적인; (장치 따위가) 오직 특정한 목적을 위한

0416 ★★★
**subsequent**
[sʌ́bsikwənt]

**a. 그 다음의, 차후의 = accompanying, following, succeeding**

**Subsequent** events confirmed our doubts.
그 다음에 일어난 일들은 우리의 의혹이 옳았음을 증명해 주었다.

Developments on this issue will be dealt with in a **subsequent** report.
이 쟁점에 대한 새로운 사실들은 차후의 보고서에서 다룰 것이다.

MVP subsequently ad. 그 후에, 그 뒤에, 차후에(= later)

---

0417 ★
## bedrock
[bédràk]

**n. ① 〈지질〉 기반암(基盤岩)**
**② 기초; 근본원리** = basis, foundation

True democracy rests on a **bedrock** of liberty.
진정한 민주주의는 자유라는 토대에 기초한다.

---

0418 ★★★
## inquisitive
[inkwízətiv]

**a. 호기심이 많은, 캐묻기를 좋아하는** = curious, inquiring

Don't be too **inquisitive** about your superior's affairs.
상사가 하는 일을 너무 알려고 들지 마라.

She could see **inquisitive** faces looking out from the windows next door.
그녀는 옆집 창문에서 호기심 가득한 얼굴들이 내다보고 있는 것을 보았다.

MVP inquisitiveness n. 캐묻기 좋아함, 호기심이 많음



---

0419 ★★
## evict
[ivíkt]

**vt. 퇴거시키다, 쫓아내다** = dislodge, eject, expel, oust

Landlords enclosed farmlands and **evicted** the peasants in favor of sheep cultivation.
지주들은 농토에 울타리를 쳤으며, 양을 기르기 위해 소작농들을 쫓아냈다.

MVP eviction n. 퇴거시킴, 쫓아냄
cf. evacuate v. (사람을) 피난시키다, 소개(疏開)시키다, (군대를) 철수시키다

---

0420 ★★★
## roughly
[rʌ́fli]

**ad. ① 대략, 거의, 어림잡아** = almost, approximately, loosely, plus-minus
**② 거칠게, 험악하게, 난폭하게** = brutally, violently

We live **roughly** halfway between here and the coast.
우리는 여기와 해안 사이의 대략 중간쯤에 산다.

You should not treat my cat **roughly** for any reason.
너는 내 고양이를 어떠한 이유로도 거칠게 다뤄서는 안 된다.

MVP rough a. 대강의, 대략적인

DAY 09

0421 ★★

**vapor**

[véipər]

n. ① 증기, 수증기 = fog, fumes, haze, steam
② 공상, 망상, 허황된 생각 = dream, fantasy, illusion, phantasm
v. 증발[기화]시키다; 증발하다 = evaporate, vaporize

Warm air absorbs **vapor** from the ocean, forming an updraft in the center.
따뜻한 공기는 해상으로부터 증기를 흡수하고, 중심부에서 상승기류를 형성한다.

MVP vaporize v. 증발시키다, 기화시키다
vaporization n. 증발 (작용), 기(체)화

0422 ★★★

**fulfill**

[fulfíl]

vt. ① (약속·의무 등을) 이행하다, 다하다, 완수하다 = carry out, execute
② (희망·기대 등을) 충족시키다; (예언·기원을) 실현시키다 = meet, satisfy

It is more important to **fulfill** your resolutions than make them.
결심은 하는 것 보다 실행하는 것이 더 중요하다.

MVP fulfillment n. 이행, 수행; 완료, 성취

0423 ★★

**aristocracy**

[æ̀rəstɑ́krəsi]

n. ① 귀족정치
② 귀족사회; 귀족 (계급) = nobility, peerage

The upper class consists mainly of members of the **aristocracy**.
상류층은 주로 귀족 계급의 구성원들로 이루어져 있다.

MVP aristocrat n. 귀족
aristocratic a. 귀족정치의; 귀족의, 귀족적인

※ -cracy, -crat: 통치, 정치; 지배자, 지지자

| | |
|---|---|
| autocracy n. 독재정치 | autocrat n. 전제 군주, 독재자 |
| bureaucracy n. 관료정치, 관료주의 | bureaucrat n. 관료 |
| democracy n. 민주주의 | democrat n. 민주주의자 |
| gerontocracy n. 노인[장로] 정치[정부] | gerontocrat n. 장로 정치인 |
| meritocracy n. 능력주의 사회, 실력주의 | meritocrat n. 엘리트, 실력자 |
| monocracy n. 독재정치 | monocrat n. 독재자 |
| plutocracy n. 금권정치, 금권주의 | plutocrat n. 금권 정치가; 부자, 재벌 |
| technocracy n. 기술주의 | technocrat n. 테크노크라시 주창자 |
| theocracy n. 신정[신권(神權)] 정치 | theocrat n. 신권 정치가; 신정주의자 |

0424 ★★★

**soar**

[sɔːr]

vi. ① (가치·물가 등이) 급증하다, 급상승하다 = escalate, increase
② (새·비행기가) 하늘 높이 날아오르다 = fly high

The indian saw an eagle **soaring** high above the cliffs.
그 인디언은 절벽 위로 높이 날고 있는 독수리 한 마리를 보았다.

0425 ★
**tortuous**
[tɔ́ːrtʃuəs]

a. ① **(길·강 등이) 구불구불한** = meandering, serpentine, winding
② **길고 복잡한, 우여곡절이 많은** = complicated, convoluted

He claims the **tortuous** route through back streets avoids the worst of the traffic.
뒷골목의 구불구불한 길을 택하면 극심한 교통체증을 피할 수 있다고 그는 주장한다.

The old woman has been through a **tortuous** life.
그 나이 든 여자는 굴곡 있는 삶을 살아왔다.

---

0426 ★★
**precursor**
[prikə́ːrsər]

n. ① **선구자, 선각자** = forerunner, pioneer
② **전조, 조짐** = foreshadower, harbinger

Gauguin was both the last Impressionist and the **precursor** of modern art.
고갱(Gauguin)은 마지막 인상주의 화가임과 동시에 현대 미술의 선구자이다.

---

0427 ★★★
**domestic**
[dəméstik]

a. ① **가정의, 가사상의; 가사에 충실한, 가정적인** = family, household
② **(동물이) 사육되어 길든** = domesticated, tame
③ **국내의, 자국의; 국산의** = indigenous, internal, native

The research team has finished an application for **domestic** and international patents for its technology.
연구팀은 이 기술에 대해 국내 및 국제 특허 신청을 완료했다.

MVP domesticate v. (동물 등을) 길들이다; (외국의 습관·말 등을) 자기 집[나라]에 받아들이다; (야만인을) 교화하다
domestication n. 길들이기; 정돎, 익숙해지기; 사육

---

0428 ★★
**epigram**
[épəgræm]

n. **경구(警句); 짧은 풍자시** = aphorism, quip, witticism

"Heaven helps those who help themselves" is a famous **epigram**.
"하늘은 스스로 돕는 자를 돕는다."는 유명한 경구 중의 하나다.

---

0429 ★★★
**migrate**
[máigreit]

v. **(한 곳에서 다른 곳으로) 옮기다, 이동하다** = journey, move, travel, trek

The birds **migrate** south to look for food in the winter.
그 새들은 겨울에 먹이를 찾아 남쪽으로 이동한다.

MVP migration n. 이주, 이동
migrant a. 이주하는, 이동성의; n. 이주자; 계절노동자; 철새, 회유어(回遊魚)
migratory a. 이주하는, 이동성의
cf. emigrate v. (해외로) 이민가다
cf. immigrate v. (다른 나라로) 이주해[이민을] 오다

0430 ★
**orifice**
[ɔ́(:)rəfis]

n. 구멍 = aperture, hole, opening

A flood of water gushed out of an **orifice** in the wall.
물이 홍수처럼 벽의 구멍에서 세차게 흘러나오고 있었다.

---

0431 ★★★
**brittle**
[brítl]

a. ① 깨지기 쉬운, 부서지기 쉬운, 무른 = breakable, fragile, frail
② (관계·정세 따위가) 불안정한, 취약한 = unstable, volatile, vulnerable

As a person ages, his bones grow more **brittle**.
사람은 나이가 들수록, 뼈가 부서지기 쉽다.

This accident may undermine the **brittle** truce that exists between the two countries.
이번 사건은 두 나라 사이의 불안정한 휴전상황을 위태롭게 할 수도 있다.

---

0432 ★★★
**council**
[káunsəl]

n. 심의회, 평의회; 회의 = conference, convention

All 45 members of the Olympic **Council** of Asia are participating in the Games.
아시아 올림픽 평의회의 모든 45개국이 아시안 게임에 참가하고 있다.

MVP councilor n. (시의회 등의) 의원; 평의원; 고문관; (대사관의) 참사관

---

0433 ★★
**leisurely**
[lí:ʒərli]

a. 느긋한, 여유 있는, 한가로운 = laid-back, relaxed, unhurried
ad. 느긋하게; 서두르지 않고, 찬찬히
= at leisure, comfortably, easily, well at ease

A **leisurely** bath restores energy to the tired body.
느긋한 목욕은 지친 몸에 기력을 회복시켜 준다.

MVP leisure n. 틈, 여가

---

0434 ★★★
**astonish**
[əstániʃ]

vt. 놀라게 하다, 깜짝 놀라게 하다 = amaze, astound, startle, surprise

Western visitors to India are often **astonished** to see stray cows wandering in public places.
인도를 찾는 서양 방문객들은 공공장소에서 길 잃은 소들이 헤매고 돌아다니는 것을 보고 종종 깜짝 놀란다.

MVP astonishing a. 깜짝 놀랄만한, 놀라운

---

0435 ★★
**corporal**
[kɔ́:rpərəl]

a. ① 육체의, 신체의 = bodily, fleshly, physical
② 개인의
n. 〈군대〉 상등병, 상병

Nowadays, **corporal** punishment is prohibited in many schools.
요즘은 많은 학교에서 체벌이 금지돼 있다.

MVP cf. corporeal a. 육체의; 유형의, 물질적인

---

0436 ★★★
## detest
[ditést]

**vt. 몹시 싫어하다, 혐오하다 = abhor, despise, hate, loathe**

Blackmail and kidnapping are the things we all **detest**.
공갈과 유괴는 우리 모두가 혐오하는 것들이다.

She **detests** having to talk to people at parties.
그녀는 파티에서 남들과 이야기해야 하는 것이 질색이다.

MVP detestation n. 증오, 혐오

---

0437 ★
## sanctum
[sǽŋktəm]

**n. ① 신성한 장소 = sanctuary, shrine**
**② (방해받지 않는) 서재, 사실(私室) = den, study**

No one was allowed to enter the professor's **sanctum**.
어느 누구도 그 교수의 서재에 들어갈 수 없었다.

MVP sanctuary n. 신성한 곳, 성소(聖所); (자연) 보호 구역

---

0438 ★★★
## wage
[weidʒ]

**n. ① (보통 pl.) 임금, 급료 = earnings, pay, payment, remuneration**
**② (보통 pl.) 보답, 응보 = retribution, reward**
**vt. (전쟁·전투 등을) 벌이다, 수행하다 = carry on, conduct, engage in**

Raising the minimum **wage** won't do much to rectify inequality.
최저임금을 올리는 것은 불평등을 바로잡는 데 별 도움이 되지 않을 것이다.

Doctors are **waging** a war against cancer.
의사들은 암의 퇴치를 위해 노력하고 있다.

---

0439 ★★
## kingdom
[kíŋdəm]

**n. ① 왕국 = empire, realm, regality, regnum**
**② (동식물 분류상의) 계(界)**

King Arthur's **kingdom** was destroyed by treachery.
아서(Arthur) 왕의 왕국은 반역으로 인해 몰락했다.

Planet Earth consists of the Animal, Vegetable and Mineral **Kingdom**.
지구라는 행성은 동물계, 식물계 그리고 광물계로 구성되어 있다.

0440 ★★★
**superfluous**
[supə́:rfluəs]

**a. 여분의, 남는, 과잉의; 불필요한 = excess, redundant, surplus**

"Since the heroic deeds clearly speak for themselves," the president remarked, "further comment on my part would be **superfluous**."
영웅적인 행동은 따로 설명할 필요 없이 자명하기 때문에, 제가 말을 더 하는 것은 불필요한 게 될 것입니다."라고 대통령이 말했다.

MVP superfluity n. 여분, 과다, 없어도 되는 것

0441 ★
**objurgate**
[ɑ́bdʒərgèit]

**v. 심하게 꾸짖다, 비난하다 = berate, censure, chide, reprimand, reprove**

I am afraid he will **objurgate** us publicly for this offense.
나는 그가 이 위반 사항에 대하여 공개적으로 우리를 질책할까 두렵다.

MVP objurgation n. 질책, 비난

0442 ★★★
**protest**
v. [prətést]
n. [próutest]

**v. ① 항의하다, 이의를 제기하다 = disagree, disapprove, object, oppose**
**② 주장하다, 단언하다, 확언하다 = assert, declare**
**n. ① 항의, 항변, 이의 (신청) = complaint, objection**
**② 주장, 언명 = assertion, declaration**

Brazil's citizens **protested** against their president.
브라질의 시민들은 그들의 대통령에 반대하는 시위를 벌였다.

MVP protester n. 시위자, 시위대
cf. Protestant n. 프로테스탄트, 신교도; (p~) 항의자

0443 ★★
**metabolism**
[mətǽbəlìzm]

**n. 물질대사, 신진대사**

**Metabolism** is the chemical processes occurring within a living cell or organism.
신진대사는 살아있는 세포 혹은 유기체 내부에서 일어나는 화학적인 과정이다.

MVP metabolic a. 신진대사의, 물질대사의
cf. anabolism n. 동화(同化) 작용
cf. catabolism n. 이화(異化) 작용

0444 ★★★
**nocturnal**
[naktə́:rnl]

**a. ① 밤의, 야간의 = nightly**
**② 야행성의**

The **nocturnal** lifestyle of certain types of primates differs greatly from the habits of most primate species, who are active during the day.
특정 영장류들이 가진 야행성 생활방식은 낮 동안 활동하는 대부분의 영장류의 습성과는 매우 다르다.

MVP ↔ diurnal a. 낮 동안의, 주간의; 주행성의

0445 ★★

**alumnus**
[əlʌ́mnəs]

**n. (남자) 졸업생, 동창생 = graduate, old boy**

Yesterday, I ran into an older **alumnus** of my alma mater on the street.
어제 길에서 우연히 대학 선배를 만났다.

MVP cf. alumna n. (학교·대학의) 여자 졸업생[동창생](pl. alumnae)

0446 ★★★

**trip**
[trip]

**n. 짧은 여행 = jaunt, sortie**
**v. ① 걸려 넘어지다, 발을 헛디디다[over, up] = fall, stumble**
**② 과실을 저지르다, 실책을 하다**

The player **tripped** over the defense while penetrating from the side.
그 선수는 측면에서 파고들다 수비에 걸려 넘어졌다.

0447 ★

**coma**
[kóumə]

**n. 혼수상태 = stupor, trance, unconsciousness**

Ben McMahon, a 22-year-old Australian man, lives a completely different life after waking up from a **coma**.
22살의 호주 출신의 남성인 벤 맥마혼(Ben McMahon)은 혼수상태에서 깨어나 완전히 다른 삶을 살고 있다.

MVP comatose a. 혼수상태의; 몹시 졸린; 활기 없는
cf. lethargy n. 혼수상태, 기면(嗜眠); 무기력

0448 ★★

**inimical**
[inímikəl]

**a. ① 해로운, 불리한 = adverse, contrary, harmful, injurious**
**② 적대적인, 비우호적인 = antagonistic, hostile**

Bad habits are **inimical** to success.
나쁜 습관은 성공의 적이다.

He seems to have some **inimical** feeling toward me.
그는 내게 다소 적의를 품고 있는 것 같다.

0449 ★

**pundit**
[pʌ́ndit]

**n. 전문가, 권위자, 박식한 사람 = expert, guru, savant, specialist**

Some **pundits** are worried about school violence these days.
일부 전문가들은 오늘날 학교 폭력에 대해 우려하고 있다.

0450 ★★★

**reproduce**
[rìːprədjúːs]

**v. ① (그림·글의 내용 등을) 복사하다, 복제하다 = copy, duplicate, replicate**
**② 다시 만들어 내다, 재생[재현]하다 = recreate, regenerate**
**③ 생식[번식]하다; 생식[번식]시키다 = breed, multiply, propagate**

Most reptiles **reproduce** by laying eggs on land.
대부분의 파충류는 육지에 알을 낳아 번식한다.

MVP reproduction n. 재생, 재현; 복제, 복사; 생식; 번식
reproductive a. 생식의; 재생의

## REVIEW TEST

### A. Write the meaning of the following words.

| | | | |
|---|---|---|---|
| □ permanent | ______ | □ domestic | ______ |
| □ snore | ______ | □ migrate | ______ |
| □ corroborate | ______ | □ council | ______ |
| □ striking | ______ | □ astonish | ______ |
| □ procrastinate | ______ | □ corporal | ______ |
| □ discrete | ______ | □ detest | ______ |
| □ source | ______ | □ sanctum | ______ |
| □ hoard | ______ | □ wage | ______ |
| □ alleviate | ______ | □ kingdom | ______ |
| □ dedicate | ______ | □ superfluous | ______ |
| □ subsequent | ______ | □ objurgate | ______ |
| □ bedrock | ______ | □ protest | ______ |
| □ evict | ______ | □ metabolism | ______ |
| □ roughly | ______ | □ nocturnal | ______ |
| □ vapor | ______ | □ alumnus | ______ |
| □ fulfill | ______ | □ trip | ______ |
| □ aristocracy | ______ | □ coma | ______ |
| □ soar | ______ | □ inimical | ______ |
| □ tortuous | ______ | □ pundit | ______ |
| □ precursor | ______ | □ reproduce | ______ |

※ 주어진 단어의 뜻을 본문에서 확인하시고 틀린 단어의 경우 박스에 체크한 뒤에 나중에 다시 학습하시기 바랍니다.

### B. Choose the synonym of the following words.

| | |
|---|---|
| 1. arson | Ⓐ aperture |
| 2. munificent | Ⓑ migratory |
| 3. caustic | Ⓒ breakable |
| 4. inquisitive | Ⓓ laid-back |
| 5. exorbitant | Ⓔ aphorism |
| 6. brittle | Ⓕ curious |
| 7. leisurely | Ⓖ excessive |
| 8. orifice | Ⓗ corrosive |
| 9. immigrant | Ⓘ generous |
| 10. epigram | Ⓙ incendiarism |

B. 1. Ⓙ 2. Ⓘ 3. Ⓗ 4. Ⓕ 5. Ⓖ 6. Ⓒ 7. Ⓓ 8. Ⓐ 9. Ⓑ 10. Ⓔ

0451 ★★★
**lukewarm**
[lúːkwɔ́ːrm]

**a. ① 미지근한, 미온의 = tepid**
**② 미온적인, 미적지근한, 열의가 없는, 마음이 내키지 않는 = half-hearted**

This sweater should be washed in **lukewarm** water.
이 스웨터는 미지근한 물에 빨아야 한다.

The audience was **lukewarm** about the play.
그 연극에 대한 관객들의 반응은 시큰둥했다.

0452 ★★
**condone**
[kəndóun]

**vt. (죄·위법 등을) 용서하다, 눈감아주다 = excuse, forgive, overlook, pardon**

The boss **condoned** her lateness to work because of her family problems.
그 사장은 집안일로 지각한 그녀를 너그럽게 봐주었다.

0453 ★★
**skyscraper**
[skáiskrèipər]

**n. 마천루, 초고층건물 = high-rise**

**Skyscrapers** are a solution to the problem of land shortage in growing cities.
초고층 건물들은 성장하는 도시들에 있어서 땅 부족 문제에 대한 하나의 해결책이 되고 있다.

0454 ★★★
**progressive**
[prəgrésiv]

**a. ① (부단히) 전진하는, 진보적인, 혁신적인 = liberal, radical, forward-looking**
**② 진행성의 = continuing, ongoing**

The new president supports **progressive** education.
새 대통령은 진보적인 교육을 지지한다.

MVP progress n. 전진, 진행; 진보, 발달

0455 ★
**acclivity**
[əklívəti]

**n. 오르막, 치받이 경사 = ascent, incline, rise, slope, upgrade**

I wonder if my car can ascend such a steep **acclivity**.
나는 내 차가 저렇게 급한 경사를 올라갈 수 있을지 궁금하다.

MVP ↔ declivity n. (내리받이의) 경사, 내리막

0456 ★★★
**inhibit**
[inhíbit]

**vt. ① (욕망·충동 등을) 억제하다, 제지하다, 방해[방지]하다**
**= hinder, impede, obstruct, restrain**
**② 금하다, (~을) 시키지 않다**

A lack of oxygen may **inhibit** brain development in the unborn child.
산소 부족이 태아의 두뇌 발달을 저해할 수도 있다.

MVP inhibition n. 억제, 금지(= restraint)
inhibitive a. 억제하는; 금지의

0457 ★★
**demanding**
[dimǽndiŋ]

a. ① (사람이) 너무 많은[지나친] 요구를 하는
② (일이) 힘든 = exacting, taxing, tough

Caring for someone dying at home is highly **demanding** work.
집에서 죽어가는 사람을 돌보는 것은 너무나 힘든 일이다.

MVP demand v. 요구하다, 청구하다; 묻다; n. 요구; 수요

---

0458 ★★★
**expert**
[ékspəːrt]

n. 전문가, 권위자, 대가 = specialist
a. 전문가의, 숙련된, 노련한

The **expert** pronounced the picture to be a forgery.
전문가는 그 그림이 모조품이라고 말했다.

---

0459 ★★
**beseech**
[bisíːtʃ]

v. 간청하다, 애원하다, 탄원하다
= beg, entreat, implore, plead, solicit, supplicate

She **besought** the king that the captive's life might be saved.
그녀는 그 포로의 목숨을 살려주도록 왕에게 탄원했다.

---



0460 ★★★
**residue**
[rézədjùː]

n. 나머지, 잔여, 잔류물 = leftover, remainder, remains

The pesticide **residue** has exceeded the limit.
잔류 농약이 기준치를 초과했다.

MVP residual a. 남은, 나머지의, 잔여의; n. 나머지, 잔여

---

0461 ★★
**motif**
[moutíːf]

n. ① (미술·문학·음악의) 주제, 테마
② (행동의) 자극, 동기

Some internet sites sell products such as bottle openers and clocks designed with a Hangul **motif**.
몇몇 인터넷 사이트에서는 한글을 테마로 삼은 병따개와 시계와 같은 제품들을 팔고 있다.

---

0462 ★★
**supplant**
[səplǽnt]

vt. (특히 낡거나 구식이 된 것을) 대신[대체]하다
= displace, replace, substitute, supersede

Buses are **supplanting** streetcars in many metropolitan cities.
많은 대도시에서 버스가 시내전차를 대체하고 있다.

0463 ★★★
**commonplace**
[kάmənplèis]

a. ① 평범한, 개성이 없는, 하잘 것 없는 = average, common, mediocre
② 진부한, 흔해빠진 = banal, hackneyed, stereotyped, trite
n. 평범한 물건[일]; 진부한 말, 상투어; 평범[진부]함 = banality, platitude

Finding brides in Southeast and Central Asian countries has become far too **commonplace** for rural bachelors.
시골 총각들에게 동남아시아 또는 중앙아시아 국가에서 신부를 찾는 것은 너무나도 흔한 일이 되어버렸다.

---

0464 ★★
**spur**
[spə:r]

v. ① ~에 박차를 가하다
② 몰아대다, 자극하다, 원동력이 되다, 격려하다 = drive, incite, stimulate
n. ① 박차
② 자극, 격려, 자극제 = stimulus

Her difficult childhood **spurred** her on to succeed.
그녀의 힘들었던 어린 시절이 그녀를 성공으로 이끈 원동력이었다.

The agreement is essential to **spurring** economic growth around the world.
그 합의는 세계 전역의 경제 성장에 박차를 가하는 데 필수적이다.

---

0465 ★★
**predicament**
[pridíkəmənt]

n. 곤경, 궁지, 궁상 = dilemma, hot water, quandary

My attempt to help him ironically cornered him into a **predicament**.
그를 돕는다고 한 일이 오히려 그를 궁지로 몰아넣었다.

---

0466 ★
**flaunt**
[flɔ:nt]

v. 과시하다, 자랑하다 = boast, parade, show off, vaunt

She openly **flaunted** her affair with the senator.
그녀는 그 상원의원과의 불륜을 공공연히 과시했다.

---

0467 ★★★
**triumph**
[tráiəmf]

n. 승리; 대성공, 위업; 승리감, 승리[성공]의 기쁨 = achievement, feat
vi. 승리를 거두다, 이기다, 이겨내다[over] = overcome, prevail, succeed

The winning team returned home in **triumph**.
우승팀은 승리감에 도취되어 귀향했다.

MVP triumphant a. 승리를 거둔, 성공한; 의기양양한

---

0468 ★★
**oracle**
[ɔ́:rəkl]

n. ① 신탁(神託); 신탁을 전하는 사람
② 신의 계시; 지성소(至聖所); (pl.) 성서
③ 예언자, 현인, 철인(哲人)

The **oracle** at Delphi assigned Hercules a series of labors to expiate the sin of murdering his family.
델포이(Delphi)의 신탁은 헤라클레스(Hercules)에게 가족을 살해한 죄 값을 치르는 고된 노동을 부과했다.

---

0469 ★★★
**curb**
[kə:rb]

**vt. 제한하다, (특히 좋지 못한 것을) 억제하다 = inhibit, restrain, restrict**
**n. ① (말의) 재갈, 고삐 = rein**
**② 구속, 제한, 억제 = check**

A range of policies have been introduced aimed at **curbing** inflation.
인플레이션 억제를 겨냥한 다양한 정책들이 도입돼 왔다.

---

0470 ★★
**streak**
[stri:k]

**n. ① 줄, 선 = line, strand, string, strip, thread**
**② (스포츠·도박에서 성공·실패의) 일련, 연속 = chain, parade, series**
**③ 경향, 기미**

That team is on a 10-game winning **streak**.
그 팀은 10연승 행진을 달리고 있다.

---



0471 ★★
**mural**
[mjúərəl]

**n. 벽화 = fresco, wall painting**
**a. 벽의, 벽 같은; 벽면의, 벽 위의**

The result was an explosion of **mural** painting that spread throughout California.
그 결과는 캘리포니아 전역에 퍼졌던 폭발적인 벽화의 증가였다.

---

0472 ★★★
**anxiety**
[æŋzáiəti]

**n. ① 걱정, 불안, 염려 = apprehension, concern, disquiet, misgivings**
**② 열망 = aspiration, craving, eagerness, longing, yen**

Although I have felt some **anxiety**, I also feel hopeful.
비록 내가 좀 걱정하고 있지만, 그래도 희망을 품고 있다.

MVP anxious a. 걱정하여, 염려하여; 열망하는

---

0473 ★★
**congruous**
[káŋgruəs]

**a. 일치하는, 조화하는, 어울리는, 적합한[with, to] = consistent, harmonious**

Korea should play a role **congruous** with its growing economic power.
한국은 커져가는 경제력에 어울리는 역할을 해야 한다.

MVP congruence n. 일치, 합동, 조화
incongruity n. 부조화, 부적합
↔ incongruous a. 일치[조화]하지 않는; 어울리지 않는

0474 ★★★
**instrument**
[ínstrəmənt]

n. ① 기계, 기구, 도구 = apparatus, appliance, device, implement, tool
② 악기
③ 수단, 방편, 매개체 = means, medium, vehicle

What kind of writing **instrument** do you use often?
당신은 어떠한 종류의 필기구를 종종 사용하는가?

MVP instrumental a. 유효한, 수단이 되는, 쓸모 있는, 도움이 되는

---

0475 ★★
**vex**
[veks]

vt. 초조하게 하다, 성가시게 굴다, 성나게 하다, 괴롭히다, 난처하게[귀찮게] 하다
= annoy, bother, irritate, provoke

Too many questions from the curious boy **vexed** him.
호기심 많은 소년으로부터의 너무 많은 질문은 그를 짜증나게 했다.

MVP vexation n. 성가심, 짜증
vexing a. 짜증나게 구는, 애태우는
vexed a. 속 타는, 짜증나는; 말썽 많은

---

0476 ★★★
**formal**
[fɔ́:rməl]

a. ① 정식의, 공식의; 의례상의 = ceremonial, conventional
② 형식적인, 표면적인
③ (태도·문체 등이) 형식에 치우친, 딱딱한, 격식적인 = serious, solemn, stiff

Korea demanded Japan offer a **formal** apology and compensation to the victims before they all die.
한국은 일본에 대해 희생자들이 전부 죽기 전에 공식적인 사과와 이들을 위한 배상을 요구해 왔다.

MVP formalize v. 정식으로 하다; 형식화하다; 격식을 차리다
formality n. 형식[의례]적인 일; 격식; (주로 pl.) 형식상[정식] 절차
formally ad. 정식으로, 공식적으로; 형식적으로; 격식을 차려; 딱딱하게
cf. former a. (시간·순서적으로) 전의, 먼저의
↔ informal a. 비공식의; 격식을 차리지 않는

---

0477 ★
**effigy**
[éfidʒi]

n. 상(像), 조상(彫像), (어떤 사람의 모습을 일부러 추하게 만든) 인형
= dummy, figure, statue

Crowds marched through the streets carrying burning **effigies** of the president.
군중들이 활활 타고 있는 대통령 인형을 가지고 길거리를 행진했다.

---

0478 ★★★
**precise**
[prisáis]

a. 정확한, 정밀한, 명확한 = accurate, exact

Can you give a more **precise** definition of the word?
그 단어의 좀 더 정확한 정의를 말씀해 주시겠어요?

MVP precision n. 정확, 정밀(= accuracy, exactness)

0479 ★

**rhapsodize**
[rǽpsədàiz]

v. 열광적으로 이야기하다[쓰다] = gush, rave

A professor **rhapsodized** about W. H. Auden's *Collected Poems*.
한 교수가 W. H. 오든(W. H. Auden)의 『시모음집(Collected Poems)』에 관해 열광적으로 강의했다.

MVP rhapsody n. 광시곡, 랩소디; 열광적인 표현

0480 ★★★

**agreeable**
[əgríːəbəl]

a. ① 기분 좋은, 유쾌한, 상냥한 = amiable, friendly, pleasant, pleasing
② 선뜻 동의[승낙]하는[to] = consenting
③ 받아들일 수 있는, 알맞은 = appropriate, proper

We spent a most **agreeable** day together.
우리는 함께 아주 기분 좋은 하루를 보냈다.

Do you think they will be **agreeable** to our proposal?
당신은 그들이 우리 제안에 선뜻 동의할 거라고 생각하세요?

0481 ★

**henchman**
[héntʃmən]

n. 충실한[믿을 수 있는] 부하, 심복; (정치가·갱단의) 추종자, 똘마니
= attendant, minion, subordinate

In Zimbabwe, millions of people are suffering at the hands of Mugabe and his **henchmen**.
짐바브웨에서는 수백만 명의 사람들이 무가베(Mugabe)와 그의 심복들 때문에 고통을 받고 있다.

0482 ★★★

**unprecedented**
[ʌnprésədèntid]

a. 전례 없는, 미증유의 = exceptional, unexampled

The situation is **unprecedented** in modern times.
그런 상황은 현대에 들어서는 전례가 없는 일이다.

0483 ★★

**discomfit**
[diskʌ́mfit]

vt. ① 쩔쩔매게 하다, 당황하게 하다 = confuse, disconcert, embarrass, upset
② (계획 등을) 뒤집어엎다, 좌절시키다
= disappoint, frustrate, scupper, thwart

Friends and acquaintances frequently ask me **discomfiting** questions.
친구와 지인들은 자주 내게 당황스러운 질문들을 한다.

Our special plans were **discomfited** by budget cuts.
우리의 특별한 계획은 예산삭감으로 좌절되었다.

MVP discomfiture n. (계획 등의) 실패; 당황, 곤혹

0484 ★★★

**performance**
[pərfɔ́:rməns]

n. ① 실행, 수행, 이행, 성취 = completion, execution, fulfillment
② 성적, 성과; 공적 = accomplishment, achievement
③ 상연, 연극, 연기, 공연 = acting, presentation, show

The gymnast finished his **performance** with a perfect landing.
그 체조 선수는 완벽하게 착지하면서 자신의 연기를 마쳤다.

MVP perform v. 실행하다, 이행하다; (연극을) 공연하다; (음악을) 연주하다

---

0485 ★★

**slip**
[slip]

v. ① 미끄러지다, 미끄러져 넘어지다, 발을 헛디디다 = fall, slide, trip
② 무심코 입 밖에 내다; 얼결에 틀리다[실수하다][in]
③ (기억·기력 등이) 없어지다, 쇠퇴하다 = decline, deteriorate, fall
n. 과실, 잘못 = error, mistake

I don't want to let a chance **slip** through my fingers.
나는 기회를 놓치고 싶지 않다.

---

0486 ★★★

**immaculate**
[imǽkjulət]

a. ① 티 하나 없이 깔끔한[깨끗한]; 청순한, 순결한 = neat, clean
② 오류가 전혀 없는 = faultless, flawless, impeccable

There was a Frenchman sitting at the next table, **immaculate** in tennis whites.
옆 테이블에는 프랑스 남자가 앉아 있었는데, 그가 입고 있던 흰색 테니스복은 잡티 하나 없이 깨끗했다.

MVP ↔ maculate a. 반점[오점]이 있는; vt. ~에 반점을 묻히다; 더럽히다

---

0487 ★★

**litter**
[lítər]

n. ① 찌꺼기, 쓰레기 = junk, refuse, rubbish, trash, waste
② 잡동사니, 어질러져 있는 것; 난잡, 혼란 = jumble, mess
v. 흩뜨리다, 어지르다, 어수선하게 하다 = clutter, mess up

The amusement park was **littered** with bottles and cans.
놀이공원에는 병과 깡통이 나뒹굴고 있었다.

---

0488 ★★★

**generalize**
[dʒénərəlàiz]

v. ① 일반화[보편화]하다; (일반에게) 보급시키다 = normalize, popularize
② (사실 등을) 개괄[총괄]하다; 귀납하다, 일반 법칙화하다

It's far too risky to **generalize** from one set of results.
한 집단의 결과들을 가지고 일반화를 하는 것은 너무 위험하다.

MVP generalization n. 일반화, 보편화; 개괄, 귀납

0489 ★★
**turmoil**
[tə́ːrmɔil]

**n. 소란, 소동, 혼란** = disturbance, fuss, tumult, turbulence, uproar

I'd worked myself into exhaustion, my father died suddenly, and my relationships with my work colleagues and loved ones were in **turmoil**.
나는 극도의 피로 속에서 일을 해 왔었고, 아버지께서 별안간 돌아가셨으며, 직장 동료와 가족과의 관계는 혼란 속에 빠져있었다.

0490 ★★★
**range**
[reindʒ]

**v. ① (범위가 ~에) 이르다, 미치다, 걸치다, 퍼지다** = extend, reach
**② (어떤 범위 안에서) 변동하다, 변화하다; (온도계 등이) 오르내리다** = change, vary
**n. ① 산맥**
**② 방목 구역; 목장** = pasture, ranch
**③ (동식물의) 분포 구역; (세력·지식 등이 미치는) 범위, 한계** = bounds, extent

The children in his class **ranged** in age from nine to eleven.
그의 교실의 아이들의 연령대는 9살부터 11살까지였다.

MVP ranger n. 방랑자; 사냥개; 무장 순찰대원

0491 ★★
**covetous**
[kʌ́vitəs]

**a. 탐내는, 갈망[열망]하는** = avaricious, greedy

He cast **covetous** eyes on his neighbor's car.
그는 이웃집 차를 매우 탐욕스럽게 바라보았다.

MVP covet v. 몹시 탐내다, 갈망하다
coveted a. 열망[갈망]하는, 탐내는

0492 ★
**zeitgeist**
[tsáitgàist]

**n. 시대정신[사조]** = spirit of the times

A relaxed approach by regulators and legislators reflected the new financial **zeitgeist**.
규제당국과 입법자들의 유연한 접근 방식은 금융에 대한 새로운 시대정신을 보여주었다.

0493 ★★★
**worship**
[wə́ːrʃip]

**n. 숭배, 예배, 존경, 흠모** = praise, reverence
**v. 숭배하다, 예배하다, 존경하다** = adore, glorify, revere

Archaeologists have uncovered a circular temple built to **worship** a god of wind.
고고학자들은 바람의 신에게 기도를 올리기 위해 지어진 원형 신전을 발견했다.

0494 ★★
**denizen**
[dénəzən]

**n. (특정 지역에서 사는) 사람[생물], 거주민 = dweller, inhabitant, occupant**

No report nor warning was issued for the **denizens** around the plant, despite a law of issuing a warning within 15 minutes of knowing about an accident.
사고를 안 지 15분 이내에 경고를 발령하는 법률에도 불구하고, 발전기 주변 인근 주민에게 어떠한 보고나 경고도 발령된 바 없었다.

---

0495 ★★★
**panic**
[pǽnik]

**n. ① (원인이 분명치 않은) 돌연한 공포; 겁먹음; 당황, 낭패 = alarm, fear, horror**
**② 〈경제〉 공황**
**v. 공포심을 느끼게 하다, 당황하게 하다**

Office workers fled in **panic** as the fire took hold.
불길이 번지자 사무실 직원들은 공황 상태에 빠진 채 달아났다.

MVP panicky a. 당황하기 쉬운, 전전긍긍하는; 공황의

---

0496 ★★
**ancillary**
[ǽnsəlèri]

**a. 보조적인, 부수적인, 종속적인**
**= accessory, auxiliary, subordinate, subsidiary**

Before the pressing issues are discussed, the **ancillary** matters should not be covered.
긴급한 문제를 논의하기에 앞서서 부수적인 사안을 다루어선 안 된다.

---

0497 ★★★
**entertain**
[èntərtéin]

**v. ① 대접[환대]하다; (특히) 식사에 초대하다 = receive, treat**
**② 즐겁게 하다, 위로하다[with] = amuse, beguile, delight, please, regale**
**③ 마음에 품다, 생각하다 = cherish, harbor, hold**

Europeans rarely invite friends to their homes, which they consider to be sanctuaries, but prefer to **entertain** in restaurants.
유럽 사람들은 집에 친구들을 초대하는 일이 드물다. 그것은 그들이 자신들의 집을 성역으로 여기기 때문이다. 대신에 그들은 레스토랑에서 대접하는 쪽을 선호한다.

MVP entertainer n. 환대하는 사람; 재미있는 사람; (특히) 예능인
entertainment n. 대접, 환대; 오락(= distraction); 연예, 여흥
entertaining a. 즐겁게 하는, 재미있는, 유쾌한

---

0498 ★★
**mirth**
[mə:rθ]

**n. 명랑, 즐거움, 환희, 웃음소리 = merriment, pleasure**

The performance produced much **mirth** among the audience.
그 공연은 청중들 사이에서 많은 웃음소리를 자아냈다.

MVP mirthful a. 즐거운, 유쾌한, 명랑한(= merry)

0499 ★★★

**document**
n. [dάkjumənt]
v. [dάkjumènt]

**n. 문서, 서류, 기록, 증거자료 = archives, record, report**
**vt. ① 증거를 제공하다; 서류로 입증하다 = certify, support, verify**
**② (상세히) 보도[기록]하다**

Recently, the website WikiLeaks released hundreds of thousands of **documents** detailing comments made by diplomats and world leaders.
최근에 웹사이트 위키리크스는 외교관들과 세계 지도자들이 한 말을 자세히 기록한 수많은 문서를 공개했다.

MVP documentary a. 문서의; 기록[자료]에 의한; n. 기록영화, 다큐멘터리; 기록물

---

0500 ★★

**brusque**
[brʌsk]

**a. (말이나 태도가) 무뚝뚝한, 퉁명스러운 = abrupt, blunt, curt, surly**

I was completely taken aback by his **brusque** reply to my question.
그가 내 질문에 무뚝뚝하게 대답했을 때 나는 완전히 충격을 받았다.

## A. Write the meaning of the following words.

| | |
|---|---|
| □ lukewarm ________ | □ rhapsodize ________ |
| □ progressive ________ | □ agreeable ________ |
| □ inhibit ________ | □ henchman ________ |
| □ demanding ________ | □ unprecedented ________ |
| □ beseech ________ | □ discomfit ________ |
| □ motif ________ | □ performance ________ |
| □ supplant ________ | □ slip ________ |
| □ commonplace ________ | □ immaculate ________ |
| □ spur ________ | □ litter ________ |
| □ predicament ________ | □ generalize ________ |
| □ triumph ________ | □ range ________ |
| □ oracle ________ | □ zeitgeist ________ |
| □ curb ________ | □ worship ________ |
| □ streak ________ | □ denizen ________ |
| □ mural ________ | □ panic ________ |
| □ anxiety ________ | □ ancillary ________ |
| □ instrument ________ | □ entertain ________ |
| □ vex ________ | □ mirth ________ |
| □ formal ________ | □ document ________ |
| □ effigy ________ | □ brusque ________ |

※ 주어진 단어의 뜻을 본문에서 확인하시고 틀린 단어의 경우 박스에 체크한 뒤에 나중에 다시 학습하시기 바랍니다.

## B. Choose the synonym of the following words.

| | |
|---|---|
| 1. acclivity | Ⓐ boast |
| 2. condone | Ⓑ high-rise |
| 3. residue | Ⓒ accurate |
| 4. covetous | Ⓓ disturbance |
| 5. turmoil | Ⓔ avaricious |
| 6. precise | Ⓕ forgive |
| 7. congruous | Ⓖ consistent |
| 8. flaunt | Ⓗ ascent |
| 9. skyscraper | Ⓘ specialist |
| 10. expert | Ⓙ leftover |

B. 1. Ⓗ 2. Ⓕ 3. Ⓙ 4. Ⓔ 5. Ⓓ 6. Ⓒ 7. Ⓖ 8. Ⓐ 9. Ⓑ 10. Ⓘ

0501 ★★★

**virtual**

[və́:rtʃuəl]

a. ① 사실상의, 실질상의, 거의 ~과 다름없는 = effective, practical
② (컴퓨터를 이용한) 가상의

The country was sliding into a state of **virtual** civil war.
그 나라는 사실상의 내전 상태로 빠져들고 있었다.

The technology has enabled development of an online '**virtual** library'.
그 기술은 온라인상에 '가상의 도서관' 개발을 가능하게 했다.

MVP virtually ad. 사실상, 거의; (컴퓨터를 이용하여) 가상으로

---

0502 ★★

**astrology**

[əstrɑ́lədʒi]

n. 점성학, 점성술

**Astrology** is the study of interpreting the influence of the stars on human affairs.
점성학은 인간사에 미치는 별들의 영향을 해석하는 학문이다.

MVP astrologer n. 점성술사, 점성가
astral a. 별의, 별이 많은; 별모양의; 속세를 벗어난; 환상적인, 비현실적인

---

0503 ★

**distend**

[disténd]

v. 부풀다, 팽창하다[시키다] = dilate, expand, inflate, swell

According to scientists, the cosmos is **distending** gradually.
과학자들에 따르면, 우주는 점점 팽창하고 있다고 한다.

---

0504 ★★

**staunch**

[stɔ:ntʃ]

a. (사람·주장 따위가) 신조에 철두철미한, 완고한, 충실한 = firm, steadfast, stout

My friend has been a **staunch** advocate of that proposal.
내 친구는 그 제안의 확고한 지지자였다.

MVP cf. stanch v. (피·눈물 등을) 멈추게 하다; (상처를) 지혈하다; (새는 곳 등을) 막다

---

0505 ★★★

**poverty**

[pɑ́vərti]

n. 가난, 빈곤; 결핍, 부족 = destitution, indigence, penury; lack

**Poverty** has a bad impact on people's health.
빈곤은 사람들의 건강에 악영향을 끼친다.

MVP impoverish v. 가난하게 하다, 곤궁하게 하다

---

0506 ★★

**infinitesimal**

[ìnfinitésəməl]

a. 극미한, 극소의, 무한소(無限小)의 = microscopic, minute

Those crackers have an **infinitesimal** amount of salt.
그 크래커에는 소금이 아주 소량 들어있다.

0507 ★★★

**expire**

[ikspáiər]

**v. ① 끝나다, 만료되다, 만기가 되다 = cease, finish, lapse, terminate**
**② 숨을 거두다, 죽다 = decease, die, pass away, perish**

His term of office **expires** at the end of June.
그의 임기는 6월 말에 끝난다.

MVP expiration n. 종결, 만료, 만기

---

0508 ★★

**suffrage**

[sʌ́fridʒ]

**n. ① 투표권, 선거권, 참정권 = voting right**
**② (투표에 의한) 찬성, 찬성(표); 동의**

**Suffrage** is one of the most important civil rights.
참정권은 가장 중요한 시민의 권리 중 하나다.

Woman **suffrage** is the first step toward political equality.
여성의 선거권은 정치적 평등의 첫걸음이다.

---

0509 ★★

**gorge**

[gɔːrdʒ]

**v. 게걸스럽게[배불리] 먹다 = devour, fill oneself with, gobble**
**n. 골짜기, 협곡 = canyon, ravine, valley**

They **gorged** to the bursting-point.
그들은 배가 터지도록 먹었다.

A wide **gorge** yawned beneath our feet.
우리의 발밑에는 넓은 협곡이 입을 딱 벌리고 있었다.

---

0510 ★

**cannibal**

[kǽnəbl]

**n. ① 인육을 먹는 사람, 식인종 = man-eater, people-eater**
**② 동족을 잡아먹는 동물**
**a. ① 식인의, 인육을 먹는, 식인 관습을 가진 = anthropophagous, man-eating**
**② (동물이) 동족을 잡아먹는**

Once upon a time, there was a tribe of **cannibals** in the mountain.
옛날에, 식인종들로 이루어진 부족이 그 산에 살았다.

MVP cannibalize v. 동족끼리 잡아먹다; 동일 회사의 신제품 등이 기존 제품의 매상을 잠식하다
cannibalism n. 동족끼리 서로 잡아먹음; (대기업에 의한) 중소기업의 흡수 합병

---

0511 ★★★

**proceed**

[prəsíːd]

**vi. ① (앞으로) 나아가다, 전진하다 = advance, carry on, go on**
**② (일이) 진행되다, 속행되다; 계속하여 행하다, 계속하다 = continue, progress**

Be the pain what it may, the operation must **proceed**.
고통이 어떻든지 간에 수술은 진행시켜야 한다.

MVP proceeding n. 진행; 행동; 조처
cf. proceeds n. 수익, 수입

0512 ★★
**disciple**
[disáipl]

**n. 제자, 문하생, 신봉자** = adherent, apostle, follower, pupil

Claudel, who was also Rodin's **disciple** and lover, created many sculptures jointly with Rodin.
로댕(Rodin)의 제자이자 연인이기도 했던 클로델(Claudel)은 로댕과 함께 많은 작품들을 만들었다.

0513 ★★★
**brilliant**
[bríljənt]

**a.** ① **찬란하게 빛나는, 반짝반짝 빛나는** = bright, luminous, radiant
② **재기가 넘치는, 두뇌가 날카로운** = clever, intelligent
③ **훌륭한, 멋진, 아주 성공적인** = excellent, outstanding

How did you come up with such a **brilliant** idea?
어떻게 그런 기발한 생각이 떠올랐니?

The play was a **brilliant** success.
그 연극은 눈부신 성공을 거뒀다.

MVP brilliance n. 광휘, 광택; 훌륭함; 명민, 재기 발랄

0514 ★★
**ovation**
[ouvéiʃən]

**n. 열렬한 환영, 대단한 갈채, 대인기** = applause

When the play ended, everyone in the audience gave a standing **ovation**.
연극이 끝났을 때 객석의 모든 사람들은 기립박수를 쳤다.

MVP standing ovation 기립 박수



0515 ★★★
**ameliorate**
[əmí:ljərèit]

**v. 개선하다, 개량하다; 좋아지다, 호전되다** = improve, mend

Various steps have been taken to **ameliorate** the situation.
상황을 개선하기 위한 다양한 조치들이 취해져 왔다.

MVP ↔ deteriorate v. 악화되다

0516 ★★
**erroneous**
[iróuniəs]

**a. 잘못된, 틀린** = false, incorrect, spurious, unsound

The newspaper's charge that the real estate tycoon bought off several local assemblymen was later proven to be **erroneous**.
부동산 재벌이 지방의원 몇 명을 매수했다는 신문의 주장은 오보였음이 뒤늦게 밝혀졌다.

MVP err v. 정도(正道)에서 벗어나다, 헤매다; 잘못[실수]하다, 틀리다; 그르치다
error n. 잘못, 실수, 틀림

0517 ★★★
**cherish**
[tʃériʃ]

**vt. ① 소중히 여기다 = hold dear, prize, treasure, value**
**② (희망·계획·관념 등을) 마음에 품다**

I still **cherish** all the albums I purchased in high school.
나는 여전히 고등학교 때 구입했던 모든 앨범들을 소중히 간직하고 있다.

---

0518 ★
**antinomy**
[æntínəmi]

**n. 모순; 자기모순, 자가당착; 〈철학〉 이율배반 = contradiction, paradox**

He never resolved this **antinomy**, and his speculations were thrown into confusion by it.
그는 결코 이 모순을 해결할 수 없었으며, 그의 추측은 이런 모순 때문에 혼란에 빠졌다.

MVP antinomic a. 〈철학〉 모순되는; 이율배반의
cf. anatomy n. 해부학; 해부, 분석; (해부학적) 구조; (사람의) 몸

---

0519 ★★★
**reinforce**
[rìːinfɔ́ːrs]

**vt. ① (감정·생각 등을) 강화하다 = strengthen**
**② (구조 등을) 보강하다 = fortify**
**③ (군대·구성원·장비 등을) 증강[증원]하다**

A series of successful experiences, however small, will **reinforce** the conviction for more success.
아무리 작더라도 성공적인 경험을 연달아 하게 되면, 더 많은 성공을 위한 확신을 강화할 것이다.

The UN has undertaken to **reinforce** its military presence along the borders.
유엔이 그 국경을 따라 주둔하는 군대를 증강시키는 일을 맡아 왔다.

MVP reinforcement n. 보강, 강화, 증원; 증원 부대; 보급품

---

0520 ★★
**influx**
[ínflʌks]

**n. 유입, 쇄도 = inflow, rush**

We've had a major **influx** of immigrants over recent decades.
최근 수십 년간 이민자들이 대거 유입되었다.

MVP flux n. (기체·액체의) 유동; 끊임없는 변화

---

0521 ★★★
**priceless**
[práislis]

**a. 값을 매길 수 없는, 대단히 귀중한 = invaluable, precious, valuable**

We saw some **priceless** paintings at the museum.
우리는 박물관에서 매우 값진 그림들을 보았다.

0522 ★
**muffle**
[mʌfəl]

**vt. ① 싸다, 덮다 = cover, wrap up**
**② (소리를) 죽이다 = damp, mute**

He tried to **muffle** the alarm clock by putting it under his pillow.
그는 자명종을 베개 밑에 넣어 소리를 죽이려고 했다.

MVP muffler n. 머플러, 목도리; (자동차의) 소음기(消音器)

---

0523 ★★
**analogy**
[ənǽlədʒi]

**n. ① 유사, 유사점, 비슷함 = likeness, resemblance, similarity**
**② 유추 = conjecture, inference**

You can give the **analogy** of computers and smartphones.
당신은 컴퓨터와 스마트폰의 유사점을 들 수 있다.

---

0524 ★★★
**trustworthy**
[trʌ́stwə̀:rði]

**a. (사람·정보 등이) 신뢰[신용]할 수 있는, 기대[의지]할 수 있는**
**= dependable, reliable**

Many people do not see politicians as **trustworthy**.
많은 사람들은 정치인들을 신뢰하지 않는다.

MVP trustworthiness n. 신뢰성, 신용

---

0525 ★★
**hoax**
[houks]

**vt. 감쪽같이 속이다, 골탕 먹이다 = bamboozle, dupe, fool, trick**
**n. 사람을 속이기, 짓궂은 장난; 날조 = joke, prank**

After arriving at the hospital, I learned the emergency call was a **hoax**.
병원에 도착한 후에야 나는 그 응급전화가 장난전화였다는 것을 알게 됐다.

---

0526 ★★★
**docile**
[dásəl]

**a. 다루기 쉬운, 유순한 = compliant, meek, obedient, submissive**

These people are **docile**: they follow orders and obey other people's wishes.
이 사람들은 유순하다. 그들은 지시에 잘 따르고 다른 사람들의 요구에 순종한다.

MVP docility n. 온순, 유순; 다루기[가르치기] 쉬움

---

0527 ★★
**plaintiff**
[pléintif]

**n. 〈법률〉 원고(原告), 고소인**

After several years of legal proceedings, judgment has at last been given in favor of the **plaintiff**.
수년간의 소송 끝에 마침내 원고에게 유리한 판결이 내려졌다.

MVP ↔ defendant n. 〈법률〉 피고, 피고인

0528 ★★★
## inhabit
[inhǽbit]

**vt. ~에 살다, 거주하다, 서식하다 = dwell in, live in**

This neighborhood is **inhabited** by rich people.
이 지역에는 부자들이 살고 있다.

MVP inhabitant n. 주민, 거주자; 서식동물
cohabit vi. 동거하다
uninhabited a. 사람이 살지 않는, 무인의

0529 ★★
## marsh
[mɑːrʃ]

**n. 습지, 늪지대 = bog, quagmire, swamp**

A proposed housing development in the **marsh** area will have a significant negative impact on the birds that live there.
습지 지역에 제안된 주택 개발 계획은 그곳에 서식하고 있는 조류에게 매우 좋지 않은 영향을 끼칠 것이다.

0530 ★★★
## frank
[fræŋk]

**a. 솔직한, 숨김없는, 노골적인 = candid, forthright, honest, outspoken**

To be **frank** with you, I think your son has little chance of passing the exam.
솔직히 말하면, 당신의 아들은 그 시험에 합격할 가능성이 거의 없는 것 같다.

0531 ★★
## junk
[dʒʌŋk]

**n. ① 쓰레기, 잡동사니, 폐물(廢物) = litter, refuse, rubbish, trash**
**② 마약, 헤로인 = dope, drug, narcotic**

Once satellites become obsolete, they turn into useless space **junk**.
인공위성들이 쓸모가 없어지게 되면, 그들은 쓸모없는 우주 쓰레기로 변하고 만다.

MVP junkie n. 마약 중독자; 열광적인 팬
junky a. 싸구려의, 잡동사니의, 하급품의
junk food 정크푸드(포테이토 칩과 팝콘 등 칼로리는 높지만 영양이 적은 식품)

0532 ★★★
## lease
[liːs]

**n. (토지·건물 등의) 차용계약, 차용증서; 임대차 (계약); 임차권 = hire, rental**
**vt. 빌리다, 임대[임차]하다 = charter, hire, let, loan, rent**

I've signed a monthly **lease** for the office.
나는 그 사무실을 월세로 계약했다.

0533 ★★★
## state-of-the-art
[stéitəvðiɑ́ːrt]

**a. 최첨단의, 최신식의 = latest, modern, up-to-date**

Professor Kim always buys the latest, **state-of-the-art** digital camera.
김(Kim) 교수는 항상 최신의 최첨단 디지털 카메라를 구입한다.

0534 ★
**turnpike**
[tə́:rnpàik]

n. (유료) 고속도로; 통행료 징수소 = pike

The average **turnpike** traveler will be deterred by the increased cost and seek alternative.
일반적으로 유료 고속도로를 이용하는 여행자는 비용 증가로 고속도로 이용을 그만둘 것이며 다른 대안을 찾을 것이다.

0535 ★★
**scramble**
[skrǽmbl]

v. ① 기어오르다 = clamber, climb
② 다투다, 서로 빼앗다, 얻으려고 다투다 = strive, vie
③ 급히 움직이다 = rush
④ (내습한 적기의 요격을 위해) 긴급 발진하다

We **scrambled** up the nearly perpendicular side of the mountain.
우리는 거의 수직의 경사를 이루는 산면을 기어올랐다.

0536 ★★★
**cordial**
[kɔ́:rdʒəl]

a. 진심에서 우러난, 따뜻한 = affectionate, hearty, sincere

His personal relations with Callaghan were far more **cordial** than they had ever been.
그와 캘러한(Callaghan) 사이의 개인적인 관계는 이전의 어느 때보다도 훨씬 마음에서 우러난 것이었다.

MVP cordially ad. 진심으로, 성심껏
cordiality n. 진심, 정중함



0537 ★★
**wont**
[wɔ:nt]

a. ~하는 데 익숙한, ~하는 버릇[습관]이 있는[to do] = accustomed, inclined
n. 습관, 버릇; 풍습, 관습 = custom, habit, habitus, practice

I was **wont** to listen to the radio while reading.
나는 책을 읽으면서 항상 라디오를 들었다.

The quaint **wont** still exists in this part of the country.
그 기묘한 관습이 그 나라 중에서 이 지역에 아직도 남아있다.

MVP wonted a. 버릇처럼 된, 일상의(= habitual)
cf. wanted a. 지명수배된

0538 ★★
**barometer**
[bərɑ́mitər]

n. ① 〈기상〉 기압계
② (여론·시세 등의 동향을 나타내는) 지표, 척도, 바로미터
= criterion, index, measure, standard

A strong KOSPI is one of the best **barometers** for measuring how the country's image has evolved in the eyes of investors at both home and abroad.
KOSPI의 강세는 국내외 투자자들의 눈에 한국의 이미지가 어떻게 변했는지를 가늠하는 최고의 지표 중 하나다.

0539 ★
**phonetic**
[fənétik]

a. ① 음성의, 음성[발음]을 표시하는
② 음성학의

Beginners are not used to English **phonetic** symbols.
초심자들은 영어 발음 기호에 익숙하지 않다.

MVP phonetics n. 음성학

---

0540 ★★★
**frighten**
[fráitn]

v. ① 두려워하게 하다, 흠칫 놀라게 하다 = intimidate, scare, shock
② 위협하여 ~시키다 = intimidate, threaten

Maybe we **frighten** you because you don't know us well.
아마 당신이 우리를 잘 모르기 때문에 우리가 당신을 놀라게 했을지도 모른다.

They **frightened** him into telling the secret.
그들은 그를 위협하여 비밀을 말하게 했다.

MVP fright n. (심한) 공포, 경악
frightened a. 겁먹은, 무서워하는
frightening a. 무서운, 놀라운

---

0541 ★★
**catalyst**
[kǽtəlist]

n. ① 촉매 = accelerant, catalyzer
② (변화의) 기폭제 = impetus, stimulant

A **catalyst** is a substance which accelerates reactions.
촉매는 반응을 촉진시키는 물질이다.

People hope that this election will be a **catalyst** for reform.
사람들은 이번 선거가 개혁의 기폭제가 되기를 희망하고 있다.

MVP catalyze vt. ~에 촉매 작용을 미치다; (화학 반응을) 촉진시키다

---

0542 ★★★
**sway**
[swei]

v. ① 흔들리다; 흔들다 = shake, waver
② (판단·의견 등이) 동요하다; (사람·의견 따위를) 움직이다, 좌우하다 = oscillate
n. ① (전후·좌우로) 흔들림, 진동 = oscillation, quake, roll, tremor, vibration
② 장악, 지배, 통치 = control, domination, governance, reign, rule
③ 영향력 = clout, heft, influence, leverage

They danced rhythmically, **swaying** their hips to the music.
그들은 음악에 맞춰 엉덩이를 흔들며 리듬을 타고 춤을 추었다.

She wasn't **swayed** by his good looks or his clever talk.
그녀는 그의 잘생긴 외모나 재기 넘치는 말솜씨에 흔들리지 않았다.

0543 ★★
**restive**
[réstiv]

a. ① 침착성이 없는, 들뜬 = edgy, impatient, restless
② 다루기 힘든, 고집 센, 반항적인 = obstinate, recalcitrant

The audience were becoming **restive** as they waited for the performance to begin.
공연이 시작되기를 기다리면서 관객은 들뜨기 시작했다.

---

0544 ★★★
**enchant**
[intʃǽnt]

vt. 매혹하다; 마술[마법]을 걸다
= bewitch, captivate, charm, fascinate, mesmerize

He was **enchanted** by her radiant beauty.
그는 그녀의 눈부신 아름다움에 매혹되었다.

MVP enchantment n. 매혹, 매력; 매혹된 상태, 황홀; 마법
enchanted a. 매혹된; 마술에 걸린
↔ disenchant vt. 마법을 풀다; 미몽에서 깨어나게 하다

---

0545 ★★
**acrimonious**
[ækrəmóuniəs]

a. (말투가) 신랄한, 폭언이 오가는 = bitter, caustic, scathing, trenchant, vitriolic

The issue of raising taxes causes **acrimonious** arguments.
세금 인상 문제는 신랄한 논쟁을 불러일으킨다.

MVP acrimony n. 가혹함, 매서움

---

0546 ★★★
**decay**
[dikéi]

v. ① 썩다, 부패[부식]하다 = decompose, rot, spoil
② 쇠하다, 감쇠[쇠약, 쇠퇴]하다 = decline, degenerate, deteriorate, wane
n. ① 부패, 부식 = corrosion, decomposition
② 감쇠, 쇠약, 쇠퇴, 노후화 = degeneration, deterioration

Saliva has an important role in preventing tooth **decay**.
타액은 충치를 방지하는 데 중요한 역할을 한다.

MVP decayed a. 부패한, 썩은

---

0547 ★
**valetudinarian**
[vælətjùːdənέəriən]

a. ① 병약한, 허약한 = feeble, infirm, invalid, sickly, weakly
② 건강[병]에 지나치게 신경 쓰는 = hypochondriac
n. ① 병약자 = invalid
② 건강[병]에 지나치게 신경 쓰는 사람 = hypochondriac

Though his own health was not good, he detested **valetudinarians**.
그는 건강이 좋지 않았음에도 불구하고 건강에 지나치게 신경 쓰는 사람들을 혐오했다.

MVP valetudinarianism n. 병약, 허약; 건강[병]에 지나치게 신경을 씀

0548 ★★★

**override**

[òuvəráid]

vt. ① (결정 등을) 기각하다, 무효로 하다, 뒤엎다 = annul, invalidate, nullify
② ~보다 더 중요하다[우선하다] = outbalance, outweigh, precede
③ (반대·충고 따위를) 무시하다 = disdain, disregard, ignore, neglect, snub

The Supreme Court has **overridden** the decision of the Central Tax Court.
연방대법원은 중앙조세법원의 결정을 기각했다.

Considerations of safety **override** all other concerns.
안전에 대한 고려는 다른 모든 우려사항들보다 더 중요하다.

MVP overriding a. 다른 무엇보다 더 중요한, 최우선시 되는

---

0549 ★

**granary**

[gréinəri]

n. 곡창, 곡물창고

The cat found a lot to eat, as mice and rats were plentiful in the wheat, rye, and barley **granaries**.
그 고양이는 먹을 것을 많이 발견했는데 쥐들이 밀, 호밀, 보리 곡물 창고에 많이 있었기 때문이다.

MVP grain n. 곡물; 낟알; 극히 조금, 미량(微量)

---

0550 ★★★

**coincide**

[kòuinsáid]

vi. ① 동시에 같은 공간을 차지하다; 동시에 일어나다[with]
= coexist; synchronize
② (의견·생각 등이) 일치하다, 맞다[with, in] = accord, concur, correspond

This was the first time since 1986 that Ramadan **coincided** with the World Cup.
라마단이 월드컵 기간과 겹친 것은 1986년 이후 처음이었다.

MVP coincidence n. (우연의) 일치, 부합; 동시 발생
coincidental a. 일치[부합]하는; 동시에 일어나는

## A. Write the meaning of the following words.

| | | | |
|---|---|---|---|
| □ virtual | ________ | □ frank | ________ |
| □ astrology | ________ | □ junk | ________ |
| □ distend | ________ | □ lease | ________ |
| □ staunch | ________ | □ state-of-the-art | ________ |
| □ infinitesimal | ________ | □ turnpike | ________ |
| □ expire | ________ | □ scramble | ________ |
| □ suffrage | ________ | □ wont | ________ |
| □ gorge | ________ | □ barometer | ________ |
| □ proceed | ________ | □ phonetic | ________ |
| □ disciple | ________ | □ frighten | ________ |
| □ ovation | ________ | □ catalyst | ________ |
| □ cherish | ________ | □ sway | ________ |
| □ antinomy | ________ | □ restive | ________ |
| □ priceless | ________ | □ enchant | ________ |
| □ muffle | ________ | □ acrimonious | ________ |
| □ analogy | ________ | □ decay | ________ |
| □ hoax | ________ | □ valetudinarian | ________ |
| □ plaintiff | ________ | □ override | ________ |
| □ inhabit | ________ | □ granary | ________ |
| □ marsh | ________ | □ coincide | ________ |

※ 주어진 단어의 뜻을 본문에서 확인하시고 틀린 단어의 경우 박스에 체크한 뒤에 나중에 다시 학습하시기 바랍니다.

## B. Choose the synonym of the following words.

| | |
|---|---|
| 1. poverty | Ⓐ bright |
| 2. erroneous | Ⓑ man-eater |
| 3. reinforce | Ⓒ improve |
| 4. trustworthy | Ⓓ hearty |
| 5. brilliant | Ⓔ compliant |
| 6. cordial | Ⓕ destitution |
| 7. docile | Ⓖ false |
| 8. influx | Ⓗ strengthen |
| 9. cannibal | Ⓘ inflow |
| 10. ameliorate | Ⓙ dependable |

B. 1. Ⓕ 2. Ⓖ 3. Ⓗ 4. Ⓙ 5. Ⓐ 6. Ⓓ 7. Ⓔ 8. Ⓘ 9. Ⓑ 10. Ⓒ

0551 ★★★

**revere**
[rivíər]

**vt. (경건한 마음으로) 숭배하다, 존경하다 = admire, esteem, idolize, worship**

We all **revere** Shakespeare's plays as great literature.
우리는 모두 셰익스피어(Shakespeare)의 희곡을 위대한 문학으로 숭배한다.

MVP reverence n. 숭배, 존경; 경의; 공손한 태도

---

0552 ★★

**clandestine**
[klændéstin]

**a. 비밀의, 은밀한 = covert, furtive, surreptitious, underhand**

The group held weekly **clandestine** meetings in a church.
그 집단은 교회에서 매주 은밀한 집회를 가졌다.

---

0553 ★★

**signature**
[sígnətʃər]

**n. 서명, 사인, 서명하기 = autograph**
**a. 전형적인, 대표적인; 우수한**

So far, the petition has drawn more than 200 **signatures** since its launch last month.
지금까지, 그 청원서는 지난달에 시작된 후 200건이 넘는 서명을 받아냈다.

---

0554 ★★★

**provoke**
[prəvóuk]

**vt. ① (특정한 반응을) 유발하다 = arouse, cause, elicit, evoke, trigger**
**② 성나게 하다, 분노하게 하다 = enrage, infuriate, irritate, offend**

The sudden announcement **provoked** a storm of protest.
그 갑작스러운 발표는 거센 항의를 유발했다.

You should not **provoke** or tease the animals in the cage.
우리 안에 있는 동물들을 성나게 하거나 괴롭혀서는 안 된다.

MVP provocation n. 성나게 함; 도발, 자극
provocative a. 성나게 하는; 도발적인

---

0555 ★

**arena**
[əríːnə]

**n. ① 원형 투기장; 시합장, 경기장 = amphitheater; field, pavilion, stadium**
**② 활동 무대, (경쟁) 마당, ~계(界)**

Koreans love watching basketball games at **arenas** or on TV.
한국인들은 경기장이나 TV로 농구경기를 보는 것을 좋아한다.

The professor entered the **arena** of politics.
그 교수는 정계에 뛰어들었다.

MVP arena theater 원형 극장(중앙에 무대가 있고 그 둘레에 관람석이 있는 것)

0556 ★★★
**industrious**
[indʌstriəs]

**a. 근면한, 부지런한 = diligent, hardworking**

It is the **industrious** man who always wins over the sluggish man.
게으른 사람을 항상 이기는 것은 다름 아닌 부지런한 사람이다.

MVP industry n. 공업, 산업; 근면
cf. industrial a. 공업의, 산업의

0557 ★★
**dissident**
[dísidnt]

**a. 의견을 달리하는; 반체제의 = dissenting, opposing**
**n. 의견을 달리하는 사람, 반체제 인사 = dissenter, rebel**

He was sent to jail by the Chinese government for his **dissident** activism.
그는 반체제 행동주의로 중국정부에 의해 수감되었다.

The **dissidents** say they seek Cuba's democratic reforms after decades of communist rule.
반체제 인사들은 수십 년에 걸친 공산주의 통치 이후 쿠바의 민주주의 개혁을 모색하고 있다고 말한다.

0558 ★★
**preside**
[prizáid]

**v. 사회[의장]를 보다[over], 주재하다 = chair, moderate, officiate**

Dr. and Mrs. Lee will **preside** over the opening ceremony of the international conference.
이(Lee) 박사는 국제회의 개막식의 사회를 맡을 것이다.

MVP presiding a. 사회하는, 관장하는
president n. 총재, 의장; 대통령



0559 ★★★
**hospitable**
[hɑ́spitəbl]

**a. ① 환대하는, 친절한 = friendly, kind, welcoming**
**② (기후·환경이) 쾌적한, 알맞은**

He was unpolished but **hospitable**, kind to strangers, honest and trustworthy.
그는 세련되지 않았지만 손님을 극진히 대접했으며, 낯선 사람들에게도 친절하며, 정직하고 믿음직스러웠다.

MVP hospitality n. 환대, 후한 대접
↔ inhospitable a. 대접이 나쁜, 불친절한; 비바람을 피할 데가 없는, 황량한

0560 ★★
**trumpet**
[trʌmpit]

**v. 자랑스럽게[열렬히] 알리다, 과시하다 = advertise, announce, proclaim, tout**

Their marriage was **trumpeted** as the society wedding.
그들의 결혼식은 상류층 결혼식으로 대대적으로 광고되었다.

0561 ★

## cubicle
[kjú:bikl]

n. (큰 방 한 쪽을 칸막이 해 만든) 좁은 방; 작은 침실; 개인용 열람석

The student studies in a **cubicle** in the school library.
그 학생은 학교 도서관의 개인용 열람석에서 공부한다.

---

0562 ★★★

## appliance
[əpláiəns]

n. (특히 가정용) 기구, 장치, 설비 = device, gadget, instrument, machine, tool

The government asks people to turn off their lights and unnecessary electrical **appliances** to save power.
정부는 사람들에게 전력을 절약하기 위해 전등과 불필요한 전기기구를 끄도록 요청하고 있다.

---

0563 ★★

## paternal
[pətə́:rnl]

a. ① 아버지로서의, 아버지다운 = fatherly
② 세습의; 온정주의의 = patrimonial; benevolent

After adopting a baby, he discovered his **paternal** side.
그는 아이를 입양한 후에 정말 아버지다워졌다.

MVP paternity n. 아버지임; 부권; 부계(父系); 〈비유〉 기원, 근원
cf. maternal a. 어머니의; 모성의, 어머니다운; 어머니쪽의
cf. paternalistic a. 온정주의의, 가족주의의

---

0564 ★★

## delineate
[dilínièit]

vt. 윤곽을 그리다; 상세하게 묘사[기술]하다 = portray; depict, describe

Our objectives need to be precisely **delineated**.
우리의 목적을 정확히 기술할 필요가 있다.

The ship's route is clearly **delineated** on the map.
그 배의 항로가 지도에 분명히 그려져 있다.

MVP delineation n. 묘사; 기술, 서술
delineative a. 서술하는, 묘사하는

---

0565 ★★★

## sufficient
[səfíʃənt]

a. 충분한 = abundant, adequate, ample, enough

Eight hundred dollars is **sufficient** for living expenses.
800달러는 생활비로 충분하다.

MVP suffice v. 충분하다, 만족시키다
sufficiency n. 충분한 수[양]; 충족; 능력
sufficiently ad. 충분히, 충족하게
cf. self-sufficient a. 자급자족할 수 있는; 자부심이 강한
↔ insufficient a. 불충분한, 부족한; 부적당한
insufficiency n. 불충분, 부족

0566 ★★

**whistle-blower**
[wíslblòuər]

**n. 내부 고발자, 폭로[밀고]하는 사람 = bigmouth, blabbermouth, tattletale**

Edward Snowden is a **whistle-blower** who leaked classified information about the U.S. Government.
에드워드 스노든(Edward Snowden)은 미국 정부의 기밀 정보를 유출했던 내부 고발자다.

MVP whistle-blowing n. 고발, 밀고

---

0567 ★★★

**flexible**
[fléksəbl]

**a. ① 구부리기[휘기] 쉬운, 유연한 = bendable, pliable**
**② 융통성 있는, 적응성 있는, 탄력적인 = adaptable, supple**

Baskets can be constructed of vegetable substances that are as soft and as **flexible** as grass.
바구니는 풀처럼 부드럽고 유연한 식물 재료로 만들어질 수 있다.

Our plans need to be **flexible** enough to cater for the needs of everyone.
우리 계획은 모든 이들의 요구에 맞출 수 있을 정도로 융통성이 있어야 한다.

MVP flexibility n. 구부리기 쉬움, 유연성; 융통성
flexibly ad. 유연하게; 융통성 있게
↔ inflexible a. 구부러지지 않는, 강직한, 완고한

---

0568 ★★

**escalate**
[éskəlèit]

**v. 단계적으로 확대[증대, 강화, 상승]하다[되다] = accelerate, heighten, increase**

The local war is likely to **escalate** into a global war.
국지전이 세계대전으로 확대될 가능성이 있다.

This cost is projected to **escalate** in years to come.
이 비용은 장래에 증가할 것으로 예상된다.

MVP escalation n. 단계적 확대, 점증

---

0569 ★★★

**intricate**
[íntrikət]

**a. 복잡한, 뒤얽힌, 난해한 = complex, complicated, tangled**

The plot of this story is very **intricate**.
이 소설은 줄거리가 매우 복잡하다.

MVP intricacy n. 복잡(함), 착잡(함); (pl.) 복잡한 사항[행위, 사물]

---

0570 ★★

**leeway**
[lí:wèi]

**n. (공간·시간·활동·돈 등의) 여지, 여유, 자유, 재량 = latitude, margin, room**

You have an hour's **leeway** to catch the train.
기차를 타려면 한 시간의 여유가 있다.

MVP have much leeway to make up 일이 많이 지체돼 있다
make up[fetch up] leeway 뒤떨어진 것을 만회하다; 곤경을 벗어나려고 하다
cf. lee n. 바람이 불어가는 쪽; (바람 등을) 피할 곳; 보호, 비호

0571 ★★★
**vie**
[vai]

vi. 경쟁하다, 겨루다, 다투다[in, with] = compete, contend

The streets were full of cars **vying** with each other for parking spaces.
거리는 주차 공간을 확보하려고 서로 경쟁하는 차들로 가득했다.

MVP vying a. 경쟁하는, 겨루는

0572 ★★
**staggering**
[stǽgəriŋ]

a. ① 비틀거리는, 휘청거리는 = faltering, tottering
② (너무 엄청나서) 믿기 어려운, 경이적인, 어마어마한 = astonishing, stunning

A **staggering** third of children in the United States are overweight or obese.
충격적이게도 미국 어린이의 1/3이 과체중이거나 비만이다.

0573 ★★★
**prejudice**
[prédʒudis]

n. 편견, 선입관; 치우친 생각, 편애 = bias, parti pris, preconception
vt. ~에 편견을 갖게 하다, 비뚤어지게 하다[against] = bias, influence

A subjective judgment can sometimes lead to **prejudice**.
주관적인 판단은 때때로 편견을 낳을 수 있다.

MVP prejudiced a. 편견을 가진, 편파적인
prejudicial a. 편견을 갖게 하는; 편파적인; 해가 되는, 불리한
unprejudiced a. 편견[선입관]이 없는

0574 ★★
**conciliatory**
[kənsíliətɔ̀:ri]

a. 달래는 듯한, 회유적인, 타협적인 = peacemaking, placatory, propitiatory

Even his patience and **conciliatory** nature could not hold the left-wing group together.
그의 인내심과 타협하는 성품조차도 그 좌파단체를 결속시키지는 못했다.

MVP conciliate vt. 달래다, 회유하다

0575 ★★
**fallout**
[fɔ́:làut]

n. ① 방사성 낙진; 죽음의 재; (방사선 물질 등의) 강하
② 부산물, 부수적인 결과 = by-product, spin-off

Jackson lost his job in the **fallout** from the incident.
잭슨(Jackson)은 그 사건의 여파로 직장을 잃었다.

0576 ★★★
**tepid**
[tépid]

a. ① (액체가) 미지근한 = lukewarm, warmish
② (감정·반응 등이) 열의 없는 = half-hearted, indifferent, unenthusiastic

Despite **tepid** economic growth, the stock market hit all-time highs this year.
둔한 경제 성장에도 불구하고 올해 주식 시장은 사상 최고치에 달했다.

MVP tepidity n. 미지근함, 미온; 열의가 없음
tepidly ad. 미지근하게; 열의[박력, 생기]가 없이

0577 ★★

**rascal**
[rǽskl]

**n. 악당, 깡패; 개구쟁이, 악동 = knave, rogue, scamp, scoundrel**

The **rascal** forced her at pistol point to hand over her savings.
악당은 그녀에게 권총을 들이대고는 모아놓은 돈을 자신에게 넘기도록 했다.

0578 ★

**pro-life**
[pròu-láif]

**a. 낙태[낙태 합법화]에 반대하는 = anti-choice**

The **pro-life** movement has not reached its main goal of getting a constitutional amendment to ban abortion.
낙태 반대 운동은 아직 주요 목표인 낙태를 금지시키는 헌법개정안을 얻어내지는 못했다.

MVP pro-lifer n. 임신 중절 반대 운동가
abortion n. 낙태, 임신중절 (수술); 유산, 사산
↔ pro-choice a. 임신 중절 합법화를 찬성하는

0579 ★★★

**incidence**
[ínsədəns]

**n. (사건·영향 등의) 범위, 발생률, 발병률, 빈도 = frequency, occurrence, prevalence**

Breast cancer **incidence** rates have increased exponentially over the last 50 years.
유방암 발생률이 지난 50년간 기하급수적으로 증가했다.

MVP incident n. 사건, 생긴 일; (전쟁·폭동 등의) 분쟁
incidental a. ~에 일어나기 쉬운, 흔히 있는; 부차적인; 우연의
cf. coincidence n. (우연의) 일치, 부합; 동시에 일어남

0580 ★★

**mobilize**
[móubəlàiz]

**v. (군대·함대 등을) 동원하다[되다] = assemble, marshal, rally**

In 2000, Native American students at San Diego State University **mobilized** against their school's use of the nickname Aztecs for university athletic teams.
2000년에, 샌디에이고 주립대학의 인디언 학생들은 학교가 운동부에 아즈텍(Aztecs)이라는 닉네임을 쓰는 것에 대해 반대하며 모여들었다.

MVP mobilization n. 동원; (금융의) 유통
↔ immobilize vt. 움직이지 않게 하다, 고정시키다; 사용[활동]을 방해하다

0581 ★★★

## extraordinary
[ikstrɔ́:rdənèri]

a. ① 대단한, 보통이 아닌, 비범한, 엄청난 = remarkable, unusual
② 터무니없는, 놀라운, 의외의; 이상한 = amazing, exceptional
③ 특별한, 임시의

With his **extraordinary** invention, James Dyson, who was born in 1947 in England, is currently recognized as the "Steve Jobs of England."
그의 비범한 발명으로, 영국에서 1947년에 태어난 제임스 다이슨(James Dyson)은 현재 '영국의 스티브 잡스(Steve Jobs)'로 인정받고 있다.

MVP extraordinarily ad. 비상하게, 엄청나게, 유별나게, 이례적으로
extra a. 여분의, 추가의; 특별한
ordinary a. 보통의; 범상한, 평범한

---

0582 ★★★

## detect
[ditékt]

vt. 발견하다, 간파하다, 탐지하다 = discover, notice, perceive, uncover

It is important to **detect** cancer in its early stages.
암은 초기에 발견하는 것이 중요하다.

MVP detectable a. 찾아낼[탐지할] 수 있는
detective n. 탐정; 형사

---

0583 ★

## gastronomy
[gæstránəmi]

n. ① 미식학
② (어느 지방의 독특한) 요리법 = cooking, recipe

Her expertise is in the field of Italian **gastronomy**.
그녀의 전문지식은 이태리 요리 분야다.

MVP gourmandism n. 미식주의, 식도락

---

0584 ★★★

## burgeon
[bə́:rdʒən]

vi. ① 싹트다, 새싹이 나다, 움트다 = bud, sprout
② 급성장하다, 급증하다 = mushroom, surge
n. 싹, 어린 가지 = shoot

A sprout has started to **burgeon** forth from a tree that is hundreds of years old.
수백 년 된 나무에서 새싹이 나기 시작했다.

These regions are emerging as **burgeoning** new markets.
이들 지역은 급성장하는 새로운 시장으로 떠오르고 있다.

MVP burgeoning a. 급증하는, 급성장하는

0585 ★★★
**implication**
[ìmplikéiʃən]

n. ① (뜻의) 내포, 함축, 암시
= hint, meaning, overtone, significance, suggestion
② 연루, 연좌, 관계, 관련[in]
= association, connection, entanglement, involvement
③ (보통 pl.) (예상되는) 영향, 결과
= consequence, ramification, result, upshot

The long-term **implications** actually hinge on domestic American politics.
그 장기적인 영향은 실제로는 국내 미국정치에 달려있다.

MVP implicate vt. 관련시키다, 연좌시키다; 함축하다

---

0586 ★★
**opinionated**
[əpínjənèitid]

a. 자기주장을 고집하는; 고집이 센, 완고한 = adamant, assertive, stubborn

He is a highly **opinionated** man and cannot surely be fair as a judge.
그는 매우 독선적인 사람이라 판사로서 확실하게 공정할 수 없다.

MVP opine vt. 의견을 밝히다

---

0587 ★
**dreg**
[dreg]

n. ① (보통 pl.) (음료의) 찌꺼기, 앙금 = grounds, lees, sediment
② (보통 pl.) 하찮은 것, 쓰레기
③ 소량, 소량의 남은 것 = modicum, small quantity

The **dregs** settled, and the wine became clear.
앙금이 가라앉고 나자, 포도주가 맑아졌다.

MVP dross n. (녹은 금속의) 뜬 찌끼, 불순물; 가치 없는 것
cf. drag v. 끌다, 끌고 가다; n. 지겨운[짜증나는] 사람[것]



---

0588 ★★★
**conceal**
[kənsíːl]

vt. ① 숨기다, 감추다; 숨다 = cloak, hide, mask
② 비밀로 하다, 내색하지 않다

Celebrities sometimes change their looks to **conceal** their identity in public.
유명인들은 사람들이 있는 곳에서 자신의 정체를 숨기기 위해 때때로 외모를 바꾼다.

---

0589 ★★
**nostalgia**
[nastǽldʒə]

n. 향수(鄕愁), 노스탤지어, 향수병(鄕愁病) = homesickness

Some people feel **nostalgia** for their school days.
어떤 이들은 학창 시절을 그리워한다.

His song aroused **nostalgia** in people.
그의 노래는 사람들에게 향수를 불러일으켰다.

MVP nostalgic a. 향수의, 향수를 불러일으키는
nostalgically ad. 향수를 불러일으켜; 향수에 젖어

0590 ★★★

**unveil**
[ʌnvéil]

v. ① 베일[덮개]을 벗기다 = uncover, unmask
② (비밀을) 밝히다, 털어놓다 = disclose, divulge, expose, reveal
③ (새로운 계획·상품 등을) 발표하다 = display, exhibit, publish, show

GM's solar-powered car was **unveiled** at last month's Geneva auto show.
제너럴모터스의 태양열 전지차가 지난달 제네바의 모터 쇼에서 발표되었다.

---

0591 ★★

**antagonistic**
[æntæɡənístik]

a. 적대적인, 대립하는 = hostile, opposed

The summit meeting will bring about a reconciliation between groups which were formerly **antagonistic** to one another.
그 정상회담은 이전에 서로 적대적이었던 진영들 사이에 화해를 가져다줄 것이다.

MVP antagonize v. 대항하다, 적대하다, 반대하다
antagonism n. 적대(관계), 대립; 반대; 반감, 적의

---

0592 ★

**fratricide**
[frǽtrisàid]

n. 형제[자매] 살해; 형제[자매] 살해범 = Cainism, siblicide

The boy was sent to life imprisonment for committing **fratricide**.
그 소년은 형제를 살해해 종신형을 선고받았다.

MVP fratricidal a. 형제[자매]를 죽이는; 골육상잔의
matricide n. 모친 살해; 모친 살해범
filicide n. 자식 살해; 자식 살해자
patricide n. 부친 살해; 부친살해범
parricide n. 존속 살인; 존속살해범

---

0593 ★★★

**stingy**
[stíndʒi]

a. 인색한, 몹시 아끼는 = frugal, miserly, parsimonious

She is so **stingy** that she begrudges her dog a bone.
그녀는 기르는 개에게 뼈다귀를 주는 것도 아까워할 만큼 인색하다.

MVP stinginess n. 인색

---

0594 ★★

**brainstorm**
[bréinstɔ̀:rm]

n. 갑자기 떠오른 묘안, 영감 = inspiration
v. 브레인스토밍하다

They meet twice a month to **brainstorm** and set business goals for each other.
그들은 한 달에 두 번 만나 브레인스토밍을 하며 서로에 대한 사업 목표를 수립한다.

MVP cf. barnstorm v. (선거·홍보 등을 위한) 유세를 하다; 순회공연을 하다

0595 ★★★

**absolve**

[æbzɑ́lv]

v. ① (책임·의무를) 면제하다 = acquit, discharge, excuse, exempt, exonerate
② (사람을) 사면하다, 용서하다 = excuse, forgive, pardon, remit

Secondary schools **absolved** him of the obligation to pay fees.
중등학교들은 학비를 낼 의무를 그에게 면제해 주었다.

The man **absolved** you from all your sins.
그 남자는 당신이 저지른 모든 죄를 용서했다.

MVP absolution n. 면죄; 용서

---

0596 ★★★

**pedestrian**

[pədéstriən]

n. 보행자; 도보 여행자, 산책을 좋아하는 사람
a. ① 도보의, 보행하는; 보행자용의
② (문체·소설·연설 등이) 평범한, 단조로운, 산문적인
= dull, flat, ordinary, prosaic

**Pedestrians** sometimes take the flyers, while others may shake their heads and walk on.
보행자들은 때때로 전단지를 받는 반면, 다른 사람들은 거절을 하고 가던 길을 갈 수도 있다.

MVP cf. equestrian n. 말 타는 사람; 기수(騎手); 곡마사

---

0597 ★★

**squash**

[skwaʃ]

v. ① 짓누르다, 으깨다 = crush, mash
② 억누르다, 진압하다 = quash, quell, suppress

If parents don't answer children's questions, their natural curiosity will be **squashed**.
부모가 자녀의 질문에 대답하지 않으면 자녀의 자연스러운 호기심은 억압당할 것이다.

---

0598 ★

**eunuch**

[jú:nək]

n. ① 환관, 내시 = gelding
② 아무 영향력이 없는 사람

*King and I* tells the story of a love triangle between a **eunuch**, a concubine and a king.
『왕과 나(King and I)』는 내시와 첩 그리고 임금 사이의 삼각관계를 다룬 사랑 이야기다.

MVP castrate vt. 거세하다
emasculate vt. 거세하다; 나약하게 하다; a. 거세된

0599 ★

**maunder**
[mɔ́:ndər]

**vi. ① 두서없이 말을 늘어놓다, 푸념하다 = babble, drivel, mumble, mutter**
**② 배회하다, 어슬렁거리다, 맥없이 걷다[along, about]**
**= ramble, roam, stray, wander**

Dennis **maundered** on about the wine.
데니스(Dennis)는 그 와인에 대해 두서없이 말을 늘어놓았다.

The girl **maunders** alone on the rocky beach.
그 소녀는 바위투성이의 해변을 혼자 배회하고 있다.

MVP maunderer n. 두서없이 길게 지껄이는 사람; 어슬렁거리는 사람
cf. marauder n. 약탈자, 습격자

---

0600 ★★

**quintessence**
[kwintésns]

**n. 본질, 정수(精髓), 진수(眞髓), 전형 = core, epitome, essence, soul**

The Resurrection is the **quintessence** of the Christian faith.
부활은 기독교 신앙의 정수(精髓)이다.

MVP quintessential a. 본질적인, 전형적인(= essential, typical)

## REVIEW TEST

### A. Write the meaning of the following words.

| | | | |
|---|---|---|---|
| □ revere | ______ | □ extraordinary | ______ |
| □ signature | ______ | □ detect | ______ |
| □ provoke | ______ | □ gastronomy | ______ |
| □ arena | ______ | □ burgeon | ______ |
| □ dissident | ______ | □ implication | ______ |
| □ hospitable | ______ | □ opinionated | ______ |
| □ trumpet | ______ | □ dreg | ______ |
| □ cubicle | ______ | □ conceal | ______ |
| □ delineate | ______ | □ nostalgia | ______ |
| □ sufficient | ______ | □ unveil | ______ |
| □ whistle-blower | ______ | □ antagonistic | ______ |
| □ escalate | ______ | □ fratricide | ______ |
| □ leeway | ______ | □ stingy | ______ |
| □ staggering | ______ | □ brainstorm | ______ |
| □ conciliatory | ______ | □ absolve | ______ |
| □ fallout | ______ | □ pedestrian | ______ |
| □ rascal | ______ | □ squash | ______ |
| □ pro-life | ______ | □ eunuch | ______ |
| □ incidence | ______ | □ maunder | ______ |
| □ mobilize | ______ | □ quintessence | ______ |

※ 주어진 단어의 뜻을 본문에서 확인하시고 틀린 단어의 경우 박스에 체크한 뒤에 나중에 다시 학습하시기 바랍니다.

### B. Choose the synonym of the following words.

| | |
|---|---|
| 1. industrious | Ⓐ pliable |
| 2. paternal | Ⓑ complicated |
| 3. vie | Ⓒ lukewarm |
| 4. prejudice | Ⓓ bias |
| 5. intricate | Ⓔ compete |
| 6. clandestine | Ⓕ fatherly |
| 7. flexible | Ⓖ chair |
| 8. tepid | Ⓗ hardworking |
| 9. appliance | Ⓘ device |
| 10. preside | Ⓙ covert |

B. 1. Ⓗ 2. Ⓕ 3. Ⓔ 4. Ⓓ 5. Ⓑ 6. Ⓙ 7. Ⓐ 8. Ⓒ 9. Ⓘ 10. Ⓖ

0601 ★★★
**detrimental**
[dètrəméntl]

**a. 해로운, 유해한[to] = damaging, harmful, injurious, pernicious**

Burning fossil fuels is **detrimental** to the earth's atmosphere.
화석연료를 태우는 것은 지구 대기에 유해하다.

Smoking is **detrimental** to the health.
흡연은 건강에 해롭다.

MVP detriment n. 손해, 손상
to the detriment of ~을 손상시켜; ~에 손해를 입히고; ~의 희생 아래

---

0602 ★★★
**loiter**
[lɔ́itər]

**v. ① 어슬렁거리다 = hang about[around]**
**② 빈둥빈둥 시간을 보내다, 게으름 피우다, 늑장 부리다**

A suspicious fellow is **loitering** around our house.
괴한이 우리 집 주위를 어슬렁거리고 있다.

---

0603 ★★
**intractable**
[intrǽktəbl]

**a. ① 다루기 힘든, 고집 센 = obstinate, perverse, stubborn, unruly**
**② (병 등이) 난치성의 = incurable**

**Intractable** problems can sometimes be solved when a different person looks at them.
다루기 힘든 문제들이 때때로 제3자가 보았을 때 해결되기도 한다.

MVP intractability n. 다루기 힘듦, 고집 셈; 처치 곤란
tractability n. 순종; 다루기 쉬움
↔ tractable a. 다루기 쉬운; 유순한, 온순한

---

0604 ★★★
**propagate**
[prάpəgèit]

**v. ① (동물·식물을) 번식시키다; 번식하다 = breed, cultivate, grow, reproduce**
**② (사상·신조·정보를) 전파[선전]하다 = advertise, blazon, spread**

Many plants **propagate** themselves using the wind to carry their seeds.
많은 식물은 씨앗을 운반하기 위해 바람을 이용하여 번식한다.

Many companies **propagate** their products through television ads.
많은 기업들은 텔레비전 광고를 통해 자사 제품을 선전한다.

---

0605 ★
**amphitheater**
[ǽmfəθìːətər]

**n. (고대 로마의) 원형 경기장[극장]; 계단식 강의실[강당]**

Visitors can sit in an outdoor **amphitheater**, and see beautiful light.
관람객들은 야외 원형극장에 앉아 아름다운 빛을 볼 수 있다.

MVP theater n. 극장, 영화관; (the ~) 연극; (극장의) 관객

0606 ★★★

**contribute**

[kəntríbjuːt]

v. ① (금품 등을) 기부[기증]하다 = donate, subscribe
② 기여[공헌]하다, (~에) 도움[원인]이 되다 = conduce, serve
③ (글·기사를) 기고하다 = write

The ancient Silk Road **contributed** to the development of the global culture.
고대 실크로드는 세계문화 발달에 기여했다.

MVP contribution n. 기부, 기부금; 기여, 공헌; 기고, 투고
contributory a. 기여하는, 공헌하는
cf. attribute vt. ~의 탓으로 돌리다(= ascribe)
cf. distribute v. 분배하다; 유통시키다
cf. tribute n. 공물, 조세; 찬사, 감사[칭찬, 존경]의 표시

0607 ★★

**sundry**

[sʌ́ndri]

a. 여러 가지의, 갖가지의, 잡다한 = assorted, diverse, miscellaneous, various

He made his debut in the movie world eight years ago after **sundry** jobs.
그는 여러 직업을 전전한 후에 지금으로부터 8년 전에 영화계에 입문했다.

0608 ★★★

**apathy**

[ǽpəθi]

n. 냉담, 무관심 = aloofness, indifference, nonchalance, unconcern

This **apathy** of the wealthy caused the poor to resort to violence to attract attention to their complaints.
부유층의 이러한 무관심으로 인해 빈곤층들은 그들의 불만에 대한 관심을 끌어내기 위해 폭력에 호소하게 되었다.

MVP apathetic a. 냉담한, 무관심한
sympathy n. 동정; 문상, 위문
antipathy n. 반감, 혐오
empathy n. 공감, 감정이입
telepathy n. 텔레파시, 정신 감응



0609 ★★

**composite**

[kəmpɑ́zit]

a. 합성의, 혼성의 = combined, compound, mixed
n. 합성물 = blend, compound, conglomerate

The pictures of models in this magazine are trick **composite** pictures made by photoshop.
이 잡지에 있는 모든 모델들은 포토샵을 통해 만들어진 교묘한 합성사진들이다.

0610 ★

**sylvan**

[sílvən]

a. 숲의, 나무가 우거진 = woodsy

We followed the **sylvan** path to feel refreshment of mind and body.
몸과 마음이 상쾌해지도록 우리는 숲길을 따라갔다.

0611 ★★

**perspiration**
[pə̀:rspəréiʃən]

n. ① 발한(發汗) (작용); 땀 = sweat
② (땀이 날 정도의) 노력, 수고 = effort

Genius is 1 percent inspiration and 99 percent **perspiration**.
천재는 1%의 영감과 99%의 노력으로 만들어진다.

MVP perspire v. 땀을 흘리다; 증발(蒸發)하다; (땀이 날 정도로) 노력하다
cf. inspiration n. 인스피레이션, 영감(靈感); 고취, 고무

---

0612 ★

**requite**
[rikwáit]

vt. ① 보답하다 = recompense, repay
② 보복[복수]하다 = avenge, retaliate, revenge

I will **requite** like for like, and I will show no mercy.
이에는 이로 복수해주겠어. 자비는 결코 베풀지 않을 거야.

MVP unrequited a. (사랑이) 보답 없는, 일방적인; 무보수의
requite life for like 같은 방법으로 갚다[보복하다]

---

0613 ★★

**skinny**
[skíni]

a. 뼈 가죽만 남은, 바싹 여윈 = emaciated, lean, scrawny, thin
n. 〈미국·속어〉 (내부의 또는 확실한) 정보, 사실

The **skinny** youngster had the potential to be a great player.
그 깡마른 소년은 위대한 선수가 될 잠재력을 지니고 있었다.

---

0614 ★★★

**anticipate**
[æntísəpèit]

v. 기대하다; 예상하다 = expect; forecast, foresee, predict

Are you **anticipating** a lot of people at the party tonight?
오늘 밤 파티에 사람들이 많이 올 걸로 예상합니까?

MVP anticipation n. 예상, 예감, 기대

---

0615 ★★

**esoteric**
[èsətérik]

a. ① 심원한, 난해한, 소수만 이해하는 = abstruse, profound, recondite
② 비밀의, 은밀한 = arcane, mysterious, private, secret

She has a rather **esoteric** taste in clothes.
그녀는 다소 난해한 의상 취향을 가지고 있다.

---

0616 ★

**spin-off**
[spínɔ̀f]

n. 부산물, 파급 효과; 〈TV〉 속편(續編) 시리즈

The TV comedy series is a **spin-off** of the original movie.
그 TV 코미디 시리즈는 원작 영화의 속편이다.

0617 ★★★
**irritate**
[írətèit]

v. ① 짜증나게 하다, 화나게 하다 = annoy, exasperate, infuriate, nettle
② (피부 등을) 자극하다, 염증을 일으키다

I don't want to bring it up and **irritate** her now.
지금 그 문제를 꺼내서 그녀를 자극하고 싶지 않다.

MVP irritation n. 성나게 함; 안달, 초조
irritant a. 자극하는, 자극성의; n. 자극물, 자극제
irritated a. 신경질이 난; 자극받은
irritating a. 초조하게 하는, 약 올리는, 화나게 하는
irritable a. 성미가 급한, 성마른; 애를 태우는
cf. irrigate v. (토지에) 물을 대다; 관개하다

0618 ★
**digit**
[dídʒit]

n. ① 숫자, 번호, 자릿수 = figure, number, numeral
② 손가락, 발가락 = finger, toe

He has won double-**digit** wins for six consecutive years since 2008.
그는 2008년부터 6회 연속 두 자리 수의 승리를 하고 있다.

0619 ★★★
**blink**
[bliŋk]

v. ① 눈을 깜박거리다, (등불·별 등이) 깜박이다 = flicker
② 못 본 체하다, 무시하다, 보아 넘기다[at] = connive, overlook

An owl has three eyelids: one for **blinking**, one for sleeping, and one for keeping the eye clean and healthy.
올빼미는 세 겹의 눈꺼풀이 있는데, 한 겹은 깜빡이는 용도, 한 겹은 잠자는 용도, 한 겹은 눈을 깨끗하고 건강하게 유지하는 용도다.

MVP cf. brink n. (벼랑 등의) 가장자리; (~하기) 직전



0620 ★★
**knack**
[næk]

n. ① (타고난) 재주; 요령, 비결 = ability, flair, genius, gift, skill, talent
② 습관, 버릇 = habit, mannerism, tendency, wont

The girl has a **knack** for making people laugh.
그 소녀는 사람들을 웃기는 재주가 있다.

0621 ★★★
**motivate**
[móutəvèit]

vt. ① 〈보통 수동태〉 (행동 등의) 이유[원인]가 되다
② (특히 열심히 노력하도록) 동기를 부여하다, 자극하다
= actuate, incite, induce

Religion can help **motivate** people to help others.
종교는 사람들이 다른 사람을 돕도록 동기를 부여하는 데 도움을 줄 수 있다.

MVP motivation n. 자극; 유도; (행동의) 동기부여; 열의, 욕구
motive n. 동기; 동인, 행위의 원인; (예술 작품의) 주제, 제재(題材)

0622 ★
**translucent**
[trænslú:snt]

a. ① (물체가) 반투명의 = semitransparent, translucid
② (설명·생각 등이) 명쾌한 = lucid

They set **translucent** glass in their bathroom window.
그들은 욕실 창문에 반투명 유리를 끼웠다.

MVP translucence n. 반투명

0623 ★★★
**recycle**
[ri:sáikl]

v. 재활용하다, 재생하다 = reprocess, reuse

She is separating the waste to **recycle** it.
그녀는 재활용하기 위해 쓰레기를 분리 배출하고 있다.

0624 ★★
**verbatim**
[vərbéitim]

ad. 말[글자] 그대로, 축어적으로 = exactly, literally, to the letter
a. 말[글자] 그대로의, 축어적인

A transcript tries to record a conversation or dialogue **verbatim**.
필기록은 대화 내용을 글자 그대로 기록하고자 하는 것이다.

0625 ★★★
**assent**
[əsént]

n. 동의, 찬성, 승인 = agreement, approval, concurrence, consent
vi. 동의하다, 찬성하다 = agree, approve, concur, consent, nod

There were murmurs of both **assent** and dissent from the crowd.
사람들 사이에 찬성하는 수군거림과 반대하는 수군거림이 있었다.

The father **assented** to his daughter's marriage.
아버지는 딸의 결혼에 동의해주셨다.

MVP ↔ dissent n. 반대; 반대의견; v. 반대하다

0626 ★★★
**curiosity**
[kjùəriάsəti]

n. ① 호기심, 캐기 좋아하는 마음 = inquisitiveness, interest
② 진기함; 진기한 물건, 골동품 = novelty; curio, oddity, rarity

Children display an unquenchable **curiosity** about every new thing they encounter.
아이들은 그들이 마주치는 새로운 모든 것에 관해 억누를 수 없는 호기심을 보인다.

MVP curious a. 호기심이 많은(= inquisitive); 진기한; 기묘한, 별난
curio n. 골동품

0627 ★★
**stoic**
[stóuik]

a. ① 스토아학파의
② 극기의, 금욕의 = abstemious, abstinent, ascetic, austere, continent
n. 금욕주의자, 극기심이 강한 사람 = ascetic, puritan

English people used to be regarded as reserved and **stoic**.
영국인은 과묵하고 극기심이 강한 걸로 여겨졌었다.

MVP stoicism n. 금욕주의, 금욕, 극기; 태연, 냉철; (S~) 스토아 철학
stoical a. 스토아 철학자의; 극기의, 금욕의; 태연한, 냉철한

---

0628 ★★★
## publication
[pʌbləkéiʃən]

n. ① **발표, 공표** = announcement, declaration
② **간행, 출판, 발행** = publishing

The scientist agreed to release his article for **publication**.
그 과학자는 출판을 위해 논문을 공개하는 것에 동의했다.

MVP publish v. 발표하다, 공표하다; 출판하다

---

0629 ★★
## creep
[kri:p]

vi. **기다, 포복하다; 살금살금 기다[걷다]** = crawl, wriggle

I **crept** up the stairs, trying not to wake my parents.
나는 부모님이 깨시지 않게 계단을 살금살금 올라갔다.

MVP creeping a. 기어서 돌아다니는; 느린; 살며시 다가오는; 아첨하는

---

0630 ★★★
## mess
[mes]

n. **혼란상태, 엉망진창** = chaos, clutter, disarray, pandemonium, shambles

If everybody does whatever they want, the community will become a **mess**.
만일 모두가 그들이 원하는 것을 모두 다 한다면, 그 사회는 엉망진창이 될 것이다.

MVP messy a. 어질러진, 더러운; 성가신, 번잡한; 칠칠치 못한

---

0631 ★★
## orchestrate
[ɔ́:rkəstrèit]

vt. ① **(좋지 않은 일을) 조직화하다, 교묘히 획책하다**
= organize, plan, plot, scheme
② **오케스트라용으로 편곡[작곡]하다**

Palestinian officials and militant leaders said Hezbollah had **orchestrated** the attack.
팔레스타인 당국자들과 무장 단체들은 헤즈볼라가 그 공격을 획책했다고 말했다.

---

0632 ★★
## renegade
[rénigèid]

n. **변절자, 배반자, 탈당자; (특히 기독교도에서 이슬람교로 개종한) 배교자**
= betrayer, recreant, traitor; apostate
a. **반역의, 배반의, 변절한** = rebellious, traitorous

Early Christians were considered religious **renegades** by the Jews.
유대인들은 초기 기독교인들을 종교적 변절자로 여겼다.

DAY 13

0633 ★★★

**capricious**
[kəpríʃəs]

**a. 변덕스러운, (마음이) 변하기 쉬운 = fickle, mercurial, whimsical**

Anna made many a **capricious** decision, making it difficult for anyone to trust her inclinations.
안나(Anna)는 변덕스러운 결정을 많이 내렸기 때문에, 어느 누구도 그녀의 의향을 신뢰하기 어려웠다.

MVP caprice n. 변덕, 줏대 없음

---

0634 ★

**shriek**
[ʃriːk]

**n. 날카로운 소리, 부르짖음; 비명 = cry, scream, wail, yell**
**v. 날카로운 소리를 지르다, 비명을 지르다**

I waved my arms in the air and **shrieked** for help.
나는 팔을 허공에 휘저으면서 도와달라고 비명을 질러댔다.

---

0635 ★★★

**hybrid**
[háibrid]

**n. 잡종, 튀기, 혼혈아; 혼성물 = amalgam, crossbreed, mixture**
**a. ① 잡종의, 혼혈의 = crossbred**
**② 혼성의 = heterogeneous**
**③ (자동차가) 하이브리드의**

A mule is a **hybrid** of a male donkey and a female horse.
노새는 수탕나귀와 암말의 잡종이다.

MVP hybridity n. 잡종성; 잡종, 혼혈
cf. full-blooded a. 순종의, 순수한; 다혈질의

---

0636 ★★

**nutty**
[nʌ́ti]

**a. ① 어리석은, 바보스러운 = absurd, foolish, silly**
**② 미친, 정상이 아닌 = bananas, batty, crazy, insane**

A normal man couldn't live with her without going **nutty**.
평범한 남자는 미치지 않고서는 그녀와 살 수 없을 것이다.

MVP nuts a. 미친, 제정신이 아닌; ~을 미친 듯이 사랑하는, ~에 열광하는

---

0637 ★★★

**wither**
[wíðər]

**v. ① 시들다, 말라 죽다; 시들게[말라 죽게] 하다 = shrivel, wilt, wizen**
**② (애정·희망 등이) 시들다, 약해지다**

The crops are **withering** in the scorching heat.
폭염으로 농작물이 시들어 가고 있다.

Public interest in the actress **withered** away.
그 여배우에 대한 대중의 관심이 시들해졌다.

0638 ★★

**grievance**
[gríːvəns]

**n. 불만, 불평 = complaint, discontent, dissatisfaction, gripe, grumble**

A customer who thinks he has not had a fair deal will not easily forget his **grievance**.
공정한 대우를 받지 못했다고 생각하는 고객은 쉽게 자신의 불만을 잊지 않을 것이다.

---

0639 ★★★

**foster**
[fɔ́ːstər]

**vt. ① 촉진[조장, 육성]하다 = encourage, further, promote**
**② 기르다, 양육하다 = nurse, nurture, raise**
**a. 양육하는, 기르는, 양[수양]~**

The banks' easy lending practices **fostered** a debt-dependent culture.
은행들의 쉬운 대출 관행이 부채에 의존하는 문화를 조성했다.

They have **fostered** over 60 children during the past ten years.
그들은 지난 10년 동안 60여 명의 아이들을 맡아 길렀다.

MVP foster mother 양어머니; 유모
cf. step mother 계모

---

0640 ★★

**barrage**
[bərάːʒ]

**n. ① 일제 엄호 사격, 집중 포격[사격] = volley**
**② (질문 등의) 세례, 집중공세 = blast, bombardment, fusillade, volley**

Soldiers fired a **barrage** of machine guns at the enemy.
군인들은 적에게 일제히 기관총 사격을 퍼부었다.

The UN secretary general faced a **barrage** of questions at U.N.
그 유엔 사무총장은 유엔에서 집중적인 질문공세를 받았다.

---

0641 ★

**presumptuous**
[prizʌ́mptʃuəs]

**a. 주제넘은, 뻔뻔스러운, 건방진 = assuming, impertinent, overweening**

That he should ask her to marry him was rather **presumptuous** on his part.
그가 그녀에게 결혼하자고 하는 것은 그의 입장에서는 다소 염치없는 짓이었다.

MVP cf. sumptuous a. 사치스러운, 화려한, 호화로운, 값진
↔ unpresumptuous a. 건방지지 않은, 겸손한(= unpresuming)

---

0642 ★★★

**deserve**
[dizə́ːrv]

**v. ~할 만하다, ~을 받을 만하다, ~할 가치가 있다 = be entitled to, merit**

If a murderer kills its victim, he or she **deserves** a fair penalty.
만약 살인자가 피해자를 살해한다면, 그 사람은 그것에 타당한 처벌을 받아야 마땅하다.

0643 ★

**otiose**
[óuʃiòus]

**a. ① 불필요한, 무효의, 쓸모없는 = fruitless, futile, ineffective**
**② 한가한, 일이 없는; 게으른 = idle, inactive, lazy**

It ought to be comparatively easy to decide what kinds of criticism are useful and what are **otiose**.
어떤 종류의 비평이 유용하고 어떤 것이 무용한지를 결정하기는 비교적 쉬워야 한다.

---

0644 ★★

**archipelago**
[à:rkəpéləgòu]

**n. 군도(群島); 다도해**

Bali, a tropical island in the Indonesian **archipelago**, is the perfect holiday place for people of all ages.
인도네시아 군도에 속해 있는 열대의 섬 발리는 모든 세대의 사람들에게 완벽한 휴양지다.

---

0645 ★★★

**execute**
[éksikjù:t]

**vt. ① 실행하다, 수행하다 = accomplish, enforce, fulfill, perform**
**② 처형하다, 사형을 집행하다**
**③ (곡)을 연주하다; (배역)을 연기하다 = perform**

They drew up and **executed** a plan to reduce fuel consumption.
그들은 연료 소비를 줄이기 위해 계획을 세우고 실행했다.

100 Catholic worshippers were **executed** there between 1801 and 1866.
1801~1866년 사이 100명의 가톨릭 신자들이 그곳에서 처형당했다.

MVP execution n. 처형, 사형 집행; 실행, 수행
executioner n. (법령·유언·판결 등의) 집행인; 사형 집행인; 암살자
executor n. (법령·유언·판결 등의) 실행자, 집행자; 연주자, 연기자
executive n. (기업이나 조직의) 경영 간부, 경영진; 행정부

---

0646 ★★

**mulish**
[mjú:liʃ]

**a. 노새 같은; 고집불통의, 외고집의 = obstinate, stubborn**

The two senators appeared equally **mulish** in their debate.
토론에서 그 두 명의 상원의원은 똑같이 고집불통이었다.

MVP mule n. 노새; 바보; 고집쟁이

---

0647 ★★★

**therapy**
[θérəpi]

**n. 치료, 요법 = cure, remedy, treatment**

He will receive physical **therapy** on his damaged left knee.
그는 다친 왼쪽 무릎에 물리 치료를 받을 것이다.

MVP therapeutics n. 〈단수취급〉 치료학, 요법
therapeutic a. 치료의, 치료법의; 건강유지에 도움이 되는

※ -therapy: 치료, 요법

biotherapy n. 생물(학적) 요법
chemotherapy n. 화학요법
physiotherapy n. 물리요법, 물리치료
psychotherapy n. 정신[심리] 요법

---

0648 ★★
**deploy**
[diplɔ́i]

**v. (군대·무기를) 배치하다, 전개하다 = arrange, position**

2,000 troops were **deployed** in the area.
2,000명의 군인이 그 지역에 배치되었다.

At least 5,000 missiles were **deployed** along the border.
국경을 따라 최소 5,000기의 미사일이 배치되었다.

MVP deployment n. 전개, 배치

---

0649 ★★★
**parcel**
[pɑ́:rsəl]

**n. ① 꾸러미, 소포, 소화물 = package, parcel**
**② (경멸적) 한 무리, 한 떼, 한 조(組), 한 벌 = group, lot, pack**

Switzerland's postal service began tests of mail and **parcel** deliveries by drones on July 7.
스위스의 우체국이 7월 7일에 무인기에 의한 편지와 소포 배달 테스트를 시작했다.

---

0650 ★★
**felicitous**
[filísətəs]

**a. ① (행동·태도·표현이) 아주 적절한, 교묘하게 들어맞는**
**= apposite, appropriate, apt**
**② 경사스러운, 행복한 = blissful, happy**

The man dealt with a very sensitive matter in a **felicitous** manner.
그 남자는 매우 민감한 문제를 적절한 방법으로 처리했다.

MVP felicitate vt. 축하하다
felicity n. 더할 나위없는 행복; 멋들어짐, 적절함; (보통 pl.) 적절한 표현

# REVIEW TEST

## A. Write the meaning of the following words.

| | | | |
|---|---|---|---|
| □ detrimental | ________ | □ stoic | ________ |
| □ loiter | ________ | □ publication | ________ |
| □ intractable | ________ | □ orchestrate | ________ |
| □ propagate | ________ | □ capricious | ________ |
| □ amphitheater | ________ | □ shriek | ________ |
| □ contribute | ________ | □ hybrid | ________ |
| □ sundry | ________ | □ nutty | ________ |
| □ apathy | ________ | □ wither | ________ |
| □ composite | ________ | □ foster | ________ |
| □ sylvan | ________ | □ barrage | ________ |
| □ requite | ________ | □ presumptuous | ________ |
| □ esoteric | ________ | □ deserve | ________ |
| □ spin-off | ________ | □ otiose | ________ |
| □ digit | ________ | □ archipelago | ________ |
| □ blink | ________ | □ execute | ________ |
| □ knack | ________ | □ mulish | ________ |
| □ motivate | ________ | □ therapy | ________ |
| □ recycle | ________ | □ deploy | ________ |
| □ verbatim | ________ | □ parcel | ________ |
| □ curiosity | ________ | □ felicitous | ________ |

※ 주어진 단어의 뜻을 본문에서 확인하시고 틀린 단어의 경우 박스에 체크한 뒤에 나중에 다시 학습하시기 바랍니다.

## B. Choose the synonym of the following words.

| | |
|---|---|
| 1. perspiration | Ⓐ annoy |
| 2. assent | Ⓑ chaos |
| 3. renegade | Ⓒ betrayer |
| 4. skinny | Ⓓ sweat |
| 5. translucent | Ⓔ grumble |
| 6. creep | Ⓕ crawl |
| 7. anticipate | Ⓖ emaciated |
| 8. mess | Ⓗ agree |
| 9. grievance | Ⓘ semitransparent |
| 10. irritate | Ⓙ expect |

B. 1. Ⓓ 2. Ⓗ 3. Ⓒ 4. Ⓖ 5. Ⓘ 6. Ⓕ 7. Ⓙ 8. Ⓑ 9. Ⓔ 10. Ⓐ

0651 ★★★

**glance**
[glæns]

**n. 흘긋 봄, 한 번 봄, 일견(一見) = brief look, glimpse, peek**
**v. 흘긋[언뜻] 보다; 대강 훑어보다 = flip through, peek, scan**

I could tell at a **glance** that the numbers were wrong.
나는 한눈에 숫자가 잘못된 것을 알 수 있었다.

0652 ★★

**abrogate**
[ǽbrəgèit]

**vt. (법령·관습 등을) 폐지하다, 철폐하다, 파기하다 = abolish, nullify, revoke**

Congress must **abrogate** the new tax law.
의회는 새로운 조세 법안을 폐지해야 한다.

MVP abrogation n. 폐지, 철폐, 파기

0653 ★

**ineluctable**
[ìnilʌ́ktəbl]

**a. 피할 수 없는, 불가피한, 불가항력의 = inescapable, inevitable, unavoidable**

Through his long journey, the hero felt that his fate was **ineluctable** and refused to make any attempt to change his lot.
긴 여행을 통해, 그 영웅은 자신의 운명이 피할 수 없는 것이라고 느꼈고 자신의 운명을 바꾸려는 그 어떤 시도도 거부했다.

0654 ★★

**streamline**
[strí:mlàin]

**vt. ① 능률적으로 하다, 합리화[간소화]하다 = clarify, rationalize, simplify**
**② 유선형으로 하다**

In an effort to **streamline** their cumbersome bureaucracy, they have greatly simplified the chain of command.
번거로운 관료 제도를 능률적으로 만들기 위한 노력의 일환으로, 그들은 명령체계를 간소화시켰다.

The cars all have a new **streamlined** design.
그 자동차들은 모두 새로운 유선형 디자인으로 되어 있다.

MVP streamlined a. 유선형의, 날씬한

0655 ★★★

**degree**
[digrí:]

**n. ① 정도; 등급, 단계 = extent; grade, rank, scale**
**② 계급, 지위; 칭호, 학위 = position, status, title**
**③ (온도·각도·경위도 등의) 도(度)**

The college entrance examination began giving different levels of **degrees** instead of grading in scores from 2008.
대학 입학시험이 2008년부터 점수제 대신에 등급제로 전환됐다.

0656 ★★
**chant**
[tʃænt]

n. ① 노래, 멜로디 = melody, song, tune
② 성가; 영창 = hymn, psalm
v. ① (노래·성가를) 부르다, 영창하다 = intone, sing
② (시나 노래를 지어) 찬송하다; 되풀이해서 이야기하다
③ 되풀이해서 이야기하다; (구호 등을) 연이어 외치다

When he played soccer, many people gathered around him and cheered him up, **chanting** his name.
그가 축구를 할 때, 많은 사람들이 그의 주변에 모여 그의 이름을 부르며 응원했다.

0657 ★★★
**splendid**
[spléndid]

a. ① 화려한, 호화로운 = flowery, gorgeous, magnificent, marvellous, ornate
② (사람·재능 등이) 빛나는, 훌륭한 = awesome, fantastic, outstanding

A simple wedding ceremony isn't **splendid**, but may intensify the meaning of the union.
간소한 결혼식은 화려하지는 않지만, 결합의 의미를 더욱 강하게 할지도 모른다.

MVP splendor n. 화려함, 호화; 빛남; 훌륭함

0658 ★
**primate**
[práimeit]

n. ① 〈동물〉 영장류, 영장류 동물 = ape
② 〈교회〉 수석 주교, 대주교

He says nearly all **primates** eat meat, at least sometimes.
그는 거의 모든 영장류 동물이 적어도 가끔씩은 고기를 먹는다고 말한다.

0659 ★★★
**frugal**
[frú:gəl]

a. 검소한, 절약하는 = economical, plain, plain-vanilla, thrifty

She is accustomed to a **frugal** life.
그녀는 절약하는 생활이 몸에 배어 있다.

MVP frugality n. 검약, 검소(= economy, prudence, thrift)

0660 ★★★
**property**
[prάpərti]

n. ① 재산, 자산 = capital
② 소유, 소유권 = possessions
③ (고유한) 성질, 특성 = characteristic, feature, quality

He delivered up the whole of his **property** to his cousin.
그는 재산을 전부 사촌에게 넘겨주었다.

0661 ★★

**egocentric**
[iːgouséntrik]

**a. 자기중심적인, 이기적인; 자기본위의 = self-centered, selfish**

Babies are entirely **egocentric**, concerned only with how warm or cold they are and when they will next be fed.
아기들은 철저히 자기중심적인데, 얼마나 따뜻한지 또는 얼마나 추운지, 그리고 다음에는 언제 젖을 먹는가에만 관심이 있다.

MVP egocentricity n. 자기중심주의, 이기주의, 자기 본위
cf. ethnocentric a. 자민족 중심주의의

---

0662 ★

**scrape**
[skreip]

**v. ① 문지르다; 문질러서 벗기다[깨끗이 하다] = clean, remove, scour**
**② (자금·선수 등을) 긁어모으다, 마련하다 = rake, sweep**
**n. 곤란, 곤경 = difficulty, plight**

We managed to **scrape** together eight volunteers.
우리는 어렵게 8명의 지원자를 모을 수 있었다.

---

0663 ★★★

**accomplice**
[əkɑ́mplis]

**n. 공범자 = accessory, aide, collaborator, conspirator**

He planned to rob the bank in connivance with his **accomplice**.
그는 공범과 공모하여 그 은행을 털 계획을 세웠다.

---

0664 ★★

**mortify**
[mɔ́ːrtəfài]

**v. ① 굴욕감을 주다 = embarrass, humiliate, shame**
**② (감정 따위를) 억제하다, 극복하다 = control, subdue**

The Sphinx was so **mortified** at the solving of her riddle that she cast herself down from the rock and perished.
스핑크스(Sphinx)는 자신의 수수께끼가 풀린 것에 대해 큰 굴욕감을 느껴 스스로 바위 아래로 몸을 내던져 죽었다.

MVP mortification n. 굴욕, 치욕
mortifying a. 분한, 굴욕적인(= humiliating)

---

0665 ★★

**burglar**
[bə́ːrglər]

**n. 도둑, 강도, 빈집털이 = housebreaker, robber, thief**

The **burglar** was frightened away by the barking of the dog.
개가 짖는 바람에 도둑은 기겁하여 달아났다.

MVP burglary n. (범죄를 목적으로 하는) 주거 침입(죄), 강도질
theft n. 도둑질, 절도

0666 ★★★

**disseminate**
[disémənèit]

vt. ① (씨를) 흩뿌리다, 살포하다 = disperse, scatter, sow, strew
② (지식 등을) 퍼뜨리다, 전파하다 = diffuse, propagate, spread

Other fruits can **disseminate** the seed using wind.
다른 과일들은 바람을 이용해 씨앗을 흩뿌릴 수 있다.

There are people who like to **disseminate** false information.
거짓 정보를 퍼뜨리기를 좋아하는 사람들이 있다.

MVP dissemination n. 파종; 보급, 유포

---

0667 ★★

**stigma**
[stígmə]

n. 치욕, 오명, 오점, 불명예 = blemish, disgrace, taint

He has the **stigma** of having a criminal record.
그는 전과자라는 낙인이 찍혀 있다.

Though there still is a **stigma** about plastic surgery for men, that is changing gradually.
남자들은 여전히 성형수술을 창피하게 여기고 있지만, 이러한 태도는 차츰 변하고 있다.

MVP stigmatize vt. ~에게 오명을 씌우다, 낙인을 찍다

---

0668 ★

**recoil**
[rikɔ́il]

vi. 뒤로 물러나다, 움찔하다, 주춤하다 = flinch, quail, shrink

She turned round to greet him then **recoiled** in horror when she saw the state he was in.
그에게 인사하기 위해 돌아섰다가 그가 처해있는 상태를 보고서 그녀는 공포로 인해 몸이 움츠러들었다.

---

0669 ★★★

**aesthetic**
[esθétik]

a. 미(美)의, 미학의; 심미적인, 심미안이 있는 = artistic, esthetic

In modern architecture, iron came to be used in construction for **aesthetic** purposes.
현대 건축에서 철은 미적인 목적으로 건축에서 사용하게 되었다.

MVP aesthetics n. 미학(美學)

---

0670 ★★

**constitution**
[kɑ̀nstətjú:ʃən]

n. ① 헌법; 정관; 규약
② 체질, 체격; 기질, 성질, 성격
③ 구성, 구조 = composition, organization
④ 설립, 설치 = establishment

Because a new government formed, a new **constitution** was needed.
새로운 정부가 만들어졌기 때문에, 새로운 헌법이 필요했다.

She was a person with a weak **constitution**.
그녀는 체질이 약한 사람이었다.

The town is mainly middle-class in **constitution**.
그 도시는 구조상 중산층이 주류이다.

MVP constitute v. 구성하다; 설립하다; 〈수동태로〉 (사람이) ~인 체질[성격]이다
constitutional a. 헌법의; 합헌적인, 헌법에 따르는; 체질의
constituency n. 선거구; 선거구민[유권자들]; 지지층, 고객층, 구매자
reconstitute vt. 재구성[재편성]하다; (분말 식품 등을 물을 타서) 원래대로 되게 하다

---

0671 ★★★
**lunatic**
[lú:nətìk]

**a. 미친, 터무니없는, 정신 나간 것 같은** = demented, frantic, insane, mad
**n. 미치광이, 정신이상자; 괴짜** = crackbrain, maniac, nut

If you wear that strange dress, you'll be a joke and be considered a **lunatic**.
만약 당신이 그런 이상한 옷을 입는다면, 당신은 웃음거리가 되고 정신병자 취급을 받을 것이다.

MVP lunacy n. 정신 이상, 광기(狂氣)
lunar a. 달의, 태음(太陰)의; 달의 작용에 의해서 일어나는

---

0672 ★★
**probe**
[proub]

**v. ① 캐묻다, 캐다, 조사하다** = investigate
**② (특히 길고 가느다란 기구로) 살피다[탐사, 탐색하다]**
**n. ① (철저한) 조사** = investigation
**② 무인 우주탐사선**
**③ 탐침, 탐색침, 탐촉자(과학적인 조사기록에 쓰이는 길고 가느다란 기구)**

He didn't like the media **probing** into his past.
그는 언론이 자신의 과거를 캐묻는 것을 좋아하지 않았다.

---

0673 ★★★
**impetus**
[ímpətəs]

**n. (물체를 움직이는) 힘, 기동력; 기세; 자극; 운동력**
= force, impulse, momentum, stimulus

Cooperation served as the **impetus** for that team's winning the championship.
협동은 그 팀이 우승할 수 있는 원동력이 되었다.

MVP impetuous a. (바람·속도 따위가) 격렬한, 맹렬한; 성급한, 충동적인

---

0674 ★★
**whiz**
[hwiz]

**v. 윙윙 하고 소리나다[내다]** = buzz, hum
**n. ① 수완가, 전문가, 명인, 명수** = expert, master
**② 멋있는 것, 매력적인 것** = bottler, stunner

He is certainly the **whiz** of management.
그는 확실히 경영의 달인이다.

MVP whiz kid 신동, 젊은 수재

0675 ★★★

**arrange**
[əréindʒ]

v. ① **배열하다, 정리하다** = array, order, organize
② **준비하다; 정하다, 계획을 짜다** = prepare; plan, set up

I've **arranged** the books alphabetically, so don't muddle them up.
책을 알파벳순으로 정리해 뒀으니까 뒤섞지 마라.

MVP arrangement n. 배열, 배치; 정리; 준비; 협정, 합의
↔ disarrange vt. 어지럽히다, 혼란시키다

---

0676 ★

**etymology**
[ètəmálədʒi]

n. ① **어원학, 어원 연구**
② **어원** = derivation, origin, pedigree

The **etymology** of the word *placebo* is derived from the Latin verb for "I shall please."
'placebo'란 단어의 어원은 "내가 기쁘게 만들 것이다"는 뜻의 라틴어 동사에서 유래한다.

MVP etymologist n. 어원학자, 어원 연구가
cf. entomology n. 곤충학

---

0677 ★★★

**trial**
[tráiəl]

n. ① **〈법률〉 공판, 재판, 심리** = case, hearing
② **시도, 시험; 실험; 시운전** = experiment, test
③ **시련, 고난, 재난** = hardship, suffering, trouble

The men were arrested but not brought to **trial**.
그 남자들은 체포되었지만 재판에 회부되지는 않았다.

A new vaccine for hepatitis B is undergoing clinical **trials**.
B형 간염을 치료하는 새로운 백신이 임상 실험 중이다.

MVP trial and error 시행착오

---

0678 ★

**honorarium**
[ànərέəriəm]

n. **(전문적 서비스에 대한) 사례비, 보수** (pl. honoraria)

Our society is prepared to pay all your expenses, including overnight accommodation, and an **honorarium** of $400.
하룻밤 숙박비를 포함한 경비 일체는 저희 협회 측에서 부담할 것이며, 사례비로 4백 달러를 드리겠습니다.

---

0679 ★★★

**premature**
[prì:mətʃúər]

a. **시기상조의, 너무 이른, 너무 서두른** = early, untimely

A judgment made before all the factors are known must be called **premature**.
모든 요소들이 알려지기 전에 내려진 결정은 시기상조라고 불러야 한다.

MVP prematurity n. 조숙; 시기상조(의 조치); 조산
prematurely ad. 너무 이르게, 조급하게
↔ mature a. 익은; 성숙한

0680 ★★

**vilify**

[víləfài]

**vt. 비방[중상]하다, 헐뜯다, 욕하다 = defame, malign, revile**

He was sickened by the encomiums and panegyrics expressed by speakers who had previously been among the first to **vilify** the man they were now honoring.
그는 연사들이 보여준 칭찬과 찬사들에 신물이 났다. 그 연사들은 지금은 자신들이 존경하고 있는 사람을 전에는 가장 먼저 비방을 했던 사람들이었기 때문이다.

MVP vilification n. 비방, 욕설; 중상, 비난

---

0681 ★★★

**remote**

[rimóut]

**a. ① 먼, 먼 곳의; 멀리 떨어진, 외딴 = distant, far; isolated, secluded**
**② 동떨어진, 관계가 없는[from] = alien, foreign, irrelevant, unrelated**
**③ 먼 친척인**

As I live in a **remote** village, I rarely have visitors.
나는 외진 마을에 살고 있다 보니, 찾아오는 사람도 드물다.

---

0682 ★

**oxymoron**

[àksimɔ́:rən]

**n. 모순어법**

"Healthy soda" may strike many as an **oxymoron**.
'몸에 좋은 탄산음료'가 많은 사람들에게 모순어법으로 느껴질 수도 있다.

---

0683 ★★★

**massive**

[mǽsiv]

**a. ① 크고 묵직한, 육중한 = bulky, heavy, hefty, ponderous**
**② 대량의, 대규모의, 엄청나게 큰 = enormous, gargantuan, vast**

A **massive** number of people flocked to the beach.
엄청난 인파가 해변에 몰려들었다.

---

0684 ★★

**tout**

[taut]

**v. ① 강매하다, ~에게 끈덕지게 권하다**
**② 극구 칭찬하다, 과대선전하다, 광고[홍보]하다 = ballyhoo, trumpet**
**n. 암표상 = scalper**

**Touting** is commonplace in traditional markets.
호객행위는 재래시장에서 아주 흔한 일이다.

He's busy **touting** his client's latest book around London's literary agents.
그는 의뢰인의 최신 저서를 런던 저작권 대리인들에게 홍보하느라 바쁘다.

MVP cf. taut a. (밧줄 따위가) 팽팽한; 긴장된

0685 ★★★
**notable**
[nóutəbl]

a. ① **주목할 만한, 현저한** = conspicuous, noteworthy, outstanding, remarkable
② **저명한, 유명한** = celebrated, distinguished, eminent, famous, prominent

Hyundai's Beijing plant sold 210,945 vehicles during the period, a **notable** increase compared to 144,088 units a year earlier.
현대자동차 베이징 공장은 그 기간 동안 210,945대의 자동차를 판매했는데, 이는 전년의 144,088대에 비해 현저한 증가를 보인 것이었다.

MVP notably ad. 현저하게, 두드러지게; 특히, 그 중에서도

0686 ★★
**diabetes**
[dàiəbíːtis]

n. 〈의학〉 **당뇨병**

Health experts say that sedentary lifestyle may be causing the increase in **diabetes**.
전문가들은 앉아서 지내는 상활 방식이 당뇨병 증가의 원인일 수 있다고 말한다.

MVP diabetic a. 당뇨병의; n. 당뇨병 환자
glycosuria n. 당뇨

0687 ★★★
**confer**
[kənfəːr]

v. ① **(상·학위·칭호 등을) 주다, 수여하다**[in, upon]
= accord, award, bestow, give, grant
② **상의하다, 의논하다, 협의하다**[with] = consult, deliberate, negotiate

The medal was **conferred** on him, thanks to his devotion to public service.
공직에 헌신한 덕분에 그에게 훈장이 수여되었다.

MVP conference n. 회담, 협의, 의논; 회의, 협의회

0688 ★★
**memorandum**
[mèmərǽndəm]

n. ① **비망록, 메모; 기록, (사내) 회보** = jotting, minutes, proceedings
② **〈외교·상업〉 각서; (회사조합의) 정관, 규약**
= agreement, contract, note, protocol

He forced debtors who failed to repay to either write a body abandonment **memorandum** or locked them up in a car.
그는 돈을 갚지 않은 채무자들에게 신체포기각서를 쓰게 하거나 그들을 차량에 감금했다.

The defence lawyers prepared a 15-page **memorandum** for the judge.
피고 측 변호인은 판사에게 제출할 15페이지에 달하는 비망록을 준비했다.

MVP memorable a. 기억할 만한, 인상적인; 잊기 어려운

0689 ★★★
**intense**
[inténs]

a. ① 극심한, 강렬한, 격렬한, 치열한 = acute, extreme, fierce, severe
② 열정적인, 열심인, 진지한 = ardent, enthusiastic, fervent, passionate

She felt **intense** pain when the bone broke in her leg.
그녀는 다리뼈가 부러졌을 때 극심한 통증을 느꼈다.

MVP intensify v. 격렬[강렬]하게 하다; 증강하다
intensity n. 강렬, 격렬; 집중, 열렬
intensive a. 집중적인, 강도 높은
intensely ad. 격렬하게, 심하게, 맹렬하게
cf. incense n. 향(香); 향냄새[연기]; v. 향을 피우다; (몹시) 화나게 하다

---

0690 ★
**unnerve**
[ʌnnə́:rv]

vt. 용기[기력]를 잃게 하다, 무기력하게 하다, 불안하게 하다 = disconcert, shake

The blast **unnerved** residents and others in the capital.
그 폭발은 수도에 있는 주민들과 다른 사람들을 불안하게 했다.

---

0691 ★★★
**origin**
[ɔ́:rədʒin]

n. ① 기원, 발단, 원천; 유래; 원인 = beginning, foundation, root, source
② (종종 pl.) 태생, 가문, 혈통 = ancestry, descent, family, race

All crime has its **origin** in greed.
모든 죄는 탐욕에서 비롯된다.

MVP original a. 최초의; 고유의; 원형의; 독창적인
originality n. 독창성, 창작력

---

0692 ★★
**cater**
[kéitər]

v. ① (음식·서비스 등을) 제공하다 = furnish, provision, supply
② 요구에 응하다, 만족을 주다, 영합하다[to] = gratify, humor, indulge, pander

Most of our work involves **catering** for weddings.
우리 일의 대부분은 결혼식에 음식을 공급하는 것과 관련이 있다.

They only publish novels which **cater** to the mass-market.
그들은 대중적인 시장의 구미에 맞춘 소설만을 출판한다.



---

0693 ★★★
**pupil**
[pjú:pl]

n. ① 학생(흔히 초등학생, 중학생); 제자 = apprentice, learner, student, trainee
② 미성년자, 피보호자 = minor
③ 눈동자, 동공(瞳孔)

At my school the **pupils** partake in all cleaning chores.
우리 학교에서는 학생들이 모든 청소에 다 참여한다.

0694 ★★
**figurative**
[fígjurətiv]

a. ① (의미·어구가) 비유[은유]적인 = allegorical, metaphorical, symbolic
② (문체·작가가) 수식(修飾)이 많은, 화려한 = florid

She described me as a princess in a **figurative** expression.
그녀는 은유적인 표현으로 나를 공주로 묘사했다.

MVP figure n. 숫자; 모양; 인물; 상징, 표상; 비유
↔ literal a. 글자 그대로의

---

0695 ★★★
**retain**
[ritéin]

vt. ① 유지하다, 보유하다, 간직하다 = keep, maintain, preserve
② 잊지 않고 있다, 마음속에 간직하다

China dishes **retain** heat longer than metal pans do.
사기접시는 금속제 냄비보다 열을 오래 보존한다.

I **retain** a clear memory of those days.
나는 그 무렵의 일을 아직도 또렷이 기억하고 있다.

MVP retention n. 보유, 보존; 보류; 유치, 감금, 억류
retentive a. 보유하는, 보유력이 있는

---

0696 ★★
**cosmopolitan**
[kɑ̀zməpɑ́lətn]

a. ① (문화의 다양성 면에서) 세계적인[국제적인]
= global, international, worldwide
② 세계주의적인; 국가적 편견이 없는
n. 세계주의자, 세계인; (해외 경험이 풍부한) 국제인

Music is one of the most **cosmopolitan** arts.
음악은 가장 세계적인 예술의 하나다.

MVP cosmopolitanism n. 세계주의, 사해동포주의

---

0697 ★
**bellwether**
[bélwèðər]

n. ① 선도자, 지도자 = doyen, leader, vanguard
② (선동·반란 따위의) 주모자, 수괴 = mastermind

Cisco is a pretty good **bellwether** for the tech sector.
시스코는 기술 분야의 훌륭한 선도 기업이다.

---

0698 ★★★
**supervise**
[sú:pərvàiz]

vt. 감독하다, 지휘하다, 지도하다
= administer, direct, manage, oversee, superintend

She **supervises** a bookkeeping department of 20 employees.
그녀는 20명의 직원이 있는 경리 부서를 감독한다.

MVP supervisor n. 관리자, 감독자, 감시자
supervision n. 관리, 감독, 지휘, 감시
supervisory a. 관리(인)의, 감독(자)의, 감시하는

0699 ★★

**dour**
[duər]

a. 뚱한, 시무룩한, 음침한 = bleak, morose, sullen

The smile painted on his face was only a camouflage to conceal his **dour** mood.
그의 얼굴에 그려진 미소는 시무룩한 기분을 숨기기 위한 위장에 불과했다.

0700 ★★★

**exclaim**
[ikskléim]

v. 외치다, 고함을 지르다; 큰 소리로 말하다 = cry, proclaim, shout, yell

She **exclaimed** what a beautiful lake it was.
그녀는 "참 아름다운 호수군요."라고 탄성을 질렀다.

MVP exclamation n. 외침, 절규; 감탄; 감탄사

## A. Write the meaning of the following words.

| | |
|---|---|
| □ glance ______ | □ trial ______ |
| □ streamline ______ | □ honorarium ______ |
| □ degree ______ | □ premature ______ |
| □ chant ______ | □ oxymoron ______ |
| □ splendid ______ | □ massive ______ |
| □ frugal ______ | □ tout ______ |
| □ property ______ | □ notable ______ |
| □ scrape ______ | □ diabetes ______ |
| □ accomplice ______ | □ confer ______ |
| □ mortify ______ | □ memorandum ______ |
| □ disseminate ______ | □ intense ______ |
| □ stigma ______ | □ unnerve ______ |
| □ recoil ______ | □ origin ______ |
| □ aesthetic ______ | □ cater ______ |
| □ constitution ______ | □ pupil ______ |
| □ lunatic ______ | □ figurative ______ |
| □ impetus ______ | □ retain ______ |
| □ whiz ______ | □ bellwether ______ |
| □ arrange ______ | □ supervise ______ |
| □ etymology ______ | □ exclaim ______ |

※ 주어진 단어의 뜻을 본문에서 확인하시고 틀린 단어의 경우 박스에 체크한 뒤에 나중에 다시 학습하시기 바랍니다.

## B. Choose the synonym of the following words.

| | |
|---|---|
| 1. burglar | Ⓐ self-centered |
| 2. ineluctable | Ⓑ investigate |
| 3. primate | Ⓒ global |
| 4. egocentric | Ⓓ distant |
| 5. vilify | Ⓔ housebreaker |
| 6. cosmopolitan | Ⓕ inescapable |
| 7. remote | Ⓖ abolish |
| 8. abrogate | Ⓗ morose |
| 9. dour | Ⓘ defame |
| 10. probe | Ⓙ ape |

B. 1. Ⓔ 2. Ⓕ 3. Ⓙ 4. Ⓐ 5. Ⓘ 6. Ⓒ 7. Ⓓ 8. Ⓖ 9. Ⓗ 10. Ⓑ

0701 ★★★
**specific**
[spisífik]

a. ① 구체적인, 상세한, 명확한, 분명한 = concrete, definite, exact, obvious
② 〈한정적〉 일정한, 특정한 = particular, special
③ 특유의, 독특한 = characteristic, peculiar, proper

Could you be a little more **specific** about that issue?
그 문제에 대해 좀 더 구체적으로 말할 수 없나요?

0702 ★★
**deduct**
[didʌkt]

vt. (세금 등을) 빼다, 공제하다[from] = subtract

After **deducting** all expenses at the bazaar, the net profit was barely around $1,000.
바자회에서의 모든 경비를 제하고 나니 순이익은 겨우 1,000 달러 정도였다.

MVP deduction n. 뺌, 공제; 차감액, 공제액; 추론; 연역, 연역법(↔ induction)
cf. deduce vt. (결론·진리 등을) 연역(演繹)하다, 추론하다(= infer)

0703 ★★★
**gullible**
[gʌləbəl]

a. 남을 잘 믿는, 잘 속아 넘어가는 = credulous, easily-deceived, naive

People are so **gullible**! Just say you saw something strange in the sky and everyone believes that it is aliens and UFOs.
사람들은 너무나도 잘 속아 넘어간다! 하늘에서 이상한 것을 보았다고 하면, 모두가 그게 외계인이나 UFO라고 믿고 만다.

0704 ★
**indemnify**
[indémnəfài]

vt. 배상[변상, 보상]하다[for]
= compensate, recompense, reimburse, remunerate, repay

The city will **indemnify** all home owners whose property is spoiled by this project.
시 당국은 이 프로젝트로 재산상의 피해를 입은 모든 주택 소유자들에게 배상할 것이다.

MVP indemnity n. (법률적인) 보호, 보장; (법률적 책임으로부터의) 면책; 배상; 배상금



0705 ★★★
**pregnant**
[prégnənt]

a. ① 임신한 = expectant, expecting
② ~이 가득 찬, 충만한

A **pregnant** woman should not consume alcohol.
임산부는 술을 마셔서는 안 된다.

MVP pregnancy n. 임신(= gestation)

0706 ★★
**fraction**
[frǽkʃən]

n. ① 파편, 단편 = chip, fragment, part
② 〈수학〉 분수
③ 아주 조금, 소량

She hesitated for a **fraction** of a second before responding.
그녀는 대답하기 전에 아주 잠깐 동안 머뭇거렸다.

MVP fractionate vt. (혼합물을) 분별[분류]하다
cf. infraction n. 위반, 침해; 위반행위

0707 ★★★
**enormous**
[inɔ́:rməs]

a. 거대한, 막대한, 매우 큰 = huge, immense, massive, tremendous, vast

The tax derived from tobacco sales is an **enormous** income for the government.
담배 판매로 나오는 세금은 정부의 막대한 수입이다.

MVP enormously ad. 터무니없이, 엄청나게, 막대하게(= immensely)
enormity n. 무법; 극악(極惡); 중대한 범죄, 큰 죄

0708 ★
**asperity**
[əspérəti]

n. ① (태도·기질·말투 등의) 거침, 신랄함; 퉁명스러움
= acerbity, acrimony, harshness
② (날씨의) 매서움; (표면의) 꺼칠꺼칠함

She remarked with some **asperity**, looking at me.
그녀는 나를 보면서 다소 퉁명스럽게 말했다.

0709 ★★
**personalize**
[pə́:rsənəlàiz]

vt. ① 개인화하다 = customize, individualize
② 인격화하다; 의인화하다 = personify

All our courses are **personalized** to the needs of the individual.
저희의 모든 교과 과정은 개인의 필요에 맞춰져 있습니다.

MVP personalization n. 개인화; 인격화

0710 ★★★
**despicable**
[déspikəbl]

a. 비열한, 야비한 = abominable, contemptible, mean, vile

She is the most **despicable** woman I have ever met in my life.
그녀는 내가 평생 만나본 여자들 가운데 가장 비열한 여자이다.

0711 ★★
**prodigy**
[prádədʒi]

n. ① 천재, 신동 = genius, talent, wizard
② 비범, 경이, 불가사의 한 것 = wonder

People considered the 11-year-old boy a musical **prodigy**.
사람들은 그 11살짜리 소년을 음악의 신동으로 여겼다.

MVP prodigious a. (크기·정도·양 따위가) 보통이 아닌; 거대한; 비범한, 놀라운

0712 ★
**trample**
[trǽmpl]

v. ① 짓밟다, 밟아 뭉개다 = crush, squash
② (감정 따위를) 짓밟다, 무시하다[on]

People were **trampled** underfoot in the rush for the exit.
사람들이 출구를 찾아 몰리면서 발밑에 깔려 짓밟혔다.

The press cannot be allowed to **trample** on personal privacy.
언론이 개인의 사생활을 짓밟는 것은 허용될 수 없다.

0713 ★★★
**antique**
[æntíːk]

a. 고대의; 구식의, 시대에 뒤진
= antiquated, obsolete, outdated, superannuated
n. 골동품, 고미술품

The museum houses a massive collection of **antique** furniture.
그 박물관은 무척 많은 고가구들을 소장하고 있다.

MVP antiquity n. 오래됨, 낡음
antiquated a. 구식인, 구식의
cf. antic a. 기묘한, 기괴한, 색다른; n. (보통 pl.) 익살맞은 행동, 기괴한 짓

0714 ★★
**morbid**
[mɔ́ːrbid]

a. ① (정신·사상이) 병적인, 불건전한 = indecent, unhealthy, unwholesome
② 끔찍한, 소름끼치는, 무시무시한 = frightful, gruesome, hideous, macabre

You may dread the sight or touch of a spider, or you may have a **morbid** fear of heights.
당신은 거미를 보거나 손으로 만지는 것을 대단히 무서워하거나, 병적인 고소공포증이 있을 수도 있다.

MVP morbidity n. 병적 상태[특성]; (어떤 병의) 사망률
morbidly ad. 병적으로, 불건전하게

0715 ★
**collate**
[kəléit]

vt. 맞추어 보다, 대조하다 = check, compare, contrast

When both versions of the story were **collated**, major discrepancies were found.
그 이야기의 두 판본을 대조해 보았을 때, 일치하지 않는 중요한 부분들이 발견되었다.

MVP collation n. 대조; 〈법률〉 (권리의) 조사; 가벼운 식사

0716 ★★
**insatiable**
[inséiʃəbl]

a. 만족할 줄 모르는, 탐욕스러운 = greedy, unquenchable, voracious

Like so many politicians, he had an **insatiable** desire for power.
많은 정치인들과 마찬가지로 그도 권력에 대한 만족할 줄 모르는 욕망을 가졌다.

The woman has an **insatiable** curiosity.
그 여자는 끝없는 호기심을 가졌다.

MVP satiate v. (식욕·성욕 등을) 실컷 만족시키다, 물릴[질릴] 정도로 주다

0717 ★★★

## duplicate

v. [djú:pləkèit]
a. n. [djú:plikət]

**v. 사본을 만들다, 복사[복제]하다 = clone, copy, replicate, reproduce**

**a. 이중의, 중복의; 한 쌍의; 사본의, 복제한; (일반적으로 다른 것과) 똑같은 = twofold; twin; identical, same**

**n. ① 등본, 사본, 부본; 복사; 복제(물) = facsimile, replica, reproduction**
**② (일반적으로 다른 것과) 똑같은[꼭 닮은] 것**

Forty-six percent of software programs last year were illegally **duplicated**, generating damage worth $500 million.
작년에 소프트웨어 프로그램의 46%가 불법으로 복제되어 5억불의 피해를 냈다.

0718 ★★

## rip-off

[rípɔ̀f]

**n. ① 사취, 착취; 바가지(물품) = cheat, exploitation, fraud**
**② (원래 것보다 못한) 모작(模作), 아류, 도작(盜作) = imitation, replica**

They are selling popcorn and soda at "**rip-off**" prices.
그들은 팝콘과 탄산음료를 '바가지' 요금에 팔고 있다.

According to sources, the single is a **rip-off** of a 70s hit.
소식통에 따르면, 그 싱글 곡은 70년대 히트곡의 모작이라고 한다.

0719 ★★★

## harsh

[hɑ:rʃ]

**a. ① 거친, 껄껄한 = coarse, rough**
**② 호된, 모진, 가혹한 = pitiless, ruthless, severe**
**③ (장소·풍토 등이) 황량한, 쓸쓸한 = bleak, stark**

There is no guarantee that **harsh** punishments would effectively deter murderers.
가혹한 처벌이 살인자들을 효과적으로 제지한다는 보장은 없다.

0720 ★★

## abeyance

[əbéiəns]

**n. (일시적인) 중지, 정지, 미정 = cessation, discontinuance, pause, suspension**

A decision is being held in **abeyance** until more information is available.
좀 더 많은 정보가 확보될 때까지 결정은 보류되어 있는 상태다.

The negotiations are kept in **abeyance**.
그 협상은 중지 상태다.

0721 ★★

## ostracize

[ástrəsàiz]

**vt. 추방[배척]하다; 외면하다 = banish, expel; shun**

He was **ostracized** by his colleagues for refusing to support the strike.
그는 파업을 지지하지 않아서 동료들로부터 외면당했다.

MVP ostracism n. 추방, 배척; 외면; (사회적인) 따돌림; 도편추방

0722 ★★★
**discourse**
[dískɔːrs]

n. ① 담화, 담론 = conversation, discussion, speech
② 강의, 강연; 설교 = lecture, speech; sermon

The Greek temple was the place of **discourse** at that time.
고대 그리스 신전은 그 당시 담론의 장이었다.

He leveled a **discourse** to the capacity of an audience.
그는 강연내용을 청중의 수준에 맞추었다.

---

0723 ★★
**sip**
[sip]

n. (마실 것의) 한 모금, 한 번 마심, 한 번 홀짝임
v. ① (술 등을 음미하며) 홀짝이다
② (지식을) 흡수하다

He took a **sip** of the medicine and screwed up his face.
그는 그 약을 한 모금 마시더니 얼굴을 찡그렸다.

---

0724 ★★★
**melancholy**
[mélənkɑ̀li]

n. (습관적·체질적인) 우울, 울적함; 우울증, 비애
= dejection, depression, gloominess
a. 우울한; 슬픈, 침울한 = blue, depressed, doleful, gloomy, plaintive

Listening to the sad music on a rainy day made my feel **melancholy**.
비 오는 날에 슬픈 음악을 들으니 기분이 울적해졌다.

---

0725 ★★
**jurisdiction**
[dʒùərisdíkʃən]

n. ① 사법권, 재판권; 관할권 = judicial power, legal right
② 관할 구역 = district under jurisdiction

Hong Kong was returned to Chinese **jurisdiction** in 1997.
홍콩은 1997년에 다시 중국의 관할 구역이 되었다.

---

0726 ★★★
**fledgling**
[flédʒliŋ]

n. 풋내기, 애송이, 신출내기, 초보자 = greenhorn, novice, tenderfoot
a. 경험이 없는, 미숙한 = callow, inexperienced

We are a **fledgling** team that was established recently.
우리는 얼마 전에 창단된 신생팀이다.

---

0727 ★
**ventriloquism**
[ventríləkwìzm]

n. 복화술(입을 움직이지 않고 이야기하는 화술)

Love it or hate it, **ventriloquism** is hot these days.
좋든 싫든 간에, 복화술은 요즘 인기가 있다.

MVP ventriloquist n. 복화술자, 복화술사

0728 ★★★

**admonish**
[ædmániʃ]

**v. 훈계하다, 타이르다, 질책하다; 권고하다, 충고하다 = reprove; warn; advise**

He **admonished** the child for his bad behavior.
그는 아이의 나쁜 습관에 대해 훈계했다.

Parents **admonish** their children to always tell the truth.
부모는 자녀들에게 항상 진실을 말하도록 가르친다.

MVP admonition n. 충고, 경고, 훈계(= admonishment, advice, warning)
admonitory a. 훈계하는, 충고하는, 경고적인

---

0729 ★★

**subsistence**
[səbsístəns]

**n. 생계, 생활; 생활수단; (최소한의 의식주에 필요한) 생활비, 최저 생활 = livelihood, maintenance**

Many families are living below the level of **subsistence**.
많은 가정들이 최저 생활수준 이하로 살아가고 있다.

MVP subsist v. 살아가다, 생명을 보존하다, 생활해 가다
subsistence farming 자급 농업; 영세 농업
subsistence wage 최저 생활 임금

---

0730 ★

**bootless**
[bú:tlis]

**a. 무익(無益)한, 헛된 = fruitless, futile, unavailing, useless, vain**

The international alliance that won the Cold War has been **bootless** in the case of Syria.
냉전에서 승리한 국제동맹은 시리아의 경우 소용이 없었다.

---

0731 ★★

**clout**
[klaut]

**n. ① (손이나 단단한 물체로) 때리기[강타] = punch, slap, smack, thump**
**② (정치적인) 영향력 = influence, leverage, weight**

The tall man gave the arrogant boy a **clout**.
그 키 큰 남자는 건방진 그 소년을 한 대 먹였다.

My boss carries considerable **clout** within the company.
나의 상사는 회사 내에서 상당한 영향력을 갖고 있다.

---

0732 ★★★

**extravagant**
[ikstrǽvəgənt]

**a. ① 낭비하는, 사치스러운 = lavish, prodigal, profligate**
**② (요구·대가 등이) 터무니없는, 지나친 = excessive, exorbitant, extreme**
**③ (생각·연설·행동이) 화려한, 과장된 = exaggerated**

He ruined himself by an **extravagant** life.
그는 사치스러운 생활을 해서 신세를 망쳤다.

Residents were warned not to be **extravagant** with water, in view of the low rainfall this year.
올해의 강수량이 많지 않으므로 주민들은 물을 낭비하지 말라는 주의를 들었다.

MVP extravagance n. 사치; 낭비

0733 ★★
**goblin**
[gáblin]

**n. 악귀, 도깨비 = demon**

All kinds of red and green **goblins** came out from the gourd.
온갖 종류의 붉은 빛과 초록빛 도깨비들이 조롱박으로부터 튀어 나왔다.

---

0734 ★★★
**reveal**
[riví:l]

**vt. ① (비밀 등을) 드러내다; 누설하다; 폭로하다 = disclose, divulge, expose**
**② 보이다, 나타내다 = display, exhibit, manifest, show**
**③ (신이) 묵시하다, 계시하다**

She crouched in the dark, too frightened to **reveal** herself.
그녀는 너무나도 무서워서 모습을 드러내지 못하고 어둠 속에 웅크리고 있었다.

MVP revelation n. 폭로; (비밀의) 누설, 발각; 묵시, 계시(啓示)
↔ conceal vt. 숨기다, 비밀로 하다

---

0735 ★★
**euthanasia**
[jù:θənéiʒə]

**n. 안락사 = mercy killing**

**Euthanasia** is a practice by which a doctor ends a patient's life after a long period of suffering.
안락사는 의사가 오랜 기간 동안 고통을 받아온 환자의 생명을 끝마쳐 주는 행위이다.

MVP hospice n. 여행자 휴식소; 호스피스(말기 환자를 위한 의료·간호 시설)
terminally ill 말기의, 위독한

---

0736 ★★★
**superior**
[səpíəriər]

**a. ① (지위·계급 등이) (보다) 위의, 높은, 고위의, 상급의**
**② (소질·품질 따위가) 우수한, 보다 나은, 뛰어난; 양질의, 우량한 = surpassing**
**③ (수량적으로) 우세한, 다수의 = predominant, prevailing**
**n. 윗사람, 선배, 상급자, 상관 = elder, predecessor, senior**

This model is technically **superior** to its competitors.
이 모델이 그 경쟁 제품들보다 기술적으로 더 우수하다.

The tall man is my immediate **superior**.
그 키 큰 남자가 내 직속상관이다.

MVP superiority n. 우월, 우위, 탁월, 우수, 우세; 거만
↔ inferior a. (품질·정도 등이) 떨어지는, 열등한, 조악한

---

0737 ★
**tatter**
[tǽtər]

**n. (보통 pl.) 넝마; 누더기 옷 = rags**
**v. 너덜너덜해지다, 갈가리 찢다[찢어지다] = shred, tear, wear away**

The gruelling schedule has left her body in **tatters**.
대단히 힘든 일정으로 인해 그녀의 몸은 만신창이가 되었다.

MVP tattered a. 넝마의, 누더기가 된(= ragged)
in (rags and) tatters 누더기가 된, 다 해진; 다 망가진
tear to tatters 갈가리 찢다; 호되게 논박하다

0738 ★★
**augury**
[ɔ́:gjuri]

**n. 전조(前兆), 조짐 = harbinger, omen, portent**

The crow's cry is an **augury** of rain.
까마귀의 울음은 비가 내릴 거라는 전조다.

MVP augur n. 점쟁이, 예언자; v. 점치다, 예언하다

0739 ★★★
**wholesome**
[hóulsəm]

**a. ① 건강에 좋은 = healthful, healthy, salubrious**
**② 건전한, 유익한 = beneficial, salutary, worthy**

More and more people are turning to **wholesome** foods.
점점 더 많은 사람들이 건강식품을 찾고 있다.

Her parents believe that sorority activities are not **wholesome** and these girls will not be good influences on their daughter.
그녀의 부모는 여학생 클럽의 활동이 건전하지 않고 이 여학생들이 딸에게 좋은 영향을 미치지 않을 것이라고 믿고 있다.

MVP ↔ unwholesome a. 건강에 좋지 않은; 불건전한, 유해한

0740 ★★
**idiosyncrasy**
[ìdiəsíŋkrəsi]

**n. (개인의) 특질, 특이성, 개성; (개인의) 특유한 체격[몸집] = peculiarity, quirk**

In fact, my wife and I argue over a little **idiosyncrasy** I have.
사실, 나의 아내와 나는 내가 가지고 있는 약간의 특이한 성격 때문에 싸운다.

It is an **idiosyncrasy** of hers that she always smells a book before opening it.
책의 표지를 열기 전에 언제나 냄새를 맡는 것이 그녀의 독특한 버릇이다.

MVP idiosyncratic a. 특유한, 색다른, 특이체질의

0741 ★★
**noxious**
[nάkʃəs]

**a. 유해한, 유독한 = deleterious, harmful, injurious, poisonous**

I believed that rock music exerted a **noxious** influence on my children.
나는 로큰롤 음악이 자녀에게 유해한 영향을 끼치고 있다고 생각했다.

0742 ★★★
**consult**
[kənsʌ́lt]

**v. ① 상담[상의, 협의]하다 = confer, discuss, negotiate, talk**
**② (사전·서적 등을) 참고하다, 찾아보다 = look up**

Sleeping pills can be used only after **consulting** your doctor.
수면제는 의사와 상담을 한 이후에만 사용할 수 있다.

MVP consultant n. 의논 상대; (회사 등의) 컨설턴트, 고문
consultation n. 상담, 상의, 협의; 자문; 진찰을 받음
consultancy n. (전문적인 조언을 제공하는) 자문 회사; (전문가의) 조언
cf. consul n. 영사; <로마 역사> 집정관

0743 ★★
**partition**
[pɑːrtíʃən]

**n. ① 분할, 분배, 구분; 한 구획 = distribution, division, splitting**
**② 구획선, 칸막이 = divider, screen, wall**
**vt. ① 분할[분배]하다, (토지 등을) 구분하다[into] = divide, separate, split**
**② 칸막이하다[off] = compart, fence off, screen, separate, wall off**

She hid behind the **partition** when he entered the room.
그녀는 그가 방에 들어오자 칸막이 뒤로 숨었다.

0744 ★
**onomatopoeia**
[ὰnəmæ̀təpíːə]

**n. 의성어**

**Onomatopoeia** is the use of a word whose sound suggests its meaning such as *buzz*.
의성어는 '윙윙'과 같이 음이 의미를 전달하는 단어를 사용하는 것을 일컫는다.

0745 ★★★
**balk**
[bɔːk]

**v. ① 방해하다; 좌절시키다; 실망시키다 = thwart; disappoint**
**② 주저하다, 멈칫거리다[at] = hesitate, waver**
**n. 장애, 방해, 방해물 = hindrance, obstacle, obstruction**

The police **balked** the robber's plans.
경찰이 그 강도의 계획을 좌절시켰다.

Consumers **balk** at buying new cars after economic crisis.
소비자들은 경제위기 이후에 새로운 차를 사는 것을 망설인다.

0746 ★★
**rote**
[rout]

**n. ① 판에 박힌 방식, 틀에 박힌 방식, 기계적인 반복 = routine**
**② (기계적인 반복에 의한) 암기 = memorization**
**a. 모조리[무턱대고] 암기한**

You may feel dulled by the **rote** of daily living.
천편일률적인 일상생활에 당신은 멍청해진 기분이 들지도 모른다.

The current education system encourages **rote** learning.
현재의 교육제도는 무턱대고 외우는 학습법을 부추긴다.

MVP by rote 기계적으로 암기하여, 외워서
rote learning 무턱대고 외우기, 암기 학습

0747 ★★★
**casualty**
[kǽʒuəlti]

n. ① (pl.) 사상자수 = fatality
② 사상자, 부상자, 피해자 = sufferer, victim
③ (불의의) 사고, 재난 = accident, mishap

A full scale air combat resulted in a steep number of American **casualties**.
대규모 공중전으로 미국에는 엄청난 수의 사상자가 발생했다.

She became a **casualty** of the reduction in part-time work.
그녀는 시간제 일자리 감축의 피해자가 되었다.

MVP cf. causality n. 인과관계

---

0748 ★★
**picturesque**
[pìktʃərésk]

a. ① 그림 같이 아름다운 = beautiful, pretty, scenic
② (말·문체 등이) 생생한 = vivid

I have never seen a scene as **picturesque** as this in my entire life.
내 생애를 통틀어서 이 정도로 그림 같은 풍경을 본 적이 없다.

MVP cf. picaresque a. (소설 등이) 악한을 주인공으로 한

---

0749 ★★★
**strategy**
[strətíːdʒik]

n. 전략, 작전, 책략, 병법 = scheme, tactic

What's your **strategy** for entering the American market?
귀사의 미국시장 진입 전략은 무엇입니까?

MVP strategic a. 전략(상)의; 전략상 중요한

---

0750 ★
**lacerate**
[lǽsərèit]

vt. ① 찢다, 잡아 찢다, 찢어내다 = cut, rip, tear
② (마음 등을) 상하게 하다, 괴롭히다 = afflict, distress, harrow

The man's face was severely **lacerated** in the accident.
그 남자의 얼굴은 그 사고로 심하게 찢어졌다.

MVP laceration n. 잡아 찢음; 열상(裂傷), 찢어진 상처; (감정을) 상하게 함, 고뇌

## A. Write the meaning of the following words.

| | |
|---|---|
| □ specific ______ | □ clout ______ |
| □ deduct ______ | □ extravagant ______ |
| □ pregnant ______ | □ goblin ______ |
| □ fraction ______ | □ reveal ______ |
| □ asperity ______ | □ euthanasia ______ |
| □ personalize ______ | □ superior ______ |
| □ despicable ______ | □ tatter ______ |
| □ trample ______ | □ augury ______ |
| □ antique ______ | □ wholesome ______ |
| □ morbid ______ | □ idiosyncrasy ______ |
| □ collate ______ | □ noxious ______ |
| □ duplicate ______ | □ consult ______ |
| □ rip-off ______ | □ partition ______ |
| □ harsh ______ | □ onomatopoeia ______ |
| □ discourse ______ | □ balk ______ |
| □ sip ______ | □ rote ______ |
| □ melancholy ______ | □ casualty ______ |
| □ jurisdiction ______ | □ picturesque ______ |
| □ ventriloquism ______ | □ strategy ______ |
| □ admonish ______ | □ lacerate ______ |

※ 주어진 단어의 뜻을 본문에서 확인하시고 틀린 단어의 경우 박스에 체크한 뒤에 나중에 다시 학습하시기 바랍니다.

## B. Choose the synonym of the following words.

| | |
|---|---|
| 1. gullible | Ⓐ compensate |
| 2. insatiable | Ⓑ huge |
| 3. ostracize | Ⓒ banish |
| 4. subsistence | Ⓓ credulous |
| 5. indemnify | Ⓔ greenhorn |
| 6. fledgling | Ⓕ fruitless |
| 7. bootless | Ⓖ genius |
| 8. prodigy | Ⓗ livelihood |
| 9. abeyance | Ⓘ cessation |
| 10. enormous | Ⓙ greedy |

B. 1. Ⓓ 2. Ⓙ 3. Ⓒ 4. Ⓗ 5. Ⓐ 6. Ⓔ 7. Ⓕ 8. Ⓖ 9. Ⓘ 10. Ⓑ

0751 ★★★
**orthodox**
[ɔ́:rθədὰks]

**a. 정통파의; 승인된; 전통적인 = accepted, conventional, established**

The traditional doctrine of **orthodox** Christianity is that we are all born wicked, so wicked as to deserve eternal punishment.
정통 기독교의 전통적인 교리는 우리는 모두 태어나면서부터 영원한 형벌을 받아야 마땅할 원죄가 있다는 것이다.

MVP orthodoxy n. 통설, 정설
↔ heterodox a. 이교(異敎)의, 이단의

---

0752 ★★
**debase**
[dibéis]

**vt. (품질·가치·품위 등을) 떨어뜨리다, 저하시키다**
**= degrade, demean, depreciate, lower**

The manufacturer **debased** their products by using cheaper materials in them.
그 제조업자는 제품에 값싼 재료를 써서 상품의 질을 떨어뜨렸다.

---

0753 ★
**paleontology**
[pèiliantάlədʒi]

**n. 고생물학, 화석학**

**Paleontology** is the study of prehistoric life.
고생물학은 유사 이전의 생명체를 연구하는 학문이다.

MVP paleontologist n. 고생물학자

---

0754 ★★
**swindle**
[swíndl]

**v. (돈 따위를) 사취(詐取)하다; (남을) 속이다, 속여서 ~하게 하다[out of] = scam**
**n. 사기, 사취, 협잡 = fraud**

They **swindled** him out of hundreds of dollars.
그들은 그에게서 수백 달러의 돈을 사취했다.

Honest merchants do not **swindle** their customers.
정직한 상인은 고객들을 속이지 않는다.

MVP swindler n. 사기꾼

---

0755 ★★★
**inapt**
[inǽpt]

**a. ① 부적당한, 적절치 않은 = inappropriate, unsuitable**
**② 서투른 = awkward, clumsy, gauche, maladroit, unskilled**

The make-up is **inapt** for a teenager.
십대에게는 화장이 적절치 않다.

MVP cf. inept a. 부적당한; 부적절한; 부조리한; 바보 같은, 어리석은

0756 ★★
**milieu**
[miljú]

n. (사회적) 환경, 주위 = environment, surroundings

Given the current political **milieu**, there is very little hope for quality leadership for years to come.
현재의 정치적 상황을 생각하면, 앞으로 몇 년간은 제대로 된 지도자에 대한 희망이 많지 않다.

---

0757 ★★★
**equivocal**
[ikwívəkəl]

a. ① (낱말·진술이) 모호한, 두 가지 뜻으로 해석되는 = ambiguous
② (행동·태도 등이) 애매한, 불분명한 = uncertain, vague
② (사람·성격 등이) 의심스러운, 수상한 = dubious, questionable

He keeps taking an **equivocal** attitude on the issue.
그는 그 사안에 대해서 계속 애매모호한 태도를 취하고 있다.

The experiments produced **equivocal** results.
그 실험들은 불분명한 결과를 내놓았다.

MVP equivocate vi. 얼버무리다, 모호하게 말하다(= prevaricate, quibble)
equivocally ad. 모호하게, 애매하게, 불분명하게(= ambiguously)
↔ unequivocal a. 모호하지 않은, 명료한

---

0758 ★★
**clog**
[klag]

v. ① (~의 움직임·흐름·기능을) 방해하다 = block, hinder, impede, obstruct
② (도로를 차 등으로) 막다, (파이프 등을) 막히게 하다 = choke, congest, jam
n. 방해물, 장애물; (먼지 등으로 인한 기계의) 고장
= blockage, hindrance, impediment

Heartworms can **clog** up your pet dog's heart, causing heart problems and even death.
심장 사상충은 애완견의 심장을 막아 심장에 문제를 일으키거나 사망에 이르게 할 수도 있다.

MVP ↔ unclog vt. 방해[장애]를 제거하다

---

0759 ★
**artery**
[ɑ́:rtəri]

n. ① 〈해부학〉 동맥
② 주요 도로[수로]; 중추

Blood vessels are comprised of **arteries** and veins.
혈관은 동맥과 정맥으로 이루어져 있다.

MVP arterial a. 동맥의; (도로 등이) 동맥과 같은
coronary artery 관상 동맥
cf. vein n. 정맥
cf. archery n. 궁술, 궁도, 양궁(술)

0760 ★★★
**seeming**
[síːmiŋ]

**a. 외관상의, 겉보기의, 표면상의 = apparent, ostensible, outward**

She handled the matter with **seeming** indifference.
그녀는 그 문제를 겉으로는 관심 없다는 듯 다루었다.

MVP seemingly ad. 외견상으로, 겉보기에는
cf. seemly a. 알맞은, 적당한; 품위 있는, 점잖은

---

0761 ★★
**lag**
[læg]

**vi. 처지다, 뒤떨어지다[behind]; 천천히 걷다, 꾸물거리다**

We **lag** far behind other companies in terms of technology.
우리 회사의 기술력은 다른 회사에 비해 크게 뒤처져 있다.

MVP laggard n. 늦은 사람[것]; 꾸물거리는 사람, 느림보; (경제활동의) 뒤쳐진 분야
lagging a. 늦은, 느린, 더딘
jet lag 시차증(비행기를 이용한 장거리 여행 시 시차로 인한 피로감)

---

0762 ★★★
**riot**
[ráiət]

**n. 폭동, 소요, 소동 = disturbance, rebellion, turmoil, uprising**

This town has been patrolled by police since the **riot**.
이 마을은 폭동이 일어난 이후 경찰이 순찰해왔다.

MVP riotous a. 폭동의, 폭동에 가담하고 있는

---

0763 ★★
**conversant**
[kənvə́ːrsənt]

**a. ~에 정통한[친숙한], ~을 잘 알고 있는[with] = familiar, versed, well-informed**

The lawyer is **conversant** with all the evidence.
그 변호사는 모든 증거를 꿰뚫고 있다.

You need to become fully **conversant** with the company's procedures.
당신은 회사의 업무절차에 충분히 친숙해질 필요가 있다.

MVP conversance n. 숙지, 정통; 친교, 친밀(= conversancy)

---

0764 ★★★
**associate**
v. [əsóuʃièit]
n. [əsóuʃiət]

**v. ① 연상하다, 관련시키다[with] = connect, relate**
**② 제휴[연합]시키다; 제휴하다[with] = combine, join, unite**
**③ 교제하다, 사귀다[with] = consort, socialize**
**n. (일·사업 등의) 동료 = colleague, companion, comrade**

This part of the brain is **associated** with the ability to focus and behave.
뇌의 이 부분은 집중하고 행동하는 능력과 관련이 있다.

MVP association n. 협회; 연합, 관련; 합동, 제휴; 교제; 연상
associated a. 연합[관련]된; 조합의; 연상의

0765 ★★
**fiat**
[fíːaːt]

n. ① (권위에 의한) 명령 = command, decree, order
② 인가, 허가 = approval, permission, sanction

This state-of-the-art robot only moves by **fiat**.
이 최첨단 로봇은 명령에 의해서만 움직인다.

The company obtained the **fiat** from its shareholders at the general meeting.
그 회사는 주주총회에서 주주들로부터 인가를 받았다.

0766 ★★★
**dynamic**
[dainǽmik]

a. ① 동적인; 활기 있는, 역동적인; 힘센, 정력적인 = active, energetic, vital
② 역학적인; 동력학의

I know every challenge can make my life more colorful and **dynamic**.
모든 도전들이 나의 삶을 더 화려하고 역동적으로 만든다는 것을 알고 있다.

MVP dynamics n. 역학, 동력학
dynamo n. 발전기
↔ static a. 정적인

0767 ★★
**intercede**
[ìntərsíːd]

vi. 중재하다, 조정하다 = arbitrate, intervene, mediate

A neutral nation volunteered to **intercede** in the interest of achieving peace.
한 중립 국가가 평화를 이룩하기 위해 중재를 자원했다.

MVP intercession n. 중재, 조정, 알선

0768 ★★★
**scheme**
[skiːm]

n. ① 계획, 기획, 설계 = plan, strategy
② 획책, 책략, 음모 = conspiracy, dodge, plot, ploy
③ 개요, 요강 = draft, layout, outline

Their **scheme** of building the road has failed.
그들의 도로 건설 계획은 실패로 돌아갔다.

MVP schematize v. 도식화하다; 조직적으로 배열하다
schematic a. 개요의, 약도의, 도식적인
cf. schema n. 윤곽, 개요; 선험적 도식

0769 ★★
**desultory**
[désəltɔ̀ːri]

a. 두서없는, 종잡을 수 없는, 산만한 = discursive, rambling, random

She works in a **desultory** way and completes nothing.
그 여자는 산만하게 일해서 아무것도 끝내지 못한다.

0770 ★

**contretemps**
[kɑ́ntrətɑ̀:ŋ]

**n. (다른 사람과의) 좋지 않은 일, 사소한 언쟁 = argument, argy-bargy, quarrel**

Valenti almost found himself retired because of this **contretemps**.
발렌티(Valenti)는 이번의 사소한 언쟁으로 인해 거의 퇴직할 지경이 되었다.

---

0771 ★★

**span**
[spæn]

**n. ① 한 뼘**
**② (어떤 일이 지속되는) 기간, 시간 = duration, period, stretch, term**
**v. (기간·범위를) 걸치다, 포괄하다 = cover, embrace, include**

Small children have a short attention **span**.
어린이들은 집중시간이 짧다.

MVP cf. spam n. (일방적으로 보내져 오는 광고 등의) 불필요한 메일, 스팸 메일

---

0772 ★★★

**woe**
[wou]

**n. ① 비애, 비통; 고뇌 = affliction, distress, grief, misery, sorrow**
**② (보통 pl.) 재난, 고난 = calamity, disaster, hardship, suffering**

Her lack of presidential leadership has added to the current economic **woes**.
대통령으로서 그녀의 리더십 부족은 현재의 경제 위기를 가중시켜왔다.

MVP woeful a. 슬퍼할, 비참한

---

0773 ★★

**abstruse**
[æbstrú:s]

**a. 난해한, 심오한 = esoteric, profound, recondite**

I was unable to follow his **abstruse** explanation of the formula.
나는 그 공식에 대한 그의 난해한 설명을 이해할 수 없었다.

MVP abstruseness n. 난해함, 심오함(= reconditeness)

---

0774 ★★★

**dub**
[dʌb]

**v. ① ~라고 부르다; 이름[별명]을 붙이다 = call; label, name, nickname**
**② (영화 등을 다른 언어로) 재녹음하다, 더빙하다**

The pen was **dubbed** as a "Lernstift," which means "Learning Pen" in German.
그 펜은 '런스티프트'라고 불렀는데, 독일어로 '학습펜'이라는 뜻이다.

Most countries show **dubbed** versions of Hollywood films on television.
대부분의 국가들은 더빙한 할리우드 영화를 TV에서 틀어준다.

0775 ★★
**monk**
[mʌŋk]

**n. 수도자, 수도승 = monastic**

A friend of mine renounced the world and became a **monk**.
내 친구 중의 하나는 속세를 떠나 승려가 되었다.

MVP monkish a. 수도사의, 수도원의; 수도 생활의; 수도사 티가 나는
monastic a. 수도원의; 수도사의; 수도원적인, 금욕적인; n. 수도사
friar n. 탁발 수사; 수사(修士)
nun n. 수녀

---

0776 ★★★
**regulate**
[régjulèit]

**vt. ① 규제[규정]하다; 통제[단속]하다 = control, direct, manage, rule**
**② (기계 등을) 조절[조정]하다, 정리하다 = adjust, moderate, modulate, tune**

Regular consumption of nuts may help **regulate** body weight.
견과류의 규칙적인 섭취는 체중을 조절하는 데 도움이 될 수 있다.

MVP regulation n. 규칙, 규정, 법규; 조절, 조정; 단속, 제한
regulatory a. 규제[단속]력을 지닌
↔ deregulate vt. 규제를 철폐하다, 규칙을 폐지하다
deregulation n. 규제 철폐[완화]

---

0777 ★
**prognosis**
[pragnóusis]

**n. ① 〈의학〉 예후(豫後): 치료 후의 병의 경과의 예상 = prospect**
**② 예언, 예상[for] = forecast, outlook, prediction**

Pancreatic cancer has a poor **prognosis**.
췌장암은 예후가 좋지 않다.

---

0778 ★★
**blue**
[blu:]

**a. ① (사람·기분이) 우울한 = depressed, gloomy, melancholy**
**② (형세 등이) 비관적인 = pessimistic**

When I'm stressed or feeling **blue**, I often go to a park and run.
나는 스트레스를 받거나 우울할 때는 종종 공원에 가서 달리기를 한다.

---

0779 ★★★
**ceremony**
[sérəmòuni]

**n. ① 식, 의식 = observance, rite, ritual, service**
**② 의례, 예법, (사교상의) 형식, 예의 = ceremonial, formality**

Bosingak holds a bell-tolling **ceremony** every year.
보신각에서는 매년 타종 행사가 열린다.

MVP ceremonial a. 의식의; 의례상의; 격식을 차린; 정식의, 공식의(= formal)
ceremonious a. 예의 바른, 격식을 차리는

0780 ★★
**edify**
[édəfài]

**vt. 교화하다; ~의 품성을 높이다, ~의 지덕을 함양하다**
= educate, enlighten, illuminate, instruct

Although his purpose was to **edify** and not to entertain his audience, many of his listeners were amused and not enlightened.
그의 목적은 청중들을 즐겁게 하는 것이 아니라 교화시키는 것이었지만, 대다수의 사람들은 교화되지 않고 즐거워했다.

MVP edifying a. 교훈이 되는, 유익한, 교훈적인

0781 ★★★
**vigilant**
[vídʒələnt]

**a. 경계하는, 방심하지 않는** = alert, wary, watchful

The fire officer said that the public should remain **vigilant** of inflammables.
그 소방관은 대중들이 인화성 물질에 대해 방심하지 말아야 한다고 말했다.

MVP vigilance n. 경계, 조심
vigil n. 철야, 불침번; 감시, 망보기

0782 ★★
**horde**
[hɔːrd]

**n. ① 유목민 집단, 유랑인 무리**
**② (사람의) 떼, 무리, 패, 군중; (동물의) 떼**
**③ 대량, 다수[of]**

There are always **hordes** of tourists here in the summer.
이곳은 여름에는 항상 관광객들이 무리 지어 다닌다.

Football fans turned up in **hordes**.
축구팬들이 무리 지어 나타났다.

0783 ★★★
**graduate**
v. [grǽdʒuèit]
n. a. [grǽdʒuət]

**v. ① 졸업하다[from]**
**② 등급을 매기다; (과세 따위를) 누진적으로 하다; 눈금을 매기다**
**n. (대학) 졸업자; 대학원 학생**
**a. 졸업생의; 학사 학위를 받은**

He **graduated** in medicine from Edinburgh.
그는 에든버러 대학의 의학부를 졸업하였다.

MVP graduated a. 등급을 매긴; (세금이) 누진적인; 눈금을 매긴
cf. undergraduate n. 대학 학부 재학생, 대학생

0784 ★★
**truism**
[trúːizm]

**n. ① 뻔한 말[소리], 진부한 문구** = bromide, cliché, commonplace, platitude
**② 자명한 이치** = axiom

That may be a **truism**, but it is a useful maxim.
뻔한 소리일지도 모르지만, 그것은 유용한 격언이다.

It is a **truism** that rights and responsibilities go hand in hand.
권리에는 책임이 따른다는 것은 자명한 이치이다.

---

0785 ★★★
## flat
[flæt]

a. ① 평평한, 편평한; 평탄한 = even, horizontal, level, plane
② (음식이) 맛없는; (맥주 등이) 김빠진 = stale, vapid
③ (시황(市況)이) 활기 없는, 부진한, 불경기의 = depressed, stagnant
④ (타이어가) 펑크 난 = punctured

n. ① 아파트, 공동주택 = apartment
② (타이어의) 펑크

People once believed that the world was **flat**.
한때 사람들은 세계가 평평하다고 믿었다.

---

0786 ★★
## bravado
[brəvɑ́:dou]

n. 허장성세, 허세 = bluster, bluff

The man of true bravery is not frightened by a display of **bravado**.
참된 용기를 가진 이는 허세 부리는 것에 두려워하지 않는다.

The cadets demonstrated their youthful **bravado**.
사관생도들은 젊은이다운 객기를 부렸다.

---

0787 ★★★
## exquisite
[ikskwízit]

a. ① 매우 아름다운; (세공물 등이) 정교한 = fine, superb; delicate, elaborate
② 우아한, 세련된; 고상한, 품위 있는 = elegant, graceful, polished

The jewellery showed **exquisite** craftsmanship.
그 보석은 장인의 정교한 솜씨를 보여주었다.

---

0788 ★★
## culminate
[kʌ́lmənèit]

v. 정점에 이르다; 최고점에 달하다, 전성기를 누리다; ~으로 막을 내리다[in]

All his hard work **culminated** in a good year for his business.
그가 열심히 일한 결과 올해는 사업이 최고점에 달했다.

The gun battle **culminated** in the death of two police officers.
그 총격전은 두 명의 경찰관이 사망하는 것으로 막을 내렸다.

MVP culmination n. 최고점, 최고조, 절정

---

0789 ★
## nugatory
[njú:gətɔ̀:ri]

a. ① 무가치한, 무의미한, 쓸모없는 = futile, vain, worthless
② 무효의 = invalid, null and void

His act would create a lot of **nugatory** work for everyone.
그의 행동으로 인해 모두에게 많은 쓸데없는 일이 생겨날 것이다.

0790 ★★

**precede**
[prisíːd]

**v. ① (공간적으로) ~에 선행하다, 앞서다; (시간적으로) ~보다 먼저 일어나다**
**② (서열·지위·중요성의 점에서) ~의 위이다, ~에 우선하다, ~보다 중요하다**

One can gain a better understanding of Realism by looking at the Romantic Movement that **preceded** it.
사실주의보다 앞서 일어난 낭만주의 운동을 고찰해 봄으로써 사실주의를 더 잘 이해할 수 있다.

The solution of this problem **precedes** all other things.
이 문제를 해결하는 것이 다른 모든 것에 우선한다.

MVP precedence n. 앞섬, 선행; 우선, 상위
precedent n. 선례, 전례, 관례, 판례

0791 ★★★

**quota**
[kwóutə]

**n. 몫; (수입품·이민 등의) 할당; 할당[분담]액[량]; 쿼터**
**= share; allocation, allowance, ration**

She has done her **quota** of work for the project.
그녀는 그 프로젝트를 위해 그녀가 해야 할 몫의 일은 다했다.

0792 ★★

**upbraid**
[ʌpbréid]

**vt. 질책하다, 호되게 나무라다, 꾸짖다 = chide, rebuke, reprimand, scold**

The general manager **upbraided** him with his carelessness.
총지배인은 그의 부주의를 꾸짖었다.

MVP cf. braid vt. (머리·끈 등을) 꼬다, 땋다; n. 꼰 끈, 납작한 끈

0793 ★★★

**reasonable**
[ríːzənəbl]

**a. ① 분별 있는; 이치에 맞는, 합리적인 = sensible; rational**
**② 온당한, 적당한; (가격이) 비싸지 않은, 알맞은 = fair, moderate**

Any **reasonable** person would have done exactly as you did.
분별 있는 사람이라면 어느 누구라도 정확히 당신이 한 그대로 했을 것이다.

MVP ↔ unreasonable a. 이성적이 아닌, 불합리한

0794 ★★

**posture**
[pástʃər]

**n. ① 자세, 자태 = pose, position**
**② (정신적) 태도, 마음가짐 = attitude**
**③ 사태, 정세 = situation, state**

Good **posture** is essential when working at the computer.
컴퓨터로 작업을 할 때에는 좋은 자세가 필수적이다.

0795 ★★★
**succumb**
[səkʌ́m]

vi. ① 굴복하다, 지다, 압도되다, 굽히다[to] = capitulate, submit, surrender
② (병·부상·노령 등으로) 쓰러지다, 죽다

Our country will not **succumb** to terrorism.
우리나라는 테러에 굴복하지 않을 것이다.

His career was cut short when he **succumbed** to cancer.
그의 경력은 그가 암으로 쓰러지면서 갑자기 끝나 버렸다.

---

0796 ★
**meretricious**
[mèritríʃəs]

a. ① 야한, 저속한 = flashy, garish, gaudy
② 겉만 번지르르한 = shoddy, tawdry

He claims that a lot of journalism is **meretricious** and superficial.
그는 많은 언론이 저속하며 피상적이라고 주장한다.

MVP meretriciousness n. 야함, 저속함; 겉만 번지르르함

---

0797 ★★★
**task**
[tæsk]

n. ① (일정한 기간에 완수해야 할) 일, 임무; 작업, 사업; 과업 = duty, job
② 노역, 고된[어려운, 불쾌한] 일 = chore, toil

Losing weight can be a very difficult **task**.
체중 감량은 매우 힘든 과제가 될 수 있다.

---

0798 ★★
**aloof**
[əlúːf]

a. 멀리 떨어진; 무관심한, 초연한, 냉담한 = apathetic, detached, indifferent

The boy does not mix with other boys but always keeps **aloof**.
그 아이는 다른 애들과 어울리지 않고 늘 외따로 논다.

He stood **aloof** from their arguments.
그는 그들의 논쟁에 가담하지 않고 있었다.

---

0799 ★★★
**phase**
[feiz]

n. ① (발달·변화의) 단계, 국면 = circumstance, situation, stage
② (물건·문제 등의) 면(面), 상(相) = aspect, facet, surface
vt. (단계적으로) 실행하다

Three days later, the combat entered a new **phase**.
3일 후에, 그 전투는 새로운 국면으로 접어들었다.

MVP phase out 단계적으로 폐지하다

0800 ★★
**imbue**
[imbjú:]

vt. ① (감정·사상 등을) 주입시키다, 불어넣다[with] = infuse, inspire, instill
② 스며들게 하다, 적시다, 물들이다[with] = pervade, saturate, steep

The boss has **imbued** the staffs of the business with some informal spirit, which worked fine until recently.
사장은 회사 직원들에게 자유로운 분위기에서 일하라는 생각을 불어넣었고, 그런 노력은 최근까지는 잘 되어왔다.

## A. Write the meaning of the following words.

| | |
|---|---|
| □ orthodox ______ | □ vigilant ______ |
| □ paleontology ______ | □ horde ______ |
| □ swindle ______ | □ graduate ______ |
| □ equivocal ______ | □ truism ______ |
| □ clog ______ | □ flat ______ |
| □ artery ______ | □ bravado ______ |
| □ seeming ______ | □ exquisite ______ |
| □ lag ______ | □ culminate ______ |
| □ riot ______ | □ nugatory ______ |
| □ associate ______ | □ precede ______ |
| □ dynamic ______ | □ quota ______ |
| □ scheme ______ | □ upbraid ______ |
| □ contretemps ______ | □ reasonable ______ |
| □ span ______ | □ posture ______ |
| □ woe ______ | □ succumb ______ |
| □ abstruse ______ | □ meretricious ______ |
| □ dub ______ | □ task ______ |
| □ regulate ______ | □ aloof ______ |
| □ prognosis ______ | □ phase ______ |
| □ edify ______ | □ imbue ______ |

※ 주어진 단어의 뜻을 본문에서 확인하시고 틀린 단어의 경우 박스에 체크한 뒤에 나중에 다시 학습하시기 바랍니다.

## B. Choose the synonym of the following words.

| | |
|---|---|
| 1. milieu | Ⓐ rite |
| 2. conversant | Ⓑ degrade |
| 3. fiat | Ⓒ inappropriate |
| 4. intercede | Ⓓ environment |
| 5. blue | Ⓔ familiar |
| 6. debase | Ⓕ command |
| 7. ceremony | Ⓖ discursive |
| 8. monk | Ⓗ monastic |
| 9. desultory | Ⓘ depressed |
| 10. inapt | Ⓙ arbitrate |

B. 1. Ⓓ 2. Ⓔ 3. Ⓕ 4. Ⓙ 5. Ⓘ 6. Ⓑ 7. Ⓐ 8. Ⓗ 9. Ⓖ 10. Ⓒ

0801 ★★★
**benign**
[bináin]

a. ① 자비로운, 인자한, 친절한 = benevolent, gentle, kindly, obliging
② 〈의학〉 양성(良性)의
③ (기후 등이) 양호한, 온화한 = temperate

Her **benign** smile warmed the hearts of the nervous soldiers.
그녀의 인자한 미소가 긴장한 군인들의 마음을 따뜻하게 했다.

She wept in relief when the tumor turned out to be **benign**.
종양이 양성으로 판명되자 그녀는 안도의 눈물을 흘렸다.

MVP benignity n. 은혜, 자비, 친절한 행위
↔ malignant a. 〈의학〉 악성의; 악의[적의] 있는

0802 ★★
**mollify**
[máləfài]

vt. (사람·감정 등을) 누그러뜨리다, 완화시키다, 달래다, 진정시키다
= appease, pacify, placate, soothe

He was **mollified** by her kind words.
그녀의 친절한 말에 그의 마음이 누그러졌다.

0803 ★
**pauper**
[pɔ́:pər]

n. 극빈자, 영세민, 빈민 = slummer

When people are thrown out of work in the early 21st century, unlike the 1930s, they do not suddenly become **paupers**.
1930년대와는 달리, 21세기 초에 실직한 사람들은 순식간에 극빈자가 되지는 않는다.

MVP pauperize vt. 가난하게 하다, 빈민으로 만들다
pauperdom n. [집합적] 빈민, 영세민; 빈궁, 빈곤

0804 ★★★
**criminal**
[krímənl]

n. 범인, 범죄자 = culprit, malfeasant, offender
a. ① 범죄의, 범죄에 관한 = felonious, nefarious, peccant
② 형사상의 = penal

The judge condemned the **criminal** to life in prison.
판사는 그 범인에게 종신형을 선고했다.

The young man was arraigned in **criminal** court for theft.
그 청년은 절도 혐의로 형사재판에 소환되어 심문을 받았다.

MVP criminalize vt. 법률로 금하다; (사람·행위를) 유죄로 하다
crime n. (법률상의) 죄, 범죄, 범행

0805 ★★

**puberty**
[pjúːbərti]

n. 사춘기 = adolescence

A boy's voice changes and becomes deeper at **puberty**.
사내아이는 사춘기가 되면 굵은 목소리로 변한다.

0806 ★★★

**sustain**
[səstéin]

vt. ① (필요한 것을 제공하여) 살아가게[지탱하게] 하다 = support, uphold
② 유지시키다, 지속시키다 = continue, maintain
③ (피해·부상 등을) 입다, 당하다 = experience, suffer, undergo

The love of his family **sustained** him during his time in prison.
그의 가족의 사랑이 그가 교도소에 있는 동안 그를 지탱해 주었다.

Several key players **sustained** injuries in preseason training.
몇몇 핵심 선수들이 시즌 전 훈련 기간에 부상을 입었다.

MVP sustainable a. (환경을 파괴하지 않고) 지속 가능한
unsustainable a. 지탱할 수 없는, 유지[지속]할 수 없는
sustainability n. 지속 가능성; 환경 파괴 없이 지속될 수 있음
sustenance n. 생계; 생활; 생명력을 유지하는 물건; 음식

0807 ★

**regent**
[ríːdʒənt]

n. 섭정
a. 섭정의 지위에 있는

A **regent** was appointed to administer state affairs for the young king.
나이 어린 왕을 대신하여 섭정을 두어 정사를 다스렸다.

0808 ★★

**shackle**
[ʃǽkl]

n. ① (pl.) 쇠고랑, 수갑, 족쇄 = bond, chain, fetters
② 구속, 속박, 굴레 = restraint
vt. ① ~에 쇠고랑[수갑]을 채우다, 족쇄를 채우다 = chain, fetter, handcuff
② 구속하다, 속박하다, 방해하다 = bind, hamper, restrain, restrict

I don't want to live my life **shackled** to my past.
나는 과거에 얽매여 살고 싶지 않다.

MVP cf. ramshackle a. (집 등이) 넘어질 듯한; (자동차 등이) 흔들[덜컥]거리는
↔ unshackle vt. 쇠고랑[속박]을 풀어주다; 자유롭게 하다

0809 ★★★

**intrepid**
[intrépid]

a. 두려움을 모르는, 대담한, 용감무쌍한 = brave, daring, dauntless, fearless

He has always been the most **intrepid** explorer.
그는 언제나 가장 용맹한 탐험가였다.

MVP intrepidity n. 대담, 용맹, 두려움을 모름
↔ trepid a. 소심한, 벌벌 떠는, 겁이 많은

0810 ★★
**demur**
[dimə́:r]

**vi. 반대하다, 이의를 제기하다**
= dispute, dissent, gainsay, object, oppose, protest
**n. 이의제기, 반대** = contravention, dissent, exception, opposition

At first the student **demurred**, but then finally agreed.
처음에 그 학생은 이의를 제기했지만, 결국 동의했다.

Everything went without **demur** according to schedule.
모든 일이 이의제기 없이 일정에 따라 진행되었다.

---

0811 ★★★
**acid**
[ǽsid]

**a. ① 신, 신맛이 나는** = acerbic, sour, tart, vinegary
**② 신랄한, 통렬한** = acrimonious, bitter, harsh, scathing, sharp
**n. 〈화학〉 산(酸), 신 것**

She made **acid** comments about the poor quality of his essay.
그녀는 그의 형편없는 작문에 대해 신랄한 논평을 가했다.

MVP acidity n. 신맛; 산성
acidulous a. 다소 신맛이 도는; 신랄한

---

0812 ★★
**enumerate**
[injú:mərèit]

**vt. 열거하다, 일일이 들다, 하나하나 세다** = itemize, list, specify

She **enumerated** the necessary qualities of a good teacher.
그녀는 훌륭한 교사가 되기 위해 필요한 자질을 열거했다.

MVP enumeration n. 계산, 일일이 셈, 열거

---

0813 ★★★
**prize**
[praiz]

**n. 상품, 상, 상금; 현상금; 경품** = award, reward, winnings
**vt. ① 존중하다, 소중히 여기다** = appreciate, treasure, value
**② ~을 평가하다** = assess

He received a **prize** in reward for his diligence.
그는 근면함에 대한 보상으로 상을 받았다.

---

0814 ★★
**stupendous**
[stju:péndəs]

**a. 엄청난, 굉장한, 거대한** = colossal, enormous, incredible, monumental

To climb Mount Everest on a bicycle would be a **stupendous** accomplishment.
자전거로 에베레스트 산을 오르는 것은 대단한 업적이 될 것이다.

0815 ★

**demotic**
[dimátik]

**a. 민중의, 통속적인 = common, ordinary, popular, vulgar**

Yut noli is the **demotic** game that has been handed down for generations.
윷놀이는 대대로 전해 내려오는 민중의 놀이이다.

---

0816 ★★★

**heir**
[ɛər]

**n. ① 상속인, 법정 상속인 = inheritor**
**② 후계자 = successor**

He is an **heir** to his father's fine brain.
그는 아버지의 우수한 두뇌를 물려받았다.

MVP heirloom n. 세습재산, 가보

---

0817 ★★

**normative**
[nɔ́:rmətiv]

**a. 기준[규범]을 정한, 표준의 = normal, standard**

In short, the **normative** grammar is a set of rules to speak and write well.
요약하자면, 표준 문법은 말하고 쓰는 것을 잘하기 위한 일련의 규칙들이다.

MVP norm n. 표준, 기준; 규범(= criterion, pattern, standard)

---

0818 ★★★

**conservation**
[kὰnsərvéiʃən]

**n. (자연 환경·사적·천연 자원 등의) 보호, 보존, 관리, 유지**
**= maintenance, preservation, protection, upkeep**

With fossil fuel reserves running out, fuel **conservation** is also a wise use of finite resources.
화석연료 매장량이 고갈되면서, 연료를 잘 보존하는 것 또한 한정된 자원을 현명하게 사용하는 방법이다.

---

0819 ★★

**inflame**
[infléim]

**v. ① ~에 불을 붙이다, 불태우다 = ignite, kindle, light**
**② (감정 등을) 선동하다, 자극하다; 흥분시키다, 화나게 하다**
**= provoke, stimulate; enrage, infuriate**

The media should not try to **inflame** or influence public opinion.
언론은 여론을 선동하거나 영향을 주려 해서는 안 된다.

MVP inflammation n. 점화, 발화, 연소; 격노; 염증
inflammable a. 타기 쉬운, 가연성의; 흥분하기 쉬운
inflammatory a. 열광시키는, 선동적인; 염증성의

0820 ★

**puritanical**
[pjùəritǽnikəl]

**a. 청교도적인; 금욕적인, 엄격한 = abstinent, ascetic, austere**

There is a **puritanical** crusade that states that all our wicked things such as sex, drinking and smoking all cause more deaths.
청교도적 사회개혁운동에서는 성생활, 음주, 흡연과 같이 우리가 하는 모든 사악한 것들이 더 많은 죽음을 야기한다고 말하고 있다.

MVP puritanism n. 청교도주의, 청교도 기질
Puritan n. 청교도
pure a. 순수한, 순전한; 청순한; 정숙한
purity n. 청정, 순수; 깨끗함, 청결

0821 ★★★

**scrutiny**
[skrú:təni]

**n. (면밀한) 조사, 철저한 검토; 감시, 감독 = inspection, investigation**

Their defense policy did not stand up under **scrutiny**.
그들의 방위 정책은 세밀히 살펴봤을 때 허점이 드러났다.

MVP scrutinize v. 자세히 조사하다, 음미하다

0822 ★

**glut**
[glʌt]

**n. ① 차고 넘침, 과다, 충족, 과식 = surfeit, surplus**
**② (상품의) 공급과잉 = oversupply**
**vt. ① 과잉공급하다 = overstock, oversupply**
**② 배불리 먹이다, (식욕·욕망을) 채우다, 만족시키다**

A **glut** of dollar holdings could lead to a strong won, which could make Korean exports more expensive overseas.
달러 보유의 과잉은 원화 강세로 이어질 수 있고, 한국 수출품의 해외 가격 상승(수출 경쟁력 약화)을 가져올 수 있다.

0823 ★★★

**energetic**
[ènərdʒétik]

**a. 정력적인, 활동적인, 원기 왕성한 = dynamic, lively, spirited, vigorous**

Despite his old age, Jonathan is still very healthy and **energetic**.
많은 나이에도 불구하고, 조나단(Jonathan)은 여전히 매우 건강하고 힘이 넘친다.

MVP energize v. 활기를 돋우다, 에너지를 주입하다

0824 ★★

**retrograde**
[rétrəgrèid]

**a. (사태·시대 등에) 역행하는, 퇴보하는 = backward, deteriorating, regressive**
**vi. 후퇴하다, 역행하다, 퇴보하다 = degenerate, regress, retrogress**

The closure of the factory is a **retrograde** step.
그 공장 폐쇄는 시대에 역행하는 조치이다.

While the art of printing is left to us, science can never be **retrograde**.
인쇄기술이 우리에게 있는 한, 과학은 결코 퇴보할 수 없다.

0825 ★★★
**mechanic**
[məkǽnik]

**n. 기계공; (기계) 수리공, 정비사 = engineer, technician**

That problem surfaced when our **mechanic** examined the car.
정비사가 차를 점검했을 때, 그 문제가 발견됐다.

MVP cf. mechanics n. 〈단수취급〉 역학; 기계학; 〈보통 복수취급〉 기계적인 부분; 메커니즘

---

0826 ★★
**celestial**
[səléstʃəl]

**a. 하늘의, 천체의, 천상의; 천국의 = ethereal, heavenly**

The moon is a mysterious **celestial** body.
달은 신비스러운 천체다.

The **celestial** beauty of her voice captivated the audience.
그녀의 아름다운 천상의 목소리는 대중을 사로잡았다.

MVP celeste n. 하늘색, 하늘빛
cf. terrestrial a. 지구의, 지상의, 흙의

---

0827 ★★★
**insult**
[ínsʌlt]

**n. 모욕, 무례 = affront, slight**
**vt. 모욕하다, 창피 주다 = humiliate, offend**

To say that a person is materialistic is an **insult** because this means that he or she values material possession above all.
어떤 사람을 물질주의적이라고 말하는 것은 모욕인데, 이 말은 그 사람이 다른 무엇보다도 물질적인 소유물에 가치를 둔다는 것을 의미하기 때문이다.

---

0828 ★★
**sophomoric**
[sὰfəmɔ́:rik]

**a. ① (고교·대학의) 2학년생의**
**② 젠체하나 미숙한, 아는 체하는, 건방진**

Most ads are bewildering, **sophomoric** and annoying.
대부분의 광고들은 당황스럽고 미숙하며 성가시다.

MVP freshman n. (4년제 고교·대학의) 1학년생
sophomore n. (4년제 고교·대학의) 2학년생
junior n. (4년제 고교·대학의) 3학년생, (3년제의) 2학년생
senior n. (4년제 고교·대학의) 최상급생

---

0829 ★★
**fetch**
[fetʃ]

**v. ① (가서) 가져오다, (가서) 데려[불러]오다 = bring, carry, deliver, pick up**
**② (상품 등이) ~에 팔리다; (~의 금액을) 가져오다**
**③ ~의 마음을 사로잡다; 매혹하다 = attract, captivate, charm, fascinate**

Can you **fetch** today's order list for me please?
오늘 주문 목록 좀 가져다줄래요?

MVP fetching a. 사람의 눈을 끄는, 매혹적인

0830 ★★★
**trivial**
[tríviəl]

**a. 사소한 = inconsequential, insignificant, petty, trifling, unimportant**

A long-lasting quarrel resulted from such a **trivial** cause.
장기간 지속되는 싸움은 그렇게 사소한 원인 때문에 일어났다.

MVP trivia n. (pl.) 하찮은[사소한] 것[일]

---

0831 ★★
**bust**
[bʌst]

**n. ① 흉상, 반신상**
**② 상반신; (여성의) 앞가슴 = bosom, breast, chest**
**③ 실패, 파산, 불황**
**v. ① 〈속어〉 부수다, 부서지다; 파열[폭발]시키다[하다]**
**= break, burst, shatter, smash**
**② 실패하다, 낙제하다; 파산시키다 = fail, flunk**

In the past, even this sector allowed considerable time for the boom and **bust** cycle.
과거에는 이 업종조차 호황과 불황의 주기가 상당히 길었다.

---

0832 ★★★
**applause**
[əplɔ́:z]

**n. ① 박수갈채 = clapping, ovation, plaudit**
**② 칭찬, 찬양 = acclaim, accolade, commendation, laudation, praise**

Let's give him a big round of **applause** for his great achievements!
그의 위대한 업적에 큰 박수갈채를 보냅시다!

MVP applaud v. 박수치다; 칭찬하다
applausive a. 칭찬을 나타내는, 칭찬의; 박수갈채의

---

0833 ★★
**lubricate**
[lú:brəkèit]

**v. ① (기계 등에) 윤활유를 바르다, 기름을 치다 = grease**
**② (피부·과정 등을) 매끄럽게 하다 = smooth, smoothen**
**② (사람을) 매수하다 = bribe, smear, tamper**

To cut down frictions, such moving parts must be **lubricated**.
마찰을 줄이기 위해, 기계의 움직이는 부품들에는 기름을 쳐야 한다.

Tears **lubricate** your eyes and also protect them from dust.
눈물은 당신의 눈을 매끄럽게 하고 먼지로부터 눈을 보호해주기도 한다.

MVP lubricant a. 매끄럽게 하는; n. 매끄럽게[원활하게] 하는 것; 윤활유

---

0834 ★★★
**dauntless**
[dɔ́:ntlis]

**a. 불굴의, 겁 없는, 용감한 = bold, brave, gallant, intrepid, undaunted, valiant**

He has overcome extreme difficulties with a **dauntless** fighting spirit.
그는 불굴의 투지로 역경을 극복했다.

MVP daunt vt. 위협하다; 주춤하게 하다, ~의 기세를 꺾다

0835 ★
**epistle**
[ipísl]

n. (특히 형식적인) 편지, 서한 = letter, missive

Many thanks for your lengthy **epistle** which arrived in this morning's post.
오늘 아침 우편함에 도착한 당신의 장문의 서신에 대해 많은 감사를 드립니다.

0836 ★★★
**offensive**
[əfénsiv]

a. ① 무례한, 모욕적인 = abusive, insulting, rude
② (냄새 등이) 역겨운, 극도로 불쾌한 = disgusting, foul, nasty, unpleasant
③ 공격적인, 공세적인 = aggressive, belligerent, militant

Some songs contain lyrics that are **offensive** to certain groups of people.
어떤 노래들에는 특정 집단의 사람들에게 모욕적인 가사가 들어있다.

0837 ★★
**moan**
[moun]

n. ① 신음 소리, 끙끙대기 = groan, sigh, sob
② 불평, 한탄 = complaint, grumble, grunt, murmur
v. ① 신음하다, 끙끙대다 = groan
② 한탄하다, 슬퍼하다; 불평을 말하다
= bemoan, deplore; complain, grumble

The injured man was lying on the ground, **moaning**.
부상을 입은 그 남자는 바닥에 누워 신음하고 있었다.

0838 ★★★
**counteract**
[kàuntərǽkt]

vt. ① 반대로 작용하다, 대응하다 = antagonize, react
② 상쇄하다, 무효로 만들다 = counterbalance, neutralize, offset
③ 중화하다 = antagonize, neutralize, offset

These exercises aim to **counteract** the effects of stress and tension.
이 운동들은 스트레스와 긴장감이 초래하는 영향을 해소하는 데 목적이 있다.

0839 ★★
**foolhardy**
[fú:lhɑ̀:rdi]

a. 무모한, 저돌적인 = rash, reckless

It would be **foolhardy** to sail in weather like this.
이런 날씨에 배를 타고 나가는 것은 무모한 짓이 될 것이다.



0840 ★★★
**alter**
[ɔ́:ltər]

v. ① (모양·성질 등을) 바꾸다, 변경하다 = change, modify, shift, transform
② 변하다, 바뀌다, 고쳐지다

Nothing can **alter** the fact that we are to blame.
그 무엇으로도 우리에게 책임이 있다는 사실이 달라지진 않는다.

MVP alteration n. 변경, 개조
unaltered a. 변하지 않는, 불변의
cf. altar n. 제단(祭壇)

0841 ★
**knave**
[neiv]

**n. 악한, 무뢰한, 악당** = miscreant, rascal, rogue, scoundrel, villain

The honest dealer is always undone, and the **knave** gets the advantage.
정직한 상인은 늘 몰락하고 악당이 이득을 얻는다.

MVP knavery n. 속임수; 무뢰한[파렴치한]의 짓; 부정행위; 악행

0842 ★★
**reproach**
[ripróutʃ]

**vt. 비난[책망]하다, 꾸짖다** = blame, condemn, rebuke, reprimand
**n. 비난, 질책** = condemnation, censure, criticism, rebuke, reprimand

Do not **reproach** him with laziness; he has done his utmost.
그를 게으르다고 나무라지 마세요. 그는 최선을 다했어요.

0843 ★★★
**vain**
[vein]

**a. ① 헛된, 보람 없는, 무익한, 소용없는** = futile, useless
**② 자만심이 강한, 허영심이 강한** = conceited, egotistical, vainglorious

He wants the world to know his son did not die in **vain**.
그는 세상 사람들이 자기 아들이 헛되이 죽지 않았다는 것을 알아주기를 원한다.

MVP vanity n. 덧없음, 허무, 무상함
in vain 효과 없이, 보람 없이, 헛되이(= fruitlessly)
cf. vane n. 바람개비

0844 ★★
**aplomb**
[əplám]

**n. (어려운 상황에서의) 침착, 냉정, 태연자약**
= composure, equanimity, imperturbability, sangfroid

People yelled at the speaker, but she never lost her **aplomb**.
사람들은 연사에게 야유를 보냈으나 그녀는 결코 침착성을 잃지 않았다.

0845 ★★★
**copy**
[kápi]

**n. ① 사본; 복사; 모사, 모방** = facsimile, imitation, replica, reproduction
**② 원고, 초고** = draft, manuscript, script
**v. ① 베끼다, 복사[모사]하다; 표절하다** = duplicate, replicate, transcribe
**② 모방하다, 흉내 내다** = imitate, mimic, simulate

They accepted Apple's claim that Samsung illegally **copied** the shapes of its popular iPhone and iPad devices.
그들은 삼성이 자신의 인기 있는 아이폰과 아이패드 기기의 디자인을 불법적으로 베꼈다는 애플의 주장을 받아들였다.

MVP carbon-copy vt. 복사하다, 사본을 뜨다; a. 꼭 닮은
copycat n. 모방하는 사람, 흉내쟁이

0846 ★
**torrid**
[tɔ́:rid]

a. ① 타는 듯이 뜨거운, 건조한 = arid, boiling, broiling, roasting
② 열렬한, 열정적인 = ardent, enthusiastic, impassioned

Qatar is a powerful country with the basis of **torrid** growth of economy.
카타르는 열정적인 경제성장을 기반으로 가진 강력한 국가다.

---

0847 ★★★
**proverb**
[prάvə:rb]

n. 속담, 격언; 금언(金言) = adage, aphorism, maxim, saying

**Proverbs** usually do not talk about the actual subject at hand but are rather metaphorical.
속담은 주로 가까이에 있는 실제 주제에 대해서 말하는 것이 아니며 다소 은유적이다.

MVP proverbial a. 속담의; 속담투의; 소문난, 이름난
cf. verb n. 동사
cf. adverb n. 부사

---

0848 ★★
**dilate**
[dailéit]

v. ① 팽창[확장]하다[시키다], 넓어지다[넓히다] = distend, expand, swell, widen
② 상세히 설명[부연]하다[on, upon] = expatiate

In the dark, the pupils of your eyes **dilate**.
어둠 속에서는 동공이 확장된다.

MVP dilatation n. 팽창, 확장

---

0849 ★★★
**orbit**
[ɔ́:rbit]

n. ① 궤도
② 활동 범위, 영향[세력]권 = ambit, influence, range, sphere
v. 궤도를 그리며 돌다 = circle

The **orbit** of Jupiter around the Sun takes about 12 years.
목성이 태양 주위의 궤도를 공전하는 데 약 12년이 걸린다.

---

0850 ★★
**writhe**
[raið]

v. ① 몸부림치다, 몸부림치며 괴로워하다 = wriggle
② (뱀 따위가) 꿈틀꿈틀 기어가다, 꾸불꾸불 움직이다 = squirm, twist

She was **writhing** around on the floor in agony.
그녀는 바닥에 누워 고통에 겨워 온몸을 비틀고 있었다.

## A. Write the meaning of the following words.

| | | | |
|---|---|---|---|
| □ benign | ____________ | □ bust | ____________ |
| □ pauper | ____________ | □ applause | ____________ |
| □ sustain | ____________ | □ lubricate | ____________ |
| □ regent | ____________ | □ dauntless | ____________ |
| □ shackle | ____________ | □ epistle | ____________ |
| □ acid | ____________ | □ offensive | ____________ |
| □ enumerate | ____________ | □ moan | ____________ |
| □ stupendous | ____________ | □ counteract | ____________ |
| □ demotic | ____________ | □ foolhardy | ____________ |
| □ normative | ____________ | □ alter | ____________ |
| □ conservation | ____________ | □ knave | ____________ |
| □ puritanical | ____________ | □ reproach | ____________ |
| □ scrutiny | ____________ | □ vain | ____________ |
| □ energetic | ____________ | □ aplomb | ____________ |
| □ retrograde | ____________ | □ copy | ____________ |
| □ mechanic | ____________ | □ torrid | ____________ |
| □ insult | ____________ | □ proverb | ____________ |
| □ sophomoric | ____________ | □ dilate | ____________ |
| □ fetch | ____________ | □ orbit | ____________ |
| □ trivial | ____________ | □ writhe | ____________ |

※ 주어진 단어의 뜻을 본문에서 확인하시고 틀린 단어의 경우 박스에 체크한 뒤에 나중에 다시 학습하시기 바랍니다.

## B. Choose the synonym of the following words.

| | |
|---|---|
| 1. puberty | Ⓐ brave |
| 2. mollify | Ⓑ culprit |
| 3. demur | Ⓒ award |
| 4. inflame | Ⓓ ignite |
| 5. heir | Ⓔ heavenly |
| 6. glut | Ⓕ appease |
| 7. celestial | Ⓖ surfeit |
| 8. prize | Ⓗ inheritor |
| 9. intrepid | Ⓘ dissent |
| 10. criminal | Ⓙ adolescence |

B. 1. Ⓙ 2. Ⓕ 3. Ⓘ 4. Ⓓ 5. Ⓗ 6. Ⓖ 7. Ⓔ 8. Ⓒ 9. Ⓐ 10. Ⓑ

0851 ★★★
**flourish**
[flə́:riʃ]

**vi. ① (장사·사업 등이) 번영[번창]하다; (문화·학문이) 꽃피다 = prosper, thrive**
**② (동식물이) 잘 자라다, (초목이) 무성하게 자라다**

Few businesses are **flourishing** in the present economic climate.
현 경제 상황에서는 번창하는 사업체가 별로 없다.

These plants **flourish** in a damp climate.
이들 식물은 습한 기후에서 잘 자란다.

MVP flourishing a. 무성한; 번영[번창]하는

0852 ★★
**hoarse**
[hɔ:rs]

**a. (목소리가) 쉰; 귀에 거슬리는 = harsh, husky, raucous**

After singing all evening I found that I could scarcely talk afterwards — my voice was really **hoarse**.
저녁 내내 노래를 부른 후에, 나는 거의 말을 할 수 없는 지경이 되었다. 목소리가 완전히 쉬어버린 것이다.

0853 ★★
**priority**
[praiɔ́:rəti]

**n. ① (시간·순서가) 앞[먼저]임; 보다 중요함; 상석, 윗자리**
**② 우선; 우선권; 우선 사항**

Our first **priority** is national security.
우리에게 가장 중요한 것은 국가 안보다.

MVP prioritize vt. 우선순위를 매기다; 우선적으로 처리하다
prior a. 앞의, 전의; ~보다 앞선, 중요한
top priority 최우선 사항, 최우선권
↔ posteriority n. (위치적·시간적으로) 뒤[다음]임

0854 ★
**subliminal**
[sʌblímənl]

**a. 의식하의, 식역하(識閾下)의, 잠재의식의 = concealed, subconscious**

Any kind of **subliminal** advertising is illegal on British TV.
영국 텔레비전에서는 모든 종류의 식역하 광고(사람의 잠재의식에 남도록 되풀이해서 하는 광고)가 불법이다.

MVP sublime a. 장대한, 웅대한, 장엄한; 최고의, 탁월한, 빼어난

0855 ★★★
**contemplate**
[kántəmplèit]

**v. ① 응시하다, 눈여겨보다 = behold, gaze, regard, stare**
**② (문제·사태 등을) 심사숙고하다 = consider, meditate, ponder, ruminate**
**③ 의도하다, 계획하다 = intend, plan**

You're too young to even **contemplate** such a thing.
너는 너무 어려서 그러한 일을 심사숙고할 수조차 없다.

MVP contemplation n. 응시; 숙고, 명상; 의도, 계획
contemplative a. 명상적인(= meditative)

0856 ★★

**inviolable**
[inváiələbl]

**a. 침범할 수 없는, 불가침의; 신성한 = sacrosanct; divine, holy, sacred**

Freedom of the media is an **inviolable** element of democracy.
언론의 자유는 민주주의의 불가침 요소이다.

MVP inviolability n. 불가침성
inviolate a. 침범되지 않은; 신성한
violate vt. (법률·맹세·약속·양심 따위를) 어기다; (신성을) 더럽히다, 모독하다
violation n. 위반, 위배; 침해
violable a. 범할 수 있는, 깨뜨릴 수 있는, 더럽힐 수 있는

0857 ★★★

**slaughter**
[slɔ́:tər]

**n. ① 도살 = butchering**
**② 대량학살, 살육 = massacre, slaying**
**③ 투매(投賣), 대규모 할인판매**
**vt. ① 도살하다 = butcher**
**② 대량학살하다 = decimate, massacre**
**③ 할인판매하다**

The animals are stunned before **slaughter**.
동물들은 도살하기 전에 기절시킨다.

0858 ★★

**attire**
[ətáiər]

**n. 의상, 옷, 복장 = apparel, costume, garment, outfit**
**vt. 〈보통 수동태 또는 재귀용법〉 차려 입히다[in] = array, clothe**

I don't think jeans are appropriate **attire** for the party.
청바지는 파티 의상으로 부적절하다고 생각한다.

0859 ★★★

**explode**
[iksplóud]

**v. ① 폭발하다[폭발시키다], 파열하다[파열시키다], 터지다[터뜨리다]**
**= burst, detonate, erupt**
**② (학설·신념·미신 등을) 타파하다, 뒤엎다 = overthrow, subvert**

He managed to escape from the burning car before the fuel tank **exploded**.
그는 연료 탱크가 폭발하기 전에 불타는 차에서 가까스로 탈출했다.

MVP explosion n. 폭발, 폭파, 파열
explosive a. 폭발하기 쉬운; 감정이 격하기 쉬운; n. 폭약
↔ implode v. 안쪽으로 파열하다, 내파하다[내파시키다]

0860 ★★

**affectation**
[æfektéiʃən]

**n. 가장, 꾸밈, 짐짓 꾸미는 태도 = artificiality, pretense, simulation**

He raised his eyebrows with an **affectation** of surprise.
그가 짐짓 놀랍다는 듯 눈썹을 치켜 올렸다.

MVP affect v. ~인 체 하다, 가장하다; 영향을 주다

0861 ★★★
**catholic**
[kǽθəlik]

a. ① 보편적인, 일반적인, 만인에 공통되는 = general, non-specific, universal
② (취미나 관심이) 한쪽에 치우치지 않은, 폭넓은 = broad, wide-ranging

This is not just a local idea; it's **catholic**.
이것은 편협한 생각이 아니다. 그것은 보편적인 생각이다.

He was a man of **catholic** tastes, a lover of grand opera, history and the fine arts.
그는 취미가 다양한 사람으로, 그랜드 오페라, 역사, 그리고 미술 애호가였다.

MVP catholicity n. 보편성; 포용성; 너그러움
Catholic a. (로마) 가톨릭교회의, 천주교의, 구교의

---

0862 ★★
**bygone**
[báigɔ̀:n]

a. 과거의, 지나간 = ancient, bypast, departed
n. 과거, 과거사 = past

Let **bygones** be **bygones**.
지난 일은 지난 일로 두어라.

---

0863 ★
**dike**
[daik]

n. ① 둑, 제방 = bank, dyke, embankment, levee
② 도랑, 해자; 수로 = channel, ditch, watercourse
③ 〈비유〉 방어 수단; 장벽, 장애물 = barrier, obstacle

In Holland great **dikes** are built that the sea may not flood the land.
네덜란드에는 해수가 육지에 침수되지 않도록 큰 제방이 쌓여 있다.

---

0864 ★★★
**propitious**
[prəpíʃəs]

a. ① (일을 하기에) 좋은[유리한], 알맞은, 순조로운 = appropriate, proper, right
② 징조가 좋은, 길조의 = auspicious, fortunate, lucky

Now is a **propitious** time to start a business.
지금이 사업하기에 알맞은 때이다.

I consider the rain to be a **propitious** sign.
나는 그 비가 길조라고 생각한다.

MVP ↔ unpropitious a. 불길한, 불운한

---

0865 ★★
**interim**
[íntərəm]

a. 과도적인, 일시적인, 임시의, 잠정적인 = provisional, temporary, tentative
n. 한동안, 잠시; 잠정 조치, 가협정

The vice-president took power in the **interim** period before the election.
선거 전까지의 과도기 동안 부통령이 정권을 잡았다.

0866 ★★★
**revolve**
[rivάlv]

v. ① (축을 중심으로) 돌다, 회전하다, 자전하다 = spin
② 공전하다 = orbit, rotate

She thinks that the world **revolves** around her.
그녀는 세상이 자기를 중심으로 돌아간다고 생각한다.

The earth **revolves** round the sun.
지구는 태양의 주위를 공전한다.

MVP revolution n. 혁명; 회전; 공전

---

0867 ★★
**stronghold**
[strɔ́:ŋhòuld]

n. ① 성채, 요새 = bastion, citadel, fortress
② 안전한 곳, 피난처 = haven, refuge, retreat, sanctuary
③ (특정 사상·집단의) 거점, 본거지, 아성, 텃밭 = foothold, home ground

Troops advanced on the rebel **stronghold**.
군대는 반란군의 요새를 향해 진격했다.

The ruling party is losing support even in its main **stronghold**.
여당은 자신의 텃밭에서조차 지지기반을 잃어가고 있다.

---

0868 ★★
**culpable**
[kʌ́lpəbl]

a. 과실이 있는, 비난할 만한 = blameworthy, reprehensible

The judge found the woman **culpable** and put her on trial.
판사는 그 여자에게 과실이 있다고 판단하고 그녀를 재판에 회부했다.

MVP culpability n. 꾸중을 들어야 할 일, 유죄

---

0869 ★
**minion**
[mínjən]

n. 앞잡이, 심복, 부하, 추종자 = follower, henchman, underling

He was always accompanied by several of his **minions** because he enjoyed their flattery.
그는 몇몇 심복들의 아첨을 받기를 좋아해서 항상 그의 수하들을 데리고 다녔다.

---

0870 ★★★
**policy**
[pάləsi]

n. ① 정책, 방침; 방책, 수단 = action, guideline, plan, procedure
② 보험증권

The core of economic democratization is an income redistribution **policy**.
경제민주화의 핵심은 소득 재분배 정책이다.

MVP policymaker n. 정책입안자

0871 ★★

**deify**
[dí:əfài]

**vt. 신으로 모시다, 신격화하다 = apotheosize, divinize**

The Romans used to **deify** their emperors.
로마인들은 황제를 신격화했었다.

MVP deity n. 신(= god)

---

0872 ★★★

**lax**
[læks]

**a. ① (줄 등이) 느슨한, 헐거운 = baggy, loose, unfastened**
**② (일·규칙·기준 등이) 느슨한, 엄하지 않은 = lenient, slack, unexacting**
**③ (정신이) 해이한, 부주의한 = careless, indolent, negligent**

Environmental regulations are very **lax** in Korea.
한국은 환경 규제가 매우 느슨하다.

MVP laxity n. 느슨함, 이완; 방종

---

0873 ★★

**gourmet**
[gúərmei]

**n. 미식가, 식도락가 = epicure, foodie, gastronome, gourmand**
**a. 미식가의, 미식가를 위한**

Our specialty foods will appeal particularly to the **gourmet**.
우리의 특제 요리는 특히 미식가들에게 인기가 있을 것이다.

---

0874 ★★★

**accompany**
[əkʌ́mpəni]

**v. ① ~에 동반하다, ~와 함께 가다 = attend, escort, go with**
**② (현상 등이) ~에 수반하여 일어나다 = follow**
**③ 〈음악〉 반주하다**

The earthquake was **accompanied** with an epidemic.
지진이 있고 나서 전염병이 유행했다.

MVP accompaniment n. 반주; 반찬, 안주
accompanying a. (징후 등이) 수반하는; (편지 등이) 동봉[첨부]의

---

0875 ★★

**checkered**
[tʃékərd]

**a. ① 바둑판[체크]무늬의**
**② 가지각색의; 변화가 많은 = colorful, eventful, variegated**

She has a **checkered** past.
그녀는 과거가 복잡하다.

MVP checker n. 바둑판무늬; v. 바둑판무늬로 하다; ~에 변화를 주다

0876 ★
**quisling**
[kwízliŋ]

**n. 매국노, 배반자; 제5열(적과 내통하는 집단)**
**= betrayer, renegade, traitor, turncoat; fifth columnist**

Unless those **quislings** are rooted out, the future in the country will be always bleak.
만약 저 매국노들이 근절되지 않으면, 그 나라의 미래는 항상 암울할 것이다.

MVP quislingism n. 매국[반역] 행위

---

0877 ★★
**extant**
[ékstənt]

**a. 지금도 남아 있는, 현존하는 = existing, remaining, surviving**

The bird was the great-great-great granddaddy of all **extant** land birds.
그 새는 현존하는 모든 육지 새들의 아주 먼 조상이었다.

---

0878 ★★★
**bait**
[beit]

**n. 미끼, 유혹(물) = decoy, enticement, lure**
**v. 미끼를 달다; 미끼로 꾀다, 유혹하다 = allure, entice, seduce, tempt**

What kind of **bait** do you use for trout?
송어를 잡는 데는 어떤 종류의 미끼를 씁니까?

The shop used free gifts as a **bait** to attract new customers.
그 상점은 새 고객을 끄는 미끼로 무료 선물을 이용했다.

MVP barb n. (살촉·낚시 따위의) 미늘; (철조망 따위의) 가시

---

0879 ★★
**respiration**
[rèspəréiʃən]

**n. 호흡; (동물·식물의) 호흡 작용 = breathing**

If the patient stops breathing, try artificial **respiration**.
환자의 호흡이 멎으면 인공호흡을 시도하도록 해라.

MVP respire v. 호흡하다; 휴식하다
respirator n. 방독면; 인공호흡장치
respiratory a. 호흡의, 호흡기관의
cf. suspire v. 한숨을 쉬다, 탄식하다(= sigh); 호흡하다(= breathe)

---

0880 ★★★
**displace**
[displéis]

**vt. ① 바꾸어 놓다, 옮기다 = move, shift**
**② 대신[대체]하다 = replace, supersede, supplant**
**③ 제거하다, 쫓아내다; 추방하다 = eject, evict, expel, oust**

During the industrial revolution, wind power was largely **displaced** by fossil fuels.
산업혁명 동안, 풍력은 대부분 화석 연료로 대체되었다.

0881 ★★

**voluptuous**
[vəlʌptʃuəs]

**a. 관능적[육감적]인; 향락적인 = sensual, sensuous**

After changing her clothes, Martha looked extremely **voluptuous**.
옷을 갈아입은 마사(Martha)는 매우 관능적으로 보였다.

MVP voluptuousness n. 관능적임, 요염함

0882 ★★★

**tuition**
[tjuːíʃən]

**n. ① 교수, 수업 = education, schooling, training**
**② 수업료, 등록금 = tuition fee**

The students have protested the high **tuition** fees.
학생들은 비싼 등록금에 항의했다.

MVP cf. intuition n. 직관, 직감

0883 ★

**eviscerate**
[ivísərèit]

**v. ① 창자를 제거하다[꺼내다] = disembowel**
**② 골자를[긴요한 부분을] 빼버리다**

That drug use can **eviscerate** lives is true.
마약 복용이 삶을 송두리째 빼앗을 수 있다는 것은 사실이다.

0884 ★★★

**promising**
[prάmisiŋ]

**a. 전도유망한, 가망 있는, 기대[촉망]되는 = encouraging, hopeful, likely**

The young girl is regarded as a **promising** athlete.
그 어린 소녀는 전도유망한 선수로 주목받고 있다.

MVP promise n. 약속, 계약; (성공할) 가능성, 장래성; 징조
↔ unpromising a. 가망[장래성] 없는, 유망하지 못한

0885 ★★

**cloister**
[klɔ́istər]

**n. ① (수도원·대학·성당 등의 안뜰을 둘러싼) 회랑(回廊) = corridor, gallery**
**② 수도원, 은둔처; (the ~) 수도원[은둔] 생활 = convent, monastery, nunnery**

The **cloister** was surrounded by a peristyle reminiscent of the Parthenon.
그 수도원은 파르테논 신전을 연상케 하는 열주식 안뜰로 둘러싸여 있었다.

MVP convent n. 수도원, 수녀원
monastery n. (주로 남자의) 수도원
nunnery n. 수녀원



0886 ★★★

**up-to-date**
[ʌptədéit]

**a. 최신의, 최근의, 현대[최신]식의 = contemporary, modern**

An **up-to-date** dictionary ought to include the latest neologisms.
최신 사전은 최근에 새로 나온 어구들을 수록해야 한다.

MVP cutting-edge a. 최첨단의
state-of-the-art a. 최첨단 기술을 이용한, 최신식의
up-to-the-minute a. 가장 최근의, 현대식의, 최첨단의

---

0887 ★★
**stroke**
[strouk]

**vt. 쓰다듬다, 어루만지다 = caress, fondle**
**n. ① (병의) 발작, 뇌졸중 = apoplexy**
**② 한 번 치기[찌르기], 일격, 타격; (보트를) 한번 젓기**
**③ 한바탕 일하기, 한바탕의 일; 수완**

The **stroke** left him partly paralysed.
그는 뇌졸중으로 부분 마비가 되었다.

Bentley is now fast asleep, and Kimmers's free hand is absently **stroking** his curly black hair.
벤틀리(Bentley)는 지금 깊이 잠들었고, 키머(Kimmer)의 손은 그의 곱슬곱슬한 검은 머리칼을 멍하니 어루만지고 있다.

---

0888 ★
**footage**
[fútidʒ]

**n. (특정한 사건을 담은) 장면[화면], (영화·TV의) 특정 장면**

The public has seen him in video **footage** and photographs.
그의 모습을 담은 동영상 화면과 사진이 대중에게 공개되었다.

---

0889 ★★★
**mortal**
[mɔ́:rtl]

**a. ① 죽을 수밖에 없는 운명의, 죽음을 면할 수 없는**
**② 치명적인 = fatal, lethal**
**③ 인간의, 이 세상의 = earthly, temporal**
**④ 목숨을 건, 필사적인**

Man is **mortal**.
사람은 죽게 마련이다.

Many people got a **mortal** wound in that traffic accident.
그 교통사고로 많은 사람들이 치명적인 부상을 입었다.

MVP mortality n. 죽어야 할 운명; 사망률, 사망자 수
cf. moral a. 도덕의, 윤리의
↔ immortal a. 죽지 않는, 불멸의; 영원한, 영구히 계속되는

---

0890 ★★
**gasp**
[gæsp]

**v. ① 헐떡거리다, 숨이 차다; (놀람 등으로) 숨이 막히다 = pant**
**② 열망하다, 갈망하다[after, for] = crave, desire, long, yearn**

A session of squash will leave you burned out and **gasping** for breath.
스쿼시 한 게임을 치고 나면 지치고 숨이 차서 헐떡거리게 될 것이다.

0891 ★★★
**fabulous**
[fǽbjuləs]

a. ① 믿을 수 없을 정도의, 엄청난; 굉장히 좋은, 멋진
= brilliant, excellent, superb, wonderful
② 전설적인, 전설[신화]에 나오는 = legendary, mythical

That singer's **fabulous** voice is creating a huge fan base for her.
그 가수는 매우 뛰어난 가창력으로 두터운 마니아층을 형성하고 있다.

MVP fable n. 우화; 신화, 전설

0892 ★★
**windfall**
[wíndfɔ̀:l]

n. ① 우발적인 소득, 뜻밖의 횡재 = bonanza, godsend
② 바람에 떨어진 과일, 낙과(落果)

The hospital got a sudden **windfall** of £300,000.
그 병원은 갑자기 30만 파운드를 얻는 횡재를 하게 되었다.

0893 ★★★
**implant**
[implǽnt]

vt. ① (남의 마음에 생각 등을) 심다, 뿌리내리게 하다 = inculcate, infix, infuse
② (인공적인 물질을 사람·동물의 몸에) 심다, 이식하다 = embed, graft, insert

All pet dogs, except for very old dogs, must be **implanted** with a microchip.
아주 늙은 개들을 제외한 모든 애완견들은 마이크로칩을 이식해야 한다.

0894 ★
**alluvial**
[əlú:viəl]

a. 충적층의, 충적토의

The rich **alluvial** soil bounded on each side by the arid desert began either with a gentle slope or with a marked escarpment.
건조한 사막지대의 양쪽과 접하는 비옥한 충적토는 완만한 경사를 이루거나 혹은 매우 가파른 경사지를 이루고 있었다.

0895 ★★★
**cliché**
[kli:ʃéi]

n. 진부한 표현[생각, 행동], 상투적인 문구 = banality, bromide, platitude

She trotted out the old **cliché** that 'a trouble shared is a trouble halved.'
그녀는 '어려움은 나누면 반으로 줄어든다'는 진부한 표현을 거창하게 내뱉었다.

MVP clichéd a. 상투적인 문구가 많은; 케케묵은, 진부한

0896 ★★
**transgress**
[trænsgrés]

v. ① (법률·규칙 등을) 어기다, 위반하다 = breach, infringe, violate
② (한도·범위 등을) 넘다, 벗어나다

Those who **transgress** the laws of society can be punished.
사회법규를 위반하는 사람들은 처벌될 수 있다.

MVP transgression n. 위반, 범죄

0897 ★★★

**session**

[séʃən]

n. ① (의회·회의 등의) 개회중; (법정이) 개정중임 = hearing, meeting
② 회기, 개정 기간 = period

The National Assembly opens its **session** tomorrow.
국회는 내일부터 개회된다.

---

0898 ★

**drab**

[dræb]

a. 충충한 갈색의, 단조로운, 생기 없는, 칙칙한 = colorless, dingy

The city, **drab** and dour by day, is transformed at night.
그 도시가 낮에는 우중충하고 음침하지만 밤이 되면 완전히 달라진다.

---

0899 ★★

**pagan**

[péigən]

n. 이교도(異教徒); 우상 숭배자 = heathen, infidel
a. 이교도의; 우상숭배의

The singing of Christmas carols is a custom derived from early dance routines of **pagan** origin.
크리스마스 캐럴을 부르는 관습은 초기 이교도들이 춤을 추던 관행에서 파생된 것이다.

---

0900 ★★★

**outline**

[áutlàin]

n. ① 윤곽, 외형, 약도 = draft, framework, plan, summary
② 개요, 개설, 요강 = abstract, summary

vt. ① ~의 윤곽을[약도를] 그리다[표시하다]; ~의 초안을 쓰다
= draft, plan, sketch
② 개설하다, ~의 개요를 말하다 = summarize

Each student is to write a brief **outline** of the book.
학생은 전원 그 책에 대한 간결한 요약문을 써야 한다.

## A. Write the meaning of the following words.

| | |
|---|---|
| □ flourish ______ | □ displace ______ |
| □ hoarse ______ | □ tuition ______ |
| □ priority ______ | □ eviscerate ______ |
| □ subliminal ______ | □ promising ______ |
| □ contemplate ______ | □ cloister ______ |
| □ slaughter ______ | □ up-to-date ______ |
| □ explode ______ | □ stroke ______ |
| □ affectation ______ | □ footage ______ |
| □ catholic ______ | □ mortal ______ |
| □ bygone ______ | □ gasp ______ |
| □ dike ______ | □ fabulous ______ |
| □ propitious ______ | □ windfall ______ |
| □ revolve ______ | □ implant ______ |
| □ stronghold ______ | □ alluvial ______ |
| □ minion ______ | □ cliché ______ |
| □ policy ______ | □ transgress ______ |
| □ lax ______ | □ session ______ |
| □ accompany ______ | □ drab ______ |
| □ checkered ______ | □ pagan ______ |
| □ extant ______ | □ outline ______ |

※ 주어진 단어의 뜻을 본문에서 확인하시고 틀린 단어의 경우 박스에 체크한 뒤에 나중에 다시 학습하시기 바랍니다.

## B. Choose the synonym of the following words.

| | |
|---|---|
| 1. attire | Ⓐ blameworthy |
| 2. interim | Ⓑ apotheosize |
| 3. quisling | Ⓒ epicure |
| 4. voluptuous | Ⓓ breathing |
| 5. respiration | Ⓔ sensual |
| 6. bait | Ⓕ betrayer |
| 7. inviolable | Ⓖ sacrosanct |
| 8. culpable | Ⓗ apparel |
| 9. gourmet | Ⓘ provisional |
| 10. deify | Ⓙ decoy |

B. 1. Ⓗ 2. Ⓘ 3. Ⓕ 4. Ⓔ 5. Ⓓ 6. Ⓙ 7. Ⓖ 8. Ⓐ 9. Ⓒ 10. Ⓑ

0901 ★★★
**lucid**
[lú:sid]

a. ① 맑은, 투명한 = clear, transparent
② 명쾌한, 명료한 = clear, plain

The river has very **lucid** water as I can see the bottom.
그 강의 강물은 마치 바닥을 볼 수 있을 것처럼 매우 맑다.

MVP lucidity n. 밝음, 맑음; 명쾌함, 명료함
lucidly ad. 명쾌하게, 알기 쉽게(= clearly)

---

0902 ★★
**recollect**
[rèkəlékt]

v. 생각해 내다, 회상하다 = recall, remember, reminisce, retrospect

He refreshed himself **recollecting** his past happy moments.
그는 과거의 행복한 일들을 되돌아보면서 원기를 회복했다.

MVP recollection n. 회상, 추억; 기억(력)

---

0903 ★★★
**equivalent**
[ikwívələnt]

a. 동등한, 상당하는[to] = comparable, tantamount
n. 동등한 것, 등가물; 상당하는 것[of] = counterpart

Eight kilometers is roughly **equivalent** to five miles.
8킬로미터는 대략 5마일에 해당한다.

The expression has no satisfactory English **equivalent**.
그 표현에 해당하는 적절한 영어는 없다.

MVP equivalence n. 같음; 등가(等價)

---

0904 ★
**ruse**
[ru:z]

n. 계략, 책략, 음모 = artifice, maneuver, subterfuge, trick, wile

Don't attempt to fool me with such an obvious **ruse**.
그런 뻔한 계략으로 나를 속이려 들지 마라.

---

0905 ★★★
**suspect**
v. [səspékt]
n. [sʌ́spekt]

v. ① ~을 의심하다, 수상하게 여기다
② ~에 (범죄의) 혐의를 두다[of, of doing, to be, that절]
③ ~이 아닌가 하고 생각하다, 추측하다[that절, to do, to be]
n. (특히 범죄의) 용의자, 혐의자, 요주의 인물, 수상쩍은 사람

He **suspected** the authenticity of a work.
그는 그 작품의 신빙성을 의심했다.

John **suspects** that his butler is a spy.
존(John)은 그의 집사가 스파이인 것 같다고 생각한다.

MVP suspicion n. 혐의, 의심, 의혹
suspicious a. 의심스러운, 수상쩍은; 의심이 많은

0906 ★★★
**diminutive**
[dimínjutiv]

a. 작은, 소형의 = midget, miniature, tiny, wee

She has **diminutive** hands for an adult.
그녀는 어른치고는 아주 작은 손을 가지고 있다.

MVP diminish v. 줄이다, 감소시키다; 감소[축소]하다
diminution n. 감소, 축소; 감소액

---

0907 ★★★
**particle**
[pá:rtikl]

n. ① 미립자, 분자, 극히 작은 조각 = atom, crumb, molecule, piece
② 극소량, 극히 작음 = bit, speck

There's not a **particle** of truth in what she says.
그녀의 말에는 티끌만큼의 진실도 없다.

---

0908 ★★
**bloodshed**
[blʌ́dʃèd]

n. 유혈, 유혈참사, 살해, 학살 = carnage, killing, massacre, slaughter

The **bloodshed** has gone on for three years, but the world has simply looked on with folded arms.
유혈참사가 3년째 계속되고 있는데도 세계는 그저 방관해 왔다.

---

0909 ★
**chary**
[tʃɛ́əri]

a. ① 조심스러운, 신중한[of] = cautious, circumspect, discreet, prudent
② 까다로운[about] = fastidious, particular
③ 아까워하는, 인색한[of, in] = miserly, stingy

She was **chary** of her favors because she had been hurt before.
그녀는 전에 상처를 받은 적이 있었기 때문에 그녀의 호의에 대해 신중했다.

---

0910 ★★★
**struggle**
[strʌ́gl]

v. ① 투쟁하다, 싸우다 = contend, grapple, scuffle
② 열심히 노력하다, 애쓰다 = strive, toil
n. ① 노력, 분투
② 싸움, 투쟁 = clash, conflict, strife

Life is one long **struggle** in the dark.
인생은 어둠 속에서의 하나의 긴 투쟁이다.

---

0911 ★★
**cascade**
[kæskéid]

n. ① 작은 폭포 = cataract, fall, waterfall
② (한꺼번에 많이) 쏟아지는 것
v. 폭포처럼 떨어지다

This stream contains many lovely miniature **cascades**.
이 시내에는 아름다운 소규모의 폭포가 많다.

Jack was standing under a pipe, and a steady stream **cascaded** into his face.
잭(Jack)은 수도관 밑에 서 있었고, 물이 계속 그의 얼굴 쪽으로 쏟아져 내렸다.

---

0912 ★★★
**innovation**
[ìnəvéiʃən]

**n. (기술) 혁신, 일신, 쇄신; 새로이 도입[채택]된 것 = reform, renovation**

The productivity could be improved only through **innovation**.
그 생산성은 오로지 혁신을 통해서만 개선될 수 있었다.

MVP innovate v. 쇄신하다, 혁신하다
innovative a. 혁신적인, 획기적인

---

0913 ★★
**strenuous**
[strénjuəs]

**a. 정력적인, 열심인; 노력을 요하는 = arduous, vigorous; taxing**

The government needs to make **strenuous** efforts to help individuals prolong the period of economic activity by creating jobs for senior citizens.
정부는 노인들의 일자리를 창출함으로써 개개인들이 경제활동 기간을 연장시키는 데 도움을 주기 위한 노력을 열심히 해야 한다.

MVP strenuously ad. 분투하여, 격렬하게(= vigorously)

---

0914 ★
**raucous**
[rɔ́:kəs]

**a. ① 목쉰 소리의, 귀에 거슬리는 = grating, hoarse, strident**
**② 시끌벅적한 = loud, noisy**

Today, the world's cultures commemorate and celebrate death in ways ranging from solemn funerals to **raucous** carnivals.
오늘날, 세계의 문화는 엄숙한 장례식부터 시끌벅적한 축제에 이르는 다양한 방식으로 죽음을 기념하고 기린다.

---

0915 ★★★
**departure**
[dipɑ́:rtʃər]

**n. ① 출발, 떠남; 발차 = exit, going**
**② 이탈, 벗어남 = deviation, divergence**

I delayed my **departure** by a day because of the snowstorm.
나는 눈보라 때문에 출발을 하루 연기했다.

MVP depart v. (열차 등이) 출발하다, 떠나다; (습관·원칙 등에서) 벗어나다
cf. department n. (공공 기관·회사 등의) 부, 부문; (대학의) 학부, 과(科)

---

0916 ★★
**muster**
[mʌ́stə:r]

**v. ① (검열·점호에) (병사·선원 등을) 소집하다**
**= assemble, convene, gather, mobilize**
**② (용기·힘 따위를) 불러일으키다[up], 모으다**
**n. 소집, 검열, 점호; 집합**

They had to **muster** up enough men to oppose the British army.
그들은 영국군에 대항하기 위한 충분한 수의 사람들을 모아야 했다.

We **mustered** what support we could for the plan.
우리는 그 계획을 위해 지지를 모을 수 있는 대로 모았다.

---

0917 ★★★
## starvation
[sta:rvéiʃən]

n. ① **기아, 굶주림** = famine, hunger
② **궁핍, 결핍** = dearth, deprivation, destitution, scarcity

Due to the worst drought, they are at risk of malnutrition and **starvation**.
최악의 가뭄으로 인해, 그들은 영양실조와 굶주림의 위험에 처해 있다.

MVP starve v. 굶어죽다, 굶주리다

---

0918 ★★
## proxy
[práksi]

n. ① **대리, 대리행위, 대리권** = agency, stead, subrogation, substitution
② **대리인** = agent, attorney, deputy, representative, substitute

You can vote either in person or by **proxy**.
당신은 투표를 직접 할 수도 있고 대리로 할 수도 있다.

Your **proxy** will need to sign the form on your behalf.
당신의 대리인이 당신 대신 그 양식에 서명해야 할 것이다.

---

0919 ★★★
## controversial
[kàntrəvə́:rʃəl]

a. **논쟁의, 물의를 일으키는** = contentious, debatable, disputable, disputed

The legalization of same sex marriage is a **controversial** issue in Korea.
동성결혼 합법화는 한국에서 논란을 일으키고 있는 문제다.

MVP controvert v. 논의[논쟁, 논박]하다, 부정하다
controversy n. 논쟁, 논의; 말다툼
controvertible a. 논의의 여지가 있는, 논쟁할만한
↔ uncontroversial a. 논란의 여지가 없는

---

0920 ★★
## thesaurus
[θisɔ́:rəs]

n. **유의어 사전; 지식의 보고(寶庫), 사전, 백과사전**

A **thesaurus** is similar to a dictionary, but contains synonyms and antonyms.
유의어 사전은 일반 사전과 비슷하지만 동의어와 반의어를 수록하고 있다.

---

0921 ★★★
## profitable
[práfitəbl]

a. ① **수익성이 있는, 이익이 많은** = lucrative, paying, remunerative
② **유익한, 이로운, 도움이 되는**

The business was not only successful, but also highly **profitable**.
그 사업은 성공했을 뿐만 아니라 이윤도 많이 냈다.

MVP profit n. (금전상의) 이익, 수익, 이윤, 소득

0922 ★★
**vegetate**
[védʒətèit]

vi. ① (식물이) 성장하다, 자라다 = germinate, grow, shoot
② (사람이) 별로 하는 일 없이 지내다, 무위도식하다 = dally, idle, loaf, lounge

I don't understand how you can **vegetate** in this quiet village.
이 조용한 마을에서 당신이 어떻게 무위도식할 수 있는지 나는 이해할 수가 없다.

MVP vegetation n. 초목, 식물

---

0923 ★★★
**acute**
[əkjúːt]

a. ① 날카로운, 예리한 = incisive, keen, perceptive, sharp
② (사태·문제 등이) 심각한, 격심한 = serious, severe
③ (병이) 급성의

If your eyesight is **acute**, you can see things that other people can't.
당신의 시력이 예리하다면, 다른 사람이 볼 수 없는 것들을 볼 수 있다.

He is suffering from **acute** pneumonia.
그는 급성 폐렴으로 고통 받고 있다.

MVP acuity n. 명민함, 예리함
acutely ad. 날카롭게, 예민하게, 강렬히(= keenly, strongly)
↔ obtuse a. 둔한, 무딘; 〈수학〉 둔각의; 둔감한
↔ chronic a. (병이) 만성의

---

0924 ★★
**cower**
[káuər]

vi. (두렵거나 부끄러워) 움츠리다, 위축되다 = cringe, crouch, quail

The dog **cowered** when its master shouted at it.
개는 주인이 소리를 지르자 몸을 움츠렸다.

He **cowered** before the boss and was unable to speak.
그는 사장 앞에서 위축되어 아무 말도 못했다.

---

0925 ★
**holdout**
[houldàut]

n. ① 저항; 인내 = resistance; patience
② 동의[타협]하지 않는 사람[집단], 거부자; (더 유리한 조건을 위해) 계약을 보류하는 사람[선수]

Despite the long **holdout**, the strike ended in failure.
오랜 저항에도 불구하고 파업은 실패로 끝났다.

---

0926 ★★
**fortuitous**
[fɔːrtjúːətəs]

a. 우연한, 예기치 않은, 뜻밖의 = accidental, casual, serendipitous

The **fortuitous** accident caused a great discovery.
그 뜻밖의 사건이 위대한 발견을 초래했다.

MVP fortuitously ad. 우연히

0927 ★★★

**sprout**
[spraut]

v. ① 싹이 나다, 발아하다 = bud, flush, germinate, shoot
② 갑자기 자라다[성장하다], 생기다 = burgeon, mushroom, proliferate
n. 새싹, 새눈 = bud, shoot

Leaves are beginning to **sprout** from the trees.
나뭇잎이 싹트기 시작했다.

0928 ★★

**miscarriage**
[miskǽridʒ]

n. ① 실패, 실책, 잘못 = breakdown, failure, mismanagement
② 낙태, 유산(流産), 조산 = abortion, stillbirth

About 38 percent said they would hide a **miscarriage** from their spouse.
약 38%의 여성들은 자신의 배우자에게 유산을 숨길 거라고 말했다.

MVP miscarry vi. (계획 등이) 실패하다; 유산[조산]하다

0929 ★★★

**nourish**
[nə́:riʃ]

vt. ① ~에 영양분[자양분]을 주다, 기르다 = feed, nurture, rear, sustain
② 육성하다, 강화하다, 증진시키다 = cultivate, encourage, foster, promote
③ (희망·원한·노여움 등을) 마음에 품다 = cherish, harbor, have, hold

Children should be well **nourished** to maintain good physical condition.
어린이들은 좋은 건강 상태를 유지하기 위해 영양분을 잘 섭취해야 한다.

MVP nourishment n. 자양물; 음식물; 양육
undernourish vt. 영양을 충분히 주지 않다
underfeed vt. ~에게 충분한 음식[영양]을 주지 않다
overfeed v. ~에게 너무 많이 먹이다[먹다]
malnourished a. 영양 부족[실조]의(= undernourished)
underfed a. 영양 부족의, 음식이 불충분한(↔ overfed)

0930 ★★

**wretched**
[rétʃid]

a. ① (사람 등이) 비참한, 불행한 = dismal, miserable, unfortunate
② (사람이) 몸[기분]이 안 좋은 = ill, indisposed, sick, unwell

The animals are kept in the most **wretched** conditions.
그 동물들은 더할 수 없이 비참한 환경 속에 갇혀 있다.

MVP wretch n. 가엾은[불쌍한] 사람; 철면피, 비열한 사람

0931 ★★★

**amount**
[əmáunt]

vi. ① (총계·금액이) ~이 되다, 총계 (~에) 달하다[to] = add up to
② (~에) 해당[상당]하다, 결국 (~이) 되다[to]
n. ① (the ~) 총계, 총액 = sum, total
② 양, 액(額) = quantity, volume

These conditions **amount** to refusal.
이 조건이라면 거절하는 거나 매한가지다.

0932 ★★
**trepidation**
[trèpədéiʃən]

n. ① 전율, (앞일에 대한) 공포, 두려움; (마음의) 동요, 당황 = alarm, anxiety, fright
② (손발 따위의) 떨림 = tremble

Students as well as parents are waiting with **trepidation** for the college entrance test results.
학생들 뿐 아니라 부모들도 두려운 마음으로 대입시험의 결과를 기다리고 있다.

MVP trepid a. 소심한, 겁이 많은
intrepid a. 두려움을 모르는, 용맹스러운

0933 ★★★
**mammoth**
[mǽməθ]

a. 거대한, 엄청난 = colossal, giant, gigantic, huge, massive

The appearance of **mammoth** shopping malls has endangered small stores in neighboring towns.
거대 쇼핑몰의 출현은 이웃 도시들의 중소가게들의 존립을 위태롭게 만들었다.

0934 ★★
**arithmetic**
[əríθmətik]

n. 산수, 연산; 계산, 셈 = calculation, computation

He learned how to subtract in his **arithmetic** class.
그는 산수 시간에 뺄셈을 배웠다.

MVP arithmetically ad. 산술적으로

0935 ★★
**besiege**
[bisíːdʒ]

vt. ① ~을 포위 공격하다; 에워싸다; ~에 몰려들다[쇄도하다] = beleaguer, beset
② (요구·질문 따위로) 공세를 퍼붓다, 괴롭히다[with]

Paris was **besieged** for four months and forced to surrender.
파리는 넉 달 동안 포위당해 항복을 할 수 밖에 없었다.

Fans **besieged** the box office to try and get tickets for the concert.
팬들이 그 콘서트의 티켓을 구매하려고 매표소에 몰려들었다.

The radio station was **besieged** with calls from angry listeners.
그 라디오 방송국으로 성난 청취자들의 전화가 빗발쳤다.

0936 ★
**jurisprudence**
[dʒùərisprúːdns]

n. 법학, 법률학; 법(체계), 법제 = law; legislation, statute

The Island has its own legal system and **jurisprudence**.
그 섬나라는 자체적인 법률 체계와 법을 가지고 있다.

0937 ★★
**excrete**
[ikskríːt]

vt. (노폐물을) 배설하다; 분비하다 = discharge, evacuate; secrete

Most toxins are naturally **excreted** from the body.
대부분의 독소는 자연스럽게 몸에서 배설된다.

MVP excretory n. 배설기관
excretion n. 배출, 배설; 배출물
excrement n. 배설물; 대변

0938 ★★★
**fashionable**
[fǽʃənəbl]

**a. ① 유행의, 유행을 따른 = chic, in vogue, trendy**
**② 최신식의, 현대적인 = contemporary, modern**

These days sneakers are more **fashionable** than hiking boots.
요즈음엔 운동화가 등산화보다 더 유행이다.

0939 ★★
**overturn**
[òuvərtə́:rn]

**v. 뒤집다, 뒤집히다, 전복시키다[하다] = capsize, overthrow, reverse, topple**
**n. 전복, 타도, 와해, 멸망 = collapse, overset, subversion**

The rough water **overturned** their boat.
거친 파도에 그들의 보트는 전복되었다.

The government was **overturned** by the rebels.
정부는 반란군에 의해 전복되었다.

0940 ★★★
**cuisine**
[kwizí:n]

**n. 요리법; 요리 = cookery, cooking**

The latest review for the restaurant was ambivalent, suggesting that the sublime **cuisine** came close to compensating for the insipid decor.
그 레스토랑에 대한 최근의 평가는 양면적이었는데, 훌륭한 요리가 멋없는 실내장식을 거의 상쇄할 정도였다고 했다.

0941 ★★
**divulge**
[divʌ́ldʒ]

**vt. (비밀을) 누설하다, 폭로하다 = disclose, reveal, uncover**

Police refused to **divulge** the identity of the suspect.
경찰이 용의자의 신원을 알려주기를 거부했다.

The president asked them not to **divulge** the news of the merger.
회장은 합병 소식을 누설하지 말라고 그들에게 요청했다.

0942 ★
**irascible**
[irǽsəbl]

**a. 화를 잘 내는, 성미가 급한 = grouchy, irritable, testy, touchy**

Unlike his calmer, more easygoing colleagues, the senator was **irascible**, ready to quarrel at the slightest provocation.
더 차분하고 느긋한 동료들과는 달리, 그 상원의원은 화를 잘 내고 매우 사소한 일에도 다투려 들었다.

0943 ★★

**pilfer**
[pílfər]

**v. 훔치다, 좀도둑질하다; 도용하다 = rob, steal**

The windows were fitted with wire mesh, the exits locked to prevent **pilfering**.
좀도둑질을 막기 위해 창문들은 철망으로 박혀있었고 출입구는 잠겨있었다.

MVP pilferer n. 좀도둑

0944 ★★★

**odor**
[óudər]

**n. ① 냄새, 향기 = scent, smell**
**② 좋지 못한 냄새, 악취 = stench, stink**

The unpleasant **odor** pervaded the whole house.
불쾌한 냄새가 온 집 안에 퍼졌다.

MVP odoriferous a. 향기로운; 구린, 코를 찌르는
odorous a. 향기로운; 악취가 나는
malodor n. 악취, 고약한 냄새
malodorous a. 악취가 나는, 악취를 풍기는

0945 ★★

**grandiloquent**
[grændíləkwənt]

**a. 과장의, 과대한, 호언장담하는 = bombastic, inflated, pompous, pretentious**

Her speech was full of **grandiloquent** language, but it contained no new ideas.
그녀의 연설은 과장된 말로 가득 차 있었으나, 새로운 생각은 전혀 담겨 있지 않았다.

MVP grandiloquence n. 호언장담, 과장된 말
cf. multiloquent a. 말이 많은, 수다스러운

0946 ★★★

**equipment**
[ikwípmənt]

**n. ① 장비, 설비, 비품 = apparatus, furnishings, gear, paraphernalia, supplies**
**② 준비, 채비; 여장 = outfit, provision**
**③ (일에 필요한) 능력, 자질, 소양, 지식 = ability, knowledge**

Those who work freelance often own their own recording **equipment** and may work from home.
프리랜서로 일하는 사람들은 종종 자신만의 음향 장비를 가지고 있고 집에서 일할 수 있다.

MVP equip vt. (~에 필요물을) 갖추다, ~에 설비하다, 장비하다

0947 ★★

**spurn**
[spə:rn]

**v. 퇴짜 놓다, 쫓아내다, 일축하다 = disdain, rebuff, reject**

Eve **spurned** Mark's invitation.
이브(Eve)는 마크(Mark)의 초대를 퇴짜 놓았다.

He **spurned** the beggar from his door.
그는 거지를 문간에서 쫓아버렸다.

0948 ★★★

**arid**

[ǽrid]

**a. ① (땅·기후 등이) 건조한 = barren, dry, parched, unwatered**
**② 무미건조한, 새로운[흥미로운] 게 없는 = fanciless, sawdusty, uninteresting**

Deserts are **arid** land areas where more water is lost through evaporation.
사막은 증발 작용을 통해 더 많은 물이 사라지는 건조 지대이다.

She had given him the only joy his **arid** life had ever known.
그녀는 그의 이제껏 살아온 무미건조한 삶에 있어 유일한 기쁨이 되었다.

---

0949 ★★

**depose**

[dipóuz]

**v. (특히 통치자를 권좌에서) 물러나게 하다, 퇴위시키다 = dethrone, oust**

The prime minister was **deposed** by the revolution.
그 국무총리는 혁명으로 쫓겨났다.

MVP deposition n. 면직, 퇴위, 폐위

---

0950 ★★

**consternation**

[kɑ̀nstərnéiʃən]

**n. 깜짝 놀람, 경악, 소스라침, 당황 = alarm, bewilderment, dismay**

To my **consternation**, it had completely disappeared.
놀랍게도 그것은 완전히 사라졌다.

MVP consternate vt. ~을 깜짝 놀라게 하다, 당황케 하다

## REVIEW TEST

### A. Write the meaning of the following words.

| | |
|---|---|
| □ lucid ________ | □ miscarriage ________ |
| □ ruse ________ | □ nourish ________ |
| □ suspect ________ | □ wretched ________ |
| □ diminutive ________ | □ amount ________ |
| □ particle ________ | □ trepidation ________ |
| □ bloodshed ________ | □ arithmetic ________ |
| □ chary ________ | □ besiege ________ |
| □ struggle ________ | □ jurisprudence ________ |
| □ cascade ________ | □ excrete ________ |
| □ innovation ________ | □ fashionable ________ |
| □ strenuous ________ | □ overturn ________ |
| □ raucous ________ | □ divulge ________ |
| □ departure ________ | □ irascible ________ |
| □ muster ________ | □ odor ________ |
| □ proxy ________ | □ grandiloquent ________ |
| □ controversial ________ | □ equipment ________ |
| □ thesaurus ________ | □ spurn ________ |
| □ vegetate ________ | □ arid ________ |
| □ acute ________ | □ depose ________ |
| □ holdout ________ | □ consternation ________ |

※ 주어진 단어의 뜻을 본문에서 확인하시고 틀린 단어의 경우 박스에 체크한 뒤에 나중에 다시 학습하시기 바랍니다.

### B. Choose the synonym of the following words.

| | |
|---|---|
| 1. equivalent | Ⓐ tantamount |
| 2. profitable | Ⓑ famine |
| 3. sprout | Ⓒ lucrative |
| 4. mammoth | Ⓓ recall |
| 5. cuisine | Ⓔ cringe |
| 6. pilfer | Ⓕ accidental |
| 7. recollect | Ⓖ bud |
| 8. fortuitous | Ⓗ colossal |
| 9. cower | Ⓘ cookery |
| 10. starvation | Ⓙ steal |

B. 1. Ⓐ 2. Ⓒ 3. Ⓖ 4. Ⓗ 5. Ⓘ 6. Ⓙ 7. Ⓓ 8. Ⓕ 9. Ⓔ 10. Ⓑ

0951 ★★★

**unwilling**
[ʌnwíliŋ]

a. 꺼리는, 싫어하는, 내키지 않는, 마지못해 하는 = hesitant, reluctant

They are **unwilling** to invest any more money in the project.
그들은 그 사업에 조금이라도 돈을 더 투자하기를 꺼린다.

MVP unwillingly ad. 마지못해, 부득이
↔ willing a. 기꺼이 ~하는, 꺼리지 않는; 자진해서 하는

0952 ★★

**abyss**
[əbís]

n. ① 심연(深淵), 깊은 구렁 = chasm, gulf, pit
② 나락, 지옥 = Abaddon, hades, hell, inferno, netherworld, purgatory

The earthquake opened up a huge **abyss**.
지진으로 거대한 심연이 드러났다.

When he failed in business, he sank into the **abyss** of despair.
그가 사업에 실패했을 때, 그는 절망의 나락으로 빠져들었다.

MVP abysmal a. 최악의, 최저의; 심연의, 한없이 깊은

0953 ★

**inculpate**
[inkʌ́lpeit]

vt. 죄를 씌우다; 비난하다; 연루시키다 = accuse, blame, charge, incriminate

The witness **inculpated** the defendant by giving a definitive testimony.
그 증인이 결정적인 증언을 함으로써 피고인에게 죄를 뒤집어씌웠다.

MVP inculpatory a. 죄를 씌우는, 비난하는; 연좌시키는
↔ exculpate vt. 무죄로 하다; (죄·책임으로부터) 면하게 해 주다

0954 ★★★

**prominent**
[prάmənənt]

a. ① 현저한, 두드러진 = conspicuous, noticeable, outstanding, striking
② 저명한, 탁월한; 중요한 = eminent, famous, noted
③ 툭 튀어나온, 돌출한 = projecting, protruding

A number of **prominent** figures from different political parties are expected to declare their support for the man.
여러 정당의 수많은 저명인사들이 그 사람에 대한 지지를 선언할 것으로 예상된다.

The sawfish is easily recognized by its **prominent** sawlike head.
톱상어는 툭 튀어나온 톱처럼 생긴 머리를 통해 쉽게 알아볼 수 있다.

MVP prominence n. 돌출, 돌기; 두드러짐
prominently ad. 현저하게, 두드러지게

0955 ★★

**complexion**
[kəmplékʃən]

n. ① 안색(顔色), 피부색 = coloring, countenance, skin color
② (사태의) 외관, 모양, 양상, 국면 = appearance, aspect, phase

The North Africans' **complexion** is not black but closer to the Caucasians'.
북아프리카인들의 얼굴색은 까맣지 않고 오히려 백인의 얼굴색에 더 가깝다.

0956 ★★★
**evaluate**
[ivǽljuèit]

**v. 평가하다, 가치를 검토하다 = assess, estimate, gauge, judge, rate**

Most customers **evaluate** an airline's service based on its cabin crew.
대부분의 고객들은 승무원들을 토대로 항공사의 서비스를 평가한다.

MVP evaluation n. 평가, 평가액

---

0957 ★★
**hunch**
[hʌntʃ]

**n. ① 예감, 직감, 육감 = intuition, premonition**
**② 군살, 혹 = hump**

I have a **hunch** that it will rain this afternoon.
오늘 오후에 비가 올 것 같은 예감이 들어.

He played a **hunch** and got lucky.
그는 예감에 따라 행동해서 좋은 일이 생겼다.

MVP hunchback n. 곱사등, 꼽추
play a[one's] hunch 예감에 따라 행동하다

---

0958 ★★★
**devastate**
[dévəstèit]

**vt. ① (국토를) 황폐시키다; 철저하게 파괴하다 = destroy, ravage, ruin**
**② (사람을) 압도하다, 망연자실하게 하다**

The country's infrastructure was **devastated** by years of war.
그 나라의 기반시설은 수년간의 전쟁에 의해 황폐화되었다.

MVP devastation n. 황폐하게 함, 유린; 참상
devastating a. 파괴적인, 황폐시키는; 압도적인

---

0959 ★★
**protagonist**
[proutǽgənist]

**n. ① (연극 등의) 주역, (소설·이야기 등의) 주인공 = main character**
**② (주의·운동의) 주창자 = exponent**

The scene depicts an ardent love between female and male **protagonists**.
그 장면은 남자와 여자 주인공 사이의 절절한 사랑을 묘사한다.

MVP cf. deuteragonist n. 부주역(副主役), 단역, (특히) 악역

---

0960 ★★★
**solution**
[səlúːʃən]

**n. ① (문제 등의) 해결; 해법, 해결책 = answer, fix, key**
**② 용액(두 가지 이상의 물질이 균일하게 혼합된 액체)**
**= blend, compound, mixture**

The best **solution** is to maintain the status quo.
가장 좋은 해결책은 현재의 상황을 유지하는 것이다.

MVP solve v. (문제·수수께끼 따위를) 풀다; (곤란 따위를) 해결하다; 용해하다

0961 ★
**carcinogenic**
[kὰːrsənədʒénik]

**a. 발암성의 = cancer-causing, cancerogenic, oncogenic, tumorigenic**

Many commercial pesticides release potentially **carcinogenic** agents.
많은 상업용 살충제는 잠재적인 발암물질을 배출한다.

MVP carcinogen n. 발암(發癌) 물질
carcinoma n. 암, 악성 종양

---

0962 ★★
**mull**
[mʌl]

**v. 곰곰이 생각하다, 심사숙고하다[over]**
**= contemplate, deliberate, muse on, ponder**

I need some time to **mull** it over before making a decision.
나는 결정을 내리기 전에 그것에 대해 곰곰이 생각할 시간이 좀 필요하다.

MVP cf. mule n. 노새; 바보; 고집쟁이

---

0963 ★★★
**ridicule**
[rídikjùːl]

**n. 비웃음, 조소, 조롱 = derision, hoot, jeer, mockery, scoff, sneer, taunt**
**vt. 비웃다, 조롱[조소]하다 = deride, hoot, jeer, mock, scoff, sneer, taunt**

She is an object of **ridicule** in the tabloid newspapers.
그녀는 타블로이드 신문에 실리는 조롱거리의 대상이다.

His innovative theory was **ridiculed** and dismissed.
그의 혁신적인 이론은 비웃음을 샀고 묵살 당했다.

---

0964 ★★
**aghast**
[əgǽst]

**a. [서술적] 아연실색한, 깜짝 놀란**
**= amazed, astonished, astounded, horrified, stunned**

He was **aghast** by the news of his friend's death.
그는 친구가 죽었다는 사실을 알고서 큰 충격을 받았다.

MVP ghastly a. 핼쑥한; 송장 같은; 무서운, 소름 끼치는, 무시무시한

---

0965 ★★★
**conjecture**
[kəndʒéktʃər]

**n. 추측, 억측 = assumption, guess, guesswork, speculation, supposition**
**v. 추측[억측]하다 = assume, guess, presume, surmise, suppose**

On Tuesday morning, the **conjecture** became fact.
화요일 아침, 이런 추측은 사실로 나타났다.

We **conjectured** that our team would win the victory.
우리는 우리 팀이 승리할 것이라 추측했다.

0966 ★★
**predatory**
[prédətɔ̀:ri]

a. ① 포식성의, 육식의 = carnivorous, raptorial
② 약탈하는 = pillaging, plundering, ravaging

**Predatory** lenders prey on those who have a low-level of education.
악덕 고리업자들은 교육 수준이 낮은 사람들을 먹잇감으로 삼는다.

The owl is a **predatory** bird which kills its prey with its claws.
부엉이는 발톱으로 먹이를 죽이는 육식성 조류이다.

MVP predator n. 포식자; 약탈자(= marauder, preyer)

---

0967 ★★★
**sequence**
[sí:kwəns]

n. ① 연달아 일어남; 연속, 연쇄, 계속 = chain, course, series, succession
② 전후 관련; 순서, 차례 = order
③ 결과, 귀추; 결론 = aftereffect, aftermath, consequence, effect

The tasks had to be performed in a particular **sequence**.
그 작업은 특정 순서대로 수행되어야 했다.

MVP sequent a. 연속하는, 잇따라 일어나는; 다음의; 결과로서 생기는
cf. consequence n. 결과; 결말; 중요성

---

0968 ★
**glaze**
[gleiz]

v. ① (눈이) 게슴츠레해지다[따분해 하는 표정이 되다]
② 유리를 끼우다; 유리창을 달다
③ 광택제를 바르다, 윤을 내다 = gloss, polish, varnish
n. 유약; 광택제

'I'm feeling rather tired,' he said, his eyes **glazing**.
"난 좀 피곤해."라고 그가 게슴츠레한 눈으로 말했다.

MVP cf. graze v. (가축이) 풀을 뜯어 먹다; 가축을 방목하다

---

0969 ★★
**biennial**
[baiéniəl]

a. 2년에 한 번씩의, 격년의

The group held a **biennial** meeting instead of annual ones.
그 단체는 모임을 해마다 하는 것에서 2년에 한 번씩 하는 것으로 바꾸었다.

MVP biennially ad. 2년에 한번씩, 격년으로(= every two years)
cf. annual a. 매년의, 연례의(= yearly)
cf. biannual a. 연 2회의, 반년마다의(= half-yearly)
cf. bicentennial a. 200년간 계속되는, 200년마다의

---

0970 ★★
**sprain**
[sprein]

vt. (발목 등을) 삐다 = dislocate, twist, wrench
n. 염좌, 접질림 = strain, wrench

I badly **sprained** my ankle when I fell on my way home last night.
어젯밤에 집으로 돌아오는 길에 넘어졌을 때 나는 발목을 심하게 삐었다.

0971 ★★★

**folklore**

[fóuklɔ̀:r]

**n. 민간전승(傳承), 민속 = legend, myth**

In Chinese **folklore** the bat is a symbol of good fortune.
중국의 민간전승에서 박쥐는 행운의 상징이다.

MVP cf. lore n. (특정 분야에 관한 전승적) 지식, 민간전승

---

0972 ★★

**tenable**

[ténəbl]

**a. ① (요새·견해가) 쉽게 방어[옹호]될 수 있는 = defensible, justifiable**
**② (지위·관직 따위) 유지[계속]할 수 있는 = maintainable, sustainable**

The beautiful castle is in a **tenable** position.
그 아름다운 성은 쉽게 방어될 수 있는 위치에 있다.

The lectureship is **tenable** for a period of three years.
그 강사직은 3년 기간 동안 유지할 수 있다.

MVP ↔ untenable a. (이론이나 입장을) 지지할 수 없는, 옹호할 수 없는

---

0973 ★★★

**craze**

[kreiz]

**n. 광기, 발광; (일시적인) 열광, 열중, 대유행**
**= enthusiasm, fad, fever, mania, rage**
**v. 미치게 하다, 발광시키다; 열광[열중]하게 하다 = derange, enthuse, madden**

The break-dancing **craze** soon passed, as most fads do.
대부분의 일시적인 유행들이 그렇듯이 브레이크 댄스 열풍도 곧 지나갔다.

---

0974 ★★

**sanitary**

[sǽnətèri]

**a. ① (공중) 위생의, 보건상의 = hygienic, sterile**
**② 위생적인, 깨끗한; 균 없는 = antiseptic**

It was not **sanitary** to drink muddy river water.
진흙투성이의 강물을 마시는 것은 위생적이지 못했다.

MVP sanitate vt. 위생적으로 하다; ~에 위생 설비를 하다
sanitize vt. 위생적으로 하다, ~에 위생 설비를 하다; (책·연극 등에서) 부적절한 부분을 제거하다
sanitation n. (공중) 위생; 위생 시설, 위생 시설의 개선
sanitization n. 위생 처리, 살균

---

0975 ★

**renew**

[rinjú:]

**v. ① 재개하다, 다시 시작하다 = restart, resume**
**② (계약 등을) 갱신하다, ~의 기한을 연장하다 = extend, prolong**
**③ 재차[거듭] 강조하다 = accent, emphasize, highlight, stress**
**④ (낡거나 훼손된 것을) 새로 교체하다**

The annual dinner is a chance to **renew** acquaintance with old friends.
연례 만찬은 옛 친구들과 친분을 되살릴 수 있는 기회이다.

I'd like to **renew** these library books.
이 도서관 책들의 대출을 연장하고 싶어요.

Community leaders have **renewed** calls for a peaceful settlement.
공동체 지도자들이 평화로운 해결을 거듭 강조해 왔다.

MVP renewable a. 재생 가능한; (계약·티켓이) 갱신[연장] 가능한

---

0976 ★★★
**parasite**
[pǽrəsàit]

**n. 기생 동식물, 기생충; 식객**

He was a **parasite**, who produced nothing but lived on the work of others.
그는 아무것도 생산하지 않으면서 다른 사람들이 하는 일에 의지하여 사는 기생충 같은 인간이었다.

MVP parasitic a. 기생하는; 기생충의; 식객 노릇 하는; 아첨하는
parasitosis n. 기생충 감염
cf. host n. (기생 동식물의) 숙주(宿主)

---

0977 ★★
**extraterrestrial**
[èkstrətiréstriəl]

**a. 지구 밖의, 우주의**
**n. 외계인, 우주인 = alien**

In general, people create the **extraterrestrials** to resemble humans in one way or another.
일반적으로 사람들은 외계인을 어떤 식으로든 인간과 닮은 모습으로 형상화한다.

MVP cf. terrestrial a. 지구의; 지상의

---

0978 ★
**doldrums**
[dóuldrəmz]

**n. ① 침울, 우울 = depression, gloom**
**② 침체, 부진 = recession, slump, stagnation**

When the economy is in the **doldrums**, it is especially hard for small-businesses owners to keep morale up for themselves and their employees.
경제가 침체상태에 있을 때 중소기업 사업주들이 본인들과 직원들의 근로의욕을 계속 유지하는 것이 특히 어려운 일이다.

---

0979 ★★
**stray**
[strei]

**vi. ① 길을 잃다, 딴 길로 들어서다, 방황하다 = deviate, swerve, wander**
**② 나쁜 길에 빠지다, 탈선하다**
**a. 길 잃은 = lost, missing, vagrant**

The puppy has **strayed** off from the kennel.
강아지가 개집에서 나가 길을 잃었다.

The people who used to live there fed these **stray** cats.
그곳에 살았던 사람들이 이 길 잃은 고양이들에게 먹이를 먹였다.

0980 ★★★
**layer**
[léiər]

n. (쌓인 것·페인트 등의) 층; 지층; (사회·조직의) 계층 = stratum, tier
v. 층으로 만들다, 층을 이루다 = stratify

The ozone **layer** in the Earth's upper atmosphere protects us from dangerous UV light.
지구의 상층 대기에 있는 오존층은 위험한 자외선으로부터 우리를 보호해준다.

---

0981 ★★
**bearing**
[bέəriŋ]

n. ① 태도, 행동거지 = attitude, conduct, manner
② 관계, 관련 = relation, relationship

They were stating that the food one eats has a **bearing** on one's state of mind and health.
그들은 사람이 먹는 음식이 그 사람의 정신 및 건강 상태와 관련이 있다고 언급하고 있었다.

---

0982 ★★★
**arouse**
[əráuz]

v. ① (잠에서) 깨우다 = awaken, wake up
② (아무를) 자극하다; (감정·주의·관심을) 환기시키다, 유발하다
= inspire, kindle, provoke, stimulate

The hallyu movement has had its fair share in **arousing** global interest.
한류의 움직임은 세계인의 관심을 불러일으키는 데 제몫을 하고 있다.

---

0983 ★★
**vitriolic**
[vìtriálik]

a. 신랄한, 통렬한, 독설에 찬 = acerbic, acrimonious, bitter, caustic

The newspaper launched a **vitriolic** attack on the president.
그 신문이 대통령에게 독설에 찬 공격을 개시했다.

MVP vitriol n. 황산; 독설, 통렬한 비평

---

0984 ★★★
**clap**
[klæp]

n. 박수(소리), 손뼉(소리) = applause, ovation
v. 박수를 치다 = applaud, ovate

We **clap** our hands when we cheer or encourage someone.
우리는 누군가를 응원하거나 격려할 때 박수를 친다.

---

0985 ★
**fulcrum**
[fúlkrəm]

n. ① (지렛대의) 받침점, 지렛목
② (가장 중요한 역할을 하는) 지주, 버팀목 = prop, strut, support

The scientist put a **fulcrum** under a lever.
그 과학자는 지렛대 밑에 지렛대 받침을 괴었다.

Capitalism is the **fulcrum** of foreign policy.
자본주의는 외교 정책의 버팀목이다.

DAY 20

0986 ★★★

**intrinsic**
[intrínsik]

a. 고유한, 본질적인, 본래 갖추어진 = inherent, innate, natural

Some think that gold has no **intrinsic** value because man sets its price.
어떤 사람들은 금의 가격을 정하는 것은 인간이기 때문에 금에는 본질적인 가치가 없다고 생각한다.

One of the nation's **intrinsic** problems is that it has depended on the underground economy more than any other members of the OECD.
한국의 본질적인 문제 중 하나는 다른 OECD 국가들보다 지하 경제에 대한 의존율이 높다는 것이다.

MVP intrinsically ad. 본질적으로
↔ extrinsic a. 비본질적인; 외부의

---

0987 ★★

**robe**
[roub]

n. ① (종종 pl.) 예복, 관복, 법복 = costume, gown, habit
② (남녀가 같이 쓰는) 길고 품이 넓은 겉옷 = cape, cloak
③ (pl.) (일반적) 의복, 옷, 의상 = apparel, clothes, dress, garment

Pope John Paul II knelt in his white **robes** before the simple altar.
교황 요한 바오로 2세(John Paul Ⅱ)가 흰색 예복을 입고 소박한 제단 앞에 무릎을 꿇었다.

---

0988 ★★★

**observe**
[əbzə́ːrv]

v. ① (법률·풍습·규정·시간 등을) 지키다, 준수하다
= comply with, follow, keep, obey
② 보다, 알다, 알아채다; 관찰[관측]하다; 주시[주목]하다
= notice, see, view, watch
③ (소견을) 진술하다, 말하다 = comment, remark, say, state

If you promised to keep the rules, you should **observe** them.
규칙을 지키기로 약속했으면 지켜야 한다.

MVP observance n. (법률·규칙·관습 등의) 준수, 지킴
observation n. 관찰, 주목; 관찰력
observatory n. 천문대, 기상대; 전망대; 감시소

---

0989 ★★

**misanthrope**
[mísənθròup]

n. 사람을 싫어하는 사람, 염세가 = man-hater

He was considered as a **misanthrope** by his neighbors, for he chose to live in seclusion, totally estranged from his family.
그는 이웃들로부터 염세가로 간주됐는데, 왜냐하면 그가 가족들로부터 완전히 떨어져 은둔하면서 사는 쪽을 택했기 때문이다.

MVP misanthropy n. 사람을 싫어함, 염세
misanthropic a. 사람을 싫어하는, 염세적인

0990 ★★★

**poisonous**

[pɔ́izənəs]

a. ① 유독한 = deadly, fatal, lethal, toxic
② 유해한, 파괴적인 = harmful, injurious

Many **poisonous** mushrooms have very beautiful colors.
많은 독버섯의 경우 색깔이 매우 아름답다.

MVP poison n. 독, 독물, 독약
poisoning n. 독살; 중독

---

0991 ★

**quotient**

[kwóuʃənt]

n. 〈수학〉 몫; 지수, 비율 = exponent, index

She became a certified member of Mensa, an organization which is restricted to people with a high intelligence **quotient**.
그녀는 높은 지능 지수를 가진 사람들만이 제한적으로 가입할 수 있는 단체인 멘사의 정식 회원이 되었다.

MVP intelligence quotient 지능지수(= IQ)

---

0992 ★★

**drench**

[drentʃ]

vt. 흠뻑 적시다; (물·피 등에) 담그다 = douse, saturate, soak, steep, wet
n. ① 흠뻑 젖음 = drenching, soaking
② 억수같이 퍼부음

I got caught in the rain on my way home and now I was **drenched** to the skin.
나는 집에 오는 길에 갑자기 비를 만나서 흠뻑 젖었다.

MVP be drenched to the skin 흠뻑 젖은

---

0993 ★★★

**frigid**

[frídʒid]

a. ① 매우 추운, 혹한의 = arctic, chilly, cold, freezing, frosty
② (사람이나 태도가) 냉담한, 냉랭한, 쌀쌀한 = aloof, apathetic, callous

Weather forecasters warned of more snow and **frigid** temperatures.
기상캐스터들은 더 많은 눈이 내리고 매우 추워질 것이라고 예고했다.

She didn't want her new friend to think she was **frigid**.
그녀는 자신이 쌀쌀맞다고 새 친구가 생각하게 만들고 싶지 않았다.

MVP frigidity n. 한랭; 냉담; 무기력, 활기 없음; (여성의) 불감증
gelid a. 얼음처럼 찬, 얼어붙는 듯한; 매우 추운; (사람·태도 등이) 냉담한, 쌀쌀한

---

0994 ★★

**lull**

[lʌl]

n. 일시적 잠잠함, 소강상태 = pause, respite
v. 달래다, 안심시키다 진정시키다 = appease, calm, pacify, soothe

Everything went quiet but we knew it was the **lull** before the storm.
모든 것이 고요해졌지만 우리는 그것이 폭풍 전의 고요라는 것을 알았다.

His father's arrival **lulled** the boy's anxiety.
아버지가 도착하자, 그 소년의 불안이 진정되었다.

MVP lullaby n. 자장가

---

0995 ★
## acrophobia
[ækrəfóubiə]

**n. 고소(高所) 공포증**

I can't go skiing because I have **acrophobia**.
나는 고소 공포증이 있어서 스키를 타러 갈 수 없다.

※ -phobia: 공포증, 혐오

agoraphobia n. 광장공포증
ailurophobia n. 고양이 공포증
androphobia n. 남성혐오
anthrophobia n. 대인 공포증
aquaphobia n. 물 공포증
claustrophobia n. 밀실[폐쇄] 공포증
entomophobia n. 곤충공포증
gamophobia n. 결혼공포증
hemophobia n. 혈액공포증
genophobia n. 성(性) 공포, 성욕 공포증
heterophobia n. (성적인) 이성 공포증
hydrophobia n. 광견병; 공수병(= rabies)
levophobia n. 좌공포증
monophobia n. 고독 공포증
necrophobia n. 시체 공포(증)
nyctophobia n. 어둠[야간] 공포증
ochlophobia n. 군중 공포증
ophidiophobia n. 뱀 공포증
thanatophobia n. 죽음 공포, 사망 공포
triskaidekaphobia n. 13공포증
xenophobia n. 외국인 혐오증
zoophobia n. 동물 공포증

---

0996 ★★
## chide
[tʃaid]

**v. 꾸짖다, 잔소리하다 = rebuke, reprimand, scold**

She **chided** her little daughter for soiling her dress.
그녀는 자신의 옷을 더럽혔다고 어린 딸을 꾸짖었다.

---

0997 ★★★
## tribute
[tríbjuːt]

**n. ① 찬사, 감사[칭찬, 존경]의 표시**
**= accolade, compliment, eulogy, homage, praise**
**② 공물(특히 과거 속국이 종주국에 바치던 것)**

We paid **tribute** to fallen soldiers who laid down their lives for the country.
우리는 나라를 위해 목숨을 바친 전사한 군인들에게 경의를 표했다.

MVP tributary a. 공물을 바치는; 종속하는; n. 공물을 바치는 사람; (종)속국; (강의) 지류
pay (a) tribute to ~에게 찬사를 바치다, 경의를 표하다; ~에게 공물을 바치다

---

0998 ★★
## ephemeral
[ifémərəl]

**a. 수명이 짧은, 단명하는; 순식간의, 덧없는 = short-lived; fleeting, transitory**

Temporary positions at that company are only **ephemeral**.
그 회사의 비정규직은 파리 목숨이다.

Fame in the world of rock and pop is largely **ephemeral**.
록과 팝 음악계의 명성은 대체로 덧없는 것이다.

MVP ephemera n. 덧없는 것, 수명이 아주 짧은 것; 하루살이

---

0999 ★★

## wrist
[rist]

**n. ① 손목; 〈의학〉 손목 관절 = carpus**
**② 손끝[손목]의 힘, 손재주**

She has a carpal injury and moves her **wrist** with difficulty.
그녀는 손목 관절을 다쳐서 손목을 움직이는 데 힘이 든다.

MVP a slap on the wrist 가벼운 꾸중[질책]
limp wrist 연약한 남자
ankle n. 발목

---

1000 ★★★

## digest
v. [didʒést, dàidʒést]
n. [dáidʒest]

**v. ① 소화하다**
**② ~의 뜻을 잘 음미하다, 이해[납득]하다**
**= absorb, assimilate, grasp, understand**
**③ 요약하다, 간추리다 = abridge, condense, encapsulate, summarize**
**n. 요약, 적요; (문학 작품 등의) 개요; 요약판**
**= abstract, epitome, summary, synopsis**

Olive oil is easier to **digest** compared to other fats.
다른 지방에 비해 올리브 오일은 소화시키기가 더 쉽다.

The **digest** of the book appearing in this newspaper runs to 10,000 words.
이 신문에 나온 그 책의 요약본은 1만여 개의 단어에 달한다.

MVP digestion n. 소화; 소화력[기능]; 이해, 터득
digestive a. 소화의; 소화력 있는; 소화를 촉진하는
dyspeptic a. 소화 불량의; 우울한; n. 소화 불량인[위가 약한] 사람
indigestion n. 소화불량; (생각의) 미숙

## REVIEW TEST

### A. Write the meaning of the following words.

| | | | |
|---|---|---|---|
| □ unwilling | ______ | □ parasite | ______ |
| □ abyss | ______ | □ doldrums | ______ |
| □ inculpate | ______ | □ stray | ______ |
| □ complexion | ______ | □ bearing | ______ |
| □ hunch | ______ | □ arouse | ______ |
| □ devastate | ______ | □ vitriolic | ______ |
| □ protagonist | ______ | □ clap | ______ |
| □ solution | ______ | □ fulcrum | ______ |
| □ carcinogenic | ______ | □ robe | ______ |
| □ mull | ______ | □ observe | ______ |
| □ aghast | ______ | □ quotient | ______ |
| □ predatory | ______ | □ drench | ______ |
| □ sequence | ______ | □ frigid | ______ |
| □ glaze | ______ | □ lull | ______ |
| □ biennial | ______ | □ acrophobia | ______ |
| □ sprain | ______ | □ chide | ______ |
| □ folklore | ______ | □ tribute | ______ |
| □ tenable | ______ | □ ephemeral | ______ |
| □ craze | ______ | □ wrist | ______ |
| □ renew | ______ | □ digest | ______ |

※ 주어진 단어의 뜻을 본문에서 확인하시고 틀린 단어의 경우 박스에 체크한 뒤에 나중에 다시 학습하시기 바랍니다.

### B. Choose the synonym of the following words.

| | |
|---|---|
| 1. prominent | Ⓐ assess |
| 2. layer | Ⓑ derision |
| 3. intrinsic | Ⓒ guess |
| 4. evaluate | Ⓓ hygienic |
| 5. misanthrope | Ⓔ inherent |
| 6. poisonous | Ⓕ conspicuous |
| 7. extraterrestrial | Ⓖ tier |
| 8. ridicule | Ⓗ man-hater |
| 9. sanitary | Ⓘ toxic |
| 10. conjecture | Ⓙ alien |

B. 1. Ⓕ 2. Ⓖ 3. Ⓔ 4. Ⓐ 5. Ⓗ 6. Ⓘ 7. Ⓙ 8. Ⓑ 9. Ⓓ 10. Ⓒ

1001 ★★

**robust**
[roubʌ́st]

a. 튼튼한, 원기 왕성한, 팔팔한 = lusty, strong, sturdy, vigorous

She was almost 90, but still very **robust**.
그녀는 나이가 거의 90이지만, 여전히 팔팔하셨다.

MVP robustness n. 강건함, 튼튼함(= strength)

---

1002 ★★★

**paralysis**
[pərǽləsis]

n. ① 마비, 불수(不隨); 중풍 = immobility, palsy
② 무기력; (교통·거래 등의) 마비 상태, 정체
= breakdown, shutdown, stoppage

From fear, his judgment was in a state of **paralysis**.
그는 공포로 인해 판단력이 마비된 상태였다.

MVP paralyze vt. 마비시키다, 무력하게 하다

---

1003 ★★

**stately**
[stéitli]

a. 당당한, 위엄 있는, 장중한 = dignified, grand, solemn

Voters were impressed by his **stately** speech made just two days before the election.
선거일을 겨우 이틀 앞두고 행해진 그의 위엄 있는 연설에 유권자들은 감명을 받았다.

---

1004 ★★★

**confiscate**
[kάnfəskèit]

vt. 몰수[압수]하다, 징발하다 = dispossess, impound, seize, sequester

The teacher threatened to **confiscate** their phones.
그 선생님은 그들의 핸드폰을 압수하겠다고 겁을 주었다.

---

1005 ★

**duress**
[djuərés]

n. 구속, 속박, 감금; 협박 = constraint, restraint; coercion, threat

The hostages were held under **duress** until the prisoners' demands were met.
죄수들의 요구가 받아들여질 때까지 인질들은 강제로 붙잡혀 있었다.

MVP durance n. 감금, 구금, 수감(= imprisonment)

---

1006 ★★★

**intimidate**
[intímədèit]

vt. 위협하다, 협박하다 = blackmail, daunt, frighten, menace, threaten

They were accused of **intimidating** people into voting for them.
그들은 자기들에게 투표하도록 사람들을 위협했다는 비난을 받았다.

People with power should not **intimidate** weak people.
권력을 가진 사람들은 약자를 협박해서는 안 된다.

MVP intimidation n. 위협, 협박
intimidatory a. 위협적인, 협박의
intimidating a. 남을 겁먹게 하는, 협박하는

1007 ★★

**stratum**
[stréitəm]

n. ① (암석 등의) 층, 지층, 단층 = bed, layer, tier
② (사회) 계층 = class, echelon, rank, stratification

People from all social **strata** gathered here.
모든 사회 계층의 사람들이 이곳에 모였다.

---

1008 ★★★

**arduous**
[ɑ́:rdʒuəs]

a. 몹시 힘든, 고된 = demanding, difficult, laborious, strenuous

Exam period is **arduous** for most dedicated students.
시험 기간은 열심히 공부하는 대부분의 학생들에게 몹시 힘들다.

---

1009 ★★

**exhort**
[igzɔ́:rt]

v. 열심히 권하다, 훈계하다 = admonish, advise, expostulate, urge

Even toothpaste companies **exhort** you not to ingest toothpaste.
심지어 치약회사조차 치약을 삼키지 말라고 권고한다.

The teacher **exhorted** his pupils to study more.
교사는 학생들에게 더 많이 공부하라고 열심히 타일렀다.

MVP exhortation n. 간곡한 권고, 경고, 훈계
exhortative a. 권고적인, 훈계적인, 타이르는

---

1010 ★★★

**practically**
[prǽktikəli]

ad. ① 실제적으로, 실용적으로, 실제로 = actually, really
② 사실상, 거의 ~나 다름없이 = almost, nearly, virtually

I meet famous people **practically** every day.
나는 거의 매일 유명한 사람들을 만난다.

MVP practical a. 실제의, 실제상의; 사실상의, 실질적인
practicality n. 실제[실용]적임; 실제적 능력; 실용적인 것

---

1011 ★★

**submerge**
[səbmə́:rdʒ]

v. 물속에 가라앉히다[잠그다]; 물속에 잠기다 = douse, immerse, sink

The bank burst and the whole village was **submerged**.
제방이 무너져서 온 마을이 물에 잠겼다.

---

1012 ★

**cortege**
[kɔ:rtéʒ]

n. ① [집합적] 시종들, 수행원들 = attendant, entourage, retinue, suite
② 행렬; (특히) 장례 행렬 = procession, train

Prince William and Prince Harry walked behind their mother's **cortege** at her funeral which was held at Westminster Abbey on September 6th 1997.
윌리엄(William) 왕자와 해리(Harry) 왕자는 1997년 9월 6일 웨스트민스터 사원에서 거행된 어머니의 장례 행렬을 뒤따랐다.

1013 ★★★

**synonym**
[sínənim]

**n. 동의어, 유의어 = equivalent**

His name has become a **synonym** for lazybones.
그의 이름은 게으름뱅이와 같은 말이 되어버렸다.

MVP synonymous a. 동의어의, 유의어의, 같은 뜻의
acronym n. 두문자어(= initialism)
anonym n. 익명, 가명
autonym n. 본명, 실명; 본명으로 낸 저서
pseudonym n. (작가의) 필명
↔ antonym n. 반의어

1014 ★★

**prune**
[pru:n]

**v. ① (가지·뿌리 등을) 잘라내다, 쳐내다 = clip, cut, trim**
**② (불필요한 부분을) 제거하다; (비용 따위를) 바싹 줄이다 = trim**
**n. 말린 자두**

Landscapers had to **prune** the longer branches off the tree.
조경사들이 그 나무의 긴 가지들을 잘라내야 했다.

The playwright **pruned** his play of what he thought was irrelevant.
극작가는 자기 각본에서 부적절하다고 생각되는 부분을 삭제했다.

From a nutritional perspective, **prunes** are like raisins.
영양학적 관점에서 볼 때, 말린 자두는 건포도와 같다.

MVP cf. plum n. 자두; a. (일자리 등이) 아주 근사한, 알짜의

1015 ★★★

**luxurious**
[lʌgʒúəriəs]

**a. ① 사치스러운, 호사스러운 = deluxe, lavish, luxuriant, ritzy, sumptuous**
**② 사치에 빠진; 쾌락을 즐기는 = epicurean, pleasure-loving**

His abnegation of a **luxurious** lifestyle invigorated his outlook on life.
그가 사치스러운 생활 방식을 버리자 인생관도 활기차게 바뀌었다.

MVP luxury n. 사치, 호사; 사치품

1016 ★★

**traverse**
[trǽvəːrs]

**v. 가로지르다, 횡단하다 = cross, cut across, pass over**

It took us 36 hours to **traverse** the ravine.
우리가 그 협곡을 횡단하는 데는 36시간이 걸렸다.

MVP cf. transverse a. 가로지르는, 횡단하는; n. 횡단물; 횡단 도로

1017 ★★★
**imply**
[implái]

vt. ① 뜻하다, 의미하다 = mean, signify
② 암시하다, 넌지시 비치다 = hint, indicate, intimate, suggest

Silence often **implies** consent.
침묵은 종종 동의를 의미한다.

Economic indicators **imply** a slowdown in the growth rate.
경제지표들은 성장률 둔화를 암시하고 있다.

MVP implication n. 영향, 결과; 함축, 암시; 연루
implied a. 함축된, 은연중의, 암시적인

---

1018 ★
**wordplay**
[wə́ːrdplèi]

n. 재담, 재치 있는 말장난 = gag, joke, pun, quip, repartee, witticism

Muhammad Ali was famous for his clever **wordplay** and good looks.
무하마드 알리(Muhammad Ali)는 재기 넘치는 말솜씨와 빼어난 외모로 유명했다.

---

1019 ★★★
**cutting-edge**
[kʌ́tiŋèdʒ]

a. 최첨단의 = advanced, high-tech, state-of-the art, up-to-date

This factory has the most **cutting-edge** facilities.
이 공장은 최첨단 설비를 갖추고 있다.

MVP cutting edge 최첨단; 신랄함, 예리함
cutting a. (날이) 예리한; 통렬한, 신랄한
edgy a. 날이 날카로운; 초조한; 신랄한
cf. gilt-edged a. (종이·책 따위가) 금테의; (증권 따위가) 일류의, 우량의

---

1020 ★★
**brace**
[breis]

v. ① 떠받치다, 강화하다 = prop, strengthen, support
② 대비하다, 마음의 준비를 하게 하다 = poise, prepare
n. 버팀대, 지주(支柱)

The roof was **braced** by lengths of timber.
지붕은 긴 목재 기둥들로 떠받쳐져 있었다.

Seoul should **brace** itself for another series of dragged-out negotiations.
한국정부는 또 한 차례 이어질 지지부진한 협상에 대비해야 한다.

MVP bracing a. 죄는, 긴장시키는; 기운을 돋우는; 상쾌한

---

1021 ★★★
**finite**
[fáinait]

a. 한정[제한]되어 있는, 유한한 = bounded, definite, limited

We need to be smarter about how we use our **finite** natural resources.
우리는 우리의 유한한 천연 자원을 이용하는 데 보다 현명해질 필요가 있다.

1022 ★★

**carriage**
[kǽridʒ]

**n. ① (기차의) 객차; 마차; 탈것, 차; 유모차**
**② 운반[수송]; 운반비[수송비] = transport, transportation**
**③ 몸가짐, 자세, 행동거지, 태도 = bearing, posture**

A horse is pulling the **carriage**.
말이 마차를 끌고 있다.

The woman has an elegant **carriage**.
그 여자는 몸가짐이 우아하다.

MVP carriageway n. 자동차 도로, 차도, 차로
cf. miscarriage n. (자연) 유산(임신 12주로부터 28주의 기간 내의); 실패; (물품 등의) 배달착오

---

1023 ★★

**itinerant**
[aitínərənt]

**a. 순회하는, 떠돌아다니는 = peripatetic, travelling, unsettled, wandering**

In the 1890s, they bought bread and popcorn from **itinerant** street vendors.
1890년대에, 그들은 떠돌아다니는 노점상으로부터 빵과 팝콘을 샀다.

MVP itinerate vi. 순회[순방]하다; 순회 설교하다, 순회 재판하다
itinerary n. 순회여정(旅程); 여행 일정 계획(서); 여행안내서; 여행기

---

1024 ★★

**delve**
[delv]

**v. ① 탐구하다, 철저히 조사하다 = examine, investigate**
**② (무엇을 찾으려고 가방·서랍 등을) 철저히 뒤지다**

We must **delve** more deeply to find the reasons for the frequent earthquakes in this area.
우리는 이 지역에 지진이 빈번한 이유를 알아내기 위해 더욱 철저히 연구해야 한다.

---

1025 ★★★

**chemistry**
[kéməstri]

**n. ① 화학; 화학적 성질, 화학 반응[작용]**
**② (남과의) 공감대, 마음이 통함, 궁합이 잘 맞음**

When a man meets a date for the first time, it doesn't take long for him to know whether there is **chemistry** between them.
어떤 남자가 처음 데이트 상대를 만날 때 둘 사이에 공감대가 형성되는지 아는 데는 오랜 시간이 걸리지 않는다.

MVP chemist n. 화학자
chemical a. 화학의, 화학적인; n. 화학제품
biology n. 생물학
physics n. 물리학

1026 ★★

**vandalize**
[vǽndəlàiz]

vt. (예술·문화·공공기물을) 파괴하다, 파손하다 = damage, destroy

Many historic sites had been horribly **vandalized**.
많은 유적지들이 끔찍하게 파괴되어 있었다.

MVP vandalism n. (예술·문화·공공기물의) 파괴, 훼손, 파손

---

1027 ★★★

**prolific**
[prəlífik]

a. ① (사람·동물이) 다산(多産)의, (식물이) 열매를 많이 맺는 = fertile
② (작가 따위가) 다작(多作)의; (상상력이) 풍부한
③ (땅이) 비옥한; (기후·절기 따위가) 풍작의

Sidney Sheldon is one of the most **prolific** writers.
시드니 셸던(Sidney Sheldon)은 작품 활동을 가장 왕성하게 하는 작가 중 한 명이다.

Urban families used formerly to be much less **prolific** than rural families.
도시의 가정은 전에는 시골의 가정보다 훨씬 출산율이 낮았다.

---

1028 ★★

**crouch**
[krautʃ]

v. ① 쭈그리고 앉다, 웅크리다[down] = scrooch, squat, stoop
② (비굴하게) 허리를 낮추다, 굽실거리다 = crawl, genuflect, kowtow
n. 웅크리기, 움츠리기; 웅크린 자세 = retraction, squat

The cat **crouched**, ready to spring at the mouse.
그 고양이는 몸을 웅크리고는 그 쥐에게 달려들 준비를 했다.

The old servant **crouched** to his master.
그 나이든 하인은 그의 주인에게 굽실거렸다.

---

1029 ★★★

**gifted**
[gíftid]

a. ① 타고난[천부의] 재능이 있는 = talented
② 유능한; 머리가 매우 좋은 = bright, brilliant, intelligent

He was a **gifted** artist but he lived a sad and hard life.
그는 천부적인 재능을 타고난 화가였지만 슬프고 힘겨운 삶을 살았다.

MVP gift n. 선물; (타고난) 재능, 적성

---

1030 ★★

**bystander**
[báistæ̀ndər]

n. 방관자, 구경꾼 = looker-on, onlooker, spectator

When leaders micromanage, associates become passive like **bystanders** rather than participants.
리더가 세세한 점까지 관리하면 직원들은 참여자들이라기 보단 구경꾼처럼 소극적이게 된다.

1031 ★★★

**rescue**

[réskjuː]

**vt. 구하다, 구조하다, 구출하다 = deliver, salvage, save**
**n. 구조, 구출, 구제 = deliverance, delivery, salvation**

Search teams often use dogs to help them **rescue** people.
수색팀은 종종 사람들을 구조하는 데 도움을 받기 위해 개를 이용한다.

---

1032 ★

**mendicant**

[méndikənt]

**n. 거지, 동냥아치 = beggar, panhandler**
**a. (수도자 등이) 구걸하는, 빌어먹는, 탁발하는 = begging, cadging, mooching**

He ended his life as a **mendicant** priest at the age of 78.
그는 78세의 일기로 탁발 수도사로서의 삶을 마감했다.

MVP mendicancy n. 거지 생활; 구걸, 동냥; 탁발

---

1033 ★★★

**domain**

[douméin]

**n. ① 영토, 영지; 판도; (개인의) 소유지 = dominion, territory**
**② (지식·활동의) 영역, 분야, 범위 = area, realm, sector, sphere**

Women's sports are breaking down the barriers in previously male-dominated **domains**.
여성 스포츠는 기존의 남성 중심의 영역의 장벽을 무너뜨리고 있다.

---

1034 ★★

**formulate**

[fɔ́ːrmjulèit]

**vt. ① 명확히[체계적으로] 나타내다[말하다]**
**② 공식화[정식화]하다, 공식으로 나타내다**

He **formulated** an original theory in the field of physics.
그는 물리학 분야에서 독자적인 이론을 체계적으로 정립했다.

MVP formulation n. 공식[정식]화
formula n. 〈수학〉 식, 공식; (일정한) 방식; 제조법, 처방전; 조제분유

---

1035 ★★★

**awe**

[ɔː]

**n. 경외(敬畏), 두려움 = dread, fear**
**vt. 두려움[경외하는 마음]을 느끼게 하다 = frighten, terrify**

The boy was in **awe** of the famous football player.
그 소년은 그 유명한 미식축구선수를 경외하고 있었다.

MVP awful a. 지독한, 끔찍한, 무시무시한
awesome a. 두려움[경외심]을 느끼게 하는; 훌륭한, 최고의

1036 ★

**trunk**

[trʌŋk]

n. ① (나무의) 줄기 = stalk, stem, stock
② (사람·동물의) 몸통, 동체; (곤충의) 가슴부 = torso

Lusty roots support the thick tree **trunk** well.
튼튼한 뿌리가 굵은 나무줄기를 잘 지탱해준다.

MVP trunk call 시외전화, 장거리 전화
trunk road 간선도로

---

1037 ★★

**sluggard**

[slʌ́gərd]

n. 게으름뱅이, 나태한 사람 = dawdler, drone, lazybones, loafer
a. 게으른, 나태한, 귀찮아하는 = idle, indolent, lazy, slothful, sluggish

Such **sluggard** will not succeed in anything.
그런 게으름뱅이는 어떤 일도 성공하지 못할 것이다.

MVP sluggish a. 게으른, 나태한, 동작이 굼뜬
sluggardly a. 게으른, 태만한
cf. slugger n. 〈야구〉 강타자

---

1038 ★★★

**orient**

[ɔ́:riènt]

v. ① 방위를 바르게 맞추다, 바른 방향[위치]에 놓다 = adjust, align
② (새로운 환경 등에) 적응시키다 = adapt, adjust, settle
③ (신입생 등에) 지도강습을 하다 = instruct
n. 동양 = the Orient

It took him much time to **orient** himself in his new school.
그는 새 학교에 적응하는 데 많은 시간이 걸렸다.

MVP orientation n. 방침[태도]의 결정; (새로운 환경 등에 대한) 적응; 오리엔테이션
cf. the Occident 서양

---

1039 ★★

**backlash**

[bǽklæ̀ʃ]

n. 반발, 반동 = reaction, repulsion, resistance

The government is facing an angry **backlash** from voters over the new tax.
새로 생긴 세금에 대해 정부는 유권자들의 성난 반발에 직면해 있다.

---

1040 ★★★

**attend**

[əténd]

v. ① 출석하다, 참석하다 = be present, participate in, take part in
② 시중들다, 돌보다, 간호하다[on, upon, to] = tend, wait on
③ 주의하다, 경청하다[to] = heed, pay attention to

His family members and friends **attended** a memorial event held in Busan.
그의 가족과 친구들이 부산에서 진행된 추모 행사에 참석했다.

MVP attendance n. 출석, 참석; 출석자(수); 시중, 간호
attention n. 주의, 유의; 배려
attendant a. 따라 모신, 수행의; 수반하는; 출석한; n. 시중드는 사람; 참석자
attentive a. 주의 깊은, 세심한
unattended a. 수행원[시중꾼]이 없는; (위험 등을) 수반하지 않은

1041 ★★
**oral**
[ɔ́:rəl]

**a. ① 구두(口頭)의, 구전(口傳)의, 구술의 = spoken, verbal**
**② 입의; (약 등이) 경구용의**

We will have an **oral** exam soon.
우리는 곧 구술시험을 볼 거예요.

**Oral** steroids are medicines you take by mouth.
경구용 스테로이드는 구강을 통해 복용하는 약물이다.

MVP orally ad. 구두로, 말로

1042 ★★★
**monarch**
[mάnərk]

**n. 군주, 제왕 = sovereign**

King Oyo's enthronement ceremony was attended by **monarchs** from other kingdoms across Africa and beyond.
오요(Oyo) 왕의 대관식에는 아프리카 주변과 그 너머의 다른 왕국들의 군주들이 참석했다.

MVP monarchy n. 군주제, 군주국

1043 ★
**homing**
[hóumiŋ]

**a. 집으로 돌아오는; 귀소성(歸巢性)[회귀성]이 있는; (자동) 유도[추적]의**

Because of a **homing** instinct, they do not stray far from their original habitats and return to where they first lived.
귀소 본능을 갖고 있기 때문에, 그들은 본래의 서식지에서 멀리 떠나지 않고 처음 살던 곳으로 되돌아온다.

1044 ★★★
**jury**
[dʒúəri]

**n. ① 배심, 배심원단 = juror, juryman**
**② (콘테스트 등의) 심사위원 = examiner, judge**

The **jury** found that the man was innocent.
배심원단은 그 남자가 무죄라고 평결을 내렸다.

MVP verdict n. (배심원의) 평결; 판단, 의견

1045 ★★

**voracious**
[vɔːréiʃəs]

**a. ① (음식에 대해) 식욕이 왕성한, 대식하는, 게걸스러운 = gluttonous, ravenous**
**② (새로운 정보·지식을) 열렬히 탐하는**

The shark is notorious for having a **voracious** appetite.
상어는 왕성한 식욕으로 악명이 높다.

He has a most **voracious** appetite for knowledge.
그는 지식욕에 불타 있다.

MVP voracity n. 폭식(暴食), 대식(大食); 탐욕
cf. veracious a. 진실을 말하는, 정직한, 진실한

1046 ★

**spike**
[spaik]

**v. ① 못을 박다; (뾰족한 것으로) 찌르다 = nail; impale, pierce, spear, stick**
**② (가치가) 급등하다 = leap, rocket, skyrocket, soar, surge**
**③ (음료에) 알코올[마약]을 넣다**
**n. ① 못, (못같이) 뾰족한 것 = nail**
**② 급등, 급증 = hike, surge**

The US dollar **spiked** to a three-month high.
미국 달러가 석 달 만에 최고치로 급등했다.

MVP spiky a. 뾰족뾰족한; 못투성이의; 성마른, 깐깐한

1047 ★★

**intransigent**
[intrǽnsədʒənt]

**a. 타협[양보] 하지 않는; 완고한 = uncompromising; inflexible, intractable**

The strike settlement collapsed because both sides were **intransigent**.
파업의 해결은 양측이 비타협적이었기 때문에 무산되었다.

MVP intransigence n. 타협하지 않음, 양보하지 않는 태도

1048 ★

**epigraph**
[épəgræf]

**n. (묘비·동상 등의) 비문(碑文), 비명(碑銘) = epitaph, inscription**

The **epigraph** expresses something of his fear of not seeing the world or the faces of the people he loved.
그 비문은 세상이나 자신이 사랑했던 사람들의 얼굴을 그가 다시 볼 수 없다는 두려움과 같은 것을 표현하고 있다.

1049 ★★★

**dissuade**
[diswéid]

**vt. (설득하여) 단념시키다[from] = deter, discourage**

He tried unsuccessfully to **dissuade** his friend from joining the marines.
그는 친구가 해병대에 입대하려는 것을 단념시키려고 설득했으나 허사였다.

MVP dissuasion n. (설득하여) 단념시킴, 만류
dissuasive a. 단념시키는, 말리는

1050 ★

**gusto**
[gʌ́stou]

**n. ① (음식의) 맛; 마음속에서 우러나오는 즐거움[기쁨]; 열정**
**= relish; enjoyment; passion**
**② (개인의) 좋아하는 것, 기호(嗜好), 취미 = individual taste, liking**

The actors sang and danced with such **gusto** that they managed to compensate for the play's weakness.
배우들이 매우 즐겁게 노래하고 춤을 추어 연극의 빈약함을 그럭저럭 상쇄해 나갔다.

The hungry boy ate his dinner with **gusto**.
그 배고픈 소년은 저녁을 맛있게 먹었다.

MVP with gusto 맛있게, 입맛을 다시며; 즐겁게, 활기차게
cf. gust n. (갑자기) 훅 부는 바람, 돌풍; (감정의) 폭발

## REVIEW TEST

### A. Write the meaning of the following words.

| | |
|---|---|
| □ robust ________ | □ delve ________ |
| □ paralysis ________ | □ chemistry ________ |
| □ confiscate ________ | □ vandalize ________ |
| □ duress ________ | □ prolific ________ |
| □ intimidate ________ | □ crouch ________ |
| □ stratum ________ | □ gifted ________ |
| □ arduous ________ | □ rescue ________ |
| □ exhort ________ | □ formulate ________ |
| □ practically ________ | □ trunk ________ |
| □ submerge ________ | □ orient ________ |
| □ synonym ________ | □ backlash ________ |
| □ prune ________ | □ attend ________ |
| □ luxurious ________ | □ monarch ________ |
| □ imply ________ | □ homing ________ |
| □ wordplay ________ | □ jury ________ |
| □ cutting-edge ________ | □ voracious ________ |
| □ brace ________ | □ spike ________ |
| □ finite ________ | □ epigraph ________ |
| □ carriage ________ | □ dissuade ________ |
| □ itinerant ________ | □ gusto ________ |

※ 주어진 단어의 뜻을 본문에서 확인하시고 틀린 단어의 경우 박스에 체크한 뒤에 나중에 다시 학습하시기 바랍니다.

### B. Choose the synonym of the following words.

| | |
|---|---|
| 1. bystander | Ⓐ verbal |
| 2. mendicant | Ⓑ fear |
| 3. cortege | Ⓒ dawdler |
| 4. domain | Ⓓ uncompromising |
| 5. oral | Ⓔ looker-on |
| 6. intransigent | Ⓕ attendant |
| 7. sluggard | Ⓖ dignified |
| 8. awe | Ⓗ cross |
| 9. stately | Ⓘ beggar |
| 10. traverse | Ⓙ territory |

B. 1. Ⓔ 2. Ⓘ 3. Ⓕ 4. Ⓙ 5. Ⓐ 6. Ⓓ 7. Ⓒ 8. Ⓑ 9. Ⓖ 10. Ⓗ

1051 ★★
**abdicate**
[æbdəkèit]

v. ① (왕위·권리 등을) 버리다, 포기하다 = forsake, relinquish, renounce
② 퇴위하다

I heard he **abdicated** his right to a share in the profits.
그가 자기 몫의 이익에 대한 권리를 포기했다고 들었어요.

She was forced to **abdicate** the throne of Spain.
그녀는 어쩔 수 없이 스페인 여왕 자리를 물러나야 했다.

MVP abdication n. 퇴위; 포기, 기권
abdicator n. 퇴위자; 포기한 사람



1052 ★★
**volatile**
[válətil]

a. ① 휘발성의, 증발하기 쉬운 = evaporable, fugacious
② 변덕스러운 = fluctuating
③ (정세·상황 따위가) 불안정한, 일촉즉발의

The stock market is really **volatile** these days.
요즘은 주식시장이 매우 불안정하다.

Thinner is a **volatile** substance.
시너는 휘발성 물질이다.

MVP volatility n. 휘발성; 불안정, 변하기 쉬움

1053 ★
**diagram**
[dáiəgræ̀m]

n. 도형, 도표, 도식 = chart, drawing, figure, graph

Visual learning through **diagrams**, models, or flowcharts helps with understanding material better because it gets you involved and engaged.
도표나 모형, 순서도를 통한 시각적인 학습은 당신의 주의를 사로잡고 몰두하게 만들기 때문에 자료의 이해를 더 잘 돕는다.

1054 ★★
**beget**
[bigét]

vt. ① (아버지가) (자식을) 보다, 낳다, 얻다
② 생기게 하다, 초래하다 = create, engender

Abraham **begot** Isaac.
아브라함(Abraham)은 이삭(Isaac)을 낳았다.

Hunger **begets** crime.
굶주림이 범죄를 초래한다.

1055 ★★★

**integrate**
[íntəgrèit]

**v. ① (부분·요소를) 통합하다; 완전하게 하다 = incorporate, join, merge, unify**
**② (학교·공공시설 등에서의) 인종[종교]적 차별을 폐지하다 = desegregate**

Regional governments have been laying out comprehensive plans to **integrate** advanced info-tech infrastructure in urban areas.
지방정부는 도시지역의 첨단 정보기술 인프라를 통합하기 위한 종합 계획을 마련해 왔다.

MVP integration n. 통합; 완성; (군대·학교 등에서의) 인종 차별 폐지
integrated a. 통합된, 완전한
↔ disintegrate v. 분해하다; 분해시키다, 허물다

1056 ★

**shrub**
[ʃrʌb]

**n. 키 작은 나무, 관목(灌木) = bush**

The frosty **shrub** is very beautiful, like a crystal.
서리가 내린 관목은 수정처럼 매우 아름답다.

1057 ★

**down-to-earth**
[dauntuə:rθ]

**a. 현실적인, 실제적인; 세상 물정에 밝은 = practical, realistic**

The banker gives **down-to-earth** advice to his clients.
그 은행가는 고객들에게 현실적인 조언을 한다.

1058 ★★

**promulgate**
[prάməlgèit]

**vt. ① (법률 등을) 공포하다, 선포하다 = declare, preconize, proclaim, publish**
**② (교리·주의 등을) 선전하다, 널리 알리다 = advertise, blazon, disseminate**

The new law was finally **promulgated** in the autumn of last year.
새로운 법이 마침내 작년 가을에 발표되었다.

These ideas are widely **promulgated** in the academic sectors.
이러한 사상들이 학계에 널리 알려져 있다.

MVP promulgation n. 공포, 선포; 선전

1059 ★★

**mortgage**
[mɔ́:rgidʒ]

**n. ① 〈법률〉 저당, 저당 잡힘; 담보 = collateral, security**
**② 담보 대출금, (저당) 융자금 = bond**

He offered a **mortgage** on house property as security.
그는 집을 담보로 잡고 융자를 제공했다.

1060 ★★★

**auspicious**
[ɔ:spíʃəs]

**a. 길조의, 상서로운, 행운의 = fortunate, lucky, propitious**

In some countries, rain is considered to be an **auspicious** sign.
일부 국가들에서 비는 길조로 간주된다.

MVP ↔ inauspicious a. 불길한, 상서롭지 않은; 불행한

1061 ★★

**demagogue**
[déməgɔ̀g]

**n. 선동 정치가, (민중) 선동가 = agitator, firebrand, provocateur, rabble-rouser**

Many people misled by the **demagogue** were dead in the battlefield.
선동 정치가에 오도된 많은 국민들이 전쟁터에서 죽었다.

MVP demagoguery n. 선동 (행위)
demagogy n. 민중 선동(책); [집합적] (민중) 선동가
demagoguism n. 민중 선동; 선동주의

---

1062 ★

**flummox**
[flʌ́məks]

**vt. 어쩔 줄 모르게 하다, 당황시키다, 쩔쩔매게 하다 = bewilder, confuse, perplex**

I was **flummoxed** by her question.
나는 그녀의 질문에 당황했다.

---

1063 ★★★

**ally**
[əlái]

**v. 동맹[결연, 연합, 제휴]시키다[하다] = combine, confederate, league, unite**
**n. ① 동맹국, 연합국**
**② 협력자**

Germany was **allied** with the Austro-Hungarian Empire, while Russia was **allied** with Serbia.
독일은 오스트리아-헝가리 제국과 동맹을 맺었던 반면에, 러시아는 세르비아와 동맹을 맺었다.

MVP alliance n. 동맹; 동맹국; 협력, 제휴

---

1064 ★★

**insidious**
[insídiəs]

**a. ① 교활한, 음흉한; 방심할 수 없는 남을 함정에 빠뜨리려는, 남을 속이는 = cunning, sly**
**② (병 등이) 모르는 사이에 진행하는, 잠행성의**

You'd be better careful of his **insidious** character.
당신은 그의 음흉한 성격을 조심하는 것이 좋을 것이다.

Organized crime has an **insidious** influence on all who come into contact with it.
조직범죄는 그 범죄와 접촉한 모든 사람에게 나쁜 영향을 끼친다.

Parkinson's disease is described as an **insidious** disease that threatens one's quality of life as it progresses.
파킨슨병은 진행될수록 한 사람의 삶의 질을 위협하는 잠행성 질환이라 표현된다.

---

1065 ★★★

**treaty**
[tríːti]

**n. (국가 간의) 조약, 협정 = agreement, convention, pact**

Nations that did not sign the **treaty** would not be bound by it.
조약에 서명하지 않은 국가들은 그것에 구속되지 않는다.

1066 ★★
**stipulate**
[stípjulèit]

**v. (조항 등이) ~을 규정하다, 명기[명문화]하다 = specify**

The will does **stipulate** that you must wait until you are thirty years old to receive the money.
그 유언장에는 네가 그 돈을 받으려면 서른 살이 될 때까지 기다려야 한다고 명시되어 있다.

MVP stipulation n. 약정, 계약; 규정; 조항
stipulatory a. 명문화하는; 계약 조건으로 요구하는

---

1067 ★
**pendent**
[péndənt]

**a. ① 매달린, 늘어진 = hanging, pensile**
**② 미결의, 미정의, 현안의 = pending**

A beautiful chandelier is **pendent** from the ceiling.
아름다운 샹들리에가 천장에 매달려 있다.

MVP cf. pendant n. 늘어져 있는 물건, 펜던트, (목걸이·귀고리 등의) 늘어뜨린 장식

---

1068 ★★
**limp**
[limp]

**vi. ① (다리를) 절다, 절뚝거리다 = go lame, shuffle, stagger, stumble**
**② (작업·경기 등이) 지지부진하다 = be lackluster, be sluggish**
**a. ① (몸이) 축 늘어진, 흐느적거리는 = drooping, flabby, flaccid**
**② 기운[활기] 없는, 지친 = inanimate, spiritless, tired**

I wasn't badly hurt, but I injured my thigh and had to **limp**.
나는 중상은 아니었지만 허벅지를 다쳐서 절뚝거리고 다녀야 했다.

---

1069 ★★★
**extreme**
[ikstríːm]

**a. ① 극도의, 극심한; 극단적인, 과격한**
**= intense, severe, utmost; drastic, radical**
**② (중심에서) 가장 먼, 맨 끝의 = endmost, outermost**
**③ 최종의, 최후의 = final, last, ultimate**

In some **extreme** cases, people have died or committed suicide from stress at work.
일부 극단적인 경우, 직장에서의 스트레스로 사람들은 죽거나 자살했다.

MVP extremism n. 극단적인 경향; 극단론; 과격주의
extremity n. 맨 끝, 말단; 극한; 극도; 난국, 궁지
extremely ad. 극단적으로, 극도로; 몹시

---

1070 ★
**holocaust**
[háləkɔ̀ːst]

**n. ① (특히 전쟁·화재로 인한) 대참사, 대파괴, 대학살**
**② (the H~) (나치에 의한) 유대인 대학살**

The **Holocaust** imprinted terrible images in the survivors' memories.
유대인 대학살은 생존자들의 기억 속에 끔찍한 이미지들을 각인시켰다.

1071 ★★★

**monumental**
[mὰnjuméntl]

a. ① 기념비적인, 역사적 의미가 있는 = cenotaphic, historic, memorable
② 엄청난, 대단한 = enormous, immense, stupendous, tremendous

She accomplished a **monumental** work in figure skating.
그녀는 피겨스케이팅에서 기념비적인 업적을 달성했다.

MVP monument n. 기념비; 기념물, 유적

---

1072 ★

**escapade**
[éskəpèid]

n. 엉뚱한 짓, 장난; 탈선행위 = fling, prank, vagary

After many thrilling **escapades** and wondrous adventures in new lands, the retired sailor was dissatisfied with life at home, which was to him extremely dull.
낯선 나라에서 스릴 넘치는 일탈과 놀라운 모험을 한 후, 그 은퇴한 선원은 고국에서의 삶에 곧 불만을 갖게 됐다. 그러한 삶이 자신에게는 너무나 지루했기 때문이었다.

---

1073 ★★★

**compact**
[kάmpækt]

a. ① 꽉 찬, 빽빽한; 조밀한, 촘촘한; 밀집한 = dense, packed, solid
② (집·차 등이) 소형인, 작고 경제적인 = miniature, small
③ (문장이) 간결한 = brief, concise, succinct, terse

There has been a push for car manufacturers to produce **compact**, affordable, and environmentally-friendly vehicles.
자동차 제조업체들에게는 소형의 저렴하고 환경 친화적인 차량을 생산하라는 압박이 존재해 왔다.

---

1074 ★★

**groan**
[groun]

v. ① 신음하다, 신음소리를 내다 = moan
② 신음하며[몹시] 괴로워하다; 번민하다 = agonize

Jeju Island was **groaning** in pain from reckless development.
제주도 곳곳이 무분별한 개발로 인해 고통 속에서 신음하고 있었다.

---

1075 ★★★

**irrespective**
[ìrispéktiv]

a. 관계없는, 상관[고려]하지 않는[of] = regardless of, without regard to

She treats all people alike **irrespective** of sex or age.
그녀는 성별이나 나이에 상관없이 모든 사람들을 동등하게 대한다.

---

1076 ★★

**anthropology**
[æ̀nθrəpάlədʒi]

n. 인류학

The science of **anthropology** is the general and comparative study of human behavior.
인류학은 인간 행동에 대한 일반적이고 상대적인 연구이다.

MVP anthropologist n. 인류학자
cf. anthology n. 명시 선집, 명문집

1077 ★★★
**substantial**
[səbstǽnʃəl]

a. ① (양·크기·중요성이) 상당한, 충분한 = ample, considerable, sizeable
② 실질적인, 본질적인 = effective, essential, practical
③ 견고한, 튼튼한; 건실한 = durable, firm, solid

**Substantial** numbers of people support the reforms.
상당한 수의 사람들이 그 개혁을 지지한다.

MVP substantially ad. 상당히, 충분히; 실질적으로
↔ insubstantial a. 실체가 없는; 비현실적인
↔ unsubstantial a. 튼튼하지 못한; 실체가 없는; 비현실적인

1078 ★★
**convene**
[kənvíːn]

v. ① (모임·회의를) 소집하다 = call, convoke, summon
② 모이다, 회합하다 = assemble, congregate, gather

The House and the Senate will **convene** at noon to hear an address by the President.
하원과 상원은 대통령의 연설을 듣기 위해 정오에 모일 것이다.

1079 ★★
**basement**
[béismənt]

n. (건물의) 지하층, 지하실; (구조물의) 최하부

This flood has just ruined everything on the **basement**.
이번 홍수로 인해 지하층에 있는 것은 다 못 쓰게 되어버렸다.

MVP base n. 토대; 기초, 근거; 근거지; v. 기초[근거]를 형성하다, ~에 근거하다

1080 ★★
**turbid**
[tə́ːrbid]

a. ① 흐린, 탁한 = cloudy, muddy, murky, overcast
② 갈팡질팡하는, 혼란스러운 = confused, muddled

The stream is so **turbid** that it is impossible to see the bottom even where it is shallow.
그 개울은 너무나도 탁해서 얕은 곳에서조차 바닥을 볼 수가 없다.

The poem depicts the **turbid** state of the soldier's mind.
그 시는 그 병사가 겪었던 혼란스러운 심리 상태를 묘사한다.

1081 ★★
**decelerate**
[diːsélərèit]

v. 속력을 늦추다[줄이다], 감속하다 = retard, slow down

I **decelerated** my car as a group of kangaroos approached.
나는 한 무리의 캥거루가 다가오자 차의 속도를 줄였다.

MVP deceleration n. 감속
↔ accelerate v. 빨리하다, 가속하다; 촉진시키다

1082 ★★

**prohibitive**
[prouhíbitiv]

**a. ① 금지의 = forbidden, prohibiting, restrictive**
**② 엄청나게 비싼 = exorbitant, expensive, out-of-sight**

The price of property in the city is **prohibitive**.
그 도시의 부동산 가격은 엄두도 못 낼 정도로 비싸다.

MVP prohibit vt. 금지하다; 방해하다, ~에게 지장을 가져오다
prohibition n. 금지, 금령(禁令)
prohibitively ad. 엄두를 못 낼 만큼, 엄청나게

---

1083 ★

**caucus**
[kɔ́:kəs]

**n. (정당의) 간부회의, 전당대회 = convention**

A new leader is to be chosen sometime next month at the **caucus**.
새 지도자가 다음 달 중에 전당대회에서 선출될 예정이다.

---

1084 ★★

**surmount**
[sərmáunt]

**vt. ① (곤란 등을) 이겨내다, 극복하다 = conquer, overcome, triumph**
**② (산에) 오르다; 완전히 오르다, 타고 넘다**

The company has **surmounted** some difficult problems and is now doing well.
그 회사는 고비를 잘 넘기고 지금은 잘 나가고 있다.

MVP surmountable a. 이겨낼 수 있는, 극복할 수 있는
insurmountable a. 극복할 수 없는, 넘을 수 없는

---

1085 ★★

**utopian**
[ju:tóupiən]

**a. 유토피아의, 이상향의, 공상적인 = fanciful, ideal, quixotic**

This book is about a **utopian** society, or a society where everything is perfect and everyone is always happy.
이 책은 유토피아적인 사회, 즉, 모든 것이 완벽하고 모든 이가 항상 행복한 사회에 관한 내용이다.

MVP utopia n. 유토피아, 이상향
↔ dystopian a. 암흑향의

---

1086 ★

**opprobrium**
[əpróubriəm]

**n. ① 불명예, 오명, 치욕 = disgrace, infamy, shame, stigma**
**② 악담, 욕지거리, 비난 = censure, criticism, obloquy, vilification**

Japan continues its whaling in the face of international **opprobrium**.
일본은 국제사회의 비난에도 불구하고 고래잡이를 계속하고 있다.

MVP opprobrious a. 욕하는, 무례한; 면목이 없는, 부끄러운

1087 ★★★

**resort**
[rizɔ́:rt]

vi. ① 의지하다; 호소하다[to] = depend on, lean on; appeal to
② 자주 드나들다[to] = frequent, hang around

n. ① 유흥지, 번화가
② 의지, 의뢰(to); 의지가 되는 사람[물건], 수단, 방책
③ (특정 상황에서의) 제1[마지막, 최후]의 수단

Do not ever **resort** to violent means.
어떤 일이 있어도 폭력에 의지해서는 안 된다.

Strike action should be regarded as a last **resort**, when all attempts to negotiate have failed.
파업 행위는 협상을 하려는 모든 시도가 실패했을 때 취할 마지막 수단으로 여겨야 한다.

---

1088 ★★

**convex**
[kanvéks]

a. 볼록면의, 볼록한 = bulging, bulgy

A **convex** lens increases light bending and returns the point of focus to the retina.
볼록 렌즈는 빛의 굴절을 증가시키고 망막에 다시 초점이 맺히게 한다.

MVP cf. gibbous a. (달이) 볼록한; 곱추[곱사등]의
↔ concave a. 오목한, 옴폭한

---

1089 ★★★

**emphasis**
[émfəsis]

n. 강조, 역설, 중요시 = stress, weight

In his lecture Mr. Smith laid great **emphasis** on world peace.
스미스(Smith) 씨는 강연에서 세계 평화를 크게 강조했다.

MVP emphasize vt. 강조하다, 역설하다
emphatic a. 어조가 강한; 강조한; 눈에 띄는, 명확한; 단호한
emphatically ad. 강조하여, 단호하게
overemphasize v. 지나치게 강조하다

---

1090 ★★

**forthcoming**
[fɔ̀:rəkʌ́miŋ]

a. ① 곧 나타나려고 하는, 다가오는, 이번의 = approaching, imminent
② (언제나) 준비되어 있는, 이용할 수 있는 = accessible, available, ready

Millions of people will die in the **forthcoming** climatic change.
다가오는 기후변화로 인해 수백만 명의 사람들이 목숨을 잃을 것이다.

MVP ↔ unforthcoming a. 불친절한; 선뜻 도와주지 않는; 말을 잘 안 하는

---

1091 ★★★

**nurture**
[nə́:rtʃər]

n. ① 양육, 양성, 사육; 교육, 지도 = training, upbringing
② 자양물, 음식물 = food, nourishment, nutrition

vt. 키우다, 양육하다; 육성하다 = bring up, foster, nourish, promote, raise

Parents are obligated to **nurture** their children.
부모들에게는 자녀들을 양육할 의무가 있다.

1092 ★★

**convoy**
[kɑ́nvɔi]

**n. 호송, 호위; 호위대** = bodyguard, guard
**vt. 호위[경호, 호송]하다** = accompany, escort

The princess paraded under **convoy** of knights.
공주는 기사들의 호위를 받으며 행진하였다.

MVP cf. envoy n. (외교) 사절, 특사(特使)

---

1093 ★★★

**weigh**
[wei]

**v. ① 무게[체중]를 달다; 무게가 ~이다** = measure, scale
**② 숙고하다, 고찰하다; 평가하다; 비교 검토하다**
= consider, contemplate, ponder; evaluate

He is a prudent businessman who knows how to **weigh** his words.
그는 자신의 말을 신중하게 하는 법을 알고 있는 신중한 사업가다.

MVP weight n. 무게, 체중
weighted a. 치우친, 편중된
weightless a. 무게가 없는 (듯한), 무중력의
weigh one's words 말을 신중하게 하다, 말을 삼가다

---

1094 ★★

**excerpt**
[éksəːrpt]

**n. 발췌; 인용(구)** = extract, quotation, selection
**v. 발췌하다, 인용하다** = cite, quote

Her report is an **excerpt** from a newspaper.
그녀의 보고서는 신문에서 발췌한 것이다.

---

1095 ★

**gibberish**
[dʒíbəriʃ]

**n. 횡설수설, 뭐가 뭔지 알 수 없는 말** = babble, drivel, nonsense, twaddle

The first two comments on his article were off-topic and unintelligible nonsense, just complete **gibberish**.
그의 글에 대한 첫 두 논평은 주제와 무관하고 이해도 되지 않는 허튼소리들로, 완전히 횡설수설이었다.

MVP gibber vi. 더듬거리며 말하다; (놀람·무서움으로) 알아들을 수 없는 말을 지껄이다

---

1096 ★★

**chastise**
[tʃæstáiz]

**vt. ① 심하게 꾸짖다[비난하다], 질책하다** = admonish, chide, rebuke, scold
**② (매질 등으로) 벌하다, 태형을 가하다** = discipline, punish

The president **chastised** lawmakers in his weekly radio address.
대통령은 자신의 주간 라디오 연설에서 국회의원들을 질책하였다.

MVP chastisement n. 응징, 징계, 징벌, 체벌

1097 ★
**radiant**
[réidiənt]

a. ① 빛나는, 밝은 = beaming, bright, glittering, luminous, resplendent
② (행복·희망 등으로) 빛나는, 환한
③ 복사(輻射)의, 복사에 의한, 방사의

The sun was **radiant** in a clear blue sky.
맑게 갠 푸른 하늘에서는 태양이 빛나고 있었다.

MVP radiance n. 빛, 광채, 광휘; (눈이나 얼굴 등의) 빛남

1098 ★★★
**predilection**
[prèdəlékʃən]

n. 편애, 매우 좋아함[for] = fondness, liking, preference

Although he plays various musical instruments, he has a **predilection** for the harmonica.
그는 다양한 악기를 연주하지만 하모니카를 유독 좋아한다.

1099 ★★
**mire**
[maiər]

v. ① 진창에 빠지게 하다[빠지다]
② (곤경[궁지]에) 빠뜨리다[in] = entangle, involve
n. ① 진창, 수렁 = bog, marsh, quagmire, swamp
② 궁지, 곤경 = difficulty, plight, predicament

The country is **mired** in the worst economic crisis since the Second World War.
이 나라는 제2차 세계대전 이후 최악의 경제 위기에 빠져있다.

1100 ★
**amulet**
[ǽmjulit]

n. 부적 = charm, periapt, talisman

People wore **amulets** to ward off accident and sickness.
사람들은 사고와 질병을 미리 막기 위해 부적을 몸에 지녔다.

## REVIEW TEST

### A. Write the meaning of the following words.

| | |
|---|---|
| □ abdicate ______ | □ anthropology ______ |
| □ volatile ______ | □ substantial ______ |
| □ diagram ______ | □ convene ______ |
| □ beget ______ | □ basement ______ |
| □ integrate ______ | □ decelerate ______ |
| □ shrub ______ | □ prohibitive ______ |
| □ down-to-earth ______ | □ caucus ______ |
| □ promulgate ______ | □ surmount ______ |
| □ mortgage ______ | □ utopian ______ |
| □ ally ______ | □ opprobrium ______ |
| □ insidious ______ | □ resort ______ |
| □ stipulate ______ | □ emphasis ______ |
| □ pendent ______ | □ forthcoming ______ |
| □ limp ______ | □ nurture ______ |
| □ extreme ______ | □ convoy ______ |
| □ holocaust ______ | □ weigh ______ |
| □ monumental ______ | □ excerpt ______ |
| □ escapade ______ | □ gibberish ______ |
| □ compact ______ | □ mire ______ |
| □ irrespective ______ | □ amulet ______ |

※ 주어진 단어의 뜻을 본문에서 확인하시고 틀린 단어의 경우 박스에 체크한 뒤에 나중에 다시 학습하시기 바랍니다.

### B. Choose the synonym of the following words.

| | |
|---|---|
| 1. auspicious | Ⓐ admonish |
| 2. demagogue | Ⓑ bewilder |
| 3. treaty | Ⓒ moan |
| 4. convex | Ⓓ cloudy |
| 5. radiant | Ⓔ bulgy |
| 6. predilection | Ⓕ agitator |
| 7. chastise | Ⓖ preference |
| 8. turbid | Ⓗ beaming |
| 9. groan | Ⓘ pact |
| 10. flummox | Ⓙ fortunate |

B. 1. Ⓙ 2. Ⓕ 3. Ⓘ 4. Ⓔ 5. Ⓗ 6. Ⓖ 7. Ⓐ 8. Ⓓ 9. Ⓒ 10. Ⓑ

1101 ★★★

**notorious**
[noutɔ́:riəs]

**a. 악명 높은 = flagitious, flagrant, ill-famed, infamous**

The company is **notorious** for bad working conditions.
그 기업은 근무조건이 열악하기로 악명 높다.

MVP notoriety n. 악명, 악평
notoriously ad. 악명 높게

1102 ★★

**adulate**
[ǽdʒəlèit]

**v. 아첨하다, 비위 맞추다, 무턱대고 칭찬하다 = blandish, flatter, overpraise**

All the villagers snobbishly **adulated** the rich.
마을사람들은 모두 속물근성으로 부자들에게 아첨했다.

MVP adulation n. 과찬, 지나친 칭찬, 아첨
adulator n. 아첨꾼

1103 ★

**parvenu**
[pɑ́:rvənjù:]

**n. 벼락부자, 벼락 출세자 = upstart**

Although extremely wealthy, he was regarded as a **parvenu** by the aristocratic members of society.
그는 대단히 부자였지만 사회의 귀족들에게는 졸부로 간주되었다.

1104 ★★★

**convey**
[kənvéi]

**vt. ① 나르다, 운반[운송]하다 = carry, transport**
**② (지식 등을) 전달하다; (소리 등을) 전하다; (병을) 옮기다**
**= communicate, transmit**

Language can **convey** our thoughts and feelings to others.
언어는 우리의 생각과 감정을 타인에게 전달할 수 있다.

MVP conveyance n. 운반, 수송; 전달; 수송기관

1105 ★★

**penitence**
[pénitəns]

**n. 후회, 뉘우침, 참회, 회개**
**= compunction, contrition, regret, remorse, repentance**

We believe in the human capacity for forgiveness and **penitence**.
우리는 용서하고 참회하는 인간의 능력을 믿는다.

MVP penitent a. 참회[후회]하는, 뉘우치는, 회개하는; n. 참회자, 후회하는 사람

1106 ★★★

**instigate**
[ínstəgèit]

**vt. 부추기다, 선동하다 = abet, agitate, foment, incite, provoke**

In the 1960s, students **instigated** demonstrations against the Vietnam War.
1960년대에, 학생들은 베트남전에 반대하는 시위를 선동했다.

MVP instigation n. 선동, 부추김
instigator n. 선동자, 교사자
instigative a. 선동하는, 부추기는



1107 ★★
**reticent**
[rétəsənt]

**a. 과묵한, 말이 적은, 말을 삼가는 = reserved, silent, taciturn**

He is very **reticent** to talk about his family.
그는 가족에 대해서는 거의 말을 하지 않는다.

MVP reticence n. 과묵, 말수가 적음

1108 ★★★
**deplete**
[diplí:t]

**vt. 격감시키다; (세력·자원 등을) 고갈시키다 = consume, drain, exhaust, use up**

Smoking **depletes** the body's vitamin C supplies.
흡연은 신체의 비타민 C 공급을 크게 감소시킨다.

Natural resources are already in a severely **depleted** state.
천연자원은 이미 심각하게 고갈된 상태에 있다.

MVP depletion n. 고갈, 소모

1109 ★★
**heap**
[hi:p]

**n. ① 쌓아올린 것, 퇴적, 더미, 덩어리 = accumulation, lump, pile, stack**
**② 많음, 다수, 다량 = lot, mass, plenty**
**v. ① 쌓아올리다, 산처럼 쌓다 = pile, stack**
**② (돈·부 등을) 축적하다 = accumulate, amass**

She piled the papers in a **heap** on her desk, just anyhow.
그녀는 그 서류들을 책상 위에 그냥 아무렇게나 쌓아두었다.

1110 ★★
**prosaic**
[prouzéiik]

**a. ① 단조로운, 지루한 = boring, dull, monotonous**
**② 산문의, 산문체의**

A **prosaic** Sunday morning means to me sleeping late and lingering over a big pancake breakfast while browsing the Sunday newspaper.
지루한 일요일 아침이란 나에게는 늦잠을 잔 뒤 일요일자 신문을 훑어보며, 커다란 팬케이크를 꾸물거리면서 먹는 것을 의미한다.

William Wordsworth's later poetry is often **prosaic**.
윌리엄 워즈워스(William Wordsworth)의 후기의 시는 산문적인 경우가 많다.

MVP prose n. 산문, 산문체; 산문 작품
prosaist n. 산문가; 평범하고 지루한 사람
prosy a. 산문체의; 평범한, 몰취미한; 지루한, 단조로운
prosaically ad. 산문으로; 지루하게

1111 ★★
**bask**
[bæsk]

vi. ① (햇볕·열 등을) 쬐다, 일광욕하다[in] = sunbathe
② (애정·은혜·행운 등을) 입다, 누리다[in]

A frog is **basking** in the sunshine on a rock.
개구리 한 마리가 바위 위에서 햇볕을 쬐고 있다.

She **basked** in the reflected glory of her daughter's success.
그녀는 딸의 성공에 따르는 후광을 누렸다.

---

1112 ★★★
**superficial**
[sù:pərfíʃəl]

a. ① 외견상의, 표면적인, 피상적인 = cursory, ostensible, seeming, surface
② 깊이가 없는, 경박한, 얄팍한, 천박한 = coarse, depthless, shallow

When you first meet her, she gives a **superficial** impression of warmth.
그녀를 처음 만나면, 그녀는 표면적으로는 따뜻하다는 인상을 준다.

Miss Universe has long come under fire for being **superficial**.
미스유니버스는 천박하다는 비난을 오랫동안 받아왔다.

MVP superficiality n. 천박, 피상; 천박한 사물

---

1113 ★
**turnkey**
[tə́:rnkì:]

n. 교도관, 간수 = guard, jailer, warder
a. (건설·플랜트 수출 계약 등에서) 완성품 인도[일괄도급] 방식의

A prison officer complained that he was being forced into acting like 18th-century **turnkeys**.
교도관은 본인이 18세기의 간수처럼 연기하도록 강요받았다고 불평했다.

---

1114 ★★★
**fragile**
[frǽdʒəl]

a. ① 깨지기 쉬운, 부서지기 쉬운 = breakable, brittle, delicate, frangible
② 허약한, 연약한 = feeble, frail, impuissant, weak

Mark the package as **fragile** because the contents are glass.
내용물이 유리라서 그 소포에 깨지기 쉬운 것이라고 표시해 주세요.

Her father is now 86 and in **fragile** health.
그녀의 아버지는 이제 86세시고 몸이 허약하시다.

MVP fragility n. 부서지기 쉬움; 허약

---

1115 ★★
**mumble**
[mʌ́mbəl]

v. 중얼거리다 = grumble, murmur, mutter

The child **mumbled** so badly that I could not understand a word he said.
그 아이는 너무 심하게 중얼거려서 나는 그 아이가 말하는 것을 한 마디도 이해할 수 없었다.

1116 ★★★

**spot**
[spat]

n. ① (작은) 점, 반점, 얼룩 = blot, smudge, speck, stain, taint
② (특정한) 곳, 장소, 자리 = location, scene, site
v. 발견하다, 찾다, 알아채다 = detect, discover, find, uncover

Neighbors **spotted** smoke coming out of the house.
이웃들은 그 집에서 연기가 나는 것을 발견했다.

MVP spotless a. 더럽혀지지 않은, 얼룩이 없는; 결점이 없는, 완벽한; 결백한
unspotted a. 반점이 없는; (도덕적으로) 오점이 없는, 결백한
blind spot (도로의) 사각 지대; 맹점, 약점; 수신 불량 지역

---

1117 ★

**crutch**
[krʌtʃ]

n. ① 목발
② (정신적인) 버팀목, 의지(하게 되는 것) = prop, strut, support

The patient can walk only with the assistance of **crutches**.
그 환자는 목발의 도움이 있어야만 걸을 수 있다.

We must use time as a tool, not as a **crutch**.
우리는 시간을 도구로 사용할 뿐, 시간에 의존해서는 안 된다.

---

1118 ★★

**eavesdrop**
[íːvzdràp]

v. 엿듣다, 도청하다 = bug, overhear, tap, wiretap

We caught him **eavesdropping** outside the window.
우리는 그가 창 밖에서 엿듣고 있는 것을 잡았다.

MVP eavesdropper n. 엿듣는 사람

---

1119 ★★★

**acquaintance**
[əkwéintəns]

n. ① 아는 사람, 지인
② 면식, (약간의) 친분 = acquaintanceship, closeness, familiarity
③ 지식, 앎 = know-how, knowledge, savvy, wisdom

He is not a friend, but an **acquaintance**.
그는 친구가 아니라 아는 사람이다.

MVP acquaint vt. 숙지시키다, 알리다; 소개하다

---

1120 ★

**lachrymose**
[lǽkrəmòus]

a. 눈물을 잘 흘리는; 눈물을 자아내는, 애절한
= pathetic, plaintive, tearful, weepy

His voice has a **lachrymose** quality which is more appropriate at a funeral than a class reunion.
그의 목소리는 동창회보다 장례식에 더 어울리는 애절한 음색을 갖고 있다.

1121 ★★★

**storage**

[stɔ́:ridʒ]

n. ① 저장, 보관; 창고보관 = hoarding, keeping, reposition
② 저장고, 보관소 = depository, stockroom

The government decided to build an interim **storage** facility by 2024.
정부는 2024년까지 임시저장시설을 만들기로 결정했다.

---

1122 ★★

**consolidate**

[kənsálədèit]

v. ① 굳히다, 강화하다; 공고해지다 = reinforce, strengthen; secure
② 통합하다[되다], 통합 정리하다, 합병하다 = combine, merge, unite

With this new movie he has **consolidated** his position as the country's leading director.
이 새 영화로 그는 국내에서 일류 감독으로 위치를 굳혔다.

The two companies **consolidated** for greater efficiency.
그 두 회사는 효율성을 높이기 위해 통합했다.

MVP consolidation n. 정리, 통합, 합병(= combination, merger, union); 강화, 단단히 함

---

1123 ★★★

**manuscript**

[mǽnjuskrìpt]

n. ① (책·악보 등의) 원고 = draft, text
② 사본, 필사본 = copy, duplicate, transcript

The **manuscript** is so good that it deserves publication.
그 원고는 매우 뛰어나서 출판할 만한 가치가 있다.

---

1124 ★★

**glimpse**

[glimps]

n. ① 흘끗 봄, 잠깐 동안 봄, 일견(一見) = glance, peek, peep
② (무엇을 이해하는 데 도움이 되는) 짧은 경험[접촉]
v. 흘끗[언뜻] 보다

He caught a **glimpse** of her in the crowd.
그는 군중 속에 있는 그녀를 언뜻 보았다.

---

1125 ★

**invective**

[invéktiv]

n. 욕설, 악담, 독설 = denunciation, reproach, tirade, vilification

He expected criticism but not the **invective** which greeted his proposal.
그는 자신의 제안에 대해 비판은 예상했지만 욕설은 예상하지 못했다.

---

1126 ★★★

**surmise**

[sərmáiz]

v. 추측하다, 추정하다, 짐작하다 = assume, conjecture, speculate, suppose
n. 추측, 추정, 짐작 = conjecture, guesswork, speculation, thumbsuck

He **surmised** that something must be wrong.
그는 뭔가가 틀림없이 잘못됐다고 추측했다.

Her **surmise** about the weather turned out wrong.
날씨에 관한 그녀의 추측은 빗나간 것으로 드러났다.

---

1127 ★★
## diffident
[dífidənt]

**a. 자신 없는, 수줍어하는, 숫기 없는, 머뭇거리는, 내성적인**
= bashful, hesitant, reserved, shy, timid

He was so shy and **diffident** that he could never tell her he loved her.
그는 그녀에게 사랑한다는 말을 절대로 할 수 없었을 정도로 부끄러움이 많았고 숫기도 없었다.

MVP diffidence n. 자신 없음, 망설임, 수줍음



---

1128 ★★★
## object
v. [əbdʒékt]
n. [ábdʒikt]

**v. ① 반대하다, 이의를 말하다, 항의하다[to, against]**
= disagree, oppose, protest
**② 불평을 품다, 반감을 가지다, 싫어하다** = complain, dislike
**n. ① 물건, 물체, 사물** = article, item, thing
**② 목적, 목표** = aim, goal
**③ (동작·감정 등의) 대상** = target
**④ 〈문법〉 목적어**

The director **objected** to the cuts ordered by the censor.
감독은 검열관이 명령한 장면 삭제에 반대했다.

MVP objection n. 반대; 이의, 반론; 반감, 혐오

---

1129 ★★
## wizardry
[wízərdri]

**n. ① 마법, 마술, 묘기** = magic, sorcery, spell, thaumaturgy, witchcraft
**② 첨단기술, 첨단제품** = high-tech

If there was a school for **wizardry**, I'd sign up in a heartbeat.
만일 마술을 가르치는 학교가 있다면, 곧장 등록할 텐데.

Some of the concept car's **wizardry** is already showing up in current models.
콘셉트카의 첨단기술 중 일부는 현재 판매되는 모델에 이미 적용되고 있다.

MVP wizard n. (남자) 마법사; 마술사; 명수, 명인, 귀재(鬼才)

---

1130 ★
## artful
[á:rtfəl]

**a. ① (사람·언동 등이) 교활한** = crafty, cunning, sly, wily
**② (표현 등이) 교묘한, 기교[수단] 있는** = adroit, dexterous, masterly, skilful

A suspicious parent makes **artful** children.
의심이 많은 부모가 자녀를 교활하게 만든다.

MVP cf. artless a. 꾸밈없는, 천진한, 소박한

1131 ★★
**carcass**
[kɑ́:rkəs]

n. ① (짐승의) 시체; (경멸적) 인체; 송장 = cadaver, corpse
② (건물·배 등의) 뼈대 = framework, skeleton

The smell from the **carcass** was so terrible he stepped back in disgust.
시체 썩는 냄새가 너무 지독하여 그는 구역질이 나서 뒤로 물러섰다.

1132 ★★
**kindle**
[kíndl]

v. ① ~에 불을 붙이다, 태우다; 불이 붙다, 타오르다 = burn, ignite, inflame
② (감정·정열 등을) 타오르게 하다; 자극하다, 부추기다
= stir up; incite, instigate

It was her teacher who **kindled** her interest in music.
음악에 대한 그녀의 관심에 불을 붙여 준 사람은 그녀의 선생님이었다.

MVP enkindle vt. 불을 붙이다, 타오르게 하다; 자극하다
candle n. 양초, 초

1133 ★★
**visionary**
[víʒənèri]

a. ① 공상적인, 가공의, 비현실적인 = fanciful, idealistic, romantic
② 예지력[선견지명]이 있는 = foresighted, prescient, prophetic
n. 선견지명이 있는 사람, 선지자 = foreseer, prophet

Apple has lost a **visionary** and creative genius.
애플은 선견지명이 있고 창의적이었던 천재를 잃었다.

The artists are the **visionaries** that open up possibilities for the future.
그 예술가들은 미래에 대한 가능성을 열어주는 선지자들이다.

1134 ★★
**equilibrium**
[ì:kwəlíbriəm]

n. ① 평형 (상태), 균형 = balance, equipoise, symmetry
② (마음의) 평정 = composure, equanimity, serenity

The body's state of **equilibrium** can be disturbed by stress.
스트레스에 의해 몸의 균형상태가 깨질 수 있다.

He sat down to try and recover his **equilibrium**.
그는 자리에 앉아 마음의 평정을 되찾으려고 했다.

1135 ★★
**irresistible**
[ìrizístəbl]

a. ① 억누를 수 없는, 저항할 수 없는; 압도적인 = compelling, overwhelming
② (사람이나 물건이) 못 견디게 매혹적인
= enchanting, inviting, seductive, tempting

He felt an **irresistible** impulse to cry out at the sight.
그는 그 광경에 큰 소리로 외치고 싶은 억누를 수 없는 충동을 느꼈다.

1136 ★★★

**sow**
[sou]

v. (씨를) 뿌리다, 심다 = disseminate, inseminate, plant, scatter, seed
n. (성숙한) 암퇘지 = female hog

**Sow** the seed in a warm place in February and March.
2~3월이 되면 따뜻한 곳에 그 씨를 뿌려라.

MVP seed n. 씨, 씨앗, 종자, 열매
cf. saw n. 톱; 속담, 격언; 상투적인 말; v. 톱질하다
cf. sew v. 바느질하다, 꿰매다

---

1137 ★★

**allegiance**
[əlíːdʒəns]

n. (정당·종교·통치자 등에 대한) 충성 = fidelity, loyalty

They swore **allegiance** to the flag of their country.
그들은 국기에 대해 충성을 맹세했다.

---

1138 ★

**regale**
[rigéil]

v. ① 향응하다, 융숭하게 대접하다; 즐겁게[기쁘게] 해 주다[with, on]
= amuse, delight, entertain, gratify
② (맛있는 것으로) 원기를 회복하다[with] = refresh, revive
n. 성찬, 향응; 진수성찬, 산해진미 = feast

The sailor **regaled** us all night with stories of his adventure.
그 선원은 자신의 모험 이야기로 밤새도록 우리를 흥겹게 해주었다.

---

1139 ★★★

**pretext**
[príːtekst]

n. 구실, 핑계 = cover, excuse, guise

She used a call as a **pretext** for leaving the room.
그녀는 전화가 왔다는 핑계로 방에서 나갔다.

---

1140 ★★

**compelling**
[kəmpéliŋ]

a. ① (너무나 흥미로워서) 주목하지 않을 수 없는 = fascinating, irresistible
② 설득력 있는, 강력한 = convincing, forceful, persuasive, telling

Her latest book makes **compelling** reading.
그녀의 신작은 눈을 떼지 못하고 읽게 만든다.

In her speech, she offered several **compelling** examples to support her ideas.
연설에서, 그녀는 자신의 생각을 뒷받침해줄 몇 가지 설득력 있는 사례들을 제시했다.

---

1141 ★★★

**beverage**
[bévəridʒ]

n. (보통 물 이외의) 마실 것, 음료

Drinking sports **beverages** like Gatorade helps your body sustain a good balance of electrolytes.
게토레이와 같은 스포츠 음료를 마시는 것이 여러분의 몸이 전해질의 균형을 잘 유지하도록 도와준다.

1142 ★
**flint**
[flint]

n. ① 부싯돌; 라이터 돌
② 아주 단단한 물건; 냉혹[무정]한 것

The **flints** found in the sites were the first evidence that man could actually start fire this long ago.
그곳에서 발견된 부싯돌은 인류가 실제로 이렇게 오래 전에 불을 피울 수 있었다는 것을 보여주는 최초의 증거였다.

---

1143 ★★★
**exotic**
[igzátik]

a. ① 외국산의, 외국종의, 외래의 = adventive, alien, foreign, foreign-made
② 이국적인, 이국풍의 = outlandish

Owning an **exotic** pet has been popular for many decades.
외국산 애완동물을 키우는 것이 수십 년 동안 유행해 왔다.

It's time for you to experience her **exotic** music.
그녀의 이국적인 음악에 빠져 볼 시간이다.

MVP exoticism n. 이국풍, 외국풍; 이국정서; 이국취미
exotica n. 진기한 물건, 이국적인 것

---

1144 ★
**dowager**
[dáuədʒər]

n. 귀족 미망인; 부와 기품을 겸비한 여성

I could not help admiring the prudence and tact of this old **dowager**.
나는 이 노(老)미망인의 분별력과 재치에 감탄하지 않을 수 없었다.

---

1145 ★★★
**guarantee**
[gærəntí:]

n. ① 보증; 담보, 담보물; 보증서 = assurance; pledge, security; warranty
② 개런티
vt. ① 보증하다 = warrant
② ~을 확실히 하다, 보장하다 = assure, ensure, secure

Past performance does not **guarantee** future returns.
과거의 실적이 미래의 성과를 보장하지는 않는다.

---

1146 ★★
**sturdy**
[stə́:rdi]

a. ① (사람·동물·몸이) 강건한, 억센, 건장한 = brawny, burly, robust, stalwart
② (물건이) 튼튼한, 견고한 = solid, sound, stout
③ 확고한, 단호한 = determined, firm

The president was guarded by policemen of **sturdy** build.
대통령은 건장한 체구의 경찰관들로부터 경호를 받고 있었다.

1147 ★★★
**reward**
[riwɔ́:rd]

**n. ① 보수, 보상; 현상금, 보상금, 사례금 = payment; remuneration**
**② 보답, (악의) 응보**
**vt. ① 보수를 주다, 상을 주다; 보답하다 = recompense, remunerate**
**② (행위에) 앙갚음하다, 보복하다, 벌하다 = repay, requite**

He received a prize in **reward** for his diligence.
그는 자신의 근면함에 대한 보상으로 상을 받았다.

MVP rewarding a. 득이 되는, 할 보람이 있는, (~할 만한) 가치가 있는

---

1148 ★
**mollycoddle**
[málikàdl]

**vt. 지나치게 떠받들다, 응석을 받아주다, 과잉보호하다 = coddle, indulge, pamper**
**n. 응석받이, 응석받이로 자란 사람 = enfant gate, pampered child**

Don't **mollycoddle** the boy, or you'll spoil him.
그 애의 응석을 받아 주지 마라. 만약 그렇지 않으면 아이를 망치게 될 것이다.

---

1149 ★★
**trajectory**
[trədʒéktəri]

**n. 탄도, 궤도, 궤적 = orbit, path, track**

Computers were first developed to calculate missile **trajectories** and break enemy codes.
컴퓨터는 애초에 미사일의 탄도를 계산하고 적의 암호를 해독하기 위해 개발되었다.

Her career has not followed the usual **trajectory** of a budding starlet.
그녀의 연예인 경력은 신예 여배우들의 일반적인 행보를 따르지 않았다.

---

1150 ★★★
**portion**
[pɔ́:rʃən]

**n. ① 한 조각, 일부, 부분 = fraction, part, piece**
**② 몫; (음식의) 1인분 = share; helping, serving**
**vt. 나누다, 분할하다, 분배하다**

A **portion** of each school day is devoted to mathematics.
매일 수업의 일부는 수학에 할당되고 있다.

MVP cf. proportion n. 비율; 조화; 몫

## A. Write the meaning of the following words.

| | |
|---|---|
| □ notorious ______ | □ artful ______ |
| □ adulate ______ | □ carcass ______ |
| □ reticent ______ | □ kindle ______ |
| □ deplete ______ | □ visionary ______ |
| □ heap ______ | □ irresistible ______ |
| □ prosaic ______ | □ sow ______ |
| □ bask ______ | □ allegiance ______ |
| □ superficial ______ | □ regale ______ |
| □ turnkey ______ | □ pretext ______ |
| □ mumble ______ | □ compelling ______ |
| □ spot ______ | □ beverage ______ |
| □ crutch ______ | □ flint ______ |
| □ acquaintance ______ | □ exotic ______ |
| □ lachrymose ______ | □ dowager ______ |
| □ storage ______ | □ guarantee ______ |
| □ consolidate ______ | □ sturdy ______ |
| □ manuscript ______ | □ reward ______ |
| □ invective ______ | □ mollycoddle ______ |
| □ surmise ______ | □ trajectory ______ |
| □ object ______ | □ portion ______ |

※ 주어진 단어의 뜻을 본문에서 확인하시고 틀린 단어의 경우 박스에 체크한 뒤에 나중에 다시 학습하시기 바랍니다.

## B. Choose the synonym of the following words.

| | |
|---|---|
| 1. parvenu | Ⓐ overhear |
| 2. instigate | Ⓑ carry |
| 3. equilibrium | Ⓒ breakable |
| 4. glimpse | Ⓓ magic |
| 5. convey | Ⓔ balance |
| 6. fragile | Ⓕ upstart |
| 7. wizardry | Ⓖ bashful |
| 8. diffident | Ⓗ glance |
| 9. penitence | Ⓘ abet |
| 10. eavesdrop | Ⓙ compunction |

B. 1. Ⓕ 2. Ⓘ 3. Ⓔ 4. Ⓗ 5. Ⓑ 6. Ⓒ 7. Ⓓ 8. Ⓖ 9. Ⓙ 10. Ⓐ

1151 ★★

**titular**

[títʃulər]

a. ① 이름뿐인, 유명무실한; 명의[명목]상의 = honorary, nominal
② 표제의, 제목의

The president is usually the **titular** leader of the ruling party.
대통령은 보통 여당의 명목상의 수장이다.

---

1152 ★★

**discretion**

[diskréʃən]

n. ① 신중, 분별 = caution, judgment, prudence
② 판단[선택, 행동]의 자유, 자유재량(권) = blank check, free hand

The committee has the absolute **discretion** to refuse applicants.
그 위원회는 지원자를 거부할 수 있는 절대적인 재량권을 가지고 있다.

This TV program contains adult materials and viewers' **discretion** is advised.
이 TV 프로그램은 성인물을 포함하고 있으므로 시청자들의 분별력이 요구된다.

MVP discreet a. 분별 있는, 생각이 깊은; 신중한
discretionary a. 임의의, 자유재량의



---

1153 ★★

**pretentious**

[priténʃəs]

a. 허세 부리는, 자만하는, 잘난 체하는 = ostentatious, pompous, showy

The **pretentious** lady talked of nothing but her jewelry.
그 허세 부리는 여자는 오직 자신의 보석에 대해서만 얘기했다.

---

1154 ★★

**assort**

[əsɔ́:rt]

v. ① 분류하다, 구분하다 = categorize, classify, group
② (각종 물품을) 고루 갖추다, 구색을 갖추다

**Assort** them into three kinds: trash, papers to keep, and papers that belongs somewhere else.
그것을 쓰레기, 보관할 문서, 다른 곳에 속한 문서의 세 종류로 분류하세요.

MVP assortment n. 유별, 분류; 각종 구색; 구색 갖춘 물건
assorted a. 여러 종류로 된, 다채로운, 잡다한; 조화를 이룬

---

1155 ★

**epiphany**

[ipífəni]

n. ① (the E~) 예수의 공현(公顯); (e~) (신의) 출현
② (어떤 사물이나 본질에 대한) 직관, 통찰 = insight, intuition

Isaac Newton's **epiphany** about gravity occurred while he was sitting still.
아이작 뉴턴(Isaac Newton)의 중력에 대한 통찰은 그가 가만히 앉아있는 동안 일어났다.

1156 ★★★
**suppress**
[səprés]

v. ① (반란·폭동 등을) 진압하다 = curb, quash, quell, subdue
② (감정 등을) 억누르다, 참다 = contain, control, restrain, withhold
③ (인쇄·발표 등을) 금하다 = ban, forbid, outlaw, prohibit, proscribe

The riot police was sent to **suppress** the riot.
폭동을 진압하기 위해 전경들이 파견되었다.

Although she was famous, her works were **suppressed** and unavailable.
비록 그녀가 유명했지만, 그녀의 작품은 발매 금지되어서 구할 수 없었다.

---

1157 ★★
**indiscriminate**
[ìndiskrímənət]

a. 무차별의, 무분별한 = haphazard, indiscreet, random

Modern warfare often results in the **indiscriminate** killing of combatants and innocent civilians alike.
현대전은 흔히 전투원과 무고한 시민들을 똑같이 무차별적으로 죽이는 결과를 초래한다.

MVP indiscriminately ad. 무차별적으로, 닥치는 대로
↔ discriminate a. 식별력이 있는; 차별적인; v. 구별하다, 판별하다; 차별대우하다

---

1158 ★★★
**recruit**
[rikrú:t]

v. (신병이나 신입사원 등을) 모집하다[뽑다] = draft, enlist, enroll
n. 신병; 신입생; 신회원; 신참자; 초심자 = beginner, novice, trainee

The corporation plans to **recruit** new employees publicly.
그 기업은 공채를 통해 신입사원을 뽑을 계획이다.

---

1159 ★★
**sham**
[ʃæm]

n. ① 가짜, 속임, 협잡(挾雜), 위선 = fraud, hoax, imitation
② 속이는 사람; 사기꾼; 야바위꾼; 꾀병 부리는 사람
a. 모조의, 가짜의, 허위의 = artificial, counterfeit, false, phony

We are used to seeing **sham** polls during election campaigns, suggesting that certain candidates have more support than others.
우리는 선거운동 중에 특정 후보가 다른 후보들보다 더 많은 지지를 받고 있음을 시사하는 엉터리 여론조사를 보는 것에 익숙하다.

---

1160 ★
**corporeal**
[kɔːrpɔ́ːriəl]

a. ① 신체[육체]상의 = bodily, corporal, physical, somatic
② 유형의, 물질적인 = material, palpable, tangible

His **corporeal** needs were few — food and physical comforts meant nothing to him.
그가 육체적으로 필요한 것은 별로 없었는데, 음식과 신체적 안락은 그에게 전혀 의미가 없었다.

MVP ↔ incorporeal a. 무형의, 비물질적인

1161 ★

**fray**
[frei]

n. 싸움, 말다툼 = affray, argument, brawl, logomachy, quarrel, row
v. ① (천이) 닳아 해지다, (천을) 닳게 하다, 해어지게 하다 = tatter, wear
② (신경들이) 날카로워지다, (신경을) 날카로워지게 만들다

At 71, he has now retired from the political **fray**.
71세인 그는 이제 정쟁에서 은퇴하였다.

As the debate went on, tempers began to **fray**.
토론이 진행되자, 신경이 날카로워지기 시작했다.

---

1162 ★★

**disproportionate**
[dìsprəpɔ́:rʃənət]

a. 불균형의, 어울리지 않는[to] = incommensurate, unbalanced

They said the amount of the damages from the government is **disproportionate** to the victims' suffering.
그들은 정부로부터 받은 손해 배상금의 액수가 희생자의 고통과 균형이 맞지 않는다고 말했다.

MVP ↔ proportionate a. 균형 잡힌, 비례를 이룬

---

1163 ★

**pare**
[pɛər]

vt. ① (과일 등의) 껍질을 벗기다 = cut, peel, skin
② (비용 등을) 절감하다, 조금씩 줄이다 = cut back, reduce

The company must **pare** down excessive expenses.
그 회사는 과도한 지출을 줄이지 않으면 안 된다.

MVP peel v. (귤·바나나 등을 손으로) 껍질을 벗기다; n. 껍질
cf. pear n. 배, 배나무

---

1164 ★★

**amphibian**
[æmfíbiən]

n. 양서류, 양서 동물[식물] = batrachian
a. ① 양서류의
② 수륙양용의

Climate change serves as the biggest danger to frogs and other **amphibians**.
기후 변화는 개구리와 다른 양서류에게 가장 큰 위험요소로 작용하고 있다.

A Russian **amphibian** plane is capable of landing on ground as well as on water surfaces.
러시아 수륙양용 비행기는 수면과 지상에 모두 착륙할 수 있다.

MVP amphibious a. 양서류의; 수륙 양용의
cf. triphibian a. 육·해·공 어느 싸움에도 강한; 육·해·공 합동 작전의(= triphibious)
frog n. 개구리
toad n. 두꺼비
salamander n. 도롱뇽

1165 ★★
**speculate**
[spékjulèit]

**v. ① 사색하다, 깊이 생각하다; 추측[짐작]하다, 억측하다 = meditate; conjecture
② 투기하다**

She often **speculated** as to what sort of man she would marry.
그녀는 어떤 사람과 결혼하게 될 것인가를 이따금 생각해 보았다.

I am not comfortable with borrowing money to **speculate** on the price of assets; it's too risky, as asset prices are too volatile.
부동산에 투기할 목적으로 돈을 빌리는 게 마음이 편하지 않습니다. 부동산 가격은 너무 변덕스러워서, 투기는 매우 위험하거든요.

MVP speculation n. 사색, 숙고; 추측, 억측; 투기
speculative a. 이론적인; 사색적인; 투기를 좋아하는, 위험한

1166 ★★
**mogul**
[móugəl]

**n. 중요인물, 거물, 실력자 = magnate, tycoon**

Australian media **mogul** Rupert Murdoch has reached an agreement to purchase Dow Jones and Company, the parent company of *The Wall Street Journal*, for $5 billion.
호주인 언론계 거물인 루퍼트 머독(Rupert Murdoch)은 『월 스트리트 저널(The Wall Street Journal)』의 모회사인 다우 존스를 50억 달러에 사는 계약을 맺었다.

1167 ★★
**browse**
[brauz]

**v. ① (책·신문 등을) 대강 읽다[훑어보다] = leaf through, scan, skim
② (가게 안의 상품을) 이것저것 둘러보다[구경하다] = look around
③ (정보를 찾아) 인터넷을 돌아다니다
④ (소·사슴 등이 풀·새싹을) 먹다 = eat, graze, pasture**

She **browsed** the shelves for something interesting to read.
그녀는 뭐 재미있는 읽을거리가 있나 하고 책꽂이들을 훑어보았다.

I found the article while I was **browsing** through some old magazines.
나는 옛날 잡지들을 훑어보다가 그 기사를 발견했다.

1168 ★★★
**venture**
[véntʃər]

**n. 벤처 (사업), 모험, 모험적 사업
v. 위험을 무릅쓰고 ~하다, 과감히 ~해보다 = adventure, brave, dare, risk**

Most young talents prefer stable and high-salaried jobs than **venturing** into their own businesses.
대부분의 젊은 인재들은 과감하게 그들 자신만의 사업에 뛰어들기 보다는 안정적이고 연봉이 높은 직업을 선호한다.

MVP venturous a. 모험을 좋아하는, 무모한, 대담한, 모험적인(= venturesome)

1169 ★★

**affordable**
[əfɔ́:rdəbəl]

a. 입수 가능한, (가격이) 알맞은 = fair, moderate, reasonable

They couldn't find any **affordable** houses for them.
그들은 값이 알맞은 집을 구할 수가 없었다.

MVP afford v. ~의 여유가 있다, ~을 살[지급할] 돈이 있다; ~할 여유가 있다

---

1170 ★

**repast**
[ripǽst]

n. ① 식사; (한번의) 식사량 = chow, fare, meal, refection
② 식사 시간 = chowtime, mealtime

Before the **repast** began, he stood up, removed his hat, and briefly asked a blessing.
식사 전에, 그는 일어나서 모자를 벗고 잠시 감사기도를 했다.



---

1171 ★

**conjugal**
[kɑ́ndʒugəl]

a. 부부의, 부부간의, 혼인의 = connubial, marital, matrimonial, nuptial

The old couple live in **conjugal** harmony like newlyweds.
그 노부부는 신혼부부처럼 금슬이 좋다.

---

1172 ★★★

**extract**
v. [ikstrǽkt]
n. [ékstrækt]

vt. ① 뽑아내다, 빼내다, 꺼내다 = draw, remove
② (증류해서) 추출하다, (금속·광물·광석을) 채취하다 = abstract, distill
③ 발췌하다, 인용하다 = cite, cull, quote, select
n. ① 추출물, (정분을 내어 농축한) 진액
= concentrate, distillation, essence, juice
② 초록(抄錄), 인용(구), 발췌 = excerpt, quotation

She used an **extract** from a novel in her term paper.
그녀는 학기말 리포트에 소설에서 발췌한 인용문을 사용했다.

MVP extraction n. 뽑아냄, 추출; 가문, 혈통; 발췌, 인용(구)

---

1173 ★★

**hollow**
[hɑ́lou]

a. ① 속이 빈, 텅 빈 = empty, vacant, void
② 헛된, 무의미한; 공허한

Bamboo is lightweight, **hollow**, but strong.
대나무는 가볍고 속이 비었지만 단단하다.

MVP cf. hallow vt. 신성[깨끗]하게 하다; 신에게 바치다; 신성한 것으로 숭배하다

1174 ★
**guru**
[gúəruː]

n. ① 힌두교의 도사(導師), 교사(敎師); (신봉자가 숭배하는) 지도자 = master, teacher
② (어떤 분야의) 전문가, 권위자, 베테랑 = authority, expert

A communication **guru** once blamed words as the fundamental cause of all problems among people.
커뮤니케이션 전문가는 한때 사람과 사람 사이에 일어나는 모든 문제의 근본적인 원인이 말이라고 비난했다.

---

1175 ★★
**run-of-the-mill**
[rʌnɔvðəmíl]

a. 흔해 빠진, 평범한, 보통의 = mediocre, ordinary

Too much action turns the movie into just another **run-of-the-mill** action movie, nothing more.
너무 많은 액션신은 그 영화를 그저 또 다른 평범한 액션 영화로 만든다.

---

1176 ★★★
**index**
[índeks]

n. ① 색인, 찾아보기
② 표시하는 것, 표시; 지침, 지표; 지수 = guide, indicator, mark, token

The face is oftentimes a true **index** of the heart.
얼굴은 종종 마음의 참다운 지표다.

---

1177 ★★
**entreat**
[intríːt]

v. 간청하다, 애원하다, 탄원하다 = beg, beseech, implore, plead, supplicate

The sick man **entreated** the doctor to ease his pain.
환자는 제발 통증을 완화시켜달라고 의사에게 간청했다.

---

1178 ★★★
**article**
[ɑ́ːrtikl]

n. ① (동종의 물품의) 한 품목; 물품, 물건 = goods, item, object
② (신문·잡지의) 기사, 논설 = report, story
③ (규칙·계약 등의) 조항, 조목 = clause, provision

An **article** is not always good just because it is expensive.
물건이 비싸다고 해서 꼭 좋은 것은 아니다.

---

1179 ★★
**canvass**
[kǽnvəs]

v. ① (여론·의견 등을) 상세히 조사하다, 검토하다 = inspect, scrutinize
② (선거·정당지지 등을 위한) 유세를 하다

People are being **canvassed** for their views on the proposed new road.
사람들을 대상으로 제안된 신설 도로에 대한 의견들을 조사하고 있는 중이다.

Party workers are busy **canvassing** local residents.
당원들이 지역 주민들에게 유세를 다니느라 바쁘다.

1180 ★★★
**masculine**
[mǽskjulin]

a. ① 남자 같은, 사내다운; 남자[남성]의 = male, manlike, manly, mannish
② 힘센, 씩씩한, 용감한 = bold, brave, strong, virile

He has a very **masculine** looking, but he is very womanlike.
그는 매우 남성적인 외모를 가지고 있지만 그의 성격은 매우 여성적이다.

MVP ↔ feminine a. 여자의; 여자 같은, 연약한, 상냥한

1181 ★★
**landslide**
[lǽndslàid]

n. ① 사태, 산사태 = avalanche, landslip, mudslide
② (선거의) 압도적인 득표, 압도적인 승리 = overwhelming triumph

He claims that if he were to enter the election race, victory would be assured by a **landslide**.
만일 자신이 선거전에 뛰어든다면, 압도적으로 승리할 것이라고 그는 주장한다.



1182 ★★★
**crack**
[kræk]

v. ① 갈라지다, 금이 가다; 금이 가게 하다 = break, cleave, crash, split
② (암호를) 해독하다 = decipher, decode, decrypt
n. ① 갈라진 금, 균열; 틈 = chink, cleft, crevice, fissure, gap, rift
② 사소한 결함[결점] = defect, weakness

Glaciers are **cracking**, and icebergs and sea ice are melting as a sign of the rapid global warming in the polar regions.
극지방에 급격한 온난화가 일어나고 있다는 징후로 빙하가 갈라지고 있고, 빙산과 해빙이 녹고 있다.

1183 ★★
**stalemate**
[stéilmèit]

n. 교착상태, 막다름, 곤경 = deadlock, gridlock, standstill

Negotiations between the two parties have reached a **stalemate**; neither side is willing to shrink from previously stated positions.
두 당사자 간의 협상은 교착상태에 이르렀다. 어느 쪽도 이전에 표명한 입장에서 물러서려고 하지 않고 있다.

1184 ★
**insuperable**
[insú:pərəbl]

a. (곤경·문제 등이) 이겨낼 수 없는, 극복할 수 없는 = impassable, insurmountable

The hospitals now face **insuperable** difficulties with too few staff and too little money.
그 병원들은 현재 직원과 자금이 너무 적어서 극복할 수 없는 어려움에 직면해 있다.

1185 ★★★

**upset**
[ʌpsét]

v. ① 뒤엎다, 전복시키다 = capsize, overturn, tip over
② (계획 등을) 엉망으로 만들다, 잘못되게 만들다 = disorder, mess up, spoil

a. ① 뒤집힌, 전복한 = overturned, upside-down
② 당황한, 혼란한, 엉망진창이 된 = confused, disordered

n. 전복, 전도, 뒤집힘 = reversal

People usually feel very **upset** when a lie is told.
사람들은 속았을 때 대개 매우 기분이 언짢다.

---

1186 ★

**photogenic**
[fòutədʒénik]

a. (사람이) 사진이 잘 받는; (특히) 영화에 알맞은

She's got such distinctive **photogenic** features, like Bridget Bardot or Marilyn Monroe had.
그녀는 브리짓 바르도(Bridget Bardot)나 마릴린 먼로(Marilyn Monroe)가 그랬던 것처럼 특유의 사진이 잘 받는 특징을 지니고 있다.

---

1187 ★★

**sally**
[sǽli]

n. ① (농성 부대의) 출격, 돌격 = attack, raid
② 외출, 소풍, 여행 = excursion, trip

The troops made a **sally** into enemy territory, returning with ten prisoners.
그 군대는 적진으로 출격해 포로 열 명과 함께 돌아왔다.

---

1188 ★★

**grotesque**
[groutésk]

a. ① 터무니없는, 말도 안 되는 = absurd, ludicrous, nonsensical, ridiculous
② 기괴한, 괴상한, 기이한 = bizarre, odd, strange, weird

It's **grotesque** to expect a person of her experience to work for so little money.
그녀 정도의 경력자가 그처럼 적은 돈을 받고 일하기를 기대하는 것은 말도 안 되는 일이다.

That politician's speech was one of the most **grotesque** I've ever heard.
그 정치가의 연설은 이제껏 내가 들은 가장 괴상한 연설 중 하나였다.

---

1189 ★★

**chronology**
[krənɑ́lədʒi]

n. 연대순 배열[서술]; 연대기, 연표

Without **chronology** we would have no understanding of the world in terms of before and after, or cause and effect.
만약 연대기가 없다면, 우리는 전과 후 또는 원인과 결과의 관점에서 세계를 이해하지 못할 것이다.

MVP chronological a. 연대[날짜]순의; 연대기의
chronologically ad. 연대순으로

1190 ★
**fauna**
[fɔ́:nə]

n. (일정한 지방 또는 시대의) 동물군

The island has distinctive flora and **fauna** with many rare or endangered species.
그 섬에는 진귀하거나 멸종위기에 처한 독특한 식물군과 동물군이 있다.

MVP cf. flora n. (한 지방이나 한 시대 특유의) 식물군

1191 ★★
**watershed**
[wɔ́:tə:rʃèd]

a. 분기점을 이루는, 분수령이 되는
n. ① 분수령, 분수계 = divide, water parting
② (국면 따위의) 결정적인 갈림길[분기점] = turning point

Certainly, 2007 was a **watershed** year for Welsh politics.
확실히, 2007년은 웨일스 정치에 있어서 분수령이 되는 해였다.

The 19th century marked a **watershed** in Russia's history.
19세기는 러시아 역사에 있어 중요한 분수령이 되었다.



1192 ★★★
**outrageous**
[autréidʒəs]

a. ① 난폭한, 포학한 = atrocious, heinous, horrible, inhuman, shocking, violent
② 터무니없는, 지나친 = excessive, exorbitant, extravagant, unreasonable

She enjoys shocking people by saying **outrageous** things.
그녀는 터무니없는 말들을 해서 사람들에게 충격을 주는 것을 즐긴다.

MVP outrage n. 난폭, 폭행; 격분, 격노; vt. 폭행하다; 격분시키다
outrageously ad. 난폭하게; 터무니없이, 과도하게

1193 ★★
**tutelage**
[tjú:təlidʒ]

n. ① 교육, 지도, 훈육 = coaching, education, guidance, instruction, tutoring
② (기관 등의) 보호, 후견, 감독 = care, guardianship, protection, wardship

He felt privileged to be under the **tutelage** of an experienced actor.
그는 노련한 배우의 지도를 받게 되어 영광이라고 생각했다.

The organizations remained under firm government **tutelage**.
그 단체는 확고한 정부의 후견을 계속해서 받았다.

MVP tutelary a. 수호[보호]하는; 후견인[보호자]의; n. 수호신, 수호자

1194 ★
**stentorian**
[stentɔ́:riən]

a. 목소리가 우렁찬, 목소리가 매우 큰 = sonorous

Since then, his **stentorian** voice has gone silent.
그 때 이후, 그의 우렁찬 목소리는 조용해졌다.

1195 ★★★
**decode**
[di:kóud]

vt. (암호 등을) 해독[번역]하다 = decipher, decrypt, translate

The actual causes of the crash can be known after we **decode** the black box.
정확한 추락 원인은 블랙박스를 해독해 봐야 알 수 있다.

MVP cf. encode v. 암호로 바꾸다; 부호화하다

---

1196 ★★
**precept**
[prí:sept]

n. 교훈, 가르침, 계율; 격언 = teaching; maxim

I learned a worthwhile **precept** from the movie.
나는 그 영화를 통해서 가치 있는 교훈을 배웠다.

There is no moral **precept** that does not have something inconvenient about it.
지키기에 불편한 구석이 없는 도덕 계율은 없다.

MVP preceptive a. 교훈의, 교훈적인; 명령적인

---

1197 ★
**numerical**
[njumérikəl]

a. ① 수(數)의, 수적인, 숫자상의, 숫자로 나타낸 = numeral, numerary
② 계산능력의, 산수능력의 = arithmetic, calculable, computable

Despite his **numerical** advantage, McClellan failed to beat the enemy.
수적 우위에도 불구하고, 맥캘런(McClellan)은 적을 물리치지 못했다.

---

1198 ★★
**cure-all**
[kjúərɔ̀:l]

n. 만병통치약; 모든 문제를 해결할 수 있는 것
= catholicon, elixir, nostrum, panacea

He said, "The Sunshine Policy was not a **cure-all**," as it has failed to keep North Korea from going nuclear.
그는 "햇볕정책이 만병통치약은 아니었다."라고 말했는데, 이는 북한의 핵무장을 막지 못한 이유에서이다.

---

1199 ★★★
**mischief**
[místʃif]

n. ① (악의 없는) 나쁜 짓, 장난 = frolic, prank, shenanigans
② (사람·평판에 대한) 해[피해], 악영향 = damage, detriment, harm, injury

**Mischief** comes by the pound and goes away by the ounce.
재앙은 올 때는 무더기로 오고 갈 때는 야금야금 간다.

MVP mischievous a. 유해한; 장난을 좋아하는, 장난기가 있는

1200 ★★

**binocular**
[bainákjulər]

**a. 두 눈의, 쌍안용(雙眼用)의**
**n. (보통 pl.) 쌍안경; 쌍안 망원경[현미경] = field glasses**

**Binoculars** are easy to use, less expensive than telescopes, and adaptable to terrestrial use if the astronomy hobby does not work out.
쌍안경은 사용하기 쉽고 망원경보다 덜 비싸며 천문학 취미생활을 하지 못하게 되는 경우에는 일상에서 사용할 수도 있다.

MVP cf. monocular a. 단안의, 단안용(單眼用)의; n. 단안용 기구

## REVIEW TEST

### A. Write the meaning of the following words.

| | |
|---|---|
| □ titular ______ | □ index ______ |
| □ discretion ______ | □ article ______ |
| □ pretentious ______ | □ canvass ______ |
| □ epiphany ______ | □ landslide ______ |
| □ suppress ______ | □ crack ______ |
| □ indiscriminate ______ | □ insuperable ______ |
| □ recruit ______ | □ upset ______ |
| □ sham ______ | □ photogenic ______ |
| □ corporeal ______ | □ sally ______ |
| □ fray ______ | □ grotesque ______ |
| □ disproportionate ______ | □ chronology ______ |
| □ pare ______ | □ fauna ______ |
| □ amphibian ______ | □ watershed ______ |
| □ speculate ______ | □ outrageous ______ |
| □ browse ______ | □ tutelage ______ |
| □ venture ______ | □ stentorian ______ |
| □ affordable ______ | □ precept ______ |
| □ repast ______ | □ numerical ______ |
| □ extract ______ | □ mischief ______ |
| □ guru ______ | □ binocular ______ |

※ 주어진 단어의 뜻을 본문에서 확인하시고 틀린 단어의 경우 박스에 체크한 뒤에 나중에 다시 학습하시기 바랍니다.

### B. Choose the synonym of the following words.

| | |
|---|---|
| 1. mogul | Ⓐ connubial |
| 2. run-of-the-mill | Ⓑ empty |
| 3. masculine | Ⓒ decipher |
| 4. decode | Ⓓ magnate |
| 5. hollow | Ⓔ beg |
| 6. stalemate | Ⓕ categorize |
| 7. cure-all | Ⓖ male |
| 8. entreat | Ⓗ ordinary |
| 9. conjugal | Ⓘ catholicon |
| 10. assort | Ⓙ deadlock |

B. 1. Ⓓ 2. Ⓗ 3. Ⓖ 4. Ⓒ 5. Ⓑ 6. Ⓙ 7. Ⓘ 8. Ⓔ 9. Ⓐ 10. Ⓕ

1201 ★★★

**mundane**
[mʌ́ndein]

a. ① 이승의, 현세의, 세속적인 = earthly, profane, secular, worldly
② 평범한, 흔히 있는 = banal, commonplace, everyday, humdrum, ordinary

He could no longer endure the **mundane** realities of life.
그는 더 이상 세속적인 삶의 현실을 참을 수 없었다.

Jane wants to escape from her **mundane** life.
제인(Jane)은 평범한 삶에서 벗어나고 싶어 한다.

MVP mundanity n. 속세, 현세

1202 ★★

**exasperate**
[igzǽspərèit]

vt. ① 분개시키다, 화나게 하다 = incense, infuriate, irritate
② (병·고통·감정 따위를) 악화시키다

He was **exasperated** by the delay of the airplane.
그는 비행기의 지연에 매우 화가 났다.

MVP exasperation n. 격분, 격노, 격앙; (질병의) 악화

1203 ★

**depot**
[dí:pou]

n. ① (대규모) 창고, 저장소; 〈상업〉 상품 유통 거점
② 〈군사〉 보급소; 연대 본부; 신병 훈련소, 보충대
③ (철도) 역; 버스 정류장; (버스 등의) 차고

Military supplies are stored at the **depot**.
군수품은 보급소에 저장된다.

The bus is stationed at the **depot**.
버스가 정류장에 서 있다.

MVP cf. deport vt. (범법자를 국외로) 강제 추방하다; 〈재귀용법〉 처신[행동]하다

1204 ★★★

**gaze**
[geiz]

vi. (놀람·기쁨·흥미를 가지고) 가만히 보다, 응시하다 = look, stare
n. 응시, 주시, 눈여겨 봄; (뚫어지게 보는) 시선

Jack fixed his **gaze** at the beautiful lady.
잭(Jack)은 그 아름다운 여성을 응시하였다.

MVP cf. graze v. 풀을 뜯어 먹게 하다; 방목하다; (가축이 목초를) 먹다

1205 ★★

**apogee**
[ǽpədʒì:]

n. ① 정점, 절정 = acme, apex, peak, pinnacle, summit, zenith
② 〈천문〉 원지점(달이나 인공위성이 지구로부터 가장 멀리 떨어진 지점)

Baroque style reached its **apogee** in about 17th century.
바로크 양식은 17세기에 정점에 이르렀다.

MVP ↔ perigee n. 〈천문〉 근지점(달이나 인공위성이 지구에 가장 가까워지는 지점)

1206 ★
**resonant**
[rézənənt]

**a. ① (소리·목소리 등이) 울리는, 공명[반향]하는, 낭랑한 = resounding, sonorous**
**② 공명[공감]을 불러일으키는**

He has a **resonant** voice even on the phone.
그의 목소리는 전화로 들어도 쩌렁쩌렁하다.

MVP resonate v. 울려 퍼지다, 반향하다
resonance n. 공명, 반향
resonation n. (소리의) 반향, 공명, 공진

---

1207 ★★★
**psychology**
[saikáləd3i]

**n. 심리학; 심리 (상태) = mentality**

**Psychology** is the science of the mind and behavior.
심리학은 마음과 행동에 대한 과학이다.

MVP psychologist n. 심리학자
psychological a. 심리학의, 심리적인, 정신적인

※ psych-, psycho-: 영혼, 정신

psychoanalysis n. 정신 분석(학)
psychoanalyst n. 정신 분석학자, 정신 분석 전문의
psychopath n. 정신병자, 사이코패스
psychosis n. 정신병, 정신 이상
psychic a. 정신의; 심령의, 초자연적인; n. 무당, 영매
psychotic a. 정신병의; n. 정신병자
psychosomatic a. 심신의, 심신 상관의; n. 심신증 환자

---

1208 ★★
**disfigure**
[disfígjər]

**vt. ~의 외관을 손상시키다, 볼꼴 사납게 하다 = deface, deform, distort, mar**

Plastic surgery is very useful for people who have suffered burns or have their faces **disfigured** in an accident.
성형수술은 화상을 입었거나 사고로 얼굴이 흉하게 된 사람들에게 많은 도움이 된다.

---

1209 ★
**sheen**
[ʃi:n]

**n. ① 번쩍임, 광휘, 광채 = brightness, luster, radiance**
**② 광택, 윤 = gloss, luster, polish, shine**

Metropolitan life loses its **sheen** during a recession.
대도시의 생활은 경기침체 동안에는 빛을 잃는다.

MVP sheeny a. 광택 있는, 윤나는; 빛나는

1210 ★★★
**account**
[əkáunt]

n. ① 계산, 셈; 계산서, 청구서 = reckoning, tally; bill
② 기술, 서술; 이야기, 보고; 설명 = description, report, story
③ 이유; 근거; 원인, 동기 = basis, cause, motive, reason
v. ① (이유·원인을) 설명하다; 원인이 되다[for]
② (어떤 부분·비율을) 차지하다[for]

Her sad **account** of herself drew tears from the audience.
그녀 자신에 대한 슬픈 이야기가 청중의 눈물을 자아냈다.

His carelessness **accounts** for his failure.
그의 실패는 부주의 탓이다.

Imports from Japan **accounted** for 40% of the total.
일본으로부터의 수입이 총수입의 40%를 차지했다.

MVP on account of ~때문에
accountant n. 회계사

1211 ★★
**preposterous**
[pripástərəs]

a. ① 말도 안 되는, 터무니없는, 비상식적인, 불합리한 = absurd, outrageous
② 파격적인, 엉뚱한
③ 앞뒤가 뒤바뀐

What he's saying is a **preposterous** lie.
그가 하고 있는 말은 터무니없는 거짓말이다

The band were famous for their **preposterous** clothes and haircuts.
그 밴드는 파격적인 옷차림과 머리 모양으로 유명했다.

1212 ★★★
**stain**
[stein]

v. ① 얼룩지게 하다, 더럽히다; 얼룩지다, 더러워지다 = soil, tarnish
② 오점을 남기다 = defile, disgrace, sully, taint
n. ① (지우기 힘든) 얼룩 = blemish, blot, mark, spot
② (평판에 생긴) 오점 = infamy, slur, smirch, stigma

The scandal had **stained** the city's reputation.
그 스캔들은 그 도시의 평판에 오점을 남겼다.

1213 ★★
**bulletin**
[búlitən]

n. ① (중요한) 고시, 공고, 게시 = announcement, notification
② (라디오·텔레비전의) 속보, 뉴스 속보 = breaking news, flash, newsflash

His speech was reported in news **bulletin**.
그의 연설이 속보로 보도되었다.

Would you please post this on the **bulletin** board for me?
나 대신 게시판에 이것 좀 붙여 주시겠어요?

MVP bulletin board 게시판

1214 ★★★

**initiate**
[iníʃièit]

vt. ① 시작하다, 개시하다, 창시하다 = begin, launch, start
② 초보[원리]를 가르치다, 전수하다 = instruct, introduce
③ 가입[입회]시키다 = admit, enter

The government has **initiated** a programme of economic reform.
정부에서 경제 개혁 프로그램을 시작했다.

Many of them had been **initiated** into drug use at an early age.
그들 중 많은 이들이 어린 나이에 약물 사용을 처음으로 접하게 되었었다.

MVP initiation n. 시작, 개시; 가입; 비결 전수
initiative n. 계획, 발의; 진취성; 주도권
initial a. 처음의, 초기의; n. 머리글자
initially ad. 처음에, 시초에, 처음으로

---

1215 ★★

**heterodox**
[hétərədàks]

a. 이교(異敎)의, 이단의, 비정통적인 = dissident, heretical, pagan, unorthodox

They left the country to avoid persecution for their **heterodox** views.
그들은 자신들의 비정통적 견해에 대한 박해를 피해 조국을 떠났다.

MVP ↔ orthodox a. 정설(正說)의, 정교(正教)를 받드는, 정통파의; 공인된; 전통적인

---

1216 ★★★

**surveillance**
[sərvéiləns]

n. 감시, 감독 = inspection, observation, vigilance, watch

The police are keeping the suspects under constant **surveillance**.
경찰은 그 용의자를 계속해서 감시하고 있다.

---

1217 ★★

**wallow**
[wálou]

vi. ① (물·진흙 속에서) 뒹굴다[in] = roll, welter
② (사치·쾌락 등에) 빠지다, 탐닉하다[in] = indulge in

The rhinoceros and the elephant bear traces of a more watery past and seize every opportunity of **wallowing** in mud or water.
코뿔소와 코끼리는 과거에는 물속에서 지냈음을 짐작케 하는 여러 흔적들을 몸에 지니고 있으며, 기회만 되면 진흙이나 물속에서 뒹구는 걸 자주 볼 수 있다.

**Wallowing** in self-pity for years, he decides to commit suicide.
오랜 세월 동안 자기 연민에 빠져 있던 그는 자살하기로 결심한다.

MVP cf. willow n. 버드나무

---

1218 ★

**vassal**
[vǽsəl]

n. (봉건 시대의) 봉신, 가신; 종속자, 부하; 노예
= liegeman, subject; subordinate; bondman, servant, slave
a. 봉신의, 신하의; 예속된, 종속된, 노예 같은

In the feudal system, a **vassal** would kneel and put his hands in those of his lord to declare himself his servant.

봉건제도가 행해지던 시기에 신하는 무릎을 꿇고 영주의 손에 자신의 손을 얹고 자신이 그의 종임을 맹세했다.

The country that became a **vassal** state lost an independent say in its foreign policy.
속국이 된 국가는 외교정책에 있어서 독립적인 발언권을 잃었다.

MVP vassalize vt. 신하로 만들다, 속국으로 만들다
vassalage n. (봉건 시대의) 가신[봉신]의 신분; 충성(의 맹세); 봉토, 영지; 예속, 굴종
vassalless a. 가신이 없는, 봉신이 없는
vassal state 속국
cf. vessel n. (대형) 선박[배]; (액체를 담는) 그릇[용기, 통]



1219 ★★
## tailor
[téilər]

**v. (특정한 목적·사람 등에) 맞추다[조정하다] = adapt, adjust, modify**

The fictions are well **tailored** to popular tastes.
그 소설들은 대중의 취향에 잘 맞추어져 있다.

1220 ★★★
## steadfast
[stédfæst]

**a. 확고부동한, 고정된, (신념 등이) 불변의, 부동의 = determined, firm**

One of the **steadfast** rules of journalism everywhere is the maintaining of objectivity.
어느 곳에서나 언론의 불변의 법칙 중 하나는 객관성 유지이다.

His **steadfast** attitude makes other people trust and obey him.
그의 확고한 태도는 다른 사람들이 그를 믿고 따르게 한다.

MVP steadfastly ad. 확고부동하게, 불변으로

1221 ★
## chauvinist
[ʃóuvənist]

**n. ① 맹목적[광신적] 애국주의자 = superpatriot**
**② (주의나 성 차별 등의) 극단적 우월주의자**

Despite the protests of the **chauvinists**, the demand for English increased.
맹목적인 애국주의자들의 시위에도 불구하고, 영어에 대한 수요는 증가했다.

If women put their heads together, they can overcome the barriers mounted by male **chauvinists**.
여성들이 이마를 맞대고 의논하면, 그들은 남성 우월주의자들이 만들어 놓은 장벽을 넘어설 수 있다.

MVP chauvinism n. 맹목적 애국주의, 쇼비니즘
chauvinistic a. 광신적 애국주의의
jingoist n. 호전적인 애국주의자
jingoism n. (경멸) 맹목적 애국주의, 주전론, 대외 강경주의
jingoistic a. 주전론적인, 대외 강경론의

1222 ★★★

## epidemic
[èpədémik]

**n. 유행병, 전염병 = contagion, plague**
**a. 유행성[전염병]의; 유행하고 있는 = contagious**

An **epidemic** broke out and many people died from it.
역병이 발생해 수많은 사람들이 죽었다.

MVP endemic n. 풍토병; a. (병이) 풍토성의; (어떤 지방에) 고유한
pandemic n. 전국[세계]적인 유행병

---

1223 ★★

## cataclysm
[kǽtəklìzm]

**n. ① (사회적·정치적) 격변, 대변동 = upheaval**
**② 대홍수, 범람 = deluge**

A **cataclysm** such as the French Revolution affects all countries.
프랑스 혁명과 같은 대변혁은 모든 나라에 영향을 미친다.

MVP cataclysmic a. 격변하는

---

1224 ★

## ragamuffin
[rǽgəmʌ̀fin]

**n. 누더기를 걸친 사람[아이]; 부랑아 = tatterdemalion; gamin, guttersnipe**

She felt sorry for the **ragamuffin** who was begging for food and gave him money to buy a meal.
그녀는 누더기를 걸친 사람이 먹을 것을 구걸하는 것을 보고 불쌍히 여겨 그에게 음식을 사 먹을 돈을 주었다.

---

1225 ★★★

## propel
[prəpél]

**vt. 나아가게 하다, 몰고 가다, 추진하다 = drive, impel, push, spur**

The changes happening now will **propel** you into a new phase.
지금 일어나고 있는 변화들이 당신을 새로운 단계로 나아가게 할 것이다.

MVP propulsion n. 추진, 추진력
propellant n. 추진체, 추진시키는 것; (로켓의) 추진 연료[제]
propeller n. (비행기의) 프로펠러; 추진하는 것, 추진자
propulsive a. 추진력 있는, 추진하는

---

1226 ★★

## impudent
[ímpjudnt]

**a. 건방진, 무례한, 버릇없는 = arrogant, flippant, presumptuous**

I couldn't accept his **impudent** behavior.
나는 그의 무례한 행위를 받아들일 수 없었다.

MVP impudence n. 뻔뻔스러움, 몰염치; 건방짐; 건방진 언동
cf. imprudent a. 현명하지 못한, 경솔한, 무분별한

1227 ★

**coalesce**
[kòuəlés]

**vi. (더 큰 덩어리로) 합치다, 연합[합동]하다 = combine, merge, unite**

The political opposition that once **coalesced** around her has begun to fracture.
과거에 그녀를 중심으로 연합했던 야당은 이제 분열하기 시작했다.

MVP coalescence n. 합체; 합병, 연합, 제휴

1228 ★★

**pugnacious**
[pʌgnéiʃəs]

**a. 호전적인, 싸움하기 좋아하는 = bellicose, belligerent, warlike**

She became very **pugnacious** as a result of being bullied at school.
학교에서 괴롭힘을 당한 결과 그 여자는 몹시 호전적이 되었다.



1229 ★★★

**voyage**
[vɔ́iidʒ]

**n. 여행, 항해(특히 바다·우주로 하는 긴 여행) = expedition, journey, travel**

The Titanic sank on its maiden **voyage**.
타이타닉 호는 처녀항해에서 침몰했다.

MVP voyager n. 항해자, 항행자; 여행자
voyageable a. 항해[항행]할 수 있는
bon voyage 즐거운 여행하세요

1230 ★★

**zoom**
[zuːm]

**v. ① (가격·비용 등이) 급등[급증]하다 = soar, surge**
**② (인물·장면을) 확대[축소]하다[in, out]**

Online sales are **zooming**, even as online retailers offer fewer discounts.
온라인 소매업체들이 할인을 거의 하지 않는데도 온라인 판매가 급증하고 있다.

The TV camera **zoomed** in on the traffic accident.
그 TV 카메라는 교통사고 현장을 확대했다.

1231 ★★

**trilogy**
[trílədʒi]

**n. (연극·소설·영화 등의) 3부작**

The book is the first of a **trilogy**, *The Lord of the Rings*.
그 책은 『반지의 제왕(The Lord of the Rings)』이라는 3부작 중 첫 번째 작품이다.

MVP cf. tetralogy n. (책·영화 등의) 4부작, 네 개로 된 시리즈
cf. pentology n. (책·영화 등의) 5부작, 다섯 개로 된 시리즈

1232 ★

**dutiful**
[djúːtifəl]

**a. 본분을 지키는[다하는], 충실한; 순종하는 = duteous, faithful, obedient**

The knight pledged to be a **dutiful** subject to his king.
그 기사는 왕에게 충실한 신하가 될 것을 맹세했다.

MVP duty n. 의무, 본분; 순종

1233 ★★
**sleight**
[slait]

n. ① 능숙한 솜씨 = dexterity, skill
② 술책; 교활; 속임수 = trickery

Last year's profits were more the result of financial **sleight** of hand than genuine growth.
작년의 수익은 진정한 성장 때문이 아니라 재정적인 교묘한 속임수가 만든 결과였다.

MVP sleight of hand 날랜 손재주; 요술; 교활, 교묘하게 속임

1234 ★★★
**crawl**
[krɔːl]

v. ① 네발로 기다, 포복하다; (식물의 덩굴 등이) 기다 = creep, grovel
② 천천히 가다, 서행(徐行)하다; (시간이) 천천히 흐르다 = drag, inch
③ 비굴하게 굴다, 굽실거리다 = bow, cringe, fawn, truckle

Time is just **crawling** by at a snail's pace right now.
지금 시간이 달팽이 기어가는 것처럼 천천히 가는 것 같다.

1235 ★★
**malaise**
[mæléiz]

n. ① (질병의 전구(前驅) 증상으로서) 몸이 불편한 상태, 불쾌, 부조
② (도덕적·사회적 퇴락에 대한) 막연한 불안, 초조, 불쾌감
= discomfort, unease, uneasiness

Although the local police force has had much success in reducing crime in general, this deadly **malaise** appears intractable.
현지 경찰이 전반적으로 범죄를 줄이는 데 큰 성공을 했음에도 불구하고 이러한 극도의 불안감은 없애기 어려운 것으로 보인다.

MVP American malaise 미국병(평등화로 노동자의 질이 저하되고 노동 생산성이 정체되어 불황과 물가고가 진행됨)

1236 ★★★
**nominate**
[nάmənèit]

v. (선거·임명의 후보자로서) 지명하다, 임명하다 = appoint, designate, name

In the United States, a party can **nominate** a single candidate for office.
미국에서는 한 정당이 공직에 대해 단 한 명의 후보자를 지명할 수 있다.

MVP nomination n. 지명, 임명, 추천
nominee n. 지명된 사람, 임명된 사람

1237 ★
**askance**
[əskǽns]

ad. ① 의심[불신]의 눈으로 = dubiously, skeptically, suspiciously
② 옆으로, 비스듬히, 곁눈으로 = askew, awry, sidelong, sideways

Thomas tends to look **askance** at the frivolous persons.
토마스(Thomas)는 경박한 사람들을 불신의 눈으로 바라보는 경향이 있다.

He is looking **askance**, and does not want to look me in the eye.
그는 곁눈질로 계속 보면서, 나를 정면으로 쳐다보기를 꺼려한다.

1238 ★★
**cumulative**
[kjú:mjulətiv]

a. 점증적인, 누적하는 = incremental

The **cumulative** trading surplus reached $11.69 billion in the January-April period.
1~4월까지의 누적 무역수지 흑자는 116억 9,000만 달러를 기록했다.

1239 ★★
**begrudge**
[bigrʌ́dʒ]

vt. ① 시기하다 = be jealous, envy
② 주기를 꺼리다, 못마땅해[아까워] 하다 = grudge, skimp, stint

I **begrudge** every minute I have to spend attending meetings.
회의 참석에 소비해야 하는 촌각마저도 나는 아깝다.

MVP begrudgingly ad. 마지못해, 하는 수 없이, 아까운 듯이



1240 ★
**gnome**
[nóum]

n. ① 격언, 금언 = aphoristic, apothegmatic
② 땅속의 요정, 꼬마 도깨비, 난쟁이
③ (the ~s) 국제적 금융업자[은행가]

I cannot understand why some might find this **gnome** distasteful.
나는 왜 이 금언을 몇몇 사람들이 불쾌해 하는지 이해할 수 없다.

MVP gnomic a. 격언의, 격언적인

1241 ★★
**flip**
[flip]

v. (손가락으로) 튀기다, 홱 던지다 = cast, chuck, flick
n. 손가락으로 튀김, 가볍게 치기

They **flipped** a coin to decide who would get the theater ticket.
그들은 누가 영화표를 가질 건지를 정하기 위해 동전을 톡 던졌다.

1242 ★
**pigment**
[pígmənt]

n. 그림물감, 안료(顔料); 〈생물〉 색소 = color, coloring, dye, paint
v. 착색하다; 물들다 = color, dye, stain, tinge

Melanin is the **pigment** that determines skin or hair color.
멜라닌은 피부나 머리카락의 색을 결정짓는 색소이다.

MVP pigmentation n. 염색, 착색
cf. figment n. 가공의 일, 허구; 꾸며낸 일, 지어낸 이야기

1243 ★★
**juggernaut**
[dʒʌ́gərnɔ̀:t]

n. ① (압도적으로) 강력하고 거대한 것[존재, 조직] = leviathan
② 대형 버스, 대형 트럭

China is an industrial **juggernaut** that will steamroll its competitors.
중국은 경쟁국들을 압도할 거대한 산업국가다.

**Juggernaut** drivers grumble about the inconvenience of the system.
대형트럭 운전자들은 그 시스템의 불편함에 대해 투덜댄다.

---

1244 ★★★

## swear
[swεər]

**v. ① 맹세하다, 선서하다 = avow, objure, pledge, swan, vow**
**② 욕하다, 악담하다 = blaspheme, curse, cuss, missay, rail**

He **swore** to support and defend the constitution.
그는 헌법을 지지하고 옹호할 것을 맹세했다.

Why did you let him **swear** at you like that?
너는 왜 그가 너에게 그렇게 욕하도록 내버려 두었어?

---

1245 ★

## quorum
[kwɔ́:rəm]

**n. (의결에 필요한) 정족수(定足數)**

The meeting has been cancelled due to lack of a **quorum**.
그 회의는 정족수 미달로 무산되었다.

MVP quorate a. 정족수에 달하는
inquorate a. 정족수에 미달된

---

1246 ★★★

## evidence
[évədəns]

**n. ① 증거; 증언 = proof, testimony, witness**
**② 형적, 흔적 = indication, mark, sign, trace**

In a murder case, fingerprints are substantive **evidence**.
살인사건에서 지문은 확실한 증거다.

MVP evident a. 분명한, 명백한, 뚜렷한

---

1247 ★★

## occult
[əkʌ́lt]

**a. ① 신비로운, 불가사의의 = mysterious**
**② 마술적인, 초자연적인 = magical, supernatural**

His magic show is too **occult** to say it just magic.
그의 마술쇼는 단지 마술이라고 하기에는 너무 불가사의하다.

---

1248 ★★★

## peril
[pérəl]

**n. 위험; 모험 = danger, risk**

The country's economy is now in grave **peril**.
그 나라의 경제가 지금 중대한 위험에 처해 있다.

MVP perilous a. 위험한, 위험이 많은, 모험적인(= hazardous)
imperil vt. (생명·재산 등을) 위태롭게 하다, 위험하게 하다(= endanger)

1249 ★★

## retrieve

[ritríːv]

**v. ① 되찾다, 회수[회복]하다 = recover, regain**
**② 만회하다, 부활[갱생]시키다**
**③ 벌충하다, (손해를) 메우다; 수선하다, 정정하다**
**④ 〈컴퓨터〉 (정보를) 검색하다**

The police have managed to **retrieve** some of the stolen money.
경찰이 간신히 도난당한 그 돈의 일부를 되찾았다.

This program allows you to **retrieve** items quickly by searching under a keyword.
이 프로그램을 쓰면 키워드를 통해 찾음으로써 재빨리 항목을 검색할 수 있다.

MVP retrieval n. 회복, 만회, 복구
retrievable a. 되찾을 수 있는; 회복[복구]할 수 있는, 돌이킬 수 있는
irretrievable a. 돌이킬 수 없는, 회복[만회]할 수 없는



1250 ★

## level-headed

[lévəlhédid]

**a. 분별 있는, 상식이 있는, 판단이 공정한 = discreet, reasonable, sensible**

We should stay **level-headed** over touchy political issues.
골치 아픈 정치 문제에 대해 공정하게 판단을 해야 한다.

※ -headed: 머리가 ~한, ~머리의

clear-headed a. 두뇌가 명석한
hot-headed a. 성급한, 성마른
long-headed a. 선견지명이 있는
soft-headed a. 어리석은, 멍청한
hard-headed a. 빈틈없는; 완고한
light-headed a. 경솔한; 현기증 나는
pig-headed a. 고집 센
thick-headed a. 우둔한, 멍청한

# REVIEW TEST

## A. Write the meaning of the following words.

| | |
|---|---|
| □ depot ________ | □ zoom ________ |
| □ apogee ________ | □ trilogy ________ |
| □ psychology ________ | □ dutiful ________ |
| □ sheen ________ | □ sleight ________ |
| □ account ________ | □ crawl ________ |
| □ stain ________ | □ malaise ________ |
| □ bulletin ________ | □ nominate ________ |
| □ initiate ________ | □ askance ________ |
| □ heterodox ________ | □ cumulative ________ |
| □ surveillance ________ | □ begrudge ________ |
| □ wallow ________ | □ gnome ________ |
| □ vassal ________ | □ flip ________ |
| □ tailor ________ | □ pigment ________ |
| □ steadfast ________ | □ juggernaut ________ |
| □ chauvinist ________ | □ swear ________ |
| □ epidemic ________ | □ quorum ________ |
| □ cataclysm ________ | □ evidence ________ |
| □ propel ________ | □ occult ________ |
| □ coalesce ________ | □ peril ________ |
| □ voyage ________ | □ retrieve ________ |

※ 주어진 단어의 뜻을 본문에서 확인하시고 틀린 단어의 경우 박스에 체크한 뒤에 나중에 다시 학습하시기 바랍니다.

## B. Choose the synonym of the following words.

| | |
|---|---|
| 1. pugnacious | Ⓐ arrogant |
| 2. level-headed | Ⓑ sensible |
| 3. impudent | Ⓒ bellicose |
| 4. disfigure | Ⓓ gamin |
| 5. exasperate | Ⓔ worldly |
| 6. gaze | Ⓕ absurd |
| 7. resonant | Ⓖ deface |
| 8. preposterous | Ⓗ resounding |
| 9. mundane | Ⓘ stare |
| 10. ragamuffin | Ⓙ incense |

B. 1. Ⓒ 2. Ⓑ 3. Ⓐ 4. Ⓖ 5. Ⓙ 6. Ⓘ 7. Ⓗ 8. Ⓕ 9. Ⓔ 10. Ⓓ

1251 ★★★
**voluntary**
[vάləntèri]

a. ① 자발적인, 임의적인, 자진한 = discretionary, spontaneous, willing
② 고의의, 계획적인 = deliberate, intentional

Many **voluntary** helpers were active in the Olympic Games.
많은 자원 봉사자들이 올림픽 경기에서 활약했다.

MVP volunteer v. 자진하여 하다, 지원하다
voluntarily ad. 자유의사로, 자발적으로, 임의로
↔ involuntary a. 본의 아닌, 마음 내키지 않는; 무의식의

1252 ★★
**enunciate**
[inʌ́nsièit]

v. ① (분명히) 발음하다 = articulate, pronounce
② (생각을 명확히) 밝히다 (이론·제안 등을) 발표[선언]하다
= announce, declare, proclaim

Performers must **enunciate** their words clearly and project their voices loud enough for the audience to hear.
공연자들은 단어를 명확하게 발음하고 관객들이 들을 수 있을 만큼 충분히 크게 목소리를 내야 한다.

The buyer **enunciated** her conditions for buying the house.
구매자는 그 집을 사는 데 필요한 조건들을 명확하게 밝혔다.

1253 ★
**simian**
[símiən]

a. ① 원숭이의; 유인원(類人猿)의 = monkey, primate
② 원숭이 같은 = anthropoid, apelike
n. 유인원, 원숭이 = anthropoid, ape, monkey

In the future, the Earth is ruled by a race of highly-evolved **simians** who supplanted humans after a nuclear holocaust.
미래에, 지구는 핵전쟁에 의한 대학살 이후 인간을 대체하게 된 매우 진화한 유인원에 의해 다스려질 것이다.

1254 ★★★
**contempt**
[kəntémpt]

n. ① 경멸, 모욕, 멸시; 경시, 무시 = disdain, scorn; disregard, disrespect
② 치욕, 불명예, 체면 손상 = disgrace, dishonor, shame

His use of pejorative language indicated his **contempt** for his audience.
그는 멸시하는 투의 언어를 사용함으로써 청중에 대한 자신의 경멸을 드러냈다.

MVP contemptible a. 경멸할[멸시할] 만한, 비열한
contemptuous a. 모욕적인, 남을 얕보는

1255 ★★
**defraud**
[difrɔ́:d]

v. 속여 빼앗다, 편취하다, 사취하다; 속이다 = fleece, swindle; cheat, con

She **defrauded** her employers of thousands of dollars.
그녀는 고용주에게서 수천 달러를 사취했다.

1256 ★★
**inordinate**
[inɔ́:rdənət]

a. ① 과도한, 지나친 = excessive, exorbitant, immoderate, undue
② 난폭한; 무절제한; 불규칙한

Margot has always spent an **inordinate** amount of time on her appearance.
마고(Margot)는 자신의 외모에 늘 지나치게 많은 시간을 들였다.

MVP inordinately ad. 과도하게, 지나치게

---

1257 ★★
**moniker**
[mánəkər]

n. (사람의) 이름; 별명, 별칭 = name; cognomen, nickname

Now he has a **moniker** that will stick: Convicted criminal.
이제 그는 없어지지 않을 별명을 갖게 됐는데, 그것은 바로 유죄판결을 받은 범죄자이다.

---

1258 ★★★
**release**
[rilí:s]

vt. ① 해방[석방]하다; 면제[해제]하다[from] = discharge, free, liberate; exempt
② 풀어 놓다; (폭탄을) 투하하다; 방출하다
③ (영화를) 개봉하다; (정보·레코드·신간 등을) 공개[발표, 발매]하다
= launch, publish
n. ① 해방, 석방; 면제 = deliverance, liberation; exemption
② 발표, 공개, 발매; 개봉 (영화) = announcement, publication

They are demanding the **release** of all political prisoners.
그들은 모든 정치범의 석방을 요구하고 있다.

---

1259 ★★
**denouement**
[dèinu:mɑ́:ŋ]

n. (소설·희곡의) 대단원; (사건의) 고비; (분쟁 따위의) 해결, 결말

Fairy tales always end in a happy **denouement**.
동화는 항상 행복한 대단원으로 끝난다.

---

1260 ★
**splenetic**
[splinétik]

a. ① 성을 잘 내는, 까다로운, 짓궂은 = ill-tempered, irritable, peevish
② 비장(脾臟)의

In some senses you have to admire the **splenetic** loyalty of these fans.
어떤 의미에서, 당신은 이들 팬들의 짓궂은 충성을 존경해야 한다.

MVP spleen n. 비장(脾臟); 기분이 언짢음; 심술, 악의, 원한

---

1261 ★★★
**adore**
[ədɔ́:r]

vt. ① 흠모하다; 숭배하다, 존경하다 = admire, esteem, revere, worship
② 아주 좋아하다

I haven't met Marco Pierre White but my friends **adore** him.
나는 아직 마르코 피에르 화이트(Marco Pierre White)를 만나보지 못했지만 내 친구들은 그를 존경한다.

MVP adoration n. 예배, 숭배; 동경, 애모
cf. adorn vt. 꾸미다, 장식하다

---

1262 ★★

**sewage**
[sú:idʒ]

**n. 하수, 오물, 오수(汚水)**

Untreated **sewage** is flowing into the river.
처리되지 않은 하수가 강으로 흘러들고 있다.

---

1263 ★

**blight**
[blait]

**n. (식물의) 마름병**
**vt. 말라죽게[시들게] 하다; 망치다 = damage, destroy, ruin**

The farmers fear that the previous night's frost had **blighted** the potato crops entirely.
농부들은 간밤의 서리로 인해 감자 농작물이 완전히 망가진 것을 우려하고 있다.

---

1264 ★★★

**enterprise**
[éntərpràiz]

**n. ① 기획, 계획; (특히 모험적인) 사업 = project; venture**
**② 기업(체), 회사 = company, firm**
**③ 진취적인 정신, 기업심; 모험심 = initiative**

**Enterprises** basically want to recruit candidates with higher levels of English proficiency.
기업들은 기본적으로 높은 수준의 영어능력을 보유한 지원자를 채용하기를 원한다.

MVP enterprising a. 기업심[모험심]이 왕성한; (매우) 진취적인, 모험적인

---

1265 ★★

**nosedive**
[nóuzdàiv]

**n. ① (항공기의) 수직 강하 = vertical descent**
**② (가격 등의) 폭락, 급강하 = collapse, crash, plummet, plunge**
**vi. ① (항공기 등이) 수직 강하하다**
**② (가격 등이) 폭락하다 = plummet, plunge**

The skyrocketing international oil prices suddenly took a **nosedive**.
천정부지로 치솟던 국제유가가 갑작스럽게 폭락했다.

---

1266 ★★★

**penniless**
[pénilis]

**a. 무일푼의, 몹시 가난한 = poor**

The widow was left **penniless** with three small children.
그 과부는 어린아이 셋과 함께 돈 한 푼 없이 남겨졌다.

MVP penny n. 페니, 1페니의 청동화(靑銅貨); 1센트 동전; 푼돈

1267 ★★

**strand**
[strænd]

v. 좌초시키다, 좌초하다, 오도 가도 못하게 하다[되다]
n. ① (실·전선·머리카락 등의) 가닥[올, 줄] = fiber, filament
② 물가, 해변

The strike left thousands of tourists **stranded** at the airport.
파업으로 수천 명의 관광객들이 공항에서 발이 묶였다.

The submarine was found **stranded** 900 meters away from here.
잠수함은 여기서 900미터 떨어진 곳에서 좌초된 채 발견되었다.

MVP stranded a. 묶인; 고립된; 좌초된

1268 ★

**confluence**
[kάnfluəns]

n. ① (두 강의) 합류 지점 = junction
② (두 가지 이상 사물의) 합일[융합] = convergence, junction

The **confluence** of the two rivers stands as a natural boundary separating three countries.
두 강의 합류지점은 세 국가를 구분하는 자연적인 경계선 역할을 한다.

New Orleans jazz evolved from the **confluence** of black folk forms with various popular musics.
뉴올리언스 재즈는 흑인 민속 음악형식이 다양한 대중음악과 만나 발전했다.

1269 ★★★

**annual**
[ǽnjuəl]

a. 1년의, 1년에 걸친; 매년의 = once a year; yearly

My **annual** mileage is about 10,000.
나의 연간 주행거리는 1만 마일쯤 된다.

MVP annually ad. 해마다
cf. annul vt. 무효로 하다, 취소하다

1270 ★

**inkling**
[íŋkliŋ]

n. 암시; 어렴풋이 눈치 챔[앎], 약간의 지식 = hint, suggestion

I had an **inkling** that she might be pregnant.
나는 그녀가 임신했을 지도 모른다는 것을 어렴풋이 눈치챘다.

MVP get[have] an inkling of ~을 어렴풋이 알아차리다
give an inkling of ~에 대한 암시를 주다, 넌지시 알리다

1271 ★★★

**fugitive**
[fjúːdʒətiv]

a. ① 도망친, 달아난 = fleeing
② 일시적인, 덧없는 = fleeting, temporary, transient
n. 도망자, 탈주자 = escapee, refugee, runaway

He has a great many but **fugitive** ideas in his head.
그는 너무나 많은 그러나 덧없는 생각들을 그의 머릿속에 갖고 있었다.

The detective was on the track of the **fugitive**.
그 형사는 그 도망자를 추적하고 있었다.

---

1272 ★★
**touchstone**
[tʌ́tʃstòun]

**n. 표준, 기준, 시금석 = criterion, standard, yardstick**

Adversity is the **touchstone** of friendship.
역경은 우정의 시금석이다.

This game will be a **touchstone** that tests the player's potential.
이번 경기는 그 선수의 가능성을 가늠할 수 있는 잣대가 될 것이다.

---



1273 ★
**chubby**
[tʃʌ́bi]

**a. 통통한, 토실토실 살찐 = plump, rotund, stout, tubby**

She's just slightly **chubby** and has nice rosy cheeks.
그녀는 그저 살짝 통통하고, 근사한 장밋빛 뺨을 갖고 있다.

---

1274 ★★★
**discourage**
[diskə́:ridʒ]

**vt. ① ~의 용기[희망, 자신]를 잃게 하다, 낙담시키다 = deject**
**② (계획·사업 등을) 못하게 말리다, 단념시키다[from doing]; ~을 방해하다, 훼방하다 = deter, dissuade; thwart**

Many underdeveloped countries have a contradictory policy of simultaneously promoting tobacco production for economic reasons and **discouraging** tobacco consumption for health reasons.
많은 후진국들은 경제적 이유로 담배생산을 장려하고 동시에 건강상 이유로 담배 소비를 못하게 하는 모순적인 정책을 가지고 있다.

Don't be **discouraged** by the first failure — try again!
첫 번째 실패에 좌절하지 말고 다시 시도해 봐!

MVP discouragement n. 실망, 낙담; 지장

---

1275 ★★
**municipal**
[mju:nísəpəl]

**a. 지방 자치제의, 시[읍, 군]의 = civic, local**

The **municipal** authorities officially announced they would control land use.
시 당국은 토지 사용을 통제하겠다고 공식적으로 발표했다.

MVP municipalize vt. 자치체로 하다; 시영[시유]화 하다
municipality n. (시·읍 등의) 지방 자치체; 시[읍] 당국, 자치체 당국

1276 ★★

**punctuate**
[pʌ́ŋktʃuèit]

v. ① (문장에) 구두점을 찍다
② 강조하다 = accentuate, emphasize, highlight, stress, underline
③ (말을) 중단시키다, 잠시 그치게 하다 = break, cease, halt, interrupt

The boy can hardly even spell and **punctuate**.
그 소년은 철자쓰기와 구두점 찍기도 거의 할 수 없다.

He **punctuated** his remark with powerful gestures.
그는 자신의 이야기를 강한 몸짓으로 강조했다.

MVP punctuation n. 구두점, 구두점 찍기; 중단

---

1277 ★★

**cursory**
[kə́:rsəri]

a. 되는 대로의, 대충 하는, 엉성한 = casual, hit-and-miss, perfunctory

He planned to make a **cursory** review of his notes before the presentation.
그는 발표하기 전에 원고 내용을 대충 훑어볼 계획이었다.

She did a **cursory** job of mopping up the spilled milk.
그녀는 쏟아진 우유를 걸레로 대강 훔쳤다.

---

1278 ★

**agnostic**
[ægnɑ́stik]

n. 불가지론자

It's customary for atheists and **agnostics** to call the nativity story "a beautiful myth".
관례적으로 무신론자들과 불가지론자들은 예수 탄생 비화를 '아름다운 신화'라고 부른다.

MVP agnosticism n. 불가지론
cf. agonistic a. 논쟁의, 논쟁을 좋아하는

---

1279 ★★

**indoctrinate**
[indɑ́ktrənèit]

vt. (교의·신앙 등을) 주입하다; 세뇌시키다 = brainwash, imbue, inculcate, instill

The key to success is to **indoctrinate** people with the right attitudes at a very early age.
성공의 관건은 사람들에게 매우 어린 나이에 올바른 태도를 주입시키는 것이다.

MVP doctrine n. 교의, 교리; 주의, (정치·종교·학문상의) 신조, 학설
doctrinaire n. 공론가(空論家), 이론가

---

1280 ★

**amiss**
[əmís]

a. [서술적] 적합하지 않은, 잘못된 = awry, faulty, wrong
ad. 잘못하여; 부적당하게 = badly, ill, wrongly

If the child at about thirty months is not developing normal language skills, something is **amiss**.
만약 생후 약 30개월 된 아이가 보통 수준의 언어 능력에 이르지 못한다면, 무언가가 잘못된 것이다.

1281 ★★
**truce**
[truːs]

n. ① 휴전, 정전; 휴전[정전] 협정 = armistice, cease-fire
② 일시적 휴지(休止), 중지, 중단 = let-up, moratorium, respite

The two sides called a **truce** to avoid further bloodshed.
양 진영은 더 이상의 유혈 사태를 피하기 위해 정전을 선포했다.

---

1282 ★★★
**glitter**
[glítər]

vi. 번쩍번쩍하다, 빛나다 = flash, shine, sparkle

All that **glitters** is not gold.
반짝이는 것이 모두 금은 아니다.

MVP glittering a. 번쩍이는, 빛나는

---

1283 ★★
**hubris**
[hjúːbris]

n. 지나친 자신, 오만, 자만 = arrogance, pride, vanity

Hitler's military arrogance and political **hubris** put Germany on the path to a war.
히틀러(Hitler)의 군사적 오만함과 정치적 오만으로 독일은 전쟁의 길로 들어섰다.

---

1284 ★★
**rig**
[rig]

v. ① 의장(艤裝)하다; 장비를 갖추다, 준비하다 = equip, fit, furnish
② (시장·가격을) 부정하게 조작하다, 인위적으로 올리다 = manipulate
n. ① 장비, 장치; 용구 한 벌; 기계 = apparatus, equipment, gear
② (석유·천연가스의) 굴착장치

The ship is **rigged** with new sails.
그 배에는 새 돛이 달려 있다.

She accused her opponents of **rigging** the vote.
그녀는 상대를 부정 투표를 한 혐의로 고발했다.

---

1285 ★★
**prerogative**
[prirάgətiv]

n. (관직이나 지위에 따르는) 특권, 특혜 = perquisite, privilege

Use of the company limousine is one of the **prerogatives** of being executive vice-president.
회사의 리무진을 이용하는 것은 부사장이 되는 경우에 주어지는 특권들 중의 하나다.

---

1286 ★★★
**exemplify**
[igzémpləfài]

vt. ① ~의 전형적인 예가 되다 = embody, epitomize, illustrate, typify
② 예를 들다 = cite, demonstrate, illustrate

She **exemplified** each of the points she made with an amusing anecdote.
그녀는 자기가 주장한 사항 하나하나에 대해 재미있는 일화를 예로 들었다.

1287 ★★

**unkempt**
[ʌnkémpt]

**a. 흐트러진, 단정치 못한; (말투가) 세련되지 못한, 거친**
**= disheveled, slovenly, untidy**

He always looks **unkempt**, as if he's only just got out of bed.
그는 방금 침대에서 빠져 나오기나 한 듯이 언제나 단정치 못한 모습이다.

MVP ↔ kempt a. (머리털 등이) 빗질한; (집 등이) 깨끗한, 말쑥한

---

1288 ★★★

**compile**
[kəmpáil]

**vt. ① (문서·발췌 자료 등을) 한 권의 책으로 엮다, 편찬[편집]하다 = edit**
**② (자료를) 모으다, 수집하다 = amass, assemble, collect, gather**

The report is based on data **compiled** by South Korean and other foreign governments.
이 보고서는 한국 정부와 다른 외국 정부가 수집한 자료를 근거로 만들어진 것이다.

MVP compilation n. 편집, 편찬; 편찬물

---

1289 ★★

**succinct**
[səksíŋkt]

**a. 간결한, 간단명료한 = brief, concise, terse**

Thanks to this book, which gives an admirably **succinct** account of the new technology, I can now understand the new skills used in the field.
새로운 공학 기술에 대해 매우 훌륭하게 간결한 설명을 하고 있는 이 책 덕분에, 나는 지금 그 분야에서 사용되고 있는 신기술을 이해할 수 있다.

---

1290 ★

**feudalism**
[fjúːdlìzm]

**n. 봉건제도, 봉건주의**

All human societies develop in linear progression, beginning with primitive society, then slave society, **feudalism**, capitalism, socialism, and finally, guess where we end up?
모든 인간 사회는 직선적으로 발전해 나갑니다. 원시사회에서 노예제 사회, 봉건주의, 자본주의, 사회주의, 그리고 마침내 어디에 도달할까요?

MVP feudal a. 봉건제도의; 봉건시대의, 중세의

---

1291 ★★★

**wield**
[wiːld]

**vt. ① (무기·도구 등을) 휘두르다, 사용하다 = brandish, swing**
**② (권력·권위 등을) 행사하다 = exercise, exert**

He was **wielding** a large knife.
그는 커다란 칼을 휘두르고 있었다.

She **wields** enormous power within the party.
그녀는 그 정당 내에서 막대한 권력을 행사한다.

MVP cf. weld v. 용접하다; 결합시키다

1292 ★★
## leash
[li:ʃ]

**n. ① (개 등을 매는) 가죽 끈, 사슬 = cord, lead, rein, tether**
**② 속박, 구속; 억제 = check, control, curb, restraint**
**vt. ① 가죽 끈으로 매다 = bind, fasten, tether, tie**
**② 속박[구속]하다; 억제하다 = curb, hold, rein, restrain, suppress**

It was the late president who freed the prosecution from the presidential **leash**, allowing it to enjoy power and authority unchecked by anyone.
검찰을 대통령의 속박으로부터 풀어줘서 누구로부터도 견제 받지 않는 권력과 권한을 누리도록 해준 것이 다름 아닌 고인이 된 대통령이었다.

MVP ↔ unleash vt. ~의 포박을 풀다, 해방하다; 속박을 풀다

1293 ★★★
## pill
[pil]

**n. ① 환약, 알약 = capsule, tablet**
**② (the ~) 경구(經口) 피임약**

The **pill** had an immediate effect on the patient.
그 알약은 환자에게 즉각적인 효과를 보였다.

1294 ★★★
## bail
[beil]

**n. 보석(保釋); 보석금 = bailment, bond, surety**
**vt. 보석하다; (경제적 위기에 처한 사람·회사 등을) 구제하다[out]**

Last week Wikileaks founder Julian Assange was freed on **bail** in the UK.
지난주에 위키리크스의 설립자 줄리안 어샌지(Julian Assange)는 영국에서 보석으로 풀려났다.

MVP on bail 보석금을 내고
bailout n. (낙하산에 의한) 긴급 탈출; (특히 재정적인) 긴급 원조

1295 ★
## delectable
[diléktəbl]

**a. ① 즐거운, 기쁜, 유쾌한 = delightful, enjoyable, pleasant**
**② (음식·음료수가) 아주 맛있는[맛있어 보이는, 좋은 냄새가 나는]**
**= delicious, palatable, savory, tasty, toothsome**

The booklets are full of **delectable** recipes from appetizers through desserts.
그 책자는 전채부터 후식까지 맛있는 요리법으로 가득하다.

MVP delectation n. 환희, 기쁨, 즐거움, 유쾌

1296 ★★
## giddy
[gídi]

**a. ① 현기증이 나는, 어지러운 = dizzy, vertiginous**
**② 들뜬 = excited**

When I looked down from the top floor, I felt **giddy**.
맨 위층에서 내려다보니 눈앞이 아찔했다.

She was **giddy** with happiness.
그녀는 행복감에 들떠 있었다.

MVP vertigo n. 현기증, 어지러움

1297 ★★★

**overtake**

[òuvərtéik]

v. ① 따라잡다[붙다] = catch up with
② 추월하다, (뒤떨어진 일 등을) 만회하다

Experts say China is on course to **overtake** the USA by 2030.
전문가들은 2030년에는 중국이 미국을 추월할 것으로 보고 있다.

---

1298 ★★

**captious**

[kǽpʃəs]

a. 흠잡기 잘하는, 말꼬리를 잡고 늘어지는, (공연히) 헐뜯는
= carping, censorious, fault-finding

**Captious** individuals find nothing wrong with their own actions but everything wrong with the actions of everybody else.
흠잡기 좋아하는 사람들은 자신들의 행동에서는 잘못된 것을 전혀 발견하지 못하고, 다른 모든 사람들의 행동에서는 모든 것이 잘못됐다고 생각한다.

---

1299 ★★★

**mechanism**

[mékənìzm]

n. ① 기계 장치, 기구 = apparatus, appliance, gear, instrument, machine
② 심리 과정, (심적) 기제; 무의식적 수단

Pain acts as a natural defence **mechanism**.
통증은 천연 방어 기제의 역할을 한다.

---

1300 ★★

**replete**

[riplí:t]

a. 가득한, 충만한, 충분한[with] = filled, full, packed

The book is highly recommended to those readers who are suffering from mental depression, for it is **replete** with funny and humorous stories.
그 책은 우울증으로 고생하는 독자들에게 적극 추천된다. 왜냐하면 그 책은 재미있고 유머가 풍부한 이야기들로 가득하기 때문이다.

## REVIEW TEST

### A. Write the meaning of the following words.

| | |
|---|---|
| □ voluntary ______ | □ indoctrinate ______ |
| □ enunciate ______ | □ amiss ______ |
| □ defraud ______ | □ glitter ______ |
| □ moniker ______ | □ hubris ______ |
| □ release ______ | □ rig ______ |
| □ denouement ______ | □ prerogative ______ |
| □ adore ______ | □ exemplify ______ |
| □ sewage ______ | □ unkempt ______ |
| □ blight ______ | □ compile ______ |
| □ enterprise ______ | □ succinct ______ |
| □ nosedive ______ | □ feudalism ______ |
| □ strand ______ | □ wield ______ |
| □ confluence ______ | □ leash ______ |
| □ fugitive ______ | □ pill ______ |
| □ touchstone ______ | □ bail ______ |
| □ chubby ______ | □ delectable ______ |
| □ municipal ______ | □ giddy ______ |
| □ punctuate ______ | □ overtake ______ |
| □ cursory ______ | □ mechanism ______ |
| □ agnostic ______ | □ replete ______ |

※ 주어진 단어의 뜻을 본문에서 확인하시고 틀린 단어의 경우 박스에 체크한 뒤에 나중에 다시 학습하시기 바랍니다.

### B. Choose the synonym of the following words.

| | |
|---|---|
| 1. splenetic | Ⓐ ill-tempered |
| 2. inkling | Ⓑ poor |
| 3. discourage | Ⓒ carping |
| 4. contempt | Ⓓ disdain |
| 5. annual | Ⓔ armistice |
| 6. captious | Ⓕ deject |
| 7. simian | Ⓖ monkey |
| 8. truce | Ⓗ hint |
| 9. penniless | Ⓘ yearly |
| 10. inordinate | Ⓙ excessive |

B. 1. Ⓐ 2. Ⓗ 3. Ⓕ 4. Ⓓ 5. Ⓘ 6. Ⓒ 7. Ⓖ 8. Ⓔ 9. Ⓑ 10. Ⓙ

1301 ★★★

**nuisance**
[njú:sns]

**n. 성가신[귀찮은] 사람[것, 일], 골칫거리 = annoyance, bother, trouble**

Listeria is an unpleasant **nuisance**, causing flu-like symptoms.
리스테리아(listeria)균은 독감과 유사한 증상을 일으키는 불쾌하고 성가신 골칫거리다.

MVP cf. nuance n. 색조; 뉘앙스; 미묘한 차이

---

1302 ★★

**stupefy**
[stjú:pəfài]

**vt. ① 마비시키다; 무감각하게 하다 = numb, paralyze**
**② (충격·감동 등으로) 멍하게 하다, 깜짝 놀라게 하다 = amaze, astonish, stun**

He was **stupefied** by the changes in her face after many years.
그는 오랜 세월동안 변한 그녀의 얼굴을 보고 놀랐다.

MVP stupor n. 무감각, 인사불성; 마비

---

1303 ★★

**boisterous**
[bɔ́istərəs]

**a. ① 떠들썩한, 시끄러운, 흥청거리는, 활기찬; (사람·언동 따위가) 난폭한, 거친**
**= clamorous, obstreperous, rowdy, uproarious**
**② (바람·파도 등이) 거친, 사나운, 휘몰아치는**

The kindergarten classroom was so **boisterous**.
유치원 교실은 굉장히 떠들썩했다.

---

1304 ★

**autopsy**
[ɔ́:tapsi]

**n. 시체 해부, 검시, 부검 = necropsy, postmortem**
**vt. (시체를) 검시하다 = necropsy**

The **autopsy** revealed that the man died of food poison.
부검 결과 그 남자가 식중독으로 사망했음이 밝혀졌다.

MVP cf. biopsy n. 생체검사, 생검(생체조직에 대한 현미경 조사)

---

1305 ★

**sightly**
[sáitli]

**a. ① 보기 좋은, 아름다운, 예쁜, 잘생긴**
**= attractive, good-looking, nice-looking**
**② 경치가 좋은, 전망이 좋은 = commanding, scenic, vistaed**

She was a **sightly** girl in spite of a couple of scratches on her face.
그녀는 얼굴에 난 몇 군데의 상처에도 불구하고 아름다운 소녀였다.

The dumping ground turned into a **sightly** park.
그 쓰레기 매립지가 경치 좋은 공원으로 바뀌었다.

MVP sight n. 시력; 눈; (눈에 보이는) 광경; 관광지
cf. slightly ad. 약간, 조금
↔ unsightly a. 보기 흉한, 추한, 꼴불견의

1306 ★★★
**destination**
[dèstənéiʃən]

n. ① (여행 등의) 목적지, 행선지; 도착지 = goal, terminus
② 목적, 의도; 용도 = aim, objective, purpose, target

I heard that he had got to his **destination** safe and sound.
나는 그가 목적지에 안착했다는 말을 들었다.

MVP destine vt. 운명으로 정해지다; 예정하다
destiny n. 운명

---

1307 ★★
**challenging**
[tʃǽlindʒiŋ]

a. ① 사람의 능력을 시험하는; 힘든; 흥미를 돋우는, 해볼 만한
= testing; demanding, difficult
② 도발적인; (미소 등이) 매력[매혹]적인

Many enjoy the mental stimulation of a **challenging** job.
많은 사람들이 도전적인 직업이 주는 정신적 자극을 즐긴다.



---

1308 ★
**expostulate**
[ikspástʃulèit]

vi. 충고하다, 타이르다, 훈계하다 = admonish, exhort

His father **expostulated** with him about the evils of gambling.
그의 아버지는 도박의 폐해에 대하여 그에게 타일렀다.

MVP expostulation n. 간언, 충고; 훈계(= exhortation)
expostulator n. 간언하는 사람, 충고자

---

1309 ★★★
**catastrophe**
[kətǽstrəfi]

n. 대참사, 재앙 = calamity, disaster, holocaust, scourge

Early warnings of rising water levels prevented another major **catastrophe**.
불어나는 수위에 대한 조기경보가 또 하나의 대형 참사를 막았다.

MVP catastrophic a. 대변동의, 큰 재앙의

---

1310 ★★
**grudge**
[grʌdʒ]

n. 원한, 유감; 악의 = animosity, malice, rancor, resentment, venom
v. ① (무엇을 하거나 주는 것을) 억울해 하다, 아까워하다
② 배 아파하다, 샘내다, 시기하다, 질투하다 = begrudge, envy

The ugly man has a **grudge** against the world.
그 추악한 남자는 세상을 향해 원한을 품고 있다.

MVP grudging a. 마지못해 하는, 마음 내키지 않는; 인색한
grudgingly ad. 마지못해, 억지로(= unwillingly)

1311 ★

**overweening**
[òuvərwíːniŋ]

a. ① 자만심이 강한, 우쭐대는 = arrogant, conceited
② (자랑 등이) 과장된, 도가 지나친 = exaggerated, immoderate, inordinate

His **overweening** pride made him very unpopular.
그의 지나친 자만심은 그를 매우 평판이 나쁜 사람으로 만들었다.

The next article may encompass the president's **overweening** use of executive power.
그 후속 기사는 대통령이 행정권을 과도하게 사용하는 것을 포함할지도 모른다.

---

1312 ★★

**inoculation**
[inàkjuléiʃən]

n. ① (예방) 접종 = vaccination
② (사상 등의) 주입, 불어넣기; 감화; 접붙임, 접목

I got a smallpox **inoculation** when I was a child.
나는 어렸을 때 천연두 예방주사를 맞았다.

MVP inoculate v. 접붙이다, 접목하다; 예방 접종하다; (사상 등을) 주입하다

---

1313 ★★★

**testify**
[téstəfài]

v. 증언[증명]하다; 입증하다 = attest, certify

Before any person can **testify** in court, he or she must take an oath to tell the truth.
법정에서 증언하기 전에 모든 사람들은 진실만을 말하겠다는 맹세를 해야 한다.

MVP testimony n. 증언, 증거

---

1314 ★★

**ethnocentrism**
[èθnouséntrizm]

n. (다른 민족을 멸시하는) 자기민족 중심주의

**Ethnocentrism** is the tendency to look at the world primarily from the perspective of one's own culture.
자기민족 중심주의는 주로 자기 문화의 관점에서 세계를 보는 경향이다.

MVP ethnocentric a. 자기민족 중심주의의

---

1315 ★

**refractory**
[rifrǽktəri]

a. ① 말을 안 듣는, 다루기 어려운, 고집 센
= disobedient, stubborn, unmanageable, unruly
② (병이) 난치의, 잘 낫지 않는 = incurable, intractable, obstinate

Nursery teachers should learn to deal with **refractory** children.
유아원의 교사들은 말을 잘 듣지 않는 아이들을 다루는 법을 배워야 한다.

1316 ★★
**predisposition**
[prì:dispəzíʃən]

n. 성향, 경향; 질병에 대한 소인(素因) = disposition, inclination, tendency

A **predisposition** to schizophrenia can run in families.
정신 분열증에 대한 기질은 가족력일 수도 있다.

---

1317 ★★★
**invade**
[invéid]

v. ① 침입하다, 침략하다 = attack, raid
② (권리 등을) 침해하다 = encroach, intrude, trespass
③ (병이) 침범하다, 엄습하다; (소리·냄새 등이) 퍼지다

Iraq **invaded** Kuwait in 1990.
1990년에 이라크는 쿠웨이트를 침공했다.

Do the press have the right to **invade** her privacy in this way?
언론이 이런 식으로 그녀의 사생활을 침해할 권리가 있는가?

MVP invasion n. 침입, 침략; (권리 등의) 침해
invader n. 침입자, 침입국
invasive a. 침입하는, 침략적인; (건강한 조직을) 범하는, 침습성(侵襲性)의



---

1318 ★★
**didactic**
[daidǽktik]

a. 교훈적인, 설교적인, 가르치기 위한 = instructive, preachy

There are many **didactic** stories for children in Aesop's Fables.
이솝 우화에는 아이들을 위한 많은 교훈적인 이야기들이 있다.

---

1319 ★★
**surfeit**
[sə́:rfit]

n. ① 과도, 과다, 지나치게 많은 양 = excess, plethora, repletion
② 과식, 폭식, 과음, 폭음 = gluttony, overeating, pig-out, repletion

Indeed, the student may actually suffer from a **surfeit** of advice.
진짜, 그 학생은 실제로 과도한 충고로 괴로워할지도 모른다.

A **surfeit** of caffeine can weaken the immune system.
카페인을 지나치게 많이 섭취하면 면역체계를 약화시킬 수 있다.

---

1320 ★
**pander**
[pǽndər]

v. ① (저속한 욕망에) 영합하다, (남의 약점을) 이용하다[to] = cater to
② 매춘을 알선해 주다; 나쁜 짓을 하도록 도와주다
n. 약점을 이용하는 자, 나쁜 짓의 중개자; (남자) 매춘 알선인 = pimp

Some newspapers have the tendency to **pander** to the tastes of their readers in order to boost sales.
몇몇 신문들은 구독률을 높이기 위해 독자들의 기호에 영합하는 경향이 있다.

1321 ★★
**misdemeanor**
[mìsdimíːnər]

n. ① 경범죄 = minor offense
② 비행, 행실[품행]이 나쁨 = misconduct, misdeed, wrongdoing

Speeding may be a **misdemeanor**, but fleeing from the scene of a crime is a felony.
과속은 경범죄일지 모르지만, 범죄 현장에서 달아나는 것은 중범죄다.

The child's **misdemeanor** was never taken seriously by his parents.
부모는 그 아이의 비행을 결코 심각하게 받아들이지 않았다.

MVP cf. demeanor n. 태도, 품행, 행실
cf. felony n. 중죄, 중범죄

1322 ★
**wishy-washy**
[wíʃiwɑ̀ʃi]

a. ① 미온적인, 확고하지 못한, 우유부단한 = indecisive, irresolute
② (색깔이) 선명하지 못한

I'm a bit slow when making decisions, so some people may think I'm a bit **wishy-washy**.
나는 결정을 내릴 때 조금 느리다. 그래서 어떤 사람들은 내가 다소 우유부단하다고 생각할지도 모르겠다.

1323 ★★★
**currency**
[kə́ːrənsi]

n. ① (현금) 통화, 유통 화폐 = cash, coin, coinage
② (화폐의) 유통, 통용; (사상·말·소문 등의) 유포, 보급; 유행
= circulation, prevalence, spread

The European Union is an organization formed by many countries across Europe, who all share the same **currency**.
유럽 연합은 유럽 전역의 많은 국가들에 의해 형성된 조직인데, 그 국가들은 모두 같은 통화를 공유한다.

1324 ★★
**abet**
[əbét]

vt. 부추기다, 선동하다, 교사하다 = incite, instigate

He **abetted** a servant in acting against his master.
그는 주인을 배반하도록 하인을 부추겼다.

MVP abettor n. 교사자, 선동자(= fomenter, inciter, instigator)

1325 ★★★
**revenue**
[révənjùː]

n. ① 소득, 수익; 정기적 수입; 수입원 = gain, income, proceeds, profits
② 수입 항목, 재원; (국가의) 세입

The film brought a ravishing **revenue** of $587 million.
이 영화는 5억 8700만 달러의 엄청난 수익을 거두었다.

1326 ★★

**juxtapose**
[dʒʌkstəpóuz]

**vt. 나란히 놓다, 병렬[병치]하다 = put side by side**

The exhibition **juxtaposes** Picasso's early drawings with some of his later works.
그 전람회는 피카소(Picasso)의 초기 스케치와 후기작품 일부를 나란히 전시했다.

MVP juxtaposition n. 병렬, 병치

---

1327 ★

**obloquy**
[ɑ́bləkwi]

**n. ① 욕설, 비방, 비난, 악평 = calumny, slander, vilification**
**② 오명, 불명예 = disgrace, dishonor, shame**

I resent the **obloquy** that you are casting upon my reputation.
나는 당신이 나의 명성에 가하고 있는 비방이 매우 불쾌하다.

---



1328 ★★

**estranged**
[istréindʒd]

**a. 멀어진, 소원해진, 부부가 별거 중인**

He became **estranged** from his family after the argument.
그는 그 언쟁이 있은 후로 가족들과 소원해졌다.

MVP estrange vt. ~의 사이를 나쁘게 하다, 이간하다(= alienate)
estrangement n. 소원(疎遠), 이간

---

1329 ★★★

**forgo**
[fɔːrgóu]

**vt. ~없이 지내다, (하고·갖고 싶은 것을) 포기하다; 버리다, 그만두다**
**= abandon, give up, renounce**

No one was willing to **forgo** their lunch hour to attend the meeting.
아무도 회의에 참석하기 위해 기꺼이 점심시간을 포기하려고는 하지 않았다.

MVP cf. forego v. 앞에 가다, 선행하다

---

1330 ★★

**blizzard**
[blízərd]

**n. ① 심한 눈보라, 블리자드 = snowstorm, spindrift**
**② (편지 등과 같은 사물의) 쇄도 = flood, rush, stampede**

People were stranded at the airport due to the **blizzard**.
심한 눈보라로 인해 사람들이 공항에 발이 묶였다.

---

1331 ★★★

**potential**
[pəténʃəl]

**a. 잠재적인; 가능한; 장래 ~의 가능성이 있는 = latent; possible; prospective**
**n. 잠재력, 가능성**

Even though his cautious approach has **potential** advantages, it looks a bit awkward in this urgent situation.
그의 신중한 접근법에 잠재적인 이점이 있긴 하지만, 이런 긴급한 상황에서는 다소 거북하게 보인다.

He has the **potential** to become a world-class musician.
그는 세계적인 음악가가 될 잠재력이 있다.

MVP potentially ad. 잠재적으로; 어쩌면(= possibly)

---

1332 ★
**dodder**
[dɑ́dər]

**vi. (중풍이나 노령으로) 떨다, 휘청거리다, 비실비실하다** = totter, waddle

He reeled and swayed, **doddering** like a drunken man to keep from falling.
그는 쓰러지지 않으려고 술주정뱅이처럼 휘청거리면서 비틀대고 흔들거렸다.

MVP doddered a. 늙어빠진; 가냘픈, 나약한
doddering a. 비실비실하는, 휘청휘청하는

---

1333 ★★★
**shelf**
[ʃelf]

**n. ① 선반, 시렁; (선반 모양의) 턱진 장소; 단(壇); (벼랑의) 바위 턱** = ledge, rack
**② 얕은 곳, 여울목; 모래톱, 암초** = rock, shoal
**③ 대륙붕** = continental shelf

A box fell from the **shelf** to the floor.
상자 하나가 선반에서 마루로 떨어졌다.

MVP shelve v. 선반 위에 얹다; (해결 등을) 미루다, (의안 등을) 묵살하다; 해임시키다

---

1334 ★★★
**insane**
[inséin]

**a. 미친, 정신 이상의; 비상식적인** = crazy, demented, deranged, mad

Others in solitary confinement went **insane**, but he managed to retain his reason.
다른 독방 수감자들은 정신이상이 되었으나, 그는 용케 정신을 차렸다.

MVP insanity n. 광기, 발광, 정신이상
sanity n. 제정신, 정신이 멀쩡함; 건전함, 온건함; (육체적인) 건강
↔ sane a. 제 정신의; (정신적으로) 온건한, 건전한

---

1335 ★★★
**swarm**
[swɔːrm]

**n. ① (한 방향으로 이동하는 곤충의) 떼[무리]** = army, drove, herd, horde
**② (같은 방향으로 급히 이동 중인) 군중, 대중**
= crowd, flock, mass, multitude, throng
**v. 떼[무리]를 지어 다니다** = crowd, flock, herd, throng, troop

Cars **swarm** along this street in the morning rush hours.
아침의 혼잡 시간대에는 그 거리에 자동차가 꼬리를 잇는다.

1336 ★★

**luxuriant**
[lʌgʒúəriənt]

a. ① 무성한, 울창한; (땅이) 비옥한 = exuberant, flourishing, lush, thriving
② (장식·문체 등이) 화려한, 현란한 = brilliant, elaborate, florid, ornate

This stretch of land was once covered with **luxuriant** forest, but is now bare.
이 땅은 한때는 무성한 숲으로 덮여 있었으나, 이제는 헐벗은 상태에 놓여 있다.

1337 ★

**paean**
[pí:ən]

n. 기쁨의 노래, 찬가 = anthem, hymn

In the camp, **paeans** celebrating the victory filled the air.
막사에서는 승리를 축하하는 찬가가 울려 퍼졌다.

1338 ★★★

**amplify**
[ǽmpləfài]

v. ① 확대[확장]하다 = expand, extend, increase, magnify
② 상세히 설명하다, 부연하다[on, upon] = elaborate

Cattle consuming feed consisting of cow parts initiated and **amplified** the outbreak of BSE in the United Kingdom.
암소의 몸의 일부로 구성되어 있는 사료를 먹는 소들이 영국에서 광우병의 발병을 촉발시켰고 확대시켰다.

MVP amplification n. 확대; 부연

1339 ★

**menopause**
[ménəpɔ̀:z]

n. 폐경기(閉經期), 갱년기 = climacteric, climacterium

As you near the **menopause**, you'll notice your body ageing quicker.
폐경기에 가까워지면서, 당신은 신체가 더 빨리 나이가 들어감을 깨닫게 될 것이다.

MVP menstruate vi. 월경하다
menstruation n. 월경, 월경기간
dysmenorrhea n. 월경 곤란, 생리 불순, 생리통
climacteric n. 갱년기; 위기

1340 ★★★

**trim**
[trim]

v. ① (불필요한 부분을) 잘라내다, 다듬다, 손질하다 = pare, prune
② (예산 등을) 깎다, 삭감하다

a. ① 잘 가꾼, 깔끔한 = neat, spruce, tidy
② (몸매가 건강하고) 늘씬한 = beach-ready, clean-limbed, slender, slim

The reality is that businesses are cutting jobs and governments are **trimming** their budgets.
기업들이 일자리를 줄이고 정부가 예산을 삭감하고 있는 것이 현실이다.

Leave the top alone and just **trim** the sides.
윗머리는 그냥 놔두고 옆만 좀 다듬어 주세요.

1341 ★★
**vicarious**
[vaikέəriəs]

a. 대리의, 대신하는 = delegated, substituted, surrogate

He got a **vicarious** thrill out of watching his son score the winning goal.
그는 아들이 우승을 결정짓는 골을 넣는 것을 보며 짜릿한 대리 만족을 느꼈다.

MVP vicariously ad. 대리로(서)
vicar n. 교구목사; 대리인

---

1342 ★
**sleuth**
[slu:θ]

n. 탐정, 형사 = detective, investigator

The **sleuth** walked on the murder suspect's tail.
탐정은 그 살인 용의자를 미행하며 걸었다.

---

1343 ★★★
**command**
[kəmǽnd]

v. ① 명령하다, 지시하다 = bid, direct, instruct, order, tell
② 지배하다, 장악하다; (군대 등을) 지휘하다 = lead
③ 마음대로 할 수 있다; (말을) 자유자재로 구사하다
④ 내려다보다, 전망하다; (경치가) 내려다보이다 = overlook

n. ① 명령, 지령 = directive, instruction, mandate
② (언어의) 구사력, 유창함 = fluency, mastery
③ 전망, 조망 = prospect, view

He **commanded** his men to retreat.
그가 부하들에게 후퇴를 명령했다.

Applicants will be expected to have a good **command** of English.
지원자들은 훌륭한 영어 구사력을 갖추고 있어야 할 것이다.

My house **commands** a lovely view.
우리 집은 전망이 좋은 곳에 있다.

MVP commander n. 지휘관, 사령관
cf. commend vt. 칭찬하다; 추천하다

---

1344 ★
**holdup**
[hóuldʌp]

n. ① (열차·자동차 또는 그 승객에 대한) 불법 억류; 권총 강도, 노상강도 = stickup
② 정지, 정체, 지체, 방해 = delay, stoppage

Witnesses identified the suspect as the person they had seen leaving the building just after the **holdup**.
증인들은 그 용의자가 강도 사건 직후에 그 건물에서 나오고 있던 사람과 동일 인물임을 확인했다.

---

1345 ★★★
**proclaim**
[proukléim]

v. 선언하다, 공포하다, 포고하다 = announce, declare, pronounce

In 1863, President Lincoln **proclaimed** all slaves to be free.
1863년 링컨(Lincoln) 대통령은 모든 노예의 해방을 선언했다.

MVP proclamation n. 선언, 포고, 발표; 선언서

1346 ★★

**multifarious**
[mʌltəfέəriəs]

a. 다양한, 다채로운, 다방면에 걸친
= diverse, miscellaneous, multi-faceted, varied

The newspaper report detailed the fraudster's **multifarious** business activities.
신문 보도는 그 사기꾼의 다방면에 걸친 사업 활동을 자세히 소개했다.

1347 ★★★

**allegory**
[ǽligɔ̀:ri]

n. ① 우화, 비유담 = apologue, fable, parable
② 풍유, 비유

The political **allegory** contained in this book has drawn lots of attention.
이 책에 들어있는 정치적 우화는 많은 관심을 끌었다.

MVP allegorical a. 우화의, 우의적인



1348 ★★

**reprimand**
[réprəmæ̀nd]

vt. 질책[비난]하다, 호되게 꾸짖다 = blame, censure, reproach
n. 질책, 비난; 견책, 징계

Parents scold their children before others, but, in fact, kids should not be severely **reprimanded** in front of others.
부모는 다른 사람들 앞에서 자신의 아이들을 꾸짖지만, 사실은 다른 사람들 앞에서 아이들을 심하게 질책해서는 안 된다.

1349 ★★★

**facet**
[fǽsit]

n. ① (결정체·보석의) 작은 면, 깎은 면 = side
② (일의) 일면, 양상, 국면 = aspect, part, phase

Seeing all the **facets** is impossible from a single viewpoint.
단 하나의 관점에서 모든 면을 보는 것은 불가능하다.

MVP multi-faceted a. (문제·보석 등이) 많은 면을 가진, 다면적인

1350 ★

**conscript**
v. [kənskrípt]
n. [kánskript]

vt. 징집[징용]하다 = commandeer, draft, levy
n. 징집병 = draftee, inductee

The Japanese imperialists **conscripted** our young people and forced them out to battlefields.
일제는 우리나라 젊은이들을 징집하여 전쟁터로 내몰았다.

MVP conscription n. 징병(제도)(= draft)

## A. Write the meaning of the following words.

| | |
|---|---|
| □ nuisance ______ | □ potential ______ |
| □ boisterous ______ | □ dodder ______ |
| □ sightly ______ | □ shelf ______ |
| □ destination ______ | □ insane ______ |
| □ challenging ______ | □ swarm ______ |
| □ expostulate ______ | □ luxuriant ______ |
| □ overweening ______ | □ paean ______ |
| □ inoculation ______ | □ amplify ______ |
| □ ethnocentrism ______ | □ menopause ______ |
| □ invade ______ | □ trim ______ |
| □ surfeit ______ | □ vicarious ______ |
| □ pander ______ | □ sleuth ______ |
| □ misdemeanor ______ | □ command ______ |
| □ wishy-washy ______ | □ holdup ______ |
| □ currency ______ | □ proclaim ______ |
| □ abet ______ | □ multifarious ______ |
| □ juxtapose ______ | □ allegory ______ |
| □ obloquy ______ | □ reprimand ______ |
| □ estranged ______ | □ facet ______ |
| □ forgo ______ | □ conscript ______ |

※ 주어진 단어의 뜻을 본문에서 확인하시고 틀린 단어의 경우 박스에 체크한 뒤에 나중에 다시 학습하시기 바랍니다.

## B. Choose the synonym of the following words.

| | |
|---|---|
| 1. grudge | Ⓐ tendency |
| 2. catastrophe | Ⓑ income |
| 3. testify | Ⓒ snowstorm |
| 4. predisposition | Ⓓ instructive |
| 5. didactic | Ⓔ attest |
| 6. stupefy | Ⓕ necropsy |
| 7. refractory | Ⓖ calamity |
| 8. blizzard | Ⓗ animosity |
| 9. revenue | Ⓘ disobedient |
| 10. autopsy | Ⓙ numb |

B. 1. Ⓗ 2. Ⓖ 3. Ⓔ 4. Ⓐ 5. Ⓓ 6. Ⓙ 7. Ⓘ 8. Ⓒ 9. Ⓑ 10. Ⓕ

1351 ★★★
**indulge**
[indʌldʒ]

v. ① (욕망·정열 등을) 만족시키다; 탐닉하다, 마음껏 누리다[in] = gratify; wallow
② 제멋대로 하게 두다, (응석·변덕 등을) 다 받아 주다
= coddle, mollycoddle, pamper

**Indulging** in too much cheese can lead to diabetes, obesity, high blood pressure, and cardiac disease.
과도하게 치즈를 탐닉하는 것은 당뇨, 비만, 고혈압, 그리고 심장질환을 초래할 수 있다.

MVP indulgence n. 멋대로 하게 둠, 관대; 탐닉; 방종
indulgent a. 멋대로 하게 하는, 응석을 받아주는; 관대한
overindulge v. 지나치게 방임하다, 지나치게 응석받다; 제멋대로 행동하다
self-indulgent a. 방종한, 제멋대로 하는

1352 ★★
**demise**
[dimáiz]

n. ① 사망, 서거, 죽음 = death, decease, passing
② (제도·존재 등의) 소멸, 종료, 종말 = disappearance, end, termination

The president's sudden **demise** has been quite staggering.
대통령의 갑작스러운 서거는 아주 충격적이었다.

The **demise** of the business left 100 workers without jobs.
그 회사의 폐업으로 100명의 근로자가 실직했다.

1353 ★★
**frivolous**
[frívələs]

a. ① 경박한, 경솔한 = careless, flippant, rash, skittish, yeasty
② 시시한, 하찮은 = fiddling, insignificant, petty, trifling, trivial

He behaved like a **frivolous** young man of eighteen.
그는 18세의 경솔한 젊은이같이 행동했다.

Don't waste your money on something so **frivolous**.
쓸데없는 일에 헛돈 쓰지 마라.

MVP frivolity n. 경박, 경솔; 경솔한 언동, 하찮은 일

1354 ★
**epitaph**
[épitæf]

n. 비명(碑銘), 비문, 묘비명 = epigraph, inscription

Churchill's **epitaph** reads "I am ready to meet my Maker."
처칠(Churchill)의 비문에는 "나는 나의 창조자를 만날 준비가 되었다."라고 쓰여 있다.

1355 ★★★
**secure**
[sikjúər]

a. ① 안심하는
② 안전한, 확실한, 안정적인 = reliable, stable

v. ① (특히 힘들게) 얻어 내다, 획득[확보]하다
② 안전하게 지키다[보호하다]; 확실하게 하다

At last they were able to feel **secure** about the future.
마침내 그들은 미래에 대해 안심할 수 있었다.

The team managed to **secure** a place in the finals.
그 팀은 간신히 결승전에 진출했다.

MVP security n. 안전; 안심; 보안; (pl.) 유가증권
↔ insecure a. 불안정한, 위태로운; 불안한

---

1356 ★★
## predecessor
[prédəsèsər]

n. ① **전임자 = forerunner, precursor**
② **이전의 것**

The new president reversed many of the policies of his **predecessor**.
새 대통령은 전임 대통령의 정책들 중 많은 것들을 뒤집었다.

MVP cf. successor n. 후임자, 계승자; 계승하는 것

---

1357 ★★★
## revive
[riváiv]

v. ① **(생명·의식 등을) 소생[회복]시키다 = recover, resuscitate, revitalize**
② **(잊혀진 것·습관·유행·효력 등을) 되살아나게 하다, 부활시키다, 부흥시키다 = rekindle, renew, restore, resurrect**
③ **소생하다; 부활하다, 되살아나다, 부흥하다**

They made strenuous efforts to **revive** the economy.
그들은 경제를 회생시키기 위해 많이 노력했다.

MVP revival n. 소생, 재생, 부활; (예전 건축양식·복장 등의) 재유행

---

1358 ★★
## pedantic
[pədǽntik]

a. **아는 체하는, 현학적인, 학자라고 뽐내는 = pompous**

A **pedantic** person has a tendency to explain something with a wordy style.
현학적인 사람은 장황한 스타일로 어떤 것을 설명하는 경향이 있다.

MVP pedant n. 학자라고 뽐내는 사람, 현학자(衒學者); 지나치게 규칙을 찾는 사람
pedantry n. 아는 체함, 현학; 지나치게 규칙을 찾음[세세한 것에 얽매임]

---

1359 ★★★
## staple
[stéipl]

n. ① **주요 산물, 주요 상품**
② **주요소, 주성분**
a. **주된, 주요한 = chief, fundamental, principal**

Rubber became the **staple** of the Malayan economy.
고무는 말레이시아 경제의 주요 산물이 되었다.

Rice is a **staple** food for most Asians.
쌀은 대부분의 동양인들의 주식(主食)이다.

MVP cf. stable a. 안정된; n. 마구간

1360 ★★

**brainwash**
[bréinwɔ̀ʃ]

**n. 세뇌 = indoctrination**
**vt. 세뇌하다 = indoctrinate**

Ads **brainwash** people into buying things they don't even need.
광고는 필요하지도 않은 물건을 사도록 사람들을 세뇌시킨다.

---

1361 ★★

**void**
[vɔid]

**a. ① 빈, 공허한; (지위·자리 등이) 공석인 = empty, vacant**
**② (계약·합의 등이) 무효의 = inoperative, invalid**
**n. 공간, 허공; 공석; 공허감 = emptiness, vacancy**

The country's constitution had been declared **void** by the UN Security Council.
그 나라의 헌법은 유엔 안전 보장 이사회에 의해 무효로 선언되었었다.

MVP voidance n. 취소, 무효로 함
voidable a. 비울 수 있는; 〈법률〉 무효로 할 수 있는

---



1362 ★★

**amnesia**
[æmní:ʒə]

**n. 기억상실증, 건망증 = absent-mindedness, forgetfulness**

The accident victim had **amnesia** and could not remember her name.
그 사고의 피해자는 기억상실증에 걸려 자신의 이름을 기억할 수 없었다.

MVP amnesiac n. 기억상실증[건망증] 환자; a. 기억상실증에 걸린
amnestic a. 건망증의, 기억상실의
blackout n. (일시적인) 의식[시각] 상실, 기억 상실; 정전(停電); 등화관제
dysmnesia n. 기억 장애
paramnesia n. 기억 착오

---

1363 ★

**mince**
[míns]

**v. ① (고기 등을) 잘게 썰다, 다지다**
**② 조심스레[점잖게, 완곡하게] 말하다; 점잔빼며 발음하다[말하다]**

He is very outspoken; he's a man who does not **mince** words.
그는 매우 솔직해서 말을 돌려서 하지 않는다.

MVP mincing a. 점잔빼는, 점잔빼며 걷는[말하는]

---

1364 ★★★

**parody**
[pǽrədi]

**n. ① (풍자적·해학적인) 모방 시문, 패러디 = satire, travesty**
**② 서투른 모방, 흉내 = imitation**
**vt. ① 서투르게 흉내 내다 = imitate, mimic**
**② (시문·작가 등을) 풍자적으로 개작하다 = caricature, lampoon, satirize**

His latest comical music video for the title song has gone viral, evoking countless **parodies** on YouTube.
그의 최근 신곡의 코믹한 뮤직비디오는 입 소문을 타고 유튜브에서 수많은 패러디물을 만들어냈다.

1365 ★★

**linguist**
[líŋgwist]

n. ① **언어학자** = linguistician, philologist
② **여러 외국어에 능한 사람** = multilingual, polyglot

Humans aren't the only ones with grammar, say **linguists**.
인간이 문법을 가진 유일한 생명체는 아니라고 언어학자들은 말하고 있다.

MVP linguistics n. 언어학, 어학
linguistic a. 어학의, 언어의, 언어학의

---

1366 ★

**hustle**
[hʌ́sl]

v. ① **(사람을 거칠게) 떠밀다, 밀치다** = jostle, push, shove, thrust
② **서두르다** = bustle, hurry, rush

He grabbed her arm and **hustled** her out of the room.
그는 그녀의 팔을 잡아 그녀를 방 밖으로 떠밀었다.

He **hustled** straight up the aircraft steps without looking round or waving goodbye.
그는 주위를 둘러보거나 손을 흔들어 작별인사를 하지도 않고 비행기 계단을 곧장 서둘러 올라갔다.

---

1367 ★★

**banter**
[bǽntər]

n. **(악의 없는) 가벼운 농담, 조롱, 놀림, 희롱**
= badinage, chaff, persiflage, raillery
v. **조롱하다, 놀리다; 까불다** = jeer, jest, ridicule, tease

Oscar Wilde's plays were full of clever dialogue and witty **banter**.
오스카 와일드(Oscar Wilde)의 희곡에는 독창적인 대화와 재치 있는 농담이 가득했다.

---

1368 ★★★

**stimulus**
[stímjuləs]

n. ① **자극; 격려, 고무** = encouragement, goad, incentive, spur
② **자극물; 흥분제**

The new tax laws should act as a **stimulus** to exports.
그 새 세법이 수출에 자극제가 될 것이다.

---

1369 ★★

**prevailing**
[privéiliŋ]

a. ① **우세한, 주요한** = predominant, ruling
② **유력한, 효과 있는, 효과적인**
③ **널리 보급되어[행하여지고] 있는, 유행하고 있는** = prevalent, widespread

The **prevailing** forecast is that the dollar will remain weak.
달러 약세가 계속될 것이라는 전망이 우세하다.

MVP prevail vi. 우세하다; 널리 보급되다; 유력하다; 설득하다

1370 ★★★
**overlook**
[òuvərlúk]

vt. ① 바라보다, 내려다보다; (건물·언덕 등이) ~을 내려다보는 위치에 있다
② 감독[감시]하다, 돌보다, 검열[시찰]하다 = oversee, supervise
③ 빠뜨리고 보다 = miss, neglect, omit
④ (결점 등을) 눈감아 주다, 너그럽게 보아주다 = excuse, pardon

We could not afford to **overlook** such a serious offence.
우리가 그렇게 심각한 위반 행위를 눈감아줄 수는 없었다.

---

1371 ★★
**commemoration**
[kəmèməréiʃən]

n. ① 기념, 축하 = celebration, observance
② 기념식[축제], 축전

Various events will be held in **commemoration** of the company's 50th anniversary.
회사 창립 50주년을 기념하여 다양한 행사가 열릴 것이다.

MVP commemorate vt. (축사·의식 등으로) 기념하다, 축하하다

---



1372 ★
**abstemious**
[æbstíːmiəs]

a. (음식·술 등을) 절제[자제]하는, 금욕적인 = abstinent, continent, temperate

People with an **abstemious** lifestyle tend to live longer than people who indulge their appetites.
절제하는 생활방식을 가진 사람들이 자기들의 욕구들을 탐닉하는 사람들보다 더 오래 사는 경향이 있다.

---

1373 ★★
**rhetoric**
[rétərik]

n. ① 수사법; 웅변술 = elocution, eloquence, oratory
② 미사여구, 과장된 말 = bombast, euphuism, hyperbole, overstatement

The famous speaker resorts to the abusive **rhetoric**.
유명한 그 발표자는 독설적인 수사법에 의존한다.

The old trade union slogan is not just empty **rhetoric**.
노조의 오래된 그 슬로건은 그저 공허한 미사여구가 아니다.

MVP rhetorical a. 수사학의; 미사여구의, 과장이 많은
rhetorically ad. 수사(학)적으로; 과장이 많게

---

1374 ★★
**dire**
[daiər]

a. ① 무서운, 끔찍한, 비참한 = appalling, disastrous, dreadful, terrible
② (필요·위험 따위가) 급박한 = desperate, urgent

We're in **dire** need of your help.
우리는 당신의 도움이 절실히 필요합니다.

The firm is in **dire** straits and may go bankrupt.
그 회사는 대단히 심각한 곤경에 처해 있고 파산할지도 모른다.

1375 ★
**gait**
[geit]

**n. 걷는 모양, 걸음걸이; 진행 = step, walk**

Now Michael can walk with a normal **gait** and no limp.
이제 마이클(Michael)은 정상적인 걸음걸이로 걸을 수 있고, 절름거리지도 않는다.

---

1376 ★★
**clement**
[klémənt]

**a. ① (성격이) 관대한, 너그러운, 인정이 많은 = compassionate, gentle, lenient**
**② (기후가) 온화한, 포근한, 쾌적한 = genial, mild, serene, temperate**

Judges sometimes offered certain defendants a **clement** punishment.
재판관들은 때때로 특정 피고인들에게 관대한 처분을 내렸다.

MVP clemency n. 온화, 온순; 관대, 자비

---

1377 ★★
**transfuse**
[trænsfjúːz]

**vt. ① (사상 등을) 불어넣다, 주입하다 = infuse**
**② 수혈하다; (식염수 등을) 주사하다 = administer, dispense**

The belief that **transfusing** blood from another person can restore youth and vigor is very ancient.
다른 사람으로부터 피를 수혈 받는 것이 젊음과 활력을 되찾을 수 있다는 믿음은 아주 오래되었다.

MVP transfusion n. 주입; 수혈

---

1378 ★★
**unwittingly**
[ʌnwítiŋli]

**ad. 자신도 모르게, 부지불식간에 = accidentally, involuntarily, unintentionally**

**Unwittingly**, I had aroused anger in my best friend.
나도 모르게, 나는 제일 친한 친구를 화나게 했었다.

MVP unwitting a. 자신도 모르는, 무의식적인, 부지중의
wit n. 재치, 임기응변; 감각, 의식
↔ wittingly ad. (자기가 뭘 하는지) 알고서, 고의로, 일부러

---

1379 ★★★
**conflict**
n. [kάnflikt]
v. [kənflíkt]

**n. ① 투쟁, 전투 = battle, fight, strife, struggle**
**② (의견·사상·이해(利害) 등의) 충돌, 대립, 불일치**
**= clash, collision, disagreement, discord**
**vi. ① 투쟁하다, 다투다[with] = combat, contend, dispute, quarrel**
**② 충돌하다, 모순되다, 양립하지 않다[with] = collide, differ, disagree**

Dokdo has long been a center of **conflict** between Korea and Japan.
독도는 오랜 시간 동안 한국과 일본 사이의 갈등의 중심이었다.

MVP conflicting a. 서로 싸우는; 모순되는, 상반되는

1380 ★★
**shrug**
[ʃrʌg]

**v. (어깨를) 으쓱하다**

He **shrugged** as if he didn't understand the words.
그는 무슨 말인지 모르겠다는 듯 어깨를 으쓱했다.

MVP shrug off 경시[무시]하다, 과소평가하다

---

1381 ★
**nostrum**
[nάstrəm]

**n. ① 엉터리 약, 가짜 약** = quack medicine, snake oil
**② 특효약, 만병통치약, 비책, 묘안** = elixir, magic bullet, panacea

The National Assembly's **nostrums** for social problems are often ineffective.
사회 문제 해결을 위해 국회가 내놓는 묘책들은 종종 효과가 없다.

MVP cf. rostrum n. 연단, 강단; 연설; 연설가

---

1382 ★★
**exonerate**
[igzάnərèit]

**vt. 결백[무죄]을 증명하다, 혐의를 풀어주다**
= absolve, acquit, exculpate, vindicate

The police report **exonerated** Lewis from all charges of corruption.
그 경찰 보고서로 인해 루이스(Lewis)는 모든 부패 혐의에서 벗어나게 되었다.

MVP exoneration n. 무고[결백]함을 입증함; 면죄

---

1383 ★★★
**gradual**
[grǽdʒuəl]

**a. 단계적인, 점진적인, 점차적인**
= piecemeal, progressive, steady, step-by-step

Medieval kingdoms did not become constitutional republics overnight: on the contrary, the change was **gradual**.
중세의 왕국들이 하룻밤 사이에 입헌 공화국이 된 것은 아니었다. 그와는 반대로, 그 변화는 점진적이었다.

MVP gradually ad. 차차, 서서히, 점진적으로

---

1384 ★
**coagulate**
[kouǽgjulèit]

**v. 응고시키다[하다]** = clot, congeal

A substance was generously applied to the open wound to **coagulate** the blood.
벌어진 상처에 약물을 충분히 발라 혈액을 응고시켰다.

MVP coagulation n. 응결, 응고

1385 ★★
**restitution**
[rèstətjúːʃən]

n. ① (정당한 소유자에게의) 반환, 상환; 손해 배상
= compensation, indemnity, recompense, reparation
② 복위(復位), 복직; 복구, 회복 = restoration

The government is now demanding the **restitution** of its ancient treasures that were removed from the country in the 16th century.
그 정부는 현재 16세기에 자기 나라에서 반출된 고대 보물의 반환을 요구하고 있다.

MVP restitute v. 본래의 지위[상태]로 회복시키다; 되돌리다

1386 ★★★
**prudent**
[prúːdnt]

a. ① 신중한, 분별 있는 = careful, cautious, discreet, measured, sensible
② 검약하는, 절약하는, 알뜰한 = economical, frugal, sparing, thrifty

You must be more **prudent** in future about what you do.
앞으로는 네가 하는 행동에 대해 좀 더 신중해야 한다.

Having experienced hardship, he was **prudent** with money.
고난을 겪어봤던 그는 돈에 대해 알뜰했다.

MVP prudence n. 신중

1387 ★★
**flinch**
[flintʃ]

vi. 주춤[움찔]하다, 겁을 내다, 꽁무니 빼다[from] = recoil, shrink, wince

They **flinched** before the great force marching against them.
그들은 밀려오는 적의 대군을 보고서 주춤했다.

1388 ★
**scavenger**
[skǽvindʒər]

n. ① 썩은 고기를 먹는 동물 = forager
② 거리 청소부; 넝마주이, 폐품업자

EU ruling introduced in 2006 stipulates that carcasses must be incinerated, which deprives the **scavengers** of their usual food.
2006년에 도입된 유럽연합의 규정에 의하면 사체를 소각해야 하는데, 그렇게 되면 청소동물의 먹이를 빼앗게 된다.

MVP scavenge v. (거리를) 청소하다; 먹을 것을 찾아 헤매다; (썩은 고기·음식찌꺼기를) 먹다; 폐품을 이용하다
carrion a. 썩은 고기의; 썩은 고기를 먹는
saprophagous a. 썩은 것을 먹고 사는

1389 ★★★
**insipid**
[insípid]

a. ① 싱거운; 맛[풍미]이 없는, 김빠진 = tasteless, unsavory, vapid
② 재미없는, 무미건조한 = bland, boring, dull

Hospital food is **insipid** for the most part.
병원 음식은 대부분 맛이 없다.

**Insipid** advertising can make clients turn away.
무미건조한 광고는 고객들을 외면하게 만들 수 있다.

MVP ↔ sipid a. 풍미 있는, 맛이 좋은; 재미있는

---

1390 ★
**byword**
[báiwə̀:rd]

n. ① (특정한 자질의) 전형, 대명사 = archetype, emblem, epitome, paragon
② 상투적인 어구 = cliché

The name Chanel became a **byword** for elegance.
'샤넬(Chanel)'이라는 이름이 우아함의 대명사가 되었다.

---

1391 ★★★
**assimilate**
[əsíməlèit]

v. ① (지식·문화 등을) 자기 것으로 받아들이다, 흡수하다[되다] = digest, imbibe
② 동화[일치, 적응]시키다[되다] = adapt

I will need time to **assimilate** this information.
이 정보를 분석하고 이해하기 위해서는 시간이 필요하다.

With the passage of time, most newcomers **assimilated**, or blended into American society.
시간이 흐르면서 대부분의 이민자들은 미국사회에 동화되거나 융화되었다.

MVP assimilation n. 동화, 흡수



---

1392 ★★
**editorial**
[èdətɔ́:riəl]

n. (신문의) 사설, 논설
a. 편집의, 편집에 관한; 사설[논설]의

Chinese newspaper **editorials** accused the US of meddling in the political affairs of other countries.
중국의 신문 사설들은 미국이 다른 나라의 정치적 문제에 간섭했다고 비난했다.

---

1393 ★★★
**causality**
[kɔ:zǽləti]

n. 인과관계 = causation

The idea of **causality** has been postulated as a natural law yet is under attack on both scientific and philosophical grounds.
인과관계에 관한 사상은 일종의 자연법칙으로 간주되어 왔으나 지금은 과학 분야와 철학 분야 양쪽에서 공격받고 있다.

MVP causal a. 인과관계의, 원인을 나타내는, 원인의
cf. casualty n. (재해·사고 따위의) 사상자, 피해자; 재해, 뜻하지 않은 사고

1394 ★

**scam**

[skæm]

**n. 신용사기, 신용사기사건 = con**

**v. ① 속이다, 사기 치다, 사취하다 = defraud, mulct, swindle**

**② 키스[애무]하다; 성교하다, 섹스하다**

Phone **scams** are on the rise in South Korea.

한국에서는 전화 사기가 유행하고 있다.

The broker **scammed** naive young people with fake car insurance.

그 중개인은 가짜 자동차보험으로 순진한 젊은이들에게 사기 쳤다.

MVP scammer n. 사기꾼; 난봉꾼

cf. scan v. ~을 자세히[꼼꼼히] 살피다; 훑어보다; n. 죽 훑어보기; 정밀 검사

---

1395 ★★★

**dictate**

[díkteit]

**v. ① 구술하다, (말하여) 받아쓰게 하다[to]**

**② 명령하다, 지시하다[to] = command, decree, direct, order**

**③ ~을 좌우하다, ~에 영향을 주다 = affect, govern, influence, sway**

According to legend, Homer was blind and illiterate, requiring that he **dictate** the epic poems to a third party.

전설에 따르면, 호머(Homer)는 눈이 보이지 않고 글을 읽을 줄도 몰라서 그 서사시들을 제삼자에게 받아쓰게 했다고 한다.

MVP dictation n. 구술; 받아쓰기; 명령, 지령, 지시

dictator n. 독재자, 절대 권력자; 받아쓰게 하는 사람

---

1396 ★★

**subversive**

[səbvə́:rsiv]

**a. 체제전복적인, 전복하는, 파괴하는 = insurgent, mutinous, rebellious**

He was suspended from school for **subversive** behavior.

그는 교칙을 파괴하는 행위로 인해 학교로부터 정학 처분을 받았다.

The group was involved in several **subversive** activities.

그 단체는 몇몇 반역 행위에 연루돼 있었다.

MVP subvert vt. (체제·권위 따위를) 뒤엎다, 전복시키다, 파괴하다, 타도하다

subversion n. 전복, 타도, 파괴

---

1397 ★★

**turnover**

[tə́:rnòuvə:r]

**n. ① 전복, 전도, 뒤집힘**

**② 방향 전환, 전향(轉向), 변절 = alteration, change**

**③ (상품·자금의) 회전율; (일정 기간의) 노동 이용(률), 이직률**

Employee **turnover** rates that suddenly increase are sure signs of trouble.

갑자기 직원 이직률이 증가한다면 분명 문제가 있다는 신호다.

1398 ★★★

**acrid**

[ǽkrid]

a. ① (냄새·맛 등이) 매운, 쓴; (살갗에) 아리는 = acid, biting
② 가혹한, 신랄한 = bitter, caustic, pungent

The **acrid** odor of gunpowder filled the room after the pistol had been fired.
권총이 발사된 후에 화약의 매운 냄새가 그 방에 가득했다.

---

1399 ★★

**weather**

[wéðər]

v. (재난·역경 등을) 뚫고 나가다, 견디다 = bear, endure
n. 날씨, 기후

The company just managed to **weather** the recession.
그 회사는 불경기를 간신히 견뎌 냈다.

---

1400 ★★★

**millennium**

[miléniəm]

n. 1000년, 1000년간; 1000년기; 1000년 기념제

Before the new **millennium** began, it was predicted that there would be a Y2K bug that would disrupt all computer systems.
새로운 천 년이 시작되기 전에 모든 컴퓨터 시스템에 혼란을 줄 Y2K 버그가 있을 것으로 예측되었다.

## A. Write the meaning of the following words.

| | |
|---|---|
| □ indulge ______ | □ shrug ______ |
| □ secure ______ | □ nostrum ______ |
| □ predecessor ______ | □ exonerate ______ |
| □ revive ______ | □ coagulate ______ |
| □ pedantic ______ | □ restitution ______ |
| □ staple ______ | □ prudent ______ |
| □ void ______ | □ flinch ______ |
| □ mince ______ | □ scavenger ______ |
| □ parody ______ | □ insipid ______ |
| □ hustle ______ | □ byword ______ |
| □ stimulus ______ | □ assimilate ______ |
| □ prevailing ______ | □ editorial ______ |
| □ overlook ______ | □ causality ______ |
| □ abstemious ______ | □ scam ______ |
| □ rhetoric ______ | □ dictate ______ |
| □ dire ______ | □ subversive ______ |
| □ gait ______ | □ turnover ______ |
| □ clement ______ | □ acrid ______ |
| □ transfuse ______ | □ weather ______ |
| □ conflict ______ | □ millennium ______ |

※ 주어진 단어의 뜻을 본문에서 확인하시고 틀린 단어의 경우 박스에 체크한 뒤에 나중에 다시 학습하시기 바랍니다.

## B. Choose the synonym of the following words.

| | |
|---|---|
| 1. frivolous | Ⓐ step-by-step |
| 2. amnesia | Ⓑ involuntarily |
| 3. linguist | Ⓒ celebration |
| 4. epitaph | Ⓓ epigraph |
| 5. gradual | Ⓔ badinage |
| 6. unwittingly | Ⓕ indoctrinate |
| 7. commemoration | Ⓖ death |
| 8. banter | Ⓗ forgetfulness |
| 9. demise | Ⓘ philologist |
| 10. brainwash | Ⓙ careless |

B. 1. Ⓙ 2. Ⓗ 3. Ⓘ 4. Ⓓ 5. Ⓐ 6. Ⓑ 7. Ⓒ 8. Ⓔ 9. Ⓖ 10. Ⓕ

1401 ★★★
**punctual**
[pʌ́ŋktʃuəl]

**a. 시간[기한]을 엄수하는 = prompt, timely**

Known as a **punctual** person, Johnson always tried to be at his appointments on time.
시간을 엄수하는 사람으로 알려져 있던 존슨(Johnson)은 항상 제시간에 약속 장소에 나와 있으려고 노력했다.

MVP punctuality n. 시간[기간] 엄수; 정확함, 꼼꼼함

---

1402 ★★
**importune**
[ìmpɔːrtjúːn]

**v. ~에게 끈덕지게[성가시게] 조르다, 청하다; 괴롭히다 = badger, implore; harass, pester**

He **importuned** me to give him more money.
그는 나에게 돈을 더 달라고 성가시게 굴었다.

MVP importunate a. 성가신, 끈질긴; 성가시게 조르는; (일이) 절박한
importunity n. 끈덕짐, 집요함; (pl.) 집요한 요구, 성가신 요구
importunacy n. 끈덕짐, 끈질김, 성가시게 조름

---

1403 ★
**adage**
[ǽdidʒ]

**n. 격언, 속담 = aphorism, axiom, maxim, precept, proverb, saying**

Abraham Lincoln left a famous **adage**: “You can fool some of the people all the time, and all of the people some of the time, but you cannot fool all of the people all the time.”
에이브러햄 링컨(Abraham Lincoln)은 “일부 사람을 항상 속일 수는 있다. 그리고 모든 사람을 일정기간 동안 속일 수는 있다. 그러나 모든 사람을 항상 속일 수는 없다.”라는 유명한 격언을 남겼다.

---

1404 ★★★
**withstand**
[wiðstǽnd]

**v. (유혹·곤란 등에) 저항하다; 견디어내다, 버티다 = bear, endure, resist**

The materials used have to be able to **withstand** high temperatures.
사용되는 소재들은 고온에 견딜 수 있어야 한다.

---

1405 ★★
**traumatic**
[trəmǽtik]

**a. 정신적 외상(外傷)의, 대단히 충격적인, 잊지 못할 = painful, shocking**

Divorce can be **traumatic** for everyone involved.
이혼은 관련된 모든 사람들에게 매우 큰 충격을 줄 수 있다.

MVP trauma n. 외상(外傷), 정신적 외상, 마음의 상처, 쇼크

---

1406 ★
**schism**
[sízm]

**n. (단체의) 분리, 분열; (특히 교회·종파의) 분립, 분파; 불화 = break, rift, split**

Nomination of presidential candidate would likely cause a major **schism** within the party with unpredictable consequences.
대통령 후보의 지명은 당내에 결과를 예측할 수 없는 커다란 분열을 일으킬 것이다.

1407 ★★

**collude**
[kəlúːd]

**vi. 공모하다, 결탁하다[with] = conspire, intrigue, plot**

We acted independently and didn't **collude** with anyone.
우리는 독립적으로 행동했으며, 어느 누구와도 공모하지 않았다.

MVP collusion n. 공모, 결탁
collusive a. 공모의, (미리) 결탁한

---

1408 ★★

**drudgery**
[drʌ́dʒəri]

**n. 힘들고 단조로운 일, 고된 일 = chore, toil, travail**

Automation has done away with much of the **drudgery** of work.
자동화는 힘들고 단조로운 작업을 많이 없애주었다.

---

1409 ★★★

**consonant**
[kάnsənənt]

**a. 일치하는, 모순되지 않는 = accordant, coincident, congruous, consistent**
**n. 자음**

Her behavior was **consonant** with her religious beliefs.
그녀의 행동은 그녀의 종교적 신조와 어울리는 것이었다.

Today, the Korean alphabet has 14 **consonants** and 10 vowels.
오늘날, 한글에는 14개의 자음과 10개의 모음이 있다.

MVP consonance n. 조화, 일치
↔ inconsonant a. 조화[일치]하지 않는; (소리가) 불협화의
↔ vowel n. 모음
diphthong n. 이중모음

---

1410 ★★

**excavate**
[ékskəvèit]

**vt. ① (구멍·굴·터널 등을) 파다, 굴착하다 = burrow, dig, hollow, tunnel**
**② 발굴하다 = uncover, unearth**

Archaeologists have **excavated** over 500 tombs at the site so far.
고고학자들은 지금까지 이 지역에서 500개 이상의 무덤을 발굴했다.

MVP excavation n. (구멍·굴·구덩이를) 팜, 굴착; 발굴; 구멍, 구덩이, 동굴

---

1411 ★★

**pristine**
[prístiːn]

**a. 원래 그대로의, 자연 그대로의, 원시시대의 = pure**

The air in the rural villages of Nepal used to be **pristine**, uncontaminated by any pollutant.
네팔의 시골마을의 공기는 그 어떤 오염원에도 오염되지 않은 자연 그대로였다.

1412 ★

**figment**
[fígmənt]

n. 허구(虛構); 꾸며낸 일, 지어낸 이야기 = fable, fabrication, fiction

Ghosts are just **figments** of the imagination.
유령은 상상이 만들어 낸 허구일 뿐이다.

MVP cf. pigment n. 그림물감; 안료(顔料); 색소; v. 색칠하다

---

1413 ★★

**spiteful**
[spáitfəl]

a. 악의적인, 심술궂은 = malevolent, malicious, venomous

Having been a victim of **spiteful** rumors, I purposely avoided gossips.
악의에 찬 소문의 희생자가 된 적이 있었기 때문에, 나는 일부러 험담하는 것을 피했다.

MVP spite n. 악의, 심술; 원한, 앙심

---

1414 ★★

**acquiesce**
[ækwiés]

vi. (수동적으로) 동의하다, (마지못해) 따르다, 묵인하다, (제안 등에) 묵종(默從)하다 = accede, agree, assent, consent

Senior government figures must have **acquiesced** in the cover-up.
정부 고위 공직자들이 그 은폐 공작을 묵인했음이 분명하다.

MVP acquiescence n. 묵인, 묵종(= compliance)
acquiescent a. 묵묵히 따르는, 순종적인(= compliant, submissive)



---

1415 ★★★

**respective**
[rispéktiv]

a. 각자의, 각각의 = individual, personal

Hundreds of vehicles manufactured by GM Automotive line the docks of the Incheon port awaiting exports to their **respective** destinations.
GM 자동차에 의해 제조된 수백 대의 차량들이 각각의 행선지로 수출을 기다리면서 인천항의 선착장에 일렬로 늘어서 있다.

MVP respectively ad. 각각, 저마다, 제각기
cf. respectful a. 경의를 표하는, 공손한, 예의 바른, 정중한
cf. respectable a. 존경할만한, 훌륭한

---

1416 ★

**paramour**
[pǽrəmùər]

n. 정부(情夫), 정부(情婦), 애인 = lover, mistress

She sought a divorce on the grounds that her husband had a **paramour** in another town.
그녀는 남편이 다른 도시에 정부(情婦)를 두었다는 이유로 이혼을 하고자 했다.

---

1417 ★★

**bifurcate**
[báifərkèit]

v. 두 갈래로 가르다[갈리다] = divide into two branches
a. 두 갈래로 갈라진; 분기한 = bifurcated, forked

A sample of water was taken from the point where the river **bifurcates**.
강이 둘로 갈라지는 지점에서 물 샘플을 채취했다.

1418 ★
**standoff**
[stǽndɔ̀f]

**n. ① 막다름, 교착 상태 = deadlock, impasse, stalemate**
**② 떨어져 있음, 고립; (경기의) 무승부, 동점**
**a. 떨어져[고립되어] 있는; 냉담한, 무관심한**

There is a prolonged **standoff** between Washington and Pyongyang over the North Korean nuclear issue.
북한 핵문제를 둘러싼 미국과 북한 사이의 교착상태가 장기간 지속되고 있다.

MVP standoffish a. 쌀쌀한, 냉담한, 서먹서먹한

1419 ★★★
**intermittent**
[ìntərmítnt]

**a. 간헐적인, 때때로 중단되는 = periodic, sporadic**

There will be **intermittent** rain showers today in Seoul.
오늘 서울에는 가끔씩 비가 이어질 것으로 보입니다.

MVP intermittently ad. 간헐적으로(= periodically)

1420 ★★
**epilogue**
[épəlɔ̀:g]

**n. 끝맺는 말, 후기, 에필로그 = afterword, coda, postscript**

In an **epilogue**, the author summarized there are the unforgettable lessons of history that people should pay attention.
맺음말에서 작가는 사람들이 주의를 기울여야 하는 잊을 수 없는 역사의 교훈들이 있다는 점을 요약했다.

MVP ↔ prologue n. 머리말, 서언

1421 ★★
**momentary**
[móuməntèri]

**a. 순간의, 잠깐의; 덧없는 = brief, short, temporary; transitory**

Marriage is not a decision made upon a **momentary** impulse.
결혼은 일시적인 충동으로 결정할 문제가 아니다.

MVP momentarily ad. 잠시, 잠깐
cf. momentous a. 중대한, 중요한

1422 ★★
**pervert**
[pərvə́:rt]

**vt. ① (상도(常道)에서) 벗어나게 하다; 나쁜 길로 이끌다 = corrupt, degrade**
**② 악용하다, 곡해하다 = abuse, distort, misuse**
**n. ① 변태 성욕자, 타락자**
**② 배교자; 변절자**

Someone took me for a **pervert** in the subway this morning.
나는 오늘 아침 지하철 안에서 치한으로 오해를 받았다.

MVP perverted a. 변태의; 그릇된, 잘못된, 삐뚤어진

1423 ★

**cavalcade**
[kævəlkéid]

n. ① (기마) 행진, 자동차[마차] 행렬 = parade
② (사건·행동 따위의) 극적 전개

I saw a **cavalcade** of limousines and police motorcycles.
나는 리무진과 경찰 오토바이 행렬을 보았다.

The film shows a **cavalcade** of the major events.
그 영화는 주요사건들의 극적 전개를 보여주었다.

MVP motorcade n. 자동차 행렬(= autocade)

1424 ★★

**deport**
[dipɔ́:rt]

vt. ① (외국인을) 국외로 퇴거시키다, 추방하다; (강제) 이송[수송]하다
= banish, exile, expatriate, expel, oust
② 〈재귀용법〉 처신[행동]하다 = behave, comport, conduct, demean

The Immigration Bureau of Korea **deported** 3,023 illegal immigrant workers.
한국의 출입국 관리국은 3,023명의 불법 이주노동자들을 강제 추방했다.

MVP deportation n. 국외 추방; (강제) 이송[수송]
cf. depot n. 창고, 저장소; 보급소; (철도) 역; 버스 정류장



1425 ★★

**outset**
[áutsèt]

n. 착수; 시작, 최초 = onset; beginning, inception, start

Arguments arose right from the **outset** of the meeting.
회의 시작부터 말싸움이 시작되었다.

1426 ★★

**heterogeneous**
[hètərədʒí:niəs]

a. 이종(異種)의, 이질적인 = disparate, diverse, miscellaneous

There was a wonderfully **heterogeneous** gathering of people at the party.
그 파티에는 놀라우리만치 이질적인 사람들이 모였다.

MVP ↔ homogeneous a. 동종의, 동질의

1427 ★★★

**supplement**
[sʌ́pləmènt]

vt. 보충하다, 추가하다 = add to, augment, complement, replenish
n. ① 보충[추가](물); (책·신문의) 부록 = add-on, annex; addendum, appendix
② 추가 요금(휴가 여행 등 기본 경비에 더해 내는 것) = surcharge

You should talk to your doctor before taking a dietary **supplement**.
식사 보충물을 섭취하기 전에 의사와 상담해야 한다.

We have decided to **supplement** your income with a monthly bonus.
우리는 매월 보너스를 통해 당신의 수입을 보충해주기로 결정했다.

MVP supplementary a. 보충의, 추가의

1428 ★★

**anatomy**
[ənǽtəmi]

n. ① 해부학; 해부; (해부학적) 구조, 조직 = build, frame, structure
② (사물에 대한 상세한) 분석, 조사 = analysis, examination

The coroner performed a partial **anatomy** on the corpse.
그 검시관은 시체의 부분적 해부를 실행했다.

MVP anatomist n. 해부 학자; 분석자
anatomical a. 해부의, 해부학의
anatomically ad. 해부학적으로

1429 ★★★

**synthetic**
[sinθétik]

a. ① (인위적으로) 합성한, 인조의 = artificial, ersatz, man-made
② 종합적인, 통합적인 = comprehensive, integrated, overall
n. ① 합성 물질, 인조 물질
② 모조품 = counterfeit, dummy, fake, imitation, replica

This **synthetic** detergent washes out dirt very well.
이 합성 세제는 때를 매우 잘 뺀다.

MVP synthesize v. 종합하다; 합성하다
synthesis n. 종합, 통합; 합성

1430 ★★★

**luster**
[lʌ́stər]

n. ① 광택, 윤 = gloss, sheen, shine
② 영광, 명예, 명성 = fame, glory, honor

The diamond's **luster** drew my attention.
그 다이아몬드의 광택이 나의 주목을 끌었다.

Princess Grace gave Monaco a new **luster**, and the rich and famous flocked to the Riviera paradise.
그레이스(Grace) 왕비는 모나코 공국을 더욱 빛나게 만들었으며, 부유층과 유명 인사들은 리비에라의 낙원으로 구름처럼 몰려들었다.

MVP lustrous a. 광택 있는, 번쩍이는, 빛나는; 저명한
lackluster a. 광택이 없는; 썩은 동태 눈알 같은; 흐리멍덩한

1431 ★★

**convivial**
[kənvíviəl]

a. ① 연회의, 연회를 좋아하는 = festive
② (분위기나 성격이) 명랑한, 유쾌한 = cheerful, jovial, pleasant

They spoke with the man and found him a very **convivial** companion.
그들은 그 남자와 이야기를 해보고 그가 매우 유쾌한 친구라는 것을 알게 되었다.

1432 ★

**bailout**
[béilàut]

n. ① (낙하산에 의한) 긴급 탈출
② (정부 자금에 의한) 긴급구제(조치), 구제금융

Greece was having a difficult time paying back its debts, leading to **bailouts** by the European Union.
그리스는 부채 상환에 어려움을 겪으면서 결국 유럽연합의 구제금융을 받았다.

---

1433 ★★
**voluble**
[váluəbl]

**a. 말이 유창한; 입심 좋은, 달변의 = fluent, garrulous, glib**

It was difficult to imagine Matthew, a **voluble** man, as a psychiatrist.
말이 유창한 매튜(Matthew)를 정신과 의사라고 상상하기란 어려웠다.

MVP volubility n. 유창; 다변, 수다

---

1434 ★
**ore**
[ɔːr]

**n. 광석**

Iron **ore** is smelted in a furnace to produce iron.
철은 철광석을 용광로에서 녹여 생산한다.

---

1435 ★★★
**astute**
[əstjúːt]

**a. 약삭빠른, 눈치 빠른, 영악한, 기민한, 빈틈없는 = canny, clever, shrewd, smart**

Their **astute** merchandising program made their business successful.
그들의 빈틈없는 판매 계획은 사업을 성공으로 이끌었다.

---

1436 ★★
**prowess**
[práuis]

**n. ① (전쟁터에서의) 용기, 용맹; 용감한 행위 = bravery, courage, mettle, valor**
**② 뛰어난 솜씨, 기량, 능력 = ability, adroitness, dexterity, skill, talent**

His **prowess** in the battlefield has been eulogized.
전쟁터에서의 그의 용맹함은 크게 칭송 받아왔다.

He was a gifted athlete who showed excellent athletic **prowess**.
그는 뛰어난 운동 기량을 보여주었던 재능 있는 운동선수였다.

MVP prow n. 뱃머리; 이물; a. 용맹스러운, 용감한

---

1437 ★★★
**numb**
[nʌm]

**a. ① (추위 등으로 신체 부위가) 감각이 없는 = insensitive, paralysed, torpid**
**② (제대로 반응을 못하고) 멍한, 망연자실한 = dazed, distrait, stupefied**
**v. ① (신체 부위에) 감각이 없게 만들다, 마비시키다 = benumb, deaden, freeze**
**② (충격 등으로) 멍하게[망연자실하게] 만들다 = daze, petrify, stupefy**

A person in a hypnotic trance can become unaware of pain by imagining that the painful area has been made **numb**.
최면 상태에 있는 사람은 아픈 부위에 감각이 없어졌다고 상상함으로써 아픔을 인지하지 못할 수 있다.

MVP benumb vt. 감각을 잃게 하다; 마비시키다, 멍하게 하다
benumbed a. 감각을 잃은
cf. dumb a. 벙어리의, 말을 못하는

---

1438 ★★
**inventory**
[ínvəntɔ̀:ri]

n. ① **물품 명세서; (재산·상품 등의) (재고) 목록** = catalogue, list, register
② **재고품** = goods in stock, stock

The domestic **inventory** of steel products is on the rise because imports have swelled while overall steel demand is stalled.
수입 철강재가 급증하고 있는 데 반해 전반적인 철강 수요는 정체 상태에 있어서, 국내 철강제품 재고가 증가 추세에 있다.

---

1439 ★
**knell**
[nel]

n. ① **종소리; 조종(弔鐘); 구슬픈 소리**
② **(죽음·멸망 등의) 전조, 흉조**
vt. **조종을 울리다; (흉한 일을) 알리다**

The revolution tolled the death **knell** for the Russian monarchy.
그 혁명으로 러시아 군주제는 종말을 고했다.

MVP death knell 종말을 알리는 사건, 종말의 전조
cf. kneel vi. 무릎을 꿇다

---

1440 ★★
**expedition**
[èkspədíʃən]

n. ① **탐험, 원정** = exploration, journey, voyage
② **원정대, 탐험대**
③ **급속, 신속** = dispatch, haste, hustle, promptness

The man was chosen to lead an **expedition** across the continent from south to north.
그 남자는 남북으로 대륙을 횡단하는 탐험대를 인솔하도록 선발되었다.

MVP expeditionary a. 원정의, 탐험의
expeditious a. 급속한, 신속한(= prompt)

---

1441 ★★★
**arrest**
[ərést]

vt. ① **체포[구속]하다** = apprehend, catch, detain, seize
② **(무엇의 진행을) 막다, 저지하다** = block, halt, interrupt, prevent
③ **(눈길·주의 등을) 끌다** = attract, engage
n. ① **체포**
② **정지, 저지**

After the man's **arrest**, police asked him why he did it.
그 남자를 체포한 후에, 경찰은 그에게 왜 그런 짓을 했냐고 물어보았다.

MVP arresting a. 주의[흥미, 이목]를 끄는, 눈에 띄는
heart arrest 심정지, 심장마비

1442 ★★

**tenant**
[ténənt]

**n. 세입자, 임차인, 소작인 = leaseholder, occupant, renter, resident**

**Tenants** who fall behind in their rent risk being evicted.
집세가 밀린 세입자들은 쫓겨날 위험이 있다.

MVP tenancy n. (주택·토지 등의) 차용[임차, 소작]
untenanted a. (토지·가옥이) 임대되지 않은, 비어 있는
tenement n. 집, 건물; 셋방

---

1443 ★

**blankly**
[blǽŋkli]

**ad. ① 멍하니, 우두커니 = absently, absent-mindedly, vacantly**
**② 단호하게, 딱 잘라서**

She stared **blankly** into space, not knowing what to say next.
그녀는 다음에 무슨 말을 해야 할지 몰라 멍하니 허공을 바라보았다.

MVP blank n. 공백, 여백; a. 공백의; 텅 빈; 내용이 없는

---

1444 ★★

**rogue**
[roug]

**n. ① 악한, 불량배, 깡패; 사기꾼 = knave, rascal, scamp, scoundrel, villain**
**② 개구쟁이, 장난꾸러기 = imp, mischief, prankster, urchin**

Pirates are sometimes called the **rogues** of the sea.
해적은 때때로 바다의 악당이라고 불린다.



---

1445 ★★

**grim**
[grim]

**a. ① (용모·태도 등이) 험악한, 접근하기 어려운, 무서운 = forbidding, menacing**
**② (상황 등이) 암울한 = bleak, gloomy**

The celebrity entered the courtroom with a **grim** face.
그 연예인은 험악한 얼굴을 한 채 법정으로 들어갔다.

While the economy looks pretty **grim**, it's not unmanageable.
경제 전망이 상당히 암울하지만, 감당하지 못할 정도는 아니다.

MVP grimly ad. 잔인[엄격, 냉혹]하게(= sternly)

---

1446 ★★

**corps**
[kɔːr]

**n. ① 군단, 병단; 특수 병과; (특수 임무를 띤) ~단(團); 부대 = troops, unit**
**② (행동을 같이하는) 단체, 집단 = band, company**

Mr. Broder had served four years in the Marine **Corps** before he joined the high command.
브로더(Broder) 씨는 최고 사령부로 발령 받기 전에 4년 동안 해병대에서 복무했었다.

MVP cf. corpse n. 시체, 송장

1447 ★★★

**sparkle**
[spɑ́:rkl]

**v. ① 반짝이다, 반짝거리다, 빛나다 = flash, gleam, glitter, shine, twinkle**
**② 생기[활기]가 있다; (재치가) 뛰어나다, 번득이다 = effervesce**
**③ (포도주 등이) 거품이 일다 = bubble, effervesce**
**n. ① 반짝거림, 광채 = brilliance, glitter, radiance, shine**
**② 생기, 원기, 활기, 재치 = dash, life, spirit, vivacity**

The diamond **sparkled** in the sunlight.
그 다이아몬드는 햇빛에 반짝였다.

MVP glint v. 반짝이다, 반짝이게 하다; 반사하다[시키다]; n. 반짝임, 번득임, 섬광
glisten vi. 반짝이다, 번쩍거리다; n. 반짝임, 빛남, 섬광

---

1448 ★

**dorsal**
[dɔ́:rsl]

**a. 등의, 등에 있는 = tergal**

Complete with **dorsal** and pectoral fins, the robofish is stealthy too.
등지느러미와 가슴지느러미가 달려 있는 그 로봇 물고기는 눈에 잘 띄지도 않는다.

MVP tergum n. (절지(節肢)동물의) 배판(背板), 등판
cf. ventral a. (물고기·동물 등의) 배의, 복부(腹部)의; n. (물고기의) 배지느러미

---

1449 ★★

**malediction**
[mæ̀lədíkʃən]

**n. 저주, 악담, 욕, 비방 = anathema, curse, damnation, denunciation, slander**

The king, facing his enemies, uttered a **malediction** upon them.
적들을 대면한 그 왕은 그들에게 저주를 퍼부었다.

MVP maledictory a. 저주하는, 싫은
↔ benediction n. 감사기도; 축복

---

1450 ★★★

**forsake**
[fərséik]

**vt. ① (특히 책임져야 할 대상을) 저버리다[버리다] = desert**
**② (특히 즐겨 하던 것을) 그만두다[버리다] = abandon, quit**

He had made it clear to his wife that he would never **forsake** her.
그는 아내에게 그녀를 버리는 일은 절대 없을 것임을 분명히 했었다.

She **forsook** the glamour of the city and went to live in the wilds of Scotland.
그녀는 도시의 화려함을 버리고 스코틀랜드의 자연 속으로 살러 갔다.

MVP forsaken a. 버림받은, 버려진; 외로운
godforsaken a. 신에게 버림받은, 타락한, 비참한; 황폐한, 아주 외진
sake n. 위함, 이익; 목적; 원인, 이유

## REVIEW TEST

### A. Write the meaning of the following words.

- □ punctual ____________
- □ importune ____________
- □ withstand ____________
- □ traumatic ____________
- □ schism ____________
- □ drudgery ____________
- □ consonant ____________
- □ excavate ____________
- □ pristine ____________
- □ figment ____________
- □ acquiesce ____________
- □ respective ____________
- □ paramour ____________
- □ bifurcate ____________
- □ intermittent ____________
- □ momentary ____________
- □ pervert ____________
- □ cavalcade ____________
- □ deport ____________
- □ supplement ____________
- □ anatomy ____________
- □ synthetic ____________
- □ convivial ____________
- □ bailout ____________
- □ ore ____________
- □ astute ____________
- □ numb ____________
- □ inventory ____________
- □ knell ____________
- □ expedition ____________
- □ arrest ____________
- □ tenant ____________
- □ blankly ____________
- □ rogue ____________
- □ grim ____________
- □ corps ____________
- □ sparkle ____________
- □ dorsal ____________
- □ malediction ____________
- □ forsake ____________

※ 주어진 단어의 뜻을 본문에서 확인하시고 틀린 단어의 경우 박스에 체크한 뒤에 나중에 다시 학습하시기 바랍니다.

### B. Choose the synonym of the following words.

| | |
|---|---|
| 1. luster | Ⓐ afterword |
| 2. spiteful | Ⓑ impasse |
| 3. outset | Ⓒ glib |
| 4. heterogeneous | Ⓓ disparate |
| 5. collude | Ⓔ aphorism |
| 6. epilogue | Ⓕ onset |
| 7. voluble | Ⓖ gloss |
| 8. prowess | Ⓗ conspire |
| 9. adage | Ⓘ valor |
| 10. standoff | Ⓙ malevolent |

B. 1. Ⓖ 2. Ⓙ 3. Ⓕ 4. Ⓓ 5. Ⓗ 6. Ⓐ 7. Ⓒ 8. Ⓘ 9. Ⓔ 10. Ⓑ

1451 ★★★
**overall**
[óuvərɔ̀:l]

a. 전부의; 종합적[일반적, 전면적]인 = complete, comprehensive, general, total
ad. 전체적으로, 종합적으로, 일반적으로 = generally

**Overall**, our enrollment is up 50% from this time last year.
전체적으로 이번 등록 학생이 지난해 이맘때 보다 50%나 증가했다.

1452 ★★
**interlocutor**
[ìntərlάkjutər]

n. ① 대담자, 대화 상대 = colloquist, dialogist, dialoguer
② (다른 사람을 대신하는) 교섭 담당자[담당 기관] = bargainer, negotiator

My **interlocutor** was hugely enthusiastic and well-informed.
나의 대화상대는 매우 열정적이며 박식했다.

She will be the **interlocutor** of the NATO military committee.
그녀는 나토 군사위원회의 교섭담당자가 될 것이다.

MVP interlocution n. 대화, 회담, 문답
interlocutory a. 대화체의, 문답체의

1453 ★★
**daze**
[deiz]

vt. ① 멍하게 하다 = bemuse, benumb, stun, stupefy
② 눈부시게 하다; 현혹시키다 = bedaze, blind, dazzle
n. 멍한 상태 = confusion, stupor

A blow on the head **dazed** the brave soldier.
그 용감한 군인은 머리를 한 대 얻어맞고 정신이 혼미해졌다.

1454 ★
**sobriquet**
[sóubrikèi]

n. 별명, 가명 = byname, cognomen, moniker, nickname

My good friend Izzy Landes raised a glass and dubbed me the Curator of the Curators, a **sobriquet** I have worn with pride ever since.
내 다정한 친구 이지 랜디스(Izzy Landes)는 잔을 들고 나를 '관장 중의 관장'이라고 말했는데 그것은 그 이후 내가 자랑스럽게 간직해 온 별칭이다.

1455 ★
**bewail**
[biwéil]

v. 몹시 슬퍼하다, 통곡하다 = bemoan, deplore, grieve, lament, mourn

The representatives were **bewailing** the fact that insufficient numbers of young women were applying to become engineers.
그 대표자들은 충분하지 않은 수의 젊은 여성들이 엔지니어가 되는 것을 지망하고 있다는 사실을 비통해 하고 있었다.

MVP wail v. 소리 내어 울다, 울부짖다

1456 ★★

**pedigree**
[pédəgrìː]

n. ① (순종가축의) 혈통표; (가축의) 종(種), 순종 = purebred, thoroughbred
② 가계(家系), 혈통; 가문, 문벌 = ancestry, descent, line, lineage
③ (언어의) 유래, 어원 = derivation, origin

On average, his trained **pedigree** dogs sell for $40,000 to $60,000.
평균적으로, 그의 잘 훈련된 순종견은 4만~6만 달러에 팔린다.

1457 ★★

**stymie**
[stáimi]

vt. (계획 등을) 방해하다, 좌절시키다 = hinder, impede, thwart

Rescue efforts have been **stymied** by inclement weather since Tuesday, when the MH-47 helicopter crashed.
MH-47 헬리콥터가 추락한 화요일부터, 악천후로 인해 구조 활동이 방해받아 왔다.

1458 ★★

**discursive**
[diskə́ːrsiv]

a. (글·이야기 등이) 두서없는, 산만한, 종잡을 수 없는
= desultory, incoherent, meandering, rambling

They were annoyed and bored by his **discursive** remarks.
그들은 그의 종잡을 수 없는 이야기로 짜증이 났고 지루했다.

MVP cf. cursive a. (필체가) 필기체인, 흘려 쓴

1459 ★★

**hypnosis**
[hipnóusis]

n. 최면 (상태), 최면술 = hypnotism, mesmerism

She only remembered details of the accident under **hypnosis**.
그녀는 최면 상태에서만 그 사건의 상세한 내용을 기억했다.

MVP hypnotize v. 최면(술)을 걸다; 혼을 빼놓다, 홀리다
hypnogenesis n. 최면
hypnotist n. 최면술사
hypnotic a. 최면의, 최면상태의; 최면술의

1460 ★

**wince**
[wins]

vi. 주춤하다, 움츠러들다, 움찔하다 = cringe, flinch, quail, recoil, shrink

He **winced** as a sharp pain shot through his left leg.
왼쪽 다리를 찌르는 것 같은 날카로운 통증에 그는 움찔했다.

1461 ★★★

**ripe**
[raip]

a. ① (과일·곡물이) 익은, 여문; (술 등이) 숙성한 = ripened
② 원숙한, 숙달된; 심신이 성숙한 = mature
③ (시기·기회가) 무르익은, 준비가 다 된, 적합한
= favorable, ready, suitable, timely

The water is drained off the field when the rice is **ripe**.
벼가 익으면 논에서 물을 뺀다.

MVP ripen v. 익다; 원숙하다; 익게 하다, 원숙하게 하다
mature a. 익은, 성숙한; 잘 발달한
mellow a. (과일이) 익어 달콤한, 감미로운, (포도주가) 향기로운

---

1462 ★★

**equity**
[ékwəti]

n. ① 공평, 공정 = fairness, impartiality, justice
② 이권, 소유권; 주식, 보통주

Equal treatment is a matter of fairness and **equity**.
공평한 대우는 공정성과 공평함의 문제다.

The bank earned a scintillating 30% return on **equity** in its Asian operation.
그 은행은 아시아 지역 사업에서 30%의 놀라운 주당 이익을 올렸다.

MVP equitable a. 공정한, 공평한

---

1463 ★

**flounder**
[fláundər]

vi. ① (어쩔 줄 몰라서) 허둥대다, 실수하다 = blunder, fumble, stumble
② (곤경이나 진흙탕 속에서) 버둥거리다, 허우적거리다 = wallow

His abrupt change of subject left her **floundering** helplessly.
그가 갑자기 주제를 바꾸는 바람에 그녀는 난감해서 허둥댔다.

She was **floundering** around in the deep end of the swimming pool.
그녀가 수영장 깊은 쪽에서 마구 허우적대고 있었다.

---

1464 ★★

**ingrate**
[íngreit]

n. 은혜를 모르는 사람, 배은망덕한 사람

Judging by the way she behaves, I think she is an **ingrate**.
그녀가 행동하는 방식으로 볼 때 난 그녀가 배은망덕한 사람이라고 생각한다.

MVP ingratitude n. 은혜[고마움]를 모름, 배은망덕

---

1465 ★★

**mythology**
[miθálədʒi]

n. ① (일반적인 또는 특정 문화사회 등의 집합적) 신화 = folklore, myth
② (많은 사람들의) 근거 없는 믿음 = groundless belief, myth, superstition

Hercules is the strongest man in Greek **mythology**.
헤라클레스(Hercules)는 그리스 신화에서 가장 힘센 남자이다.

1466 ★★★

**suspend**
[səspénd]

v. ① (공식적으로) 일시중단하다, 유보하다 = cease, defer, postpone
② 매달다, 걸다 = append, dangle, hang

Rail service to Busan Station will be **suspended** for line maintenance.
선로 보수로 부산역까지의 철도운행이 중단될 것이다.

A lamp was **suspended** from the ceiling.
천장에 램프 하나가 매달려 있었다.

1467 ★★

**tremor**
[trémər]

n. 떨림, 전율, 떨리는 목소리 = quiver, trembling, vibration

His attempt to conceal his guilt was betrayed by the **tremor** of his hand as he picked up the paper.
자신이 죄가 있음을 숨기려는 그의 시도는 그가 서류를 집어 들었을 때 손이 떨리는 바람에 무심코 드러나고 말았다.

MVP tremulous a. 떠는, 전율하는; 겁 많은; 망설이며 동요하는

1468 ★

**calculus**
[kǽlkjuləs]

n. ① 계산법; 미적분학
② 결석(結石); 치석(齒石) = stone; scale, tartar

Mathematics has many different areas such as geometry, **calculus**, and trigonometry.
수학에는 기하학, 미적분, 그리고 삼각법과 같은 여러 가지 다른 분야들이 있다.

MVP algebra n. 대수학(代數學)

1469 ★★

**abusive**
[əbjú:siv]

a. ① 욕하는, 모욕적인 = insulting, offensive, opprobrious
② (특히 육체적으로) 학대[혹사]하는
③ 악용[남용]하는

The anonymity of the Internet frees some people to send **abusive** messages that are offensive to others.
인터넷이 지닌 익명성 때문에 어떤 사람들은 다른 사람들에게 불쾌함을 주는 모욕적인 메시지를 보낼 수 있게 되었다.

MVP abuse vt. 남용하다, 오용하다; 학대하다, 혹사하다

1470 ★★★

**stereotype**
[stériətàip]

n. 고정 관념, 상투 문구, 정형화된[틀에 박힌] 표현
= bromide, cliché, platitude, truism

**Stereotypes** about blood types may hurt people.
혈액형에 대한 고정 관념은 사람들에게 상처를 줄지도 모른다.

MVP stereotyped a. 판에 박은, 진부한

1471 ★★★
**crash**
[kræʃ]

n. ① 충돌 = bump, clash, collision
② (비행기의) 추락, 불시착
③ (정부·상점 등의) 붕괴, 파산 = downfall, failure, ruin
v. ① 충돌하다 = bang, clash, smash
② (비행기가) 추락하다, 불시착하다 = drop, fall, go down, plunge
③ (장사·계획 등이) 실패하다, 파산하다 = collapse, fail

On Mar. 24, a North Korean reconnaissance drone **crashed** in Paju, Gyeonggi Province.
3월 24일, 북한의 정찰용 무인기가 경기도 파주에서 추락했다.

MVP cf. clash n. 충돌, 격돌; (의견·이해 등의) 충돌, 불일치

---

1472 ★★
**entrust**
[intrʌ́st]

vt. 맡기다, 위탁하다 = assign, commit, confide, trust

We **entrusted** the newly elected treasurer with all our money.
우리는 새로 선출된 회계 담당자에게 우리 돈을 전부 맡겼다.

---

1473 ★
**luscious**
[lʌ́ʃəs]

a. ① 맛[향기]이 좋은, 맛있는; 감미로운 = delicious, palatable, savory, yummy
② 욕정을 돋우는, 관능적인, 매혹적인 = seductive, sensual, sensuous, sexy

The music is very famous because its melody is so **luscious**.
그 음악이 대단히 유명한 것은 멜로디가 매우 감미롭기 때문이다.

---

1474 ★★
**yardstick**
[já:rdstìk]

n. (판단 등의) 기준, 척도 = criterion, measure, standard, touchstone

In 1907, a chemist at Yale University, Bertram Boltwood, found that the decay of radioactive minerals could be thought of as a convenient **yardstick** of time.
1907년, 예일 대학의 화학자였던 버트람 볼트우드(Bertram Boltwood)는 방사성 광물의 붕괴가 시간을 측정하는 편리한 척도로 간주될 수 있다는 사실을 발견했다.

---

1475 ★★★
**converge**
[kənvə́:rdʒ]

v. ① (사람들이나 차량이) 모여들다, 집중되다 = concentrate, focus
② (생각·정책·등이) 수렴되다, 하나로 통합되다 = combine, merge, unite

Thousands of supporters **converged** on London for the rally.
수천 명의 지지자들이 그 집회에 참석하기 위해 런던으로 모여들었다.

Our national interest **converges** on that point.
우리의 국민적인 관심이 그 점에서 하나로 통합된다.

MVP convergence n. 한 점으로 집합함, 집중성; 수렴; 수렴 현상
convergent a. 한 점으로 향하는, 한데 모이는
↔ diverge v. 갈리다, 분기하다; 빗나가다, (진로 등을) 벗어나다

1476 ★
**descant**
[deskǽnt]

vi. ① 상세하게 설명하다[on, upon] = elaborate, enlarge, expatiate, expound
② (다른 선율에 맞추어) 노래[연주]하다
n. 가곡; 상설, 논평 = melody, song; comment

I have **descanted** on this subject before.
이전에 나는 이 주제에 대해 자세히 논한 적이 있다.

1477 ★★
**picky**
[píki]

a. 까다로운, 성미가 까다로운 = fussy

She is very fussy about food and very **picky** about clothes.
그 여자는 입맛이 매우 까다롭고 옷을 고르는 데도 매우 까다롭다.

1478 ★★★
**appetite**
[ǽpətàit]

n. ① 식욕
② 욕구, (육체적·물질적) 욕망, (정신적) 갈망 = craving, desire, longing
③ 기호, 좋아함 = fondness, liking, taste

A person's **appetite** is a good criterion of his health.
식욕은 건강 상태에 대한 좋은 판단 기준이 된다.

MVP appetizing a. 식욕을 돋우는, 맛있어 보이는; 탐나는, 매력적인



1479 ★★
**quarantine**
[kwɔ́:rəntì:n]

n. ① (방역을 위한) 격리; 교통 차단
② 검역; 검역소
vt. 격리하다; 검역하다; 고립시키다

The government conducted disease surveillance and **quarantine** activities in the areas affected by the floods.
정부는 수해 피해 지역을 대상으로 질병 감시 및 검역 활동에 나섰다.

The patients were immediately **quarantined**.
환자들은 즉시 격리되었다.

1480 ★★★
**skeleton**
[skélətn]

n. ① 골격
② 해골, 뼈만 앙상하게 남은 사람[동물]
③ (집·배 등의) 뼈대; 타고 남은 잔해
④ 골자, 윤곽, 개략 = outline

His illness reduced him to a **skeleton**.
그는 병으로 피골이 상접하게 되었다.

1481 ★
**mnemonic**
[ni:mɑ́nik]

a. 기억을 돕는, 기억의, 기억술의

One common **mnemonic** aid is using images to link a word in your own language with a word in a foreign language.
널리 알려진 한 가지 암기 방법은 모국어의 단어와 외국어의 단어를 이미지를 사용해 연결하는 것이다.

MVP mnemonics n. 〈단수취급〉 기억술

---

1482 ★★
**infuriate**
[infjúərièit]

vt. 격분시키다, 극도로 화나게 하다 = enrage

Abercrombie & Fitch's skin-filled ads delighted American teenagers and **infuriated** parents.
아베크롬비앤피치(Abercrombie & Fitch)의 노출이 심한 광고들은 미국의 십대들을 열광시켰지만 부모들은 매우 화나게 만들었다.

MVP infuriated a. 격노한
fury n. 격노, 격분

---

1483 ★★★
**exile**
[égzail]

n. ① 망명, 국외 추방, 국외 생활, 유배
② 망명자; 추방[유배]된 사람
vt. 추방하다, 망명시키다, 국외 추방하다, 유배시키다

She had to live in **exile** because she betrayed her country.
그녀는 조국을 배신했기 때문에 망명 생활을 해야만 했다.

---

1484 ★★
**repudiate**
[ripjú:dièit]

vt. ① 거부하다, 부인하다 = deny, disavow, disclaim, reject
② 의절하다, 인연을 끊다, (아내와) 이혼하다 = disown, renounce

Hoping to receive a lighter sentence, the gangster **repudiated** his former relationship with the mob.
좀 더 가벼운 형량을 받기를 희망하면서, 그 폭력배는 자신이 이전에 범죄조직과 관련돼 있었음을 부인했다.

He **repudiated** any connection with his old friend.
그는 옛 친구와의 모든 인연을 끊었다.

MVP repudiation n. 거부, 거절, 부인; (자식과의) 절연; 이혼

---

1485 ★
**cherubic**
[tʃərú:bik]

a. ① 천사 같은, 천사의 = angelic, seraphic
② 순진한 = childlike, ingenuous, innocent, naive

The baby has a **cherubic** face and fair complexion.
그 아기의 얼굴은 천사 같고 피부는 하얗다.

MVP cherub n. 지품(智品) 천사(9품 천사 중의 제2위로 지식을 관장); 천사 같은 아이

1486 ★★★

**genre**
[ʒάːnrə]

n. 유형(類型), 양식, 장르 = category, type

The most popular **genres** in the Chinese film industry are comedy and action.
중국 영화 산업에서 가장 인기 많은 장르는 코미디와 액션이다.

1487 ★★

**vivacious**
[vivéiʃəs]

a. 쾌활한, 명랑한, 활발한 = animated, gay, lively, spirited, vital

His **vivacious** personality has gained him wide recognition as a concert pianist.
그의 활발한 성격은 그가 콘서트 피아니스트로서 널리 인정받게 했다.

MVP vivaciously ad. 활발하게

1488 ★★

**liquor**
[líkər]

n. ① 독한 술, 독주
② (모든 종류의) 술, 알콜 음료

The law forbids stores to sell **liquor** to minors.
상점이 미성년자에게 주류를 파는 것은 법으로 금지되어 있다.

MVP spirit n. 독주, 증류주; 정신, 마음



1489 ★★

**thaw**
[θɔː]

v. ① (얼음·눈 등이) 녹다[녹이다] = defrost, dissolve, melt, unfreeze
② (사람·태도·감정 등이) 누그러지다, 온화하게 되다 = calm, soften, warm

n. ① 해동, 눈녹음
② (긴장·딱딱함 등이) 누그러짐
③ (국제적인) 긴장 완화

During the spring **thaw**, ice melts on rivers and lakes.
봄의 해빙기에는 강과 호수의 얼음이 녹는다.

1490 ★★

**coy**
[kɔi]

a. ① (일종의 교태로서) 수줍은 체하는, 순진한 체하는, 내숭 떠는
② (주로 소녀가) 수줍어하는, 부끄러워하는 = shy
② (어떤 것이나 자기 신상에 대해서) 얘기를 잘 안 하는
④ (장소가) 남의 눈에 띄지 않는, 구석진

The girl gave me a **coy** smile.
그 소녀는 나에게 수줍은 듯한 미소를 지어 보였다.

She is always **coy** about her age.
그녀는 언제나 나이를 밝히지 않는다.

1491 ★★★

## proliferate
[prəlífərèit]

**v. 급증하다, (빠르게) 확산되다 = multiply, mushroom, snowball**

Molds tend to **proliferate** in rainy, humid conditions.
곰팡이는 비가 오고 습도가 높을 때 증식하는 경향이 있다.

MVP proliferation n. 급증, 확산

1492 ★★

## brisk
[brisk]

**a. ① (사람·태도 등이) 활발한, 활기찬 = alert, spanking, zippy**
**② (공기·날씨 등이) 상쾌한, 기분 좋은 = bracing, fresh, refreshing**

On rainy days, stores do a **brisk** business in umbrellas.
비오는 날이면, 가게에서 우산이 불티나게 팔린다.

Scotland will see a **brisk** wind this morning, which will stop mist and fog developing.
오늘 아침 스코틀랜드에 상쾌한 바람이 불어 안개가 발생하는 것을 막아줄 것이다.

1493 ★★

## scruple
[skrú:pl]

**n. ① 양심의 가책**
**② 〈보통 no, without 뒤에서〉 (일의 옳고 그름 등에 대한) 의심, 망설임, 주저**
**v. 망설이다, 양심의 가책을 받다, 주저하다 = hesitate, waver**

Robin Hood had no **scruples** about robbing the rich to give to the poor.
로빈 후드(Robin Hood)는 부자의 재산을 털어 가난한 사람들에게 주는 것에 대해 전혀 양심의 가책을 느끼지 않았다.

MVP scrupulous a. 빈틈없는, 면밀한, 꼼꼼한; 양심적인, 견실한
overscrupulous a. 너무 세심[면밀]한

1494 ★★

## deterrent
[ditə́:rənt]

**n. 제지하는 것, 억제책, 방해물 = discouragement, impediment, obstacle**
**a. 방해하는, 제지하는; 전쟁을 억지하는 = inhibiting, preclusive, preventive**

Capital punishment is the only true **deterrent** to serious crimes.
사형은 심각한 범죄에 대한 유일한 억제책이다.

The nuclear umbrella has a **deterrent** force effect in Northeast Asia.
핵우산은 동북아시아에서 전쟁 억지력을 갖고 있다.

MVP deter vt. 제지[만류]하다, 단념시키다; 방해하다, 저지하다

1495 ★

## envision
[invíʒən]

**vt. ① (특히 앞으로 바라는 일을) 마음속에 그리다, 상상하다**
**= envisage, imagine, visualize**
**② 고려하다, 이리저리 생각하다 = consider, contemplate**

They **envision** an equal society, free of poverty and disease.
그들은 가난과 질병이 없는 평등한 사회를 마음속에 그리고 있다.

A mild form of control is **envisioned**.
온건한 통제 방식이 고려되고 있다.

MVP vision n. 시력, 시각; 시야; 상상력; 비전; 선견지명; 환상; 매우 아름다운 광경[사람]
visionary a. 환영의, 환상의; 통찰력이 있는; n. 공상가, 몽상가

---

1496 ★★
**punitive**
[pjú:nətiv]

**a. 형벌의, 징벌적인 = castigatory, disciplinary, punishing**

There are calls for more **punitive** measures against people who drink and drive.
음주 운전자들에 대해 더 많은 처벌 조치가 있어야 한다는 요구들이 있다.

MVP punitive justice 인과응보

---

1497 ★★★
**fault**
[fɔ:lt]

**n. ① 과실, 잘못; 허물, 실패 = error, misdeed, mistake; failing**
**② 결점, 결함 = defect, flaw, shortcoming**
**③ 〈지질〉 단층**

The **fault** has been dormant for more than 300 years, but when it awakens, the consequences can be devastating.
그 단층은 300년 넘게 휴면기에 있었으나, 다시 활동할 경우 처참한 결과를 가져올 수 있다.

MVP faulty a. 과실 있는, 불완전한, (기계 장치 등이) 결점[결함]이 많은; 그릇[잘못]된
faultless a. 결점[과실] 없는; 흠잡을 데 없는
faultfinder n. 흠잡는[탓하는] 사람, 잔소리꾼

---

1498 ★
**rave**
[reiv]

**v. ① 헛소리를 하다; (미친 사람같이) 소리치다, 고함치다 = rant, roar**
**② 열심히 이야기하다; 격찬[극찬]하다 = gush, rhapsodize**
**n. ① 사납게 날뛰기, 광란; (떠들썩한) 파티**
**② 격찬, 극찬 = acclaim, applause, encomium**

The film received **rave** reviews from critics and industry watchers.
그 영화는 비평가들과 업체 전문가들로부터 극찬을 받았다.

MVP rave review 호평, 극찬

---

1499 ★★
**composure**
[kəmpóuʒər]

**n. 침착, 냉정, 평정 = aplomb, calmness, equanimity, sangfroid**

He tried to smoke himself into **composure**.
그는 담배를 피우며 마음을 가라앉히려 했다.

MVP composed a. (사람이) 침착한, 조용한, 차분한

1500 ★★

**amalgamate**
[əmǽlgəmèit]

v. ① (다른 종족·사상 등을) 혼합[융합]시키다 = blend, compound, mingle, mix
② 합병[합동]하다 = merge

This information will be **amalgamated** with information obtained earlier.
이 정보는 이전에 얻어 놓은 정보와 합쳐지게 될 것이다.

The two companies were **amalgamated** into one.
그 두 회사는 하나로 합병되었다.

MVP amalgamation n. (회사 등의) 합동, 합병
amalgam n. 아말감; 혼합물

# REVIEW TEST

## A. Write the meaning of the following words.

| | | | |
|---|---|---|---|
| □ overall | ________ | □ appetite | ________ |
| □ daze | ________ | □ quarantine | ________ |
| □ bewail | ________ | □ skeleton | ________ |
| □ pedigree | ________ | □ mnemonic | ________ |
| □ discursive | ________ | □ exile | ________ |
| □ wince | ________ | □ repudiate | ________ |
| □ ripe | ________ | □ genre | ________ |
| □ flounder | ________ | □ vivacious | ________ |
| □ ingrate | ________ | □ liquor | ________ |
| □ mythology | ________ | □ thaw | ________ |
| □ suspend | ________ | □ coy | ________ |
| □ calculus | ________ | □ proliferate | ________ |
| □ abusive | ________ | □ brisk | ________ |
| □ stereotype | ________ | □ scruple | ________ |
| □ crash | ________ | □ deterrent | ________ |
| □ entrust | ________ | □ punitive | ________ |
| □ luscious | ________ | □ fault | ________ |
| □ converge | ________ | □ rave | ________ |
| □ descant | ________ | □ composure | ________ |
| □ picky | ________ | □ amalgamate | ________ |

※ 주어진 단어의 뜻을 본문에서 확인하시고 틀린 단어의 경우 박스에 체크한 뒤에 나중에 다시 학습하시기 바랍니다.

## B. Choose the synonym of the following words.

| | |
|---|---|
| 1. stymie | Ⓐ hinder |
| 2. tremor | Ⓑ fairness |
| 3. infuriate | Ⓒ criterion |
| 4. hypnosis | Ⓓ mesmerism |
| 5. cherubic | Ⓔ envisage |
| 6. envision | Ⓕ angelic |
| 7. sobriquet | Ⓖ nickname |
| 8. yardstick | Ⓗ enrage |
| 9. equity | Ⓘ quiver |
| 10. interlocutor | Ⓙ colloquist |

B. 1. Ⓐ 2. Ⓘ 3. Ⓗ 4. Ⓓ 5. Ⓕ 6. Ⓔ 7. Ⓖ 8. Ⓒ 9. Ⓑ 10. Ⓙ

1501 ★★★

**harvest**
[hɑ́:rvist]

**n. ① 수확, 추수; 수확[추수]기; 수확량; 수확물 = crop, picking, yield**
**② 보수, 결과 = product, result**
**v. 수확하다, 거둬들이다; 채집하다; 획득하다 = collect, gather, pick, reap**

Farmers are extremely busy during the **harvest**.
추수철에는 농부들이 매우 바쁘다.

1502 ★★

**inscrutable**
[inskrú:təbl]

**a. 불가사의한, 수수께끼 같은, 헤아릴 수 없는**
**= enigmatic, incomprehensible, mysterious**

He stated that it was a rather **inscrutable** work of art, but he liked it.
그는 그것이 다소 이해할 수 없는 예술 작품이라고 말하긴 했어도, 그 작품이 마음에 들었다.

MVP inscrutability n. 헤아릴 수 없음, 불가사의
↔ scrutable a. (암호 따위가) 해독[판독]할 수 있는

1503 ★

**crescendo**
[kriʃéndou]

**n. ① 크레센도, 점강음(漸强音)**
**② (소리가) 점점 커짐; 최고조 = climax, intensification**

Voices rose in a **crescendo** and drowned him out.
목소리들이 점점 커지더니 그의 목소리가 묻혀 버렸다.

The advertising campaign reached a **crescendo** just before Christmas.
광고 캠페인은 크리스마스 직전에 최고조에 달했다.

1504 ★★

**preeminent**
[priémənənt]

**a. 우수한, 탁월한, 현저한 = conspicuous, distinguished, notable**

Many consider Mr. Davis to be the state's **preeminent** historian.
많은 사람들이 데이비스(Davis) 씨를 그 주(州)에서 배출한 걸출한 역사가로 생각한다.

MVP preeminence n. 발군(拔群), 탁월, 걸출
cf. eminent a. 저명한, 유명한

1505 ★★★

**encourage**
[enkə́:ridʒ]

**vt. ① 용기를 돋우다, 격려하다, 고무하다 = boost, inspire, invigorate**
**② 장려하다, 조장하다, 촉진하다 = promote, spur**

We were greatly **encouraged** by the positive response of the public.
우리는 대중의 긍정적인 반응에 큰 용기를 얻었다.

Banks actively **encourage** people to borrow money.
은행들이 사람들에게 돈을 빌리도록 적극 권장하고 있다.

Some computer games **encourage** violent behaviour in young children.
일부 컴퓨터 게임은 어린아이들에게 폭력적인 행동을 부추긴다.

1506 ★★

## axiom

[ǽksiəm]

**n. ① 자명한 이치, 공리**
**② 격언, 금언 = adage, aphorism, maxim, precept**

It is a widely held **axiom** that governments should not negotiate with terrorists.
정부가 테러리스트들과 협상을 해서는 안 된다는 것은 널리 신봉되고 있는 원칙이다.

That sign has words from poems or an **axiom** on it.
저 간판에는 시에서 발췌한 말이나 격언이 적혀있다.

MVP axiomatic a. 자명한, 공리의(= self-evident)

---

1507 ★

## prick

[prik]

**v. ① (바늘 등으로) 찌르다, 쑤시다 = pierce, puncture**
**② (양심 등을) 찌르다, ~에 아픔을 주다 = hurt**
**n. 찌름; (바늘로 찌르는 듯한) 아픔; (양심의) 가책 = pang, sting**

I felt a **prick** of conscience at what he said.
나는 그의 말에 양심이 찔렸다.

MVP prickly a. 가시가 많은; 따끔따끔 아픈; 성가신; 성마른

---

1508 ★★★

## string

[striŋ]

**n. ① (pl.) 조건, 단서 = condition, proviso**
**② (악기의) 현(絃)**
**③ 끈, 줄, 실 = cord, strand, twine**

Aid should be given to developing countries with no **strings** attached.
개발도상국에게 아무런 조건 없이 원조를 해주어야 한다.

He wrapped the package in brown paper and tied it with **string**.
그는 소포를 누런 종이에 싸서 끈으로 묶었다.

MVP with no strings attached 아무 조건 없이

---

1509 ★★

## depraved

[dipréivd]

**a. 타락한, 부패한, 사악한 = corrupt, degenerate, immoral, vicious, wicked**

There are no morals anymore in this sick **depraved** country of ours.
병들고 타락한 우리나라에 도덕이라는 것은 더 이상 존재하지 않는다.

MVP deprave vt. 타락시키다, 악화시키다, 부패시키다
depravity n. 악행, 비행

---

1510 ★

## treasury

[tréʒəri]

**n. ① 국고(國庫); (공공 단체의) 금고**
**② (공공 단체 및 민간 기업의) 기금, 자금 = fund**
**③ (the T~) (미) 재무부; 재무부 장기 채권**
**④ 보고(寶庫), 귀중품 보관실[상자], 보석 상자; 명작집**

The **treasury** of the baseball club is still empty.
야구부의 자금은 여전히 바닥이 나있다.

He was Assistant Secretary of the **Treasury** under President Reagan.
그는 레이건 정부 시절 미 재무부의 차관보였다.

MVP treasurer n. (클럽·조직의) 회계 담당자, 출납계원; 귀중품 보관 담당자
treasure n. 보물; 대단히 귀중한 것; v. 대단히 귀하게[소중히] 여기다
treasure-hunt n. 보물찾기, 보물찾기 놀이

1511 ★★
**vociferous**
[vousífərəs]

**a. 큰 소리로 외치는, 시끄러운, 떠들썩한 = boisterous, clamorous, noisy, strident**

She was **vociferous** in her opinion to persuade the audience.
그녀는 청중을 설득하기 위해 자신의 주장을 큰 소리로 외쳤다.

At night, the man was awakened by the **vociferous** noise.
밤에, 그 남자는 시끄러운 소음에 잠에서 깼다.

1512 ★
**ablation**
[æbléiʃən]

**n. ① (수술 등에 의한) 제거, 절제, 절개**
**② 〈지질〉 (빙하·암석 따위의) 삭마(削磨)**

Endometrial **ablation** reduces your ability to become pregnant.
자궁내막제거는 임신할 가능성을 줄여준다.

MVP ablate v. (용해·증발·부식 등으로) 제거하다, 제거되다

1513 ★★
**prod**
[prad]

**v. ① 찌르다, 찔러 넣다[with] = dig, push, shove**
**② (기억·분별 등을) 불러일으키다; (남을) ~하도록 재촉하다, 촉구하다[into]**
**= move, prompt, urge**

She **prodded** him in the ribs to wake him up.
그녀는 그의 잠을 깨우려고 그의 옆구리를 쿡 찔렀다.

She finally **prodded** him into action.
그녀는 마침내 그를 재촉해서 행동을 하게 했다.

1514 ★★★
**concerned**
[kənsə́ːrnd]

**a. ① 걱정하는, 염려하는 = anxious, uneasy**
**② 관계[관여]하고 있는; 관심[흥미]이 있는 = involved; interested**

Many Japanese citizens and residents have been **concerned** about the ageing reactors.
많은 일본시민들과 주민들은 노후화된 원자로를 우려해 왔다.

MVP ↔ unconcerned a. 관계하지 않는; 관심을 가지지 않는, 개의치 않는

1515 ★★
**rubbish**
[rʌbiʃ]

n. ① 쓰레기, 폐물, 잡동사니 = garbage, junk, trash, waste
② 하찮은 것, 부질없는 생각, 어리석은 짓 = nonsense

The streets were strewn with **rubbish** after the carnival.
축제가 끝난 후에 거리에는 쓰레기가 어수선하게 널려 있었다.

1516 ★
**diagonal**
[daiǽgənl]

a. 대각선의; 비스듬한 = crosswise, oblique, skew, slanting
n. 대각선; 사선(斜線)

The bishop in chess can only move in **diagonal** lines, never forward or sideways.
체스에서 비숍은 절대 앞이나 옆으로 움직일 수 없고 대각선 방향으로만 움직일 수 있다.

1517 ★★
**simulate**
[símjulèit]

v. ① 가장하다, ~한 체 하다 = feign, imitate, pretend
② 모의실험하다, 시뮬레이션하다

I tried to **simulate** surprise at the news.
나는 그 소식을 듣고 놀라는 척하려 했다.

Computer software can be used to **simulate** conditions on the seabed.
해저의 상황을 시뮬레이션하는 데 컴퓨터 소프트웨어를 이용할 수 있다.

MVP simulation n. 가장, 속임; 모의실험
simulated a. 모조의, 가짜의; 가장한



1518 ★★★
**bureaucracy**
[bjuərákrəsi]

n. 관료정치, 관료주의; 관료식의 번잡한 절차; 관료

The city government wasted the citizens' taxes through inefficient **bureaucracy**.
시청은 비능률적인 관료주의로 시민의 세금을 낭비했다.

Some officials also claim that this is just **bureaucracy**.
어떤 관계자들은 또한 이것은 탁상행정일 뿐이라고 주장한다.

MVP bureaucratic a. 관료 정치의; 관료적인; 절차가 번잡한
bureaucrat n. 관료적인 사람; 관료; 관료주의자
bureau n. 사무소; (관청의) 국; 사무[편집]국

1519 ★★
**finicky**
[fíniki]

a. 지나치게 까다로운 = fastidious, finical, fussy, squeamish

Jack thought that his teacher was being rather **finicky** about the final draft of the paper.
잭(Jack)은 논문의 최종안에 대해 선생님이 다소 까다롭게 군다고 생각했다.

DAY 31

1520 ★
**coddle**
[kάdl]

**vt. (사람·동물을) 부드럽게 다루다; (아이를) 응석받이로 기르다, 애지중지하다**
**= cosset, indulge, mollycoddle, pamper**

After all the complaints about spoon-feeding in schools and the need for independent thinking we're back to **coddling** students.
학교에서의 주입식 교육에 대한 모든 불평과 독립적 사고에 대한 필요성을 느낀 이후 우리는 학생들을 응석받이로 기르는 것으로 돌아가고 있다.

1521 ★★★
**intimacy**
[íntəməsi]

**n. ① 친밀, 친분, 친교 = closeness, familiarity, innerness**
**② (사물에 대한) 자세한 지식, 잘 알고 있음**
**③ (남녀가) 몰래 정을 통함**

We wanted to create another type of **intimacy** using new technologies.
우리는 새로운 기술들을 사용해서 또 다른 방식의 친밀감을 만들고자 했다.

MVP intimate a. 친밀한; (흔히 성생활과 관련된) 사적인, 은밀한

1522 ★★
**sweltering**
[swéltəriŋ]

**a. 찌는 듯이 더운 = burning, scorching, steaming, sultry**

One **sweltering** late afternoon in March, I walked out to collect wood.
3월의 어느 찌는 듯이 더운 늦은 오후에 나는 장작을 모으기 위해 걸어 나갔다.

MVP swelter v. 무더위로 고생하다; 땀투성이가 되다; n. 찌는 듯한 더위, 폭서; 흥분(상태)

1523 ★
**exculpate**
[ékskʌlpèit]

**vt. 무죄로 하다; ~의 무죄를 증명하다, (죄·책임으로부터) 면하게 하다**
**= acquit; absolve, exonerate, vindicate**

We should not insult the victims, by publicly **exculpating** their torturers and refusing to prosecute them.
우리는 공공연히 그들을 고문한 사람들의 죄를 면해주고 그들을 기소하는 것을 거부함으로써 피해자들을 모욕해서는 안 된다.

MVP exculpation n. 무죄로 함; 무죄의 증명; 변명, 변호
cf. inculpate vt. 죄를 씌우다, 연좌시키다; 비난하다

1524 ★★★
**static**
[stǽtik]

**a. 고정된, 정적인; 정지 상태의 = fixed, motionless, stationary, still**
**n. 정전기 = static electricity**

The new logo can be animated or **static**.
새 로고는 움직이는 형태 또는 정지 상태로 볼 수 있다.

**Static** electricity occurs more often when the weather is dry.
정전기는 날씨가 건조할 때 더욱 자주 발생한다.

1525 ★★
**patch**
[pætʃ]

n. ① (옷 등을 깁는) 헝겊조각, 깁는 헝겊; 천 조각
② 부스러기, 작은 조각, 파편 = scrap, shred
vt. ① 헝겊조각을 대다
② 주워[이어] 맞추다, 미봉하다
③ (사건·분규를) 수습하다, 가라앉히다

There was a small **patch** of clouds in the blue sky.
푸른 하늘에 작은 구름 한 점이 있었다.

MVP patch-up n. (일시적) 수선; 미봉; a. 수선의; 미봉책의, 임시변통의

1526 ★★★
**ambidextrous**
[æmbidékstrəs]

a. ① 양손을 다 쓰는, 양손잡이의
② 매우 솜씨 있는 = adroit, proficient, skillful

By dint of much practice, he became **ambidextrous** and was able to sign his name with either hand.
많은 연습으로, 그는 양손잡이가 되었고, 어느 손으로든 이름을 서명할 수 있었다.

MVP ambidexterity n. 양손잡이; 비범한 손재주
dexterous a. 솜씨 좋은, 교묘한; 기민한; 빈틈없는
southpaw a. 왼손잡이의; n. 왼손잡이 선수

1527 ★★
**mudslinging**
[mʌ́dslìŋiŋ]

n. (정치 운동에서의) 중상, 비방, 인신공격
= aspersion, calumny, slander, vilification

Many people are growing concerned about **mudslinging** in the legal field.
많은 사람들은 법조계에서 벌어지는 인신공격에 대해 점점 걱정을 한다.

1528 ★
**libido**
[libí:dou]

n. 성욕, 성적 충동; (성욕·생활력의 근원인) 생명력, 리비도

An irony is that many drugs used to fight depression dampen **libido**.
아이러니하게도 우울증을 물리치는 데 사용되는 많은 약물들이 성적 충동을 저하시킨다.

MVP libidinous a. 호색의, 육욕적인

1529 ★★
**groove**
[gru:v]

n. ① (문지방·레코드 판 등의) 홈; 바퀴 자국 = channel, indention
② 관행, 관례, 상도(常道) = custom
③ 최고조
v. ① ~에 홈을 파다[내다] = dig, gouge, scoop
② 즐기게 하다, 흥분시키다 = amuse, delight

One is liable to fall into a **groove** in a large city.
대도시에 살고 있으면 판에 박힌 생활을 하기 마련이다.

MVP cf. grove n. 작은 숲; (감귤류의) 과수원

1530 ★★★

**correlation**
[kɔ̀:rəléiʃən]

**n. 연관성, 상관관계 = association, interrelation, interrelationship**

There is a direct **correlation** between exposure to sun and skin cancer.
햇볕 노출과 피부암 사이에는 직접적인 연관성이 있다.

---

1531 ★★

**reject**
[ridʒékt]

**v. ① 거부하다, 거절하다; (이식된 장기에 대해) 거부 반응을 보이다**
**② (직장에) 불합격시키다; (상품 등을) 불합격[불량품]으로 처리하다, 버리다**
**n. ① (사회 등에서) 거부당한 사람, 퇴짜 맞은 사람; (징병) 불합격자**
**② 불량품, 불합격품, 흠 있는 물건**

She peremptorily **rejected** the request.
그녀는 독단적으로 그 요청을 거절했다.

Imperfect articles are **rejected** by our quality control.
결함이 있는 물품은 우리 품질 관리에서 불합격 처리된다.

MVP rejection n. 거절; 배제; 폐기; 폐기물; 배설물; 구토; 〈의학〉 거부 반응
rejective a. 거부적인; 미니멀아트(최소한의 조형 수단으로 제작된 회화나 조각)의

---

1532 ★

**foolproof**
[fú:lprù:f]

**a. (기계 등이) 누구나 다룰 수 있는, 아주 간단한; 절대 확실한**
**= fully reliable, infallible, unfailing**

Although the Carbon 14 method of dating old objects is not **foolproof**, it is the best method available at present.
비록 오래된 물건의 연대를 측정하는 탄소14 측정법이 완전히 믿을 수 있는 방법은 아니지만, 현재로서는 이용 가능한 최고의 방법이다.

MVP airproof a. 내기성(耐氣性)의, 공기가 통하지 않는
bulletproof a. 방탄의; 빈틈이 없는
waterproof a. 방수의, 물이 새지 않는

---

1533 ★★★

**discount**
[dískaunt]

**v. ① 할인하다 = mark down, reduce**
**② 에누리해서 듣다[생각하다]; 신용하지 않다; 무시하다 = disregard, ignore**
**n. ① 할인; 할인액 = rebate, reduction**
**② 참작 = allowances, consideration**

After all the **discounts** are taken, his story sounds phony.
아무리 에누리해서 듣는다 해도 그의 얘기는 허풍처럼 들린다.

---

1534 ★★

**blasphemy**
[blǽsfəmi]

**n. ① 신에 대한 불경, 모독**
**= desecration, impiety, irreverence, profanity, sacrilege**
**② 벌 받을 소리[행위]; 독설 = invective, vituperation**

Under Pakistan's strict **blasphemy** laws, defilement of Islam's holy book is punishable by life imprisonment.
파키스탄의 엄격한 신성모독 법에 따르면, 이슬람 경전을 모욕하는 것은 종신형에 처해질 수 있다.

MVP blaspheme v. (신·신성한 것에 대하여) 불경스러운 말을 하다, 모독하다; 욕하다
blasphemous a. 불경스러운, 모독적인(= impious, profane)

---

1535 ★★★
**outlet**
[áutlet]

**n. ① (액체·기체 등의) 출구, 배출구 = vent**
**② (감정 등의) 배출구, 표현 수단**
**③ (상품의) 판로; 소매점; (제조업자의) 직판점, 아울렛**

Boys and girls usually need an **outlet** for their energies.
청소년들은 대개 자신들의 에너지를 발산시킬만한 배출구를 필요로 한다.

The business has 34 retail **outlets** in this city alone.
그 사업체는 이 도시에만도 34개의 직판점을 두고 있다.

MVP ↔ inlet n. 입구
↔ intake n. (물·공기 등의) 흡입구

---

1536 ★★
**minimal**
[mínəməl]

**a. ① 최소의, 아주 적은, 극미한; 최소한도의**
**② 미니멀 아트(형태·색채를 되도록 간결하게 꾸밈없이 하는 조형 예술)의**

She gained only **minimal** recognition for her work.
그녀는 자신의 작품에 대해 인정을 아주 조금밖에 받지 못했다.

MVP minimalism n. 미니멀리즘(예술에서 되도록 소수의 단순한 요소를 써서 최대 효과를 거둘 것을 노리는 방법)
↔ maximal a. 최대한의, 최고의, 가장 효과적인

---

1537 ★
**dungeon**
[dʌndʒən]

**n. 지하 감옥 = underground cell**

The captive was thrown into a dark, damp, filthy **dungeon**.
그 포로는 어둡고 습기 차고 불결한 지하 감옥에 던져졌다.

---

1538 ★★
**wrangle**
[rǽŋgl]

**v. (보통 오랫동안) 언쟁을 벌이다[다투다] = altercate, argue, dispute, quarrel**
**n. (복잡하고 오래 계속되는) 언쟁[다툼] = altercation, argument, bickering**

Two people **wrangled** over a trivial problem until it became a legal issue.
두 사람은 사소한 문제를 두고 언쟁을 벌였는데, 결국 법적인 문제가 되었다.

He is locked in a bitter **wrangle** with his wife over custody of the children.
그는 아이의 양육권을 두고 그의 아내와 격렬한 언쟁을 벌이고 있다.

MVP wrangler n. 언쟁[논쟁, 말다툼]하는 사람; (특히 말을 돌보는) 카우보이

1539 ★
**tumor**
[tjúːmər]

n. 종양(腫瘍) = neoplasm

Benign **tumors** are not a cause for concern, but a malignant **tumor** is serious and could be cancerous.
양성 종양은 염려할 이유가 없지만, 악성 종양은 심각하며 암을 유발할 수 있다.

---

1540 ★★
**fraternal**
[frətə́ːrnl]

a. 형제의; 형제 같은, 형제다운, 우애의 = brotherly

There's always been a lot of **fraternal** rivalry between my sons.
내 아들들은 형제끼리 언제나 경쟁을 많이 했다.

MVP fraternity n. 형제임, 형제 사이; 동포애, 우애; 공제 조합

---

1541 ★★
**elocution**
[èləkjúːʃən]

n. 웅변술, 연설[낭독, 발성]법; 연설조; 과장된 말투
= diction, eloquence, oratory, rhetoric

He took **elocution** lessons to try to make his accent sound more genteel.
억양이 좀 더 품위 있게 들리게 하려고 그는 연설법 교습을 받았다.

MVP eloquent a. 웅변의, 능변의; 설득력 있는

---

1542 ★★★
**vice versa**
[váisə və́ːrsə]

ad. 반대로, 거꾸로; 〈주로 and vice versa의 형태로〉 역(逆)도 또한 같음

Koreans can't go to China without a visa and **vice versa**.
한국인들은 중국에 비자 없이는 갈 수 없고 중국인들도 마찬가지다.

---

1543 ★★
**juice**
[dʒuːs]

n. ① (과일·채소·고기 등의) 주스, 즙, 액 = extract, fluid, liquid, nectar
② 정수(精髓), 본질 = core, essence, kernel, soul
③ 정력, 힘, 원기, 활력 = inspiration, sap, vitality
④ 가솔린, 경유; 전기, 전류
⑤ 술, 위스키; 마약 = dope, drug, narcotic
v. (경기 전에 경주말·경기자에게) 마약[약물] 주사를 놓다

The boss has the **juice** to make the necessary changes.
사장은 필요한 변화를 일으킬 수 있는 힘을 가지고 있다.

MVP juiced a. 〈보통 복합어를 이루어〉 술 취한; 마약에 취한, 흥분한
juicy a. 즙이 많은(= succulent)

---

1544 ★★★
**opt**
[apt]

vi. 선택하다[for, between]; (양자 중) (~하는) 쪽을 고르다
= choose, decide, select

Many athletes **opt** for diet soda to cut down on their sugar intake.
많은 운동선수들이 설탕 섭취를 줄이기 위해 다이어트 음료를 선택하고 있다.

1545 ★★

**contraption**
[kəntrǽpʃən]

n. 새로운 고안, 신안; 기묘한 기계[장치] = contrivance, device, gadget, gizmo

A pencil with eraser was a simple but novel **contraption**.
지우개가 달린 연필은 간단하지만 기발한 기구였다.

---

1546 ★★★

**allude**
[əlú:d]

vi. ① 언급하다[to]
② 넌지시 비추다, 암시하다[to] = insinuate, intimate, suggest

You mustn't **allude** to his wife's death when you meet him.
그 사람을 만나더라도 부인의 죽음은 입 밖에 내어서는 안 된다.

Although he used different names, he was **alluding** to his coworkers.
그는 다른 이름들을 썼지만, 실제로는 자신의 동료들을 암시하고 있었다.

MVP allusion n. 암시; 언급

---

1547 ★

**sequela**
[sikwí:lə]

n. (보통 pl.) 후유증; 결과 = aftereffect

In order to increase the success rate of the treatment, the therapist must take into account all the psychological **sequela** that can occur.
치료의 성공률을 높이기 위해, 치료사는 일어날 수 있는 모든 정신적 후유증을 고려해야 한다.

---

1548 ★★

**glamorous**
[glǽmərəs]

a. 매력이 넘치는, 매혹적인 = alluring, attractive, charming, fascinating

New York may be a **glamorous** city, filled with skyscrapers and luxurious buildings.
뉴욕은 고층 빌딩과 화려한 건물로 가득 찬 매력적인 도시일지 모른다.

MVP glamour n. (마음을 홀릴 정도의) (성적(性的)) 매력, 매혹, 황홀하게 만드는 매력

---

1549 ★

**barnstorm**
[bɑ́:rnstɔ̀:rm]

v. ① 지방을 유세하다, (지방을) 유세하며 다니다 = canvass, stump
② 지방 순회공연을 하다 = tour, troupe

He **barnstormed** across the southern states in an attempt to woo the voters.
그는 유권자들에게 호소하기 위해 남부의 주들을 돌아다니며 유세를 했다.

---

1550 ★★

**retroactive**
[rètrouǽktiv]

a. 반동하는; (법률·승급 등의 효력이) 소급하는 = retrospective

Your pay rise is **retroactive** to the beginning of last year.
당신의 봉급인상액은 작년 초로 효력이 소급한다.

## A. Write the meaning of the following words.

| | | | |
|---|---|---|---|
| □ harvest | ______ | □ ambidextrous | ______ |
| □ crescendo | ______ | □ mudslinging | ______ |
| □ preeminent | ______ | □ libido | ______ |
| □ encourage | ______ | □ groove | ______ |
| □ prick | ______ | □ correlation | ______ |
| □ string | ______ | □ reject | ______ |
| □ treasury | ______ | □ foolproof | ______ |
| □ vociferous | ______ | □ discount | ______ |
| □ ablation | ______ | □ blasphemy | ______ |
| □ prod | ______ | □ outlet | ______ |
| □ concerned | ______ | □ minimal | ______ |
| □ rubbish | ______ | □ dungeon | ______ |
| □ diagonal | ______ | □ wrangle | ______ |
| □ simulate | ______ | □ tumor | ______ |
| □ bureaucracy | ______ | □ elocution | ______ |
| □ coddle | ______ | □ vice versa | ______ |
| □ intimacy | ______ | □ juice | ______ |
| □ exculpate | ______ | □ contraption | ______ |
| □ static | ______ | □ allude | ______ |
| □ patch | ______ | □ barnstorm | ______ |

※ 주어진 단어의 뜻을 본문에서 확인하시고 틀린 단어의 경우 박스에 체크한 뒤에 나중에 다시 학습하시기 바랍니다.

## B. Choose the synonym of the following words.

| | |
|---|---|
| 1. fraternal | Ⓐ fastidious |
| 2. depraved | Ⓑ enigmatic |
| 3. opt | Ⓒ sultry |
| 4. glamorous | Ⓓ choose |
| 5. axiom | Ⓔ adage |
| 6. retroactive | Ⓕ retrospective |
| 7. finicky | Ⓖ alluring |
| 8. sequela | Ⓗ corrupt |
| 9. inscrutable | Ⓘ aftereffect |
| 10. sweltering | Ⓙ brotherly |

B. 1. Ⓙ 2. Ⓗ 3. Ⓓ 4. Ⓖ 5. Ⓔ 6. Ⓕ 7. Ⓐ 8. Ⓘ 9. Ⓑ 10. Ⓒ

1551 ★★★

**intact**
[intǽkt]

a. (하나도) 손상되지 않은, 온전한 = undamaged, uninjured, untouched, whole

Nothing was left **intact** where the typhoon had ravaged.
태풍이 쓸고 간 자리에는 성한 것이 하나도 남아 있지 않았다.

He emerged from the trial with his reputation **intact**.
그는 자신의 명성을 전혀 다치지 않고 그 재판 문제에서 빠져 나왔다.

---

1552 ★★

**squander**
[skwɑ́ndər]

v. (시간·돈 따위를) 낭비하다, 헛되이 쓰다, (재산을) 탕진하다 = dissipate, waste

His habit of wasting money has led him to **squander** his first prize in lottery.
돈을 낭비하는 습관으로 인해 그는 복권 1등 당첨금을 탕진했다.

---

1553 ★★

**detour**
[dí:tuər]

n. 우회; 우회로 = bypass, circuit, diversion
v. 우회하다, 돌아가다

He took a **detour** in order to avoid the checkpoint.
그는 검문을 피하기 위해 다른 길로 돌아갔다.

---

1554 ★

**plaudit**
[plɔ́:dit]

n. ① (보통 pl.) 박수, 갈채 = applause, clapping
② 칭찬, 찬탄 = acclaim, approval, praise

Despite her humble comment, her work is already receiving a wide array of **plaudits** from all over the world.
그녀의 겸손한 평가에도 불구하고, 그녀의 작품은 이미 전 세계에서 큰 호평을 받고 있다.

---

1555 ★★★

**counsel**
[káunsəl]

n. ① 상담, 상의, 협의 = consultation, deliberation
② 조언, 충고, 권고 = advice, recommendation
v. 상담하다, 조언[충고]하다; (계획·방침·행동 등을) 권하다
= advise, exhort, recommend

Both psychologists and psychiatrists **counsel** patients but only psychiatrists can prescribe medication.
심리학자와 정신과 의사 모두 환자를 상담하지만, 약 처방은 정신과 의사만 할 수 있다.

MVP counsellor n. 고문, 상담역

---

1556 ★★

**trenchant**
[tréntʃənt]

a. 날카로운, 통렬한, 신랄한 = caustic, keen, pungent

His criticism that the bureaucratic government tends to make life more difficult for its citizens is **trenchant** and to the point.
관료주의 정부는 시민의 삶을 더 힘들게 만든다는 그의 비판은 통렬하고도 정확하다.

MVP trenchancy n. 예리, 통렬

1557 ★
**subpoena**
[səbpíːnə]

n. (증인·참고인 등에 대한) 소환장, 벌칙부, 소환 영장 = decree, summons, writ
vt. 소환하다, 소환장을 발부하다 = summon, swear out

The court delivered a **subpoena** to a woman who saw the robbery.
법원은 강도 현장을 목격한 여인에게 소환장을 발부했다.

---

1558 ★★
**repel**
[ripél]

v. ① (침략자 등을) 쫓아버리다, 격퇴하다 = chase, dislodge, drive, repulse
② (제안 등을) 받아들이지 않다, 거절하다 = decline, deny, refuse, reject
③ 불쾌감[혐오감]을 느끼게 하다 = disgust, offend, sicken

Politicians must **repel** populist temptations after looking back on what they did.
정치인들은 과거의 행동을 되돌아본 뒤에 대중에 영합하는 유혹을 물리쳐야 한다.

MVP repellent a. (사람에게) 혐오감을 주는, 불쾌한; (벌레 따위를) 가까이 못 오게 하는
repulsive a. 되쫓아버리는, 박차는; 쌀쌀한; 싫은, 불쾌한

---

1559 ★★★
**viewpoint**
[vjúːpɔ̀int]

n. 견해, 견지, 관점 = perspective, standpoint

Things might look different from the **viewpoint** of someone else.
사물은 누군가의 관점에서는 다르게 보일지도 모른다.

---

1560 ★★
**inviting**
[inváitiŋ]

a. 유혹적인, 매력적인, 솔깃한
= appealing, arresting, attractive, engaging, tempting

The interior is spacious and decorated in warm, **inviting** tones.
실내는 공간이 넓으며, 따뜻하고 매력적인 색조로 장식되어 있다.

---

1561 ★
**shove**
[ʃʌv]

v. 밀다, 밀치다, 떠밀다, 밀고 나아가다, 밀어제치다 = elbow, jostle, push, thrust

People began to push and **shove** to get a better view.
사람들은 더 잘 보려고 서로 마구 밀치기 시작했다.

MVP shovel n. 삽, 부삽; 스푼, 숟갈

---

1562 ★★
**affront**
[əfrʌ́nt]

n. 모욕, 무례한 언동 = dishonor, indignity, insult, offence, slight
vt. (공공연히) 모욕하다 = dishonor, insult, snub

If one comes late, it is considered a personal **affront** to the waiting party.
만약 늦게 온다면(지각하면), 기다리고 있는 사람에 대한 개인적인 모욕으로 간주된다.

1563 ★★

**cerebral**
[sərí:brəl]

a. ① 뇌의, 대뇌의 = cerebric
② 지적인, 이지적인 = brainy, intellective, intellectual, intelligent

He has **cerebral** palsy, which makes his speech nearly unintelligible.
그는 뇌성 마비에 걸렸으며, 그로 인해 그의 말은 거의 이해할 수가 없다.

Hill said Witherspoon is very **cerebral** for his age.
힐(Hill)은 위더스푼(Witherspoon)이 나이에 비해 매우 지적이라고 말했다.

MVP cerebration n. 대뇌 작용[기능]; 사고(思考)

---

1564 ★

**betroth**
[bitróuð]

vt. 약혼시키다[to] = affiance, engage

Cale Chitwood was apparently reluctant to **betroth** his 12-year-old daughter, but did anyway in 1883.
케일 치트우드(Cale Chitwood)는 그의 열두 살 난 딸을 약혼시키기를 확실히 주저했던 것 같지만, 1883년에 어쨌든 약혼을 시켰다.

MVP betrothal n. 약혼(= engagement)
betrothed a. 약혼한; n. 약혼자
troth n. 충실, 성실; 약속; 약혼; vt. 약속하다; 약혼하다

---

1565 ★★

**fraudulent**
[frɔ́:dʒulənt]

a. 사기를 치는, 부정직한, 부정한, 속이는 = deceitful, dishonest, fraudful

He was accused of **fraudulent** dealings with many people.
그는 수많은 사람과 부정한 거래를 한 혐의로 고소되었다.

MVP fraud n. 사기, 기만; 사기꾼, 협잡꾼

---

1566 ★★★

**eradicate**
[irǽdəkèit]

vt. 근절하다, 박멸하다, 뿌리 뽑다 = eliminate, exterminate, uproot

We are determined to **eradicate** racism from our sport.
우리는 스포츠에서 인종차별주의를 반드시 뿌리 뽑을 것이다.

MVP eradicable a. 근절할 수 있는
ineradicable a. 근절할 수 없는, 뿌리 깊은

---

1567 ★★

**cemetery**
[sémətèri]

n. (교회에 부속되지 않은) 묘지; 공동묘지 = necropolis

She rests beside her husband in the local **cemetery**.
그녀는 지역 묘지에 그녀의 남편 옆에 잠들어 있다.

MVP churchyard n. (교회의) 뜰, 경내; (교회 부속의) 묘지
graveyard n. (흔히 교회 근처에 있는) 묘지

1568 ★★★

**dispassionate**
[dispǽʃənət]

**a. ① 감정에 좌우되지 않는, 냉정한 = composed, unemotional, unmoved**
**② 선입관 없는, 공평한 = detached, fair, impartial, unbiased, unprejudiced**

The king seemed to make a **dispassionate** judgment but it was based on human nature.
왕은 냉정한 판결을 내린 것으로 보였지만, 그 판결은 인간의 본성에 바탕을 둔 것이었다.

The judge takes a **dispassionate** attitude toward matters before him.
재판관은 그 앞에 놓인 문제에 대해 공평한 태도를 취한다.

---

1569 ★★

**pulse**
[pʌls]

**n. 맥박, 고동; (생명·감정 등의) 맥동 = beat, rhythm**

The victim had no **pulse**, no blood pressure, no breathing.
피해자에게는 맥박, 혈압, 호흡이 전혀 없었다.

MVP pulsate v. (맥박 등이) 뛰다, 가슴이 두근거리다[뛰다]
pulsation n. 맥박, 고동, 동계(動悸)
cf. purse n. 돈주머니, 돈지갑, 핸드백

---

1570 ★★★

**substantive**
[sʌ́bstəntiv]

**a. ① 실질적인, 본질적인 = essential, important, practical**
**② 상당한, 꽤 많은 = ample, considerable, sizeable**

We need to embark on joint endeavors towards the start of the **substantive** work.
우리는 실질적인 작업을 개시하기 위한 공동의 노력을 개시해야 한다.

---

1571 ★

**goad**
[goud]

**vt. ① 격려[자극, 선동]하다, 부추겨 ~하게 하다 = drive, provoke, stimulate, urge**
**② 뾰족한 막대기로 찌르다 = prick**

The real estate broker **goaded** the couple to put down deposit.
부동산 중개인은 그 부부가 보증금을 걸도록 부추겼다.

---

1572 ★★★

**conviction**
[kənvíkʃən]

**n. ① 유죄 선고, 유죄 판결 = condemnation**
**② (사실에 입각한) 확신, 신념 = assurance, belief, confidence, faith**
**③ (도리를 깨우쳐서) 납득시키기, 설득 = persuasion, suasion**

She had a previous **conviction** for a similar offence.
그녀는 비슷한 범법행위로 이전에 유죄 판결을 받은 적이 있었다.

He acts under the **conviction** that time is money.
그는 시간이 돈이라는 신념으로 행동한다.

MVP convict vt. (범죄에 대해) 유죄를 선고하다; n. 유죄선고를 받은 사람, 기결수, 재소자
convictive a. 설득력 있는; 확신을 가지게 하는
ex-convict n. 전과자
↔ acquittal n. 무죄 선고, 무죄 방면, 석방

1573 ★★
**hoary**
[hɔ́:ri]

a. ① 백발의; 늙은 = white-haired; old
② 낡은, 진부한, 고색창연한 = antiquated, timeworn

If you ever came across the **hoary** old VHS release of the movie, then you will be pleasantly surprised by how good it looks on DVD.
오래된 가정용 비디오테이프로 나온 영화를 보게 되면, 그 영화가 DVD에서 화질이 얼마나 좋은지 보고 기분 좋게 놀라게 된다.

---

1574 ★
**ellipsis**
[ilípsis]

n. 〈문법〉 (말의) 생략; 생략부호

**Ellipsis** and condensation are characteristics of poetry.
생략과 압축은 시의 특징이다.

MVP ellipse n. 타원
elliptical a. 타원형의; 생략의, 생략된(= elliptic)

---

1575 ★★★
**inundate**
[ínəndèit]

vt. ① 범람[침수]시키다 = engulf, flood, overflow, overwash, submerge, swamp
② (사람·물건으로) 넘치게 하다, 쇄도하다 = overwhelm, swamp

If the dam breaks, it will **inundate** large parts of the town.
만일 댐이 붕괴되면, 그 마을의 대부분이 침수될 것이다.

The company has been **inundated** with applicants.
그 회사에 지원자들이 감당할 수 없을 정도로 몰렸다.

MVP inundation n. 범람, 침수; 홍수; 쇄도

---

1576 ★★
**carnal**
[ká:rnl]

a. ① 육체의; 육욕적인, 성욕[관능]적인
= bodily, corporal, corporeal; fleshly, sensual
② 세속적인 = earthly, worldly

In Saudi Arabia recently, two men who had been caught in **carnal** acts, were sentenced to 7,000 lashes each, and are now permanently disabled as a result.
최근 사우디아라비아에서 육체적 관계 중 잡힌 두 남자는 각각 7,000번의 채찍을 맞는 형을 받았고 그 결과로 인해 현재 영구적인 장애를 갖게 되었다.

MVP cf. canal n. 운하; 수로

---

1577 ★★★
**surrender**
[səréndər]

v. ① 항복[굴복]하다, 투항하다 = capitulate, submit, succumb, yield
② (권리 등을) 포기하다, 넘겨주다 = cede, concede, relinquish, waive

The hijackers eventually **surrendered** themselves to the police.
그 납치범들은 결국 경찰에 투항했다.

He agreed to **surrender** all claims to the property.
그는 그 재산에 대한 모든 요구할 권리를 포기하기로 동의했다.

1578 ★★
**fluid**
[flú:id]

n. ① 유동체, 유체 = liquid
② 액체, 수분; (동물·식물의) 분비액

As a baby develops inside the mother, he or she floats in a **fluid** inside the mother's womb.
아기는 어머니의 뱃속에서 자라면서 어머니 자궁 속의 양수 안에 떠있게 된다.

---

1579 ★
**angular**
[ǽŋgjulər]

a. ① 각이 진, 모난 = angled, angulated, squarish
② (사람이) 뼈가 앙상한, 몹시 여윈

He filed down the **angular** part.
그는 모난 부분을 줄로 깎아냈다.

MVP angle n. 각, 각도; 모퉁이

---

1580 ★★
**reclaim**
[rikléim]

vt. ① 개간[간척]하다; (천연자원 등을) 이용하다, 재생하여 이용하다
② 교정하다, 교화하다, 갱생시키다
③ (분실하거나 빼앗긴 물건 등을) 되찾다[돌려 달라고 하다]

From earliest recorded history, humans have tried to farm fertile land **reclaimed** from floodplains.
역사시대의 가장 초기부터, 인간은 범람원을 간척하여 만든 비옥한 땅을 경작하려 노력해 왔다.

You'll have to go to the police station to **reclaim** your wallet.
지갑을 되찾으려면 경찰서에 가야 할 것이다.

MVP reclamation n. 교정, 교화; (동물의) 길들임; (재)개발, 간척; 매립

---

1581 ★
**lash**
[læʃ]

n. ① 채찍질, 태형(笞刑) = cane, flagellation
② 통렬한 비난, 질책 = censure, criticism, disparagement, fault-finding
v. ① 채찍질[매질]하다, 후려갈기다 = birch, bullwhip, cane, knout, rawhide
② 욕을 퍼붓다, 심하게 나무라다 = batter, berate, blast, censure

The employee was under the **lash** for negligence of duties.
그 직원은 업무 태만으로 질책을 받았다.

MVP cf. rash a. 분별없는, 경솔한; 성급한; n. 발진(發疹), 뾰루지

---

1582 ★★★
**resilient**
[rizíljənt]

a. ① 되튀는, 탄력 있는; 곧 원기를 회복하는 = bouncy, elastic, supple
② 발랄한, 쾌활한 = buoyant

Amy was hurt, but she was amazingly **resilient**.
에이미(Amy)는 다쳤지만, 회복력이 놀라웠다.

This rubber ball is very **resilient** and immediately springs back into shape after you've squashed it.
이 고무공은 매우 탄력성이 좋아서 뭉그러뜨린 후에도 곧 제 모양으로 되돌아온다.

MVP resilience n. 탄성; 회복력

---

1583 ★★
**dampen**
[dǽmpən]

v. ① **(감정·반응의 기세를) 꺾다, 약화시키다; 낙담시키다** = deject, depress, discourage
② **축축하게 하다; 축축해지다** = humidify, moisten

Higher interest rates would threaten to **dampen** U.S. domestic consumption and corporate investment.
금리 인상은 미국의 내수와 기업 투자를 위축시킬 것으로 우려된다.

MVP damp a. 축축한, 습기 찬(= moist)
damper n. 기를 꺾는 사람[물건]; (피아노의) 지음기(止音器)

---

1584 ★★★
**gist**
[dʒist]

n. **요지, 요점, 골자** = core, essence, pith

The main **gist** of this book is a friendship that transcends generations.
세대를 초월한 우정이 이 책의 뼈대를 이루고 있다.

---

1585 ★★
**provincial**
[prəvínʃəl]

a. ① **(수도를 제외한) 지방의, 시골의** = local, regional, rural
② **편협한, 옹졸한** = insular, narrow-minded, parochial

Currently, the country has nine **provincial** governments across the nation.
현재, 그 국가는 전국적으로 9개의 주정부로 구성되어 있다.

The child could not understand his **provincial** point of view.
그 아이는 그의 편협한 의견을 이해할 수 없었다.

MVP province n. 지방, 지역; 분야
provincialism n. 편협, 편견; 지방적 특색

---

1586 ★
**cringe**
[krindʒ]

vi. ① **(겁이 나서) 움츠리다[움찔하다]** = cower, flinch
② **굽실거리다, 아첨하다** = fawn, toady
n. **굽실거림, 아첨, 비굴한 태도**

As she drew closer to him, he **cringed** in embarrassment.
그녀가 바싹 다가서자 그는 당황해서 뒷걸음질 쳤다.

The courtiers **cringed** before the king.
신하들은 왕 앞에서 굽실거렸다.

MVP cringer n. 굽실거리는 사람

1587 ★★
**extrovert**
[ékstrəvə̀:rt]

**n. 외향적인 사람**
**a. 외향적인, 외향성의 = gregarious, outgoing, sociable**

A timid person prefers eating spicy and salty food, while an **extrovert** likes to eat bland food.
외향적인 사람은 자극적이지 않은 음식을 먹는 것을 좋아하는 반면, 소심한 사람은 맵고 짠 음식을 먹는 것을 좋아한다.

MVP ↔ introvert n. 내향적인 사람, 내성적인 사람; a. 내향적인, 내성적인

---

1588 ★
**addle**
[ǽdl]

**vt. ① 혼란스럽게 만들다 = befuddle, bewilder, confuse, muddle**
**② (계란을) 썩히다, 썩다 = decay, decompose, rot, spoil**

Perhaps the heat has **addled** kids' brains.
아마도 더위가 아이들의 머리를 혼란스럽게 했나보다.

---

1589 ★★
**wan**
[wan]

**a. ① (얼굴 등이) 창백한, 안색이 나쁜 = ashen, pale, pallid, pasty, waxen**
**② 병약한, 힘없는 = feeble, weak**

He sat up on the mattress as tears fell down her **wan** face.
눈물이 그녀의 창백한 얼굴에서 떨어질 때, 그는 매트리스 위에 똑바로 앉아 있었다.

---

1590 ★
**moiety**
[mɔ́iəti]

**n. ① (재산 등의) 반(半), 절반 = half, one-half**
**② 부분, 일부분, 몫 = part, piece, portion, section**

There is a slight **moiety** of the savage in her personality which is not easily perceived by those who do not know her well.
그녀의 성격에는 그녀를 잘 모르는 사람들한테는 쉽게 인식되지 않는 잔인한 부분이 있다.

---

1591 ★★★
**almighty**
[ɔ:lmáiti]

**a. 전능한 = omnipotent**

I swear by **almighty** God that I will tell the truth.
전능하신 하느님의 이름으로 진실을 말할 것을 맹세합니다.

---

1592 ★★
**unify**
[jú:nəfài]

**v. 통합[통일]하다, 단일체로 하다, 일체화하다 = consolidate, integrate, unite**

Silla Dynasty **unified** the Three Kingdoms in A.D. 676.
신라는 서기 676년에 삼국을 통일했다.

MVP unification n. 통일, 단일화, 결합, 통합
unity n. 통합, 통일; 통일성; 일치
unified a. 하나로 된, 통일된, 통합된

1593 ★★★
**tariff**
[tǽrif]

**n. ① 관세, 관세율[on]; 관세표 = duty, tax**
**② (철도·전신의) 운임[요금]표; (식당의) 요금[가격]표 = price list**

Import **tariffs** on raw materials make our products too expensive.
원자재에 대한 수입관세는 우리가 생산한 물품을 매우 비싸게 만든다.

MVP tariff barrier 관세 장벽

1594 ★★
**devour**
[diváuər]

**vt. ① 게걸스레 먹다 = consume, gobble, gorge**
**② 집어삼키다, 파멸시키다 = annihilate, destroy, ravage**
**③ (엄청난 관심과 열의로) 집어삼킬 듯이[빨아들이듯이] 읽다[보다]**

I saw prisoners **devour** the corpses of their comrades.
나는 죄수들이 동료들의 시체를 걸신들린 듯 먹어치우는 것을 보았다.

Flames **devoured** the house.
불길이 그 집을 집어삼켜 버렸다.

She **devoured** everything she could lay her hands on: books, magazines and newspapers.
그녀는 뭐든 그녀의 손에 닿는 것이면, 책이든 잡지든 신문이든 가리지 않고 집어삼킬 듯이 읽어댔다.

1595 ★★★
**syndrome**
[síndroum]

**n. ① 〈의학〉 증후군**
**② (어떤 감정·행동이 일어나는) 일련의 징후, 일정한 행동 양식**

This **syndrome** is associated with frequent coughing.
이 증후군은 잦은 기침과 관련이 있다.

※ 증후군 관련 용어

Acquired Immune Deficiency Syndrome: 후천성면역결핍증, 에이즈(= AIDS)
Down's syndrome(다운 증후군): 지능 장애 등을 수반하는 선천성 질환
economy class syndrome(이코노미 클래스 증후군): 좁은 좌석에서의 장시간의 비행으로 생기는 혈전증, 심부정맥 혈전증
sick building syndrome(새 건물 증후군): 건물 속의 오염된 공기·화학 물질 등으로 인해 그 속에서 생활하는 사람들이 피로, 두통, 눈 따가움, 호흡 곤란 등을 겪는 질환

1596 ★★
**nimble**
[nímbl]

**a. ① (동작이) 빠른, 날렵한 = agile, quick, swift**
**② (생각이) 민첩한; 영리한 = dexterous, smart**

She played the guitar with **nimble** fingers.
그녀는 빠른 손놀림으로 기타를 연주했다.

MVP nimbleness n. 민첩함(= agility)

1597 ★

**pork**
[pɔ:rk]

**n. ① 돼지고기**
**② 의원이 정치적 배려로 주게 하는 정부 보조금[관직 등]**

The **pork** industry is benefiting from the mad cow disease.
광우병이 발생하자 양돈업계가 반사이익을 얻고 있다.

MVP beef n. 소고기
mutton n. 양고기
chicken n. 닭고기
veal n. 송아지 고기
venison n. 사슴 고기

---

1598 ★★

**burrow**
[bə́:rou]

**n. (토끼나 여우 등의) 굴 = cave, den, lair**
**v. ① 굴을 파다 = dig, excavate, tunnel**
**② 들추다, 뒤적이다 = ferret, forage, rummage**

Earthworms **burrow** deep into the soil.
지렁이는 흙 속 깊이 굴을 판다.

She **burrowed** in the drawer for a pair of socks.
그녀는 양말을 찾기 위해 서랍 속을 뒤적였다.

---

1599 ★★★

**fade**
[feid]

**v. ① 흐릿해지다, 희미해지다; (색이) 바래다 = become pale, dim**
**② 사라져가다; (빛이) 광택을 잃다 = fade away, grow dim**
**③ (꽃 등이) 시들다, 이울다; (젊음·아름다움·기력 등이) 쇠퇴하다 = decline, dwindle**

Diabetes is one of the main causes of dementia, which causes a person's memory to **fade** away.
당뇨병은 치매의 주요 원인들 중 하나이며, 치매는 사람들의 기억을 서서히 사라지게끔 한다.

---

1600 ★★

**ordinance**
[ɔ́:rdənəns]

**n. 법령, 조례 = decree, enactment, regulation**

In Brooklyn, Ohio, a new city **ordinance** is banning motorists from talking on their cell phones while driving, and police will begin ticketing motorists who don't have both hands on the steering wheel.
오하이오 주(州) 브루클린 시의 새로운 시 조례는 자동차 운전자들에게 운전 중 전화통화를 금지하고 있으며, 경찰은 운전대에 양손을 올려놓지 않은 운전자들에게 위반 딱지를 뗄 예정이다.

## REVIEW TEST

### A. Write the meaning of the following words.

| | | | |
|---|---|---|---|
| □ squander | __________ | □ angular | __________ |
| □ plaudit | __________ | □ reclaim | __________ |
| □ counsel | __________ | □ lash | __________ |
| □ trenchant | __________ | □ resilient | __________ |
| □ subpoena | __________ | □ dampen | __________ |
| □ repel | __________ | □ gist | __________ |
| □ viewpoint | __________ | □ provincial | __________ |
| □ shove | __________ | □ cringe | __________ |
| □ cerebral | __________ | □ extrovert | __________ |
| □ betroth | __________ | □ addle | __________ |
| □ cemetery | __________ | □ moiety | __________ |
| □ dispassionate | __________ | □ almighty | __________ |
| □ pulse | __________ | □ unify | __________ |
| □ substantive | __________ | □ tariff | __________ |
| □ goad | __________ | □ devour | __________ |
| □ conviction | __________ | □ syndrome | __________ |
| □ ellipsis | __________ | □ pork | __________ |
| □ inundate | __________ | □ burrow | __________ |
| □ surrender | __________ | □ fade | __________ |
| □ fluid | __________ | □ ordinance | __________ |

※ 주어진 단어의 뜻을 본문에서 확인하시고 틀린 단어의 경우 박스에 체크한 뒤에 나중에 다시 학습하시기 바랍니다.

### B. Choose the synonym of the following words.

| | |
|---|---|
| 1. inviting | Ⓐ dishonor |
| 2. nimble | Ⓑ undamaged |
| 3. fraudulent | Ⓒ bypass |
| 4. hoary | Ⓓ bodily |
| 5. carnal | Ⓔ white-haired |
| 6. intact | Ⓕ pale |
| 7. detour | Ⓖ tempting |
| 8. eradicate | Ⓗ uproot |
| 9. affront | Ⓘ deceitful |
| 10. wan | Ⓙ agile |

B. 1. Ⓖ 2. Ⓙ 3. Ⓘ 4. Ⓔ 5. Ⓓ 6. Ⓑ 7. Ⓒ 8. Ⓗ 9. Ⓐ 10. Ⓕ

1601 ★★★

**gratuitous**
[grətjú:ətəs]

a. ① 무료의, 무보수의 = complimentary, free, gratis, pro bono
② 이유 없는, 까닭 없는 = causeless, groundless, ungrounded

Did you accept **gratuitous** jugs from your friends?
여러분들은 친구들로부터 물주전자들을 공짜로 받았습니까?

His death seemed so **gratuitous** that I couldn't understand his death.
그의 죽음은 너무 이유가 없어 보여서, 나는 그의 죽음을 이해할 수 없었다.

MVP gratuitously ad. 무료로, 무보수로; 이유 없이, 근거 없이
gratuity n. 팁, 사례금, 수고비; 선물; (제대·퇴직 시의) 퇴직금, 위로금

1602 ★★

**expatiate**
[ikspéiʃièit]

vi. 상세히 설명하다[말하다], 부연하다[on, upon]
= amplify, descant, elaborate, expound

I do not feel the need to **expatiate** on this matter at length.
나는 이 문제에 대해 자세하게 설명할 필요를 못 느낀다.

MVP expatiation n. 상세한 설명, 부연, 상술(詳述)
cf. expatriate v. 국외로 추방하다

1603 ★

**archive**
[ά:rkaiv]

n. (pl.) 기록 보관소, 공문서

Many **archives** replace their data-storage systems every three to five years to guard against obsolescence and decay.
많은 기록 보관소들은 노후화되어 사용 못하는 것을 막기 위해 데이터 보관 시스템을 3년에서 5년마다 교체한다.

MVP archivist n. 기록[문서] 보관인
archival a. 기록의, 고문서의; 기록 보관소의

1604 ★★★

**concrete**
[kάnkri:t]

a. 실재하는; 구체적인, 유형의 = actual, factual; substantial, tangible

South and North Korea, the United States, Japan, China and Russia have engaged in three rounds of six-nation disarmament talks that ended with no **concrete** breakthrough.
남북한과 미국, 일본, 중국, 러시아는 세 번에 걸쳐 북핵 관련 6자회담을 열었으나 구체적인 돌파구에 이르지 못했다.

1605 ★★

**reprisal**
[ripráizəl]

n. 보복, 앙갚음 = retaliation, revenge, vengeance

The caller refused to give his name out of fear of **reprisals**.
제보자는 보복이 두려워 자신의 이름을 밝히기를 거부했다.

MVP tit for tat 보복, 앙갚음

1606 ★

**passe**
[pæséi]

a. 구식의, 시대에 뒤진; 한창때가 지난 = obsolete, old-fashioned, outdated

People dating people of the same age are **passe** now.
동갑끼리 사귀는 것은 이제 시대에 뒤떨어진 행동이다.

---

1607 ★★

**instantaneous**
[ìnstəntéiniəs]

a. 즉시의, 즉각적인, 즉시 일어나는 = immediate, instant, prompt, quick

Death was not **instantaneous** because none of the bullets hit the heart.
심장을 맞힌 탄환이 하나도 없었기 때문에, 즉사한 것은 아니었다.

---

1608 ★★★

**deteriorate**
[ditíəriərèit]

v. ① (질·가치가) 떨어지다, 악화[저하]하다; (건강이) 나빠지다; 타락하다
= degenerate, depreciate, retrogress, worsen
② 나쁘게 하다, 악화시키다; (가치를) 저하시키다; 타락시키다

Once he told her she was too fat, their relationship **deteriorated** rapidly, and within a few weeks they separated.
일단 그가 그녀에게 너무 뚱뚱하다고 말하고 나자, 그들의 관계는 빠르게 악화됐고, 몇 주 만에 그들은 헤어졌다.

MVP deterioration n. 악화, (질의) 저하, 가치의 하락
↔ ameliorate v. 개선하다, 개량하다; 좋아지다, 고쳐지다

---

1609 ★★

**methodical**
[məθádikəl]

a. ① 조직적인, 질서정연한, 체계적인 = orderly, planned, systematic
② 꼼꼼한 = careful, exact, meticulous
③ 방법론적인

He is **methodical**, so he plans things years in advance.
그는 꼼꼼하다. 그래서 그는 할 일을 몇 년 앞서서 계획한다.

MVP method n. 방법, 방식; (일을 하는) 순서
methodology n. 방법론, 방법학
methodological a. 방법론의, 방법론적인

---

1610 ★★★

**circumvent**
[sə̀:rkəmvént]

vt. ① (곤란·문제점 등을 교묘히) 회피하다 = avoid, evade, get around
② 선수를 쳐서 망쳐 놓다, 의표를 찌르다 = frustrate, outwit

Defense attorney found a way that can **circumvent** the law.
피고측 변호사는 법을 교묘히 회피할 수 있는 방법을 발견했다.

MVP circumvention n. 선수를 치기; 계략에 말려들기
circumventive a. (어려움·법 등을) 회피하는; 선수를 치는
outsmart vt. ~보다 한 수 앞서다, 속이다
outwit vt. ~보다 한 수 앞서다, ~의 의표[허]를 찌르다, 속이다

1611 ★

**bauble**
[bɔ́:bl]

n. 겉만 번지르르한 싸구려 물건; 시시한 것 = trinket; trifle

You cannot bribe me with little **baubles** and trinkets.
하찮은 물건으로 나를 매수하려 들지 마시오.

1612 ★★

**intramural**
[ìntrəmjúərəl]

a. ① 같은 학교 내의, 교내의
② 같은 도시의, 시내의 = municipal

The freshmen played **intramural** football against the sophomores.
신입생들은 2학년들과 교내 풋볼 경기를 했다.

MVP cf. mural n. 벽화

1613 ★

**directory**
[diréktəri]

n. 인명부, 전화번호부

You can find my phone number in the telephone **directory**.
내 번호는 전화번호부에 나와 있다.

1614 ★★

**thrust**
[θrʌst]

v. (거칠게) 밀다, 밀치다, 밀어내다 = push, shove

He **thrust** his way through the crowd.
그는 군중을 밀어젖히고 나아갔다.

1615 ★★★

**extraneous**
[ikstréiniəs]

a. ① (고유한 것이 아니고) 외래의; 이질적인 = alien, external, extrinsic, foreign
② 관계없는, 무관한 = irrelevant, unrelated

The report included too much **extraneous** information.
그 보고서에는 주제에서 벗어난 정보가 너무 많이 담겨 있었다.

1616 ★

**feces**
[fí:si:z]

n. (pl.) 배설물; 찌끼, 침전물 = excrement, stools; deposit, dregs

The **feces** contain nitrogen which fertilizes the soil.
배설물은 질소를 함유하고 있으며, 이것은 토양을 비옥하게 만든다.

1617 ★★

**supercilious**
[sù:pərsíliəs]

a. 거만한, 남을 얕보는, 오만한 = arrogant, assuming, haughty, proud

He thought himself a genius and had a **supercilious** smile.
그는 자신이 천재라고 생각했고 거만하게 웃었다.

MVP superciliousness n. 거만함, 오만함

1618 ★★★

**legislature**
[lédʒislèitʃər]

**n. 입법부, 입법 기관 = assembly, congress, parliament**

They petitioned the **legislature** to pass laws protecting the environment.
그들은 환경 보호법을 통과시키기 위해 입법부에 탄원서를 냈다.

MVP legislate v. 법률을 제정하다
legislation n. 법률제정
legislator n. 입법자, 법률 제정자; 국회의원
legislative a. 입법의, 입법권이 있는; 입법[법률]에 의한; 입법부의

1619 ★★

**butcher**
[bútʃər]

**n. ① 푸주한, 정육점 주인**
**② 도살업자; 〈비유〉 학살자 = slaughterer, slayer**
**vt. ① 도살하다; 학살하다 = massacre, slaughter**
**② (일 등을) 망쳐놓다 = destroy, spoil**

He saw a cow getting slaughtered in front of the **butcher** shop, which made his stomach turn.
그는 푸줏간 앞에서 소가 도살되는 것을 봤을 때 속이 메스꺼웠다.

MVP butchery n. 도살장; 도축; 학살

1620 ★★★

**pole**
[poul]

**n. ① 막대기, 장대, 기둥, 지주(支柱) = post, rod, support**
**② 극(極), 극지**

The same **poles** of magnets push away from each other.
자석의 같은 극끼리는 서로 밀어낸다.

MVP polar a. 극지(極地)의, 남극[북극]의; (성격·경향·행동 등이) 정반대의



1621 ★★

**snort**
[snɔːrt]

**v. 코웃음을 치다, 콧방귀를 뀌다 = hoot, pooh-pooh, sneer, sniff**

My boss **snorted** at my innovative idea.
상사는 내 혁신적인 생각에 콧방귀를 뀌었다.

MVP cf. snore v. 코를 골다

1622 ★

**wistful**
[wístfəl]

**a. 탐내는 듯한; 그리워하는, 무엇을 동경하는 듯한; 생각에 잠긴, (지난 일을) 애석해[아쉬워]하는**

Actress Meryl Streep played the **wistful** housewife Francesca for losing her love in the movie *The Bridges of Madison County*.
영화배우 메릴 스트립(Meryl Streep)은 영화 "매디슨 카운티의 다리(The Bridges Of Madison County)"에서 사랑을 놓치고 안타까워하는 주부 프란세스카(Francesca) 역을 맡았다.

MVP wistfully ad. 탐내는 듯하게; 아쉬운 듯이; 생각에 잠겨

1623 ★★★
**examine**
[igzǽmin]

v. ① 조사하다; 검진[진찰]하다; (법정에서) 심문하다
② (~에게) 시험을 실시하다

The doctor **examined** every inch of his body.
의사가 그의 몸을 속속들이 검진했다.

The students will be **examined** in all subjects at the end of term.
학생들은 학기 말에 모든 과목에 대해 시험을 치게 된다.

MVP examination n. 조사, 검사, 심사; 시험, 성적고사; (의사의) 검진, 진찰
examiner n. (논문 등의) 심사 위원, 시험관, 채점관; 조사관
examinee n. 피조사자, 피검자; 수험생

---

1624 ★
**stolid**
[stálid]

a. 무신경한, 둔감한 = dull, impassive, obtuse

Although he told funny jokes, his audience was too **stolid** to appreciate his humor.
그는 재미있는 농담을 했지만, 그의 청중은 너무 둔감하여 그의 유머를 이해하지 못했다.

MVP stolidity n. 둔감, 무신경

---

1625 ★★
**proviso**
[prəváizou]

n. (합의를 보기 위한) 단서, 조건 = condition, provision, qualification, terms

I am ready to accept your proposal with the **proviso** that you meet your obligation.
나는 네가 너의 의무를 다한다는 조건하에 너의 제안을 받아들일 준비가 돼 있다.

He agreed to their visit with the **proviso** that they should stay no longer than one week.
그는 그들이 일주일 이상 머물지 않는다는 단서를 달고 그들의 방문에 동의했다.

---

1626 ★★★
**apposite**
[ǽpəzit]

a. 적절한, 딱 들어맞는 = appropriate, germane, pertinent, proper, relevant

"Skyscraper" is an **apposite** name for Manhattan's many tall buildings.
"Skyscraper"라는 단어는 맨해튼의 많은 고층 건물들에 적절한 이름이다.

MVP cf. appositive a. 〈문법〉 동격의; 후치수식의; n. 동격어[구, 절]
↔ inapposite a. 적절하지 않은, 부적당한, 엉뚱한

---

1627 ★★
**jumble**
[dʒʌ́mbl]

v. 뒤죽박죽을 만들다, 난잡하게 하다; 뒤범벅이 되다 = confuse, disorder, mix
n. 혼잡, 난잡; 뒤범벅, 잡동사니 = clutter, hodgepodge, mishmash, muddle

He has a **jumble** of papers on his desk.
그는 책상에 서류를 난장판으로 놓고 있다.

MVP jumbled a. 무질서한(= chaotic)

1628 ★
**miscegenation**
[mìsidʒənéiʃən]

n. 서로 다른 종족의 혼합; (특히 흑인과 백인의) 결혼

State anti-**miscegenation** laws were ruled unconstitutional.
흑인과 백인의 결혼을 금지하는 주(州)의 법들에 대해 위헌 판결이 났다.

---

1629 ★★★
**term**
[tə:rm]

n. ① 말; 용어; (pl.) 말투, 말씨 = expression, phrase, word
② 기간; 임기; 학기 = period; session; semester
③ (pl.) (지급·계약 등의) 조건, 조항 = condition, stipulation
④ (pl.) (친한) 사이, (교제) 관계 = relationship

Alcoholic beverage is a generic **term** for wine, spirits, beer, etc.
알코올음료는 포도주, 증류주, 맥주 등의 총칭이다.

MVP terminology n. [집합적] 전문 용어
in terms of ~의 관점에서
bring ~ to terms 복종시키다

---

1630 ★★
**dogged**
[dɔ́:gid]

a. 완강한; 집요한, 끈질긴 = obstinate, persistent, stubborn, tenacious

**Dogged** pursuit by the hunting dog exhausted the wild boar.
사냥개의 끈덕진 추적이 멧돼지를 지치게 만들었다.

MVP doggedly ad. 집요하게, 끈덕지게

---

1631 ★★
**advance**
[ædvǽns]

n. ① (군대의) 전진; 발전; 승진, 출세; (가격의) 인상, 증가
② 선금, 선불 = prepayment
v. ① 전진시키다; 승진시키다; (값 따위를) 올리다 = promote; raise
② (일정을) 앞당기다; (돈 따위를) 선불하다, 미리 빌려주다 = prepay
a. 미리 하는, 사전(事前)의

Thanks to the **advance** of medical science, people's average lifespans are getting longer.
의학의 발전 덕분에, 사람들의 평균 수명은 점점 더 길어지고 있다.

Please give us **advance** warning of any changes.
변동 사항이 있을 시에는 저희에게 사전 통고를 해 주십시오.

MVP advancement n. 발전, 진보; 승진, 출세
advanced a. 선진의; (학습 과정이) 고급[상급]의; (시간이) 지난; 나이를 먹은

---

1632 ★
**scurry**
[skə́:ri]

vi. (종종걸음으로) 급히 가다, 서두르다 = hasten, scuttle, skitter

A small army of maintenance people often work even as visitors **scurry** around them.
소수의 수리공들은 종종 방문객들이 그들 주위를 급히 지나갈 때도 일을 한다.

1633 ★★

**covenant**
[kʌ́vənənt]

**n. 계약, 서약, 맹약 = contract, pact**

To be monks, they took **covenants** of chastity, poverty, and obedience.
수도사가 되기 위해 그들은 순결과 가난, 복종의 서약을 했다.

The rival nations signed a **covenant** to reduce their armaments.
그 경쟁국들은 군축 협정에 서명했다.

---

1634 ★★

**nuptial**
[nʌ́pʃəl]

**a. 결혼의, 결혼식의 = conjugal, marital, matrimonial**
**n. (보통 pl.) 결혼식, 혼례 = marriage, matrimony, wedding**

Neither she nor Roger is fond of grand **nuptial** events.
그녀와 로저(Roger) 모두 규모가 큰 결혼식을 좋아하지 않는다.

Prince William acted as a pageboy at the **nuptials**.
윌리엄(William) 왕자는 그 결혼식에서 신부의 시동(侍童) 역할을 했다.

MVP cf. prenuptial a. 혼전의
cf. postnuptial a. 결혼 후의; 신혼여행의; (동물의) 교미 후의

---

1635 ★★★

**register**
[rédʒistər]

**v. ① 기록[기입]하다; 등록[등기]하다 = enroll, enter, note**
**② (온도계 등이) 가리키다; (기계가) 표시[기록]하다 = indicate, show**
**③ (견해를) 표명하다; (감정을) 나타내다 = display, exhibit, express, reveal**

According to the new policy, people who don't **register** their dogs will be fined.
새로운 정책에 따르면, 자신들이 키우고 있는 개를 등록하지 않는 사람들은 벌금을 물게 된다.

MVP registration n. 기입, 등록; 등록자 수; (우편물의) 등기

---

1636 ★

**gumption**
[gʌ́mpʃən]

**n. ① 적극성, 진취적인 기상, 의기 = drive, spirit**
**② 재치, 지혜, 요령이 좋음 = sense, shrewdness**

You don't have the **gumption** it takes to be a citizen of a democracy.
너는 민주주의의 시민이 되는데 필요한 진취적인 면모가 없다.

---

1637 ★★

**fleeting**
[flíːtiŋ]

**a. 순식간의, 잠깐 동안의; 덧없는**
**= ephemeral, momentary, temporary, transitory; evanescent**

Aging happens in a **fleeting** moment.
노화는 순식간에 일어난다.

The passing years are but **fleeting** moments.
세월은 덧없이 흘러가는 한 순간일 뿐이다.

MVP fleet v. (시간·세월이) 어느덧 지나가다; n. 함대

1638 ★★★
**outbreak**
[áutbrèik]

n. ① (소동·전쟁·유행병 등의) 발발, 돌발, 창궐; (화산 등의) 돌연한 분출 = burst, eruption
② 폭동, 반란, 소요 = insurgence, revolt, uprising

The **outbreak** of the war precipitated the ruin of our firm.
전쟁의 발발은 우리 회사의 도산을 재촉했다.

1639 ★★
**bruise**
[bru:z]

n. 타박상, 멍; 상처 자국; (과실·식물 따위의) 흠; (마음의) 상처
v. ~에게 타박상을 입히다; (감정을) 상하게 하다

His words remained in my mind as a **bruise**.
그의 말이 내 마음속에 상처로 남았다.

MVP scar n. 상처 자국, 흉터
sore n. 상처, 건드리면 아픈 곳

1640 ★★★
**sermon**
[sə́:rmən]

n. ① 설교 = homily, preaching
② 잔소리; 장광설

The **sermon** was so long and boring that I felt sleepy.
설교가 너무 길고 지루해서 졸렸다.

MVP preachment n. (지루한) 설교, 쓸데없이 긴 이야기
cf. summon v. 소환하다, 호출하다

1641 ★
**catchy**
[kǽtʃi]

a. ① (음악 등이) 재미있어 외우기 쉬운 = memorable, unforgettable
② (질문 등이) 함정이 있는, 틀리기 쉬운 = catch, trappy, tricky

She played a **catchy** song on the piano.
그녀는 피아노로 재미있고 외우기 쉬운 곡을 연주했다.

The man thought that the question was **catchy**.
그 남자는 그 질문에 함정이 있다고 생각했다.

1642 ★★
**premise**
[prémis]

n. ① 전제 = assumption, postulation
② (pl.) 토지, 집과 대지

Life is the art of drawing sufficient conclusions from insufficient **premises**.
인생이란 불충분한 전제로부터 충분한 결론을 끌어내는 기술이다.

1643 ★★★
**interchange**
[ìntərtʃéindʒ]

**v. 주고받다, 교환하다, 교체하다 = barter, exchange, reciprocate, swap**
**n. ① 교환, 주고받기; 교체 = give-and-take, reciprocation, switch; alternation**
**② (고속도로의) 인터체인지[입체 교차로], 분기점 = intersection, junction**

Sad moments were **interchanged** with hours of merriment.
비탄의 순간들이 환락의 시간과 교차되었다.

MVP interchangeable a. 교환할 수 있는, 바꿀 수 있는

---

1644 ★★
**cooperation**
[kouàpəréiʃən]

**n. ① 협력, 협조, 협업 = coaction, collaboration**
**② 협동조합 = cooperative, co-op**

Her arrest was a triumph of international **cooperation**.
그녀를 체포한 것은 국제적인 협력이 올린 개가였다.

Consumers' **cooperation** is needed to protect consumers as buyers of goods.
소비자 협동조합은 물품 구매자로서 소비자들을 보호하기 위해 필요하다.

MVP cooperate v. 협력[합동]하다, 협조하다; (상황이) 서로 도움이 되다
cooperative a. 협력[협조]하는; 협동조합식의; n. 협동조합; 협동조합의 매점·농장

---

1645 ★
**helluva**
[héləvə]

**a. ① 대단한**
**② 지독한, 형편없이 나쁜**
**③ 굉장히 좋은**
**ad. 대단히; 지나치게 = excessively, very**

I've got one **helluva** big house in New York.
나는 뉴욕에 굉장히 큰 집을 가지고 있다.

---

1646 ★★
**espionage**
[éspiənὰ:ʒ]

**n. 스파이[간첩] 행위, 첩보 활동 = intelligence, spying**

South Korean handset maker Samsung Electronics bans employees from using camera phones at work to prevent corporate **espionage**.
한국의 휴대폰 제조업체인 삼성전자는 회사 내 스파이 행위를 막기 위해 근무 중에는 직원들의 카메라폰 사용을 금지하고 있다.

MVP counterespionage n. 역(逆)스파이 활동, 방첩

---

1647 ★★★
**roam**
[roum]

**v. (이리저리) 돌아다니다, 배회하다 = ramble, saunter, stroll, wander**

Once upon a time, dinosaurs **roamed** everywhere in the world.
옛날에, 공룡들은 전 세계 모든 곳을 돌아다녔다.

1648 ★★

**alloy**
n. [ǽlɔi]
v. [əlɔ́i]

**n. 합금**
**vt. ① 합금하다, 섞다 = blend, mix**
**② (섞음질하여) ~의 품질을 떨어뜨리다 = adulterate, debase**

Steel is an **alloy** of iron, carbon and other elements such as phosphorus and nickel.
강철은 철과 탄소, 인과 니켈 같은 다른 원소의 합금이다.

---

1649 ★

**cul-de-sac**
[kúldəsǽk]

**n. 막다른 골목; 궁지, 곤경 = dead end, impasse**

That kind of easy-going attitude is driving the industry into a new **cul-de-sac**.
그런 종류의 무사안일주의가 이 산업을 새로운 곤경에 빠뜨리고 있다.

MVP blind alley 막다른 골목; 〈비유〉 가망이 없는 국면[직업, 연구]

---

1650 ★★

**vapid**
[vǽpid]

**a. ① 맛없는, 김빠진 = flat, insipid**
**② 지루한, 재미없는 = boring, dull, uninteresting**

Our prime minister delivered a **vapid** address.
우리 수상은 지루한 연설을 했다.

## REVIEW TEST

### A. Write the meaning of the following words.

| | |
|---|---|
| □ gratuitous ______ | □ jumble ______ |
| □ expatiate ______ | □ miscegenation ______ |
| □ archive ______ | □ term ______ |
| □ concrete ______ | □ advance ______ |
| □ deteriorate ______ | □ scurry ______ |
| □ methodical ______ | □ register ______ |
| □ circumvent ______ | □ gumption ______ |
| □ bauble ______ | □ fleeting ______ |
| □ intramural ______ | □ outbreak ______ |
| □ directory ______ | □ bruise ______ |
| □ thrust ______ | □ catchy ______ |
| □ extraneous ______ | □ premise ______ |
| □ supercilious ______ | □ interchange ______ |
| □ legislature ______ | □ cooperation ______ |
| □ butcher ______ | □ helluva ______ |
| □ pole ______ | □ espionage ______ |
| □ snort ______ | □ roam ______ |
| □ wistful ______ | □ alloy ______ |
| □ examine ______ | □ cul-de-sac ______ |
| □ proviso ______ | □ vapid ______ |

※ 주어진 단어의 뜻을 본문에서 확인하시고 틀린 단어의 경우 박스에 체크한 뒤에 나중에 다시 학습하시기 바랍니다.

### B. Choose the synonym of the following words.

| | |
|---|---|
| 1. reprisal | Ⓐ excrement |
| 2. stolid | Ⓑ contract |
| 3. apposite | Ⓒ wedding |
| 4. sermon | Ⓓ homily |
| 5. feces | Ⓔ old-fashioned |
| 6. covenant | Ⓕ retaliation |
| 7. nuptial | Ⓖ obstinate |
| 8. dogged | Ⓗ appropriate |
| 9. instantaneous | Ⓘ immediate |
| 10. passe | Ⓙ dull |

B. 1. Ⓕ 2. Ⓙ 3. Ⓗ 4. Ⓓ 5. Ⓐ 6. Ⓑ 7. Ⓒ 8. Ⓖ 9. Ⓘ 10. Ⓔ

1651 ★★★
**fortify**
[fɔ́:rtəfài]

v. ① 요새화하다
② 강화하다, (육체적·정신적으로) 튼튼히 하다 = reinforce, strengthen

The government is attempting to **fortify** the major cities against enemy attacks.
정부는 적의 공격에 대항하여 주요 도시들을 요새화하려 하고 있다.

They hurriedly **fortified** the village with barricades of carts, tree trunks and whatever came to hand.
그들은 서둘러 수레와 나무줄기, 가까이에 있는 모든 것으로 방벽을 쳐 마을의 방어를 강화했다.

MVP fortification n. 요새화; (종종 pl.) 방어 시설
fortress n. 요새

---

1652 ★★
**imbecile**
[ímbəsil]

a. 정신박약의, 저능한; 어리석은 = feeble-minded, half-witted; silly, stupid
n. (몹시 어리석은 사람을 가리켜) 천치[얼간이] = bean-head, cretin, ditz

What **imbecile** would mistake me for my mother?
어떤 얼간이가 저를 우리 어머니로 착각할까요?

MVP imbecility n. 정신박약, 저능; 어리석은 짓[말]

---

1653 ★
**aphasia**
[əféiʒiə]

n. 실어증(失語症)

**Aphasia** can affect your ability to express and understand language.
실어증은 언어를 표현하고 이해하는 능력에 영향을 줄 수 있다.

MVP aphasic a. 실어증의; n. 실어증 환자

---

1654 ★★
**supersede**
[sù:pərsí:d]

vt. 대신하다, 대체하다 = displace, replace, substitute, supplant

The theory has been **superseded** by more recent research.
그 이론은 보다 최근의 연구로 대체되었다.

---

1655 ★★★
**distinct**
[distíŋkt]

a. ① (성질·종류가) 별개의, (전혀) 다른 = different, separate
② 뚜렷한, 명료한; 명확한, 틀림없는 = apparent, definite; obvious

Maldives has mainly two **distinct** seasons: the wet season and the dry season.
몰디브에는 대개 우기와 건기의 뚜렷한 두 계절이 있습니다.

MVP distinction n. 구별, 차별; 차이; 탁월성, 우수성
distinctive a. 독특한, 특이한
distinctly ad. 뚜렷하게, 명백하게
↔ indistinct a. 뚜렷하지 않은, 분명치 않은, 희미한

1656 ★★
**relic**
[rélik]

n. ① (pl.) 유물, 유적; (풍속·신앙 등의) 잔재, 유풍
= artifact, monument, remains, remnant
② (성인·순교자의) 유골, 성물(聖物); 유품, 기념품
= keepsake, memento, souvenir

The area is a treasure house of archaeological **relics**.
그 지역은 고고학적 유물의 보고(寶庫)다.

MVP cf. relict n. 〈생태〉 잔존 생물; 〈지질〉 잔존 광물

---

1657 ★★★
**prevent**
[privént]

v. 막다, 방해하다; (질병·재해 등을) 예방하다

She will start tomorrow if nothing **prevents**.
별 지장이 없으면, 그녀는 내일 출발할 것이다.

These measures are aimed at **preventing** violent crime.
이 조치들은 폭력 범죄 예방을 목표로 한 것이다.

MVP prevention n. 저지, 방해; 방해물; 예방; 예방법, 방지책
preventive a. 방해하는; 예방을 위한; n. 방해물; 예방법, 예방약

---

1658 ★
**craven**
[kréivn]

a. 겁 많은, 비겁한 = cowardly, dastardly, pusillanimous, timid
n. 겁쟁이, 소심한 사람 = chicken, coward, poltroon

Just as the cowardice is the mark of **craven**, disloyalty is the mark of the renegade.
겁이 겁쟁이의 특징이듯이 불충은 배신자의 특징이다.

MVP cf. crave v. 열망하다, 갈망하다(= desire)

---

1659 ★★★
**strife**
[straif]

n. ① 투쟁, 쟁의 = battle, clash, combat, struggle
② (집단 간의) 갈등, 불화, 반목 = conflict, discord, dissension

The three-way talks have remained stalled since labor **strife**.
3자 협상은 노동쟁의 이후 중단된 상태이다.

---

1660 ★★
**accede**
[æksí:d]

vi. ① (요구·제의 등에) 동의하다, 응하다[to] = agree, assent, consent
② (높은 지위·왕위 등에) 오르다, 취임하다[to] = succeed

He **acceded** to demands for his resignation.
그는 사임 요구에 응했다.

Queen Victoria **acceded** to the throne in 1837.
빅토리아 여왕(Queen Victoria)은 1837년에 왕위에 올랐다.

MVP accession n. (어떤 상태에로의) 근접, 접근; 즉위, 취임; 응낙, 동의

1661 ★★★

**emission**

[imíʃən]

n. ① (빛·열·가스 등의) 방출, 배출 = discharge, release
② 배기가스

Electric cars are truly eco-friendly in that they generate no **emissions**.
전기 자동차는 배기가스를 전혀 배출하지 않는다는 점에서 정말로 친환경적이다.

MVP emit vt. (빛·열·가스·소리 등을) 내다, 발하다, 방출하다, 방사하다(= give off)

---

1662 ★★

**disparage**

[dispǽridʒ]

vt. 헐뜯다, 비방하다, 폄하하다 = belittle, decry, denigrate, derogate, diminish

The governor **disparaged** our efforts to beautify the town square.
그 주지사는 마을 광장을 아름답게 하려는 우리의 노력을 폄하했다.

MVP disparaging a. 얕보는, 폄하하는, 비난하는

---

1663 ★★★

**chore**

[tʃɔ:r]

n. 지루한[싫은] 일; (pl.) (일상의 가정의) 잡일, 허드렛일 = housework, routine

If kids receive rewards for doing **chores**, then they will only do the chores for the rewards.
만약 아이들이 집안일에 대해 보상을 받게 된다면, 그들은 오직 보상을 위해서만 집안일을 할 것입니다.

---

1664 ★★

**noisome**

[nɔ́isəm]

a. ① (냄새·소리 등이) 불쾌한, 역겨운, 고약한 = disgusting, fetid, malodorous
② 건강에 나쁜, 해로운 = harmful, mischievous, pernicious, unhealthy

I never could stand the **noisome** atmosphere surrounding the slaughter houses.
나는 도살장 주위에서 나는 불쾌한 냄새를 도저히 참을 수가 없었다.

---

1665 ★★★

**concept**

[kάnsept]

n. 개념, 관념, 사상, 생각 = conception, idea, notion, sense, thought

As society has changed, the **concept** of gender equality emerged.
사회가 변함에 따라 양성평등이라는 개념이 생겨났다.

MVP conceptualize vt. 개념화하다

---

1666 ★★

**buff**

[bʌf]

n. ① 〈합성어에 쓰여〉 ~광, 애호가 = aficionado, devotee, enthusiast, fanatic
② 담황색, 누런색 = beige, sallow

v. 충격을 완화하다, 완충기 역할을 하다 = cushion

As film **buffs** know, sequels seldom live up to the original.
영화광들이 아는 것처럼, 후속편들은 원작에 거의 미치지 못한다.

He put a large **buff** envelope in the middle of the table.
그는 식탁의 한 가운데에 커다란 담황색 봉투를 놓아두었다.

MVP buffer n. 완충제(역할을 하는 것); vt. (충격을) 완화하다; ~을 보호하다

---

1667 ★★★
**develop**
[divéləp]

**v. ① 성장하다, 발달하다[시키다]; (이야기 등을) 전개시키다; 개발하다**
**② (병 등 좋지 않은 일이) 생기다; (좋지 않은 방향으로) 변하다**
**③ 〈사진〉 (필름을) 현상하다**

Her son **developed** asthma when he was two.
그녀의 아들은 두 살 때 천식이 생겼다.

A crisis was rapidly **developing** in the Gulf.
걸프 지역이 좋지 않은 방향으로 급격히 전개되고 있었다.

MVP development n. 발달, 성장; 개발; 새로이 전개된 국면; 〈사진〉 현상
developed a. (국가·사회 등이) 발달한, 선진의; (재능이) 발달한
developing a. (국가·사회 등이) 발전중인, 개발 도상의; 〈사진〉 현상의
underdeveloped a. (국가·사회 등이) 저개발의, 발달이 불충분한, 후진국의

---

1668 ★★
**prolix**
[proulíks]

**a. (글·연설·이야기 따위가) 지루한, 장황한 = redundant, verbose, wordy**

He is much too **prolix** in his writings; he writes a page when a sentence should suffice.
그는 글이 너무 장황하다. 그는 한 문장이면 충분한데도 한 페이지를 쓴다.

MVP prolixity n. 장황함, 지루함

---

1669 ★
**mortician**
[mɔ:rtíʃən]

**n. 장의사 = undertaker**

The **mortician** bathed and shrouded the body.
장의사는 시신을 씻기고 수의를 입혔다.

---

1670 ★★
**rescind**
[risínd]

**vt. (법률·계약 등을) 폐지[폐기, 철회]하다 = annul, repeal, revoke**

The government **rescinded** its trade agreement after a continuous economic recession.
정부는 계속되는 경기침체 후에 그 무역협정을 폐지했다.

---

1671 ★★★
**tribe**
[traib]

**n. ① 부족, 종족 = clan, race**
**② (특히 특정 전문직에 종사하는) 집단[무리] = crowd, group**

Native American **tribes** have suffered from acculturation.
아메리카 원주민들은 (다른 문화 간의 접촉으로 인한) 문화 변용으로 인해 고통을 겪었다.

MVP tribal a. 부족의, 종족의

---

1672 ★★
**covert**
[kóuvərt]

**a. 비밀의, 은밀한, 암암리의 = clandestine, undercover**

North Korea admitted having a **covert** nuclear program.
북한은 비밀 핵 프로그램을 가지고 있음을 인정했다.

MVP ↔ overt a. 명시적인, 공공연한

---

1673 ★
**gesticulate**
[dʒestíkjulèit]

**v. 몸짓[손짓]으로 이야기하다 = gesture, motion, pantomime**

The speaker **gesticulated** in such a strange way that the audience paid more attention to his hands than to his words.
그 연설가는 굉장히 이상한 방식으로 손짓을 해서 청중들은 그의 말보다 손에 더 많은 관심을 보였다.

MVP gesticulation n. 몸짓, 손짓

---

1674 ★★★
**avaricious**
[æ̀vəríʃəs]

**a. 탐욕스러운, 욕심 많은 = acquisitive, desirous, grabby, greedy**

Employees of that **avaricious** company were over-worked and under-paid.
그 탐욕스러운 기업의 직원들은 과로와 저임금에 시달렸다.

MVP avarice n. 탐욕, 욕심

---

1675 ★★
**mite**
[mait]

**n. ① 약간, 조금**
**② 진드기 = tick**

There's a **mite** of coldness in the air today.
오늘 날씨는 약간 쌀쌀한 기운이 있다.

---

1676 ★
**shear**
[ʃiər]

**v. ① (큰 가위 등으로) 베다, 잘라내다; 깎다 = clip, fleece, shave, trim**
**② (권력 등을) ~에게서 빼앗다, ~로부터 박탈[탈취]하다[of] = deprive, divest**

Prompted by the visit of a trader who will buy their wool, Tibetan herders in Qinghai Province **shear** their sheep.
양모를 사러 온 상인의 방문으로 칭하이 성의 티베트 목동들이 양털을 깎고 있다.

1677 ★★

**infraction**
[infrǽkʃən]

n. 위반, 침해 = breach, infringement, violation

Speeding is the **infraction** of the traffic laws.
과속은 교통법 위반이다.

MVP infract vt. (법률을) 범하다, 어기다

---

1678 ★★★

**outgoing**
[áutgòuiŋ]

a. ① 사교적인, 외향적인 = extrovert, open, sociable
② 나가는, 떠나가는; 은퇴하는 = departing; retiring

He has an **outgoing** and gregarious personality.
그는 외향적이고 사교적인 성격이다.

---

1679 ★★

**extol**
[ikstóul]

vt. 칭찬하다, 칭송하다, 찬양하다, 격찬하다 = admire, exalt, laud, praise

The man was **extolled** as the paragon of sublime self-sacrifice in history.
그 남자는 역사에서 숭고한 자기희생의 전형으로 칭송받았다.

---

1680 ★

**battalion**
[bətǽljən]

n. 대대; 전투 대형을 갖춘 군대

Austria has sent three army **battalions** to its border with Hungary to stem the flow of illegal immigrants.
오스트리아는 불법 이민자들의 유입을 막기 위해 헝가리와의 국경에 세 개 육군 대대를 보냈다.

※ 군대 관련 어휘

| | |
|---|---|
| platoon n. 소대 | company n. 중대 |
| regiment n. 연대 | brigade n. 여단 |
| division n. 사단 | corps n. 군단 |

---

1681 ★★

**wheedle**
[hwíːdl]

v. 감언이설로 구슬리다[빼앗다] = cajole, coax, inveigle

The gamblers were trying to **wheedle** him into a card game.
그 도박꾼들은 그를 카드 게임에 꾀어내려 했다.

---

1682 ★★★

**homage**
[hámidʒ]

n. 경의, 존경; (신하로서의) 충성 = deference, respect, reverence

The nobles paid **homage** to the king by bowing to him.
귀족들은 왕에게 절을 하여 경의를 표했다.

MVP pay[do, render] homage to ~에게 경의를 표하다; 신하의 예를 다하다

1683 ★★
**lurk**
[lə:rk]

vi. ① **숨다, 잠복하다; 숨어 기다리다** = hide
② **남몰래 가다, 잠행하다, 살금살금 걷다**[about, around] = skulk, slink, sneak
③ **(인터넷 채팅방에서 참여는 않고 대화 내용을) 읽기만[지켜보기만] 하다**

A cobra was **lurking** in the grass to ambush its prey.
코브라 한 마리가 사냥감을 매복하여 공격하기 위해 풀밭에 숨어 있었다.

---

1684 ★
**enclave**
[énkleiv]

n. ① **(어떤 나라의 본토에서 떨어져, 타국의 영토에 둘러싸인) 고립된 영토**
② **소수 민족 거주지; 고립된 지역[소집단]**

A few years ago I was in India and visited both the Canadian and American **enclaves** in New Delhi.
몇 년 전에 나는 인도에 있었고 뉴델리에 있는 캐나다인과 미국인이 사는 지역을 방문했다.

MVP cf. exclave n. (본국에서 떨어져서 다른 나라의 영토에 둘러싸인) 고립 영토
cf. conclave n. 비밀회의; 교황 선거 회의; (그 회의에 출석하는) 추기경단

---

1685 ★★
**cede**
[si:d]

vt. **(권리·영토 등을) 양도[할양]하다** = surrender, transfer, yield

After losing the war, the country **ceded** land to the conqueror.
전쟁에 패한 후 그 나라는 승전국에 영토를 내주었다.

MVP cession n. 할양(割讓), (권리의) 양도

---

1686 ★★★
**vivid**
[vívid]

a. ① **생생한, 활기에 찬, 활발한, 원기 왕성한** = lively
② **(빛·색이) 선명한, 밝은, 강렬한** = intense, lucid
③ **(묘사·인상·기억 따위가) 명확한, 똑똑한, 눈에 보이는 듯한**

**Vivid** dreams often wake people and cause problems like insomnia.
생생한 꿈은 종종 사람들을 깨우며 불면증과 같은 (수면) 문제를 야기한다.

MVP vivify vt. ~에 생명[생기]을 주다; 선명[강렬]하게 하다; 활기를 띠게 하다
vividness n. 생생함, 선명함, 발랄함
vividly ad. 생생하게, 선명하게, 발랄하게

※ '선명한'을 뜻하는 어휘

bright a. 환한, 밝은, 빛나는; (색상이) 선명한
brilliant a. 아주 환한[밝은], 눈부신; (색상이) 아주 선명한
fluorescent a. 형광성의; 형광을 발하는
luminous a. (어둠 속에서도) 빛을 발하는; 매우[너무] 환한
vibrant a. (색상이) 선명한, 강렬한

1687 ★★

**prophet**
[práfit]

n. ① 예언자; 신의(神意)를 전달하는 사람 = diviner, forecaster, soothsayer
② (주의 등의) 대변자, 제창자, 선각자

The founder of Islam is the **prophet** Muhammad.
이슬람교를 창시한 것은 예언자 마호메트(Muhammad)이다.

MVP prophesy v. 예언하다, 예측하다
prophecy n. 예언; 예언 능력

1688 ★

**truncate**
[trʌ́ŋkeit]

vt. ① (나무·원뿔 등의) 꼭대기[끝]를 자르다 = clip, crop, cut, dock, trim
② (인용구 등의) 일부를 생략하여 줄이다 = prune, shorten

The tree was **truncated** to make her wedding chest.
신부의 혼수를 넣을 장식궤를 만들기 위해 그 나무의 끝을 잘랐다.

My article was published in **truncated** form.
내가 쓴 기사는 일부가 생략된 형태로 실렸다.

MVP truncated a. 끝을 자른; (문장 등이) 생략된, 불완전한

1689 ★★

**stellar**
[stélər]

a. ① 별의, 별 같은 모양의 = astral, sidereal
② 일류의, 뛰어난 = leading, outstanding, prima

Knowing the masses of stars is important in understanding **stellar** evolution.
별의 질량을 아는 것은 별의 진화를 이해하는 데 있어 중요하다.

His **stellar** career spans more than three decades.
그의 눈부신 음악 활동은 30년이 넘는다.

1690 ★★★

**initiative**
[iníʃiətiv]

n. ① 새로운 기획[계획]; 창시, 솔선, 주도; 주도권 = lead, leadership; hegemony
② 진취적 기상, 독창력, 기업심 = drive, enterprise, gumption, inventiveness
③ 국민[주민] 발안; 발의권

We should take the **initiative** in this matter.
이 문제에서는 능동적으로 행동을 취해야 한다.

MVP take the initiative 주도하다, 솔선해서 하다, 선수 치다

1691 ★★

**utensil**
[ju:ténsəl]

n. 가정용품, 부엌세간, 기구, 도구 = implement, tool

Don't share cups and **utensils** with anyone when you have a cold.
감기에 걸렸을 때는 컵이나 식기를 다른 사람과 같이 쓰지 마세요.

1692 ★

**picaresque**
[pìkərésk]

**a. (소설이) 악한을 주인공으로 한, 악한을 소재로 한**
**n. (문학의 한 형태로서의) 악당 소설**

His **picaresque** novel *G* won the Booker prize in 1972.
악한을 주인공으로 한 그의 소설 『G』는 1972년 부커(Booker) 상을 수상했다.

---

1693 ★★★

**confuse**
[kənfjúːz]

**vt. ① 혼동하다, 헛갈리게 하다, 잘못 알다 = confound, mistake**
**② (순서·질서 등을) 혼란시키다; (사람을) 당황하게 하다**
**= bewilder, disconcert, mystify, perplex, puzzle**

It is very common for people to **confuse** lust for love.
사람들이 욕망과 사랑을 혼동하는 것은 매우 흔합니다.

MVP confusion n. 혼동, 혼란, 당황
confused a. 당황한, 혼란한, 헛갈리는
confusing a. 혼란시키는, 당황하게 하는

---

1694 ★★

**remunerative**
[rimjúːnərətiv]

**a. 보수가 있는; 유리한, 수지맞는 = lucrative, paying, profitable**

Charity work is not very **remunerative**.
자선 사업은 그다지 수지맞는 사업이 못 된다.

MVP remunerate vt. 보수를 주다; 보상하다; 보답하다

---

1695 ★

**dystopia**
[distóupiə]

**n. 반(反)이상향, 암흑향(暗黑鄕); 살기 어려운 곳**

Many books have been written about imaginary utopias that are actually the opposite — **dystopias**.
상당수의 책들에서는 상상 속의 유토피아가 실제로는 우리가 생각하는 개념과 정반대인 암흑향으로 묘사되어 왔다.

MVP ↔ utopia n. 유토피아, 이상향

---

1696 ★★★

**blaze**
[bleiz]

**n. ① (확 타오르는) 불길, 화재 = fire, flame**
**② 번쩍거림, 광휘 = brilliance, flash, glare, glitter, glow**
**v. 타오르다, 불꽃을 일으키다 = burn, flare**

Investigators said the **blaze** was caused by the protesters' mishandling of a large amount of paint thinners.
조사관들은 이번 화재가 시위자들이 많은 양의 페인트 시너를 잘못 다룬 것으로 인해 발생했다고 말했다.

1697 ★★

**fracture**
[frǽktʃər]

n. ① 분쇄, 좌절; 분열 = break, crush, split
② 골절, 좌상(挫傷)
v. ① 부수다; (뼈 등을) 부러뜨리다 = break
② 금가게 하다 = crack, split

The **fracture** in her right leg is very serious.
그녀의 오른쪽 다리의 골절이 매우 심각한 수준이다.

---

1698 ★

**ape**
[eip]

n. ① 꼬리 없는 원숭이; 유인원(類人猿)
② 남의 흉내 내는 사람, 흉내쟁이
③ 절정, 정점, 극치, 최고 = apex, peak, pinnacle, zenith
v. ~을 흉내 내다 = imitate, mimic

**Ape** genomes are 98 percent identical to human genomes.
유인원의 게놈은 인간의 것과 98% 동일하다.

Her performance is truly **ape**.
그녀의 연주는 정말 최고다.

We used to **ape** the teacher's southern accent.
우리는 그 선생님의 남부 말씨를 흉내 내곤 했다.

MVP aper n. 흉내 내는[모방하는] 사람

---

1699 ★★

**contrive**
[kəntráiv]

v. ① 고안[발명]하다, 궁리하다; 획책하다 = devise, invent; concoct, fabricate
② 용케 ~하다, 이럭저럭 (~을) 해내다 = manage

Anyway, he **contrived** to win the election and thereby realized his dream.
어쨌든 그는 선거에서 이기도록 책략을 썼고 그것에 의해 그의 꿈을 실현했다.

MVP contrivance n. 고안, 발명; 고안품, 장치; 계략

---

1700 ★★★

**gigantic**
[dʒaigǽntik]

a. 거인 같은, 거대한; 아주 큰; 엄청나게 큰 = enormous, giant, massive, titanic

The Earth was once ruled by **gigantic** dinosaurs.
지구는 한때 거대한 공룡들이 지배했다.

## REVIEW TEST

### A. Write the meaning of the following words.

| | | | |
|---|---|---|---|
| □ fortify | ______ | □ battalion | ______ |
| □ imbecile | ______ | □ wheedle | ______ |
| □ aphasia | ______ | □ homage | ______ |
| □ supersede | ______ | □ lurk | ______ |
| □ distinct | ______ | □ enclave | ______ |
| □ relic | ______ | □ cede | ______ |
| □ prevent | ______ | □ vivid | ______ |
| □ strife | ______ | □ prophet | ______ |
| □ accede | ______ | □ truncate | ______ |
| □ disparage | ______ | □ initiative | ______ |
| □ chore | ______ | □ utensil | ______ |
| □ noisome | ______ | □ picaresque | ______ |
| □ develop | ______ | □ confuse | ______ |
| □ prolix | ______ | □ remunerative | ______ |
| □ rescind | ______ | □ dystopia | ______ |
| □ tribe | ______ | □ blaze | ______ |
| □ gesticulate | ______ | □ fracture | ______ |
| □ mite | ______ | □ ape | ______ |
| □ shear | ______ | □ contrive | ______ |
| □ outgoing | ______ | □ gigantic | ______ |

※ 주어진 단어의 뜻을 본문에서 확인하시고 틀린 단어의 경우 박스에 체크한 뒤에 나중에 다시 학습하시기 바랍니다.

### B. Choose the synonym of the following words.

| | |
|---|---|
| 1. concept | Ⓐ aficionado |
| 2. infraction | Ⓑ undertaker |
| 3. stellar | Ⓒ clandestine |
| 4. emission | Ⓓ discharge |
| 5. covert | Ⓔ astral |
| 6. extol | Ⓕ praise |
| 7. avaricious | Ⓖ violation |
| 8. craven | Ⓗ cowardly |
| 9. mortician | Ⓘ acquisitive |
| 10. buff | Ⓙ notion |

B. 1. Ⓙ 2. Ⓖ 3. Ⓔ 4. Ⓓ 5. Ⓒ 6. Ⓕ 7. Ⓘ 8. Ⓗ 9. Ⓑ 10. Ⓐ

1701 ★★★

**vindictive**

[vindíktiv]

**a. 복수심이 있는, 원한[앙심]을 품은 = retaliatory, revengeful**

He is so **vindictive** that he never forgives anybody.

그는 복수심이 너무나도 강해서 아무도 용서하지 않는다.

MVP cf. vindicative a. 변호하는, 변명하는

1702 ★★

**burlesque**

[bəːrlésk]

**v. 희화화하다; 흉내 내다 = imitate, mimic, mock**

**n. 풍자시, 풍자적 희극 = farce, lampoon, satire**

In his caricature, he **burlesqued** the mannerisms of his adversary.

풍자만화에서 그는 자신의 적의 매너리즘을 풍자했다.

1703 ★

**egotism**

[íːgətìzm]

**n. 자기중심주의; 자부, 자만; 이기주의, 자기 본위**
**= conceit, narcissism, selfishness, vanity**

Finding herself world-famous by the time she was 18 only encouraged the actress' **egotism**.

18세에 이미 자신이 세계적으로 유명해졌음을 알게 된 그 여배우는 자기중심적인 사고방식이 더욱 강해졌다.

MVP egotistic a. 자기본위[중심]의, 제멋대로의, 이기적인
cf. egoism n. 자기 본위, 이기주의(↔ altruism)

1704 ★★

**ad hoc**

[æd hák]

**a. 특별한 목적을 위한, 특별한; 임시의; 이 문제에 국한한**
**= makeshift, provisional, temporary**

**ad. 특별한 목적을 위해, 특별히; 임시로; 이 문제에 국한하여**

There will be an **ad hoc** meeting to deal with the problem.

그 문제를 처리하기 위한 임시 회의가 열릴 겁니다.

1705 ★★

**crackdown**

[krǽkdáun]

**n. 엄중 단속, 탄압[on] = clampdown, oppression, repression, suppression**

The police began a **crackdown** on illegal gambling.

경찰은 불법 도박에 대한 엄중 단속을 하기 시작했다.

MVP crack down on 단호한 조치를 취하다, 엄중히 단속하다

1706 ★★★

**instill**

[instíl]

**vt. ① (사상 등을) 가르치다, 주입시키다, 심어주다 = imbue, inculcate, infuse**
**② ~을 한 방울씩 떨어뜨리다, 점적(點滴)하다 = drip, trickle**

Self-confidence must be **instilled** in the child from an early age.

어릴 때부터 아이에게 자신감을 심어주어야 한다.

Good leaders **instill** a sense of ownership in their members.
훌륭한 리더는 구성원들에게 주인의식을 불어넣는다.

MVP instill ideas into a person's mind ~에게 사상을 서서히 주입시키다

---

1707 ★★
**locomotion**
[lòukəmóuʃən]

n. ① 이동, 운동 = movement
② 교통기관

A fish uses its fins for **locomotion**.
물고기는 지느러미를 이용하여 이동한다.

MVP locomotive n. 기관차

---

1708 ★★★
**matter**
[mǽtər]

n. ① 물질; (특수한) 물질; 물체 = material, stuff, substance
② (논의·저술 등의) 내용; 제재(題材), 주제 = content, substance
③ (고려하거나 처리해야 할) 문제, 일, 사안; 사건
= affair, case, concern, issue, subject
④ (pl.) 상황, 사태, 사정 = circumstances, conditions, situation
vi. 중요하다 = be of importance, count

Experts say that our quality of sleep really does **matter**, especially for athletes.
수면의 질이 아주 중요한데, 특히 운동선수들에게 그렇다고 전문가들이 말하고 있다.

---

1709 ★★
**palsy**
[pɔ́:lzi]

n. 중풍, 마비, 마비상태 = paralysis

The old man has been laid up with **palsy** for ten years.
그 노인은 중풍으로 10년간 누워 있었다.

MVP cerebral palsy 뇌성마비

---

1710 ★
**cunning**
[kʌ́niŋ]

a. ① 교활한, 약삭빠른 = artful, crafty, wily
② (장치 등이) 솜씨 있게 만든, 정교한 = elaborate, ingenious, sophisticated
n. 교활함, 간계 = craftiness, slyness, wiles

The man was as **cunning** as a fox.
그 남자는 여우같이 교활했다.

She used low **cunning** to get what she wanted.
그녀는 자기가 원하는 것을 얻기 위해 저급한 간계를 썼다.

MVP cunningly ad. 교활하게, 간사하게; 솜씨 있게

1711 ★★

**protocol**
[próutəkɔ̀:l]

**n. ① (외교상의) 의전, 의례, 의식 = decorum, etiquette, propriety**
**② (조약의) 초안[원안]; (합의안·조약의) 보충 협약, 의정서**

He was a career diplomat who put **protocol** above all else.
그는 외교상의 의전을 다른 무엇보다 중요시하는 직업외교관이었다.

The Kyoto **Protocol** is an ambitious effort to reduce the emissions.
교토 의정서는 배기가스를 줄이려는 야심찬 노력의 일환이다.

1712 ★★★

**quote**
[kwout]

**v. ① (다른 사람의 말·문장 등을) 인용하다**
**② 예시(例示)하다 = cite, refer to**
**③ (가격·시세를) 부르다, 매기다; 어림잡다 = bid, estimate, offer**
**n. 인용구, 인용문 = citation, excerpt, quotation**

*The New York Times* recently ran an article on the subject, **quoting** a new study of great scale.
『뉴욕타임스(The New York Times)』는 최근에 대규모로 실시된 새로운 연구의 결과를 인용하면서 그 주제에 관한 기사를 실었다.

MVP quotation n. 인용; 인용구, 인용문; 시세, 시가; 가격표, 견적서

1713 ★

**squirt**
[skwə:rt]

**v. ① (액체가) 분출하다, 뿜어 나오다 = erupt, gush, jet, spurt**
**② (~에 대고 물줄기 등을) 쏘다, 뿜어서 적시다[with]**
**n. 분출; 분사기, 물총; 〈구어〉 애송이, 풋내기**

When I cut the lemon, juice **squirted** in my eye.
레몬을 잘랐을 때 즙이 뿜어져 나와 눈에 들어갔다.

1714 ★★

**inconceivable**
[ìnkənsí:vəbl]

**a. 상상[생각]도 할 수 없는; 믿을 수 없는 = impossible, incredible, unimaginable**

Striking North Korea is **inconceivable** without the consent of both presidents of South Korea and the United States.
북한을 공격하는 것은 한미 정상의 동의 없이는 상상도 할 수 없는 일이다.

MVP ↔ conceivable a. 상상[생각]할 수 있는

1715 ★★

**exult**
[igzʌ́lt]

**vi. 기뻐 날뛰다, 무척 기뻐하다 = jubilate, rejoice**

My husband **exulted** when I told him that I was pregnant.
내가 임신했다고 말했을 때 내 남편은 매우 기뻐했다.

MVP exultation n. 기뻐 날뜀, 기뻐서 어쩔 줄 모름, 의기양양함
exultant a. 기뻐 날뛰는, 기뻐서 어쩔 줄 모르는, 의기양양한

1716 ★
## arbor
[ɑ́:rbər]

n. ① **나무, 수목 = shrub, tree, wood**
② **나무그늘; 나무그늘의 휴식 장소; 정자**

The entrance is camouflaged by carefully planted **arbors**.
그 입구는 정성들여서 심어진 나무들에 의해 감추어져 있다.

He took a rest under the **arbor**.
그는 정자 아래에서 휴식을 가졌다.

MVP arboreal a. 수목의, 나무 모양의; 나무에 사는
arboriculture n. 수목재배
arboretum n. 수목원(樹木園), 삼림 공원, 식물원
arborism n. 높은 나무 오르기; 수목 가꾸기
Arbor Day 식목일(植木日)

1717 ★★
## defile
[difáil]

vt. ① **(신성하거나 중요한 것을) 더럽히다**
**= besmirch, desecrate, profane, violate**
② **(여성의 순결을) 빼앗다**

Many victims of burglary feel their homes have been **defiled**.
집에 도둑이 든 피해자들 중 많은 사람들이 자신의 집이 더럽혀졌다고 생각한다.

1718 ★★
## repugnant
[ripʌ́gnənt]

a. ① **불쾌한, 혐오스러운; 적대하는, 반감을 품은**
**= abhorrent, disgusting, obnoxious, odious; antagonistic, hostile**
② **대립[모순]되는, 일치하지 않는 = conflicting, inconsistent**

The idea of eating meat was **repugnant** to her.
고기를 먹는다는 생각이 그녀에게는 혐오스러웠다.

Such behavior seems **repugnant** to common decency.
그러한 행동은 공중도덕에 위배된다고 여겨진다.

MVP repugnance n. 혐오, 강한 반감
repugn v. 반대하다, 반항하다, 저항하다

1719 ★★★
## purify
[pjúərəfài]

v. ① **~의 더러움을 제거하다, 깨끗이 하다 = clarify, clean, cleanse, filter**
② **순화하다, 제련[정제]하다 = refine**
③ **~의 죄를 씻어 맑게 하다, 정화하다**

Systems are urgently needed which can **purify** water cheaply.
저렴하게 물을 정수할 수 있는 장치가 시급하다.

MVP purity n. 청정, 순수; 깨끗함, 청결; (금속·빛깔의) 순도

1720 ★★
**wig**
[wig]

n. ① 가발 = hairpiece, toupee
② 법관, 판사; 고위층[고관]인 사람

When it's windy you have to hold on to your **wig**.
바람이 불면 당신은 가발을 붙잡고 있어야 한다.

MVP bigwig n. 거물, 중요 인물
in wig and gown 법복(法服) 차림으로

---

1721 ★
**milk**
[milk]

v. (부정직한 방법으로 돈·이득 등을 최대한) 뽑아내다[짜내다] = exploit

A lot of people are said to have tried to **milk** the insurance companies.
많은 사람들이 보험 회사로부터 돈을 뜯어내기 위해 수작을 부린다고 한다.

---

1722 ★★★
**coordination**
[kouɔ̀:rdənéiʃən]

n. ① 동등, 대등, 등위(等位)
② (작용·기능의) 조정, 일치 = adjustment, regulation

Eighty percent of medical errors are caused by communication and **coordination** problems amongst medical team members.
의료사고의 80%는 의료진 사이의 의사소통 및 조정 문제에서 비롯된다.

MVP coordinate v. 대등하게 하다; 통합[종합]하다, 조정하다, 조화시키다

---

1723 ★★
**high-handed**
[haîhǽndid]

a. 고자세의, 고압적인, 독단적인 = autocratic, dictatorial, overbearing

The police's **high-handed** attitude touched off the riot.
경찰의 고압적인 태도가 폭동을 유발했다.

---

1724 ★★★
**suffer**
[sʌ́fər]

v. ① 고통 받다, 괴로워하다, 고생하다
② (부상 등을) 겪다; 더 나빠지다, 악화되다 = undergo; worsen
③ 〈부정문·의문문에서〉 참다, 견디다 = bear, endure
④ (기결수가) 처형[사형]당하다; 순교하다, 순직하다

Korea is **suffering** from overpopulation.
한국은 인구과잉으로 고통 받고 있다.

Some shrubs cannot **suffer** a cold winter.
어떤 관목은 추운 겨울을 견뎌낼 수 없다.

MVP suffering n. 고통, 고생; (pl.) 재해, 재난; 피해, 손해
sufferable a. 참을 수 있는, 견딜 수 있는
insufferable a. 참을 수 없는, 견딜 수 없는

1725 ★
**kudos**
[kjú:douz]

n. ① (특정한 성취나 위치에 따르는) 영광, 명예 = distinction, fame, glory
② 칭찬, 찬사 = acclaim, applause, credit, praise

You've received every kind of **kudos** a scientist can attain.
당신은 과학자가 얻을 수 있는 모든 명예를 얻었다.

The manager received **kudos** for his outstanding work.
그 부장은 탁월한 업무처리로 칭찬을 받았다.

1726 ★★
**refurbish**
[ri:fə́:rbiʃ]

vt. ① 다시 닦다[갈다]
② (외관 따위를) 일신[쇄신]하다 = remodel, renovate, revamp

The hotel chain **refurbished** rooms, raised prices by 50 percent, and targeted corporate clients.
그 호텔 체인은 객실들을 새로 단장하고 요금을 50% 인상하고 기업의 고객을 목표로 삼았다.

1727 ★★★
**sterile**
[stéril]

a. ① (땅이) 메마른, 불모의 = arid, infertile, unfruitful
② 불임의 = infecund, infertile
③ 살균한, 소독한 = antiseptic
④ (강연이) 빈약한; (문체 등이) 박력 없는; (사상 등이) 독창성 없는

The land became **sterile** after the radiation accident.
이 땅은 방사능 사고 후에 불모의 땅이 되었다.

Her illness had made her **sterile**.
병 때문에 그녀는 영원히 아이를 낳을 수 없었다.

The mask is shipped clean, but not **sterile**.
그 마스크는 청결한 상태로 출하되지만 멸균 상태는 아니다.

MVP sterilize vt. (토질을) 불모가 되게 하다; 불임케 하다; 살균[소독]하다
sterilized a. 살균[소독]한; 금속 탐지 검사를 받지 않은 사람의 탑승을 금지하는



1728 ★★
**dusk**
[dʌsk]

n. 땅거미, 황혼, 어스름 = sunset, twilight

Until the 1700s, most laborers worked from dawn until **dusk**.
1700년대까지만 해도 대부분의 근로자들은 새벽부터 땅거미가 질 때까지 일했다.

1729 ★★★
**futile**
[fjú:tail]

a. 헛된, 무익한, 소용없는 = fruitless, useless, vain

She felt any efforts to change her environment were **futile**.
그녀는 자신의 환경을 바꾸려는 그 어떠한 노력도 무의미하다는 느낌을 받았다.

MVP futility n. 무익, 소용없음
cf. fertile a. (땅이) 비옥한, 기름진; 다산의, 출산력이 있는

1730 ★★

**conundrum**
[kənʌ́ndrəm]

**n. 수수께끼; 어려운 문제 = enigma, puzzle, riddle**

Trying to untangle the time travel **conundrum**, theoretical physicians at least believe that one day we can travel in time.
시간 여행이라는 수수께끼를 풀려고 노력하는 이론 물리학자들은 최소한 언젠가는 우리가 시간 여행을 할 수 있을 것이라고 믿고 있다.

---

1731 ★★

**throttle**
[θrátl]

**vt. ① 목을 조르다, 질식시키다 = asphyxiate, choke, stifle, strangle, suffocate**
**② 억압하다 = oppress, quash, repress, suppress**
**③ (증기 따위의) 흐름을 막다[조절하다]; (차·발전 등의) 속도를 떨어뜨리다**

High tariffs **throttle** trade between nations.
높은 관세는 국가 간의 무역을 저해한다.

MVP at full throttle 전속력으로

---

1732 ★

**bloated**
[blóutid]

**a. ① 부풀어 오른, 부은 = distended, swollen**
**② 거만한, 오만한 = arrogant, haughty**

His stomach was **bloated** from eating too much.
그는 너무 많이 먹어서 배가 빵빵해졌다.

MVP bloat v. 부풀리다; 부풀어 오르다

---

1733 ★★

**mortuary**
[mɔ́ːrtʃuèri]

**n. 시체안치소, 영안실; 장례식장 = funeral chapel, morgue**

Guests crowded the **mortuary** for the policeman killed in action.
순직 경찰관의 빈소에 조문객들이 몰렸다.

MVP hearse n. 영구차
undertaker n. 장의사

---

1734 ★★★

**gregarious**
[grigέəriəs]

**a. ① 군생하는, 군집성의 = social**
**② 남과 어울리기 좋아하는, 사교적인 = outgoing, sociable**

A buffalo is highly **gregarious** and travels in herds.
버팔로는 군집성이 강해 떼를 지어 이동한다.

Jake has an outgoing and **gregarious** personality.
제이크(Jake)는 외향적이고 사교적인 성격이다.

1735 ★★
**swirl**
[swəːrl]

**v. 소용돌이치다; 소용돌이를 일으키다 = circumvolute, gurge, whirl**
**n. 소용돌이; 소용돌이무늬 = eddy, gurge, vortex, whirlpool**

The dirty water **swirled** down the drain.
더러운 물이 소용돌이치며 배수구로 빠졌다.

Tranquil lakes offer solitude amid the **swirl** of urban life.
고요한 호수들은 도시 생활의 소용돌이에 고즈넉한 여유를 마련해 준다.

---

1736 ★
**idiom**
[ídiəm]

**n. ① 관용구, 숙어; 어법, 표현 양식**
**② (어떤 작가·시대 등의) 개성적 표현 형식, 작풍(作風)**

"Let the cat out of the bag" is an **idiom** meaning to tell a secret by mistake.
"let the cat out of the bag"은 '무심코 비밀을 말해 버리다'는 뜻의 관용구이다.

While the **idiom** of Mozart is well-mannered, the **idiom** of Beethoven is defiant.
모차르트(Mozart)의 작풍은 점잖은 반면, 베토벤(Beethoven)의 작풍은 반항적이다.

MVP idiomatic a. 관용구적인, 관용구가 많은; (어떤 언어에) 특유한
idiomology n. 관용 어법 연구, 관용구 연구, 관용어법학

---

1737 ★★
**cloak**
[klouk]

**n. ① (보통 소매가 없는) 외투, 망토 = cape, coat, mantle**
**② 은폐물[수단], 가면, 구실 = guise, mask, pretext**
**v. (사상·목적 등을) 가리다, 숨기다 = cover, disguise, veil, wrap**

She **cloaked** her ignorance under a confident manner.
그녀는 자신감 있는 체하면서 자신의 무지를 은폐했다.

---

1738 ★★
**fortnight**
[fɔ́ːrtnàit]

**n. 2주일간 = two weeks**

Last month, I was laid up for a **fortnight** with chicken pox.
지난달에 나는 수두로 2주간 집에 틀어박혀 있었다.

---

1739 ★★★
**ascend**
[əsénd]

**v. ① 올라가다, 기어오르다; (공중 등으로) 오르다 = climb, mount, rise, scale**
**② (지위 등이) 높아지다; 승진하다; (물가 등이) 올라가다**

The balloon **ascended** high up in the sky.
기구(氣球)가 하늘 높이 올라갔다.

MVP ascendancy n. 우월, 우세; 주도권
ascendant n. 우위, 우세; 선조; a. 우세한; 상승하는
ascent n. 상승; 등반; 승진; 오르막
↔ descend v. 내려가다, 내려오다; (토지·재산·성질이) 전해지다

1740 ★★
**entire**
[intáiər]

a. ① 전체의, 전부의, 온 = complete, total, whole
② (한 세트로) 모두 갖추어진; 완전한, 흠이 없는 = complete, intact, perfect
③ (말 따위가) 거세되지 않은 = uncastrated
n. 거세되지 않은 말, 종마(種馬)

The **entire** village was destroyed.
마을 전체가 파괴되었다.

I polished an **entire** set of silverware.
나는 온전한 은식기 한 세트를 윤이 나도록 닦았다.

MVP entirely ad. 완전히, 전적으로; 오로지, 오직

---

1741 ★★
**precocious**
[prikóuʃəs]

a. (아이가) 조숙한, 어른스러운 = mature

Blind children tend to be **precocious** verbally, and may develop such fluency in the verbal description of faces and places as to leave others uncertain as to whether they are actually blind.
시각 장애가 있는 아이들은 언어적으로 조숙한 경향이 있으며, 그 아이들은 실제로 앞을 보지 못하는지에 대해 다른 사람들이 의심을 갖게 만들 정도로 얼굴과 장소를 유창하게 말로 묘사할 수 있는 능력을 발달시킬 수도 있다.

MVP precocity n. 조숙; 일찍 꽃핌; (야채·과일 따위의) 조생(早生)

---

1742 ★
**rowdy**
[ráudi]

n. 난폭한 사람, 싸우기 좋아하는 사람, 무뢰한 = hooligan, scamp
a. 난폭한, 툭하면 싸우는, (사람들이) 소란스러운 = boisterous, unruly

When people drink too much, they are **rowdy** and get into fights easily.
사람들이 술을 너무 많이 마시면 난폭해져서 쉽게 싸움을 일으킨다.

MVP row n. 말다툼; 법석, 소동

---

1743 ★★
**broach**
[broutʃ]

v. 말을 꺼내다, (화제 등을) 끄집어내다 = bring up, introduce

At some point we've got to discuss money but I don't know quite how to **broach** the subject with him.
어떤 시점에서는 우리는 돈에 대해 논의해야 하지만, 나는 그에게 어떻게 그 얘기를 꺼내야 할지 모르겠다.

---

1744 ★★★
**sublime**
[səbláim]

a. ① 숭고한, 장엄한, 웅장한 = imposing, magnificent, majestic
② 최고의, 탁월한; 기품 있는, 고상한 = outstanding; lofty, noble
n. 최고, 극치, 정점, 절정 = acme, peak, primacy, zenith

My spirit seems to have been purified after looking at the **sublime** scenery.
장엄한 경치를 보고나면 내 마음은 정화되는 것 같다.

MVP sublimate v. 승화시키다
sublimity n. 숭고; 장엄

1745 ★★
**reference**
[réfərəns]

n. ① 참조, 참고; 참조문; 참고문헌
② 문의, 조회 = inquiry
③ 언급, 논급 = allusion, mention
④ 관계, 관련 = relation, respect

The library contains many popular works of **reference**.
그 도서관에는 인기 있는 참고 문헌들이 많다.

The emergency nurse can treat minor injuries without **reference** to a doctor.
응급실 간호사는 가벼운 부상은 의사에게 문의하지 않고 치료할 수 있다.

MVP refer v. 언급하다; 조회하다; 참조하다; 맡기다, 회부하다; ~의 탓으로 하다
referee n. (스포츠 경기의) 심판; 추천인, 신원 보증인; v. 심판을 보다
referendum n. 국민 투표, 총선거; (외교관이 본국정부에 보내는) 특별 지령 청원서

1746 ★
**overrun**
[òuvərʌ́n]

v. ① (좋지 않거나 원하지 않는 것이) 급속히 퍼지다, 들끓다
= infest, spread, swarm
② (예정된 시간·금액·범위 등을) 초과하다, 넘다 = exceed, surpass

Because the port was already **overrun** with refugees, local officials turned them away.
항구가 이미 피난민들로 넘쳐났기 때문에, 현지 공무원들은 피난민들을 쫓아버렸다.

1747 ★★
**vessel**
[vésəl]

n. ① (대형) 선박, 배 = boat, craft, ship, tanker
② (액체를 담는) 그릇, 용기 = bowl, container, receptacle
③ 〈해부·동물〉 (맥)관; 혈관; 〈식물〉 물관, 도관 = pipe, trachea

Many **vessels** have been targets of Somali pirates.
많은 선박들이 소말리아 해적들의 표적이 되어왔다.

MVP blood vessel 혈관

1748 ★★
**distill**
[distíl]

v. ① 증류하다, 정제하다 = purify, refine
② ~의 정수(精粹)를 빼내다, 추출하다 = extract

They **distilled** fresh water from sea water.
(=They **distilled** sea water into fresh water.)
그들은 바닷물을 증류하여 민물로 만들었다.

1749 ★★★

**evade**

[ivéid]

**v. ① (적·공격 등을 교묘히) 피하다, 회피하다, 면하다, 벗어나다 = escape, flee**
**② (질문 등을) 얼버무려 넘기다 = fudge, parry**

You will be punished if you **evade** paying your taxes.
세금 납부를 기피하면 처벌을 받게 될 것이다.

MVP evasion n. (책임·의무 등의) 회피(↔ confrontation); (질문에 대해) 얼버무림
evasive a. 회피[도피]하는; 둘러대는; 포착하기 어려운, 분명치 않은

---

1750 ★★

**tribunal**

[traibjúːnl]

**n. ① (특별한 문제를 다루는) 재판소, 법정, 법원 = bar, court, judicatory**
**② 조사 위원회, 심사 위원회, 심판 위원회**

In the event of a dispute, the **tribunal** will rule on what is reasonable.
분쟁 발생시, 그 재판소가 무엇이 합당한지에 대해 판결을 내릴 것이다.

MVP tribune n. (고대 로마의) 호민관; 선동 정치가; 연단, 강단

## REVIEW TEST

### A. Write the meaning of the following words.

| | | | |
|---|---|---|---|
| □ vindictive | ______________ | □ suffer | ______________ |
| □ burlesque | ______________ | □ kudos | ______________ |
| □ egotism | ______________ | □ refurbish | ______________ |
| □ ad hoc | ______________ | □ sterile | ______________ |
| □ instill | ______________ | □ throttle | ______________ |
| □ locomotion | ______________ | □ bloated | ______________ |
| □ matter | ______________ | □ gregarious | ______________ |
| □ palsy | ______________ | □ swirl | ______________ |
| □ cunning | ______________ | □ idiom | ______________ |
| □ protocol | ______________ | □ cloak | ______________ |
| □ quote | ______________ | □ fortnight | ______________ |
| □ squirt | ______________ | □ ascend | ______________ |
| □ inconceivable | ______________ | □ precocious | ______________ |
| □ exult | ______________ | □ broach | ______________ |
| □ arbor | ______________ | □ sublime | ______________ |
| □ repugnant | ______________ | □ reference | ______________ |
| □ purify | ______________ | □ overrun | ______________ |
| □ milk | ______________ | □ vessel | ______________ |
| □ coordination | ______________ | □ distill | ______________ |
| □ high-handed | ______________ | □ evade | ______________ |

※ 주어진 단어의 뜻을 본문에서 확인하시고 틀린 단어의 경우 박스에 체크한 뒤에 나중에 다시 학습하시기 바랍니다.

### B. Choose the synonym of the following words.

| | |
|---|---|
| 1. wig | Ⓐ morgue |
| 2. conundrum | Ⓑ scamp |
| 3. dusk | Ⓒ toupee |
| 4. mortuary | Ⓓ clampdown |
| 5. defile | Ⓔ judicatory |
| 6. tribunal | Ⓕ whole |
| 7. entire | Ⓖ useless |
| 8. rowdy | Ⓗ enigma |
| 9. futile | Ⓘ besmirch |
| 10. crackdown | Ⓙ twilight |

B. 1. Ⓒ 2. Ⓗ 3. Ⓙ 4. Ⓐ 5. Ⓘ 6. Ⓔ 7. Ⓕ 8. Ⓑ 9. Ⓖ 10. Ⓓ

1751 ★★★
**worldly**
[wə́:rldli]

a. 현세의, 속세의, 세속적인 = earthly, mundane, secular

The student is not interested in **worldly** success.
그 학생은 세속적인 성공에는 관심이 없다.

MVP cf. worldly-wise a. 세상 물정에 밝은, 처세에 능한

---

1752 ★★
**disconcert**
[dìskənsə́:rt]

vt. 당황케 하다, 쩔쩔매게 하다 = baffle, confuse, disturb, puzzle

The sudden change in the plan **disconcerted** her.
갑작스러운 계획 변경으로 그녀를 당황하게 만들었다.

MVP disconcerting a. 당황케 하는, 쩔쩔매게 하는

---

1753 ★★
**constellation**
[kὰnstəléiʃən]

n. ① 별자리, 성좌 = asterism
② 기라성 같은 모임[무리], 화려한 신사 숙녀의 무리 = galaxy

When ships sailed far enough south, **constellations** such as the Big Dipper could no longer be seen.
배가 남쪽으로 많이 내려왔을 때, 북두칠성 같은 별자리들이 더 이상 보이지 않았다.

---

1754 ★★★
**stifle**
[stáifl]

v. ① 숨 막히게 하다, 숨 막히다; 질식[사]시키다 = asphyxiate, choke, suffocate
② (불평·감정 등을) 억누르다, 억제하다; (반란 등을) 억압[진압]하다; (소문 등을) 억눌러 없애다 = curb, restrain, suppress

Most of the victims were **stifled** by the fumes.
대부분의 희생자들은 연기에 질식사했다.

The tyrant **stifled** free expression of the people.
그 독재자는 국민의 표현의 자유를 억압했다.

MVP stifling a. 숨이 막힐 듯한, 질식할 것 같은

---

1755 ★★
**decorum**
[dikɔ́:rəm]

n. 단정, 예의 바름, 예절 = civility, courtesy, decency, propriety

The taxi driver always observes proper **decorum** to his customers.
그 택시 기사는 손님들에게 언제나 적절한 예의를 지킨다.

MVP decorous a. 예의바른, 단정한
decorously ad. 예의바르게, 단정하게(= modestly)
↔ indecorum n. 버릇없음, 무례; 버릇없는 언동
indecorous a. 버릇없는, 무례한

1756 ★

**quarrelsome**
[kwɔ́:rəlsəm]

**a. (사람이) 화를 잘 내는, 말다툼을 좋아하는 = argumentative, disputatious**

He gets **quarrelsome** in his cups.
그는 취하면 시비조가 된다.

MVP quarrel n. 말다툼, 언쟁; 불만; vi. 언쟁을 벌이다; 잔소리하다, 불평하다

---

1757 ★★★

**proscribe**
[prouskráib]

**vt. ① (공식적으로) 금하다, 금지하다 = ban, forbid, prohibit**
**② 추방하다 = exclude, expel, outlaw**

Government will not **proscribe** the sale of alcoholic beverages.
정부가 주류 판매를 금지하지는 않을 것이다.

---

1758 ★★

**spurious**
[spjúəriəs]

**a. 가짜의, 위조의; 그럴듯한, 겉치레의 = bogus, counterfeit, fake**

He had managed to create the entirely **spurious** impression that the company was thriving.
그는 회사가 번창하고 있다는 전적으로 겉으로만 그럴싸한 인상을 만들어 냈었다.

---

1759 ★★

**ebb**
[eb]

**n. ① 썰물, 간조 = low tide, reflux**
**② 쇠퇴, 쇠퇴기, 감퇴 = decay, decline, decrease, wane**
**vi. ① (조수가) 빠지다, 썰물이 되다[away]**
**② (열정·정신·용기·불빛 등이) 점점 쇠하다, 약해지다; (가산 등이) 기울다[away]**
**= diminish, flag, lessen, recede**

As night fell, our enthusiasm began to **ebb** away.
밤이 되자 우리는 열의가 식기 시작했다.

MVP the flow 밀물

---

1760 ★★★

**institute**
[ínstətjù:t]

**n. (학술·미술 등의) 협회, 학회; 연구소; (이공계의) 대학, 전문학교**
**vt. ① (제도·습관을) 만들다, 설치하다; (정부 등을) 설립하다; (규칙·관례를) 제정하다 = constitute; establish; enact**
**② (조사·소송 따위를) 시작하다**

Today, her **institute** has 19 offices around the world.
오늘날, 그녀의 연구소는 전 세계에 19개의 사무소가 있다.

The city **instituted** a curfew beginning at 8:30 p.m.
시는 오후 8시 반부터 통행금지조치를 실시했다.

MVP institution n. 학회, 협회; (공공) 시설; (사회) 제도; (학회·협회 등의) 설립

1761 ★★

**censorious**
[sensɔ́:riəs]

a. 몹시 비판적인, 트집만 잡으려고 하는 = captious, fault-finding

The reporter was **censorious** about the statement of president.
그 기자는 대통령의 담화문에 대해 대단히 비판적이었다.

MVP censor n. 검열관

1762 ★★

**preliminary**
[prilímənèri]

a. 예비적인, 준비의; 서두의 = pilot; opening
n. 사전준비; 예비시험

May I make a few **preliminary** remarks before we start the interview?
면접을 시작하기 전에 간략하게 몇 마디 해도 되겠습니까?

1763 ★

**adjudicate**
[ədʒú:dikèit]

v. 판결을 내리다, 재결하다 = adjudge, judge, sentence

The court **adjudicated** him to be guilty.
법정은 그를 유죄로 선고하였다.

MVP adjudication n. 판결, 선고

1764 ★★

**beset**
[bisét]

vt. ① 포위하다, 에워싸다; (도로 따위를) 막다, 봉쇄하다 = besiege
② (위험·유혹 등이) ~에 따라다니다, 괴롭히다

We were **beset** by the enemies.
우리는 적에게 포위되었다.

The team was **beset** by injury all season.
그 팀은 시즌 내내 부상에 시달렸다.

1765 ★★

**omen**
[óumən]

n. 전조, 징조, 조짐 = augury, harbinger, indication, portent, sign
vt. ~의 전조가 되다, ~을 예고하다 = forebode, prognosticate

The raven is commonly regarded as a bird of ill **omen**.
갈까마귀는 보통 흉조로 간주된다.

MVP ill-omened a. 불길한, 재수 없는, 불운한(= unlucky)

1766 ★

**transmute**
[trænsmjú:t]

v. 바꾸다, 변화시키다 = alter, change, transform

The concept of energy being **transmuted** into mass became prevalent these days.
에너지가 질량으로 전환되는 개념이 오늘날에는 일반화되어 있다.

MVP transmutation n. 변형, 변화
transmutable a. 변형[변질]시킬 수 있는

1767 ★★
**matrix**
[méitriks]

**n. (발생·성장·생성의) 모체, 기반; 자궁**

Scientists still don't know what kind of substance the **matrix** of the universe consists of.
과학자들은 우주의 모체가 어떤 물질로 이루어져 있는지를 여전히 알지 못하고 있다.

1768 ★★
**revamp**
[riːvǽmp]

**vt. ① 개조[개정(改訂), 혁신, 개혁, 쇄신]하다 = renovate, revise**
**② (구두코) 가죽을 갈다, 조각을 대어 깁다; 수선하다**

Many universities are now planning to **revamp** their existing curriculum by integrating international examples into their courses.
지금 많은 대학들은 국제적인 사례들을 강좌에 통합시키는 방식으로 기존의 교과과정을 쇄신할 예정이다.

1769 ★
**interstice**
[intə́ːrstis]

**n. (보통 pl.) 간격, 틈새, 작은 틈 = chink, crack, crevice, fissure**

The wall was old and crumbling with plants growing in the **interstices** between the bricks.
그 벽은 오래되어 벽돌 사이 틈새에서 자라는 식물 때문에 부서지고 있었다.

1770 ★★★
**fascinating**
[fǽsənèitiŋ]

**a. 황홀하게 하는, 매혹적인 = alluring, captivating, charming, enchanting**

I'm reading a **fascinating** novel about the French Revolution.
나는 프랑스 혁명을 다룬 흥미진진한 소설을 읽고 있다.

MVP fascinate v. 황홀케 하다, 매혹시키다
fascination n. 매혹, 매료됨; 매력

1771 ★★
**garrison**
[gǽrisn]

**n. ① 수비대, 주둔군**
**② 요새, 주둔지 = fort, fortress, military post**
**vt. ~에 수비대를 두다; 수비하다; (부대를) 주둔시키다 = position, station**

Two regiments are being sent to **garrison** the town.
그 도시에 주둔할 두 개 연대가 파견되고 있다.

1772 ★
**collogue**
[kəlóug]

**vi. 밀담하다; 공모하다 = hugger-mugger; conspire, intrigue, plot**

He even **collogued** with perfect strangers.
그는 심지어 완전히 낯선 사람들과도 밀담을 나누었다.

MVP cf. colleague n. (같은 직장이나 직종에 종사하는) 동료

1773 ★★

**infirm**
[infə́:rm]

a. ① (몸이) 허약한; (고령으로) 쇠약해진, 노쇠한 = feeble, frail, weak
② (의지 등이) 약한, 결단력이 없는, 우유부단한 = irresolute, volitionless

My grandfather became **infirm** with old age.
나의 할아버지는 고령으로 쇠약해지셨다.

MVP infirmity n. 병약, 허약; 병, 질환
infirmary n. 진료소, 병원; 양호실, 의무실

---

1774 ★★★

**saga**
[sɑ́:gə]

n. (영웅 등을 다룬) 북유럽의 전설; 무용담, 모험담 = epic, legend, story, tale

Actors and film crew gathered at a press conference to celebrate the release of the movie, the final installment in the famous **saga**.
배우들과 영화 제작 팀이 유명한 모험담의 마지막 편인 그 영화의 개봉을 축하하기 위해 기자 회견에 모였다.

---

1775 ★★

**noticeable**
[nóutisəbl]

a. 눈에 띄는, 현저한, 두드러진; 주목할 만한 = conspicuous, noteworthy

One of the most **noticeable** changes is getting acne on your face.
가장 눈에 띄는 변화 중에 하나는 얼굴에 여드름이 나는 것이다.

MVP notice n. 주의, 주목; 인지; 통지; v. 알아차리다; 주의[주목]하다; 통지하다
noticeably ad. 눈에 띄게, 두드러지게, 현저히

---

1776 ★

**corpse**
[kɔ:rps]

n. (특히 사람의) 시체, 송장 = cadaver, carcass, remains

Gruesomely, the **corpses** were buried with their heads removed and placed between their legs.
소름 끼치게도, 그 시체들은 머리가 잘려 두 다리 사이에 놓여 있는 채로 묻혔다.

---

1777 ★★★

**deny**
[dinái]

vt. ① (무엇이) 사실이 아니라고 말하다; 부인하다, 부정하다
= contradict, refute, repudiate
② 거부하다, 허락[허용]하지 않다 = refuse, reject, veto
③ ~와의 면회를 거절하다, (방문자에게) 면회 사절로 하다

He **denied** the rumor to be true.
그는 그 소문이 사실이 아니라고 말했다.

They were **denied** access to the information.
그들은 그 정보에 대한 접근을 거부당했다.

MVP denial n. 부정, 부인; 거부, 거절; 절제, 자제, 극기
self-denial n. 자제, 금욕, 극기(克己); 자기 부정
deniable a. 부인[거부]할 수 있는
undeniable a. 부인[부정]할 수 없는, 명백한

1778 ★
**piebald**
[páibɔ̀:ld]

a. (흑백의) 얼룩무늬가 있는; 잡색의; (이질적인 것이) 혼합된; 잡다한
n. 얼룩말; 얼룩무늬 동물; 잡색 동물; 혼혈인

The boy wore a **piebald** sweater and a striped ski cap.
그 소년은 얼룩무늬 스웨터를 입었고, 줄무늬 스키 모자를 쓰고 있었다.

For example, the beautiful horse in the book was a **piebald**.
예를 들어, 그 책에 나오는 아름다운 말은 얼룩말이었다.

MVP piebaldism n. 〈의학〉 부분백색증, 얼룩백색증, 피부얼룩증
dapple n. 얼룩(무늬); 얼룩무늬의 동물; a. 얼룩진; v. 얼룩지게 하다[되다]
cf. skewbald a. (흰색과 갈색으로) 얼룩진; n. (흰색과 갈색으로) 얼룩진 말

1779 ★★
**horrid**
[hɔ́:rid]

a. ① 무시무시한 = frightful, horrible
② 매우 불쾌한, 싫은, 진절머리가 나는 = nasty, repulsive

It was a **horrid** scene beyond description.
그것은 형언할 수 없을 정도로 끔찍한 광경이었다.

We had a **horrid** time with customs authorities.
우리는 세관에서 진절머리가 날 만큼 고생했다.

1780 ★★★
**circuit**
[sə́:rkit]

n. ① 순회; 순회여행, 주유(周遊) = tour
② 우회(도로) = detour
③ 회로, 회선; 배선

Major cities like London, New York, and Chicago have already installed over 4,000 closed-**circuit** televisions.
런던, 뉴욕, 시카고와 같은 주요 도시에는 이미 4천 개 이상의 폐쇄회로 텔레비전들을 설치했다.

MVP circuitous a. 우회의, 우회로의; (말 등이) 에두르는, 완곡한

1781 ★
**nitpick**
[nítpìk]

v. 하찮은 일에 끙끙 앓다, 별것 아닌 트집[흠]을 잡다, 자잘한 일에까지 간섭하다

Instead of helping us write the report, he just kept **nitpicking**.
그는 우리가 보고서 쓰는 것을 도와주지는 않고 계속 트집만 잡았다.

MVP nitpicking a. 시시한 일을 문제 삼는, 남의 흠을 들추는

1782 ★★★
**effect**
[ifékt]

n. ① 결과 = consequence, outcome, result
② 효과; (법률 등의) 효력; 영향; (약 등의) 효능 = impact, influence
③ 취지, 의미 = meaning, purport
④ (pl.) 소지품

vt. ① (변화 등을) 가져오다, 초래하다 = bring about, cause
② 실행하다; (목적 등을) 성취[완수]하다 = achieve, complete, fulfill, perform

Her criticisms had the **effect** of discouraging him completely.
그녀의 비판은 그의 사기를 완전히 꺾어 놓는 결과를 낳았다.

Modern farming methods can have an adverse **effect** on the environment.
현대 농경법은 환경에 안 좋은 영향을 미칠 수 있다.

MVP effective a. 효과적인; 유효한
effectual a. 효과적인, 효험 있는; (법적으로) 유효한

---

1783 ★★
## vagrant
[véigrənt]

**a. ① 방랑하는, 헤매는, 떠도는 = roving, wandering**
**② (생각 등이) 변덕스러운, 종잡을 수 없는 = desultory, whimsical**
**n. 부랑자, 방랑자 = hobo, tramp, vagabond, wanderer**

The number of **vagrants** is increasing because of the lack of affordable housing.
적정가격의 주택이 부족해서 부랑 생활을 하는 사람들의 수가 증가하고 있다.

MVP vagrancy n. 방랑, 유랑

---

1784 ★★★
## resource
[ríːsɔːrs]

**n. ① (보통 pl.) 자원; 물자; 재원 = reserve, source, supply**
**② (의지하는) 수단, 방책 = means, resort**

Water is man's most important natural **resource**.
물은 인간에게 가장 중요한 천연자원이다.

MVP resourceful a. 기략이 풍부한, 책략이 있는; 자원이 풍부한
fuel n. 연료; v. 연료를 공급하다; 자극하다, (감정 등을) 부채질하다
petroleum n. 석유
crude oil 원유
kerosine n. 등유
coal n. 석탄

---

1785 ★
## butt
[bʌt]

**n. ① (조소·비평 등의) 대상, 표적 = object, target, victim**
**② (담배) 꽁초**
**③ (액체 저장용 대형) 통; 엉덩이; 나무의 밑동**

She was the **butt** of some very unkind jokes.
그녀는 몇 가지 아주 못된 농담의 대상이었다.

I fell on my **butt** a lot and I wanted to give up several times.
나는 엉덩방아를 많이 찧어서 몇 번이고 포기하고 싶었다.

---

1786 ★★
## arcane
[aːrkéin]

**a. 비밀의; 신비로운, 불가사의한, 불가해한 = mysterious, occult, secret**

They find the procedures **arcane**, outmoded and inefficient.
그들은 그 절차가 난해하고 현실을 반영하지 못하고 비효율적이라고 생각한다.

1787 ★★

**phenom**
[finάm]

**n. 천재, 경이적인[경탄스러운] 사람 = genius, marvel, prodigy, wonder**

From golf **phenom** Tiger Woods to basketball star Chris Webber, big name pro athletes are top draws on video game software rosters.
골프 천재 타이거 우즈(Tiger Woods)에서 농구 스타 크리스 웨버(Chris Webber)에 이르기까지 유명 프로 선수들은 비디오게임 소프트웨어 목록에서 최고의 인기를 차지하고 있다.

1788 ★★★

**uphold**
[ʌphóuld]

**vt. ① 떠받치다; (들어) 올리다 = elevate, hoist, raise**
**② 지지하다, 옹호하다, 유지시키다 = buttress, defend, maintain, support**

A police officer's job is to protect citizens and **uphold** the law.
경찰관의 책무는 시민을 보호하고 법을 유지하는 것이다.

1789 ★★

**munition**
[mju:níʃən]

**n. ① (보통 pl.) 군수품, (특히) 탄약 = ammo, ordnance**
**② (긴급 시에 대비한) 필수품, 자금, 자재 = commodities, necessaries**

The shortage of **munitions** resulted in the defeat.
탄약의 부족이 패인이 되었다.

MVP cf. ammunition n. 탄약; 병기, 무기

1790 ★★

**gorgeous**
[gɔ́:rdʒəs]

**a. 호화로운, 화려한; 멋진 = beautiful, magnificent, splendid**

He fantasizes about going out with a **gorgeous** movie star.
그는 아름다운 영화배우와 데이트하는 상상을 한다.

1791 ★

**bay**
[bei]

**n. ① 만(灣) = cove, gulf**
**② 궁지; (짐승·도망자 등이) 막다른 곳까지 몰린 상태 = fix, plight, predicament**

His army landed in Pevensey **Bay**, Sussex on Sept. 29, 1066.
그의 군대는 1066년 9월 29일 서섹스에 있는 피븐지만(灣)에 상륙하였다.

Goalkeeper Glenn Morris kept the visitors at **bay** until Beckford slotted home his 20th goal of the season.
골키퍼 글렌 모리스(Glenn Morris)가 계속해서 원정팀을 궁지에 빠뜨렸으나 벡포드(Beckford)가 그의 시즌 20번째 골을 성공시켰다.

MVP keep ~ at bay 접근시키지 않다, 저지하다(= hold off)

1792 ★★
**downright**
[daunràit]

a. ① 철저한, 완전한 = absolute, complete, outright, utter
② 솔직한, 노골적인 = blunt, frank, honest, plain, straightforward
ad. 철저히, 완전히; 솔직히 = completely, perfectly, thoroughly, totally

Some of these statements are misleading and some **downright** mendacious.
이 말들 중 어떤 것들은 미혹하는 것이고, 어떤 것들은 순전히 거짓이다.

1793 ★
**shroud**
[ʃraud]

n. ① 수의(壽衣)
② 덮개, 가리개, 장막 = covering, veil
vt. ① 수의를 입히다
② 싸다, 가리다, 감추다 = conceal, cover, hide, screen

The cause of his death is **shrouded** in mystery.
그의 사인(死因)은 아직도 수수께끼로 남아 있다.

MVP enshroud vt. 수의를 입히다; 싸다, 덮어 가리다(= envelop)

1794 ★★★
**tutor**
[tjúːtər]

n. 가정교사, 지도 교사[교수] = coach, educator, instructor, teacher
v. 가르치다, 개인 교습을 하다 = educate, instruct, teach

He earned a subsistence in Paris by acting as **tutor**.
그는 가정교사를 하여 파리에서 생계비를 벌었다.

MVP tutorial a. 개인[개별] 지도[교습]의; n. 개별[그룹별] 지도 시간; 사용 지침서

1795 ★★
**frenzy**
[frénzi]

n. 극도의 흥분, 열광, 광분, 광란 = fever, hysteria, madness, mania, tumult
vt. ~을 몹시 흥분[격분]시키다, 미쳐 날뛰게 하다 = madden

The speaker worked the crowd up into a **frenzy**.
연설자가 관중을 극도의 흥분상태로 몰아갔다.

The singer's incredible dancing skills **frenzied** the audience.
그 가수의 놀라운 춤 실력은 관중을 몹시 흥분시켰다.

MVP frenzied a. 열광한, 광분한, 광란한
feeding frenzy 먹이에 달려드는 광란 상태; (무엇을 노리고) 미친 듯이 다툼[경쟁함]

1796 ★
**lullaby**
[lʌ́ləbài]

n. 자장가; 졸음이 오게 하는 노래[소리] = berceuse, cradlesong

Classical music and ballads are popular **lullabies**.
클래식 음악과 발라드는 인기 있는 자장가이다.

MVP lull v. (어린아이를) 달래다; 재우다; (폭풍우를) 가라앉히다; (고통 등을) 진정시키다, 누그러뜨리다

1797 ★★

**exhume**
[igzjú:m]

**vt. 파내다, (특히 시체를) 발굴하다; (숨은 인재·명작 등을) 찾아내다, 발굴하다**
**= excavate, unearth**

The team has **exhumed** 144 complete and 1,009 partial skeletons.
그 팀은 144개의 완전한 뼈대와 1,009개의 부분적인 뼈대를 발굴했다.

The band **exhumed** old songs and delighted modern audiences with them.
그 악단은 오래된 노래들을 찾아내 그 노래로 오늘날의 청중을 기쁘게 했다.

MVP disinter vt. (시체 등을) 파내다, 발굴하다; (감추거나 잃은 것을) 빛을 보게 하다
unbury vt. 무덤에서 파내다, 발굴하다; 〈비유〉 폭로하다
↔ inhume vt. 매장하다, 토장(土葬)하다

---

1798 ★★

**suite**
[swi:t]

**n. ① 수행원, 종자(從者) = attendant, cortege, entourage**
**② (특히 호텔의) 스위트룸**

The President and his **suite** arrived by special plane.
대통령과 그 수행원은 특별기로 도착했다.

---

1799 ★

**rambunctious**
[ræmbʌŋkʃəs]

**a. (사람·행위가) 난폭한, 사나운; 사납게 날뛰는; 제멋대로인 = rowdy, unruly**

He had to keep the new **rambunctious** monks in line through strict martial-arts discipline.
그는 새로 들어온 제멋대로인 수도승들을 엄격한 무술의 규율로 다스려야 했다.

---

1800 ★★★

**agent**
[éidʒənt]

**n. ① 대리인, 대행자; 주선인, 중개인 = delegate, deputy, proxy, representative**
**② 첩보원, 간첩**
**③ 중요한 작용을 하는 사람[것]; 작인(作因), 동인(動因)**

If you're going to rent out your house while you're overseas, you'll need someone to act as your **agent** here.
해외에 있는 동안 집을 임대하려거든, 이곳에서 당신의 대리인으로서의 역할을 해 줄 사람이 필요할 겁니다.

MVP agency n. 기능, 작용; 행위, 힘; 대리(권); 대리점

A. Write the meaning of the following words.

| | |
|---|---|
| □ worldly ______ | □ circuit ______ |
| □ constellation ______ | □ nitpick ______ |
| □ decorum ______ | □ effect ______ |
| □ ebb ______ | □ vagrant ______ |
| □ institute ______ | □ resource ______ |
| □ censorious ______ | □ butt ______ |
| □ preliminary ______ | □ arcane ______ |
| □ beset ______ | □ uphold ______ |
| □ omen ______ | □ munition ______ |
| □ matrix ______ | □ gorgeous ______ |
| □ revamp ______ | □ bay ______ |
| □ interstice ______ | □ downright ______ |
| □ garrison ______ | □ shroud ______ |
| □ collogue ______ | □ tutor ______ |
| □ infirm ______ | □ frenzy ______ |
| □ saga ______ | □ lullaby ______ |
| □ noticeable ______ | □ exhume ______ |
| □ deny ______ | □ suite ______ |
| □ piebald ______ | □ rambunctious ______ |
| □ horrid ______ | □ agent ______ |

※ 주어진 단어의 뜻을 본문에서 확인하시고 틀린 단어의 경우 박스에 체크한 뒤에 나중에 다시 학습하시기 바랍니다.

B. Choose the synonym of the following words.

| | |
|---|---|
| 1. proscribe | Ⓐ adjudge |
| 2. fascinating | Ⓑ bogus |
| 3. disconcert | Ⓒ asphyxiate |
| 4. corpse | Ⓓ ban |
| 5. phenom | Ⓔ captivating |
| 6. transmute | Ⓕ argumentative |
| 7. adjudicate | Ⓖ baffle |
| 8. stifle | Ⓗ cadaver |
| 9. quarrelsome | Ⓘ genius |
| 10. spurious | Ⓙ change |

B. 1. Ⓓ 2. Ⓔ 3. Ⓖ 4. Ⓗ 5. Ⓘ 6. Ⓙ 7. Ⓐ 8. Ⓒ 9. Ⓕ 10. Ⓑ

1801 ★★★
**novice**
[návis]

n. 초심자, 초보자, 초년생, 풋내기 = beginner, greenhorn, newcomer, tyro

Although he was a political **novice**, he carried an election to parliament.
비록 그는 정치 초년생이었지만, 국회의원에 당선되었다.

---

1802 ★★
**concerted**
[kənsə́:rtid]

a. (특히 둘 이상의 사람·국가 등이) 일치단결된, 합심한, 결연한
= combined, unanimous, united

There is a **concerted** effort under way to find better ways to fight AIDS.
더 나은 에이즈 퇴치 방법을 찾기 위한 일치된 노력이 진행되고 있다.

---

1803 ★★
**expunge**
[ikspʌ́ndʒ]

vt. (이름·정보·기억 등을) 지우다, 삭제하다 = delete, efface, erase, remove

If you behave yourself, I will **expunge** this notation.
만약 당신이 처신을 잘하면 나는 이 기록을 삭제할 것이다.

---

1804 ★★★
**profligate**
[práfligət]

a. ① 낭비가 심한 = extravagant, prodigal, spendthrift, wasteful
② 품행이 나쁜, 방탕한 = degenerate, depraved, immoral
n. ① 품행이 나쁜 사람, 방탕아, 난봉꾼 = libertine, rakehell
② 낭비가 = prodigal, squanderer

She is well-known for her **profligate** spending habits.
그녀는 낭비하는 소비 습관으로 유명하다.

MVP profligacy n. 방탕, 품행이 나쁨; 낭비; 풍부

---

1805 ★★
**assail**
[əséil]

vt. ① 공격[습격]하다, 비난하다 = assault, attack
② (불안·의심 등이) 괴롭히다

He was **assailed** with fierce blows to the head.
그는 머리를 여러 차례 몹시 심하게 두드려 맞았다.

The proposal was **assailed** by the opposition party.
그 제안은 야당의 공격을 받았다.

MVP assailant n. 공격자

---

1806 ★
**livelihood**
[láivlihùd]

n. 살림살이, 생계; 생계수단 = housekeeping, living

Because of the economic crisis, my **livelihood** is in danger.
경제 위기 때문에, 나의 생계는 어려운 상황에 처해 있다.

1807 ★★★

**requisite**
[rékwəzit]

**a. 필요한, 없어서는 안 될, 필수의 = essential, necessary, required**
**n. 필수품, 필요조건 = precondition, requirement**

He has not gotten the **requisite** qualifications for this job.
그는 이 일에 필수적인 자질을 갖추고 있지 않았다.

MVP require v. 요구하다, 규정하다; 필요로 하다
requisition n. 요구, 청구; vt. 징발하다, 징용하다
prerequisite a. 미리 필요한, 필수의; n. 필요[전제] 조건; 기초 필수 과목

---

1808 ★★

**sidestep**
[saidstèp]

**v. 옆으로 비키다; (책임 등을) 회피하다 = avoid, evade**

My boss always manages to **sidestep** the issue of salary increase.
사장님은 봉급 인상 문제를 언제나 회피하려 한다.

MVP dodge v. 홱 몸을 피하다; 교묘하게 둘러대다; (책임 등을) 요령 있게 빠지다
cf. sidekick n. 동료, 친구

---

1809 ★★

**despondent**
[dispάndənt]

**a. 낙담한, 실의에 빠진, 풀이 죽은 = dejected, depressed, discouraged**

The newly-weds were **despondent** over the death of their child.
신혼부부는 아이의 죽음에 대해 낙담했다.

MVP despondency n. 낙심, 의기소침

---

1810 ★

**induct**
[indʌ́kt]

**vt. ① (정식으로 직위·성직·지위에) 앉히다, 취임시키다**
**= inaugurate, install, instate**
**② (비결 등을) 전수하다, 초보를 가르치다 = initiate, introduce**

In 1962, Robinson was **inducted** into the Baseball Hall of Fame.
1962년에 로빈슨(Robinson)은 야구의 명예의 전당에 헌액되었다.

MVP induction n. 끌어들임, 유도; 귀납법; (비결 등의) 전수, 초보를 가르침

---

1811 ★★★

**privilege**
[prívəlidʒ]

**n. 특권, 특전 = prerogative**

The princess has led a life full of luxuries and **privilege**.
그 공주는 호화로움과 특권으로 가득 찬 삶을 살았다.

MVP privileged a. 특권이 있는, 특전을 가진
underprivileged a. (사회·경제적으로) 혜택을 못 받는, 특권이 적은

1812 ★★
**strident**
[stráidnt]

a. ① 소리가 불쾌한, 날카로운, 귀에 거슬리는 = noisy, raucous, vociferous
② 공격적인, 단호한, 집요한

A **strident** voice came from an old house.
오래된 집에서 귀에 거슬리는 목소리가 들려왔다.

He is a **strident** advocate of nuclear power.
그는 단호한 원자력 옹호자이다.

1813 ★★
**denomination**
[dinὰmənéiʃən]

n. ① 명칭, 호칭 = appellation, compellation, designation
② 종파, 교파 = religious sect
③ (특히 돈의) 액면가, 액면표시금액 = face value

The geographical characteristic finally influenced its actual **denomination**.
지리적인 특징이 마침내 그곳의 실제 호칭에 영향을 주었다.

MVP denominate vt. 명명하다, ~을 (…이라고) 부르다
denominator n. 〈수학〉 분모(= divisor); 공통의 특징; (기호·견해 등의) 기준
denominational a. 특정 종파의, 특정 교파 소속의; 파벌적인

1814 ★
**fester**
[féstər]

v. ① (상처가) 곪다; (쓰레기 등이) 부패하다
= become infected, decay, putrefy, suppurate
② (분통 등으로) 마음이 아프다; (노여움 등이) 커지다, 심해지다
= annoy, irk, irritate
③ (문제 등이) 악화되다 = intensify

It was better that she expressed her anger than let it **fester** inside her.
그녀는 마음속에서 분노가 곪게 내버려 두는 것보다 표출하는 게 더 나았다.

1815 ★★
**acupuncture**
[ǽkjupʌ̀ŋktʃər]

n. 침술 (요법)

Chinese doctors believe that **acupuncture** releases the vital energy in the body.
중국 의사들은 침술이 몸에 활력을 불어넣는다고 믿는다.

1816 ★★★
**injurious**
[indʒúəriəs]

a. ① 해로운, 유해한 = damaging, detrimental, harmful
② 상처를 주는, (말이) 무례한, 모욕적인 = hurtful, insulting

Excessive drinking is **injurious** to the health.
지나친 음주는 건강에 해가 된다.

MVP injure vt. 상처를 입히다; 해치다, 손상시키다
injury n. 상해, 상처; 손상(= damage)

1817 ★★
**bonanza**
[bənǽnzə]

n. ① (찾아낸) 풍부한 광맥, 노다지
② 뜻밖의 행운, 횡재, 대성공 = bunce, jackpot, windfall

The search team discovered a rich vein of a **bonanza** on the hill.
수색 팀은 언덕 위에서 매장량이 풍부한 광맥을 발견했다.

Investment in China was an unexpected **bonanza** for us.
중국 투자로 우리는 예기치 않은 대성공을 거뒀다.

---

1818 ★★★
**dispose**
[dispóuz]

v. ① 처분하다[of]
② 배치하다, 배열하다 = arrange, order, place
③ ~의 경향을 갖게 하다 = incline, predispose, tempt

It's not really the plastics themselves that are the environmental disaster — it's the way society chooses to use and **dispose** of them.
환경적인 재앙이 되는 것은 실제로 플라스틱 자체가 아니라 사회가 그것을 사용하고 버리는 방식이다.

MVP disposal n. 처리, 처분; (사물의) 처분[사용]권, 자유 재량권
disposable a. 마음대로 쓸 수 있는; 일회용의; n. 일회용 물품

---

1819 ★★★
**suggestion**
[səgdʒéstʃən]

n. ① 제안, 제의, 의견 = proposal, proposition, recommendation
② 시사, 암시 = allusion, implication, insinuation, intimation
③ 연상, 착상, 생각남 = idea
④ 기미, 기색 = hint, note, sign, smack, tinge

He agreed with my **suggestion** that we should change the date.
그는 우리가 날짜를 변경해야 한다는 나의 제안에 동의했다.

Most advertisements work through **suggestion**.
대부분의 광고는 연상을 통해 작용한다.

MVP suggest vt. 암시[시사]하다; 제안하다

---

1820 ★
**timorous**
[tímərəs]

a. 겁 많은, 소심한 = chicken-hearted, cowardly, pusillanimous, timid

We are taking a very **timorous** approach to this target setting.
우리는 이 목표 설정에 매우 소심한 접근 방식을 취하고 있다.

MVP timidity n. 겁 많음; 수줍음

---

1821 ★★
**euphoria**
[ju:fɔ́:riə]

n. (극도의) 행복감, 희열 = ecstasy, jubilation, rapture

He was full of **euphoria** when he heard the good news.
그는 좋은 소식을 듣고 매우 기뻐했다.

MVP eudemonia n. 행복(= eudaemonia)

1822 ★★★
**compress**
[kəmprés]

v. ① 압축[압착]하다; 〈컴퓨터〉 (파일을) 압축하다 = condense
② (사상·언어 등을) 요약하다, 집약하다 = abridge, abstract, summarize
n. 〈의학〉 (지혈을 위한) 압박 붕대; 습포

When gas and dust in the galaxy are **compressed**, new stars are formed.
은하의 가스와 먼지가 압축되면, 새로운 별이 형성된다.

The main arguments were **compressed** into one chapter.
주된 주장들이 하나의 장(章) 속에 요약되어 있었다.

MVP compression n. 압축, 압착(된 것); (사상·언어 등의) 요약, 압축
compressed a. 압축[압착]된; (문장 따위가) 간결해진

1823 ★★
**exigency**
[éksədʒənsi]

n. 위급, 급박, 긴급 사태 = crisis, emergency, urgency

Researchers gave to him a report of economic **exigency** and solution way.
연구원들은 그에게 경제위기와 해결방안에 대하여 보고하였다.

MVP exigent a. 절박한, 급박한, 위급한

1824 ★
**subterranean**
[sʌbtəréiniən]

a. ① 지하의, 지하에 있는 = underground
② 숨은, 비밀의 = covert, hidden

Little **subterranean** animals live under our garden.
우리 정원에는 땅속에 사는 작은 동물들이 있다.

1825 ★★★
**mercury**
[mə́:rkjuri]

n. ① 수은, 수은주
② 〈천문학〉 수성(水星)
③ 활기 = animation, briskness, liveliness, spirit, vigor

With the **mercury** sliding down gradually, autumn has unnoticeably deepened into early winter.
수은주가 점점 내려가면서, 가을은 어느새 초겨울로 깊어졌다.

MVP mercurial a. 수성(水星)의; 민활한, 잽싼; 변덕스러운

1826 ★★
**glean**
[gli:n]

v. ① (정보·지식 등을) 조금씩 수집하다, 모으다 = collect, gather
② (이삭을) 줍다

These figures have been **gleaned** from a number of studies.
이들 수치는 몇몇 연구들로부터 얻은 것이었다.

MVP gleaner n. 이삭 줍는 사람; 수집가
cf. gleam n. 어렴풋한 빛; vi. 번쩍이다

1827 ★★★

**affection**
[əfékʃən]

n. ① 애정, 호의; (pl.) 애착, 연모 = attachment, devotion, love
② 감정, 감동 = emotion, feeling
③ 영향 = effect, influence
④ 병 = disease, illness

Stern as he was, our father was full of **affection** to us.
아버지는 엄격하지만 우리에게 애정이 넘치는 분이셨다.

MVP affectionate a. 애정 깊은; 다정한, 인정 많은
affectionately ad. 애정을 담고, 애정 어리게
cf. affectation n. ~인 체함; 짐짓 꾸밈[꾸미는 태도]

1828 ★★

**oval**
[óuvəl]

a. 달걀 모양의, 타원형의 = egg-shaped, elliptical, ovoid

The earth is **oval** in shape, like an orange.
지구는 오렌지 같은 타원형 모양을 하고 있다.

MVP oval office (백악관의) 대통령 집무실

1829 ★

**mote**
[mout]

n. 티끌, 매우 작은 먼지; 작은 결점 = bit, grain, particle; speck

One is apt to notice a **mote** in another's eye.
남의 것이면 작은 결점도 눈에 띈다.

1830 ★★

**wail**
[weil]

v. (고통·슬픔·통증 등으로) 울부짖다, 통곡하다 = cry, howl, weep
n. 울부짖음, 통곡 = lamentation, moan

A child is **wailing** for his mother.
어린애가 어머니를 찾아 울어대고 있다.

1831 ★★

**tumult**
[tjú:məlt]

n. 소란, 소동; 폭동, 반란 = commotion, riot, to-do, turmoil, uproar

Hectic fans made a **tumult** on the road to get the singer's autograph.
몹시 흥분한 팬들이 가수의 사인을 받기 위해 길가에서 소동을 일으켰다.

MVP tumultuous a. 소란스러운, 소동을 일으키는

1832 ★★★

**hue**
[hju:]

n. ① 색조; 빛깔; 색상 = color, shade, tone
② (의견·태도 등의) 경향, 특색 = aspect, light

The **hues** of the leaves in autumn are beautiful against a blue sky.
가을에 나뭇잎의 색조는 푸른 하늘빛과 대조되어 아름답다.

1833 ★★
**retribution**
[rètrəbjú:ʃən]

n. ① (나쁜 행동에 대한) 보복, 앙갚음 = reprisal, retaliation, vengeance
② 징벌, 천벌

Some people saw her death as divine **retribution** for her crimes.
어떤 이들은 그녀의 죽음을 그녀가 저지른 범죄에 대해 하늘이 내린 벌이라고 생각했다.

1834 ★
**leery**
[líəri]

a. ① 의심 많은, 조심하는, 경계하는 = cautious, suspicious
② 곁눈질하는 = casting a side glance, looking askance

The government is **leery** of changing the current law.
정부는 현행법을 변경하는 것을 조심스러워하고 있다.

1835 ★★
**crux**
[krʌks]

n. ① 가장 중요한 부분, 핵심 = core, gist, kernel, nitty-gritty, pith
② 난문(難問), 난제(難題)
③ 십자가

The **crux** of the matter is this.
그 문제의 핵심은 이것이다.

The issue of an arms embargo will be the **crux** of the talks.
무기 수출 금지가 회담의 난제가 될 것이다.

1836 ★★★
**diverge**
[daivə́:rdʒ]

v. ① 갈라지다, 분기하다 = divide, fork, separate, split
② (의견 등이) 갈라지다, 다르다 = conflict, differ, disagree, dissent
③ (진로·이야기 등에서) 빗나가다, 벗어나다 = deviate, digress, stray, wander

Many species have **diverged** from a single ancestor.
많은 종(種)들이 단 하나의 조상에서 갈라져 나왔다.

MVP divergence n. 분기; 일탈; (의견 등의) 상이
divergent a. 분기하는; (의견 등이) 서로 다른; (관습 등에서) 벗어난, 일탈하는
divergently ad. 갈라지게; 다르게
↔ converge v. 한 점에 모이다; (의견·행동 등이) 한데 모아지다, 집중하다

1837 ★★
**pendulum**
[péndʒuləm]

n. (시계 등의) 진자, 흔들리는 추; 샹들리에; 마음을 잡지 못하는 사람

Public opinion is the swing of the **pendulum**.
여론은 양 극단 사이를 오락가락하는 경향이 있다.

MVP pendulate vi. (진자처럼) 흔들리다; 마음이 정해지지 않다, 망설이다
pendulous a. 매달린; 흔들흔들하는; (마음이) 갈팡질팡하는, 망설이는
the swing of the pendulum 진자의 진동; (정당 등의) 세력 교체; (여론·인심 등의) 변화

1838 ★★
**voluminous**
[vəlúːmənəs]

a. ① 부피[용적]가 큰, 방대한, 다량의 = ample, copious, massive
② 권수[책수]가 많은, 여러 권의
③ (작가 등이) 저서가 많은, 다작의 = productive, prolific

It is really exhilarating to understand a **voluminous** book in just 40 minutes through a TV program.
TV 프로그램을 통해 불과 40분 만에 상당한 분량의 책을 이해한다는 것은 참으로 신나는 일이다.

MVP volume n. 책, 서적; (책의) 권(卷); 용적, 부피; 양, 분량; 대량, 다량

---

1839 ★
**caption**
[kǽpʃən]

n. ① (페이지·기사 등의) 표제, 제목; (영화의) 자막, 타이틀
= heading, title; subtitle
② (사진·삽화의) 설명(문) = legend, underline

Immediately following the airing of the **captions**, SBS was bombarded with calls.
그 자막이 방송으로 나가자마자, SBS에 전화가 폭주했다.

---

1840 ★★
**ornament**
n. [ɔ́ːrnəmənt]
v. [ɔ́ːrnəmènt]

n. 장식품, 장신구; 장식 = adornment, decoration, embellishment
vt. 장식하다 = adorn, decorate, embellish

If you want to feel the Christmas spirit, decorate your house with pretty **ornaments**.
크리스마스 기분을 느끼고 싶다면, 예쁜 장식으로 집을 꾸며보세요.

MVP ornamentation n. 장식; [집합적] 장식품
ornamental a. 장식(용)의; n. (pl.) 장식물, 장식품

---

1841 ★
**emend**
[iménd]

vt. (문서·잘못 등을) 교정하다, 수정하다 = correct, rectify, revise

The negotiator **emended** the draft of the contract before signing it.
그 협상가는 계약서 초안에 서명하기 전에 계약서 초안을 수정했다.

MVP emendation n. 교정, 수정
amend v. (의안 등을) 개정하다, 수정하다; (행실·잘못 등을) 고치다
mend v. 수리하다, 고치다; 개선하다

---

1842 ★★
**bedridden**
[bédrìdn]

a. 몸져 누워 있는, 누워서만 지내는; 〈비유〉 노후한, 낡은 = laid up, sick[ill] in bed

Although I was **bedridden** for almost a week, I am now fit as a fiddle.
제가 거의 일주일간 침대에 누워 있었지만, 지금은 매우 건강합니다.

1843 ★★★

**interference**
[ìntərfíərəns]

**n. 간섭, 참견, 개입, 방해 = intervention, intrusion, meddling**

People should have the right to say whatever they want without **interference** from the government.
사람들은 정부의 간섭 없이 그들이 원하는 것이면 뭐든지 말할 수 있는 권리를 가져야 한다.

MVP interfere vi. 간섭하다, 말참견하다; 훼방 놓다, 방해하다

1844 ★★

**amorphous**
[əmɔ́:rfəs]

**a. ① 확실한 형태가 없는, 무정형의 = formless, shapeless, unshaped**
**② 특색[개성]이 뚜렷하지 않은, 특징이 없는 = characterless, featureless, gray**

There are **amorphous** clouds in the sky.
하늘에는 형태가 일정하지 않은 구름들이 있다.

The reviewer criticized the poet's **amorphous** style.
그 평론가는 그 시인의 개성 없는 문체를 비판했다.

1845 ★★

**rout**
[raut]

**n. ① 완패, 패주 = beating, debacle**
**② 혼란한 군중[회합]; 소란; 오합지중; 폭도**
**vt. (적·상대를) 완패[패주]시키다 = beat, defeat, thrash, vanquish**

The dictator is still in power while his armies were in **rout**.
그 독재자의 군대는 대패했지만 그 자신은 여전히 권력을 유지하고 있다.

1846 ★

**knead**
[ni:d]

**vt. ① (가루·흙 등을) 반죽하다, 개다, 섞어 이기다 = mold, work**
**② (어깨나 근육 등을) 주무르다, 안마하다 = massage, rub**
**③ (인격을) 닦다, 도야하다 = cultivate, file, train**

People **knead** dough with the potato starch and stuff it with red beans or kidney beans to make potato songpyeon.
사람들은 감자 전분으로 반죽을 하고 속을 팥이나 강낭콩으로 채워 감자 송편을 만든다.

MVP dough n. 가루 반죽, 반죽 덩어리
flour n. 밀가루

1847 ★★

**comrade**
[kámræd]

**n. 동료, 동지, 전우, 친구, 벗 = associate, colleague, companion**

In a time when racial segregation ran deep in the US, white troops would routinely look down on their black **comrades**.
미국에서 인종 차별이 깊을 당시, 백인 군인들은 일상적으로 흑인 동료들을 무시하곤 했다.

MVP comradeship n. 동료 관계, 동지로서의 교제, 우애, 우정
comradely a. 동료[동지]의; 동료다운

1848 ★★

## foray
[fɔ́:rei]

**n. ① 습격, 급습 = incursion, inroad, invasion, raid**
**② 본업 이외의 분야에의 진출**
**v. ① (~을) 급습[습격]하다; 약탈하다 = loot, pillage, plunder**
**② (이익·모험을 찾아) 침입[진출]하다**

Microsoft bought Hotmail and that was the company's first **foray** into the new world of Web services.
마이크로소프트는 핫메일을 인수했는데, 그것은 그 회사가 처음으로 새로운 웹 서비스 시장에 진출한 것이었다.

---

1849 ★

## barrister
[bǽrəstər]

**n. 법정 변호사; 변호사, 법률가 = attorney, counsel, lawyer, solicitor**

The **barrister** used new evidence to refute the charges and clear the defendant.
그 변호사는 피고에게 씌워진 혐의를 반박하고 그의 결백을 증명하기 위해 새로운 증거를 이용했다.

---

1850 ★★

## prowl
[praul]

**v. ① (특히 먹이를 찾아 살금살금) 돌아다니다**
**② (특히 범행 대상을 찾아) 돌아다니다[배회하다] = wander**
**③ (특히 지루함·초조함 등으로) 서성거리다[어슬렁거리다] = loaf, rove**

The tiger **prowled** through the undergrowth.
그 호랑이는 관목 사이를 돌아다녔다.

A man was seen **prowling** around outside the factory just before the fire started.
그 화재가 나기 직전에 한 남자가 공장 바깥 주변을 배회하는 것이 목격되었다.

## REVIEW TEST

### A. Write the meaning of the following words.

| | | | |
|---|---|---|---|
| □ novice | ________ | □ tumult | ________ |
| □ concerted | ________ | □ hue | ________ |
| □ profligate | ________ | □ retribution | ________ |
| □ livelihood | ________ | □ leery | ________ |
| □ sidestep | ________ | □ crux | ________ |
| □ induct | ________ | □ diverge | ________ |
| □ strident | ________ | □ pendulum | ________ |
| □ denomination | ________ | □ voluminous | ________ |
| □ fester | ________ | □ caption | ________ |
| □ acupuncture | ________ | □ ornament | ________ |
| □ injurious | ________ | □ emend | ________ |
| □ dispose | ________ | □ bedridden | ________ |
| □ suggestion | ________ | □ interference | ________ |
| □ euphoria | ________ | □ amorphous | ________ |
| □ compress | ________ | □ rout | ________ |
| □ exigency | ________ | □ knead | ________ |
| □ mercury | ________ | □ comrade | ________ |
| □ glean | ________ | □ foray | ________ |
| □ affection | ________ | □ barrister | ________ |
| □ mote | ________ | □ prowl | ________ |

※ 주어진 단어의 뜻을 본문에서 확인하시고 틀린 단어의 경우 박스에 체크한 뒤에 나중에 다시 학습하시기 바랍니다.

### B. Choose the synonym of the following words.

| | |
|---|---|
| 1. requisite | Ⓐ windfall |
| 2. assail | Ⓑ prerogative |
| 3. despondent | Ⓒ dejected |
| 4. subterranean | Ⓓ chicken-hearted |
| 5. oval | Ⓔ egg-shaped |
| 6. bonanza | Ⓕ cry |
| 7. wail | Ⓖ underground |
| 8. timorous | Ⓗ essential |
| 9. expunge | Ⓘ delete |
| 10. privilege | Ⓙ assault |

B. 1. Ⓗ 2. Ⓙ 3. Ⓒ 4. Ⓖ 5. Ⓔ 6. Ⓐ 7. Ⓕ 8. Ⓓ 9. Ⓘ 10. Ⓑ

1851 ★★★

**immortal**
[imɔ́:rtl]

a. 죽지 않는, 불사의, 불멸의 = eternal, imperishable, indestructible, undying

A man's body dies, but his soul is **immortal**.
사람의 육신은 죽어도, 정신은 불멸이다.

MVP immortality n. 불멸, 불사; 영원한 생명[존재]; 불후의 명성
↔ mortal a. 영원히 살 수는 없는, 언젠가는 반드시 죽는

1852 ★★

**constrict**
[kənstríkt]

vt. 압축하다; 죄다; 수축시키다 = compress, contract, squeeze, tighten

Cold air causes the arteries around the heart to **constrict**.
차가운 공기는 심장 주위의 동맥을 수축시킨다.

1853 ★

**persiflage**
[pə́:rsəflὰ:ʒ]

n. 야유, 희롱; 농담 = banter, raillery

This **persiflage** is not appropriate when we have such serious problems to discuss.
이 농담은 우리가 그런 진지한 문제를 논의할 때는 적합하지 않다.

1854 ★★★

**subordinate**
a. n. [səbɔ́:rdənət]
v. [səbɔ́:rdənèit]

a. (중요도 면에서) 부차[부수]적인 = collateral, secondary, subservient
vt. (~을 …의) 하위에 두다; 경시하다 = belittle, disvalue, downplay, undervalue
n. 하급[종속]자, 부하 = henchman, junior, man, underling

All other issues are **subordinate** to this one.
모든 다른 쟁점들은 이 쟁점에 비해 부차적이다.

Safety considerations were **subordinated** to commercial interests.
안전 관련 고려사항들은 상업적 이익보다 경시되었다.

MVP subordination n. 복종, 순종; 종속(관계)
↔ insubordinate a. 고분고분[순종]하지 않는, 말을 듣지 않는, 반항하는

1855 ★★

**accrue**
[əkrú:]

v. (이자·이익 등이) 생기다 = accumulate

Interest will **accrue** on the account at a rate of 7%.
그 계좌는 7%의 이율로 이자가 붙을 것이다.

1856 ★★★

**offspring**
[ɔ́:fsprìŋ]

n. ① 자식, 자녀; 자손, 후예 = descendant, progeny
② 생겨난 것, 소산, 결과 = fruit, result

That couple's three **offspring** all live in different cities.
그 부부는 자식 셋이 모두 다른 도시에 살고 있다.

1857 ★★

**retaliate**
[ritǽlièit]

**v. 보복하다, 앙갚음하다, 응수하다 = avenge, requite, revenge**

The militia responded by saying that it would **retaliate** against any attacks.
그 의용군은 어떤 공격에 대해서도 보복할 거란 말로 응수했다.

MVP retaliation n. 보복, 앙갚음
retaliatory a. 보복적인, 앙갚음의

---

1858 ★★★

**primary**
[práimeri]

**a. ① 첫째의, 제1의, 수위의, 주요한 = chief, major, principal**
**② 최초의, 처음의; 원시적인; 근본적인 = basic, essential, fundamental**

His **primary** concern is the safety and health of his family.
그의 주된 관심사는 가족의 안전과 건강이다.

MVP primarily ad. 첫째로, 최초로, 원래; 주로; 근본적으로
cf. secondary a. 제2의; 부차적인; 대리의, 종속적인

---

1859 ★

**somniloquy**
[samníləkwi]

**n. 잠꼬대(하는 버릇) = sleep talking**

**Somniloquy** refers to the act of talking in one's sleep.
잠꼬대는 수면 중에 말을 하는 행위를 가리킨다.

---

1860 ★★

**ghastly**
[gǽstli]

**a. ① 무시무시한, 소름끼치는, 무서운 = grisly, gruesome, hideous, horrible**
**② 파랗게 질린, 송장 같은, 핼쑥한**

This morning's newspaper reported all the **ghastly** details of the murder.
오늘 아침 신문은 그 살인에 대한 무시무시한 세부 사항을 낱낱이 보도했다.

Right after the operation, he looked **ghastly**, but he is back on his feet now.
수술 직후에 그는 매우 창백해 보였지만, 지금은 건강을 회복했다.

---

1861 ★

**trammel**
[trǽməl]

**n. (자유로운 행동에 대한) 방해, 제약, 속박 = bond, chain, fetter, leash, shackle**
**vt. (움직임·활동을) 구속하다, 제한하다 = fetter, hopple, restrict, shackle, tie**

We will forge our own future, free from the **trammels** of materialism.
우리는 물질주의의 속박으로부터 자유로운 우리만의 미래를 만들 것이다.

We have no wish to be **trammelled** by convention.
우리는 인습에 구속받기를 원하지 않는다.

MVP entrammel vt. 그물로 잡다; 속박하다, 구속하다, 방해하다
untrammeled a. 족쇄를 채우지 않은, 속박되지 않은, 자유로운

1862 ★★
**dispatch**
[dispǽtʃ]

v. ① (군대·특사 등을) 급파[특파]하다; (급보를) 발송하다
② (일을) 신속히 해치우다 = expedite
③ 죽이다 = destroy, eliminate
n. 급파, 특파; 급보, 특전; 신속한 처리 = expedition; haste

A cruiser was **dispatched** to the island to restore order.
치안을 회복하기 위해 순양함 한 척이 그 섬에 파견되었다.

---

1863 ★
**cant**
[kænt]

n. ① 위선적인 말투, 위선의 말 = hypocritical statement
② 은어 = jargon, lingo

Shelley's friendship with Byron was rooted in their shared contempt for **cant** and hypocrisy.
셸리(Shelley)가 바이런(Byron)과 나눈 우정은 빈말과 위선에 대해 그들이 함께 느꼈던 경멸에 뿌리를 두고 있었다.

---

1864 ★★
**blemish**
[blémiʃ]

n. 흠, 오점, 결점 = blot, defect, fault, flaw, stain, stigma
vt. (명성 등을) 더럽히다, 손상하다 = sully, taint, tarnish

The scandals of recent years involving him and his conglomerate have put a **blemish** on the chairman's distinguished career.
그와 그의 기업을 둘러싼 최근 몇 년간의 스캔들은 그 회장의 뛰어난 경력에 흠집을 냈다.

MVP unblemished a. 흠[오점] 하나 없는

---

1865 ★★★
**ritual**
[rítʃuəl]

n. ① (종교적) 의식, 예배식 = ceremony, observance, rite
② 의식적 행사[관습], 관례 = convention, custom, practice, routine
a. (교회 등의) 의식의; 관습의, 관례의 = ceremonial, conventional, customary

She could see the future through a prophetic **ritual**.
그녀는 예언 의식을 통해 미래를 볼 수 있었다.

---

1866 ★
**incise**
[insáiz]

vt. ① (글자·무늬 등을) 새기다, 조각하다 = carve, engrave
② 〈의학〉 베다, 째다, 절개하다 = cut, section

The design is **incised** into a metal plate.
그 도안은 금속판에 새겨져 있다.

MVP incised a. 새긴, 조각한; 〈의학〉 예리하게 벤
incision n. 벤 자국, 새긴 자국; 절개
incisor n. 〈치과〉 앞니

1867 ★★
**edifice**
[édəfis]

n. ① (크고 인상적인) 건물, 건축물, 전당 = building, construction
② 조직, 체계 = structure, system

The Eiffel Tower is a great **edifice** of France.
에펠 탑은 프랑스의 위대한 건축물이다.

When the **edifices** of society begin to crumble, a tyrant will surface to offer subservience in the guise of security.
사회 체계가 무너지기 시작할 때, 독재자는 안보를 구실로 도와주겠다고 나설 것이다.

---

1868 ★
**bamboozle**
[bæmbúːzl]

v. ① 교묘한 말로 꾀다, 속이다 = deceive, trick
② ~을 당황하게[난처하게] 하다, 어리둥절케 하다 = confuse, perplex

She was **bamboozled** into telling them her credit card number.
그녀는 속아서 그들에게 신용카드 번호를 말했다.

Your customer may be **bamboozled** by the plethora of information.
당신의 고객은 정보가 과도하게 많아서 어리둥절할지도 모른다.

MVP bamboozler n. 속이는 사람, 골탕 먹이는 사람; 애먹이는 것

---

1869 ★★
**monolithic**
[mὰnəlíθik]

a. ① 하나의 암석으로 된
② 단일체의; (사회가) 획일적이고 자유가 없는 = undiversified

A critical question about the **monolithic** stone statues of Easter Island is "Why were they all made alike?"
하나의 암석으로 만든 이스터(Easter) 섬의 석상에 대해 생기는 중대한 의문점은 "그것들이 왜 모두 똑같은 모습으로 만들어져 있을까?"하는 것이다.

The current money system is largely **monolithic**, as nearly all major countries have a single system of national currencies.
거의 모든 대부분의 나라가 단일 화폐 시스템을 가지고 있으므로 현대의 화폐 시스템은 넓게 보면 획일적이다.

MVP monolith n. 돌 하나로 된 비석; (정치적·사회적인) 완전한 통일체
cf. neolithic a. 〈고고학〉 신석기 시대의; 태고의

---

1870 ★★★
**famine**
[fǽmin]

n. ① 기근; 흉작, 식량부족
② 굶주림, 배고픔, 기아(饑餓) = deprivation, hunger, starvation

The long drought was followed by months of severe **famine**.
오랜 가뭄 뒤에 몇 달간의 극심한 기근이 이어졌다.

MVP famish v. 굶주리게 하다, 굶주리다

1871 ★★★

**display**
[displéi]

**v. ① 전시하다, 진열하다; (감정을) 나타내다, 보이다 = exhibit; show**
**② (기·돛을) 올리다, 게양하다, 펼치다 = fly, hoist, unfurl**
**n. 전시, 진열; (감정을) 드러냄; 표시 장치 = exhibit, exhibition; show**

The exhibition gives local artists an opportunity to **display** their work.
그 전시회는 지역 화가들에게 작품을 전시할 기회를 제공한다.

The flag is **displayed** on the 4th of July.
그 깃발은 7월 4일에 게양된다.

MVP displayed a. (새가) 날개와 다리를 벌린; 날개와 다리를 벌린 모양의

---

1872 ★★

**nosy**
[nóuzi]

**a. 참견하기 좋아하는, 꼬치꼬치 캐묻는 = intrusive, meddlesome, obtrusive**
**n. 참견하기 좋아하는 사람 = backseat driver, busybody**

**Nosy** reporters tend to delve into the personal lives of celebrities.
캐묻기를 좋아하는 기자들은 유명 인사들의 사생활을 캐는 경향이 있다.

---

1873 ★

**efflorescence**
[èflərésns]

**n. 개화; 개화기; 절정, 전성기 = anthesis, blossoming, flowering**

**Efflorescence** is always a symptom of the passage of water.
꽃이 피어 있다는 것은 항상 물이 흐르고 있다는 조짐을 보여준다.

MVP efflorescent a. 꽃이 피어 있는; (문명 등이) 개화한, 융성하는
florescence n. 개화; 개화기; 한창, 전성[번영]기

---

1874 ★★

**unleash**
[ʌnlíːʃ]

**vt. ~을 풀어놓다; ~을 해방하다; (감정 따위를) 폭발시키다[불러일으키다]**
**= unbind, unchain; release**

The government's proposals **unleashed** a storm of protest in the press.
정부의 그 제안들은 언론의 거센 항의를 불러일으켰다.

MVP leash n. (개 따위를 매는) 가죽끈, 사슬; 속박; 제어; vt. 가죽끈으로 매다; 속박하다

---

1875 ★★★

**trend**
[trend]

**n. 경향, 동향, 추세 = current, direction, tendency**

The downward **trend** in home ownership is likely to continue.
주택 소유에 대한 하향 추세는 계속될 것 같다.

MVP buck the trend 대세(大勢)를 거스르다, 역발상(逆發想) 투자를 하다
countertrend n. 반대의 경향, 역격향
downtrend n. (경기의) 하강; 하강 추세

1876 ★★

**lascivious**
[ləsíviəs]

a. 음탕한, 호색의; 선정적인, 도발적인, 외설적인
= lecherous, lewd, libidinous, licentious, obscene

The movie was banned because it contained a lot of **lascivious** scenes.
그 영화는 선정적인 장면이 많아서 상영이 금지되었다.

---

1877 ★★★

**exploit**
v. [iksplɔ́it]
n. [éksplɔit]

vt. ① 부당하게 이용하다, 착복하다, 착취하다 = abuse, misuse, shark
② (최대한 잘) 활용하다, 이용하다 = capitalize, use, utilize
③ (사업용으로) 개발하다 = develop
n. 위업, 공적 = achievement, feat

Something must be done to stop employers from **exploiting** young people.
고용주들이 젊은이들을 착취하는 것을 막기 위해 무언가가 이뤄져야 한다.

He regained his fame thanks to his **exploits** in Guangzhou.
그는 광저우에서의 공적 덕택에 자신의 명성을 다시 찾았다.

MVP exploitation n. 개발, 개척; 착취
exploitative a. 자원 개발의; 착취적인

---

1878 ★★

**contingent**
[kəntíndʒənt]

a. ① ~에 의존적인, ~을 조건으로 하는[on, upon] = conditional, dependent
② 우발적인, 우연의 = accidental, casual, fortuitous
n. 대표단, 파견단

The outcome was **contingent** upon the effort made to succeed.
결과는 성공을 위해서 기울인 노력에 달려 있었다.

The central idea in game theory is that the consequences of any move in a game are **contingent**.
게임이론의 중심 개념은 게임에서 두는 모든 수(手)의 결과는 우연적이라는 것이다.

A strong **contingent** of local residents were there to block the proposal.
지역 주민들로 구성된 강력한 대표단이 그 제안을 저지하기 위해 거기 와 있었다.

MVP contingency n. 우연성, 우발성; 우발 사건; 부수적인 사건

---

1879 ★

**frontispiece**
[frʌ́ntispìːs]

n. ① (책의) 권두 삽화; 속표지
② 〈건축〉 (건물의) 정면 = facade, face, front

A photograph of the author forms the **frontispiece** to the book.
저자의 사진이 책의 속표지를 이루고 있다.

1880 ★★
**wreak**
[ri:k]

vt. ① (해·벌 등을) 가하다, 주다 = inflict
② (분노를) 터뜨리다 = unleash, vent

Eating junk foods **wreaks** havoc on our physical and mental well-being.
건강에 좋지 않은 음식을 먹는 것은 우리의 신체적·정신적 행복을 파괴한다.

He **wreaked** his anger on his brother.
그는 동생에게 화풀이를 했다.

1881 ★★★
**defendant**
[diféndənt]

n. 피고, 피고인 = respondent

Two eyewitnesses averred that they had seen the **defendant** at the scene.
두 명의 목격자들은 피고인을 현장에서 봤다고 증언했다.

MVP the accused (형사 사건의) 피고인, 피의자
↔ plaintiff n. 원고, 고소인

1882 ★★
**comport**
[kəmpɔ́:rt]

vt. 〈재귀용법〉 행동[처신]하다 = behave, conduct

As monarch, she should **comport** herself with dignity and restraint.
그녀는 군주로서 품위 있고 절제 있게 처신해야 한다.

1883 ★
**runaway**
[rʌnəwéi]

a. ① (사람이) 달아난, 가출한 = escaped, fleeing, fugitive
② (동물·차량이) 제어가 안 되는, 고삐 풀린 = uncontrolled, unmanageable
③ (승리 등이) 아주 수월한, 일방적인, 낙승한 = easy, effortless
n. ① 도망자, 탈주자, 가출한 사람 = absconder, escapee, fugitive, refugee
② 일방적인 승리, 낙승(樂勝) = blowout, sweep, walkaway, walkover

Our team won a **runaway** victory.
우리 팀이 일방적으로 승리했다.

MVP cf. runway n. 활주로; (패션 쇼 등의) 무대

1884 ★★
**antecedent**
[æntəsí:dnt]

n. ① 선례, 전례
② (pl.) 조상, 선조 = forerunner, precursor
③ 전력(前歷), 경력, 내력
a. 선행하는, 우선하는[to] = former, preceding

The horse-drawn wagons are **antecedents** of the modern automobiles.
말이 끄는 마차는 현대 자동차의 전신(前身)이다.

The **antecedent** noise and smoke were signs that the volcano might explode.
앞서 있었던 소음과 연기는 화산이 폭발할지도 모른다는 신호였다.

MVP antecede vt. ~에 선행하다, 앞서다

1885 ★★★
**vegetarian**
[vèdʒətέəriən]

**n. 채식주의자; 〈동물〉 초식 동물 = herbivore**
**a. 채식의, 채식주의자의; 야채뿐인**

There is a **vegetarian** alternative on the menu every day.
매일 메뉴에는 채식주의자들이 선택할 수 있는 요리가 나온다.

MVP vegetarianism n. 채식주의
cf. vegan n. 철저한 채식주의자(달걀·치즈·우유 등도 섭취하지 않음)

---

1886 ★★
**inhale**
[inhéil]

**v. (공기 등을) 빨아들이다, 흡입하다 = breathe in, sniff, take a breath**

Local residents needed hospital treatment after **inhaling** fumes from the fire.
지역 주민들이 그 화재로 연기를 들이마셔 병원 치료를 받아야 했다.

MVP ↔ exhale v. (숨·연기 등을) 내쉬다, 내뿜다; (가스·소리·냄새 등을) 발산시키다

---

1887 ★
**brick-and-mortar**
[bríkənmɔ́:rtər]

**a. (실재 매장이 있는) 오프라인 거래의; 소매의 = off-line; retail, shoppy**

The online stores caused losses to **brick-and-mortar** stores.
그 온라인 매장들이 오프라인 매장들에게 손실을 초래했다.

MVP cf. click-and-mortar a. 온오프라인 결합 사업의, 매장과 웹 사이트를 동시에 갖춘

---

1888 ★★
**smother**
[smʌ́ðər]

**v. ① 질식시키다, 숨 막히게 하다 = choke, stifle, strangle, suffocate**
**② (감정 등을) 억누르다, 억제하다 = quash, repress, subdue, suppress**

He tried to **smother** her with a pillow.
그가 그녀를 베개로 덮어 질식사시키려 했다.

MVP smothery a. (장소·분위기가) 답답한, 질식할 것 같은

---

1889 ★★★
**climax**
[kláimæks]

**n. (사건·극 등의) 최고조, 절정; 정점, 극점**
**= acme, culmination, peak, summit, zenith**

The concert reached the **climax** when a world-renowned singer took the stage to perform his hit songs.
그 콘서트는 한 세계적으로 유명한 가수가 그의 히트송들을 부르기 위해 무대에 올랐을 때 절정에 이르렀다.

MVP anticlimax n. 용두사미, 큰 기대 뒤의 실망

1890 ★★

**gravitate**

[grǽvəitèit]

**v. ① 중력[인력]에 끌리다; (물건이) 가라[내려]앉다 = drop, fall, settle, sink**
**② (사람 등이 ~에) 자연히 끌리다 = be drawn, incline, lean, tend**

Many young people **gravitate** to the cities in search of work.
많은 젊은이들이 일자리를 찾아 도시로 몰려든다.

MVP gravitation n. 중력, 인력; 중력 작용; 끌리는 경향
cf. levitate v. (심령술 등으로) 공중에 뜨다, 공중 부양하다; 공중에 뜨게 하다

---

1891 ★

**archery**

[ɑ́:rtʃəri]

**n. 궁술, 양궁(술)**

We all know that Korea is awesome in the sport of **archery**.
우리 모두는 한국이 양궁을 잘하는 것을 알고 있다.

MVP archer n. 궁수, 활 쏘는 사람
toxophilite n. 궁술의 명수; a. 궁술(가)의

---

1892 ★★★

**complex**

a. [kəmpléks]
n. [kɑ́mpleks]

**a. ① 복잡한, 뒤얽힌 = complicated, convoluted, intricate**
**② 복합의, 합성의 = composite, compound**
**n. ① 대형 아파트; 종합 빌딩; 복합체**
**② 〈심리학〉 콤플렉스, 관념 복합**

Fossils show that life started from less **complex** forms such as bacteria.
화석들은 생명이 박테리아와 같은 덜 복잡한 형태로 시작되었다는 것을 보여준다.

MVP complexity n. 복잡성(= complication)

---

1893 ★★

**purport**

[pərpɔ́:rt]

**n. ① (문서·연설 따위의) 요지, 취지, 뜻 = meaning**
**② (행동 따위의) 목적, 목표, 의도**
**vt. ① (~이라고) 칭하다, 주장하다, 알려져 있다 = allege, claim**
**② 의도하다, 꾀하다 = aim, propose, purpose**

David wished to know the **purport** of Brown's thesis.
데이비드(David)는 브라운(Brown)의 논문의 요지를 알기를 원했다.

If **purported** truths turn out to be falsehoods, we will be suspicious.
만약 주장된 사실들이 거짓으로 판명된다면 우리는 의심을 품게 될 것이다.

MVP purportedly ad. 생각되는[알려진] 바로는

---

1894 ★

**overrate**

[óuvərreit]

**vt. 과대평가하다 = exaggerate, overestimate, overvalue**

Some parents **overrate** their children's musical talent.
어떤 부모들은 그들 자녀의 음악적 재능을 과대평가한다.

MVP overrated a. 지나치게 과대평가된

1895 ★★
**husbandry**
[hʌ́zbəndri]

n. ① 농업, 경작; 축산 = agriculture, cultivation, farming; stockbreeding
② 검약, 절약 = economy, frugality, thrift

The person majored in animal **husbandry** in college.
그 사람은 대학교에서 축산학을 전공했다.

The table cloth, mended many times, showed the family's good **husbandry**.
여러 번 수선된 식탁보는 그 집안이 절약하는 모습을 보여주었다.

MVP husband n. 남편; 절약가, 검약가; vt. 절약하다

---

1896 ★★★
**forfeit**
[fɔ́:rfit]

vt. (죄·과실로 인해 재산·권리 등을) 잃다, 상실하다, 몰수당하다
= be deprived[divested] of, lose
n. 벌금; 몰수품; 상실, 박탈 = fine, mulct

A series of minor violations or one serious violation could cause you to **forfeit** your driving privileges.
여러 번의 경미한 위반이나 한 차례의 중대한 위반으로 운전이라는 특권을 잃어버릴 수도 있다.

MVP forfeiture n. (죄·과실 등에 의한 지위·재산 따위의) 상실, 몰수; 벌금, 과료

---

1897 ★★
**derelict**
[dérəlìkt]

a. ① (배·건물 등이) 버려진, 유기된 = abandoned, deserted, forsaken
② 직무에 태만한, 무책임한 = delinquent, neglectful, negligent, remiss
n. ① (사회에서 버림받은) 낙오자, 부랑자 = dropout, hobo, straggler, vagrant
② 직무 태만자 = defaulter, delinquent

The government planned to reclaim the **derelict** land.
정부는 버려진 땅을 개간하기로 계획했다.

His parents considered his wanderings a **derelict** way of life.
그의 부모는 그의 목적 없는 여행을 무책임한 생활방식으로 여겼다.

The vast majority of alcoholics and drug users are **derelicts** living on the streets.
대다수의 알코올 중독자들과 마약 복용자들은 거리에서 사는 부랑자들이다.

---

1898 ★★
**symbiosis**
[sìmbióusis]

n. 공생(共生); 상호의존관계 = cohabitation; interdependence, mutualism

Both the crocodile and the crocodile bird derive benefit from their **symbiosis**.
악어와 악어새는 모두 그들의 공생관계로부터 이익을 얻는다.

MVP symbiotic a. 공생의, 공생하는

1899 ★★★

**precipitate**
v. [prisípitèit]
a. [prisípətət]

v. ① 촉진시키다, 몰아대다, 마구 재촉하다, 서두르게 하다
② 거꾸로 떨어뜨리다, 던져 떨어뜨리다, 팽개치다
③ (갑자기 어떤 상태로) 치닫게 하다[몰아넣다]
a. ① 다급한, 허둥대는; 조급한, 경솔한 = hasty, rash
② 느닷없는, 돌연한 = abrupt, sudden

People feared that the stock market crash might **precipitate** the collapse of the American banking system.
사람들은 주식시장의 붕괴가 미국 금융 시스템의 붕괴를 촉진할까봐 두려웠다.

The assassination of the president **precipitated** the country into war.
대통령 암살은 그 나라를 전쟁으로 몰고 갔다.

MVP precipitation n. 투하, 낙하; 촉진; 조급; 경솔; 강수[강우]량
precipitant a. 곤두박질의; 갑작스러운; 경솔한

---

1900 ★

**migraine**
[máigrein]

n. 〈의학〉 편두통 = hemicrania, megrim

Diet may hold the clue to the causes of **migraine**.
편두통의 원인에 대한 실마리가 식습관에 있을지도 모른다.

## A. Write the meaning of the following words.

| | |
|---|---|
| □ immortal ______ | □ frontispiece ______ |
| □ subordinate ______ | □ wreak ______ |
| □ accrue ______ | □ defendant ______ |
| □ retaliate ______ | □ runaway ______ |
| □ primary ______ | □ antecedent ______ |
| □ somniloquy ______ | □ vegetarian ______ |
| □ ghastly ______ | □ inhale ______ |
| □ trammel ______ | □ brick-and-mortar ______ |
| □ dispatch ______ | □ smother ______ |
| □ cant ______ | □ climax ______ |
| □ incise ______ | □ gravitate ______ |
| □ edifice ______ | □ archery ______ |
| □ bamboozle ______ | □ complex ______ |
| □ monolithic ______ | □ purport ______ |
| □ famine ______ | □ husbandry ______ |
| □ display ______ | □ forfeit ______ |
| □ nosy ______ | □ derelict ______ |
| □ unleash ______ | □ symbiosis ______ |
| □ exploit ______ | □ precipitate ______ |
| □ contingent ______ | □ migraine ______ |

※ 주어진 단어의 뜻을 본문에서 확인하시고 틀린 단어의 경우 박스에 체크한 뒤에 나중에 다시 학습하시기 바랍니다.

## B. Choose the synonym of the following words.

| | |
|---|---|
| 1. persiflage | Ⓐ anthesis |
| 2. offspring | Ⓑ ceremony |
| 3. comport | Ⓒ banter |
| 4. trend | Ⓓ compress |
| 5. lascivious | Ⓔ behave |
| 6. overrate | Ⓕ overestimate |
| 7. constrict | Ⓖ blot |
| 8. efflorescence | Ⓗ descendant |
| 9. ritual | Ⓘ lecherous |
| 10. blemish | Ⓙ tendency |

B. 1. Ⓒ 2. Ⓗ 3. Ⓔ 4. Ⓙ 5. Ⓘ 6. Ⓕ 7. Ⓓ 8. Ⓐ 9. Ⓑ 10. Ⓖ

1901 ★★★

**erudite**
[érjudàit]

a. 박식한, 학식 있는 = knowledgeable, learned, scholarly

Antonia Susan Byatt was an English scholar, literary critic, and novelist known for her **erudite** works.
안토니아 수잔 바이어트(Antonia Susan Byatt)는 박학다식한 작품들로 유명한 영국의 학자이자 문학 비평가이자 소설가였다.

MVP erudition n. 학식, 박식

---

1902 ★★

**dissolve**
[dizálv]

v. ① 녹이다, 용해시키다; 녹다, 용해하다 = liquefy; melt, thaw
② 분해[분리]시키다; 분해[분리]하다 = decompose, disintegrate
③ (의회·조직을) 해산시키다[하다] = disband, disperse
④ (계약·속박 등을) 해소[해제]하다; (결혼·관계 등을) 종료시키다

A final stage in uniting the EU countries involves **dissolving** borders that once separated nations from one another.
유럽연합 국가들을 결속하는 최종 단계에는 한때 서로 분리되었던 국경을 허무는 것이 포함되어 있다.

MVP dissolution n. 용해; 분해; (의회·단체 등의) 해산
liquate vt. (합금·혼합물을) 녹이다, 용해시키다(= melt)

---

1903 ★

**ratio**
[réiʃou]

n. 비율, 비(比) = proportion, rate

What is the **ratio** of men to women in the department?
그 부서[학과]에서는 남녀 비율이 어떻게 되나요?

The **ratio** of applications to available places currently stands at 100:1.
지원 가능한 일자리에 대한 지원자 비율이 현재 100 대 1이다.

MVP cf. ration n. 배급[할당]량, (배급해 주는) 식량; vt. 배급하다

---

1904 ★★

**succulent**
[sʌ́kjələnt]

a. ① (과일·채소·고기가) 즙이 많은 = juicy, pulpy, succose
② 다육의, 다육성의(선인장같이 잎이나 줄기가 두껍고 물기를 많이 머금은)

The meat looked **succulent** when it was taken from the refrigerator.
냉장고에서 꺼냈을 때 그 고기는 육즙이 많아 보였다.

MVP succulence n. 다즙, 다육; 다육식물

---

1905 ★★★

**appeal**
[əpíːl]

v. ① 호소하다, 간청하다[to] = beg, entreat, implore, plead
② 상소하다, 상고하다, 항소하다[to]
③ 관심[흥미]을 끌다, 매혹하다[to] = attract, charm, enchant, fascinate

n. ① 호소; 간청, 애원
② 상소, 항소
③ 매력, 사람의 마음을 움직이는 힘

Samsung is expected to **appeal** the US court verdict.
삼성은 미국 법원의 평결에 대해 항소할 예정이다.

MVP appealing a. 호소하는 듯한; 마음을 끄는, 매력적인

---

1906 ★★
## connivance
[kənáivəns]

n. ① (나쁜 일 따위의) 못 본 체하기, 묵인, 방조 = tacit approval
② 공모(共謀) = collusion, conspiracy, intrigue, plot

The crime was committed with the **connivance** of a police officer.
그 범행은 한 경찰관의 묵인 하에 저질러졌다.

MVP connive vi. 눈감아주다, 묵인하다; 공모하다

---

1907 ★
## phlegmatic
[flegmǽtik]

a. ① 점액질의
② 냉담한, 냉정한, 침착한 = apathetic, cold, unemotional

As a footballer his great asset was his **phlegmatic** manner.
축구선수로서 그가 가진 큰 자산은 냉정한 태도였다.

MVP phlegm n. 냉담, 무기력; 냉정, 침착; 점액질

---

1908 ★★★
## herald
[hérəld]

vt. ① 알리다, 포고하다, 발표하다 = announce, declare
② 안내[선도]하다, 도래를 알리다 = usher in

n. ① 선구자; 사자(使者)
② 전달자, 전령 = messenger

Prophet John the Baptist **heralded** the appearance of Jesus Christ and the Kingdom of God.
예언자 세례 요한(John the Baptist)은 예수 그리스도(Jesus Christ)의 출현과 하나님 나라의 도래를 알렸다.

---

1909 ★★
## balmy
[bɑ́:mi]

a. ① (날씨·바람 등이) 온화한, 아늑한 = mild, temperate
② 향기로운, 방향성(芳香性)의, 은은한 = aromatic, fragrant, redolent

Plato described Atlantis as an idyllic land with beautiful gardens and a **balmy** climate.
플라톤(Plato)은 아틀란티스를 아름다운 정원과 온화한 기후를 가진 목가적인 나라로 묘사했다.

When winter comes, many dream of **balmy** and fragrant air spring will bring.
겨울이 오면, 많은 사람들이 봄이 가져올 은은하고 향기로운 공기를 꿈꾼다.

MVP balm n. 향유; 방향(芳香); 진통제, 위안(물)
cf. barmy a. 약간 제정신이 아닌, 머리가 돈

1910 ★★★
**revolt**
[rivóult]

n. ① 반란, 반항(심), 반역, 폭동 = insurrection, mutiny, rebellion, uprising
② 혐오감, 불쾌, 반감 = dislike, distaste, repulsion, revulsion
v. ① 반란을 일으키다, 반항하다, 배반하다 = mutiny, rebel, resist
② 비위에 거슬리다, 구역질나다, 반감을 품다

The common people **revolted** against the king and the upper classes.
평민들은 왕과 상류층에 대항하여 반란을 일으켰다.

---

1911 ★★
**inure**
[injúər]

v. (어려움 등에) 익숙케 하다, 단련하다[to] = accustom, habituate

He was **inured** to hardship and uncomplainingly accepted suffering.
그는 고난에 단련되어 있었고 불평 없이 고통을 받아들였다.

He has **inured** himself to accept misfortune.
그는 불행을 감수할 수 있도록 스스로를 단련했다.

---

1912 ★★★
**copyright**
[kάpirait]

n. 저작권, 판권
vt. ~의 판권을 얻다; (작품을) 저작권으로 보호하다

Chinese companies are famous world-wide for their violations of international and **copyright** laws.
중국 기업들은 국제법과 저작권법을 어기는 것으로 전 세계적으로 유명하다.

MVP plagiarism n. 표절(剽竊), 도작(盜作); 표절물

---

1913 ★★
**presentiment**
[prizéntəmənt]

n. (특히 불길한) 예감, 육감 = foreboding, presage

When Nancy Wexler received an unexpected call from her father in 1968 asking her to fly to Los Angeles to meet him, she had a **presentiment** that something was wrong.
낸시 웩슬러(Nancy Wexler)는 1968년 아버지로부터 자신을 만나러 로스앤젤레스로 날아와 달라는 뜻밖의 전화를 받았을 때, 그녀는 뭔가 잘못된 일이 일어났다는 예감이 들었다.

---

1914 ★
**fluorescent**
[flùərésnt]

a. ① 형광을 발하는, 형광성의
② 아주 밝은, 선명한, 빛나는 = beaming, glowing, luminous

At night or in poor weather conditions, those working on or by the road should wear **fluorescent** clothing.
야간이나 날씨가 안 좋을 때, 도로나 길가에서 일하는 사람들은 형광복을 입어야 한다.

MVP fluorescence n. 형광, 형광성
cf. florescent a. 꽃이 핀, 꽃이 한창인

1915 ★★

**abrasive**
[əbréisiv]

n. (문질러 닦는 데 쓰이는) 연마제 = abradant
a. ① (문질러 닦는 데 쓰이는) 연마제의
② 신경에 거슬리는 = grating, jarring, nerve-racking, offensive

You'll need a strong **abrasive** for cleaning this sink.
이 싱크대를 청소하려면 강력한 연마제가 필요하다.

His **abrasive** manner makes people want to stay away from him.
그의 거슬리는 태도로 인해 사람들이 그를 피하고 싶어 한다.

1916 ★

**lionize**
[láiənàiz]

v. 치켜세우다, 떠받들다, 명사 취급하다
= celebrate, eulogize, exalt, glorify, idolize

He didn't expect a reward or to be **lionized** by the press.
그는 보상을 바라거나 혹은 언론에 의해 유명인 취급을 받는 걸 원한 게 아니었다.

1917 ★★

**testament**
[téstəmənt]

n. ① 유언, 유서 = will
② (신과 사람과의) 계약, 성약; (the T~) 성서
③ 입증, 증거

His rough knuckles are a **testament** to the life he has led.
그의 거친 손마디는 그가 살아온 인생을 말해준다.

1918 ★

**off-the-cuff**
[ɔ́:fðəkʌ́f]

a. ad. 즉석의[에서], 준비 없는[없이] = extemporaneous, impromptu

I am just speaking **off the cuff** here — I haven't seen the results yet.
저는 지금 즉흥적으로 말씀드리는 겁니다. 제가 아직 그 결과를 본 건 아니에요.

MVP cuff n. (상의나 셔츠의) 소맷동; (보통 pl.) 수갑(= handcuffs); 손바닥으로 때리기

1919 ★★

**moor**
[muər]

n. 황무지, 황야 = heath, wasteland, wilderness, wildland
v. (배·비행선 등을) 정박시키다, 매어두다 = anchor, berth, dock, secure

The wanderer stood on a desolate, rough **moor**.
그 방랑객은 황량하고 거친 황야에 서있었다.

We **moored** off the north coast of the island.
우리는 그 섬의 북쪽 연안에 배를 정박시켰다.

1920 ★
**fiendish**
[fíːndiʃ]

**a. ① 악마 같은; 극악무도한, 사악한 = devilish, diabolical, wicked**
**② (날씨 등이) 아주 험악한**

The **fiendish** murderer started looking for fresh victims at a hospital.
그 사악한 살인자는 병원에서 새로운 희생양을 찾기 시작했다.

MVP fiend n. 마귀, 악마; 악마처럼 잔인한 사람

---

1921 ★★★
**describe**
[diskráib]

**vt. ① (특징 등을) 묘사하다, 표현하다, 설명하다**
**② (사람을) (~이라고) 말하다, 평하다**
**③ (움직임과 함께 어떤 형태를) 그리다**

Words cannot **describe** the scene.
말로써는 그 광경을 묘사할 수 없다.

We might **describe** her as a good-natured woman.
그녀는 성품이 좋은 여자라고 말할 수 있다.

MVP description n. 설명, 묘사, 표현; (사람의) 인상착의; (물품의) 설명서
descriptive a. (문장 따위가) 묘사적인; 관찰[경험, 사실]에 바탕을 둔

---

1922 ★★★
**garbage**
[gáːrbidʒ]

**n. (부엌의) 쓰레기, 음식 찌꺼기, 잔반(殘飯); 폐기물 = junk, rubbish, trash**

The nauseous smell of the **garbage** made him feel sick.
쓰레기의 역겨운 냄새 때문에 그는 속이 메스꺼웠다.

---

1923 ★★
**scorch**
[skɔːrtʃ]

**v. ① 그슬리다, 눋게 하다 = burn, char, sear**
**② (초목을) 시들게 하다, 말라죽게 하다 = parch, shrivel, wither**
**③ 호되게 헐뜯다, 몹시 꾸짖다, 욕지거리하다 = berate, revile**

The young plants were **scorched** by the hot sun.
뜨거운 햇볕으로 어린 식물들이 말라 버렸다.

MVP scorched a. 탄, 눌은, 그을은
scorching a. 태우는 듯한, 매우 뜨거운; 호된, 신랄한

---

1924 ★
**emolument**
[imáljumənt]

**n. (보통 pl.) 급료, 봉급, 수당; 보수; 이득**
**= compensation, payment, returns, salary; profit**

The clearest example of a taxable **emolument** is the remuneration paid by an employer to an employee.
세금이 부가되는 보수의 가장 분명한 예는 고용주에 의해 피고용인에게 주어지는 급료다.

1925 ★★
**jocular**
[dʒɑ́kjulər]

**a. 익살맞은, 유머러스한, 웃기는 = facetious, humorous, joking**

On the surface, the man is easygoing and **jocular**, an everyday guy who likes rock'n'roll, beer and sports.
겉으로 볼 때 그 남자는 편안하고 유쾌한 사람으로, 로큰롤과 맥주, 스포츠를 좋아하는 보통 남자다.

MVP jocularity n. 익살; 익살맞은 이야기
jocularly ad. 익살맞게, 농담으로

---

1926 ★
**confabulate**
[kənfǽbjulèit]

**vi. ① (격의 없이 터놓고) 담소하다, 잡담하다 = chat, chitchat, small-talk**
**② 〈정신의학〉 (정신병자가 기억 상실 후에) 꾸민 이야기를 하다**

Chatty Cathy will **confabulate** with anyone willing to hold a conversation with her.
수다스러운 케이시(Cathy)는 그녀와 대화를 하고자 하는 누구와도 잡담하려 할 것이다.

The patient struggles with short-term memory loss and still **confabulates**.
그 환자는 단기 기억상실증을 앓고 있으며, 여전히 기억이 상실된 부분에 대해 이야기를 만들어낸다.

MVP confabulation n. 간담, 담소, (허물없는) 잡담; 〈정신의학〉 작화(作話)(증)

---

1927 ★★
**vestige**
[véstidʒ]

**n. ① 자취, 흔적 = sign, trace**
**② 〈보통 부정어와 함께〉 아주 조금(도 ~않다)[of]**

The only **vestiges** of the Greek temple were the few remaining columns.
그리스 사원의 흔적이라고는 남은 몇몇 기둥뿐이었다.

There's not a **vestige** of truth in the rumour.
그 소문에는 털끝만큼의 진실도 없다.

---

1928 ★
**noncommittal**
[nɑ̀nkəmítəl]

**a. 언질을 주지 않는; (태도 등이) 애매한 = ambiguous, equivocal, vague**

The ambassador was typically **noncommittal** when asked whether further sanctions would be introduced.
추가적인 제재 조치가 도입될 것인지 여부에 대해 질문 받았을 때, 그 대사는 언제나 그렇듯 분명한 입장을 취하지 않았다.

---

1929 ★★
**dissent**
[disént]

**n. 불찬성, 의견 차이, 이의 = disagreement, objection, protest**
**vi. 의견을 달리하다, 이의를 말하다 = demur, disagree**

There is some **dissent** within the committee on this issue.
이 문제에 대해서는 위원회 내부에서 약간의 이견이 있다.

MVP dissension n. 의견 차이; 불화, 알력
↔ assent n. 동의, 찬성
↔ consent n. 동의, 승낙, 승인, 찬성

1930 ★★
**excruciate**
[ikskrúːʃièit]

**vt. 몹시 고통을 주다, 고문하다; 괴롭히다 = agonize, torment, torture; afflict**

She has long been **excruciated** by a persistent pain in her knee.
그녀는 끊임없는 무릎 통증으로 오랫동안 고통 받아 왔다.

MVP excruciation n. 몹시 괴롭힘, 고문; (극도의) 고통, 고뇌
excruciating a. 몹시 고통스러운, 몹시 괴롭히는; 대단한, 극도의

1931 ★
**indebted**
[indétid]

**a. ① 도움을 많이 받고 있는, 신세를 진; (도움 준 사람에게) 고마워하는**
**② 빚이 있는, 부채가 있는**

I'm **indebted** to you for your help during my illness.
내가 아팠을 때 도와주어 당신에게 신세를 졌다.

I'm **indebted** to you for 10,000 won.
당신에게 1만원을 빚지고 있다.

MVP debt n. 빚, 부채; 빚을 진 상태; 은혜를 입음, 신세를 짐

1932 ★★
**clamp**
[klæmp]

**n. ① 꺾쇠, 죔쇠 = clasp, fastener, vise**
**② (pl.) 집게; (외과용) 겸자(鉗子) = clampers, nippers, tongs**
**vt. ① (꺾쇠로) 고정시키다 = brace, fasten, fix**
**② 강제로 시키다, 강제하다 = coerce, compel, force**

The government has **clamped** down on travel services that encourage illegal immigration.
정부는 불법적인 이민을 장려하고 있는 여행사를 단속해 왔다.

MVP clampdown n. 엄중단속, 탄압
clamp down on ~을 엄하게 단속하다, (폭도 등을) 탄압하다
cf. cramp n. 꺾쇠; vt. 꺾쇠로 죄다; 속박하다, 제한하다

1933 ★
**sidereal**
[saidíəriəl]

**a. 별의, 항성(恒星)의, 별자리의; 별의 운행을 기초로 한 = astral, stellar**

The study of **sidereal** bodies has been greatly advanced by the new telescope.
항성에 대한 연구는 그 새로운 망원경에 의해 크게 발전했다.

1934 ★★★

**folly**
[fáli]

n. 어리석음; 어리석은 행동[생각] = absurdity, silliness, stupidity

Giving up a secure job seems to be the height of **folly**.
안전한 직장을 그만두는 것은 어리석음의 극치로 보인다.

---

1935 ★★

**roundabout**
[ráundəbàut]

a. (말 따위가) 에두르는, 완곡한, 간접적인 = circuitous, indirect, tortuous
n. 원형[환상] 교차로, 로터리 = rotary, traffic circle

He told us, in a very **roundabout** way, that he was thinking of leaving.
그는 우리에게, 아주 우회적으로, 떠날 생각을 하고 있다고 말했다.

---

1936 ★

**conclave**
[kánkleiv]

n. ① (추기경이 모이는) 교황 선거 비밀회의 (장소), 콘클라베; 추기경단
② 비밀회의

The choosing of a new pope is decided during a **conclave**, where cardinals from all over the world gather and go through a voting process to select the new pope.
새로운 교황을 선출하는 것은 전 세계의 추기경들이 모여서 새로운 교황을 선출하기 위한 선거 절차를 거치는 콘클라베 동안 결정된다.

MVP cathedral n. 대성당
bishop n. 주교
cardinal n. 추기경
pontiff n. 교황
rosary n. 묵주
archbishop n. 대주교
pope n. 교황
priest n. 사제, 신부

---

1937 ★★

**whirl**
[hwə:rl]

v. ① 빙빙 돌다[돌리다], 회전[선회]하다[시키다]
= gyrate, revolve, rotate, spin, swirl
② (마음·생각 등이) 혼란스럽다; 어찔어찔하다, 현기증이 나다 = reel
n. ① 회전, 선회 = gyration, revolution, rotation, twirl
② (정신의) 혼란, 어지러움 = confusion, daze, dither, giddiness

The wind blew off my hat, and it **whirled** in the air.
바람이 내 모자를 날려 버렸고 모자가 공중에서 빙빙 돌았다.

MVP whirlpool n. 소용돌이
whirlwind n. 회오리바람; 급격한 행동

---

1938 ★★

**bluff**
[blʌf]

n. ① 허세, 엄포 = bluster, bravado, fanfaronade, lifemanship, pretension
② (특히 바다나 강가의) 절벽 = cliff, escarpment, precipice, promontory
v. 허세를 부리다, 엄포를 놓다 = flat-hat, four-flush, swashbuckle, vapor
a. 절벽의; 무뚝뚝한, 솔직한 = blunt, brusque

He said he would resign if he didn't get more money, but it was only a **bluff**.
그는 돈을 더 못 받으면 사직하겠다고 했지만 그것은 엄포일 뿐이었다.

At the edge of the **bluffs**, visitors get beautiful views of the ocean.
절벽의 가장자리에서, 관광객들은 아름다운 바다의 경치를 보게 된다.

MVP cf. buff n. 〈합성어에 쓰여〉 ~광, 애호가; v. 충격을 완화하다, 완충기 역할을 하다

---

1939 ★
## oculist
[ákjulist]

**n. 안과의사 = ophthalmologist**

If that man is blind, or in danger of blindness, we must have the best **oculist** in the world for him.
만약 그 사람이 맹인이거나 시력을 잃을 위험에 처해있다면, 우리는 그를 위해 반드시 세계 최고의 안과의사를 데려올 것이다.

MVP ocular a. 눈의; 눈에 의한; 시각의

---

1940 ★★
## multitude
[mʌ́ltətjùːd]

**n. ① 아주 많은 수, 다수 = army, great number, horde, host, legion**
**② 일반 대중, 군중 = assembly, crowd, mass, mob, throng**

A great **multitude** of students assembled in the auditorium.
매우 많은 수의 학생들이 강당에 모였다.

---

1941 ★★
## authoritarian
[əθɔ̀ːrətɛ́əriən]

**a. 권위주의적인, 독재적인 = autocratic, dictatorial**
**n. 권위[독재]주의자 = autocrat, dictator**

**Authoritarian** parents value control and unquestioning obedience.
권위주의적인 부모는 통제와 절대적인 복종을 가치 있게 여긴다.

MVP authority n. 권위, 권력[over, with]; 권한[to]
authoritarianism n. 권위주의

---

1942 ★
## enliven
[inláivən]

**vt. ① ~을 활기 띠게 하다, 생기가 넘치게 하다 = inspirit, stimulate, vivify**
**② 유쾌하게 하다, 흥겹게 하다 = cheer, sweeten**

Spring **enlivens** all nature.
봄은 만물에 생기를 불어넣는다.

Entertainment **enlivened** the meeting.
여흥으로 그 모임의 분위기가 흥겨워졌다.

MVP liven v. 활기를 북돋우다, 활기를 띠다; 명랑하게 하다, 들뜨다
live a. 살아 있는; 생방송의; ad. 생방송으로

1943 ★★

**linear**

[líniər]

**a. 선형의, 직선 모양의, 1차원의**

Students do not always progress in a **linear** fashion.
학생들이 반드시 선형적으로 발달해 나가는 것은 아니다.

---

1944 ★★

**turnout**

[tə́:rnàut]

**n. ① 집합, 참석(자의 수) = assembly, attendance**
**② 투표율, 투표(자)수**
**③ 생산액, 생산량, 산출고 = output, production, yield**

The disappointing voter **turnout** was blamed on bad weather conditions.
실망스런 투표율은 나쁜 날씨에 원인이 있었다.

---

1945 ★★★

**inseparable**

[insépərəbl]

**a. 분리할 수 없는; 불가분의; 떨어질 수 없는[from] = indivisible, inseverable**

Rights are **inseparable** from duties.
권리는 의무와 불가분의 관계에 있다.

MVP ↔ separable a. 분리[구별]할 수 있는, 뗄 수 있는

---

1946 ★★

**derivative**

[dirívətiv]

**a. (근원에서) 이끌어낸; 파생적인 = secondary, spin-off, unoriginal**
**n. 파생물; 금융 파생 상품, 복합 금융 상품**

What makes English so unique is that it is a **derivative** language.
영어가 매우 독특한 점은 바로 영어가 파생어라는 것이다.

Trading in **derivatives** is more lucrative than trading in corporate shares.
파생상품 거래가 기업의 주식 거래보다 더 수익성이 좋다.

MVP derive v. 끌어내다; 유래[파생]하다

---

1947 ★★

**protract**

[proutrǽkt]

**vt. 오래 끌게 하다, 연장하다 = extend, prolong**

Their guest did not **protract** his stay that evening above an hour longer.
그들의 손님은 그날 밤 한 시간 이상 그의 집에 머무르지 않았다.

MVP protracted a. (병·교섭 등을) 오래 끈, 연장된

---

1948 ★

**buxom**

[bʌ́ksəm]

**a. (여성이) 포동포동한, 가슴이 풍만한; 쾌활하고 건강한**
**= busty, plump; healthy and cheerful**

The soldiers remembered the **buxom** nurse who had always been so pleasant to them.
군인들은 자신들에게 늘 상냥했던 쾌활하고 건강한 간호사를 기억했다.

1949 ★★★

**stake**
[steik]

n. ① (종종 pl.) (시합·경기의) 상금, 현상(금), 내기에 건 돈 = bet, wager
② 이해관계 = interests, involvement
③ 말뚝, 막대기 = pole, stick

They were playing cards for high **stakes**.
그들은 큰 판돈을 걸고 카드를 하고 있었다.

Participants have a direct **stake** in the outcome; mediators do not.
참여자들은 결과에 대해 직접적인 이해관계가 있지만 중재자들은 그렇지 않다.

The family honor is at **stake**.
가문의 명예가 위태롭다.

MVP at stake 성패가 달려 있는, 위태로운
have a stake in ~에 대해 이해관계를 갖다

1950 ★★

**cumbersome**
[kʌ́mbərsəm]

a. 성가신, 부담이 되는, 방해가 되는, 다루기 힘든 = burdensome, unwieldy

Managing cash can be **cumbersome** if you own a business.
만약 당신이 사업체를 소유하고 있다면 현금을 관리하는 것이 번거로울 수 있다.

The sleeves are too long and rather **cumbersome**.
소매가 너무 길어서 다소 걸리적거린다.

MVP encumber vt. 방해하다, 거치적거리게 하다; (장애물로 장소를) 막다

## REVIEW TEST

### A. Write the meaning of the following words.

| | |
|---|---|
| □ erudite | □ noncommittal |
| □ dissolve | □ indebted |
| □ succulent | □ clamp |
| □ appeal | □ sidereal |
| □ connivance | □ folly |
| □ phlegmatic | □ roundabout |
| □ herald | □ conclave |
| □ balmy | □ whirl |
| □ revolt | □ bluff |
| □ copyright | □ oculist |
| □ fluorescent | □ multitude |
| □ abrasive | □ authoritarian |
| □ lionize | □ enliven |
| □ testament | □ linear |
| □ moor | □ turnout |
| □ describe | □ derivative |
| □ garbage | □ protract |
| □ scorch | □ buxom |
| □ emolument | □ stake |
| □ vestige | □ cumbersome |

※ 주어진 단어의 뜻을 본문에서 확인하시고 틀린 단어의 경우 박스에 체크한 뒤에 나중에 다시 학습하시기 바랍니다.

### B. Choose the synonym of the following words.

| | |
|---|---|
| 1. presentiment | Ⓐ facetious |
| 2. fiendish | Ⓑ accustom |
| 3. ratio | Ⓒ presage |
| 4. confabulate | Ⓓ impromptu |
| 5. excruciate | Ⓔ agonize |
| 6. inseparable | Ⓕ chat |
| 7. dissent | Ⓖ proportion |
| 8. inure | Ⓗ devilish |
| 9. jocular | Ⓘ indivisible |
| 10. off-the-cuff | Ⓙ objection |

B. 1. Ⓒ 2. Ⓗ 3. Ⓖ 4. Ⓕ 5. Ⓔ 6. Ⓘ 7. Ⓙ 8. Ⓑ 9. Ⓐ 10. Ⓓ

1951 ★★★

**assiduous**
[əsídʒuəs]

**a. 근면 성실한, 지칠 줄 모르는 = diligent, hard-working, industrious, sedulous**

He has been **assiduous** in studying linguistics.
그는 언어학 공부를 열심히 해왔다.

Through **assiduous** investigations the suspect was caught.
끈질긴 수사 끝에 용의자가 적발됐다.

MVP assiduity n. 근면, 부지런함

1952 ★★

**presume**
[prizúːm]

**v. ① 가정[추정]하다; 상상하다, ~이라고 여기다 = guess, suppose, think**
**② 반대의 증거가 없어 ~으로 추정하다**
**③ 감히 ~하다, 주제넘은 것 같지만 ~하다 = dare**

Little is known of their youngest son; it is **presumed** that he died young.
그들의 막내아들에 대해서는 알려진 것이 거의 없다. 어려서 죽은 것으로 추정된다.

In English law, a person is **presumed** innocent until proved guilty.
영국 법에서는 유죄가 입증될 때까지는 무죄로 간주된다.

MVP presumption n. 추정, 가정; 주제넘음, 철면피
presumably ad. 아마, 추측건대

1953 ★★★

**behalf**
[bihǽf]

**n. ① 측(側), 편; 편들기 = side**
**② 이익, 이로움 = benefit, interest, sake**

We collected money in **behalf** of the homeless.
우리는 노숙자들을 위해 모금을 했다.

She will get the prize on **behalf** of her husband.
그녀는 자신의 남편을 대신하여 상을 받을 것이다.

MVP in behalf of ~을 대신[대표]해서; ~을 위하여, ~에 이롭도록(= on behalf of)

1954 ★

**imbroglio**
[imbróuljou]

**n. ① 복잡한 사태, 난국; (정치적) 분규 = complication, entanglement, quandary**
**② (연극·소설 등의) 복잡한 줄거리[구성]**

He was called in to untangle the **imbroglio** but failed to bring harmony to the situation.
그는 복잡한 사태를 해결하기 위하여 소환되었으나 그 상황에 화합을 가져오게 하지는 못했다.

1955 ★★★

**credulous**
[krédʒuləs]

**a. 쉽사리 믿는, 잘 속는 = gullible, naive**

There are plenty of rogues ready to prey upon the **credulous**.
어수룩한 사람들을 등쳐먹으려는 악당들이 많이 있다.

MVP credulity n. 쉽사리 믿음(= gullibility)
↔ incredulous a. 쉽사리 믿지 않는, 의심 많은
incredulity n. 쉽사리 믿지 않음, 의심이 많음

1956 ★★

**eschew**
[istʃúː]

**vt. 피하다, 삼가다 = avoid, forbear, refrain, shun**

The old man **eschewed** the company of anyone who knew about his past.
그 노인은 자신의 과거에 대해 알고 있는 어느 누구와도 함께 있는 것을 피했다.

MVP cf. escheat v. (재산을) 몰수하다

1957 ★★

**spouse**
[spauz]

**n. 배우자 = mate, partner, significant other**

You will need money to support your new life with your **spouse**.
당신은 당신의 배우자와 새 삶을 꾸려나가기 위해 돈이 필요할 것이다.

1958 ★

**dissonant**
[dísənənt]

**a. 귀에 거슬리는, 불협화음의, 조화되지 않은 = cacophonous, discordant, strident**

Alban and Arnold were no longer allowed to sing because their **dissonant** voices damaged the sound of the chorus.
알반(Alban)과 아놀드(Arnold)는 자신들의 불협화음을 일으키는 목소리가 합창단에 피해를 주었기 때문에 더 이상 노래를 부르지 못하게 되었다.

MVP dissonance n. 불협화음; 불일치, 부조화

1959 ★★

**augment**
[ɔːgmént]

**v. 늘리다, 늘다, 증가[증대]시키다, 증가하다 = increase**

Nowadays accidents and crimes **augment** in an alarming way.
요즘 사고와 범죄가 놀랄 만큼 증가하고 있다.

MVP augmentation n. 증가, 증대

1960 ★★★

**curriculum**
[kəríkjuləm]

**n. 커리큘럼, 교과 과정; 이수 과정; (클럽 활동 등을 포함한) 전반적 학교 교육**

The schools provide standardized **curriculum** in an effort to offer best quality education to students.
학교는 학생들에게 최상의 교육을 제공하기 위한 노력으로 표준화한 교육과정을 제공한다.

MVP curricular a. 교육 과정의
extracurricular a. 정식 과목 이외의; 본 업무 이외의
syllabus n. (강연·강의 등의) 개요, 적요; 교수요목
curriculum vitae 이력서, 경력서, 이력

1961 ★★
**virulent**
[vírjulənt]

**a. ① (질병·독극물이) 악성의, 치명적인, 맹독의 = deadly, lethal, pernicious**
**② 악의가 있는; 매서운, 맹렬한 = spiteful; bitter**

A **virulent** pestilence raged throughout Italy, one foreboding symptom being severe sneezing.
악성유행병이 이탈리아 전역을 덮쳤는데, (이 병의) 전조가 되는 증상 중의 하나는 심한 재채기였다.

Indeed, I have been a **virulent** anti-smoker for many years.
사실, 나는 수년간 흡연에 강하게 반대하는 입장에 있어 왔다.

MVP virulence n. 유독, 해독, 독성; 악의

1962 ★
**skid**
[skid]

**v. (자동차가) 미끄러지다; 옆으로 미끄러지다 = glide, slide, slip, slither**
**n. (자동차가) 옆으로 미끄러지기; 활주부**

He braked suddenly, causing the front wheels to **skid**.
그가 갑자기 브레이크를 밟아서 앞바퀴가 미끄러졌다.

MVP skid marks 자동차의 타이어가 미끄러진 자국
skid row 하층 사회의 거리, 우범지대, 사회의 밑바닥

1963 ★★
**benediction**
[bènədíkʃən]

**n. ① 축복 = blessing**
**② 감사의 기도, (예배 후의) 축복 기도**

The appearance of the sun after the many rainy days was like a **benediction**.
긴 우기(雨期)가 지난 후에 모습을 드러낸 태양은 축복과도 같았다.

Don't forget to give the **benediction** before eating.
식사 전에 감사의 기도를 드리는 것을 잊지 마라.

MVP ↔ malediction n. 저주, 악담, 비방

1964 ★
**maroon**
[mərúːn]

**v. (섬 같은 곳에) 고립시키다, 가두다 = abandon, isolate, strand**
**n. 고동색, 적갈색, 밤색**

Our ship was wrecked and we were **marooned** on an island.
배가 난파하여 우리는 어느 섬에 고립되었다.

1965 ★★★

**proximity**
[praksíməti]

**n. (거리·시간상으로) 가까움, 근접 = contiguity, nearness**

The **proximity** of the college to London makes it very popular.
그 대학은 런던 근처에 있어 매우 인기가 많다.

MVP proximate a. 아주 가까운, 인접한; (원인 따위가) 직접적인

1966 ★★

**cleave**
[kli:v]

**v. ① 쪼개다, 가르다 = divide, split**
**② 착 달라붙다; (주의 등을) 고수하다[to] = adhere, cling, stick**

She **cleaved** his skull in two with an axe.
그녀가 도끼로 그의 두개골을 둘로 쪼개버렸다.

Her tongue **clove** to the roof of her mouth.
그녀의 혀가 입천장에 들러붙어 있었다.

MVP cleavage n. 분열; 갈라진 틈; (의견 등의) 불일치
cleft a. 쪼개진, 갈라진, 터진; n. 터진 금, 갈라진 틈
cloven a. 둘로 갈라진[째진], 세로로 갈라진(= cleft, split)

1967 ★

**acronym**
[ǽkrənìm]

**n. 두문자어(頭文字語), 머리글자어**

AIDS is an **acronym** for "Acquired Immune Deficiency Syndrome."
에이즈는 '후천성 면역결핍증'의 두문자어이다.

1968 ★★

**stark**
[sta:rk]

**a. ① (아무 색채나 장식이 없어) 삭막한, 황량한**
**② (현실·선택 등이) 엄연한, 가혹한**
**③ (차이가) 극명한**
**④ 완전한, 순전한**

He now faces the **stark** reality of life in prison.
그는 이제 교도소 생활이라는 엄연한 현실에 직면해 있다.

The good weather was in **stark** contrast to the storms of previous weeks.
그 좋은 날씨는 그 이전 몇 주 동안의 폭풍우와 극명한 대조를 보였다.

1969 ★★★

**relative**
[rélətiv]

**n. 친척, 인척, 일가; 동족, 동류**
**a. ① (고려·판단이) 비교상의, 상대적인**
**② (~와) 관련된, (~에) 대한[to]**
**③ (~에) 호응하는, 비례하는[to]**

The man is a **relative** by marriage.
그 남자는 시가 쪽으로 친척이다.

The **relative** anonymity of the Internet makes online abuse difficult to stop.
인터넷의 상대적 익명성이 온라인상의 남용을 막기 어렵게 만든다.

The price is **relative** to the demand.
가격은 수요에 비례한다.

MVP relation n. (두 사람·집단 사이의) 관계, 관련성; 친족[친척] 관계; 친척
relativity n. 관계있는 것; 관련성; 상호 의존(성); 〈물리〉 상대성 (이론)
relatively ad. 상대적으로, 비교하여; (~에) 비례하여

---

1970 ★★
## desuetude
[déswitjù:d]

**n. 폐지(상태), 불용(不用), 쓰이지 않음 = disuse, obsoletism**

Many of America's quaint customs, spawned by the exigencies of pioneer days, have fallen into **desuetude**.
개척 시대의 절박함 때문에 생겨났던 미국의 여러 기묘한 관습들이 더 이상 통용되지 않는 상태가 되었다.

---

1971 ★★★
## flee
[fli:]

**v. 달아나다, 도망하다; 피하다 = escape, fly, run away**

Thousands of people **fled** the country when he came to power.
그가 권력을 잡자 수천 명이 그 나라에서 달아났다.

The criminal **fled** to a foreign country.
범인은 해외로 도피했다.

MVP cf. fleer v. 비웃다, 조소하다; n. 비웃음, 조소; 도망자
cf. flea n. 벼룩

---

1972 ★★
## toilsome
[tɔ́ilsəm]

**a. (생활·등산·여행 등이) 고생스러운, 힘든**
**= arduous, burdensome, laborious, strenuous, taxing**

The author gives us the idea that journey is **toilsome**, tedious and painful.
그 저자는 여행이 고생스럽고 지루하며 성가시다는 느낌을 우리에게 전달해준다.

MVP toil vi. 고되게 일하다, 힘써 일하다

---

1973 ★
## gentile
[dʒéntail]

**n. (유대인의 입장에서) 이방인(특히, 기독교도) = heathen, infidel**
**a. 유대인이 아닌, (특히) 기독교도의**

In order to protect their racial purity, the Jews do not normally marry **gentiles**.
자신들의 인종적 순수함을 보호하기 위하여, 유대인은 보통 이방인과 결혼하지 않는다.

MVP Jew n. 유대인
cf. genteel a. 품위 있는; 고상한, 점잖은, 우아한

1974 ★★★

**provocative**

[prəvákətiv]

a. ① 성나게 하는; (말·태도 등이) 도발적인, 자극적인 = offensive, stimulating
② (식욕·성욕을) 자극하는; 흥분성의
③ 물의를 일으키는, 문제가 되는

His **provocative** speech criticising a specific candidate made the audience angry.
특정 후보를 비판하는 그의 도발적인 연설은 청중들을 화나게 만들었다.

MVP provoke vt. (감정 등을) 일으키다; 성나게 하다; 유발시키다; 선동[도발]하다

---

1975 ★★

**ruminate**

[rú:mənèit]

v. ① 심사숙고하다, 곰곰이 생각하다 = contemplate, meditate, muse, ponder
② (소 등이) 반추하다, 위에서 되돌려 씹다, 되새김질하다

I **ruminated** a long time before agreeing to marry her.
나는 오랫동안 심사숙고한 뒤 그녀와 결혼하는 데 동의했다.

He looked at the two oxen, both **ruminating** without raising their eyes.
그는 황소 두 마리를 관찰했는데, 두 황소는 모두 눈을 치켜뜨지도 않은 채 반추하고 있었다.

MVP rumination n. 반추; 심사숙고
ruminant a. 되새기는, 반추하는; 생각[묵상]에 잠긴; n. 반추 동물, 되새김 동물(소·사슴·기린·낙타 등)

---

1976 ★

**corsair**

[kɔ́:rsɛər]

n. ① 사략선(私掠船) = privateer
② 해적; 해적선 = buccaneer, pirate; picaroon

The **corsairs**, preying on shipping in the Mediterranean, were inspired by racial and religious hatreds as well as by the desire for money and booty.
지중해상에서 선박들을 약탈하는 해적선들이 생겨난 것은 돈과 노획물뿐만 아니라 인종적·종교적 증오에 의한 것에도 있었다.

---

1977 ★★

**liaison**

[lí:əzàn]

n. ① 〈군사〉 연락, 통신 = communication, connection, contact
② (두 집단·조직 간의) 연락 담당자, 연락원, 연락책 = contact, messenger
③ (배우자가 아닌 사람과의) 정사, 간통, 밀통
= adultery, amour, fornication, intrigue

The North Korean spy made attempts to contact his **liaison**.
북한에서 내려온 간첩은 연락책과 접선을 시도했다.

---

1978 ★

**hoodwink**

[húdwiŋk]

vt. 속이다, 속여 ~하게 하다 = cheat, deceive, swindle, trick
n. 눈가리개 = blindfold

Charlatans **hoodwink** people out of their money.
협잡꾼들은 사람들을 속여 돈을 빼앗아간다.

1979 ★★

**quicksilver**
[kwíksìlvər]

n. ① 수은 = hydrargyrum, mercury
② 활발한 성질, 변하기 쉬운 기질, 변덕; 변덕스러운 사람

Looking glasses have a backing of **quicksilver**.
거울은 뒤에 수은이 발라져 있다.

---

1980 ★

**deface**
[diféis]

vt. ① ~의 외관[가치]을 손상시키다 = damage, disfigure
② (비명·증서 등을) 마손시켜 잘 보이지 않게 하다
③ 체면을 구기게 하다 = disgrace, dishonor

The man **defaced** portraits of the monarch.
그 남자는 국왕의 초상화를 손상시켰다.

Scribbled pictures and remarks had **defaced** the pages of the book.
낙서한 그림과 글자 때문에 그 책의 페이지들을 읽어 볼 수 없었다.

MVP undefaced a. (비석 등이) 표면이 마손되지 않은
cf. surface n. 표면, 외관; v. 수면으로 올라오다; (문제 등이) 겉으로 드러나다

---

1981 ★★★

**moratorium**
[mɔ̀:rətɔ́:riəm]

n. ① 지불 유예[정지], 모라토리엄; 지불 유예 기간 = freeze, suspension
② (활동의) 일시적 정지[연기][on]

This is the first time in the nation history that a local government has declared a **moratorium** on its debts.
지방 정부가 채무에 대해 모라토리엄을 선언한 것은 역사상 처음 있는 일이다.

Turkey has maintained a **moratorium** on the use of capital punishment since 1984.
터키는 1984년 이후로 사형 집행의 유예를 계속 유지해오고 있다.

---

1982 ★

**postprandial**
[póustprǽndiəl]

a. 식후의, 만찬 후의 = postcibal

He took the usual **postprandial** stroll around the grounds of his house.
그는 늘 하던 대로 식후에 자기 집 마당을 어슬렁어슬렁 거닐었다.

MVP prandial a. 식사의, 만찬의, 정찬(正餐)의
preprandial a. 식전(食前)의, 식사 전의, 정찬 전의
anteprandial a. 식사하기 전의, 식전(食前)의

---

1983 ★★★

**commute**
[kəmjú:t]

v. ① 통근하다 = straphang
② (벌·의무 등을) 감형[경감]하다 = extenuate
③ 교환[변환]하다, 대체하다 = change, substitute

Most office workers **commute** from the suburbs.
대부분의 회사원들은 교외에서 통근한다.

In 2001, he was released from prison, having had his death sentence **commuted** in 1983 for medical reasons.
1983년 질병을 이유로 사형에서 감형된 그는 2001년 감옥에서 풀려났다.

MVP commuter n. (교외) 통근자
commutation n. (형벌 등의) 감면, 감형; 교환, 대체

---

1984 ★★
## excursion
[ikskə́:rʒən]

n. ① (보통 단체로 짧게 하는) 여행, 소풍, 유람, 수학여행
= jaunt, journey, outing, trip
② (이야기·생각 등의) 탈선, 본제를 벗어남 = deviation, digression

The Korea National Tourism Organization said that there were a record 300 million domestic **excursions** last year.
한국관광공사는 작년에 국내여행 건수가 3억 건에 달했다고 말했다.

MVP cf. incursion n. (돌연한) 침입, 침략; 습격

---

1985 ★★
## internecine
[ìntərní:si:n]

a. ① 서로 죽이는, 내분의, 동일 조직[국가] 내에서 벌어지는 투쟁의
② 대량 살육적인, 사상자가 많은

Corsica's Roman Catholic faith has sustained its people throughout centuries of poverty, oppression, and **internecine** strife.
코르시카 섬의 로마 가톨릭교 신앙은 주민들이 수세기 동안 계속되어 온 빈곤, 억압, 동족상잔의 분쟁을 견뎌내는 데 큰 힘이 되어 왔다.

---

1986 ★
## conduit
[kɑ́ndjuit]

n. ① (액체나 기체를 통하게 하는) 도관(導管), 전선관 = aqueduct, duct, pipe
② (정보나 물자의) 전달자[전달 기관, 국가] = bearer, channel, messenger

Water can enter hot **conduits** of a volcano through cracks in the rocks.
물은 암석의 갈라진 틈을 통해 화산의 뜨거운 관으로 들어갈 수 있다.

The organization had acted as a **conduit** for money from the arms industry.
그 단체가 무기 산업에서 나오는 돈의 전달자 역할을 했었다.

---

1987 ★★
## blunt
[blʌnt]

a. ① 무딘, 날이 없는 = edgeless, pointless
② 둔감한, 우둔한 = dull, obtuse
③ 무뚝뚝한, 퉁명스러운 = brusque, curt, gruff, surly
④ 솔직한 = forthright, frank, outspoken, straightforward

I was offended by his **blunt** speech.
나는 그의 퉁명스러운 말에 기분이 상했다.

MVP bluntly ad. 직설적으로
blunt instrument 둔기; (부작용이 따르는 힘 등의) 과잉 행사

1988 ★★★
**overthrow**
[òuvərəróu]

v. ① 뒤집어엎다, 타도하다, 무너뜨리다 = beat, defeat, destroy, overwhelm
② (정부 등을) 전복시키다, (제도 등을) 폐지하다 = overturn, subvert
n. 타도, 전복 = subversion, upset

They were charged with plotting the **overthrow** of the state.
그들은 국가 전복 음모를 꾸민 혐의로 기소되었다.

---

1989 ★★
**fusillade**
[fjú:səlèid]

n. 일제[연속] 사격; (질문 등의) 연발 = barrage, fire, volley

He faced a **fusillade** of questions from the waiting journalists.
그는 기다리고 있던 기자들로부터 빗발치는 질문 공세를 받았다.

---

1990 ★★
**urbane**
[ə:rbéin]

a. 도시풍의, 세련된, 품위 있는 = elegant, refined, sophisticated

Sean Connery is a suave, **urbane** British actor who played the role of James Bond for seven films.
숀 코너리(Sean Connery)는 7개의 영화에서 제임스 본드(James Bond) 역할을 맡았던 부드럽고 세련된 영국 배우다.

MVP urbanity n. 도회풍; 품위 있음, 세련
cf. urban a. 도시의, 도시 특유의
↔ inurbane a. 세련되지 않은, 촌스러운, 품위 없는

---

1991 ★★★
**trespass**
[tréspəs]

vi. ① (남의 토지·권리·재산 등을) 불법 침입[침해]하다; (남의 생활·시간·영역 등을) 침해하다, 방해하다[on, upon] = encroach, infringe, intrude, invade
② 죄를 범하다; (법을) 어기다 = offend, sin, transgress, violate
n. 불법 침입; 침해, 방해 = infringement, intrusion

He was accused of **trespassing** the restricted area.
그는 출입금지 구역을 불법 침입한 죄로 기소되었다.

---

1992 ★★
**dangle**
[dǽŋgl]

v. ① 매달리다, 흔들흔들하다 = sway, swing
② 매달다 = hang

Nobody understood that lightning resulted from electricity until Benjamin Franklin flew a kite with a key **dangling** from the string, and it was struck by lightning.
벤저민 프랭클린(Benjamin Franklin)이 줄에 열쇠가 달려있는 연을 날렸다가 연이 번개를 맞았을 때까지는 아무도 번개가 전기 때문이었다는 것을 이해하지 못했다.

1993 ★★★

**extrinsic**
[ikstrínsik]

**a. 고유(固有)하지 않은, 비본질적인; 외부의; 외부로부터의**
**= exterior, external, extraneous**

Janet obstructed proceedings by introducing problems **extrinsic** to the situation.
재닛(Janet)은 상황과 본질적인 관계가 없는 문제들을 제기하여 의사 진행을 방해했다.

MVP ↔ intrinsic a. (가치·성질 등이) 본질적인, 본래 갖추어진, 고유의(= inherent)

---

1994 ★★

**insulate**
[ínsəlèit]

**vt. ① 절연[단열, 방음]하다**
**② 분리[격리]하다, 고립시키다 = isolate, seclude, separate, sequester**

You should **insulate** your home to conserve energy.
에너지를 절약하기 위해서는 집에 단열설비를 해야 한다.

MVP insulation n. 격리; 고립; 절연; 절연체, 단열재

---

1995 ★

**perquisite**
[pə́:rkwəzit]

**n. 팁, 임시 수당; 부수입; (지위에 따른) 특권 = bonus, fringe benefit**

Politics used to be the **perquisite** of the property-owning classes.
과거에는 정치가 재산을 소유한 계층의 특권이었다.

---

1996 ★★

**antibiotic**
[æ̀ntibaiátik]

**n. 항생제, 항생물질**
**a. 항생(물질)의**

Since the appearance of penicillin in 1928, **antibiotics** have saved a lot of people's lives.
1928년 페니실린의 등장 이후로, 항생제는 많은 사람들의 생명을 구했다.

---

1997 ★★★

**raid**
[reid]

**n. 급습, 습격; (경찰의) 불시 단속; 일제 검거**
**= foray, incursion, invasion, onslaught**
**v. 급습[습격]하다; (경찰이) 들이닥치다, 불시 단속을 벌이다 = assault**

Police conducted a **raid** on a drug dealer's house.
경찰은 마약상의 집을 급습했다.

---

1998 ★

**amputate**
[æ̀mpjutèit]

**v. (손·발 등을 수술로) 절단하다; (필요 없는 것을) 잘라내다, 정리하다**

The doctor **amputated** the soldier's wounded leg.
의사는 병사의 상처 난 다리를 절단했다.

MVP amputation n. (팔·다리 따위의) 절단(수술); (필요 없는 것의) 정리

1999 ★

**fishy**
[fíʃi]

**a. 수상한, 의심스러운, 믿어지지 않는 = dubious, odd, suspicious**

There's something **fishy** about that deal.
그 계약에는 뭔가 의심스러운 데가 있다.

---

2000 ★★

**supplicate**
[sʌ́pləkèit]

**v. 간청하다, 애원하다, 탄원하다 = beg, beseech, conjure, entreat, solicit**

The traitors **supplicated** the king to spare their lives.
그 반역자들은 목숨을 살려달라고 왕에게 간청했다.

MVP supplication n. 탄원, 애원, 간청
supplicant n. 탄원자, 애원자

A. Write the meaning of the following words.

| | |
|---|---|
| □ presume ______ | □ deface ______ |
| □ behalf ______ | □ moratorium ______ |
| □ imbroglio ______ | □ postprandial ______ |
| □ spouse ______ | □ commute ______ |
| □ curriculum ______ | □ excursion ______ |
| □ virulent ______ | □ internecine ______ |
| □ skid ______ | □ conduit ______ |
| □ maroon ______ | □ blunt ______ |
| □ cleave ______ | □ overthrow ______ |
| □ acronym ______ | □ fusillade ______ |
| □ stark ______ | □ urbane ______ |
| □ relative ______ | □ trespass ______ |
| □ desuetude ______ | □ dangle ______ |
| □ flee ______ | □ extrinsic ______ |
| □ toilsome ______ | □ insulate ______ |
| □ gentile ______ | □ perquisite ______ |
| □ provocative ______ | □ antibiotic ______ |
| □ ruminate ______ | □ raid ______ |
| □ corsair ______ | □ amputate ______ |
| □ liaison ______ | □ fishy ______ |

※ 주어진 단어의 뜻을 본문에서 확인하시고 틀린 단어의 경우 박스에 체크한 뒤에 나중에 다시 학습하시기 바랍니다.

B. Choose the synonym of the following words.

| | |
|---|---|
| 1. dissonant | Ⓐ nearness |
| 2. benediction | Ⓑ deceive |
| 3. eschew | Ⓒ cacophonous |
| 4. proximity | Ⓓ increase |
| 5. assiduous | Ⓔ mercury |
| 6. credulous | Ⓕ avoid |
| 7. supplicate | Ⓖ beseech |
| 8. hoodwink | Ⓗ diligent |
| 9. quicksilver | Ⓘ gullible |
| 10. augment | Ⓙ blessing |

B. 1. Ⓒ 2. Ⓙ 3. Ⓕ 4. Ⓐ 5. Ⓗ 6. Ⓘ 7. Ⓖ 8. Ⓑ 9. Ⓔ 10. Ⓓ

# DAY 41

2001 ★★★

**oppose**
[əpóuz]

v. ① ~에 반대하다, ~에 이의를 제기하다; 대항하다; 적대하다 = resist
② ~에 대비[대조]시키다; 대립시키다[to, against]

I want to study abroad, but my parents **oppose** it.
나는 해외에서 공부하고 싶지만 부모님은 반대하신다.

MVP opposition n. 반대, 방해; 야당
opposable a. 반대[대항, 대립]할 수 있는
opposed a. 반대의, 적대하는, 대항하는; 대립된; 맞선

---

2002 ★★

**avid**
[ǽvid]

a. ① 몹시 탐내는, 탐욕스러운 = covetous, greedy, insatiable, voracious
② 열심인, 열렬한, 열광적인 = ardent, eager, enthusiastic, fervent

The wicked dictator had an **avid** desire for power.
그 사악한 독재자는 권력에 대한 탐욕스러운 욕망을 가지고 있었다.

As an **avid** football fan, I try to see every game the team play.
열렬한 축구 팬으로서 나는 그 팀이 하는 모든 경기를 보려고 노력한다.

MVP avidity n. 탐욕; 갈망

---

2003 ★

**plum**
[plʌm]

n. ① 서양자두 = prune
② 근사한 것, 요직, 횡재
a. 아주 근사한, 알짜의, 대우가 좋은 = choice, first-class

The journalist landed a **plum** job at the BBC.
그 기자는 BBC에서 아주 근사한 직장을 잡았다.

---

2004 ★★

**stampede**
[stæmpí:d]

n. ① (가축 등이) 놀라서 우르르 달아남; (군중 등이) 앞을 다투어 달아남, 궤주(潰走)
② 쇄도, 집결
v. ① 우르르 몰리다; 우르르 몰리게 하다
② 재촉하다, 몰아붙이다

When lunchtime came, customers came **stampeding** into the restaurant.
점심시간이 되자 손님들이 식당으로 밀려들었다.

---

2005 ★★★

**hilarious**
[hilέəriəs]

a. 명랑한, 즐거운; 웃음을 자아내는, 재미있는 = amusing, entertaining, funny

When John tells one of his **hilarious** jokes, no one can stop laughing.
존(John)이 아주 우스운 농담을 하면 아무도 웃음을 멈출 수 없다.

2006 ★★

**epithet**
[épəθèt]

n. ① 별명, 별칭, 통칭 = alias, nickname, sobriquet
② (사람·사물의 특성을 나타내는) 형용사구

After being occupied by British troops in 1860, the Koreans in vain tried to close off their borders to foreigners and earned the **epithet**, "the Hermit Kingdom."
1860년에 영국 군대에 의해 점령을 당한 후, 한국은 외세에 대해 국경을 봉쇄하려 했으나 무위로 그치고 말았으며, '은둔의 나라'라는 별명을 얻게 되었다.

2007 ★

**babble**
[bǽbl]

v. (어린이 등이) 더듬거리며 말하다; 종알종알 지껄이다 = gibber; chatter, prate

Babies **babble** before they can talk.
아기들은 말을 하기 전에 더듬거리며 말한다.

2008 ★★★

**community**
[kəmjúːnəti]

n. ① (지역) 사회, (지역) 공동체; 지역 공동체에 사는 주민
② 공용, 공유 = share
③ 공통, 공통성; 유사성 = commonness; likeness, similarity

The local **community** was shocked by the murders.
현지 주민들은 그 살인 사건들에 충격을 받았다.

There is a strong sense of **community** in this town.
이 소도시는 공동체 의식이 강하다.

MVP communal a. 사회의, 공동체의; 공동의, 공공의, 공용의
commune n. 코뮌, 생활 공동체; 공동 자치제; vi. 친하게 이야기하다[사귀다]

2009 ★

**slough**
① [slau]
② [slʌf]

n. ① 진창, 진구렁, 수렁, 늪, 습지 = mire, mud, quagmire, sludge
② (뱀 등의) 허물; 썩은 살, 딱지 = cast-off skin; scab

The economy has been unable to pull itself up out of the **sloughs** of stagnation.
경기가 침체의 늪에서 헤어나지 못하고 있었다.

MVP ecdysis n. (뱀 등의) 탈피, 허물벗기; 탈바꿈; 허물
sloughy a. 진창의, 질퍽거리는; 허물과 같은

2010 ★★★

**indubitable**
[indjúːbitəbl]

a. 의심의 여지가 없는, 확실[명백]한 = certain, evident, sure, unquestionable

Just because there is no **indubitable** evidence proving the dangerous side effects of steroids does not mean they do not exist.
스테로이드의 위험한 부작용들을 입증하는 확실한 근거가 없다고 해서 위험한 부작용들이 존재하지 않는다는 것을 의미하는 것은 아니다.

MVP indubitably ad. 의심할 여지없이, 분명히
↔ dubitable a. 의심스러운, 불확실한

2011 ★★
**divest**
[divést]

vt. ① (옷을) 벗기다[of] = strip, unclothe, undress
② 빼앗다, 박탈하다[of] = deprive, despoil, dispossess, rob

He **divested** himself of his jacket.
그는 재킷을 벗었다.

The citizens were **divested** of their right to vote.
그 시민들은 투표할 권리를 박탈당했다.

---

2012 ★★
**carping**
[ká:rpiŋ]

a. 흠잡는, 잔소리하는 = captious, fault-finding

His criticism was always **carping**, never offering constructive suggestions.
그의 비판은 건설적인 제안은 결코 제시하지 않으면서 언제나 흠만 잡는 것이었다.

MVP carp vi. 시끄럽게 잔소리하다; 흠 잡다; n. 잉어
carper n. 트집쟁이, 혹평가

---

2013 ★
**seam**
[si:m]

n. ① (천 등의) 솔기; (판자 등의) 이음매, 접합선 = commissure, joint, juncture
② 〈해부〉 봉합선; (얼굴의) 주름살 = suture; wrinkle
v. 이어[꿰매어] 맞추다; ~에 솔기를 대다

Her dress had split along the **seam**.
그녀의 드레스는 솔기를 따라 길게 찢어져 있었다.

MVP seamless a. 솔기[이음매]가 없는; 상처 없는; 논리 정연한, 조리 있는

---

2014 ★★
**portentous**
[pɔ:rténtəs]

a. 전조(前兆)의; 불길한, 흉조의 = ominous, sinister

In ancient times, eclipses were seen as **portentous** omens, events that ushered in fated beginnings or endings of historical import.
고대에는 일식과 월식이 불길한 전조, 즉 역사적으로 중요한 일의 예정된 시작이나 종말을 알리는 사건으로 여겨졌다.

MVP portend vt. ~의 전조(前兆)가 되다, 예고하다
portent n. (불길한) 징조, 전조

---

2015 ★★★
**revenge**
[rivéndʒ]

n. 보복, 복수, 앙갚음; 원한, 복수심 = reprisal, retaliation, vengeance
v. 〈재귀용법 또는 수동태〉 ~에게 원수를 갚다, 앙갚음[복수]하다
= avenge, retaliate

He swore **revenge** on the man who had killed his father.
그는 자신의 아버지를 죽인 남자에 대해 복수를 맹세했다.

2016 ★★★

**extinction**

[ikstíŋkʃən]

n. ① (생물 등의) 멸종, 사멸; (정열·권리 등의) 소멸, 소실 = annihilation
② (불 등의) 끄기, 소화(消化), 소등(消燈) = extinguishing

The gorilla is on the verge of **extinction**.
고릴라는 멸종 직전에 있다.

The **extinction** of the fire took several hours.
불을 끄는 데 몇 시간이 걸렸다.

MVP extinct a. 멸종된; 더 이상 존재하지 않는; 활동을 멈춘, 사화산의
extinguish vt. (불을) 끄다; 절멸시키다

---

2017 ★★

**fringe**

[frindʒ]

n. ① 가장자리, 변두리, 주변 = border, edge, margin, outskirts, verge
② (경제·사회·정치 등의) 비주류, 주류(主流)에서의 이탈자
a. 부수적인; (중요성 따위가) 2차적인 = collateral, incidental, subsidiary

Initially, stations were located on the **fringes** of the urban area to economize on land costs.
본래 역들은 토지비용을 절약하기 위해 도심의 주변부에 위치했다.

The **fringe** benefits include free health insurance.
부수적인 혜택에는 무료 건강 보험이 포함된다.

MVP fringe benefit 부가 급부, 특별 급여(유급 휴가·건강 보험·연금 따위)
lunatic fringe 소수 과격파[열광자들]

---

2018 ★

**bespoke**

[bispóuk]

a. 개인 주문에 따라 맞춘; 맞춤 생산을 하는 = custom-made, tailor-made

A **bespoke** suit does cover flaws perfectly.
맞춤정장은 결점을 완벽하게 가려준다.

MVP cf. bespeak vt. 보여주다, 시사하다; (물건을) 맞추다, 주문하다
↔ ready-made a. 기성품의; 기성품을 파는; (생각 등이) 진부한, 독창성이 없는

---

2019 ★★

**misnomer**

[misnóumər]

n. 잘못된 명칭, 오칭(誤稱)

The term "mole rat" is a **misnomer**, for these small, furless rodents are neither moles nor rats.
'두더지 쥐'라는 용어는 잘못된 이름이다. 왜냐하면 털이 없는 이 작은 설치류 동물은 두더지도 아니고 쥐도 아니기 때문이다.

---

2020 ★★★

**graze**

[greiz]

v. ① (소나 양이) 풀을 뜯어먹다; 방목하다 = pasture
② 가벼운 식사를 하다, 간식을 먹다 = snack

I saw the cattle **grazing** by the lake far below.
나는 저 아래쪽 호숫가에서 소들이 풀을 뜯고 있는 것을 보았다.

MVP overgraze vt. 지나치게 많이 방목하다
cf. gaze vi. 지켜보다, 응시하다

2021 ★
**tithe**
[taið]

**n. ① (종종 pl.) (교회의) 십일조(十一租) (헌금); 10분의 1세(稅)**
**② 10분의 1; 〈부정문에서〉 조금도 ~않는**

In the feudal system, a **tithe** represented 10% of a peasant's income.
봉건제도에서 십일조는 소작농의 수입의 10분의 1세를 의미했다.

I don't believe a **tithe** of what he says.
나는 그가 말하는 것이라면 조금도 믿지 않는다.

2022 ★★
**intertwine**
[ìntərtwáin]

**v. ① 뒤얽히다, 엮다, 엮이다, 얽어 짜다 = entwine, interlace, interweave**
**② 밀접하게 관련지우다 = interrelate**

Several threads are **intertwined** and can't be undone.
여러 가닥의 실이 뒤얽혀 풀리지 않는다.

The natural world and the human environment are **intertwined**.
자연계와 인간계는 밀접하게 관련되어 있다.

2023 ★★★
**compunction**
[kəmpʌ́ŋkʃən]

**n. 양심의 가책; 뉘우침, 후회 = penitence, qualm, regret, remorse, repentance**

The criminal had shown no **compunction** for his heinous crime.
그 범죄자는 자신의 극악무도한 범죄에 대해 전혀 뉘우침을 보이지 않았다.

MVP compunctious a. 양심에 가책되는, 후회하는, 뉘우치는
without compunction 아무런 가책도 느끼지 않고, 거리낌 없이

2024 ★
**delirious**
[dilíəriəs]

**a. ① 의식이 혼미한, 헛소리하는, (일시적) 정신착란의 = crazy, demented, insane**
**② 좋아서 어쩔 줄 모르는, 기뻐 날뛰는 = ecstatic, rapt**

The student was **delirious** with a high fever.
그 학생은 고열로 의식이 혼미했다.

MVP delirium n. 정신착란; 황홀

2025 ★★
**vicissitude**
[visísətjùːd]

**n. ① 변화, 변천 = change, mutation**
**② (pl.) (인생·운명·처지 등의) 흥망, 성쇠, 부침(浮沈), 우여곡절**

He was ultimately destroyed by the **vicissitudes** of fortune, even though he had tried to adjust.
비록 그는 적응하려고 노력했지만, 결국 운명의 예기치 않은 변화에 의해 파멸하고 말았다.

After I had surveyed the memorials, I fell into a reflection on the **vicissitude** of all human things.
나는 기념관을 둘러보고 나서 모든 인간이라는 존재의 성쇠에 대해서 깊은 생각에 빠졌다.

---

2026 ★
**jeremiad**
[dʒèrəmáiəd]

**n. (장황한) 넋두리, 푸념, 한탄, 비탄 = lamentation, whine**

On closer inspection, Orwell's **jeremiad** turns out to have been misjudged.
더 자세히 조사해보면, 오웰(Orwell)의 한탄은 잘못 판단된 것으로 드러난다.

MVP cf. Jeremiah n. 예레미야(기원전 이스라엘의 예언자); (종종 j-) 비관론자, 불길한 예언을 하는 사람

---

2027 ★★★
**curse**
[kə:rs]

**v. ① 저주하다 = anathematize, damn, execrate, imprecate**
**② 욕설을 퍼붓다, 악담[모독]하다 = abuse, blaspheme, cuss, revile, swear**
**n. ① 저주; 악담, 욕설; 저주의 말 = anathema, imprecation, malediction, oath**
**② 천벌, 벌; 재해, 화(禍), 불행 = affliction, bane, plague, scourge**

Do you believe in the legend that anyone who disturbs the graves of the ancient Egyptians is placed under a **curse**?
당신은 고대 이집트의 무덤을 건드리는 사람은 누구나 저주를 받는다는 전설을 믿는가?

---

2028 ★
**orotund**
[ɔ́:rətʌ̀nd]

**a. ① 성량이 풍부한, 낭랑하게 울리는 = resonant, resounding, sonorous**
**② (문체·말투가) 뽐내는, 과장된 = bombastic, ostentatious, pompous**

John Adams' letters are very beautiful, but they're kind of **orotund** and self important.
존 애덤스(John Adams)의 편지들은 매우 훌륭하지만, 약간 과장되고 잘난 체 한다.

MVP orotundity n. (목소리가) 잘 울림; (말투가) 과장됨
cf. rotund a. 통통하게 살찐

---

2029 ★
**lagoon**
[ləgú:n]

**n. 개펄, (강·호수와 이어지는) 작은 늪, 석호(潟湖) = bog, marsh, swamp, tideland**

A **lagoon** is formed when coral accumulates along a ridge, separating the land form the sea.
석호는 육지를 바다와 분리시키는 융기한 지형을 따라 산호초가 쌓여갈 때 형성된다.

2030 ★★
**outstrip**
[àutstríp]

vt. ① (크기·중요성 등에서 ~을) 앞지르다 = exceed, excel
② (경쟁 상대를) 능가하다[앞서다] = outdo, surpass
③ (경주에서 남을) 앞지르다

Demand is **outstripping** supply.
수요가 공급을 앞지르고 있다.

Their latest computer **outstrips** all its rivals.
그들이 최근 내놓은 컴퓨터는 모든 경쟁 제품들을 능가한다.

2031 ★
**isotope**
[áisətòup]

n. 〈화학〉 동위 원소, 동위체

The **isotope** uranium 238 is used to estimate the age of rocks.
우라늄 238 동위원소는 암석의 연대를 측정하는 데 사용된다.

MVP isotopic a. 동위 원소의, 동위체의

2032 ★★★
**dwarf**
[dwɔːrf]

n. ① 난쟁이 = homunculus, Lilliputian, midget, pygmy
② 〈천문학〉 왜성(矮星) = dwarf star
a. 왜소한; 소형의 = diminutive, miniature, small, tiny

A **dwarf** is an abnormally short person.
난쟁이는 비정상적으로 키가 작은 사람이다.

The mass of the new brown **dwarf** appears to be somewhere between 60 and 90 times that of Jupiter.
새로 발견된 갈색왜성의 질량은 목성의 약 60~90배로 보입니다.

MVP dwarfish a. 난쟁이 같은, 왜소한

2033 ★★
**transitory**
[trǽnsətɔ̀ːri]

a. 일시적인, 덧없는, 무상한 = fleeting, momentary, transient

We hope this hot weather will be **transitory**.
우린 이 더운 날씨가 일시적인 것이기를 바란다.

2034 ★★
**spine**
[spain]

n. ① 척추, 등뼈 = backbone, vertebra
② 기골, 근성 = fortitude, perseverance, tenacity

The horrible story sent chills up my **spine**.
그 소름끼치는 이야기는 내 등골을 오싹하게 만들었다.

MVP spinal a. 척추의
spine-chilling a. (소설·영화 따위가) 등골이 오싹해지는
spine-tingling a. 가슴이 두근거리는, 스릴 넘치는

2035 ★

**expropriate**
[ekspróuprièit]

vt. ① (사유지·재산을 공공용으로) 수용(收用)하다, 강제로 사들이다
② (남으로부터 물건의) 소유권을 빼앗다, 몰수하다
= appropriate, commandeer, confiscate, dispossess, seize

We have no plans to **expropriate** the criminal's property.
우리는 그 범죄자의 재산을 몰수할 계획이 전혀 없다.

MVP cf. impropriate vt. (교회의 재산 등을) 개인의 손에 넘기다
cf. misappropriate vt. 악용[오용]하다; (남의 돈·재산을) 횡령하다, 착복하다

---

2036 ★★

**aliment**
n. [ǽləmənt]
v. [ǽləmènt]

n. ① 자양물, 영양물; 음식물 = nourishment, nutriment; food, victuals
② 부조(扶助); 지지(支持); (마음의) 양식
vt. 자양물을 주다; 부양하다; 지지[지원]하다 = sustain; support

Reading is the **aliment** for the mind.
독서는 마음의 양식이다.

MVP alimentary a. 음식물의, 영양의; 영양이 되는(= nutritious)
cf. ailment n. 불쾌, (가볍거나 만성적인) 병; (정치·정체 등의) 불안정

---

2037 ★★

**grouch**
[gráutʃi]

n. ① 불평이 많은 사람; 불평분자 = complainer, malcontent
② (하찮은 것에 대한) 불평 = complaint, gripe, grouse, grumbling

My colleague thinks that you're a cynical **grouch**.
나의 동료는 당신이 냉소적인 불평분자라고 생각해요.

My **grouch** was that the children's chorus was less easy on the ear.
나의 불만은 아이들의 합창이 듣기에 좋지 않았다는 점이었다.

MVP grouchy a. (불만으로) 기분이 언짢은, 토라진, 뾰로통한

---

2038 ★★★

**foretell**
[fɔːrtél]

v. ① 예언하다; 예고하다 = predict, prophesy
② 예시하다; ~의 전조(前兆)가 되다 = portend, signify

Nobody can **foretell** what will happen tomorrow.
내일 무슨 일이 일어날지는 아무도 모른다.

---

2039 ★★

**brethren**
[bréðrin]

n. (pl.) (종교상의) 형제, 같은 신자; 조합원, 동업자; 동포

We should do all we can to help our less fortunate **brethren**.
우리는 우리보다 불행한 사람들을 돕기 위해 할 수 있는 모든 일을 해야 한다.

2040 ★
**disable**
[diséibl]

vt. ① (신체에) 장애를 입히다, 장애자로 만들다 = cripple
② 무능력하게 하다, ~을 …하지 못하게 하다 = impair, incapacitate

The man was **disabled** in a car accident.
그 남자는 교통사고로 장애인이 되었다.

Her illness **disabled** her from following her vocation.
병으로 그녀는 직무에 종사할 수 없게 되었다

MVP disability n. 무력, 무능; (신체적·정신적) 장애
disabled a. 장애를 가진, 불구가 된; 무능력해진; n. (the ~) 신체장애자들
↔ enable vt. (사람을) ~할 수 있게 하다, 가능하게 하다; 작동시키다

---

2041 ★★
**wry**
[rai]

a. ① 비뚤어진, 뒤틀린 = distorted
② (얼굴 등이) 찌푸린, 찡그린 = frowning, screwed-up
③ 심술궂은, 심보가 사나운 = ill-natured

I could not suppress a **wry** smile at his ignorance.
나는 그의 무지에 쓴웃음을 금할 수 없었다.

MVP wryly ad. 얼굴을 찡그려; 비꼬는 식으로, 빈정대듯이
wry smile 쓴웃음

---

2042 ★
**chafe**
[tʃief]

v. ① 몸을 비비다, 쓸리다 = abrade, rub
② 신경질 나다, 안달하다[at, under]; 화나게[짜증나게] 하다 = irritate
③ (손 따위를) 비비다, 비벼서 따뜻하게 하다

The collar was far too tight and **chafed** her neck.
칼라가 너무 빡빡해서 그녀의 목이 쓸렸다.

He soon **chafed** at the restrictions of his situation.
그는 이내 자신이 처한 상황에 따르는 구속들에 못 견뎌 했다.

---

2043 ★★
**rape**
[reip]

n. ① 강간 = assault, violation
② 강탈, 약탈; (자연의) 파괴 = depredation, despoliation, pillage, rapine
vt. 강간하다 =outrage, ravish, violate

A **rape** was committed in the park last night.
어젯밤에 공원에서 강간 사건이 있었다.

MVP ravish vt. 강탈하다; 황홀하게 하다; 강간하다
ravishing a. 황홀하게 하는, 매혹적인

2044 ★

## matriarch
[méitriὰ:rk]

n. ① 여가장(女家長), 여족장; 가장의 아내
② (단체 등의) 여성 창설자; 위엄 있는 노부인 = matron

After grandfather died, grandmother became the **matriarch** of our family.
할아버지가 돌아가신 후에 할머니가 집안의 가장이 되셨다.

MVP matriarchy n. 가모장제, 가모장제 사회, 여가장제
matriarchal a. 모권제의, 모계사회의, 가모장의
cf. patriarch n. 가장; 족장

2045 ★★

## surreptitious
[sə̀:rəptíʃəs]

a. 내밀한, 비밀의, 은밀한 = clandestine, covert

He made a **surreptitious** attempt to leave town.
그는 몰래 마을을 떠나려고 했다.

MVP surreptitiously ad. 몰래, 은밀히, 비밀스럽게

2046 ★★★

## adulterate
[ədʌ́ltərèit]

v. ① (음식이나 음료에) 불순물을 섞다, 섞음질하다
② (나쁜 것을 섞어) 품질을 떨어뜨리다 = debase, degrade, deteriorate
a. ① 섞음질한, 불순물을 섞은 = adulterated
② 불륜의, 간통의 = adulterous, unfaithful

There were complaints that the beer had been **adulterated** with water.
그 맥주에 물을 타서 품질을 떨어뜨렸다는 불평들이 있었다.

MVP adulteration n. 섞음질, 불순물 섞기; 불순물, 불량품
adulterous a. 불의의, 간통의
unadulterated a. 다른 것이 섞이지 않은, 순수한

2047 ★★

## varnish
[vά:rniʃ]

n. ① 니스; 유약(釉藥); (니스 칠한 것 같은) 광택(면) = gloss, luster
② 겉치레, 겉꾸미기, 허식, 눈가림 = pretense, veneer
vt. ① ~에 니스를 칠하다; ~의 윤[광택]을 내다 = glaze, polish
② ~에 겉을 꾸미다, 눈가림하다[over] = embellish, gild, gloss, lacquer

After refinishing an old oak chair, he applied a coat of **varnish**.
그는 오래된 오크 나무 의자의 표면을 다시 마무리한 후에 니스를 덧칠했다.

MVP unvarnished a. 아무것도 덧붙이지 않은, 있는 그대로의; 니스를 칠하지 않은

2048 ★

## connubial
[kənjú:biəl]

a. 결혼(생활)의, 부부의 = conjugal, marital, matrimonial, nuptial

She could read the **connubial** bliss on his face.
그녀는 그의 얼굴에서 결혼생활의 행복감을 눈치 챌 수 있었다.

MVP conjugal a. 혼인(상)의; 부부(간)의
nuptial a. 결혼(식)의; n. 결혼식

2049 ★

**prognosticate**
[pragnástikèit]

**v. ① (전조에 의해) 예지하다, 예언[예측]하다 = forecast, foretell, predict**
**② ~의 징후를 보이다 = forebode, foreshadow, indicate, presage**

Global average temperatures and sea levels haven't increased as the prophets of doom have **prognosticated**, nor will they.
세계 평균 기온과 해수면은 비관론을 퍼뜨리는 사람들이 예언한 것처럼 상승하지 않았으며, 앞으로도 그렇지 않을 것이다.

MVP prognostication n. 예측, 예언; 전조, 징후
prognosticator n. 예언자, 점쟁이

---

2050 ★

**ethereal**
[iθíəriəl]

**a. ① 공기 같은; 가벼운 = aerial, airy**
**② 천상의, 하늘의 = celestial, heavenly, supernal**
**③ 아주 우아한, 절묘[영묘]한 = delicate, exquisite**
**④ 무형의 = insubstantial, intangible**

The elegant island radiated an almost **ethereal** quality of calm in the morning.
아침에 그 아름다운 섬은 거의 하늘에 있는 듯한 고요함을 발산했다.

MVP ethereality n. 영묘함
ether n. 에테르(용매·마취약); 하늘, 창공

## A. Write the meaning of the following words.

| | |
|---|---|
| □ oppose ________ | □ curse ________ |
| □ avid ________ | □ orotund ________ |
| □ plum ________ | □ lagoon ________ |
| □ stampede ________ | □ outstrip ________ |
| □ babble ________ | □ isotope ________ |
| □ community ________ | □ dwarf ________ |
| □ slough ________ | □ expropriate ________ |
| □ divest ________ | □ aliment ________ |
| □ seam ________ | □ brethren ________ |
| □ portentous ________ | □ disable ________ |
| □ extinction ________ | □ wry ________ |
| □ fringe ________ | □ chafe ________ |
| □ misnomer ________ | □ rape ________ |
| □ graze ________ | □ matriarch ________ |
| □ tithe ________ | □ surreptitious ________ |
| □ intertwine ________ | □ adulterate ________ |
| □ compunction ________ | □ varnish ________ |
| □ delirious ________ | □ connubial ________ |
| □ vicissitude ________ | □ prognosticate ________ |
| □ jeremiad ________ | □ ethereal ________ |

※ 주어진 단어의 뜻을 본문에서 확인하시고 틀린 단어의 경우 박스에 체크한 뒤에 나중에 다시 학습하시기 바랍니다.

## B. Choose the synonym of the following words.

| | |
|---|---|
| 1. indubitable | Ⓐ custom-made |
| 2. epithet | Ⓑ prophesy |
| 3. revenge | Ⓒ amusing |
| 4. grouch | Ⓓ complainer |
| 5. transitory | Ⓔ captious |
| 6. foretell | Ⓕ nickname |
| 7. hilarious | Ⓖ backbone |
| 8. bespoke | Ⓗ evident |
| 9. carping | Ⓘ vengeance |
| 10. spine | Ⓙ fleeting |

B. 1. Ⓗ 2. Ⓕ 3. Ⓘ 4. Ⓓ 5. Ⓙ 6. Ⓑ 7. Ⓒ 8. Ⓐ 9. Ⓔ 10. Ⓖ

2051 ★★★
**considerate**
[kənsídərət]

**a. 동정심 많은, 인정이 있는, 사려 깊은**
**= attentive, prudent, sympathetic, thoughtful**

Everyone respects a person who is kind, polite and **considerate**.
모든 사람들은 친절하고, 예의 바르고, 사려 깊은 사람을 존경한다.

MVP consider v. 고려하다, 숙고하다
consideration n. 고려, 숙고
cf. considerable a. (수량이) 꽤 많은, 적지 않은, 상당한(= substantial)

2052 ★★
**hone**
[houn]

**vt. (기술 등을) 갈다, 연마하다; 날카롭게 갈다 = grind, polish, sharpen, whet**

She **honed** her piano playing by practicing eight hours a day.
그녀는 날마다 8시간씩 연습하여 피아노 실력을 연마했다.

MVP cf. horn n. (소·양·사슴 등의) 뿔; 뿔피리; (자동차 등의) 경적

2053 ★
**interregnum**
[ìntərrégnəm]

**n. ① (국왕·원수 등의) 궐위(闕位) 기간, 군주 부재 기간, 정치 공백 기간**
**② (일반적으로) (연속성의) 단절[공백](기간) = hiatus**

There is a rich history of mischief and malice in the **interregnum**, particularly during the last transfer of power to take place in the middle of a fiscal firestorm.
통치 공백 기간에는, 특히 국가재정의 대혼란 속에 행해지는 권력 이양의 마지막 시기에는, 비행과 악행이 저질러진 예가 역사적으로 대단히 많다.

MVP cf. regnum n. 왕국(= kingdom)

2054 ★★★
**substantiate**
[səbstǽnʃièit]

**vt. 실체화[구체화]하다; 확증[입증]하다 = affirm, confirm, corroborate, verify**

A number of new research studies **substantiate** the assumption that television interferes with family activities and the formation of family relationships.
많은 새로운 연구에서 텔레비전이 가족 활동과 가족 관계의 형성을 방해한다는 가정을 확인해주고 있다.

MVP substantiation n. 실증, 입증; 실체화; 증거
substance n. 물질, 물체; 실질, 내용

2055 ★★
**binding**
[báindiŋ]

**a. 속박[구속]하는; 구속력 있는, 의무를 지우는**
**= compulsory, mandatory, obligatory**

A promise given under force is not **binding**.
강제로 한 약속에는 구속력이 없다.

MVP bind v. 묶다; 결속[단결]시키다; 속박[구속]하다, 의무를 지우다

2056 ★

**duly**
[djú:li]

ad. ① 정식으로, 정당하게, 적절한 절차에 따라 = properly
② 제시간에, 때에 알맞게; 기일[시간]대로 = punctually

The woman is a **duly** elected official.
그 여성은 정식으로 뽑힌 직원이다.

They **duly** arrived at 9:30 in spite of torrential rain.
그들은 억수같이 비가 오는데도 불구하고 9시 30분에 맞춰 도착했다.

MVP cf. dully ad. 둔하게, 느릿느릿; 우둔하게; 단조롭게, 지루하게

---

2057 ★★★

**communism**
[kάmjunìzm]

n. 공산주의

**Communism** and Capitalism are fundamentally different economic principles.
공산주의와 자본주의는 근본적으로 다른 경제 원리이다.

MVP communist n. 공산주의자
democracy n. 민주주의
despotism n. 전제주의
feudalism n. 봉건제도, 봉건주의
monarchy n. 군주제; 군주국
republic n. 공화정체; 공화국

---

2058 ★★

**inveterate**
[invétərət]

a. ① (나쁜 감정·습관이) 뿌리 깊은 = deep-rooted, deep-seated, ingrained
② (사람이) 상습적인, 버릇이 된 = chronic, compulsive, habitual, hardened

There is **inveterate** hostility between the two countries.
양국 간에는 뿌리 깊은 적대감이 존재한다.

---

2059 ★

**platitudinous**
[plætitjú:dənəs]

a. 시시한 말을 하는, 평범한, 진부한 = banal, commonplace, mediocre

The **platitudinous** approach to health care policy is useless.
건강관리 정책에 대한 그 진부한 접근은 아무 짝에도 쓸모가 없다.

MVP platitude n. 단조로움, 평범함, 진부함
platitudinarian a. 평범한, 진부한

---

2060 ★★★

**revision**
[rivíʒən]

n. ① 개정, 수정 = amendment, correction, modification
② 검토; 변경 = re-examination; alteration

James Joyce regarded **revision** as central to the creative process.
제임스 조이스(James Joyce)는 수정을 창조 과정의 핵심이라고 생각했다.

MVP revise v. 개정[수정, 교정]하다

2061 ★★
**extricate**
[ékstrəkèit]

vt. (위험·곤경에서) 구출하다, 탈출시키다, 해방시키다 = free, liberate, rescue

The farmer **extricated** the dog from the barbed-wire fence.
농부는 그 개를 철조망 울타리에서 구출해주었다.

---

2062 ★
**mettle**
[métl]

n. 기개, 용기, 열의, 패기 = courage, grit, spirit

The next game will be a real test of their **mettle**.
다음 경기는 그들의 패기에 대한 진정한 시험이 될 것이다.

We need to be on our **mettle**.
우리는 분발할 필요가 있다.

MVP mettlesome a. 기운찬, 위세[용기] 있는, 혈기 왕성한
be on one's mettle 분발하다
cf. nettle vt. 화나게 하다; n. 쐐기풀, 화나게 하는 것

---

2063 ★★★
**firm**
[fəːrm]

a. ① 굳은, 단단한, 튼튼한, 견고한 = hard, solid
② (장소에) 고정된, 흔들리지 않는 = fixed, secure, strong
③ (신념·주의 등이) 변치 않는, 확고한, 단호한
= adamant, determined, resolute
n. 상사(商社), 상회, 회사 =business, company

The government is taking a **firm** line on terrorism.
정부는 테러행위에 대해 단호한 태도를 취하고 있다.

A biotechnology **firm** in Berlin, Germany, invented cavity-killing candy.
독일 베를린의 한 생명공학 회사에서 충치를 없애주는 사탕을 개발했다.

---

2064 ★★
**tract**
[trækt]

n. ① 지역, 지대 = area, district
② 소책자, 소논문 = booklet, essay, treatise
③ 〈해부학〉 (생물의) 관(管), ~계(系)

A **tract** of desert region has little value to farmers.
사막 지역의 땅은 농부들에게 거의 가치가 없다.

Some bacteria live in the digestive **tract** and help us digest our food.
일부 박테리아는 소화관에서 살면서 우리가 음식을 소화시키는 것을 돕는다.

---

2065 ★
**browbeat**
[bráubìːt]

vt. 위협하다, 협박하다; 위협하여 ~하게 하다 = intimidate, menace, threaten

He **browbeat** me into accepting the proposal.
그는 나를 위협해서 그 제안을 받아들이도록 했다.

2066 ★★

**ensign**
[énsain]

**n. ① (선박·비행기의 국적을 나타내는) 기; 국기 = banner, colors, flag, standard**
**② 기장; 상징, 표장 = badge, emblem, insignia, symbol**

A potent symbol of Japan's past military prowess, the naval **ensign**, or war flag, rises again in Toyko Bay.
일본의 과거 군사적 맹위의 강력한 상징인 해군기, 즉 전쟁기가 도쿄 만에 다시 게양되고 있다.

MVP cf. consign vt. 건네주다, 인도하다; 위임하다, (돈을) 맡기다; 위탁하다(= commit)

---

2067 ★★★

**swallow**
[swálou]

**v. ① (음식 등을) 삼키다, (목구멍으로) 넘기다 = gulp, ingest, swig**
**② (사실로) 받아들이다, 믿다 = accept, adopt, believe, embrace**
**n. ① 제비**
**② 한 모금, 한 입**

You should chew food well before **swallowing** it.
음식을 삼키기 전에 반드시 잘 씹어야 한다.

---

2068 ★★

**grimace**
[gríməs]

**n. 찡그린 얼굴[표정], 우거지상**
**vi. 얼굴을 찡그리다 = frown, scowl**

While not entirely disagreeing, he expressed his opinion with a **grimace**.
완전히 의견이 맞지 않는 건 아니지만, 그는 찡그린 얼굴로 의견을 말했다.

The beautiful woman **grimaced** at the bitter taste.
그 아름다운 여인은 쓴맛에 얼굴을 찡그렸다.

---

2069 ★★

**array**
[əréi]

**vt. ① 정렬시키다, 배열[배치]하다 = arrange, dispose, line up, range**
**② 치장하다, 차려 입히다 = attire, dress**
**n. 배열; 열거, 죽 줄지어 있는 것들; 치장**

The general **arrayed** his troops for the battle.
장군은 군대를 전투 대형으로 배치했다.

They all **arrayed** themselves in ceremonial robes.
그들은 모두 예복으로 차려 입었다.

MVP ↔ disarray vt. 어지럽히다, 혼란시키다; n. 무질서, 혼란; 단정치 못한 복장

2070 ★

**unremitting**
[ənrimítiŋ]

**a. (노력 등이) 끊임없는, 부단한, 그칠 사이 없는**
**= ceaseless, constant, continual, incessant**

**Unremitting** effort is necessary to achieve fluency in a foreign language.
외국어를 유창하게 구사하기 위해서는 끊임없는 노력이 필요하다.

MVP unremitted a. (죄가) 사면되지 않은, (채무가) 면제되지 않은; 부단한, 연속적인
remit v. 송금하다; (부채·처벌 등을) 면제해 주다; (죄를) 용서하다; (병 등이) 진정되다, 가라앉다

---

2071 ★★

**puncture**
[pʌ́ŋktʃər]

**n. 타이어에 난 펑크, (뾰족한 것에 찔려서 생긴) 구멍[상처]**
**v. ① 펑크[구멍]를 내다; 펑크[구멍]가 나다 = bore, pierce, prick**
**② (자신감 등을) 상하게 만들다 = dash, deflate, discourage**

The sharp bullet **punctured** his lung.
그 날카로운 총알이 그의 폐에 구멍을 냈다.

I had a **puncture** on the way and arrived late.
나는 도중에 펑크가 나서 늦게 도착했다.

---

2072 ★★★

**attainment**
[ətéinmənt]

**n. ① 달성, 도달 = accomplishment**
**② (보통 pl.) 위업, 공적 = achievement, fulfillment**
**③ 학식, 재능**

His winning the award was the highest **attainment** of his career.
그가 그 상을 받은 것은 생애 최고의 업적이었다.

MVP attain v. (장소·위치 등에) 이르다; (목적·소원을) 달성하다, 성취하다

---

2073 ★

**rabid**
[rǽbid]

**a. ① 과격한, 난폭한, 맹렬한 = fanatical, frenzied, furious**
**② 광견병에 걸린 = hydrophobic**

He dislikes that subject and if you pressure him, he can become **rabid**.
그는 그 주제를 싫어하며, 그래서 만약 당신이 그에게 강요한다면 그는 난폭해질 수도 있다.

MVP rabies n. 광견병(= hydrophobia)

---

2074 ★★

**probity**
[próubəti]

**n. 정직, 성실 = honesty, morality, rectitude**

During his tenure as chief executive, he was known for his **probity** and his ability to manage people.
최고경영자로 재직하는 동안, 그는 성실한 면모와 인사관리 능력으로 유명했다.

2075 ★

**itch**
[itʃ]

n. ① 가려움 = itchiness, pruritus
② 참을 수 없는 욕망, 갈망; 정욕, 색욕 = craving, desire, longing; lust
v. ① 가렵다[가렵게 하다]
② ~하고 싶어서 좀이 쑤시다, 근질거리다

Sometimes a mosquito bite continues to **itch** for a few days.
때때로 모기에 물린 곳은 며칠 동안이나 계속해서 가렵기도 한다.

MVP itching n. 가려움; 하고 싶어 못 견딤, 갈망
itchy a. 가렵게 하는; 가려운; 옴에 걸린; 하고 싶어[탐이 나서] 못 견디는

---

2076 ★★

**census**
[sénsəs]

n. (통계) 조사; 인구조사, 국세조사

The statistics agency says a population **census** is conducted once every five years.
통계청은 인구조사가 5년마다 실시된다고 말하고 있다.

MVP cf. consensus n. (의견·증언 등의) 일치; 합의; 여론

---

2077 ★

**wily**
[wáili]

a. 교활한, 약삭빠른, 술책[농간]을 부리는 = crafty, cunning, shrewd, sly

The fox is often portrayed as a **wily** beast that causes trouble for humans.
여우는 종종 사람들에게 문제를 일으키는 교활한 짐승으로 묘사된다.

MVP wile n. (보통 pl.) 간계(奸計), 계략
wilily ad. 교활하게, 술책을 부려

---

2078 ★★

**accolade**
[ǽkəlèid]

n. ① 칭찬, 포상; 영예 = applause, compliment; honor, kudos, laurels
② 나이트(knight) 작위 수여(식)

The student was given **accolades** for his high grades.
그 학생은 우수한 성적으로 인해 칭찬을 받았다.

For his outstanding achievement, he received the **accolade**.
그는 자신의 놀라운 업적으로 인해 기사 작위를 수여 받았다.

---

2079 ★★★

**depress**
[diprés]

vt. ① 풀이 죽게 하다, 우울하게 하다 = deject, discourage, dispirit, sadden
② 불경기로 만들다; (시세 등을) 하락시키다 = depreciate, diminish, lower

Limitations on credit-card use **depress** consumption.
신용 카드 사용에 대한 제한은 소비를 억제한다.

MVP depression n. 의기소침, 침울, 우울; 불경기, 불황
depressed a. 우울한, 풀이 죽은; (주위보다) 낮아진, 움푹 들어간; 불경기의, 불황의

2080 ★★
**xenophobia**
[zènəfóubiə]

n. 외국인 혐오증, 외국 혐오

Some far-rightists are suspicious of foreigners to the point of **xenophobia**.
일부 극우단체들은 외국인 혐오증이라고 말해도 좋을 정도로 외국인을 공연히 의심한다.

---

2081 ★
**virile**
[vírəl]

a. 남자다운, 남성적인, 강건한, 씩씩한 = manly, masculine, robust

If you describe a man as **virile**, you mean that he has the qualities that a man is traditionally expected to have, such as strength and sexual power.
어떤 남자를 남성적이라고 표현하면, 강인함이나 생식력과 같이 전통적으로 남자가 가지고 있다고 기대되는 자질을 그가 가지고 있다는 뜻이다.

MVP virility n. 사내다움; (남자가) 한창때임; 생식력, 정력; (문체 등이 가진) 힘
cf. viral a. 바이러스성의, 바이러스가 원인인

---

2082 ★★
**proceeds**
[próusi:dz]

n. (거래·투자 등에 의한) 수입, 수익 = income, profit, revenue, yield

The **proceeds** of the concert went to charity.
콘서트의 수익금은 자선 단체에 기부되었다.

---

2083 ★★
**chasten**
[tʃéisn]

vt. ① 징계하다, (신·역경이 인간을) 단련시키다 = discipline
② (열정 따위를) 억제하다, 누그러뜨리다 = subdue

The only way we're going to detract people from driving a car while drunk is to **chasten** offenders to the full extent of the law.
사람들로 하여금 음주운전을 하지 않도록 하는 유일한 방법은 법이 허락하는 최대한의 범위로 위반자를 처벌하는 것이다.

MVP cf. chaste a. 정숙한, 순결한; 순수한; 간소한

---

2084 ★
**stricture**
[stríktʃər]

n. ① (주로 pl.) (특히 남의 행동에 대한) 심한 비난[혹평] = censure
② (행동에 대한) 제한[구속, 제약] = restriction

The government's attitude was unmovable although there were the **strictures** on its handling of the crisis.
위기를 수습하는 방식에 대한 비난이 빗발쳐도 정부는 꿈적하지 않았다.

---

2085 ★★
**coalition**
[kòuəlíʃən]

n. ① 합동, 연합 = alliance, bloc, union
② (정치적인) 제휴, 연립

A **coalition** airstrike killed 12 more insurgents.
연합군의 공습으로 12명 이상의 무장세력들이 살해됐다.

In continental European countries, the **coalition** cabinet is more common.
유럽 대륙의 국가들에서는 연립내각이 보다 흔하다.



2086 ★★★
**routine**
[ru:tí:n]

n. ① 판에 박힌 일, 일상의 과정[일]
② 기계적인 순서[일, 습관]; 상투적인 말; 틀에 박힌 연기(演技)
a. 판에 박힌, 일상적인 = habitual, ordinary, regular, usual

This machine needs **routine** lubrication to move smoothly.
이 기계는 부드럽게 작동시키기 위해 정기적으로 기름칠이 필요하다.

2087 ★★
**mold**
[mould]

n. ① 형(型), 모형, 금형, 주형(鑄型), 틀, 거푸집 = cast, form, matrix, pattern
② 곰팡이 = fungus, mildew, must
v. 틀에 넣어 만들다, 주조하다 = coin, found, mint

During the rainy season, many things gather **mold**.
장마철에는 여러 물건에 곰팡이가 핀다.

MVP moldy a. 곰팡이가 핀, 곰팡내 나는; 케케묵은, 진부한(= mouldy)
moldiness n. 곰팡이가 남; 곰팡이 같이 진부함

2088 ★★
**dissection**
[disékʃən]

n. ① 해체, 해부 = anatomy, autopsy, necropsy, postmortem
② 정밀한 분석[조사] = analysis, examination, inspection, scrutiny

**Dissection** of a frog is compulsory in a biology curriculum.
개구리 해부는 생물학 교과과정에서 필수이다.

More on his **dissection** of the accident can be found here.
그 사건의 정밀조사에 관한 자세한 사항은 여기서 확인할 수 있다.

MVP dissect v. 해부[절개, 분석]하다
bisect v. 2등분[양분]하다; 갈라지다
intersect v. 가로지르다, 교차하다
vivisect v. 생체 해부하다
cf. vivisection n. 생체 해부; 가혹한 비평

2089 ★
**evangelical**
[ì:vændʒélikəl]

a. 복음의, 복음 전도의

The number of Catholics has dropped from 90 percent of the population to just over 70 percent as **evangelical** churches continue to siphon away believers.
복음주의 교회들이 계속해서 신도들을 흡수하면서 가톨릭교도들의 숫자가 인구의 90%에서 70%를 간신히 넘는 수준으로 떨어졌다.

MVP evangelism n. 복음 전도; (주의 등을 위한) 전도자적 열의; 복음주의
evangelist n. 복음 전도자, 선교사

2090 ★★
**lyric**
[lírik]

n. ① 서정시 = ode
② (pl.) (노래나 뮤지컬의) 가사 = libretto, words

Although I can't understand the **lyrics**, I love the song.
비록 가사를 이해할 수는 없지만, 나는 그 노래를 매우 좋아한다.

MVP lyrical a. 아름답게 표현된, 시적으로 로맨틱한; 서정시 같은
cf. epic n. 서사시

---

2091 ★★
**outlaw**
[áutlɔ̀ː]

vt. ① 불법화하다, 금지하다 = ban, criminalize, forbid, illegalize, prohibit
② 사회에서 매장[추방]하다 = banish, ostracize
n. 무법자, 상습범; 사회에서 버림받은 사람 = bandit, criminal

He recently proposed to **outlaw** discounting cigarettes and displaying them openly in stores.
그는 최근에 담배를 할인 판매하는 것과 가게에서 담배를 노출시켜 진열하는 것을 불법으로 할 것을 제안했다.

---

2092 ★
**brook**
[bruk]

n. 개울, 시내 = creek, rivulet, stream
vt. 〈주로 부정문〉 참다, 견디다 = bear, endure, tolerate

Many Muslim immigrants criticize Europeans and European liberalism but **brook** no counter-critique.
많은 무슬림 이민자들이 유럽인들과 유럽의 자유주의를 비판하지만, 비판받는 것은 참지 못한다.

---

2093 ★★
**noted**
[nóutid]

a. 저명한, 유명한 = celebrated, distinguished, famous, eminent, prominent

A **noted** scholar came to speak at our school.
저명한 학자 한 분이 우리 학교에서 강연을 하러 왔다.

MVP note vt. 적어두다; 주목하다; n. 각서, 메모; 주(註), 주석; 주목, 주의
noteworthy a. 주목할 만한, 현저한

---

2094 ★★
**coterie**
[kóutəri]

n. ① (공통의 목적·흥미를 갖는) 동료, 친구; (문예 등의) 동인(同人)
② (예술가 등의) 서클, 동아리, 그룹, 집단 = circle, group, set

Bill had a fight with his **coteries**.
빌(Bill)은 그의 친구들과 싸움을 했다.

The government should not listen to the **coterie** of lobbyists.
정부는 로비스트 집단에 귀 기울여서는 안 된다.

2095 ★★
## solvent
[sálvənt]

a. ① 지불능력이 있는, 상환능력이 있는
② 녹이는, 용해력이 있는, 용해되는 = dissolvent, resolvent, soluble

n. ① 용제, 용액 = dissolvent, solution
② 해답, 해결책 = remedy, solution

A bankrupt company is not **solvent**.
파산한 회사는 지불능력이 없다.

MVP solvency n. 지불[상황] 능력; 용해력
soluble a. 용해되는, 잘 녹는
↔ insolvent a. 지급불능의, 파산한

2096 ★★★
## thirst
[θəːrst]

n. ① 갈증, 목마름 = dipsesis, drought
② 갈망, 열망 = craving, desire, longing, yearning

vi. 갈망[열망]하다[for, after] = crave, long, yearn

Coffee and alcohol cause dehydration rather than quench **thirst**.
커피와 알코올은 갈증을 해소해 주기 보다는 오히려 탈수를 일으킨다.

MVP thirsty a. 목마른; 갈망하는

2097 ★★
## ordain
[ɔːrdéin]

vt. ① (신·운명 등이) 정하다; (법규 따위가) 규정하다 = order, rule
② (성직자로) 임명하다

Fate had **ordained** that they would never meet again.
그들은 다시 만날 수 없는 운명이었다.

MVP foreordain vt. ~을 미리 정하다; 미리 ~의 운명을 정하다

2098 ★
## flagship
[flǽgʃip]

a. 가장 중요한 = chief, main

n. 기함(旗艦); 주력 제품; 가장 중요한 것; 본점, 본사

The soft drink maker says it will launch a low-calorie version of its **flagship** cola this summer called Coca-Cola C2.
이 청량음료 제조업체는 대표 상품인 콜라의 저칼로리 버전인 '코카콜라 C2'를 이번 여름에 출시할 것이라고 합니다.

2099 ★★
## gut
[gʌt]

n. ① 창자, 장(腸); (pl.) 내장 = bowels, entrails, intestines
② (pl.) (책 등의) 내용; 실질, 핵심 = contents; essential, fundamental
③ (pl.) 기운, 용기, 배짱, 끈기, 지구력 = audacity, backbone, courage, nerve

No one had the **guts** to tell Brandon what a mistake he was making.
누구도 브랜든(Brandon)에게 그가 무슨 실수를 했는지 말할 용기가 없었다.

MVP gutsy a. 기운찬, 용감한, 대담한; (록 음악 따위가) 강한 감동을 주는

2100 ★★

**desecrate**
[désikrèit]

**vt. (신성한 것을) 훼손하다, 더럽히다, 모독하다 = blaspheme, defile, profane**

We don't want anyone to **desecrate** anything that has significance to us.
우리들은 우리에게 의미가 있는 어느 것도 누군가가 모독하는 것을 원치 않는다.

MVP desecration n. 신성모독
↔ consecrate vt. 신성하게 하다

## A. Write the meaning of the following words.

- □ considerate ________
- □ hone ________
- □ interregnum ________
- □ substantiate ________
- □ binding ________
- □ duly ________
- □ communism ________
- □ platitudinous ________
- □ mettle ________
- □ firm ________
- □ tract ________
- □ ensign ________
- □ swallow ________
- □ grimace ________
- □ array ________
- □ puncture ________
- □ attainment ________
- □ rabid ________
- □ itch ________
- □ census ________
- □ wily ________
- □ accolade ________
- □ depress ________
- □ xenophobia ________
- □ chasten ________
- □ stricture ________
- □ routine ________
- □ mold ________
- □ dissection ________
- □ evangelical ________
- □ lyric ________
- □ outlaw ________
- □ brook ________
- □ coterie ________
- □ solvent ________
- □ thirst ________
- □ ordain ________
- □ flagship ________
- □ gut ________
- □ desecrate ________

※ 주어진 단어의 뜻을 본문에서 확인하시고 틀린 단어의 경우 박스에 체크한 뒤에 나중에 다시 학습하시기 바랍니다.

## B. Choose the synonym of the following words.

| | |
|---|---|
| 1. inveterate | Ⓐ ceaseless |
| 2. browbeat | Ⓑ honesty |
| 3. proceeds | Ⓒ amendment |
| 4. virile | Ⓓ income |
| 5. coalition | Ⓔ celebrated |
| 6. revision | Ⓕ deep-rooted |
| 7. noted | Ⓖ liberate |
| 8. probity | Ⓗ union |
| 9. unremitting | Ⓘ intimidate |
| 10. extricate | Ⓙ manly |

B. 1. Ⓕ 2. Ⓘ 3. Ⓓ 4. Ⓙ 5. Ⓗ 6. Ⓒ 7. Ⓔ 8. Ⓑ 9. Ⓐ 10. Ⓖ

2101 ★★★

**outburst**

[áutbə̀:rst]

n. ① (감정의) 폭발, 분출 = attack, eruption, fit, flare-up
② (특정 활동·태도의) 급격한 증가 = explosion, outbreak, surge

Her sudden **outburst** of tears discomposed me.
그 여자가 갑자기 터뜨린 울음은 내 마음을 심란하게 했다.

2102 ★★

**devious**

[dí:viəs]

a. ① 정직하지 못한, 기만적인 = bent, deceitful, dirty, insincere, underhand
② 우회하는, 에두르는 = circumambient, indirect, roundabout

The old woman got rich by **devious** means.
그 나이든 여인은 정직하지 못한 수단으로 부자가 되었다.

A dishonest taxi driver will take a **devious** route.
정직하지 못한 택시기사는 우회로로 갈 것이다.

2103 ★

**adjoin**

[ədʒɔ́in]

v. 인접하다 = abut, border, butt, neighbor, verge

The bathroom **adjoins** the bedroom.
화장실은 침실에 붙어 있다.

2104 ★★

**profuse**

[prəfjú:s]

a. ① 아낌없는, 마음이 후한 = generous, liberal
② 많은, 풍부한 = ample, plentiful

He was **profuse** in his praise of her singing.
그는 그녀의 노래에 대해 칭찬을 아끼지 않았다.

MVP profusion n. 대량, 풍부; 낭비, 사치
profusely ad. 아낌없이, 풍부하게

2105 ★★

**infiltrate**

[infíltrèit]

v. 침투하다(침투시키다), 잠입하다(잠입시키다), 스며들게 하다, 스며들다

The CIA agents successfully **infiltrated** into the terrorist organizations.
CIA 요원들이 그 테러 조직에 성공적으로 잠입했다.

Only a small amount of the rainwater actually **infiltrates** into the soil.
실제로는 적은 양의 빗물만이 토양 속으로 스며든다.

MVP infiltration n. 스며듦, 침입, 잠입

2106 ★
## celerity
[səlérəti]

**n. ① (행동의) 날램, 민첩함, 기민함, 신속함 = swiftness**
**② 속력, 속도 = speed, velocity**

The headwaiter approached her with **celerity**.
그 수석웨이터가 그녀에게 민첩하게 다가갔다.

The car is rushing with astonishing **celerity**.
그 차는 놀라울 정도로 빠른 속도로 달려오고 있다.

2107 ★★★
## forge
[fɔ:rdʒ]

**v. ① (화폐·문서 등을) 위조하다,(거짓말을) 꾸며내다 = counterfeit, fake**
**② (친교·관계 등을) 맺다, 구축하다 = build, construct, form**
**③ (쇠를) 불리다; 단조(鍛造)하다**

**v. ① 용광로 = furnace**
**② 제철소; 대장간 = ironworks; smithery, smithy**

The first claimant had received compensation based on a form supplied by her employer, which was found to be **forged**.
첫 번째 신청인은 고용주가 제출한 문서에 근거하여 보상금을 받았으나, 그 문서는 위조되었음이 드러났다.

MVP forger n. 위조자, 날조자; 대장장이
forgery n. 위조죄; (문서·화폐 등의) 위조(품)

2108 ★★
## pretense
[priténs]

**n. ① 겉치레, 가식(假飾), 가면, 위장, 허위 = veneer**
**② 구실, 핑계 = pretext**

His friendship is all a **pretense**.
그의 우정은 모두 가식에 불과하다.

He was absent from school on **pretense** of sickness.
그는 병을 핑계로 학교에 결석했다.

MVP pretend v. ~인 체하다, ~같이 꾸미다, 가장하다

2109 ★
## extramural
[èkstrəmjúərəl]

**a. ① 교외의, 구역 밖의**
**② (강사·강의 등이) 대학 외부로부터의; 학교 대항의**

The hospital provides **extramural** care to patients who do not need to be admitted.
본 병원에서는 입원할 필요가 없는 환자들에 대해 원외 치료를 제공한다.

MVP ↔ intramural a. 같은 학교 내의, 교내의; 같은 도시의

2110 ★★
**swerve**
[swəːrv]

v. ① 빗나가다, (~에서) 벗어나다, (운동 도중에) 갑자기 방향을 바꾸다 = digress, turn, veer
② 정도를 벗어나다, 일탈하다 = depart, deviate

The bullet **swerved** from the mark.
탄환이 표적을 빗나갔다.

The mayor never **swerves** an inch from his duty.
그 시장은 그의 본분을 벗어나는 일이 결코 없다.

MVP unswerving a. 빗나가지 않는; (목적·의지가) 확고한

---

2111 ★
**dolmen**
[dóulmən]

n. 고인돌 = cromlech

**Dolmen** is a tomb for a power holder like pyramid.
고인돌은 피라미드와 같이 권력가의 무덤이다.

---

2112 ★★
**contravene**
[kɑ̀ntrəvíːn]

vt. ① (법률·규정 등을) 위반[위배]하다 = disobey, infringe, transgress, violate
② (진술·원칙 등을) 부정[반박]하다 = contradict, disprove, oppose, refute

The company was found guilty of **contravening** safety regulations.
그 회사는 안전 규정 위반죄를 범한 것으로 밝혀졌다.

I do not want to **contravene** your opinion about that issue.
나는 그 이슈에 대해 너의 의견을 반박하고 싶지는 않다.

---

2113 ★★★
**agitation**
[ædʒitéiʃən]

n. ① (인심·마음의) 동요, 불안 = nervousness, unrest
② (사회적인) 소동; 선동; 시위 = commotion, disturbance, turmoil, upheaval

The police have just damped down an **agitation**.
경찰이 막 소동을 가라앉혔다.

They started an **agitation** for an increase of wages.
그들은 임금 인상을 위한 선동을 시작했다.

MVP agitator n. 선동자

---

2114 ★★
**lofty**
[lɔ́ːfti]

a. ① 아주 높은, 우뚝 솟은 = towering
② 고상한, 고결한 = elevated, grand, noble

He has **lofty** ideals but the reality is quite different.
그는 고상한 이상을 가지고 있지만 현실은 사뭇 다르다.

MVP loftiness n. 우뚝 솟음; 고상함
loftily ad. 높게; 고상하게

2115 ★
**metallurgy**
[métəlɜ̀:rdʒi]

**n. 야금학(冶金學), 야금술(冶金術), 금속공학**

While the region imports most of the raw metals, **metallurgy** is still somewhat developed.
그 지역은 원료의 대부분을 수입하지만, 야금술은 어느 정도 발전해 있는 상태이다.

---

2116 ★★
**replenish**
[ripléniʃ]

**vt. 다시 채우다, 보충하다[with] = refill, restock**

The waitress continued to **replenish** the glasses with water.
웨이트리스가 물 잔에 물을 계속 채워주었다.

---

2117 ★★
**conflagration**
[kɑ̀nfləgréiʃən]

**n. 큰 불, 대화재 = great fire**

The **conflagration** destroyed the entire town.
대화재로 도시 전체가 완전히 파괴되었다.

---

2118 ★★
**sullen**
[sʌ́lən]

**a. ① 부루퉁한, 시무룩한, 뚱한, 기분이 언짢은 = dour, morose, surly**
**② (날씨·소리 따위가) 음산한, 음울한, 맑지 못한**

It is not so easy to abandon the whiny toddler or the **sullen** teenager.
징징대는 아기나 뚱해 있는 십대 아이를 그대로 내버려 두는 것은 그리 쉬운 일이 아니다.

---

2119 ★★
**bandit**
[bǽndit]

**n. 산적, 노상강도, 도둑; 악한 = brigand, plunderer, robber; outlaw**

Throughout history both in the East and West, **bandits** have grown rampant in the mountains and pirates in waters if a government fails to function properly.
정부가 제 구실을 못하면 땅에서는 산적이 날뛰고, 바다에서는 해적이 설치는 것은 동서고금이 똑같다.

---

2120 ★★
**flimsy**
[flímzi]

**a. ① 무른, 취약한 = fragile, weak**
**② (근거·논리가) 박약한, 얄팍한 = unconvincing**
**③ 하찮은, 보잘 것 없는 = insignificant, paltry**

The recent catastrophe made me realize how **flimsy** humans can be before the nature.
최근의 대참사는 인간이 자연 앞에서 얼마나 약한지를 깨닫게 해주었다.

2121 ★★★

**grip**
[grip]

**n. ① 꽉 쥠[잡음]; 통제, 지배; 통제력, 지배력 = clutch, grasp; control**
**② 파악력, 이해력, 터득 = mastery, understanding**
**v. ① 꽉 쥐다, 꼭 잡다 = clutch, grasp**
**② ~의 마음을 사로잡다; (주의·흥미를) 끌다 = arrest**
**③ 이해하다 = comprehend, understand**

Frogs' tongues are coated with a sticky substance that helps them **grip** their prey.
개구리의 혀는 그들의 먹이를 잡는 것을 도와주는 끈적끈적한 물질로 덮여 있다.

MVP gripping a. (책·이야기 등이) 주의[흥미]를 끄는

---

2122 ★

**parenthesis**
[pərénθisis]

**n. ① (보통 pl.) (둥근) 괄호 = bracket**
**② 〈문법〉 (말·글 속의) 삽입어구**
**③ 〈연극〉 막간극; 막간, 휴게시간**

Irregular forms are given in **parentheses**.
불규칙형은 괄호 속에 제시되어 있다.

MVP parenthesize vt. (소)괄호 안에 넣다; 삽입구를 넣다; (이야기 등에) 섞다
parenthetic a. 삽입구의, (말·글 속에) 삽입어구로 제시된, 설명적인; 괄호 (모양)의

---

2123 ★

**anticlimax**
[æ̀ntikláimæks]

**n. ① 급락; 큰 기대 뒤의 실망, 용두사미**
**② 〈수사학〉 점강법(漸降法) = bathos**

After the fine performance in the first act, the rest of the play was an **anticlimax**.
제1막의 연기는 훌륭했으나 나머지는 차츰 나빠졌다.

---

2124 ★★

**intestine**
[intéstin]

**n. (보통 pl.) 창자, 장(腸) = bowels, gut**
**a. 내부의; (보통 바람직하지 않은 일에 써서) 국내의 = internal; domestic**

The body's longest internal organ is the small **intestine** at an average length of 7~8 meters.
인간의 가장 긴 내장기관은 평균 길이가 7~8미터인 소장이다.

The country was torn apart by **intestine** strife.
그 나라는 내분으로 인해 분열되었다.

MVP large intestine 대장
small intestine 소장
bowel n. (보통 pl.) 창자, 내장
colon n. 결장, 대장
duodenum n. 십이지장

2125 ★

**befuddle**
[bifʌdl]

vt. 어리둥절하게 하다, 당황하게 하다 = baffle, confuse, puzzle

I was absolutely **befuddled** when she did not know what it was.
나는 그녀가 그게 무엇인지 몰랐을 때 완전히 당황했다.

MVP cf. fuddle v. 술 취하게 하다; (술로 머리를) 혼란시키다; n. 만취(상태); 혼란

---

2126 ★★

**enormity**
[inɔ́:rməti]

n. ① (상황·사건 등의) 심각함, (범죄의) 무모함; (문제·일 등의) 막대함, 엄청남 = immensity
② (pl.) 잔학무도한 행위; 흉악 범죄 = atrocity, depravity, turpitude, villainy

Even though I wouldn't subscribe to the death penalty, he deserves to be punished severely for the **enormity** of his crimes.
나는 사형 제도에는 동의하지 않지만, 죄가 엄청나기 때문에 그는 엄한 벌을 받을 만하다.

MVP enormous a. 거대한, 막대한, 매우 큰

---

2127 ★★

**cadaver**
[kədǽvər]

n. 시체 = corpse

One individual even suggested shooting the **cadavers** into space, although the costs of such a venture would be prohibitive.
비록 비용이 엄청나겠지만, 누군가는 시신을 우주로 쏘아 보내는 방법을 제안하기도 했다.

MVP cadaverous a. 시체 같은; 창백한

---

2128 ★

**kleptomania**
[klèptəméiniə]

n. (병적인) 도벽, 절도광

They discovered that the wealthy customer has **kleptomania** when they caught her stealing some cheap trinkets.
그 부자 고객이 싸구려 장신구들을 훔치는 것을 그들이 붙잡았을 때, 그들은 그녀가 도벽이 있음을 알게 되었다.

MVP kleptomaniac n. 도벽이 있는 사람, 절도광; a. 도벽이 있는, 절도광의

---

2129 ★★

**factious**
[fǽkʃəs]

a. 당파적인; 당쟁을 일삼는, 당파심이 강한 = partisan

A fight between the two members of the National Assembly roused up to a **factious** quarrels.
두 국회의원들의 싸움이 결국엔 당파싸움으로 번졌다.

MVP faction n. 도당, 당파, 파벌; 파벌 싸움, 당쟁, 내분

2130 ★★★
**trite**
[trait]

**a. 진부한, 흔해빠진, 케케묵은 = banal, commonplace, hackneyed**

My speech seemed lively and interesting as I was writing it, but it came out **trite**, dull and ridiculous.
내 연설문은 쓰고 있을 당시에는 생동감 있고 흥미로워 보였는데, 결국 그것은 진부하고 멍청하고 우스꽝스러운 것이 되고 말았다.

---

2131 ★★
**bypass**
[báipæ̀s]

**n. 우회도로 = detour, relief road**
**vt. 우회하다; (문제·질문 등을) 회피하다, 무시하다 = avoid, circumvent, sidestep**

A new **bypass** around the city is being built.
도시 주위로 새로운 우회로가 건설되고 있다.

---

2132 ★
**over-the-counter**
[óuvərðəkáuntər]

**a. ① (약이) 의사의 처방 없이 팔 수 있는, 일반 판매약의**
**② (주식이) 비상장(非上場)의; 장외(場外) 거래의, 점두(店頭) 매매의**

We have a good supply of **over-the-counter** medication.
처방전 없이 살 수 있는 약들을 잘 구비하고 있다.

**Over-the-counter** stocks of our company are traded on two European exchanges.
우리 회사의 장외거래 주식이 유럽 증권 거래소 두 군데에서 거래되고 있다.

MVP over the counter 계산대에서; 소매점을 통해; (증권거래소가 아닌) 증권업자의 가게에서; 처방전 없이

---

2133 ★★
**anoint**
[ənɔ́int]

**vt. ① (상처 따위에) 기름을[연고를] 바르다**
**② (사람의 머리에) 기름을 부어 신성하게 하다 = consecrate, hallow, sanctify**

The Greeks used the olive to **anoint** their bodies.
그리스인들은 올리브를 사용하여 그들의 몸에 기름을 발랐다.

The bishop **anointed** the priest's head with holy oil.
그 주교는 사제의 머리에 성유(聖油)를 부어 신성하게 했다.

MVP ointment n. 연고, 고약

---

2134 ★★★
**connection**
[kənékʃən]

**n. ① 관계, 관련성; 교섭, 교제 = association, link, relation, relationship**
**② 연락, 연결, 결합 = junction, liaison, nexus**
**③ (보통 pl.) 연고, 연줄 = contact**

He used his **connections** with the Korean-American community to manufacture wholesale-priced clothes for retail stores.
그는 도매가의 의류를 제조하여 소매상들에게 팔기 위해 미국의 한인사회와의 연줄을 사용했다.

2135 ★★
**evacuate**
[ivǽkjuèit]

v. ① 대피시키다, 소개(疏開)시키다 = clear, remove, withdraw
② 떠나다, 피난하다 = depart, leave

Police **evacuated** nearby buildings.
경찰이 인근 건물들을 소개(疏開)시켰다.

Immediately after the earthquake, a tidal wave warning was issued and people in the coastal areas were ordered to **evacuate** their homes.
지진 발생 직후에 해일 경보가 발효되었고 해안지역 주민들은 집에서 대피하라는 명령을 받았다.

MVP evacuation n. 피난, 소개(疏開); 배출
vacuum n. 진공; 공허

---

2136 ★★★
**irreversible**
[ìrivə́:rsəbl]

a. (이전 상태로) 되돌릴 수 없는, 철회할 수 없는, 취소할 수 없는 = irrevocable

The donor is usually a person who has suffered **irreversible** brain injury.
기증자는 보통 되돌릴 수 없는 뇌손상을 입은 사람이다.

---

2137 ★★
**saliva**
[səláivə]

n. 침, 타액(唾液) = spit

**Saliva** helps wash away bacteria that damage our teeth.
침은 우리의 치아를 상하게 하는 박테리아를 제거하는 데 도움을 준다.

MVP salivate v. 침을 흘리다
spit v. 침을 뱉다; n. 침
spittle n. (특히 내뱉은) 침
expectorate v. (가래·혈담 등을) 기침을 하여 뱉다; 가래를[침을] 뱉다
expectoration n. 가래를[침을] 뱉음

---

2138 ★
**nitty-gritty**
[nítigríti]

n. (the ~) (사물의) 핵심, 요체 = essence, gist, kernel
a. 가장 요긴한, 본질적인

I feel we're not really getting to the **nitty-gritty** of the issue.
나는 우리가 문제의 핵심에 정말로 접근하지 못하고 있다고 생각한다.

---

2139 ★★
**hedge**
[hedʒ]

n. ① 산울타리 = quickset
② 장벽, 장애 = barrier, obstacle
③ (손실·위험 등에 대한) 방지책[against] = guard, protection, safeguard

A **hedge** forms the division between their land and ours.
산울타리가 그들의 땅과 우리 땅 사이에 경계선을 이루고 있다.

MVP hedgerow n. (산울타리의) 죽 늘어선 관목; 산울타리
hedgehog n. 고슴도치

2140 ★
**winnow**
[wínou]

v. ① (곡물·겨 등을) 까부르다, 키질하다 = fan
② 가려내다, 선별하다; (쓸모없는 것을) 제거하다 = distinguish, sift
③ 분석하다, 검토하다 = analyze

We have to read between the lines to **winnow** out the unintended readings of an ambiguous sentence.
의미가 모호한 문장 속의 의도하지 않은 말을 골라내기 위해서는 행간의 뜻을 읽어야 한다.

---

2141 ★★
**serene**
[sərí:n]

a. ① 고요한, 잔잔한 = quiet, tranquil
② (사람·표정·기질 등이) 침착한, 차분한; 평화스러운, 평온한
= composed, halcyon, peaceful, placid
③ 화창한, 맑게 갠 = clear, fair

He didn't speak much, he just smiled with that **serene** smile of his.
그는 그다지 말을 많이 하지 않았고, 다만 특유의 조용한 미소를 빙긋 지을 뿐이었다.

MVP serenity n. (자연·바다·하늘 등의) 고요함; (인격·인생 등의) 평온, 차분함; 침착

---

2142 ★★
**revulsion**
[rivʌ́lʃən]

n. (강한) 혐오, 반감, 불쾌감 = abhorrence, aversion, disgust, nausea

The activist felt a deep sense of **revulsion** at the violence.
그 운동가는 폭력행위에 깊은 혐오감을 느꼈다.

---

2143 ★★★
**reliant**
[riláiənt]

a. 의지하는, 의존하는, 신뢰하는[on, upon] = dependent, relying

The body's ability to digest food is strongly **reliant** on bacteria.
인체의 음식을 소화시키는 기능은 박테리아에 크게 의존하고 있다.

MVP reliance n. 의지, 의존

---

2144 ★★
**thermometer**
[θərmάmətər]

n. 온도계; 체온계

The **thermometer** measures changes of temperature.
온도계는 기온의 변화를 측정한다.

MVP thermometric a. 온도계상의; 온도 측정상의

※ thermo-: 열

thermochemistry n. 열화학
thermos n. 보온병
thermodynamic a. 열역학의
thermogenic a. 열발생의(= thermogenetic)
thermoplastic a. 열가소성의; 열가소성 물질
thermodynamics n. 열역학
thermostat n. 온도조절장치

2145 ★★★
**divert**
[divə́:rt]

vt. ① **방향을 전환하다, 우회시키다** = redirect, shift
② **(주의·관심을) 딴 데로 돌리다** = detract, distract
③ **(자금을) 전용[유용]하다** = appropriate, misappropriate
④ **기분을 전환시키다, 즐겁게 하다** = amuse, entertain

The war **diverted** people's attention away from the economic situation.
그 전쟁이 경제 상황에 쏟아지던 사람들의 관심을 돌려놓았다.

Northbound traffic will have to be **diverted** onto minor roads.
북쪽으로 향하는 차량들은 소도로들로 우회해야 할 것이다.

MVP diversion n. 기분 전환, 오락(= recreation, relaxation)

2146 ★
**modish**
[móudiʃ]

a. **유행의, 유행을 따르는** = fashionable, stylish

Unlike Michel de Montaigne and other skeptics against whom he wrote, Descartes had no interest in a **modish** attitude of doubt for the sake of doubting.
미셸 드 몽테뉴(Michel de Montaigne)와 그가 글로써 반대했던 다른 회의론자들과는 달리, 데카르트(Descartes)는 당시에 유행하던 의심만을 위한 의심이라는 태도에는 전혀 관심이 없었다.

2147 ★
**purge**
[pə:rdʒ]

v. ① **(몸·마음을) 깨끗이 하다, 정화하다** = cleanse, clear, purify
② **내쫓다, 추방하다** = banish, eject, expel, oust

You must **purge** your mind from sinful thoughts.
당신의 마음속에서 죄 많은 생각들을 깨끗이 씻어내야 한다.

The leaders announced an effort to **purge** panhandlers from busy streets.
그 지도자들은 번잡한 거리에서 걸인들을 추방하기 위한 노력을 기울이겠다고 발표했다.

MVP purgation n. 깨끗하게 하기, 정화(淨化), 죄를 씻음
purgatory n. (가톨릭의) 연옥; 일시적인 고난[징벌]의 상태; a. 속죄의, 정죄의

2148 ★★
**villain**
[vílən]

n. ① **악당, 악한** = evildoer, knave, miscreant, scoundrel
② **(연극·소설 등의) 악역** = baddie

Joker is considered one of the greatest **villains** in U.S. comic book history.
조커(Joker)는 미국 만화책 역사에서 최고의 악당들 중 하나로 꼽힌다.

MVP villainy n. 악당의 소행, 악행; 비열한 짓
villainous a. 악랄한; 몹시 불쾌한, 지독한

2149 ★

**cognate**
[kágneit]

**a. ① 조상이 같은, 동족의 = akin, consanguineous, kindred, related**
**② 같은 기원의; 같은 성질의, 동종의; 어원이 같은**

Physics and astronomy are **cognate** sciences.
물리학과 천문학은 같은 계통의 학문이다.

MVP cf. agnate a. 부계(父系)의; 동족의

---

2150 ★★

**gimmick**
[gímik]

**n. 속임수 장치; (관심을 끌기 위한) 술책[장치] = artifice, scheme, trick**

When the holiday season rolls around, people are exposed to sales **gimmicks**.
휴가철만 되면 얄팍한 상혼이 판친다.

MVP gimmicky a. 교묘한[속임수] 장치를 한; 눈길을 끌기 위한, 허울만의

## REVIEW TEST

### A. Write the meaning of the following words.

| | |
|---|---|
| □ outburst ______ | □ intestine ______ |
| □ devious ______ | □ enormity ______ |
| □ profuse ______ | □ cadaver ______ |
| □ infiltrate ______ | □ kleptomania ______ |
| □ celerity ______ | □ factious ______ |
| □ forge ______ | □ over-the-counter ______ |
| □ pretense ______ | □ anoint ______ |
| □ extramural ______ | □ connection ______ |
| □ swerve ______ | □ evacuate ______ |
| □ dolmen ______ | □ nitty-gritty ______ |
| □ contravene ______ | □ hedge ______ |
| □ agitation ______ | □ winnow ______ |
| □ lofty ______ | □ serene ______ |
| □ metallurgy ______ | □ thermometer ______ |
| □ conflagration ______ | □ divert ______ |
| □ sullen ______ | □ modish ______ |
| □ flimsy ______ | □ purge ______ |
| □ grip ______ | □ villain ______ |
| □ parenthesis ______ | □ cognate ______ |
| □ anticlimax ______ | □ gimmick ______ |

※ 주어진 단어의 뜻을 본문에서 확인하시고 틀린 단어의 경우 박스에 체크한 뒤에 나중에 다시 학습하시기 바랍니다.

### B. Choose the synonym of the following words.

| | |
|---|---|
| 1. reliant | Ⓐ irrevocable |
| 2. bandit | Ⓑ detour |
| 3. revulsion | Ⓒ banal |
| 4. irreversible | Ⓓ confuse |
| 5. saliva | Ⓔ refill |
| 6. adjoin | Ⓕ abut |
| 7. befuddle | Ⓖ brigand |
| 8. trite | Ⓗ dependent |
| 9. bypass | Ⓘ spit |
| 10. replenish | Ⓙ abhorrence |

B. 1. Ⓗ 2. Ⓖ 3. Ⓙ 4. Ⓐ 5. Ⓘ 6. Ⓕ 7. Ⓓ 8. Ⓒ 9. Ⓑ 10. Ⓔ

2151 ★★★
**exterminate**
[ikstə́:rmənèit]

**vt. 몰살시키다, 모조리 없애버리다, 근절하다 = annihilate, eradicate, extirpate**

Man's ability to **exterminate** life has increased at a rapid rate.
생명을 전멸시킬 수 있는 인간의 능력은 빠른 속도로 증가해왔다.

You have to use pesticide to **exterminate** roaches.
바퀴벌레를 박멸하기 위해서는 살충제를 사용해야 한다.

MVP extermination n. 근절, 절멸, 몰살, 멸종
exterminator n. (해충 등의) 구제약, 해충 구제업자
terminate v. 끝나다, 종료되다; 끝내다, 종결시키다

2152 ★★
**verge**
[və:rdʒ]

**n. 가장자리; (the ~) 경계, 한계 = brink, edge**

All the plates have chipped **verges**.
모든 접시들의 가장자리에는 이가 빠져 있다.

Almost four years after the start of the war against the neighboring country, the nation was on the **verge** of a civil war.
이웃나라와의 전쟁을 시작한 지 근 4년이 지난 후, 그 나라는 곧 내전(內戰)이 벌어질 것 같았다.

MVP on the verge of ~하기 직전에, ~에 직면하여

2153 ★
**resplendent**
[rispléndənt]

**a. 반짝반짝 빛나는, 눈부신 = brilliant, dazzling, glittering**

He glimpsed Sonia, **resplendent** in a red dress.
그는 빨간 드레스를 입은, 눈부시게 아름다운 소냐(Sonia)를 흘끗 보았다.

2154 ★★
**spellbind**
[spelbaind]

**vt. ① 주문으로 얽매다, 마법을 걸다 = bewitch, conjure, spell, witch**
**② 매혹하다, 황홀하게 하다 = charm, enthrall, entrance, fascinate**

She was struck by his simple, **spellbinding** eloquence.
그녀는 그의 간단하면서도 매혹적인 웅변에 감명 받았다.

2155 ★★★
**content**
a. v. [kəntént]
n. [kántent]

**a. ① (~에) 만족하는[with] = gratified, satisfied**
**② 기꺼이 ~하는[to do] = willing**
**vt. 만족시키다 = gratify, satisfy**
**n. ① (pl.) (용기 속의) 내용, 내용물 = constituent, element**
**② (pl.) (서적 등의) 목차, 목록, 내용 = material, substance**
**③ 함유량, 산출량; (어떤 용기의) 용량, 크기 = size, volume**

Women are not **content** with a nice white dress for their wedding.
여성들은 결혼식을 위한 멋진 하얀 드레스에 만족해하지 않는다.

MVP contentment n. 만족, 안도(= satisfaction)
↔ malcontent a. 불평을 품은, 불만이 있는; (체제 등에) 비판적인; n. 불평분자; 반체제 활동가



2156 ★★
**amity**
[ǽməti]

**n. 우호, 친선, 친목 = amicability, friendliness, friendship, goodwill**

Students exchange programs were established to promote international **amity**.
국제 교환학생 프로그램은 국가 사이의 우호를 증진하기 위해 설립되었다.

MVP amiable a. 호감을 주는; 붙임성 있는; 상냥한(= friendly)

2157 ★
**peculate**
[pékjəlèit]

**v. (공금·위탁금[품]을) 횡령하다, 유용하다 = embezzle, misappropriate**

If we had discovered that she had **peculated**, we would not have employed her as a teller.
그녀의 횡령 전력을 알았더라면, 우리는 그녀를 금전출납원으로 고용하지 않았을 것이다.

MVP peculation n. (공금·위탁금의) 횡령, 착복
peculator n. 공금 사용자, 위탁금 횡령자

2158 ★★
**insignia**
[insígniə]

**n. (계급·소속 등을 나타내는) 휘장[배지], 훈장 = badge, decoration, order**

His uniform bore the **insignia** of a captain.
그의 군복에는 대위 계급장이 달려 있었다.

2159 ★★★
**spoil**
[spɔil]

**v. ① 망치다, 상하게 하다, 못 쓰게 만들다; (음식물을) 썩히다 = damage, ruin**
**② (남의) 성격[성질]을 버리다; 응석 받다, (특히) 못되게[버릇없게] 만들다**
**n. ① (pl.) 전리품, 약탈품 = booty, pillage, plunder**
**② (노력의) 성과 = attainment**

Our camping trip was **spoilt** by bad weather.
우리의 캠핑 여행은 날씨가 안 좋아서 망쳐 버렸다.

Too many cooks **spoil** the broth.
요리사가 지나치게 많으면 수프를 망친다.(사공이 많으면 배가 산으로 올라간다.)

MVP spoilage n. 손상, 파괴

2160 ★★
**credential**
[kridénʃəl]

n. ① (대사·공사·사절 등의) 신임장
② 자격증명서, 자격 인정서 = certificate, warrant
③ 성적증명서 = grade transcript, transcript

In other countries, such as Japan and Singapore, the government does not give visas to foreign teachers if they do not have **credentials**.
일본과 싱가포르와 같은 다른 나라들에서는 외국인 교사가 자격증명서를 갖고 있지 않으면 정부에서 비자를 내주지 않는다.

---

2161 ★
**dog-in-the-manger**
[dɔ:ginðəméindʒə:r]

a. 심술쟁이 같은, 심술궂은 = bloody-minded, ill-natured, mean

The only thing you need to quit is your **dog-in-the-manger** attitude.
네가 버려야 할 유일한 것은 심술쟁이 같은 너의 태도이다.

---

2162 ★★★
**forbear**
[fɔ:rbέər]

v. 억제하다, 삼가다, 참다, 관용하다 = abstain, refrain, withhold

He couldn't **forbear** the insult the boss gave him and quit his job eventually.
그는 사장이 그에게 주었던 모욕을 참을 수 없었다. 그래서 결국 일을 그만두었다.

MVP forbearance n. 인내, 참음, 관용
cf. forebear n. (보통 pl.) 선조, 조상

---

2163 ★★
**progenitor**
[proudʒénətər]

n. ① 조상, 선조 = ancestor, forebear
② 창시자, 선구자 = originator, predecessor

The **progenitor** of an elephant, the mammoth, was exterminated in 10,000 B.C.
코끼리의 조상인 매머드는 기원전 10,000년에 멸종되었다.

Marx was the **progenitor** of communism.
마르크스(Marx)는 공산주의의 창시자였다.

---

2164 ★
**bootleg**
[bú:tlèg]

a. 밀매[밀조, 밀수]된; (제작·판매가) 불법의, 해적판의
= smuggled; illegal, illicit, pirated
v. (술 등을) 밀매[밀조, 밀수]하다 = smuggle

The **bootleg** software is made available to popular file-sharing networks, where it can be downloaded for free.
불법 소프트웨어는 인기 있는 파일공유 네트워크에 이용할 수 있게 만들어지고 거기서 무료로 다운로드가 이루어진다.

MVP bootlegger n. 주류 밀매[밀조, 밀수]자

2165 ★★
**citadel**
[sítədl]

n. (도시 주민을 방호하는) 성채, 요새; 아성; 최후의 거점
= bastion, bulwark, fortification, fortress, stronghold

Peru is rich in archaeological treasures, including the Inca **citadel** of Machu Picchu in the Andes.
페루는 안데스 산맥에 있는 잉카의 마추픽추 요새를 비롯한 건축학적 보물들이 풍부하다.

2166 ★★★
**typical**
[típikəl]

a. ① 전형적인, 대표적인 = classic
② 보통의, 일반적인 = common

The weather at the moment is not **typical** for July.
현재의 날씨는 전형적인 7월 날씨가 아니다.

A **typical** working day for me begins at 7:30.
내게 있어서 보통 하루 일과는 7시 30분에 시작된다.

MVP typically ad. 전형적으로, 일반적으로
typify vt. 대표적이다, 전형적이다, 특징을 나타내다
↔ atypical a. 이례적인, 비전형적인
atypically ad. 이례적으로



2167 ★★
**rectitude**
[réktitjù:d]

n. ① 정직, 청렴, 강직 = integrity, probity, righteousness, uprightness
② (판단·방법의) 올바름, 정확 = accuracy, correctness, precision

An astute man of unquestioned moral **rectitude**, Jason injected deep devotion into those who worked for him.
의심할 여지없는 도덕적 올바름을 갖춘 빈틈없는 사람인 제이슨(Jason)은 자신을 위해 일하는 사람들에게 깊은 헌신적 사랑을 불어넣었다.

2168 ★
**elope**
[ilóup]

vi. (남녀가) 눈이 맞아 함께 달아나다, 가출하다[with]; 도망가다
= abscond, escape, flee

The girl **eloped** with her lover when her parents objected to their marriage.
부모가 결혼을 반대하는 바람에 그 여자는 애인과 가출했다.

2169 ★★
**prone**
[proun]

a. ① 수그린, 납작 엎드린 = face down, flat, lying down
② ~하기 쉬운, ~의 경향이 있는; ~에 걸리기 쉬운[to]
= liable, subject, susceptible

Men are **prone** to treat women as inferiors.
남자는 여자를 열등한 존재로 취급하는 경향이 있다.

MVP cf. supine a. 뒤로 누운, 반듯이 누운; 무관심한

2170 ★
**huddle**
[hʌdl]

v. ① 붐비다, 밀치락달치락하다, 모이다; (떼지어) 몰리다 = cluster, crowd, flock
② 뒤죽박죽 쌓아 올리다; (이것저것) 그러모으다
n. ① (특히 특별한 순서 없이) 옹기종기 모여 서 있는 것
② 혼잡, 난잡

Our ancestors **huddled** around campfires to hear tales of hunting.
우리의 선조들은 모닥불 주변에 모여서 사냥에 관한 이야기를 들었다.

MVP cf. hurdle n. 장애물, 허들, 곤란; v. (장애·곤란 따위를) 극복하다

---

2171 ★★★
**motion**
[móuʃən]

n. ① 운동, 활동 = action, activity, mobility, movement
② 동작, 몸짓 = gesticulation, gesture, sign, signal
③ 발의(發議), 제의, 제안 = proposal, proposition

Over 60% of members voted in favour of the **motion**.
60% 이상의 회원들이 그 제안에 찬성표를 던졌다.

MVP motionless a. 움직이지 않는, 정지한
motile a. 움직일 수 있는, 자동력이 있는; n. 운동형(의 사람)

---

2172 ★★
**grandiose**
[grǽndiòus]

a. ① 웅장한, 숭고한, 장엄한 = grand, magnificent
② (너무) 거창한, (실속 없이) 거창하기만 한

All the monuments and palaces were designed in **grandiose** style.
모든 기념탑과 궁은 웅장하게 설계되었다.

The **grandiose** scheme for a journey across the desert came to nothing.
사막을 횡단한다는 거창한 계획은 수포로 돌아갔다.

---

2173 ★★
**stratagem**
[strǽtədʒəm]

n. 전략; 계략, 책략, 술수 = maneuver, ruse, strategy, tactic, trick

He failed in fighting, but succeeded in **stratagem**.
그는 싸움에서는 졌으나 전략(戰略)에서는 성공했다.

---

2174 ★★
**deprecate**
[déprikèit]

vt. ① (강력히) 비난하다 = condemn, disapprove, oppugn, vilify
② (강력히) 반대하다, 불찬성을 주장하다 = counter, oppose, oppugn

We **deprecate** the use of company funds for political purposes.
우리는 정치적 목적으로 기업자금을 사용하는 것에 강력히 비난한다.

He **deprecated** extending a helping hand to lazy people.
그는 게으른 사람들을 도와주는 것을 강력히 반대했다.

MVP deprecation n. 불찬성, 반대
deprecatory a. 불찬성의, 비난의
cf. depredate v. 약탈하다

2175 ★
**flotsam**
[flάtsəm]

n. ① (조난선의) 표류 화물, 잡동사니 = flotage, jetsam
② 부랑자, 깡패, 인간쓰레기 = scum

After a big storm, quite a bit of **flotsam** can be found.
큰 폭풍이 지나간 후에는 꽤 많은 표류물들을 발견할 수 있다.

MVP flotsam and jetsam 바닷물에 표류하거나 물가에 밀려온 화물; 잡동사니; 부랑자

2176 ★★
**incense**
[ínsens]

v. ① 향을 피우다, 분향하다 = cense
② 몹시 화나게 하다, 격노[격분]시키다 = enrage, infuriate
n. 향, 향료

They were **incensed** at the decision.
그들은 그 결정에 격분했다.

He lit **incense** at his friend's funeral.
그는 친구의 장례식에서 향을 피웠다.

MVP incensed a. 분개한, 격노한

2177 ★★★
**obligation**
[àbləgéiʃən]

n. ① 의무, 책임 = duty, liability, responsibility
② 채무, 채권[채무] 관계; 채권, 증권 = debt; bond

We have a moral **obligation** to protect the environment.
우리는 환경을 보호해야 할 도의적인 의무가 있다.

MVP obligate vt. ~에게 의무를 지우다; 감사의 마음을 일으키게 하다
obligatory a. 의무로서 해야만 할, 의무적인; 필수의

2178 ★★
**unruly**
[ʌnrú:li]

a. 다루기 힘든, 제멋대로 구는, 감당할 수 없는 = disobedient, fractious, restive

Sports activities are also found to have helped change children's attitudes in the classrooms, with many **unruly** children behaving themselves.
교실에서 제멋대로 행동하던 학생들이 바르게 행동을 하는 등, 스포츠 활동이 학생들의 태도까지 바꾸는 데도 도움이 되는 것으로 나타났다.

2179 ★
**burnish**
[bə́:rniʃ]

v. (금속에) 광을 내다, 윤을 내다 = glaze, gloss, luster, polish, shine

In this video we will show you how to **burnish** brass.
이 동영상에서, 우리는 당신에게 놋쇠에 광을 내는 법을 보여드릴 것입니다.

His management style undoubtedly will **burnish** his overall image.
그가 경영하는 방식은 틀림없이 그의 전반적인 이미지를 빛나게 할 것이다.

2180 ★★
**expulsion**
[ikspʌ́lʃən]

n. ① (조직에서의) 제명, 제적, 추방 = dismissal, ejection, exclusion, purge
② 배출, 방출

The most common punishment is **expulsion** from school.
가장 흔한 처벌은 퇴학이다.

Vomiting is defined as **expulsion** of gastric material.
구토는 위에 있던 물질을 배출하는 것으로 정의된다.

MVP expel vt. 축출[제명]하다; 배출[방출]하다

---

2181 ★★
**logical**
[lɑ́dʒikəl]

a. ① 논리의, 논리학의, 논리상의; 논리적인; (논리상) 필연적인
② (행동 등이) 타당한, 사리에 맞는, 이치에 맞는 = reasonable

I admire the **logical** presentation of her arguments.
나는 그 논리적인 그녀의 주장 제시가 감탄스럽다.

It was a **logical** conclusion from the child's point of view.
그것이 그 아이의 관점에서 볼 때 타당한 결론이었다.

MVP logic n. 논리; 생각, 사고방식; 논리학; 이치, 타당성
↔ illogical a. 비논리적인, 불합리한; 논리적으로 생각하지 않는

---

2182 ★★
**clot**
[klɑt]

v. 덩어리지다; 응고하다; 응고시키다, 굳히다 = coagulate, congeal
n. 떼, (엉긴) 덩어리; 〈속어〉 바보, 멍청이

Stroke occurs when the blood **clots**, or thrombosis, chip off on the wall of the vessel and float to the brain, finally clogging the vessels there.
핏덩어리인 혈전이 혈관 벽에서 떨어져 나와 떠돌아다니다가 뇌로 가서 그곳에서 혈관을 막는 경우 뇌졸중이 발생한다.

---

2183 ★★★
**nutrition**
[njuːtríʃən]

n. ① 영양; 영양 공급[섭취] = alimentation
② 자양물, 음식물, 영양분, 영양소 = nourishment, nutriment, sustenance

A kiwi contains abundant **nutrition** despite its small size.
키위는 크기는 작지만 풍부한 영양분이 들어 있다.

MVP nutrient n. 영양소; 영양제, 자양물; 음식
nutritionist n. 영양학자, 영양사
nutritious a. 영양분이 많은, 영양가가 높은
malnutrition n. 영양부족, 영양실조

---

2184 ★★
**abscond**
[æbskɑ́nd]

vi. 무단이탈하다, 종적[자취]을 감추다, 도주[도망]하다 = decamp, escape, flee

The employee **absconded** with the company funds.
그 직원은 회사 자금을 가지고 도주했다.

MVP abscondence n. 도망, 실종

2185 ★
**pollen**
[pálən]

n. 꽃가루 = anther dust, farina

The presence of **pollen** in the atmosphere causes hay fever in some people.
대기 중에 있는 꽃가루가 어떤 사람들에게는 건초열을 초래하기도 한다.

MVP pollinate vt. (식물에) 수분(受粉)[수정]하다
pollinosis n. 꽃가루 알레르기, 꽃가루 과민증(= hay fever)

---

2186 ★★★
**defect**
n. [díːfekt]
v. [difékt]

n. ① 결점, 결함; 단점, 약점; 흠 = blemish, flaw; drawback, shortcoming
② 결여, 결핍, 부족; 부족액 = deficiency, lack; shortage
vi. (국가·주의·당 등을) 버리다, 도망[탈주]하다, 이탈하다, 변절하다
= desert, escape, flee

If the Zika virus infects a mom, her baby might be born with a **defect**.
지카 바이러스가 임산부를 감염시키면, 그녀의 아이는 장애를 가지고 태어날 수 있다.

MVP defective a. 결함[결점]이 있는, 하자가 있는; 불완전한
defection n. 탈당; 변절; 의무불이행
defector n. 도망[탈당]자; 배반자, 망명자



---

2187 ★★
**talisman**
[tǽlismən]

n. ① (행운을 가져다준다고 여겨지는) 부적 = amulet, charm, periapt
② 불가사의한 힘이 있는 것

The **talisman** wards off evil forces away from its wearer.
그 부적은 부적을 지니고 있는 사람이 사악한 힘을 피하게 해준다.

---

2188 ★
**musty**
[mʌ́sti]

a. ① 곰팡이 슨, 곰팡내 나는 = frowzy, fusty, moldy, mucid
② 케케묵은, 시대에 뒤진, 진부한 = antiquated, stale, time-worn

There was always **musty** air hanging in the room.
그 방에는 언제나 퀴퀴한 냄새가 감돌았다.

MVP cf. must n. (a ~) 필요한 것, 없어서는 안 되는 것; 곰팡이

---

2189 ★★
**egress**
n. [íːgres]
v. [igrés]

n. ① 밖으로 나감; (우주선에서의) 탈출 = emergence; escape
② 출구, 배출구 = exit, outlet, vent
vi. 밖으로 나가다; (우주선으로부터) 탈출하다

These are the places that terrorists or criminals would use to **egress** away from the border.
이 장소들은 테러리스트나 범죄자들이 국경에서 빠져 나가는 데 사용하곤 하는 곳들이다.

MVP ↔ ingress n. 들어섬, 진입; 입구

2190 ★
**amortize**
[ǽmərtàiz]

**vt. ① (부채를) 분할 상환하다**
**② (부동산을) 법인에게 양도하다**

Eighty per cent of the proceeds has been used to **amortize** the public debt.
그 수익금의 80%는 공공부채를 분할 상환하는 데 사용되어 왔다.

The 28,000 families occupying the property will **amortize** the land to the city government.
그 부동산을 점유한 28,000 가구는 그 토지를 시정부에 양도할 것이다.

MVP amortization n. (부채의) 분할상환(액); (교회·법인에 대한) 부동산 양도

---

2191 ★★★
**brevity**
[brévəti]

**n. ① (지속 시간이) 짧음, 덧없음 = ephemerality, evanescence, transience**
**② 간결성, (문장 따위의) 간결함 = briefness, conciseness**

Though **brevity** may be the soul of wit, it may also be the product of laziness.
간결함은 지혜의 본질일 수 있지만, 게으름의 결과물일 수도 있다.

The thrust of James' question is to emphasize the **brevity** of human life.
제임스(James)의 질문의 요지는 인간의 삶의 덧없음을 강조하기 위한 것이다.

MVP brief a. 짧은, 단시간의; 덧없는

---

2192 ★★
**compound**
v. [kəmpáund]
n. a. [kάmpaund]

**v. ① 혼합하다, 합성하다 = blend, combine, mix**
**② 악화시키다, 더 심각하게 만들다 = aggravate, exacerbate, worsen**
**n. 혼합[복합, 합성]물 = composite, mixture**
**a. 합성[혼성, 혼합, 복합]의 = complex, composite, synthetic**

Unpaid tax bills **compounded** the company's financial problems of declining sales.
세금 미납이 그 회사가 판매고 감소로 직면한 재정 문제들을 더더욱 심각하게 만들었다.

Researchers have found that vitamins are essential organic **compounds** that the human body cannot synthesize.
과학자들은 비타민이 인체가 합성할 수 없는 필수적인 유기 화합물이라는 사실을 발견했다.

---

2193 ★
**frost**
[frɔ:st]

**n. ① 서리, 서릿발; 성에**
**② 결빙; 서리가 내릴 정도의 추운 날씨; (태도 등의) 쌀쌀함**
**v. 서리[성에]로 덮다; 된서리로 죽게 하다**

It will be a clear night with some ground **frost**.
지면에 서리가 약간 끼는 맑은 밤이 되겠습니다.

The car windows were covered with **frost**.
승용차 유리창에 성에가 잔뜩 끼어 있었다.

MVP frosty a. 서리가 내리는, 몹시 추운; 쌀쌀맞은
defrost v. (식품을) 해동하다; 서리[성에, 김]를 없애다

2194 ★★
**asunder**
[əsʌndər]

**ad. a. 산산이 흩어져[흩어진], 따로따로 떨어져[떨어진] = apart**

They were driven **asunder** by the war.
그들은 전쟁 통에 이산가족이 되었다.

---

2195 ★
**genuflect**
[dʒénjuflèkt]

**vi. ① (경의를 표하거나 예배를 드리기 위해) 한 쪽 무릎을 꿇다; 정중히 무릎 꿇다 = bow, kneel**
**② 비굴한 태도를 보이다, 비굴하게 추종하다 = kowtow, grovel**

A proud democrat, he refused to **genuflect** to any man.
자부심 강한 민주 당원으로서 그는 어느 누구에게도 무릎 꿇지 않았다.

---

2196 ★★
**retrospect**
[rétrəspèkt]

**n. 회상, 회고, 추억 = recollection, reminiscence**
**v. 회고[추억]하다; 회상에 잠기다[on]**

The decision seems extremely odd, in **retrospect**.
돌이켜 생각해 보면 그 결정은 대단히 이상한 것 같다.

MVP retrospective a. 회고의, 과거로 거슬러 올라가는

---

2197 ★
**jaded**
[dʒéidid]

**a. 몹시 지친; 물린, 싫증난 = exhausted, tired, weary**

She is **jaded** from too much work.
그녀는 과도한 업무로 지쳐 있다.

MVP jade v. 지치게 하다; 녹초가 되다; n. 비취, 옥(玉)

---

2198 ★★
**lust**
[lʌst]

**n. ① (특히 애정이 동반되지 않은 강한) 성욕, 욕정 = carnality, concupiscence, libido**
**② (아주 강한) 욕망, 갈망 = avidity, craving, desire**

It is very common for people to confuse **lust** for love.
사람들이 욕망과 사랑을 혼동하는 것은 매우 흔히 있는 일이다.

MVP lustful a. 호색적인(= lewd); 탐욕스러운
lusty a. 원기 왕성한, 기운이 넘치는; 튼튼한, 건장한

---

2199 ★
**stultify**
[stʌltəfài]

**vt. ① ~을 바보처럼 보이게 하다, 바보 취급하다, 우롱하다**
**② ~을 쓸모없게[헛되게] 만들다, 엉망으로 만들다**

His carelessness **stultified** his desperate efforts.
그는 부주의 때문에 필사적인 노력이 허사가 되고 말았다.

2200 ★★

**invulnerable**
[invʌ́lnərəbl]

a. ① **손상되지 않는, 불사신의, 무적의** = indomitable, invincible, unbeatable
② **공격할 수 없는, 처부술[논파할] 수 없는** = impregnable, inexpugnable

The submarine is **invulnerable** to attack while at sea.
그 잠수함은 바다 속에 있을 때는 난공불락이다.

MVP ↔ vulnerable a. 상처를 입기 쉬운; 비난[공격] 받기 쉬운; (유혹·설득 등에) 약한

## REVIEW TEST

### A. Write the meaning of the following words.

- □ exterminate ______
- □ spellbind ______
- □ content ______
- □ insignia ______
- □ spoil ______
- □ credential ______
- □ dog-in-the-manger ______
- □ forbear ______
- □ progenitor ______
- □ bootleg ______
- □ citadel ______
- □ typical ______
- □ rectitude ______
- □ elope ______
- □ prone ______
- □ huddle ______
- □ motion ______
- □ stratagem ______
- □ deprecate ______
- □ flotsam ______
- □ incense ______
- □ unruly ______
- □ burnish ______
- □ expulsion ______
- □ logical ______
- □ abscond ______
- □ pollen ______
- □ defect ______
- □ musty ______
- □ egress ______
- □ amortize ______
- □ brevity ______
- □ compound ______
- □ frost ______
- □ asunder ______
- □ genuflect ______
- □ jaded ______
- □ lust ______
- □ stultify ______
- □ invulnerable ______

※ 주어진 단어의 뜻을 본문에서 확인하시고 틀린 단어의 경우 박스에 체크한 뒤에 나중에 다시 학습하시기 바랍니다.

### B. Choose the synonym of the following words.

1. resplendent
2. amity
3. grandiose
4. clot
5. nutrition
6. talisman
7. retrospect
8. obligation
9. peculate
10. verge

Ⓐ coagulate
Ⓑ alimentation
Ⓒ amulet
Ⓓ recollection
Ⓔ embezzle
Ⓕ brilliant
Ⓖ magnificent
Ⓗ duty
Ⓘ amicability
Ⓙ brink

B. 1. Ⓕ 2. Ⓘ 3. Ⓖ 4. Ⓐ 5. Ⓑ 6. Ⓒ 7. Ⓓ 8. Ⓗ 9. Ⓔ 10. Ⓙ

2201 ★★★
**juvenile**
[dʒúːvənl]

**a. ① 젊은, 어린, 청소년의; 소년소녀를 위한 = adolescent, young**
**② 어린애 같은, 유치한, 미숙한 = childish, immature, infantile, puerile**
**n. 청소년, 아동 = child, youth**

**Juvenile** delinquency means antisocial actions and crimes by children and teenagers.
청소년 범죄란 아동이나 십대들이 저지른 반사회적 행동과 범죄를 뜻한다.

---

2202 ★★
**expertise**
[èkspərtíːz]

**n. 전문가적 의견, 전문 지식[기술] = know-how**

We need to tap the **expertise** of the people we already have.
우리는 우리에게 이미 있는 사람들의 전문지식을 활용할 필요가 있다.

---

2203 ★★
**surly**
[sə́ːrli]

**a. ① 무뚝뚝한, 퉁명스러운, 뚱한, 불친절한 = dour, sullen, testy**
**② (날씨가) 고약한, 험악한 = nasty, rough, stormy, wretched**

**Surly** young men can be also turned into kind employees.
무뚝뚝한 젊은이들도 친절한 직원이 될 수 있다.

When I saw the **surly** sky, I decided to stay indoors.
궂은 하늘을 보았을 때, 나는 실내에 머무르기로 결정했다.

---

2204 ★
**pry**
[prai]

**v. ① (남의 사생활을) 캐다, 파고들다, 캐묻다 = grill, inquire, interrogate**
**② 엿보다, 엿보고 다니다 = peek, peep, snoop**

I'm sick of you **prying** into my personal life!
당신이 내 사생활을 캐고 다니는 거 넌더리가 나요!

Lucy surreptitiously **pried** about his house.
루시(Lucy)는 은밀히 그의 집을 엿보았다.

---

2205 ★★
**acquisitive**
[əkwízətiv]

**a. (지식·부귀·세력 등을) 원하는; 욕심이 많은, 탐욕스런**
**= avaricious, covetous, greedy**

He has an **acquisitive** instinct for expensive cars.
그는 비싼 차에 대한 소유욕을 가지고 있다.

MVP acquisitiveness n. 탐욕
cf. inquisitive a. 호기심이 많은, 캐묻기 좋아하는

2206 ★★★

**detach**

[ditǽtʃ]

vt. ① 떼어내다, 분리하다 = disconnect, segregate, separate
② (군대·군함 등을) 파견[분견]하다 = dispatch

All members of the cast must stick to, not **detach** themselves from the script.
출연진 모두는 대본에 충실해야지 거기에서 이탈하면 안 된다.

MVP detachment n. 분리, 이탈; (세속·이해 등으로부터) 초연함, 초월
detached a. 초연한, 편견이 없는
↔ attach v. 붙이다; 첨부하다

2207 ★★

**cane**

[kein]

n. ① 지팡이, 단장; 매, 회초리, 막대기 = rod, walking stick
② (대나무·등나무·사탕수수 등의 마디 있는) 줄기 = stalk, stem

It took me three years of rehabilitation to walk without a **cane**.
내가 지팡이 없이 걷기까지는 3년간의 재활훈련이 필요했다.



2208 ★

**insouciant**

[insúːsiənt]

a. 무관심한, 태평한 = carefree, indifferent, nonchalant, pococurante

Your **insouciant** attitude indicates that you do not understand the seriousness of the situation.
너의 무관심한 태도는 상황의 심각성을 네가 전혀 이해하지 못하고 있다는 것을 의미한다.

2209 ★★

**scoop**

[skuːp]

n. ① 국자; 주걱, 큰 숟가락 = ladle
② 최신 정보, (신문의) 특종 = exclusive

v. ① 푸다, 뜨다, 퍼올리다 = dig
② (특종을) 입수하다[내다]; (다른 신문을) 앞지르다

She screamed when she heard the **scoop** on the news.
그녀는 뉴스에서 특종을 듣고는 소리를 질렀다.

2210 ★★★

**apprentice**

[əpréntis]

n. 견습생, 도제; 초심자 = cub, learner, probationer, pupil, trainee

As a bakery **apprentice**, Judy is learning skills that should help her become self-sufficient.
제과점 견습생으로서, 주디(Judy)는 자급자족할 수 있도록 도와주는 기술을 배우고 있다.

MVP apprenticeship n. 도제살이, 도제의 신분; 견습 기간

2211 ★★

**revert**

[rivə́ːrt]

v. ① (본래 상태·습관·신앙으로) 되돌아가다[to] = retrovert, turn back
② (처음 이야기·생각으로) 되돌아가다; 회상하다[to]

After her divorce she **reverted** to her maiden name.
그녀는 이혼 후에 처녀 때 쓰던 성을 다시 쓰기 시작했다.

2212 ★
**brash**
[bræʃ]

a. ① 경솔한, 무모한 = foolhardy, madcap, reckless
② 버릇없는, 무례한, 건방진 = arrogant, bumptious, presumptuous

The **brash** young technology start-ups of the past have become the established major corporations of today.
과거에 무모했던 젊은 신생 IT기업들이 오늘날 확고하게 자리 잡은 대기업이 되었다.

2213 ★
**genealogy**
[dʒìːniǽlədʒi]

n. 가계(家系), 혈통; 계통, 계보 = ancestry, descent, lineage, pedigree

Everyone can link their **genealogies** to someone alive during the golden age of Greece.
모든 사람들은 그들의 가계를 그리스의 황금시대에 살았던 사람들과 연결시킬 수 있다.

MVP genealogic a. 가계(家系)의, 혈통의; 족보의, 계보의(= genealogical)
genealogically ad. 족보[계보] 상으로
genealogist n. 계보[족보]학자
cf. gynecology n. 부인과학, 부인병학

2214 ★★
**pressing**
[présiŋ]

a. ① 긴급한, 절박한 = imperative, urgent
② 간청하는, 귀찮게 조르는

He left town on some **pressing** business.
그는 급한 일로 마을을 떠났다.

2215 ★★
**forage**
[fɔ́ːridʒ]

v. ① (식량 등을) 찾아다니다, 마구 뒤적여 찾다
= ransack, rummage, scrounge, search for
② 침입하다, 침략하다
n. ① 꼴, 마초(馬草), 말이나 소의 먹이
② 침입, 습격

Wild animals **forage** for food to store as fat for the winter.
야생동물들이 겨울에 쓸 지방을 축적하기 위해 먹이를 찾아다닌다.

MVP forager n. 식량[사료] 징발자, 약탈자

2216 ★
**slit**
[slit]

n. ① 길게 베어진 상처[자국]
② 갈라진 틈, 틈새 = crack, cut, gash, incision
v. 세로로 베다[자르다, 째다, 찢다] = cut, rip, slash

She watched them through a **slit** in the curtains.
그녀는 커튼 사이 틈을 통해 그들을 주시했다.

MVP cf. sleet n. 진눈깨비

2217 ★★

**rove**

[rouv]

v. (정처 없이) 헤매다, 배회[유랑]하다 = ramble, roam, wander

A quarter of million refugees **roved** around the country.
25만 명의 난민들이 그 나라를 방랑했다.

2218 ★

**whopping**

[hwάpiŋ]

a. 엄청나게 큰, 터무니없이 큰, 굉장히 큰 = enormous, gigantic, huge, massive
n. ① 태형(笞刑), 매질, 매로 다스리기 = flogging, gauntlet
② 대패(大敗), 참패 = defeat, thrashing

The company made a **whopping** 75 million dollar loss.
그 회사는 7,500만 달러라는 엄청나게 큰 손실을 보았다.

MVP whop v. 강타하다, 때리다, 채찍질하다; (경기 등에서) 완전히 격파하다; n. 찰싹 때리기, 구타
whopper n. 때리는[구타하는] 사람; 엄청난 것; 굉장히 큰 것; 새빨간 거짓말, 허풍



2219 ★★★

**congratulation**

[kəngrætʃuléiʃən]

n. 축하, 경축; (pl.) 축사 = celebration, felicitation

She flashed him a false smile of **congratulation**.
그녀는 그에게 마음에 없는 축하 미소를 지어 보였다.

MVP congratulate vt. 축하하다, 경축하다; 기뻐하다, 자랑스러워하다
congratulant a. 축하의, 경하의; n. 축하하는 사람, 하객

2220 ★

**viscous**

[vískəs]

a. (액체가) 끈적거리는, 점성이 있는 = gluey, glutinous, gooey, sticky

The acid is an odorless, colorless, and highly **viscous** liquid.
그 산은 무색무취의 액체로 아주 끈적거린다.

MVP viscousness n. 끈끈함, 점착성
viscid a. 점착성의, 찐득찐득한
cf. vicious a. 부도덕한, 악의 있는

2221 ★★

**axis**

[ǽksis]

n. 굴대, 축(軸) = axle, pivot, shaft, spindle

Once infamously included in "**axis** of evil" by George Bush, Iran and North Korea now seem to be walking on divergent paths.
한때 불명예스럽게도, 조지 부시(George Bush)에 의해 '악의 축'에 포함되었던 이란과 북한은 이제는 서로 다른 길을 걷고 있는 듯하다.

2222 ★★
**infuse**
[infjú:z]

**v. (신념·사상, 활력 등을) 불어넣다, 주입하다 = inspire, instill**

The sustenance was given so uncommonly that it did not **infuse** the patient with new life and vigor.
음식물이 아주 드물게 제공되었기 때문에 그것은 환자에게 새로운 생기와 활력을 불어넣지 못했다.

MVP infusion n. 주입, 고취
cf. defuse v. (긴장·위험 등을) 진정[완화]시키다; (폭탄의) 뇌관[신관]을 제거하다

---

2223 ★
**choleric**
[kálərik]

**a. 성마른, 화를 잘 내는 = irascible, irritable, peevish, testy, touchy**

His flushed, angry face indicated a **choleric** nature.
그의 달아오른 성난 얼굴은 그가 화를 잘 내는 성격을 가지고 있음을 보여주었다.

MVP choler n. 성마름

---

2224 ★★★
**troop**
[tru:p]

**n. ① 대(隊), 떼, 무리 = band, company, crowd, pack, team**
**② (pl.) 군대, 병력 = army, military**
**vi. 떼 지어 모이다[up, together]; 떼를 지어 걸어가다[오다]**
**= flock, swarm, throng**

Our **troop** breasted it out but we got defeated by enemies.
우리 군대는 끝까지 저항하였지만 적군들에게 패배했다.

MVP trooper n. 기병; 포병
troop dispatch 군대 파견

---

2225 ★
**feral**
[fíərəl]

**a. ① (동식물이) 야생의; 야생으로 돌아간 = wild**
**② (사람이) 야만적인, 흉포한 = brutal**

**Feral** cats have adapted well to life in the desert.
야생 고양이는 사막의 생활에도 잘 적응했다.

---

2226 ★★
**duplicity**
[dju:plísəti]

**n. 표리부동, 불성실; 이중성 = double-dealing**

Having discovered that he had invented the details of his past, Frank's friends were appalled by his **duplicity**.
프랭크(Frank)가 과거의 세부적인 행적들을 날조했다는 사실을 알게 된 그의 친구들은 그의 표리부동함에 섬뜩함을 느꼈다.

2227 ★
**stump**
[stʌmp]

n. ① (나무의) 그루터기 = snag, stub
② (연필·양초 등의) 쓰다 남은 동강 = butt, remainder, remnant, stub
③ (선거 등) 연설의 연단 = dais, platform, podium, rostrum
v. ① 쩔쩔매게 하다, 당황하게 하다 = baffle, bewilder, confound, flummox
② (선거) 유세를 하다 = barnstorm, campaign, canvass, electioneer

The candidate **stumped** around the country trying to build up support.
그 후보는 지지를 모으려고 유세를 하며 전국을 돌아다녔다.

---

2228 ★★
**evince**
[ivíns]

vt. (감정·특질을) 분명히 밝히다[피력하다], 명시하다, 드러내다
= demonstrate, evidence, manifest

He **evinced** great sorrow for what he had done.
그는 자신이 저지른 일에 대해 깊은 슬픔을 드러냈다.

The new secretary **evinced** impressive typing and filing skills.
새로 온 비서는 인상적인 타이핑 기술과 서류 정리 기술을 보여주었다.

---

2229 ★
**orgy**
[ɔ́:rdʒi]

n. ① 진탕 먹고 마시며 난잡하게 노는 잔치, 주지육림; 유흥, 방탕 = debauch, revel
② (지나치게) 열중함, 탐닉 = indulgence, spree

Alexander VI is well known for his notorious Vatican **orgies**.
알렉산더 6세(Alexander VI)는 바티칸 궁전에서의 악명 높은 주지육림으로 잘 알려져 있다.

---

2230 ★★
**gaunt**
[gɔ:nt]

a. ① 수척한, 몹시 여윈 = bony, skinny, thin
② 황량한, 쓸쓸한 = barren, bleak

His once round face looked surprisingly **gaunt** after he had lost weight.
체중을 줄인 후에 그의 통통하던 얼굴은 놀랍도록 수척해 보였다.

---

2231 ★
**slime**
[slaim]

n. ① 차진 흙; 끈끈한 물질; 점액(粘液), (달팽이·물고기 등의) 진액
= sludge; mucus
② 악취가 나는 것 = filth, muck

The snails excrete **slime** while moving, and it has an anti-aging effect on human skin.
달팽이는 움직이면서 점액질을 배출하는데, 이것은 사람의 피부에 대해 노화방지 효과가 있다.

MVP slimy a. 진흙의; 진흙투성이의; 끈적끈적한

2232 ★★★

**queue**
[kjuː]

**n. (차례를 기다리는 사람들·자동차 등의) 줄, 열 = line, row**
**v. 줄을 서다 = line up**

The many thousands of Egyptians **queueing** patiently outside balloting stations for the elections knew they were making history.
선거를 위해 투표소 밖에서 참을성 있게 줄을 서 있던 많은 이집트인들은 자신들이 역사를 만들고 있다는 사실을 알고 있었다.

2233 ★★

**rudiment**
[rúːdəmənt]

**n. ① (pl.) 기본, 기초 (원리); 초보 = basics, foundation, fundamentals**
**② (pl.) (발전의) 조짐, 싹수**

It only took me an hour to learn up the **rudiments** of French grammar.
나는 프랑스어 문법의 기초를 배우는 데 한 시간 밖에 걸리지 않았다.

MVP rudimentary a. 기본적인, 초보의(= basic, elementary); 흔적의, 흔적만 남은

2234 ★

**clapped-out**
[klǽptàut]

**a. 낡아빠진; 지친, 녹초가 된 = worn-out; exhausted**

Commercial kitchens used in the UK are **clapped-out** and inefficient.
영국에서 사용되는 업무용 주방은 낡고 비효율적이다.

2235 ★

**affix**
v. [əfíks]
n. [ǽfiks]

**vt. 첨부하다, 붙이다 = attach, paste**
**n. ① 부착물 = supplement**
**② 〈문법〉 접사(접두사·접미사 등)**

**Affix** the blue airmail label and leave the rest to us.
파란색 항공 우편 라벨을 붙이시고 나머지는 저희에게 맡기세요.

MVP prefix n. 접두사
suffix n. 접미사

2236 ★

**panoply**
[pǽnəpli]

**n. ① 장대한 진용 배열, 장관 = array, range**
**② (한 벌의) 갑옷과 투구 ; 완전한 장비; (도구의) 한 벌 = armaments**
**③ 덮개, 방어물; 정장; 훌륭한 장식[꾸밈] = adornment, trappings**

The medieval knight in full **panoply** found his movements limited by the weight of his armor.
갑옷과 투구로 완전 무장한 중세 기사는 그것들의 무게 때문에 움직임에 제약이 따랐다.

2237 ★★
**dissipate**
[dísəpèit]

v. ① (안개·구름 따위를) 흩뜨리다; (군중 따위를) 쫓아 흩어버리다;
(열 따위를) 방산하다 = dispel, dissolve
② (의심·공포 따위를) 일소하다
③ 사라지다, 흩어져 없어져 버리다
④ (시간·돈 등을) 허투루 쓰다, 낭비하다 = prodigalize, squander, waste

Her laughter soon **dissipated** the tension in the air.
그녀의 웃음으로 공기 중에 감돌던 긴장감이 곧 소멸되었다.

Robert Brown **dissipated** a fortune, and went off to China.
로버트 브라운(Robert Brown)은 재산을 탕진했고, 중국으로 떠났다.

MVP dissipated a. 방탕한, 난봉부리는; 낭비된



---

2238 ★
**bipolar**
[baipóulər]

a. ① 상반되는, 양극단의 = antithetical, conflicting, contrary
② 조울증의, 조울증을 앓는

Her daughter is 16, and she has autism and **bipolar** disorder.
그녀의 딸은 16살인데, 자폐증과 양극성 장애를 가지고 있다.

MVP polar a. 극지(極地)의, 남극의, 북극의; 극지에 가까운

---

2239 ★★
**lampoon**
[læmpúːn]

n. 풍자; 풍자문, 풍자문학 = burlesque, caricature, satire
vt. 풍자하다, 빈정거리다, 놀리다 = mimic, mock, parody, satirize

His cartoons mercilessly **lampooned** the politicians of his time.
그의 만화들은 그가 살던 시대의 정치인들을 가차 없이 풍자했다.

---

2240 ★★★
**hostage**
[hástidʒ]

n. ① 볼모(의 처지); 인질 = captive, prisoner
② 저당물; 담보 = pledge, security

Another U.S. national held **hostage** in Iraq was reported dead.
이라크에서 인질로 잡혔던 또 한 명의 미국인이 사망한 것으로 보도되었다.

---

2241 ★
**filch**
[filtʃ]

vt. 훔치다, 좀도둑질[들치기]하다 = steal, thieve

Someone **filched** my bag last night.
어젯밤에 누군가가 내 가방을 훔쳐 갔다.

MVP filcher n. 좀도둑

2242 ★★

**mine**

[main]

**n. 광산; 광상(鑛床); 지뢰; 갱도**

**Mine** is a deposit of minerals in the earth, but it also has another meaning as a bomb which is hidden in the ground and explodes when people or things touch it.

mine이라는 단어는 땅속에 있는 광물의 매장층을 뜻하지만, 땅속에 숨겨져 있어 사람이나 사물의 접촉 시에 폭발하는 폭약이라는 또 다른 뜻도 가지고 있다.

---

2243 ★

**ejaculate**

[idʒǽkjulèit]

**v. ① (갑자기) 소리치다, 외치다 = exclaim, scream, shout, yell**
**② (액체를) 내뿜다; (정액을) 사출하다 = discharge, eject**

"Who are you?" she **ejaculated** in French, confronting him.

"당신 누구야?"라고 그녀는 프랑스어로 소리치며, 그를 마주보았다.

MVP ejaculation n. (갑작스러운) 외침, 절규; (남자의) 사정

---

2244 ★★

**installment**

[instɔ́:lmənt]

**n. ① 할부; 분할불의 1회분, 할부금 = easy terms, monthly payment**
**② (전집·연속 간행물 등 연속물의) 1회분 = episode**

Did you buy this in a lump sum or on an **installment** plan?

이것을 일시불로 사셨어요, 아니면 할부로 사셨어요?

MVP install vt. 설치하다, 가설하다, 설비하다; 취임시키다
installment buying[selling] 할부 구입[판매]
on the installment plan 할부[월부]로

---

2245 ★★★

**nominal**

[nάmənl]

**a. ① 이름뿐인, 명목상의 = titular, token**
**② (가격 등이) 아주 적은 = insignificant**

Bert was just the **nominal** chairman of the committee.

버트(Bert)는 그 위원회에서 명목상의 의장에 불과했다.

The cost was **nominal** in comparison with the enormous value of what you received.

네가 받은 것의 막대한 가치에 비하면 그 비용은 미미한 편이었다.

MVP nominally ad. 명목상, 명의상

---

2246 ★

**belch**

[beltʃ]

**v. ① 트림하다 = burp**
**② (폭언·욕설 등을) 내뱉다[forth]; (가스·연기 등을) 내뿜다, 분출하다[out, forth]**
**= emit, gush, puff**

He wiped his hand across his mouth, then **belched** loudly.

그가 손으로 입 언저리를 쓱 훔치더니 크게 트림을 했다.

2247 ★★

**terminology**
[tə̀ːrmənάlədʒi]

**n. (전문) 용어 = jargon, lingo, term**

Difficult **terminology** and content will require supplementary explanation.
어려운 용어나 내용은 보충 설명이 필요하다.

---

2248 ★★★

**converse**
v. a. [kənvə́ːrs]
n. [kάnvəːrs]

**vi. 담화하다, 이야기를 나누다 = speak, talk**
**a. 역(逆)의, 거꾸로의 = contrary, opposite, reverse**
**n. 역(逆), 반대**

**Conversing** with words is becoming obsolete.
말로 대화를 나누는 것은 시대에 뒤떨어진 방식이 되어가고 있다.

MVP conversation n. 대담, 대화, 회화
conversion n. 변환, 전환; 전향, 개종
conversely ad. 거꾸로, 반대로; 거꾸로 말하면



---

2249 ★★★

**subject**
n. a. [sʌ́bdʒikt]
v. [səbdʒékt]

**n. ① (논의 등의) 주제; 당면과제, 문제, 사안 = matter, theme**
**② (학교의) 학과, (시험) 과목; 〈문법〉 주어, 주부**
**③ (행위의) 대상, 소재; 실험대상, 피험자; 국민, 피지배자**
**a. ① 지배를 받는; 복종하는; 종속하는**
**② 걸리기 쉬운, 당하기 쉬운; (승인 따위를) 받아야 하는**
**vt. (~을) 지배하에 두다, 종속시키다 = subordinate**

We need male **subjects** for the experiment.
우리는 그 실험을 위해 남성 피험자들이 필요하다.

The plan is **subject** to your approval.
이 계획은 당신의 찬성을 필요로 한다.

MVP subjection n. 정복; 복종; 좌우됨, 의존함, 종속; 예속 상태
subjective a. 주관적인; 개인적인; 피지배자의; 〈문법〉 주격의
cf. object n. 물건; (연구 등의) 대상; 목적; 〈문법〉 목적어; v. 반대하다

---

2250 ★

**ornithology**
[ɔ̀ːrnəθάlədʒi]

**n. 조류학**

My son has been an ornithophile, and he would like to major in **ornithology** in college.
우리 아들은 새 애호가이고, 대학에서 조류학을 전공하고 싶어 한다.

MVP ornithologist n. 조류학자

〈주요 조류 관련 어휘〉

| | | |
|---|---|---|
| crane n. 두루미, 학 | crow n. 까마귀 | dove n. 비둘기 |
| eagle n. 독수리 | hawk n. 매 | magpie n. 까치 |
| owl n. 올빼미 | parrot n. 앵무새 | seagull n. 갈매기 |
| sparrow n. 참새 | swallow n. 제비 | thrush n. 개똥지빠귀 |

## REVIEW TEST

### A. Write the meaning of the following words.

| | |
|---|---|
| □ juvenile ______ | □ feral ______ |
| □ expertise ______ | □ duplicity ______ |
| □ surly ______ | □ stump ______ |
| □ pry ______ | □ evince ______ |
| □ acquisitive ______ | □ orgy ______ |
| □ detach ______ | □ gaunt ______ |
| □ cane ______ | □ slime ______ |
| □ scoop ______ | □ rudiment ______ |
| □ apprentice ______ | □ panoply ______ |
| □ revert ______ | □ dissipate ______ |
| □ brash ______ | □ bipolar ______ |
| □ genealogy ______ | □ hostage ______ |
| □ forage ______ | □ mine ______ |
| □ slit ______ | □ ejaculate ______ |
| □ rove ______ | □ installment ______ |
| □ whopping ______ | □ nominal ______ |
| □ congratulation ______ | □ belch ______ |
| □ axis ______ | □ converse ______ |
| □ infuse ______ | □ subject ______ |
| □ troop ______ | □ ornithology ______ |

※ 주어진 단어의 뜻을 본문에서 확인하시고 틀린 단어의 경우 박스에 체크한 뒤에 나중에 다시 학습하시기 바랍니다.

### B. Choose the synonym of the following words.

| | |
|---|---|
| 1. insouciant | Ⓐ urgent |
| 2. choleric | Ⓑ worn-out |
| 3. terminology | Ⓒ row |
| 4. filch | Ⓓ carefree |
| 5. lampoon | Ⓔ jargon |
| 6. pressing | Ⓕ steal |
| 7. affix | Ⓖ gluey |
| 8. clapped-out | Ⓗ irascible |
| 9. queue | Ⓘ satire |
| 10. viscous | Ⓙ attach |

B. 1. Ⓓ 2. Ⓗ 3. Ⓔ 4. Ⓕ 5. Ⓘ 6. Ⓐ 7. Ⓙ 8. Ⓑ 9. Ⓒ 10. Ⓖ

2251 ★★★

**hereditary**

[hərédətèri]

a. ① 유전하는, 유전성의, 유전적인 = genetic, inheritable
② 상속권에 의한, 세습의, 세습되는

Many people believe that alcoholism is **hereditary**.
많은 사람들은 알코올 중독이 유전된다고 믿는다.

---

2252 ★★

**clemency**

[klémənsi]

n. ① (성격·성질의) 온화, 온순; 관대, 자비 = charity, gentleness
② (처벌 대상에 대한) 관용, 관대한 처분 = leniency, mercy
③ (날씨의) 온화함, 따뜻함

The court showed the greatest **clemency** to him as far as the law permits.
법원은 법이 허용하는 범위 내에서 그에게 최대한 관용을 베풀었다.

MVP clement a. 온후한; 자비스러운, 관대한; (기후가) 온화한, 온난한
inclement a. (날씨가) 험악한, 거칠고 궂은, 혹독한, 한랭한



---

2253 ★

**impinge**

[impíndʒ]

vi. 침범[침해]하다; ~에 영향[지장]을 주다; 부딪히다, 충돌하다

He never allowed his work to **impinge** on his private life.
그는 일이 사생활에 지장을 주는 것을 결코 용납하지 않았다.

---

2254 ★★★

**example**

[igzǽmpl]

n. ① 예, 보기, 실례; 전례 = instance; precedent
② 본보기, 모범, 본; (벌로서의) 교훈, 경고 = model; lesson

**Examples** were used to flesh out the skeleton of the argument.
그 주장의 뼈대에 살을 붙이기 위해 예시들이 이용되었다.

Her courage is an **example** to us all.
그녀의 용기는 우리 모두에게 모범이 된다.

MVP cf. exemplar n. 모범, 본보기; 보기, 예, 예증; 원형, 원본

---

2255 ★★★

**dim**

[dim]

a. ① (빛·장소가) 어둑한, 어스레한 = dull, dusky, gloomy, murky
② (형체가) 잘 안 보이는, 흐릿한; (기억이) 희미한, 어렴풋한
= bleary, blurred, faint, hazy

Her eyes dilated and grew darker in the **dim** saloon.
어둑한 술집에서 그녀의 눈은 더 커지고 점점 검어졌다.

MVP cf. din n. 소음, 시끄러운 소리

2256 ★★
**buffoonery**
[bəfúːnəri]

n. ① **광대짓, 익살, 해학 = clownery, drollery**
② **저속한 농담 = jest, jocularity, joke, raillery**

The film was full of wordplay and **buffoonery**.
그 영화는 재치 있는 말장난과 저속한 농담으로 가득했다.

MVP buffoon n. 어릿광대, 익살꾼

---

2257 ★★
**corrode**
[kəróud]

v. **부식시키다, 좀먹다; 부식하다 = erode, rot, rust**

Salt water will **corrode** and destroy circuit boards easily.
소금물은 회로판을 쉽게 부식시키고 파괴할 것이다.

MVP corrosion n. 부식(작용), 침식; 부식에 의해 생긴 것(녹 등); (걱정이) 마음을 좀먹기
corrosive a. 부식하는, 부식성[침식성]의; (정신적으로) 좀먹는

---

2258 ★
**ado**
[ədúː]

n. ① **야단 법석, 소동 = commotion, fuss, to-do, uproar**
② **노고, 고생, 고심 = toil, travail**

I hope that you will achieve your next goal without more **ado**.
나는 당신이 순조롭게 다음 목표를 이루기를 바란다.

---

2259 ★★
**stringent**
[stríndʒənt]

a. ① **(법률·규칙·규정 등이) 엄중한, 엄격한 = rigorous**
② **(자금이나 재정적 조건이) 긴박한, 절박한**

We shall need more **stringent** laws against pollution.
우리에게는 공해 방지를 위한 보다 엄격한 법이 필요하다.

---

2260 ★★
**glacier**
[gléiʃər]

n. **빙하**

If a part of a **glacier** breaks off, falls into the ocean and floats away, an iceberg is formed.
만약 빙하의 일부가 분리되어, 바다로 떨어져 떠다니면, 빙산이 만들어진다.

MVP glacial a. 얼음의; 빙하의; 빙하시대의; (빙하처럼) 느린, 지지부진한
cf. iceberg n. 빙산

---

2261 ★
**prevaricate**
[privǽrəkèit]

vi. **얼버무리다, 발뺌하다; 속이다, 거짓말하다 = dodge, equivocate, evade; lie**

Wendy **prevaricated** over whether she would marry the old millionaire.
웬디(Wendy)는 그 늙은 백만장자와 결혼할 것인지에 대해 얼버무렸다.

MVP prevarication n. 얼버무림, 발뺌; 속여 넘김

2262 ★★★

**revolution**
[rèvəlúːʃən]

**n. ① 혁명; 변혁 = coup, revolt; upheaval**
**② 회전(운동); 〈천문학〉 공전(公轉) = rotation, turn**

Oppression of the poor often leads to **revolution**.
가난한 사람들에 대한 압제가 흔히 혁명을 불러온다.

MVP revolve v. 회전하다, 선회(旋回)하다; 공전하다
revolutionary a. 혁명의; 혁명적인; 회전하는
revolver n. (회전식의) 연발권총

---

2263 ★★

**exalt**
[igzɔ́ːlt]

**vt. ① (지위·명예 등을) 높이다, 승격시키다 = elevate, promote**
**② 칭찬하다, 찬양하다 = extol, glorify, laud**

In recent manifestations, Western civilization has tended to **exalt** science and its technological applications at the expense of the arts.
최근 징후를 보면, 서구 문명은 인문과학을 희생시킨 채 과학과 기술의 응용을 숭상하는 경향이 있어 왔다.

The theater critics **exalt** the young actor to the skies.
연극비평가들은 그 젊은 배우를 극구 칭찬한다.

MVP exalted a. 지위[신분]가 높은; 너무나 기쁜, 의기양양한, 우쭐한
exaltation n. 높임; 고양(高揚); 칭찬, 찬양; 우쭐함, 의기양양
cf. exult v. 크게 기뻐하다, 기뻐 날뛰다

---

2264 ★

**libretto**
[librétou]

**n. (오페라·음악극 등의) 가사, 대본**

The music was composed by Richard Strauss, and the **libretto**, or text, was written by the poet Hugo von Hofmannsthal.
이 음악은 리처드 스트라우스(Richard Strauss)가 작곡했고, 가사는 시인 휴고 폰 호프만스탈(Hugo von Hofmannsthal)이 썼다.

---

2265 ★★

**murky**
[mə́ːrki]

**a. ① 매우 어두운, 깜깜한; 어둑어둑한 = dark, dim, lightless**
**② 아주 음울한 = dismal, dreary, gloomy**
**③ (표현 등이) 애매한, 이해하기 어려운 = obscure, unperceivable**

Despite the water's **murky** color, Crystal City's residents were told it was safe to drink.
물색깔이 탁했음에도 불구하고, 크리스탈 시(Crystal City)의 주민들은 그 물이 마시기에 안전하다는 말을 들었다.

2266 ★★
**wilt**
[wilt]

**v. ① (화초 등이[을]) 시들다[시들게 하다] = shrivel, wither, wizen**
**② (사람이) 지치다, 풀이 죽다, 약해지다 = droop, languish, sag**

The flowers have all **wilted**.
꽃들이 모두 시들었다.

He was **wilting** under the pressure of work.
그는 업무 스트레스 때문에 지쳐 가고 있었다.

---

2267 ★
**edict**
[íːdikt]

**n. 칙령, 포고; 명령 = decree, mandate, ordinance, proclamation**

The king published an **edict** that all prisoners should be released.
왕은 모든 죄수를 풀어주라는 칙령을 내렸다.

---

2268 ★★★
**overlap**
[òuvərlǽp]

**v. ① 부분적으로 덮다; 부분적으로 ~위에 겹치다, 마주 겹치다**
**= overlay, superimpose**
**② 일부분이 일치하다; (시간 등이) 중복되다**

A fish's scales **overlap** each other.
물고기의 비늘은 서로 겹쳐져 있다.

---

2269 ★★
**contentious**
[kənténʃəs]

**a. ① 논쟁[싸움]을 좋아하는 = argumentative, quarrelsome**
**② 논쟁적인, 논쟁을 불러일으키는 = controversial, disputable**

He is a **contentious** man, always arguing with everyone.
그 사람은 입씨름하는 것을 좋아해서 항상 모든 사람들과 언쟁을 벌인다.

Capital punishment is still a **contentious** issue.
사형은 여전히 논쟁을 불러일으키고 있는 사안이다.

MVP contention n. 논쟁, 언쟁
contend v. 다투다, 경쟁하다; 논쟁하다; 주장하다

---

2270 ★★
**boulevard**
[búləvɑ̀ːrd]

**n. 넓은 가로수 길; 큰길, 대로 = avenue, thoroughfare**

The museum at the top of the square looks down on a **boulevard** of big stores and nightlife.
광장 꼭대기에 있는 박물관은 큰 가게들과 유흥가가 있는 대로를 내려다보고 있다.

2271 ★
**roil**
[rɔil]

v. ① (액체를) 휘젓다, 흐리게 하다 = agitate, beat, churn, stir, whip, whisk
② 요동치다, 요동치게 만들다 = jolt, plunge, shake, thrash
③ 화나게 만들다, 발끈하게 하다 = irritate, miff, offend, peeve, vex

The powerful storm **roiled** the sea, overturning the boat.
강력한 폭풍이 바다를 휘저었고, 배를 뒤집어버렸다.

That comment still **roils** some professors at the university.
그 발언은 그 대학교에 적을 둔 일부 교수들을 발끈하게 만들었다.

2272 ★★
**impostor**
[impástər]

n. 사기꾼, 협잡꾼; (성명·신분 등을) 사칭하는 사람 = charlatan, mountebank

The **impostor** posed as the president of the company.
사기꾼이 그 회사의 사장을 사칭했다.

MVP imposture n. 사칭, 사기행위

2273 ★
**slink**
[sliŋk]

vi. 살금살금[가만히] 걷다, 살며시 도망치다; (여자가) 간들간들 걷다
= creep, sneak
n. 좀도둑

He **slinks** around the house as though he shouldn't be there.
그는 못 올 곳에 온 것처럼 집 주위를 살금살금 걸어 다닌다.

MVP slinkingly ad. 몰래, 가만히, 살며시

2274 ★★
**niggardly**
[nígərdli]

a. ① 인색한, 쩨쩨하게 구는 = miserly, parsimonious, stingy
② (액수·분량이) 아주 적은, 빈약한, 근소한

He is not **niggardly** of money.
그는 돈에 인색하지 않다.

MVP niggard n. 인색한 사람, 구두쇠

2275 ★★★
**chimney**
[tʃímni]

n. (집·기관차·기선·공장 등의) 굴뚝 = funnel, smokestack, stack

The smoke rose up from the **chimney** to join the clouds.
연기가 굴뚝에서 피어올라 구름과 하나가 되었다.

2276 ★★

**deviate**
[díːvièit]

**v. (상도·원칙 따위에서) 벗어나다, 빗나가다 = depart, stray, swerve**

To be fully normal is impossible. Everyone **deviates** from the norm.
완전하게 정상적이라는 것은 불가능하다. 모든 사람들은 표준에서 벗어나 있다.

MVP deviation n. 탈선, 일탈
deviance n. 일탈 (행동)(= deviancy); 〈통계〉 편차값
deviant a. (정상에서) 벗어난; n. 사회의 상식[습관]에서 벗어난 사람, 이상 성격자
undeviating a. 정도를 벗어나지 않는

---

2277 ★

**alma mater**
[áːlmə máːtər]

**n. 모교(母校), 출신교 = old school**

More than two-thirds, or 69 percent, of "SKY" graduates were proud of their **alma mater**.
'SKY'대 졸업생의 3분의 2 이상, 즉 69%가 모교를 자랑스럽게 여겼다.

---

2278 ★★★

**friction**
[fríkʃən]

**n. ① (두 물체의) 마찰 = abrasion, rubbing**
**② 알력(軋轢), 불화, 갈등 = conflict, hostility, opposition**

There was much **friction** between his father and his wife.
그의 아버지와 그의 아내 사이에 많은 갈등이 있었다.

---

2279 ★★

**sultry**
[sʌ́ltri]

**a. 무더운, 찌는 듯이 더운, 후텁지근한 = muggy, sweltering**

It was a very **sultry** day, so the child was roaming around the fan.
그 날은 매운 무더운 날이어서 그 아이는 선풍기 주위를 맴돌았다.

---

2280 ★

**tome**
[toum]

**n. 큰 책, 학술서적 = a large and scholarly book**

This **tome** is so big and heavy that the little girl can barely move it.
이 장서는 꼬마 아가씨가 들기에는 너무 크고 무겁다.

---

2281 ★★

**expatriate**
[ekspéitrièit]

**n. (고국이 아닌) 국외 거주자, 해외 근무[주재]자**
**v. 국외로 추방하다 = banish, deport, exile, expel**

He's been working in Barcelona for a year, but his friends are all **expatriates**, not local people.
그는 1년 동안 바르셀로나에서 일하고 있지만, 그의 친구들은 모두 현지인들이 아닌 국외거주자들이다.

We **expatriated** the prisoners of war immediately after the end of the war.
우리는 전쟁이 끝난 이후 즉시 전쟁포로를 국외로 추방했다.

2282 ★★

**promiscuous**
[prəmískjuəs]

a. ① (성생활이) 난잡한[문란한]
② 난잡한, 뒤범벅의; 엉망인 = disorderly, indiscriminate

Rumors spread that he is **promiscuous**.
그는 사생활이 문란하다고 소문이 났다.

---

2283 ★★★

**virtue**
[və́:rtʃu:]

n. ① 미덕, 덕, 선; 선행, 덕행 = goodness, integrity, morality
② 장점, 가치 = advantage, merit

**Virtue** triumphs over vice in the end.
선은 결국에는 악을 이긴다.

MVP virtuous a. 덕이 있는, 고결한; 정숙한
by virtue of ~에 의해서, ~의 이유로
↔ vice n. 악덕, 악, 사악; 결함, 결점

---

2284 ★★

**gloss**
[glɔs]

v. ① 광택을 내다 = polish, shine
② 겉치레를 하다; 그럴듯하게 얼버무리다, 속이다[over]
n. ① 광택, 윤 = luster, sheen
② 허식, 겉치레 = varnish, veneer

Beneath the **gloss** of success was a tragic private life.
성공의 허울 속에는 비극적인 사생활이 자리 잡고 있었다.

Japanese history books are criticized for **glossing** over Japan's wartime atrocities.
일본 역사 교과서는 일본이 전쟁 당시 자행한 만행들을 미화시켰다는 비판을 받고 있다.

MVP glossy a. 광택 있는, 번쩍번쩍하는, 번들번들한; 그럴 듯한
cf. gross a. 뚱뚱한, 큰; 전반적인, 총계의

---

2285 ★★

**cipher**
[sáifər]

n. ① (숫자의) 영(零) = naught, nil, zero
② 암호, 암호문 = code, cryptogram
③ 하찮은 사람[것] = nobody, nonentity, nullity

The spy sent the information in **cipher**.
스파이는 정보를 암호로 만들어서 보냈다.

MVP decipher v. (암호문을) 해독하다(= decode)

---

2286 ★

**doggerel**
[dɔ́:gərəl]

a. (시가) 우스꽝스러운; 조잡한, 졸렬한 = awkward, bungling, clumsy, unskillful
n. 엉터리 시; 광시(狂詩)

The teacher had identified his **doggerel** verse at last.
그 교사는 마침내 그의 조잡한 시를 발견했다.

2287 ★★
**clique**
[kli:k]

**n. (배타적인) 소집단, 파벌, 패거리, 도당 = coterie, faction, posse**

He said that certain members of the film industry had formed a **clique**.
그는 영화업계의 일부 구성원들이 파벌을 형성했었다고 말했다.

MVP cliquish a. 도당의, 파벌적인; 배타적인(= cliquey)

2288 ★★
**twilight**
[twáilàit]

**n. ① (해진 뒤·해뜨기 전의) 어스름, 해질녘, 황혼 = dusk, sunset**
**② (the ~) (전성기·성공 뒤에 오는) 쇠퇴기 = decline, ebb**

We went for a walk along the beach at **twilight**.
우리는 해질녘에 해변으로 산책을 나갔다.

2289 ★★★
**barter**
[bá:rtər]

**v. 물물교환하다, 교역하다 = exchange, swap, trade**

During the frontier days, settlers **bartered** goods with one another.
변경(邊境) 지역을 개척하던 시대에, 정착민들은 서로 물물교환을 했다.

2290 ★★
**anesthetic**
[ænəsθétik]

**n. 마취제, 마취약 = narcotic, stupefacient**
**a. ① 마취의**
**② (몸이) 무감각한, 마비 상태인 = narcose, paralytic, paralyzed**

Leech saliva contains a natural **anesthetic**, so the bite is pain-free.
거머리의 침에는 천연 마취제가 들어 있어서 물려도 고통이 없다.

Halothane is used to produce an **anesthetic** state.
할로세인은 마취 상태로 만들기 위해 사용된다.

MVP anesthetize vt. 마취시키다, 마비시키다
anesthesia n. 마취; 마취 상태
anesthesiologist n. 마취과 의사

2291 ★
**yeoman**
[jóumən]

**n. 소지주; 중류 농민, 자작농 = independent[landed] farmer**

The **yeomen** and poor whites in Southern society supported the institution of slavery.
남부 사회에 살던 자작농과 가난한 백인들은 노예제도를 지지했다.

2292 ★★
**florid**
[flɔ́:rid]

**a. ① (안색이) 불그레한, 혈색이 좋은 = reddish, rubicund, ruddy**
**② 화려한, 현란한, 장식이 많은 = flamboyant, ornate**

She awed her listeners with her **florid** style of speech.
그녀는 현란한 말솜씨로 듣는 사람의 혼을 쏙 빼놓았다.

2293 ★
**schizophrenia**
[skìtsəfríːniə]

n. 〈정신의학〉 정신 분열증, 조현병; 〈심리〉 분열성 성격

He has suffered from **schizophrenia** since his childhood.
그는 어릴 적부터 조현병을 앓아왔다.

MVP schizophrenic a. 정신 분열증의; n. 정신 분열증 환자

2294 ★
**pep**
[pep]

n. 원기; 기력 = energy, life, spirit, vitality
vt. 원기를 북돋우다, 격려하다[up]

A walk in the fresh air will **pep** you up.
신선한 공기를 마시며 산책을 하면 기운이 날 것이다.

MVP pep talk 격려해주는 말, 격려연설



2295 ★★★
**articulate**
a. [aːrtíkjulət]
v. [aːrtíkjulèit]

a. ① (발음이) 또렷한, 분명한 = clear, clear-cut, precise
② (생각·느낌을) 분명하게 표현하는 = coherent, eloquent, expressive, fluent
v. ① 또렷하게 발음하다 = enunciate, pronounce
② (생각·감정을) 분명히 표현하다, 조리 있게 설명하다 = explain, express

My grandfather is still sharp-witted and **articulate**.
나의 할아버지는 아직도 두뇌가 명석하시고 발음이 분명하시다.

The patient struggled to **articulate** his thoughts in the hospital.
그 환자는 병원에서 자신의 생각을 조리 있게 설명하기 위해 애를 썼다.

MVP ↔ inarticulate a. (발음이) 분명치 않은; 의견을 분명하게 말 못 하는

2296 ★
**malpractice**
[mælprǽktis]

n. (의사의) 부정치료; 의료과실, 오진; 배임[위법] 행위 = misconduct, negligence

The physician was sued for **malpractice** after the patient died.
환자가 숨진 후에 그 내과의사는 의료 과실로 고소당했다.

MVP malfeasance n. 위법 행위, 부정, (특히 공무원의) 부정[배임]

2297 ★★
**reprove**
[riprúːv]

v. 나무라다, 꾸짖다, 비난하다 = chide, condemn, rebuke

He was **reproved** for being indolent at work.
그는 나태한 근무 태도로 문책을 받았다.

MVP reproof n. 책망, 질책, 비난

2298 ★
**upholstery**
[ʌphóulstəri]

**n. 가구; 실내 장식품(커튼·쿠션·융단 등)**

Linen is widely used in home furnishings, **upholstery** and bedding.
린넨은 가구, 실내 장식품과 침구류에 널리 사용된다.

MVP upholster vt. (의자·소파에) 덮개[쿠션, 속, 스프링]를 대다

---

2299 ★★
**symmetry**
[símətri]

**n. ① (면·선·중심·축에 관하여) 대칭**
**② 균형, 평형 = balance, equilibrium, equipoise, trade-off**

This piece of sculpture has perfect bilateral **symmetry**.
이 조각품은 완벽한 좌우대칭을 이룬다.

MVP symmetrical a. (좌우) 대칭적인; 균형이 잡힌
↔ asymmetry n. 비대칭, 불균형

---

2300 ★
**quiescent**
[kwaiésnt]

**a. ① 조용한, 잠잠한; 정지한, 움직이지 않는 = calm; stationary**
**② (병 등이 특히 잠정적으로) 진행이 중단된 = dormant**
**③ (글자가) 발음되지 않는, 묵음의 = silent**

The raging sea had become **quiescent**.
사납게 파도치는 바다가 조용해졌다.

The k is **quiescent** in "knight" and "know".
'k'는 'knight'와 'know'에서 발음이 되지 않는다.

MVP quiescence n. 정지, 무활동; 침묵, 정적

## A. Write the meaning of the following words.

| | |
|---|---|
| □ hereditary ______ | □ deviate ______ |
| □ clemency ______ | □ alma mater ______ |
| □ impinge ______ | □ friction ______ |
| □ dim ______ | □ tome ______ |
| □ buffoonery ______ | □ expatriate ______ |
| □ stringent ______ | □ promiscuous ______ |
| □ glacier ______ | □ virtue ______ |
| □ prevaricate ______ | □ gloss ______ |
| □ revolution ______ | □ cipher ______ |
| □ exalt ______ | □ doggerel ______ |
| □ libretto ______ | □ twilight ______ |
| □ murky ______ | □ yeoman ______ |
| □ wilt ______ | □ florid ______ |
| □ overlap ______ | □ schizophrenia ______ |
| □ contentious ______ | □ articulate ______ |
| □ boulevard ______ | □ malpractice ______ |
| □ roil ______ | □ reprove ______ |
| □ impostor ______ | □ upholstery ______ |
| □ slink ______ | □ symmetry ______ |
| □ chimney ______ | □ quiescent ______ |

※ 주어진 단어의 뜻을 본문에서 확인하시고 틀린 단어의 경우 박스에 체크한 뒤에 나중에 다시 학습하시기 바랍니다.

## B. Choose the synonym of the following words.

| | |
|---|---|
| 1. niggardly | Ⓐ exchange |
| 2. sultry | Ⓑ commotion |
| 3. example | Ⓒ erode |
| 4. clique | Ⓓ muggy |
| 5. anesthetic | Ⓔ decree |
| 6. pep | Ⓕ instance |
| 7. corrode | Ⓖ miserly |
| 8. barter | Ⓗ faction |
| 9. edict | Ⓘ energy |
| 10. ado | Ⓙ narcotic |

B. 1. Ⓖ 2. Ⓓ 3. Ⓕ 4. Ⓗ 5. Ⓙ 6. Ⓘ 7. Ⓒ 8. Ⓐ 9. Ⓔ 10. Ⓑ

2301 ★★★

**invalidate**

[invǽlədèit]

vt. ① (서류·계약·선거 등을) 무효화하다 = annul, cancel, nullify
② (생각·주장 등이) 틀렸음을 입증하다 = confute, disprove

This new piece of evidence **invalidates** his version of events.
이 새로운 증거는 사건들에 대한 그의 이야기가 틀렸음을 입증한다.

Failure to follow these installation instructions will **invalidate** your guarantee.
이 설치 안내서를 따르지 않으면 보증서는 무효가 됩니다.

MVP invalid a. 병약한, 허약한; (법적으로) 효력 없는, 무효한; 근거 없는; n. 병자, 병약자
↔ validate vt. 정당함을 인정하다; (법적으로) 유효하게 하다; 비준하다

---

2302 ★★

**maleficent**

[məléfəsənt]

a. 유해한, 나쁜; 나쁜 짓을 하는 = baleful, deleterious, detrimental, injurious

It sounded to me like the name of some **maleficent** and sinful being.
그것이 내게는 해롭고 사악한 존재를 지칭하는 것처럼 들렸다.

MVP ↔ beneficent a. 자선심이 많은; 인정 많은; 유익한

---

2303 ★

**palpitate**

[pǽlpitèit]

vi. ① (심장·가슴이) 뛰다, 두근거리다, 고동치다 = beat, pulsate, pulse, throb
② (몸이) 떨리다 = quiver, tremble

As he became excited, his heart began to **palpitate** more and more erratically.
그가 흥분했을 때 심장이 점점 더 불규칙하게 뛰기 시작했다.

---

2304 ★★

**delirium**

[dilíəriəm]

n. ① (병으로 인한) 망상, 헛소리, 정신착란 = insanity, lunacy, madness
② 무아지경 = ecstasy, entrancement, rapture, trance, transport

The patient was very sick and in a **delirium**.
그 환자는 매우 아팠고 정신착란을 일으켰다.

The win sent the home fans into state of **delirium**.
우승은 현지의 팬들을 무아지경에 빠지게 했다.

MVP delirious a. 정신 착란의, 헛소리하는; 기뻐 날뛰는

---

2305 ★

**squeal**

[skwi:l]

v. ① 꽥 소리[비명]를 지르다 = scream, screech, shriek, yell
② 밀고하다, 배반하다[on] = grass, inform on[against], rat on
③ 불평하다, 항의하다 = complain, moan, protest, squawk

n. ① 다소 긴 비명 (소리); 꽥[빽] 소리 = scream, screech
② 밀고, 배반 = whistle-blowing
③ 불평, 항의 = complaint, protest

The animal was so hurt it couldn't stop **squealing** in pain.
그 동물은 너무 아픈지 계속 신음소리를 내더군요.

2306 ★★★

**profane**
[prəféin]

a. ① 신성모독의, 불경한 = irreverent, sacrilegious
② (종교·신성한 것과 관련되지 않은) 세속적인 = secular, temporal
vt. 신성을 더럽히다[모독하다] = defile, desecrate

He uses too much **profane** language.
그는 불경스러운 말을 지나치게 많이 쓴다.

MVP profanity n. 신성을 더럽힘, 불경, 모독

2307 ★★

**adultery**
[ədʌ́ltəri]

n. 간통, 불의(不義) = affair, infidelity, liaison

The husband was caught in the act of **adultery** by his wife.
남편은 아내에게 불륜현장을 들키고 말았다.



2308 ★★★

**suck**
[sʌk]

v. ① (액체 등을) 빨다, 흡수하다, 빨아들이다 = absorb, soak up, swallow up
② 빨아 먹다, 마시다 = drink, quaff, sip, slurp
③ 엉망이다, 형편없다

She was noisily **sucking** up milk through a straw.
그녀는 우유를 빨대로 시끄럽게 빨아 먹고 있었다.

MVP sucker n. 젖먹이; 빨판; 속기 쉬운 사람, 봉; ~에 사족을 못 쓰는 사람

2309 ★★

**cutthroat**
[kʌ́təròut]

a. ① 살인의, 잔인한, 흉악한 = cruel, ferocious, murderous, ruthless, vicious
② (경쟁 등이) 치열한, 먹느냐 먹히느냐의 = dog-eat-dog, fierce, intense
n. 살인자 = murderer

Korean exporters have been meeting with **cutthroat** competition in European market.
한국의 수출업계는 유럽 시장에서 치열한 경쟁에 부딪쳐 왔다.

2310 ★★★

**nonsense**
[nάnsens]

n. ① 터무니없는 생각[말], 허튼소리 = drivel, hot air, twaddle, waffle
② 아무 의미가 없는[뜻이 통하지 않는] 말 = jabberwocky

The new teacher won't stand for any **nonsense**.
새로 오신 선생님은 그 어떤 허튼 짓도 용납하지 않으신다.

2311 ★★

**benighted**
[bináitid]

a. 무지몽매한, 미개한, 문화가 뒤떨어진 = savage, uncivilized, unenlightened

The early explorers thought of the local people as **benighted** barbarians.
초기 탐험가들은 현지인들을 미개한 야만인이라고 여겼다.

2312 ★
**extrapolate**
[ikstrǽpəlèit]

v. **(기존 자료에 기초하여) 추론[추정]하다** = deduce, infer, reason

The figures were obtained by **extrapolating** from past trends.
그 수치들은 과거의 추세에 기초하여 추정한 것이었다.

MVP extrapolation n. (기존 사실로부터의) 추정
↔ interpolate v. (책·문서를) 개찬하다; (어구 따위를) 삽입하다
interpolation n. 삽입; 삽입된 사항[어구]

---

2313 ★★★
**complicity**
[kəmplísəti]

n. **공모, 공범, 연루** = collusion, conspiracy, involvement

Paul was taken up on a charge of **complicity** in the illegal demonstration.
폴(Paul)은 불법시위를 공모했다는 이유로 구속되었다.

MVP complicit a. 공모한, 연루된(= involved)
accomplice n. 공범

---

2314 ★★
**repose**
[ripóuz]

n. ① **휴식, 휴양; 수면** = recess, relaxation, rest
② **침착, 평정(平靜), 평안** = calmness, composure, equanimity, tranquility
v. **드러눕다, 눕다; 쉬다, 휴식하다** = lie, recline; relax, rest

The streets were emptying, though in the square people still **reposed** on benches.
광장에서는 사람들이 여전히 벤치에 앉아 휴식을 취하고 있었지만, 거리는 텅 비어가고 있었다.

---

2315 ★
**indent**
[indént]

v. ① **(절의) 첫 행을 들여 쓰다; 한 자 들여서 조판하다**
② **(해안선)에 들쭉날쭉 굽어 들다**
n. **오목한 곳, 움폭한 곳** = concavity, dent, pithole

The first line of each paragraph should be **indented**.
각 단락의 첫 행은 들여 써야 한다.

The coastline is **indented** by the sea.
바다가 들쭉날쭉한 해안선을 이루고 있다.

MVP indentation n. (글의 행 시작 부분에) 들여 쓴 자리; 톱니 모양의 자국
indented a. 톱니 모양을 한, 들쭉날쭉한
dent v. 움푹 들어가게 만들다; (자신감 등을) 훼손하다; n. 움푹 들어간 곳

---

2316 ★★★
**divine**
[diváin]

a. **신성한, 신(神)의, 성스러운** = hallowed, holy, religious, sacred
v. **(직감으로) 알다, 예측하다** = forecast, foresee, predict, prophesy

Freedom from tyranny is the **divine** right of all citizens.
압제로부터의 자유는 모든 시민의 신성한 권리이다.

To err is human, to forgive **divine**.
실수하는 것은 인간이고, 용서하는 것은 신이다

MVP divination n. 점(占), 점을 침; 예언; 예견, 선견지명
divineness n. 신성함; 신 같음
divinity n. 신성(神性); 신; 신학
diviner n. 점쟁이; 예언자

---

2317 ★★
## grapple
[grǽpl]

**v. ① 잡다, 붙잡다; 맞붙어 싸우다 = struggle, tussle, wrestle**
**② (해결책을 찾아) 고심하다, 씨름하다[with] = wrestle**

I am trying to **grapple** with the issue myself.
나는 이 문제를 스스로 해결하려고 노력중이다.

---

2318 ★
## vernal
[və́:rnl]

**a. ① 봄의, 봄 같은; 봄에 나타나는 = spring, springlike**
**② 청춘의, 젊은 = young, youthful**

The lengths of night and day are the same during the **vernal** equinox.
춘분 기간에 밤과 낮의 길이는 같다.

MVP aestival a. 여름의, 하계의(= estival)
autumnal a. 가을의
hibernal a. 겨울의
cf. venal a. 매수할 수 있는, 돈으로 좌우되는

---

2319 ★★★
## fuss
[fʌs]

**n. ① 공연한 소란 = commotion, stir**
**② 싸움; 말다툼 = quarrel**

They made such a **fuss** over a little accident.
그들은 작은 사고에 대해 그렇게 호들갑을 떨었다.

MVP fussy a. 안달복달하는, 야단법석하는; 까다로운; 신경질적인
kick up a fuss 크게 떠들어대다; 투덜거리다(= make a fuss about[over])
make a fuss of[over] somebody ~에게 지나칠 정도로 애정[관심]을 보이다

---

2320 ★★
## sedate
[sidéit]

**a. 차분한, 조용한 = calm, serene, tranquil**

The first impression one gets of Holland is that it is a calm, **sedate** and simple land.
네덜란드에 대한 첫 인상은 고요하고 차분하며 소박한 나라라는 것이다.

MVP sedative a. 가라앉히는, 진정작용이 있는; n. 진정제

2321 ★
**despoil**
[dispɔ́il]

**vt. (사람·장소에서 재산 등을) 빼앗다, 약탈하다**
**= depredate, loot, pillage, plunder**

They will do anything to **despoil** our green and pleasant land.
그들은 녹음이 우거지고 쾌적한 우리 땅을 약탈하기 위해서라면 무슨 짓이든지 할 것이다.

2322 ★★
**injunction**
[indʒʌ́ŋkʃən]

**n. ① 명령, 지령, 훈령 = command, dictate, instruction, mandate**
**② (법원의) 금지[강제] 명령**

The court has granted an **injunction** banning the program from being broadcast.
법원은 그 프로그램의 방영 금지 가처분 결정을 내렸다.

MVP injunct vt. 금지하다, 억제하다
cf. junction n. 합류점, 연결, 교차점

2323 ★★
**tumble**
[tʌ́mbl]

**v. ① 넘어지다; 굴러 떨어지다 = drop, fall, stumble, topple**
**② (가격 등이) 폭락하다 = decline, fall, plummet**
**③ (건물 등이) 무너지다, 붕괴하다 = collapse, crumple**
**n. ① 넘어지기, 구르기**
**② (주가 등의) 폭락, 하락**

As share prices took a sharp **tumble**, he lost lots of money.
주가가 폭락해서, 그는 많은 돈을 잃었다.

MVP tumble-down a. (건물이) 황폐한, 금방 넘어질 듯한

2324 ★★
**mode**
[moud]

**n. ① (특정한) 방식, 모드; (기계 등이 가동 중에 있는) 어떤 특정한 상태**
**= way; state**
**② (옷 등의) 유행, 스타일; 관습, 관행 = style; custom**

The company was in stealth **mode** before releasing the new product.
그 회사는 신제품 출시 전 비밀보안 유지 상태였다.

Switch the camera into the automatic **mode**.
카메라를 자동 모드로 맞춰라.

MVP outmode v. ~을 유행에 뒤떨어지게 하다, 구식으로 하다; 유행에 뒤지다, 구식이 되다

2325 ★★
**attenuate**
[əténjuèit]

**v. ① ~을 가늘게 하다, 작게 하다, 묽게 하다 = reduce, weaken**
**② (힘·효력·가치 따위를) 줄이다; ~을 희박하게[희석]하다 = diminish, lessen**

Radiation from the sun is **attenuated** by the earth's atmosphere.
태양에서 나오는 방사선은 지구 대기권에 의해 줄어든다.

His fortunate circumstances **attenuate** the merit of his achievement.
행복한 환경이 오히려 그의 성공의 가치를 떨어뜨리고 있다.

MVP attenuation n. 쇠약, 수척; 희석
cf. extenuate vt. (범죄·결점을) 가벼이 보다, 경감하다, (정상을) 참작하다

---

2326 ★
**cantrip**
[kǽntrip]

n. ① **주문(呪文)** = charm, conjuration, incantation, spell
② **장난** = mischief, prank

Because Grim used his **cantrip** to heal Faen, she was able to get up to fight again.
그림(Grim)이 주문을 걸어 파엔(Faen)을 낫게 했기 때문에, 파엔이 일어나 다시 싸울 수 있었다.

---

2327 ★★
**swoop**
[swu:p]

v. ① **(사냥감 등을) 갑자기 덮치다, 급습하다** = bust, hawk, raid
② **(새·박쥐가) 휙 내려앉다, 급강하하다** = nosedive, plummet

The bombers **swooped** down on the air base.
그 폭격기들이 그 공군기지를 급습했다.

The elevator **swooped** down the sixty stories.
그 엘리베이터는 60층을 단숨에 내려갔다.

---

2328 ★★
**requiem**
[rékwiəm]

n. **진혼곡, 만가(挽歌), 비가** = dirge, elegy, threnody

When he was thirty-five years old, Mozart was asked to write a **requiem** mass to be sung at a funeral.
35살이 되었을 때, 모차르트(Mozart)는 장례식에서 불릴 진혼곡을 작곡해 달라는 부탁을 받았다.

---

2329 ★★
**bastion**
[bǽstʃən]

n. **요새, 성채, 보루** = bulwark, citadel, fortress, stronghold

Once a **bastion** of democracy, under its new government the island country became a dictatorship.
한때 민주주의의 보루였으나 새로운 정부 하에서 그 섬나라는 독재국가가 되었다.

---

2330 ★★
**convoke**
[kənvóuk]

vt. **(회의·의회 등을) 소집하다**
= assemble, congregate, convene, muster, summon

Congress was **convoked** at the outbreak of the emergency.
비상사태의 발생으로 국회가 소집되었다.

MVP convocation n. (회의·의회의) 소집; (소집된) 집회; (대학) 학위 수여식, 졸업식

2331 ★★★
**erect**
[irékt]

a. ① 똑바로 선, 직립(直立)의 = perpendicular, straight, upright, vertical
② (머리카락 등이) 곤두선 = bristled, horrent
v. ① (몸·기둥 등을) 세우다, 똑바로 세우다 = rear, set up, stand
② (건물을) 세우다, 짓다; 조립하다 = build, construct, raise

Eiffel made over 5,000 drawings to plan how to **erect** the huge metal tower safely.
에펠(Eiffel)은 거대한 금속탑을 안전하게 세우는 방법을 계획하기 위해 5,000여점 이상의 도면을 그렸다.

---

2332 ★★
**forensic**
[fərénsik]

a. ① 법의학적인, 범죄 과학 수사의
② 법정의, 법정에 관한
③ 변론[토론]에 적합한
n. (pl.) 변론[토론]술

The **forensic** team took a blood sample from the suspect to send it to the national science lab.
법의학팀은 용의자에게서 혈액 샘플을 채취하여 그것을 국립 과학 연구소에 보냈다.

In her best **forensic** manner, the lawyer remonstrated on the prosecutor's jaundiced demand.
자신이 할 수 있는 한 가장 변론에 적합한 태도로, 그 변호사는 편견에 사로잡힌 검찰의 요구에 대해 이의를 제기했다.

---

2333 ★★
**preferment**
[prifə́:rmənt]

n. ① 승진, 승급; 발탁 = advancement, promotion
② 우선권 = priority

His **preferment** brought him in nearly three million dollar a year.
그는 승진으로 인해 1년에 거의 3백만 달러를 벌게 되었다.

---

2334 ★★
**outsource**
[àutsɔ́:rs]

v. (타사 일을) 하청하다, 외주 제작하다, 외주를 주다

The company began looking for ways to cut costs, which led to the decision to **outsource**.
그 회사는 비용 절감 방안을 모색하기 시작했고 결국 외주 결정을 내렸다.

---

2335 ★★
**kindred**
[kíndrid]

n. ① 친척, 일가 = kin, kinsfolk, relative
② 유사, 동종 = affinity, likeness, semblance
a. ① 비슷한, 동류의, 관련된 = akin, analogous, similar
② 혈족의, 친척의 = cognate, consanguineous, related

Wolves and dogs are **kindred** species.
늑대와 개는 친척뻘이 되는 종(種)이다.

They sell food and **kindred** products.
그들은 식품과 식품 관련 제품을 판매한다.

---

2336 ★
**galore**
[gəlɔ́:r]

a. 〈명사 뒤에 쓰여〉 풍부한, 많은 = abundant, bountiful, plentiful

There are flowers **galore** in the garden every spring.
매년 봄이면 그 정원에 많은 꽃들이 있다.

---

2337 ★★
**hover**
[hʌ́vər]

v. ① (새·헬리콥터 등이) (허공을) 맴돌다
② (수줍거나 자신감 없는 태도로 특히 다른 사람 주위를) 맴돌다[서성이다]
③ (무엇의 가까이·불확실한 상태에) 계속 맴돌다[머물다]

After the alien spacecraft had **hovered** over the park for a short while, it vanished.
외계 비행선이 잠시 동안 공원 위에서 맴돌다가 사라졌다.

The boys **hovered** around the confectioner's.
아이들은 과자 가게 주위를 배회했다.



---

2338 ★
**antediluvian**
[æntidilú:viən]

a. ① 구식인, 시대에 뒤진 = ancient, antiquated, archaic, old-fashioned
② (Noah의) 대홍수 이전의

In this age of cell phones, faxes, and emails, picking up a feather pen to write a letter seems almost **antediluvian**.
휴대폰, 팩스, 이메일의 시대에 편지를 쓰기 위해 깃털 펜을 집어 드는 것은 거의 아주 구식으로 여겨진다.

---

2339 ★★★
**occasion**
[əkéiʒən]

n. ① (특정한) 경우, 때, 시(時); 기회, 호기(好機), 알맞은 때
② 축전(祝典), 행사 = event, occurrence
③ 이유, 근거; 원인 = cause, reason

It is not easy to act properly on every **occasion**.
모든 경우에 처신을 잘 하기란 쉬운 일이 아니다.

MVP occasional a. 이따금씩의, 때때로의; 임시의, 예비의
occasionally ad. 이따금, 가끔

---

2340 ★★
**infernal**
[infə́:rnl]

a. ① 지옥의; 악마 같은, 극악무도한 = nether; devilish, fiendish
② 지독한, 지긋지긋한, 정말 싫은 = damned, tedious

They could think of no way to hinder his **infernal** scheme.
그들은 그의 사악한 음모를 막을 그 어떤 방법도 생각해낼 수 없었다.

MVP inferno n. 지옥(= hell); 지옥 같은 광경; (걷잡을 수 없이 큰) 불
↔ supernal a. 하늘의, 천상의; 고매한

2341 ★
**cataract**
[kǽtərӕkt]

**n. ① 큰 폭포; (강의) 급류 = waterfall; rapids**
**② 큰 비, 호우, 억수; 홍수 = downpour; deluge, flood**
**③ 〈의학〉 백내장(白內障)**

In the woods there was a **cataract**.
숲속에 큰 폭포가 있었다.

He had a **cataract** operation, and now his vision is back.
그는 백내장 수술을 받아서 이제는 볼 수가 있다.

MVP glaucoma n. 〈의학〉 녹내장(綠內障)
cascade n. 작은 폭포; (한꺼번에 많이) 쏟아지는 것; v. 폭포처럼 흐르다
fall n. 넘어짐, 떨어짐; 강우[강설]량; (pl.) 폭포; 하락; 몰락; v. 떨어지다

2342 ★★
**retrogress**
[rètrəgrés]

**vi. ① 되돌아가다, 되돌아오다, 후퇴하다, 역행하다 = back, backtrack, fall back**
**② 퇴화하다, 퇴보하다, 쇠퇴하다 = regress, retrograde**

Medical services **retrogressed** after funding had been cut.
자금 지원이 삭감된 후 의료 서비스가 나빠졌다.

MVP retrogression n. 후퇴, 쇠퇴

2343 ★★
**brackish**
[brǽkiʃ]

**a. 소금기 있는, 맛이 짠 = briny, saline, saltish, salty**

A sea is filled with **brackish** water.
바다는 소금기 있는 물로 채워져 있다.

2344 ★
**whitewash**
[hwáitwὰʃ]

**n. (과실·결점 등을 감추기 위한) 겉꾸밈, 속임수 = camouflage, disguise**
**v. ~의 결점[과실]을 감추다, 겉꾸미다 = cover up, gloss over**

The opposition claimed the report was a **whitewash**.
야당은 그 보고서를 눈가림이라고 주장했다.

They tried to **whitewash** the incident.
그들은 그 사건을 은폐하려 했다.

2345 ★★
**transaction**
[trænsǽkʃən]

**n. ① (업무) 처리(과정)**
**② 거래, 매매 = bargain, covenant, deal**

All financial **transactions** are subject to real-name financial transaction system.
모든 금융거래는 금융실명제가 적용된다.

MVP transact v. (사무 등을) 집행하다, (안건 등을) 처리하다

---

2346 ★
**congeal**
[kəndʒíːl]

**v. ① 얼다, 얼리다, 응결시키다[하다] = clot, coagulate, curdle, solidify**
**② (주의·원리 등을) 고정화[경직]시키다**

The cold remains of supper had **congealed** on the plate.
저녁으로 먹다 남은 음식이 식어 접시 위에 굳어 있었다.

The bitterness and tears had **congealed** into hatred.
괴로움과 눈물이 굳어져 증오가 되어 있었다.

---



2347 ★★
**extramarital**
[èkstrəmǽritl]

**a. 혼외의, 혼외정사의, 간통[불륜]의**

Beatty and Kilpatrick in court denied having an **extramarital** affair.
비티(Beatty)와 킬패트릭(Kilpatrick)은 법정에서 외도사실을 부인했다.

---

2348 ★★
**legion**
[líːdʒən]

**n. ① (고대 로마의) 군대, 부대 = army, force, troop, unit**
**② (사람·물건의) 큰 떼, 다수 = drove, horde, host, mass, multitude**
**a. [서술적] 많은, 무수하여**

**Legions** of people filled the streets to celebrate independence.
수많은 군중이 거리를 메우고 독립을 축하했다.

The medical uses of herbs are **legion**.
허브의 의학적 용도는 무수하다.

---

2349 ★★
**punctilious**
[pʌŋktíliəs]

**a. 세심한, 꼼꼼한 = conscientious, fastidious, meticulous, scrupulous**

My uncle is very **punctilious** about hygiene.
나의 삼촌은 위생에 관해 매우 꼼꼼하시다.

---

2350 ★★
**misapprehension**
[mìsæprihénʃən]

**n. 잘못된 생각, 오해 = delusion, misconception, misunderstanding**

Until European explorers first made contact with them in the early 1800s, the Inuit people were under the **misapprehension** that they were the only people in the world.
유럽 탐험가들이 1800년대 초에 이누잇(Inuit) 족과 처음으로 접촉하게 될 때까지, 이 종족은 이 세상에 자신들만이 있다는 잘못된 생각을 갖고 있었다.

MVP misapprehend vt. 오해하다, 잘못 생각하다

## REVIEW TEST

### A. Write the meaning of the following words.

| | | | |
|---|---|---|---|
| □ invalidate | ______ | □ convoke | ______ |
| □ maleficent | ______ | □ erect | ______ |
| □ delirium | ______ | □ forensic | ______ |
| □ squeal | ______ | □ preferment | ______ |
| □ profane | ______ | □ outsource | ______ |
| □ suck | ______ | □ kindred | ______ |
| □ cutthroat | ______ | □ hover | ______ |
| □ nonsense | ______ | □ antediluvian | ______ |
| □ benighted | ______ | □ occasion | ______ |
| □ palpitate | ______ | □ infernal | ______ |
| □ repose | ______ | □ cataract | ______ |
| □ indent | ______ | □ retrogress | ______ |
| □ grapple | ______ | □ brackish | ______ |
| □ fuss | ______ | □ whitewash | ______ |
| □ tumble | ______ | □ transaction | ______ |
| □ mode | ______ | □ congeal | ______ |
| □ attenuate | ______ | □ extramarital | ______ |
| □ cantrip | ______ | □ legion | ______ |
| □ swoop | ______ | □ punctilious | ______ |
| □ bastion | ______ | □ misapprehension | ______ |

※ 주어진 단어의 뜻을 본문에서 확인하시고 틀린 단어의 경우 박스에 체크한 뒤에 나중에 다시 학습하시기 바랍니다.

### B. Choose the synonym of the following words.

| | |
|---|---|
| 1. complicity | Ⓐ spring |
| 2. injunction | Ⓑ abundant |
| 3. sedate | Ⓒ infer |
| 4. adultery | Ⓓ command |
| 5. galore | Ⓔ dirge |
| 6. requiem | Ⓕ collusion |
| 7. extrapolate | Ⓖ infidelity |
| 8. vernal | Ⓗ holy |
| 9. despoil | Ⓘ loot |
| 10. divine | Ⓙ calm |

B. 1. Ⓕ 2. Ⓓ 3. Ⓙ 4. Ⓖ 5. Ⓑ 6. Ⓔ 7. Ⓒ 8. Ⓐ 9. Ⓘ 10. Ⓗ

2351 ★★

**draconian**
[dreikóuniən]

a. (법·처벌 등이) 매우 엄격한, 가혹한 = rigid, rigorous, severe, stern, strict

The judge was known for handing down **draconian** sentences.
그 판사는 매우 엄격한 판결을 내리는 것으로 알려져 있었다.

2352 ★★

**glimmer**
[glímər]

n. 깜박이는 빛, 희미한 빛 = gleam
vi. 희미하게 빛나다 = flicker, shimmer

From the aeroplane we could just make out through the clouds the **glimmers** far below.
비행기에서, 우리는 구름 사이로 저 밑에서 가물거리는 희미한 빛들을 알아볼 수 있을 뿐이었다.

2353 ★

**stratify**
[strǽtəfài]

v. ① 층을 이루게 하다; 층을 이루다
② (사회 등을) 계층화하다, 계급으로 나누다; 계층화되다

The continental crust is not **stratified** like the oceanic crust.
대륙지각은 대양지각처럼 층을 이루고 있지 않다.

A society that is highly **stratified** has clear divisions between different social groups.
상당히 계층화된 사회에는 각기 다른 사회 집단 간에 분명한 경계가 있다.

MVP stratification n. 〈지질〉 성층(成層), 층리(層理); 계층화, 계급화
stratosphere n. 〈기상〉 성층권(대류권 위의 지구 대기층)

2354 ★★

**curfew**
[kə́:rfju:]

n. ① 만종(晩鐘), 인경, 저녁 종
② 야간 통행 금지령, 통행금지 시간; 외출 금시 시간; 통행금지

The army imposed a dusk-to-dawn **curfew**.
군부에서 일몰부터 새벽까지 통행금지령을 내렸다.

A **curfew** for teens playing online games is a bad idea.
청소년의 인터넷 게임 시간 규제는 좋지 않은 생각이다.

2355 ★

**molest**
[məlést]

vt. ① (여성·아동에게) 짓궂게 굴다, 성추행하다 = assault, harass
② 괴롭히다 = annoy, bother, disturb, harry, plague

He was found guilty of **molesting** a young girl.
그는 어린 소녀를 성추행한 혐의로 유죄 판결을 받았다.

MVP molestation n. 방해, 훼방; (부녀자) 성희롱
molester n. 치한(癡漢), 괴롭히는 사람

DAY 48

2356 ★★
**insurgent**
[insə́:rdʒənt]

**n. 반란자, 폭도 = mutineer, rebel**
**a. 반란[폭동]을 일으킨, 모반하는 = insurrectionary, mutinous, rebellious**

Negotiations continue between Iraqi authorities and **insurgent** fighters in Fallujah, who continued to exchange sporadic fire with U.S. marines.
이라크 당국과 팔루자의 반란군 간의 협상이 계속되고 있는 가운데, 반란군은 미 해병대와 산발적인 교전을 벌이고 있다.

MVP insurgency n. 모반, 폭동, 반란 행위(= insurgence)

2357 ★
**bedlam**
[bédləm]

**n. 소란한 장소; 대소동, 혼란, 아수라장 = chaos, pandemonium, tumult, turmoil**

With three children, our house is **bedlam** sometimes.
아이들이 셋이 있어서, 가끔씩 우리 집은 아수라장이 된다.

2358 ★
**antiseptic**
[æntəséptik]

**n. 소독제, 방부제 = disinfectant, preservative**
**a. 소독이 되는; 소독[살균]된 = sterilized**

I put some **antiseptic** on the cut and it stung for a moment.
베인 상처에 소독약을 좀 발랐더니 잠시 따끔했다.

2359 ★★★
**condemn**
[kəndém]

**vt. ① 비난하다, 책망하다, 규탄하다[for] = blame, censure, denounce, reproach**
**② ~에게 유죄 판결을 내리다; ~에게 형을 선고하다 = convict, sentence**
**③ 운명지우다[to] = destine, doom, fate**

The guilty criminal was **condemned** to a sentence of life in prison.
그 범죄자는 종신형을 선고 받았다.

MVP condemnation n. 비난; 유죄 판결, 죄의 선고
condemned a. 비난받은; 유죄를 선고 받은; 사형수의

2360 ★★
**ruthless**
[rú:θlis]

**a. 무자비한, 가차 없는, 인정사정없는 = merciless, pitiless, relentless**

The country is ruled by a **ruthless** dictator.
그 나라는 무자비한 독재자의 통치를 받고 있다.

MVP ruthlessly ad. 무자비하게; 가차 없이

2361 ★★★
**equanimity**
[ì:kwənímәti]

**n. (마음의) 평정, 침착, 냉정 = aplomb, composure, serenity, tranquility**

Three years after the tragedy she has only just begun to regain her **equanimity**.
그 비극적인 사건이 일어난 지 3년이 지나서야 겨우 그녀는 평정을 되찾기 시작했다.

MVP equanimous a. 냉정한, 침착한
with equanimity 침착하게, 차분하게(= calmly)

2362 ★★
**surrogate**
[sə́:rəgèit]

**a. 대리의, 대용의 = acting, substitutionary, vicarious**
**n. 대리, 대리인, 대행자, 대용물 = deputy, proxy, replacement, substitute**
**vt. ~을 대리[후임자]로 임명[지명]하다 = replace, supersede**

She seems to regard him as a **surrogate** for her dead father.
그녀는 그를 돌아가신 자기 아버지의 대리자로 여기고 있는 것 같다.

2363 ★
**overhear**
[òuvərhíər]

**v. (상대방 모르게 남의 대화를) 우연히 듣다; 엿듣다, 도청하다 = eavesdrop**

We talked quietly so as not to be **overheard**.
우리는 혹시나 남이 듣지 않도록 조용히 말을 했다.

I **overheard** you chatting with the teacher.
네가 선생님과 잡담하고 있는 것을 우연히 들었다.



2364 ★★★
**wreck**
[rek]

**n. ① (배의) 난파 = shipwreck**
**② 파괴, 파멸 = destruction, ruin**
**v. ① 난파시키다; (선원을) 조난시키다**
**② 파괴하다, 부수다 = break, demolish, destroy, ruin, smash**
**③ (계획 등을) 망가뜨리다, 결딴내다 = spoil**

When a ship is **wrecked** at sea, it's not easy to detect the location.
배가 바다에서 난파되면, 그 위치를 찾는 것은 쉽지 않다.

MVP wreckage n. 난파, 난선; 표류물; 잔해; 파멸
wrecked a. 몹시 취한; 난파된, 망가진, 녹초가 된

2365 ★
**homily**
[hάməli]

**n. 설교; 훈계 = discourse, lecture, sermon**

His speeches were always **homilies**, advising his listeners to repent.
그의 연설은 늘 청중들에게 회개를 권고하는 설교와 같은 것이었다.

2366 ★★
**dizzy**
[dízi]

**a. 현기증 나는, 어지러운; 아찔한 = dazed, giddy, vertiginous, woozy**

If you have anemia, you may have a fast heart rate, feel **dizzy**, and have a headache.
여러분에게 빈혈이 있다면, 심장박동이 빨라지고 머리가 어지럽고 두통이 생길 수 있다.

MVP dizziness n. 어지러움, 현기증
vertigo n. 현기증, 어지러움; 혼란

2367 ★★

**condiment**
[kándəmənt]

**n. 양념, 조미료 = flavoring, seasoner, seasoning, spice**

Rachel seasoned the food with all sorts of **condiments**.
레이첼(Rachel)은 온갖 종류의 양념으로 음식 맛을 냈다.

※ 양념, 조미료 관련 어휘

garlic n. 마늘
onion n. 양파
mustard n. 겨자
turmeric n. 심황, 강황
ginger n. 생강
cinnamon n. 계피
pepper n. 후추
vinegar n. 식초

---

2368 ★

**fiddle**
[fídl]

**n. ① 바이올린 = violin**
**② 사기, 사취 = fraud, scam**
**v. ① (손가락으로) 만지작거리다**
**② 빈둥빈둥 시간을 보내다[about, around] = mess around**

We still see many subway passengers **fiddling** with their smartphones rather than reading books.
우리는 여전히 전철 안에서 많은 승객들이 책을 읽기 보다는 스마트폰을 만지작거리는 모습을 본다.

MVP as fit as a fiddle 건강한, 튼튼한

---

2369 ★★

**precipitous**
[prisípətəs]

**a. ① 가파른, 절벽의, 깎아지른 = steep**
**② 황급한, 급작스러운; 경솔한, 무모한 = sudden; hasty**

A more recent and familiar example of **precipitous** decline is, of course, the collapse of the Soviet Union.
보다 더 최근에 일어나고 더 잘 알려져 있는 급격한 쇠퇴의 예는 당연히 소련의 붕괴이다.

MVP precipice n. 절벽, 벼랑; 위기
precipitate v. 재촉하다, 촉진시키다

---

2370 ★★★

**endurance**
[indjúərəns]

**n. ① 인내, 참을성, 인내력 = bent, patience, stickability**
**② 지구력; 내구성 = stamina; durability**
**③ (견뎌야 할) 시련, 고난 = hardship, ordeal**

They were humiliated beyond **endurance**.
그들은 인내력의 한계를 넘어서는 모욕감을 느꼈다.

German machines have long been known for their **endurance**.
독일제 기계는 오랫동안 내구성으로 유명했다.

MVP endure v. 견디다, 인내하다; 오래가다, 지속되다

2371 ★★

**regiment**
n. [rédʒəmənt]
v. [rédʒəmènt]

n. ① 〈군사〉 연대
② (종종 pl.) 다수, 큰 무리
vt. ~을 엄격히[획일적으로] 관리하다, 엄격히 훈련시키다

Two **regiments** are being sent to garrison the town.
그 도시를 수비하기 위해 두 개의 연대가 파견되고 있다.

MVP regimentation n. 연대 편성, 편제; 조직화, 규격화; 통제

---

2372 ★

**peregrination**
[perəgrineiʃən]

n. 여행, 여정, 편력 = journey, tour, trip

His **peregrinations** in foreign lands did not bring understanding; he mingled only with fellow tourists and did not attempt to communicate with the native population.
그는 외국 여행들을 통해서 지식을 얻지 못했다. 왜냐하면 그는 동료 여행가들과만 어울렸지 원주민과는 대화하려고 하지 않았기 때문이다.

MVP peregrinate v. (도보로) 여행[편력]하다; 외국에 살다



---

2373 ★★

**commiserate**
[kəmízərèit]

v. ① 가엾게 여기다, 불쌍하게 여기다 = pity
② 동정하다; 조의를 표하다[with] = compassionate; condole, sympathize

When my friend's mother died, I **commiserated** with her.
친구의 어머님이 돌아가셨을 때, 나는 그녀에게 조의를 표했다.

MVP commiseration n. 가엾게 여김, 동정(= compassion, sympathy)

---

2374 ★★

**manslaughter**
[mǽnslɔ̀:tə:r]

n. (고의적이 아닌) 살인, 과실치사 = unpremeditated homicide

She was cleared of murder and jailed for just five years for **manslaughter**.
그녀는 살인 혐의에 대해서는 무죄 선고를 받았고 과실치사 혐의에 대해서만 5년형에 처해졌다.

MVP slaughter n. 도살; 살인, 살육

---

2375 ★

**trump**
[trʌmp]

v. (더 나은 말이나 행동으로 상대를) 이기다, 능가하다 = beat, surpass
n. (카드의) 으뜸패; 비장의 수단, 최후의 수단, 마지막 패; 믿음직한 사람

Men often love their wives as much, or as little, as they do their children, but, for women, biology seems to **trump** personal choice.
남자들은 자식만큼 아내를 사랑한다. 하지만, 여자의 경우에는 개인적인 선택에 앞서 천성적으로 아이들을 더 좋아하는 듯하다.

The young man played a **trump** at the last minute.
그 젊은이는 막판에 최후의 수단을 썼다.

2376 ★★
**bumpy**
[bʌmpi]

a. ① (지면이) 평탄치 않은, 울퉁불퉁한 = pitted, rough, uneven
② 흥망성쇠[기복]가 심한 = checkered, roller-coaster

The surface of the moon is **bumpy**.
달의 표면은 울퉁불퉁하다.

The new legislation faces a **bumpy** ride.
그 새 법안은 순탄치 않은 길을 앞두고 있다.

MVP bump n. 충돌; (때려서 생긴) 혹; 융기

---

2377 ★★★
**vehicle**
[víːikl, víːhikl]

n. ① 차량, 탈것, 운송 수단 = conveyance, transport
② (감정 표현·목표 달성 등의) 수단, 매개체 = means, medium

Art may be used as a **vehicle** for propaganda.
예술이 정치 선전의 수단으로 이용될 수도 있다.

---

2378 ★★
**adjunct**
[ǽdʒʌŋkt]

n. 부속물, 부가물; 보조자, 조수 = accessory
a. 부속된; 보조의, 임시의 = attached; auxiliary

That small building is an **adjunct** to the main library.
저 작은 건물은 중앙 도서관의 부속 건물이다.

---

2379 ★
**courier**
[kə́ːriər]

n. 운반[배달]원; 급사 = bearer, messenger

There will be somebody at the airport to collect the photographs from our **courier**.
우리 급사에게서 사진을 건네받으러 누군가가 공항에 나가 있을 것이다.

---

2380 ★
**lurid**
[lúərid]

a. ① (이야기·범죄 등이) 소름이 끼치는, 무서운, 끔찍한
= ghastly, grisly, gruesome, hideous
② 선정적인, 야한 = garish, gaudy, loud, sensational

The paper gave all the **lurid** details of the murder.
그 신문은 그 살인 사건의 모든 끔찍한 내용을 세세히 전하고 있었다.

---

2381 ★★
**extradite**
[ékstrədàit]

vt. (도주 범인을) 인도하다; (~으로부터) 인도받다, 인수하다

The suspected terrorists were captured in Spain and **extradited** to France.
테러리스트 용의자들은 스페인에서 체포되어 프랑스로 인도되었다.

MVP extradition n. (국제간의) 도주범 인도, 본국 송환

2382 ★
**gruff**
[grʌf]

a. ① 거친, 퉁명스러운 = abrupt, blunt, brief, brusque
② 목소리가 걸걸한 = croaky, hoarse, husky

Beneath his **gruff** exterior, he's really very kind-hearted.
그가 겉보기에는 거칠지만 사실은 매우 다정하다.

2383 ★★
**nondescript**
[nàndiskrípt]

a. n. 정체를 알 수 없는 (사람[것]); 특징이 없는[막연한] (사람[것]); 형언하기 어려운 (사람[것]) = commonplace, featureless, undistinguished

Her office is in a **nondescript** building on the main street.
그녀의 사무실은 큰 길가에 있는 평범한 건물에 있다.

2384 ★★★
**outskirts**
[áutskə̀:rts]

n. (도시·읍 등의) 변두리, 교외 = border, edge

The European Union confirmed today that the bird flu has spread to the **outskirts** of Europe.
유럽연합은 조류독감이 유럽 외곽지역으로 확산되었음을 오늘 확인해 주었다.



2385 ★★
**forlorn**
[fərlɔ́:rn]

a. ① (장소나 집이) 버려진, 황량한 = abandoned, deserted
② (사람이) 쓸쓸해 보이는, 외로운 = desolate, lonely
③ 희망 없는, 절망적인 = desperate, hopeless

Empty houses quickly took on a **forlorn** look.
빈 집들은 급속도로 황량한 모습을 보이게 됐다.

She looked so **forlorn**, standing there in the rain.
그 곳에서 비를 맞으면서 서 있는 그녀의 모습은 너무도 쓸쓸해 보였다.

2386 ★
**inebriate**
[iní:brièit]

vt. 취하게 하다; (흥분·자극 따위로) 도취시키다 = intoxicate
a. 술에 취한 = drunk

I love this drink because it is the cup that cheers but not **inebriates**.
이 술은 기분은 좋아지지만 취하지는 않기 때문에 내가 좋아하는 술이다.

MVP inebriety n. 취함; 술 마시는 버릇

2387 ★★
**prime**
[praim]

a. ① 첫째의, 수위의, 가장 중요한
② 최초의, 원시적인
③ 기초적인, 근본적인
n. 전성기; 청춘 = bloom, heyday; youth
vt. 준비하다 = equip, prepare

My **prime** concern is to protect my property.
나의 주된 관심사는 내 재산을 보호하는 것이다.

If the virus shows up, the immune system will be **primed** and waiting for it.
만일 바이러스가 나타난다고 하더라도, 면역체계가 준비되어 바이러스를 기다리고 있을 것이다.

---

2388 ★
**approbation**
[æprəbéiʃən]

**n. 승인, 찬성, 허가 = approval, consent, sanction**

You must obtain **approbation** to build a high rise in this area.
이 지역에 고층 건물을 지으려면 승인을 얻어야 한다.

MVP approbate vt. 인가[면허]하다; 시인하다
↔ disapprobation n. 동의하지 아니함, 불찬성, 불인가; 비난(= disapproval)

---

2389 ★★
**flunk**
[flʌŋk]

**v. (시험 등에서) 실패하다, 낙제하다[시키다]; 그만 두다 = drop out, fail**

You'd better pull yourself together; otherwise you are sure to **flunk** out of this class.
너는 정신을 좀 차려야 한다. 그렇지 않으면 이 수업에서 틀림없이 낙제할 것이다.

---

2390 ★★
**scurvy**
[skə́:rvi]

**a. 상스러운, 천한, 한심한; 무례한 = contemptible, low, mean**
**n. 〈의학〉 괴혈병**

The kid died from **scurvy** from not having enough fruits and vegetables.
그 아이는 충분한 과일과 야채를 먹지 못하여 괴혈병에 걸려서 죽었다.

---

2391 ★★★
**milestone**
[máilstòun]

**n. 이정표; (인생·역사 따위의) 중대 시점, 획기적인 사건 = landmark**

Her first performance at the Metropolitan Opera House was a **milestone** in American music.
메트로폴리탄 오페라 극장에서 펼쳐졌던 그녀의 첫 공연은 미국 음악계에서 획기적인 사건이었다.

---

2392 ★★
**expurgate**
[ékspə:rgèit]

**vt. (책이나 기록에서 부적당한 부분을) 삭제하다 = bowdlerize, censor, redact**

The editor **expurgated** certain words from her manuscript.
그 편집자는 그녀의 원고 중 일부를 삭제했다.

2393 ★

**crass**

[kræs]

a. ① 우둔한, 어리석은, 무신경한 = insensitive, stupid
② 심한, 지독한 = nasty

You've ruined everything with your **crass** stupidity.
너의 무심한 어리석음으로 인해 너는 모든 것을 망쳐놓았다.

---

2394 ★★

**idolatry**

[aidɑ́lətri]

n. ① 우상숭배 = idol worshipping
② 맹목적 숭배, 심취 = adoration, apotheosis, worship

When the Taliban was at the height of their power in Afghanistan, leader Mullah Omar waged a war against **idolatry**.
아프가니스탄에서 탈레반이 권력의 절정에 있었을 때, 지도자 물라 오마르(Mullah Omar)는 우상숭배와의 전쟁을 벌였다.

MVP idolize v. 우상화하다, 우상을 숭배하다
idol n. 우상
idolater n. 우상 숭배자
idolatrous a. 우상 숭배하는[숭배적인]; 맹목적으로 숭배하는; 심취하는



---

2395 ★

**uxorious**

[ʌksɔ́:riəs]

a. 아내에게 무른, 애처가인

He became deeply attached to his wife, and proved in fact nearly as **uxorious** as his father.
그는 아내를 깊이 사랑했으며 실제로 그의 아버지만큼이나 애처가라는 것을 보여주었다.

MVP cf. uxorial a. 아내의, 아내다운

---

2396 ★★

**bungle**

[bʌ́ŋgəl]

v. ~을 엉망으로 하다; 망치다, 실수[실책]하다 = blunder, botch, flub
n. 실수 = blunder, boner, mistake, muff

You've **bungled** this deal from the very beginning.
네가 처음부터 이 거래를 망쳐놨어.

This week the council admitted it had made a **bungle**.
이번 주에 그 위원회는 실수를 저질렀다고 시인했다.

MVP bungling a. n. 서투른 (솜씨)
cf. bugle n. (군대용) 나팔

---

2397 ★

**refection**

[rifékʃən]

n. ① 기분 전환, 위안, 휴양; (음식 등에 의한) 원기 회복 = recreation; refreshment
② (간단한) 식사, 간식 = light meal, nosh, snack

Despite our hunger, we stopped on the road for only a quick **refection**.
허기가 졌음에도 불구하고, 우리는 단지 잠깐 동안만 원기 회복을 하기 위해 도로에 차를 세웠다.

MVP cf. refectory n. 큰 식당, (특히 종교 기관이나 대학의) 식당; 휴게실

2398 ★★
**denigrate**
[dénigrèit]

**vt. ① 명예를 훼손하다 = defame, libel, slander**
**② 경시하다, 폄하하다, 깎아내리다 = belittle, derogate, disparage**

She used media to **denigrate** her political opponents.
그녀는 정적들의 명예를 훼손시키기 위해 언론을 이용했다.

MVP denigration n. 명예 훼손

---

2399 ★★★
**sympathy**
[símpəθi]

**n. ① 동정, 연민 = commiseration, pity**
**② 호의, 찬성, 동조, 지지, 동의 = agreement, endorsement, favor, support**
**③ 문상, 위문 = condolence**

Her tears elicited great **sympathy** from her audience.
그녀의 눈물은 청중들로부터 큰 연민을 불러일으켰다.

The seamen went on strike in **sympathy** with the dockers.
그 선원들은 부두 노동자들에 동조하여 파업에 들어갔다.

MVP sympathize vi. 동정하다, 측은히 여기다; 지지하다
sympathetic a. 동정적인, 동정어린; 동조하는, 호의적인, 공감하는

---

2400 ★★
**telltale**
[téltèil]

**n. ① 고자질쟁이, 밀고자 = blabbermouth, sneak, squealer**
**② (비밀·속사정 등을) 폭로하는 것; 표시, 증거 = evidence, indication**
**a. 숨길 수 없는, 비밀을 폭로하는, 고자질하는 = revealing**

A **telltale** bulge in a shopper's pocket is enough for a store owner to suspect she's a shoplifter.
쇼핑객의 주머니가 눈에 띄게 튀어나온 것은 가게 주인이 그녀를 좀도둑으로 의심하기에 충분하다.

## A. Write the meaning of the following words.

| | |
|---|---|
| □ draconian ________ | □ lurid ________ |
| □ stratify ________ | □ extradite ________ |
| □ curfew ________ | □ gruff ________ |
| □ molest ________ | □ nondescript ________ |
| □ surrogate ________ | □ outskirts ________ |
| □ wreck ________ | □ forlorn ________ |
| □ homily ________ | □ inebriate ________ |
| □ dizzy ________ | □ prime ________ |
| □ fiddle ________ | □ flunk ________ |
| □ precipitous ________ | □ scurvy ________ |
| □ endurance ________ | □ milestone ________ |
| □ regiment ________ | □ expurgate ________ |
| □ peregrination ________ | □ crass ________ |
| □ commiserate ________ | □ idolatry ________ |
| □ manslaughter ________ | □ uxorious ________ |
| □ trump ________ | □ bungle ________ |
| □ bumpy ________ | □ refection ________ |
| □ vehicle ________ | □ denigrate ________ |
| □ adjunct ________ | □ sympathy ________ |
| □ courier ________ | □ telltale ________ |

※ 주어진 단어의 뜻을 본문에서 확인하시고 틀린 단어의 경우 박스에 체크한 뒤에 나중에 다시 학습하시기 바랍니다.

## B. Choose the synonym of the following words.

| | |
|---|---|
| 1. bedlam | Ⓐ disinfectant |
| 2. ruthless | Ⓑ blame |
| 3. equanimity | Ⓒ eavesdrop |
| 4. insurgent | Ⓓ mutineer |
| 5. approbation | Ⓔ gleam |
| 6. overhear | Ⓕ seasoning |
| 7. condiment | Ⓖ approval |
| 8. glimmer | Ⓗ chaos |
| 9. condemn | Ⓘ aplomb |
| 10. antiseptic | Ⓙ merciless |

B. 1. Ⓗ 2. Ⓙ 3. Ⓘ 4. Ⓓ 5. Ⓖ 6. Ⓒ 7. Ⓕ 8. Ⓔ 9. Ⓑ 10. Ⓐ

2401 ★★★
**frail**
[freil]

a. ① 연약한, 허약한 = delicate, feeble, tender, vulnerable
② 깨지기 쉬운, 부서지기 쉬운 = breakable, brittle, crump, fragile

Although my grandmother is **frail**, she enjoys listening to dance tunes.
나의 할머니는 허약하시지만, 댄스음악을 즐기신다.

Some bridges are robust but others are **frail**.
일부 다리는 튼튼하지만, 다른 다리들은 부서지기 쉽다.

MVP frailty n. 노쇠함, 허약함; (성격상의) 약점, 결점

---

2402 ★★
**soporific**
[sàpərífik]

a. 최면성의; 졸리게 하는, 잠이 오는 = hypnagogic; drowsy, somniferous
n. 수면제, 마취제 = hypnotic

Billy finds nothing more **soporific** than reading classics; he's usually asleep before the end of the first chapter.
빌리(Billy)에게 고전을 읽는 것보다 더 졸린 것은 없다. 그는 대체로 첫 번째 장(章)을 다 읽기도 전에 잠들어 버린다.

MVP sopor n. 깊은 잠, 혼수; 최면제

---

2403 ★★
**ethics**
[éθiks]

n. ① 〈단수취급〉 윤리학 = morals
② 도의, 도덕, 윤리 = morality, principles

**Ethics** deals with problem of moral duty.
윤리학은 도덕적 의무에 관한 문제를 다룬다.

MVP ethical a. 도덕상의, 윤리적인

---

2404 ★
**defalcate**
[difǽlkeit]

vi. (공금·위탁 재산 등을) 부정하게 사용하다, 부당 유용하다, 횡령하다
= appropriate, embezzle, misappropriate, peculate

He **defalcated** all but $ 250 million in a contract with a foreign oil company.
그는 외국 석유회사와의 계약에서 거의 2억5천 만 달러를 횡령했다.

MVP defalcation n. 배임, 횡령, 부정 유용

---

2405 ★★
**hyperbole**
[haipə́:rbəli]

n. 과장(법); 과장 표현, 과장 어구 = exaggeration, overstatement, rhetoric

An example of **hyperbole** is "I've told you a million times not to use that word."
"나는 너에게 그 단어를 사용하지 말라고 백만 번이나 말했다."는 과장법의 한 예이다.

MVP hyperbolic a. 과장법의; 과장법을 쓴
cf. hyperbola n. 쌍곡선

2406 ★★★
**confess**
[kənfés]

v. (과실·죄를) 고백하다, 자백하다, 실토하다; 인정하다
= confide, profess; acknowledge, admit

Indeed, some of the 20th century's greatest musicians have **confessed** to their ignorance in musical theory.
실제로 20세기의 위대한 음악가들 중 몇몇은 음악 이론을 모른다고 고백했다.

MVP confession n. 고백, 자백, 실토
confessed a. (일반에게) 인정된, 정평 있는, 명백한

2407 ★
**indenture**
[indéntʃər]

n. 계약서, 약정서; (보통 pl.) 도제(徒弟)살이 계약서, 노예계약서
vt. 도제살이 계약서로 고용하다

The land was worked by **indentured** laborers.
그 땅은 도제살이를 하는 노동자들에 의해 개간되었다.

MVP indentured a. 고용 계약을 맺은



2408 ★
**strut**
[strʌt]

n. ① 지주, 버팀목 = brace, prop
② 점잔빼 걸음걸이, 활보; 과시, 자만
v. 뽐내며 걷다, 과시하다 = prance, stalk, swagger

The rule of law is a paramount **strut** of a civil society.
시민 사회에서 법은 무엇보다 중요한 버팀목이다.

2409 ★★★
**reverse**
[rivə́:rs]

v. ① 거꾸로 하다, 반대로 하다; 뒤집다, 뒤엎다 = overthrow, overturn
② 바꾸어 놓다, 교환하다, 전환하다 = change, shift, switch
③ (주의·결정 등을) 뒤엎다, 번복하다 = annul, cancel, repeal, revoke
a. 반대의, 거꾸로의; 역(逆)의 = contrary, converse, opposite
n. 역(逆), 반대 = contrary, converse, opposite

They tried to persuade him to **reverse** his decision but to no avail.
그들은 그의 결정을 바꿔보려 설득했지만 아무런 소용도 없었다.

MVP reversal n. 반전(反轉), 전도; 거꾸로 움직임, 역전; 취소
reversible a. 거꾸로[전환]할 수 있는; 뒤집을 수 있는; 취소[파기]할 수 있는
reversely ad. 거꾸로, 반대로; 이에 반하여, 또 한편으로는

2410 ★★
**plank**
[plæŋk]

n. ① 널빤지, 두꺼운 판자 = board
② 정당 강령의 항목[조항] = platform

The central **plank** of the bill was rural development.
그 법안의 골자는 농촌 개발이었다.

MVP cf. flank n. 옆구리; (산·건물의) 측면
cf. prank n. 농담, 못된 장난

---

2411 ★★
**dialectic**
[dàiəléktik]

**n. 변증법(문답에 의해 진리에 도달하는 방법)**
**a. 변증법적인, 문답식의**

The **dialectic** is a formal method of argument, in which new positions are reached by testing opposing views against one another.
변증법은 형식논법의 하나로, 상반된 견해들을 서로에게 비추어 시험함으로써 새로운 입장에 도달하는 방법이다.

MVP cf. dialect n. 방언, 지방 사투리

---

2412 ★
**alimony**
[ǽləmòuni]

**n. (보통 남편이 아내에게 주는) 별거[이혼] 수당, 위자료**
= separation allowance[maintenance]

Her former husband was ordered to pay her 117 million won in compensation, including 50 million won in **alimony**.
그녀의 전 남편은 그녀에게 위자료 5,000만 원을 포함하여 모두 1억 1,700만 원을 배상하라는 판결을 받았다.

MVP maintenance n. (이혼 후 이전 배우자나 자녀에 대해 지불하는) 생활비, 양육비
palimony n. (동거하다 헤어지는 사람에게 주라고 법원이 명하는) 별거 수당

---

2413 ★★
**bustle**
[bʌ́sl]

**v. 분주히 돌아다니다, 서두르다** = fuss, hurry, rush
**n. 야단법석, 혼잡, 붐빔** = ado, fuss, hustle-bustle, stir, tumult

People **bustled** about on the streets, keeping their eyes low and their coats tight.
사람들이 시선을 내리깔고 코트를 여민 채 거리를 분주히 돌아다녔다.

He wants to escape from the **bustle** of daily life.
그는 혼잡한 일상에서 벗어나고 싶어 한다.

---

2414 ★★★
**structure**
[strʌ́ktʃər]

**n. ① 구조, 체계, 짜임새** = construction, design, fabric, organization
**② 구조물, 건축물** = building, construction, edifice, fabrication
**vt. 조직하다, 구조화하다** = form, orchestrate, organize

It is the only remaining **structure** of the Seven Wonders of the Ancient World.
그것은 고대 세계의 7대 불가사의 중 유일하게 남아있는 건축물이다.

MVP structured a. 구조화 된, 구조가 있는

2415 ★★
**protean**
[próutiən]

**a. ① 변화무쌍한, 갖가지로 변하는 = ever-changing, kaleidoscopic**
**② (배우가) 여러 가지 역할을 소화하는**

The **protean** actor played a wide variety of different characters.
여러 역할을 소화하는 그 배우는 각양각색의 인물들을 연기했다.

---

2416 ★
**latch**
[lætʃ]

**n. (문이나 대문의) 걸쇠, 빗장 = bar, bolt, clasp, fastening**
**v. ~에 걸쇠를 걸다; 걸쇠가 걸리다 = fasten, lock, secure**

You left the **latch** off the gate and the dog escaped.
네가 문에서 빗장을 벗겨 놓아서 개가 도망쳤다.

---

2417 ★★
**myopic**
[maiápik]

**a. 근시(안)의, 근시안적인 = nearsighted, shortsighted**

Their **myopic** refusal to act now will undoubtedly cause problems in the future.
그들이 근시안적인 태도를 갖고 지금 행동하기를 거부한다면 나중에 틀림없이 문제가 발생할 것이다.

MVP myopia n. 근시, 근시안
near-sight n. 근시(= short sight)
hypermetropia n. 원시(= hyperopia)
astigmatism n. 난시
presbyopia n. 노안



---

2418 ★
**gauntlet**
[gɔ́:ntlit]

**n. ① (갑옷의) 손가리개; (승마·펜싱 등에 쓰는) 긴 장갑**
**② 태형 = flogging**
**③ 시련(試鍊) = test, trial**

Luxury car firm Jaguar has thrown down the **gauntlet** to competitors by giving the best guarantee on the market.
고급자동차 회사인 재규어는 업계 최고의 보증을 내세우며 경쟁사들에 도전장을 던졌다.

MVP take[pick] up the gauntlet 도전에 응하다; 반항적 태도를 보이다
throw[fling] down the gauntlet 도전하다
run the gauntlet 태형을 받다; 호된 시련을 겪다, 집중 공격을 받다

---

2419 ★★
**shred**
[ʃred]

**n. ① 조각, 파편 = fragment, particle**
**② 약간, 소량, 극히 조금 = bit, scrap**

There is not a **shred** of evidence to support his claim.
그의 주장을 뒷받침할 증거는 티끌만큼도 없다.

2420 ★★
**capitulate**
[kəpítʃulèit]

vi. (오랫동안 거부하던 것에) 굴복하다, 항복하다 = succumb, surrender, yield

They were finally forced to **capitulate** to the terrorists' demands.
그들은 마침내 테러범들의 요구에 굴복해야 했다.

MVP capitulation n. 굴복, 항복; 항복문서
cf. recapitulate v. (이미 했던 말의) 개요를 말하다, 요약하다

2421 ★★
**treason**
[tríːzn]

n. ① 반역, 반역죄, 모반 = rebellion, revolt, sedition, treachery
② 배신, 배반, 불충, 불성실 = betrayal, disloyalty, perfidy

He was condemned of **treason** and is serving a life sentence.
그는 반역죄로 유죄선고를 받았고 종신형으로 복역 중에 있다.

2422 ★
**buzzword**
[bʌ́zwə̀ːrd]

n. (사업가·정치가·학자 등이 쓰는) 전문 용어; (언론 등에서 많이 사용되는) 유행어

Using straightforward terms instead of ambiguous **buzzwords** will help you to make your point and will also help you stand out from the crowd.
모호한 전문 용어 대신에 직접적인 용어를 사용하면 자신의 주장을 분명히 밝히고 다른 이들보다 훨씬 돋보일 것이다.

2423 ★★
**nubile**
[njúːbil]

a. ① (여성이) 결혼 적령기의, 묘령의, 시집갈 나이의 = marriageable
② (젊은 여자가) 성적 매력이 있는 = desirable, foxy, sexy

His **nubile** daughter had many admirers.
결혼 적령기에 이른 그의 딸에게는 구애자가 많았다.

The **nubile** girl became the wife of a person of consequence.
성적 매력이 있는 그 소녀는 어떤 중요인물의 아내가 되었다.

MVP nubility n. (여성의) 결혼 적령기, 묘령; 성적 매력이 있음

2424 ★★★
**criterion**
[kraitíəriən]

n. (판단·평가를 위한) 표준, 기준 (pl. criteria)
= gauge, norm, standard, touchstone, yardstick

Employers who retire people who are willing and able to continue working should realize that chronological age is not an effective **criterion** in determining whether an individual is capable of working.
일을 계속할 용의가 있고 능력이 있는 사람들을 은퇴시키는 고용주들은 신체 나이가 한 개인이 일을 할 수 있는지 없는지를 결정하는 데 있어서 효과적인 기준이 아니라는 것을 깨달아야 한다.

2425 ★

**scour**
[skauər]

v. ① 문질러 닦다, 윤내다 = polish, scrub
② 비벼 빨다, 세탁하다 = clean, wash
③ (~을 구해서) 찾아다니다, 찾아 헤매다[after, for]
= comb, forage, ransack, search

I **scoured** the dirty pots.
나는 더러운 냄비들을 박박 문질러 닦았다.

Rescue crews had **scoured** an area of 30 square miles.
구조대원들이 30평방 마일에 이르는 지역을 샅샅이 뒤졌다.

2426 ★★★

**fever**
[fíːvər]

n. ① (병으로 인한) 열, 발열; 열병
② 열중, 열광, 흥분 = craze, excitement, mania

A **fever** is one of the symptoms of a cold.
열이 나는 것은 감기의 여러 증상들 중 하나다.

MVP feverish a. 열이 있는; 열병의; 무더운; 열광적인
febrile a. 열병의; 열로 생기는; 열광적인



2427 ★★

**armchair**
[áːrmtʃɛər]

a. ① 이론뿐인, 탁상공론의 = academic, impractical
② (책 등을 통해) 간접적으로 아는, 간접 경험의 = indirect

His criticism is nothing but an **armchair** opinion.
그의 비판은 탁상공론에 불과하다.

The event is being televised to thousands more **armchair** spectators.
그 행사는 간접적으로 보는 수천 명의 관중들에게 TV로 방송되고 있다.

2428 ★★

**cosmetic**
[kazmétik]

n. ① (보통 pl.) 화장품 = makeup, toiletries
② 〈비유〉 결점을 감추는 것

a. ① 화장용의
② 겉치레의, 표면적인 = ostensible, perfunctory, superficial

Even in the wake of the global financial crisis, the nation's **cosmetics** industry grew nearly 12 percent.
세계 금융 위기의 여파에도, 그 나라의 화장품 산업은 약 12% 성장했다.

2429 ★

**grouse**
[graus]

vi. 불평하다, 투덜대다[about] = complain, grumble, moan, mutter

Internally, some police **groused** about the program.
내부적으로, 경찰 일각에서는 그 프로그램에 대해 불만이 있었다.

2430 ★★
**knot**
[nɑt]

n. ① 매듭; (줄기의) 마디, 옹이, 혹 = gnarl
② 분규, 곤란, 혼란, 어려운 일, 난제 = complication, difficulty, tangle
③ (부부 등의) 인연, 연분, 유대 = bond, connection, relation, ties

My husband and I tied the **knot** after seven year's dating.
남편과 나는 7년 동안의 연애 끝에 결혼했다.

MVP knotty a. 매듭이 있는; 마디가 많은; 얽힌, 엉클어진, 해결이 곤란한
tie the knot 결혼하다, 인연을 맺다
cut the knot 현명한 판단으로 잘 헤쳐 나가다
cut the Gordian knot 일도양단의 조치를 취하다, 어려운 일을 신속 과감하게 해결하다

---

2431 ★
**riveting**
[rívitiŋ]

a. 관심을 사로잡는, 황홀케 하는, 매혹적인
= captivating, engrossing, enthralling, fascinating

Our kids discovered that nothing is more **riveting** than a good read.
우리 아이들은 좋은 읽을거리보다 더 매혹적인 것은 없다는 것을 발견했다.

MVP rivet vt. 고정시키다; (시선·주의 등을) 집중하다, 끌다

---

2432 ★★★
**chill**
[tʃil]

n. ① 냉기, 한기; 오한
② 냉담 = coldness, frigidity
a. ① 차가운, 냉랭한; 오싹하는
② 냉담한, 쌀쌀한 = chilly, cold, frigid, wintry
v. ① 식히다, 냉각하다 = cool, refrigerate
② 춥게 하다, 오싹하게 하다 = appall, horrify, thrill
③ (계획·사람에게) 냉담하게 되다; 열의가 식다; 냉정해지다

Korea-Japan ties are **chilled** with every reckless remark by some Japanese politicians on history, Dokdo islands and their visits to Yasukuni.
일본 정치인들이 경솔하게 역사, 독도 그리고 야스쿠니 참배에 대해 말할 때마다 한일관계는 냉각된다.

MVP chilling a. 냉랭한; 냉담한
chilly a. 차가운, 으스스한; 냉담한

---

2433 ★
**pulverize**
[pʌ́lvəràiz]

v. 가루로 만들다, 빻다 = crush, grind, mill, pound

Add the olive oil and cream and whirl until garlic is **pulverized**.
올리브 오일과 크림을 넣고 마늘이 완전히 가루가 될 때까지 저어주십시오.

MVP pulverization n. 분쇄(粉碎)
pulverizer n. 분쇄기

2434 ★★

**altercation**
[ɔ́:ltərkèiʃən]

**n. 언쟁, 논쟁 = argument, bicker, dispute, quarrel, wrangle**

The angry **altercation** started with a seemingly innocent remark by the taxi driver.
그 격한 언쟁은 택시 운전사의 악의 없어 보이는 말에 의해 시작되었다.

MVP altercate vi. 언쟁하다, 격론을 벌이다

---

2435 ★

**exude**
[igzú:d]

**v. (액체·냄새·느낌 등을) 흘리다[스며나오다] = emanate, emit, ooze, radiate**

She **exuded** confidence.
그녀에게서는 자신감이 줄줄 흘렀다.

The plant **exudes** a sticky fluid.
그 식물에서 끈적끈적한 액체가 흐른다.

---

2436 ★★

**veterinarian**
[vètərənɛ́əriən]

**n. 수의사 = vet**

The doctor that cures animals is called a **veterinarian**.
동물을 치료하는 의사를 수의사라고 한다.

---

2437 ★★

**obsequious**
[əbsí:kwiəs]

**a. 아첨하는, 아부하는; 비굴한 = flattering; servile, submissive**

Asians prefer bowing from the waist to shaking hands, and that is not an **obsequious** gesture but rather a greeting for respect.
동양인들은 악수하는 것보다 허리 굽혀 인사하는 것을 더 좋아하는데, 이는 아첨하는 행동이 아니라 존경을 표하는 인사이다.

MVP obsequies n. 장례식

---

2438 ★★★

**mass**
[mæs]

**n. ① 다량, 다수, 많음; (the ~) 대부분, 태반 = bulk, majority**
**② 덩어리 = lump**
**③ 부피, 크기; 〈물리학〉 질량**
**④ 일반 대중 = multitude, populace, the general public**
**⑤ (흔히 M~) 〈가톨릭〉 미사; 미사의식; 미사곡**

A **mass** of people were in the town square for the concert.
많은 사람들이 콘서트를 보기 위해 마을 광장에 있었다.

The hill appeared as a black **mass** in the distance.
멀리서 바라보면 그 언덕은 하나의 검은 덩어리 같았다.

The Sun contains more than 99.8% of the total **mass** of our solar system.
태양은 태양계 총 질량의 99.8% 이상을 차지한다.

MVP en masse ad. 한꺼번에, 일괄하여, 집단으로(= in a mass)

2439 ★★

**sweeping**
[swíːpiŋ]

a. ① 광범위한, 포괄적인; 전면적인 = broad, comprehensive, extensive, overall
② 압도적인 = inundant, knockdown, landslide, overwhelming

Security forces were given **sweeping** powers to search homes.
보안군에게 가택을 수색할 수 있는 전권이 주어졌다.

The presidential election ended in a **sweeping** victory for him.
대통령 선거는 그의 압승으로 끝났다.

MVP sweep v. (방 등을 빗자루로) 청소하다; (사상 등이) 급속히 퍼지다[휩쓸다]

---

2440 ★

**wean**
[wiːn]

vt. ① 젖을 떼다, 이유시키다 = ablactate
② (나쁜 버릇 따위를) 버리게 하다, 단념시키다 = discourage

The calf is **weaned** to solid food when it is about a year old.
송아지는 생후 1년쯤 되면 어미젖을 떼고 단단한 먹이를 먹는다.

The doctor tried to **wean** her off sleeping pills.
의사는 그녀로 하여금 수면제를 끊게 하려고 했다.

MVP weaning n. 젖떼기, 이유(= ablactation)

---

2441 ★★

**bandage**
[bǽndidʒ]

n. 붕대; 안대(眼帶), 눈가리개 = dressing; blindfold

With **bandages** on his head, Cyrano enters the convent where Roxane waits for him.
머리에 붕대를 감은 채, 시라노(Cyrano)는 록산느(Roxane)가 기다리는 수녀원에 도착한다.

MVP cf. bondage n. 농노[노예]의 신분; 속박, 감금, 굴종

---

2442 ★★

**turbulent**
[tə́ːrbjulənt]

a. (날씨 등이) 사나운, 거친, 요동치는; 소란스러운 = rough, stormy; uproarious

On my way to Seoul, I met a **turbulent** storm.
서울로 가는 도중에 나는 사나운 폭풍우를 만났다.

This film contains a sketch of her **turbulent** life.
이 영상은 그녀의 파란만장한 삶의 약력을 담고 있다.

MVP turbulence n. (날씨 등의) 사나움; 난기류; (사회·정치상의) 소란

---

2443 ★

**overture**
[óuvərtʃər]

n. ① (종종 pl.) 신청, 제안; 예비교섭 = proposal, suggestion
② 〈음악〉 서곡, 전주곡 = prelude

It is indeed a hopeful sign that the terrorist country has begun peace-making **overtures**, but these gestures have yet to yield anything substantive and lasting.
그 테러 국가가 화해의 제안을 하기 시작한 것은 참으로 희망적인 신호이지만, 이런 의사표시들은 아직 그 어떤 실질적이고 영속적인 결과도 낳지 못하고 있다.

2444 ★★
**putrid**
[pjú:trid]

a. (동식물이) 썩은, 부패한; (썩으면서) 악취가 나는
= decayed, rotten; foul, malodorous

We came across the **putrid** body of a dead fox.
우리는 죽은 여우의 썩은 사체를 우연히 발견하였다.

---

2445 ★★★
**drain**
[drein]

v. ① ~에서 배수하다, ~의 물을 빼다[빠지다] = dewater
② (힘·돈 등을) 빼내 가다, 소모시키다; (인재를) 유출시키다 = deplete, exhaust
n. ① 배수, 방수; 유출, 배수관
② 고갈, 낭비, 소모; (많은 시간·돈 등을) 고갈시키는[잡아먹는] 것

The swimming pool **drains** very slowly.
그 수영장은 물이 아주 천천히 빠진다.

We had to call in a plumber to unblock the **drain**.
우리는 배수관을 뚫기 위해 배관공을 불러야 했다.

MVP drainage n. 배수; 배수로; 하수
brain drain 두뇌 유출(우수한 기술과 자격을 가진 이들이 더 나은 보수와 근무 조건을 찾아 다른 나라로 빠져나가는 것)



---

2446 ★★
**accost**
[əkɔ́:st]

vt. 다가가서 말을 걸다 = address

She was **accosted** in the street by a complete stranger.
길에서 전혀 모르는 사람이 그녀에게 다가와 말을 걸었다.

---

2447 ★
**ecumenic**
[èkjuménik]

a. ① 전반적인, 보편적인, 세계적인 = general, universal
② 전 기독교(회)의, 세계 교회 운동의

The **ecumenic** menu may include a raw seafood medley.
보편적인 그 메뉴에는 익히지 않은 잡다한 해산물이 들어있을지도 모른다.

---

2448 ★★
**freak**
[fri:k]

n. ① 변덕, 일시적 기분 = caprice, whim
② 기형, 변종; 괴짜 = eccentric, weirdo
③ 열광자, ~광(狂) = enthusiast, fan
v. ① 흥분하다[시키다], 기겁을 하다[하게 만들다]
② 얼룩지게 하다 = stain

She was treated like a **freak** because she didn't want children.
그녀는 아이를 원치 않는다는 이유로 괴짜 취급을 받았다.

MVP freakish a. 변덕스러운; 야릇한, 기형의
freaked a. 얼룩진
freak out 깜짝 놀라다, 어쩔 줄 몰라 하다

2449 ★

**purvey**
[pərvéi]

v. (식료품 등을) 공급하다, 조달하다, 납품하다[for, to] = provide, sell, supply

Clothing was **purveyed** to the US army during the war.
전쟁 중에 미군들에게 의류품이 조달되었다.

MVP purveyor n. (식료품) 조달자; 조달상인, 조달[납품]업자

---

2450 ★★

**circumlocution**
[sə̀:rkəmloukjú:ʃən]

n. 에두른[완곡한] 표현 = euphemism, periphrasis

**Circumlocution** can sometimes feel ambiguous to the listener.
완곡한 표현은 때때로 듣는 사람에게는 애매하게 느껴질 수 있다.

## REVIEW TEST

### A. Write the meaning of the following words.

| | |
|---|---|
| □ frail ________ | □ fever ________ |
| □ ethics ________ | □ armchair ________ |
| □ hyperbole ________ | □ cosmetic ________ |
| □ confess ________ | □ knot ________ |
| □ indenture ________ | □ chill ________ |
| □ strut ________ | □ pulverize ________ |
| □ reverse ________ | □ exude ________ |
| □ plank ________ | □ veterinarian ________ |
| □ dialectic ________ | □ obsequious ________ |
| □ alimony ________ | □ mass ________ |
| □ bustle ________ | □ sweeping ________ |
| □ structure ________ | □ wean ________ |
| □ latch ________ | □ bandage ________ |
| □ gauntlet ________ | □ turbulent ________ |
| □ shred ________ | □ overture ________ |
| □ treason ________ | □ drain ________ |
| □ buzzword ________ | □ accost ________ |
| □ nubile ________ | □ ecumenic ________ |
| □ criterion ________ | □ freak ________ |
| □ scour ________ | □ purvey ________ |

※ 주어진 단어의 뜻을 본문에서 확인하시고 틀린 단어의 경우 박스에 체크한 뒤에 나중에 다시 학습하시기 바랍니다.

### B. Choose the synonym of the following words.

| | |
|---|---|
| 1. myopic | Ⓐ decayed |
| 2. protean | Ⓑ complain |
| 3. soporific | Ⓒ bicker |
| 4. circumlocution | Ⓓ hypnotic |
| 5. grouse | Ⓔ surrender |
| 6. putrid | Ⓕ nearsighted |
| 7. altercation | Ⓖ captivating |
| 8. capitulate | Ⓗ ever-changing |
| 9. defalcate | Ⓘ misappropriate |
| 10. riveting | Ⓙ euphemism |

B. 1. Ⓕ 2. Ⓗ 3. Ⓓ 4. Ⓙ 5. Ⓑ 6. Ⓐ 7. Ⓒ 8. Ⓔ 9. Ⓘ 10. Ⓖ

2451 ★★

**zenith**

[zí:niθ]

n. ① 천정(天頂) = vertex
② 정점, 절정, 전성기 = acme, apex, heyday, peak, prime, summit

At the age of forty-five, Carson was at the **zenith** of her career.
마흔 다섯의 나이에 카슨(Carson)은 자신의 경력의 절정에 있었다.

MVP ↔ nadir n. 천저(天底); 밑바닥, 최하점

---

2452 ★★

**exemplary**

[igzémpləri]

a. ① 모범적인, 모범이 되는, 훌륭한 = excellent, ideal, model, perfect
② (처벌이) 본보기를 보이기 위한, 경고가 되는 = cautionary, warning

The man is respected as an **exemplary** teacher.
그는 모범적인 교사로 존경받고 있다.

The punishment was severe but **exemplary**.
그 처벌은 가혹했지만 본보기를 보이기 위한 것이었다.

MVP exemplify vt. 전형적인 예가 되다; 예를 들다
exemplar n. 모범, 본보기, 대표적 예; 원본, 원형
exemplum n. 모범; 예, 실례; 도덕적 일화, 교훈적 이야기

---

2453 ★

**declaim**

[dikléim]

v. ① 열변을 토하다 = harangue, orate, perorate, rant
② 맹렬히 비난[규탄]하다[against] = arraign, censure, denounce, inveigh

Civic groups **declaim** against the waste of the taxpayers' money.
시민단체들은 납세자의 돈이 낭비되는 것에 맹렬히 규탄한다.

MVP declamation n. 낭독; 연설, 열변
cf. disclaim v. (권리 등을) 포기하다; 거절하다; 부인하다

---

2454 ★★

**armament**

[á:rməmənt]

n. ① (군대·군함·비행기 등을 포함한) 장비, 무기, 병기 = ammunition, arms
② (한 나라의) 군사력, 군비

An **armament** race between countries prompted extreme tension in the whole world.
국가들 간의 군비 확산 경쟁이 전 세계에 극도의 긴장을 촉발했다.

---

2455 ★★★

**intangible**

[intǽndʒəbl]

a. ① 손으로 만질 수 없는, 만져서 알 수 없는; 실체가 없는, 무형의
= impalpable; incorporeal, insubstantial
② 파악할 수 없는, 막연한, 불가해한

Knowledge is an **intangible** asset.
지식은 무형의 자산이다.

The old building had an **intangible** air of sadness about it.
그 오래된 건물에는 뭐라고 말할 수 없는 슬픈 기운이 서려 있었다.

MVP ↔ tangible a. 만져서 알 수 있는; 실체적인; 확실한, 명백한; 유형의

2456 ★
**shoddy**
[ʃɔ́di]

a. ① 가짜의, 겉만 그럴 듯한, 싸구려의
② (제품이나 만들어진 것이) 조잡한
n. 가짜, 위조품, 모조품

The collapse of the building was due to **shoddy** construction.
그 건물의 붕괴는 날림 공사로 인한 것이었다.

---

2457 ★★
**progeny**
[prάdʒəni]

n. ① (사람·동식물의) 자손; 후계자 = child, descendant, offspring
② 결과, 소산 = consequence, outcome, result

His **progeny** are scattered all over the country.
그의 자손들은 전국 방방곳곳에 살고 있다.

Connolly's book is the **progeny** of an earlier TV series.
코널리(Connolly)의 책은 이전에 방영한 TV시리즈의 결과로 나온 것이다.

MVP progenitor n. (사람·동식물의) 조상
progeniture n. 자손을 낳음; [집합적] 자손
progenitive a. 생식력이 있는, 번식하는

---

2458 ★★
**rejoice**
[ridʒɔ́is]

v. 기뻐하다, 좋아하다, 축하하다[at, in, over, on] = delight, exult, glory, revel

When the war ended, people finally had cause to **rejoice**.
전쟁이 끝나자 사람들은 마침내 크게 기뻐할 일이 생겼다.

MVP rejoicing n. 기쁨, 환희; (pl.) 환호, 환락, 축하

---

2459 ★
**cornucopia**
[kɔ̀:rnjukóupiə]

n. 풍요, 풍부 = abundance, affluence, exuberance, opulence

The upside for self-motivating kids is that there is a **cornucopia** of knowledge available.
아이들에게 스스로 하게 하는 방식의 이점은 풍부한 지식을 이용할 수 있다는 것이다.

MVP cornucopian a. 풍부한, 풍요한

---

2460 ★★
**outmoded**
[àutmóudid]

a. 유행에 뒤떨어진, 구식의 = ancient, antique, old-fashioned, outdated

In order for our society to improve, we need to free ourselves from **outmoded** traditions.
우리 사회가 발전하기 위해서는 시대에 뒤떨어진 전통에서 벗어나야 한다.

2461 ★★
**barb**
[ba:rb]

n. ① (화살촉·낚시·가시철사의) 미늘; 갈고리, 가시 = flue, fluke
② 날카로운 비판, 가시 돋친 말 = acerbity, shaft, stinger
vt. ~에 미늘[갈고리, 가시]을 달다

He hurt his leg on a **barb**-wired fence.
그 아이는 철조망 울타리에 다리를 다쳤다.

Trump traded **barbs** with a Baptist minister in a Twitter war.
트럼프(Trump)는 트위터 설전에서 한 침례교 목사와 가시 돋친 말을 주고받았다.

MVP barbed a. 미늘이[가시가] 있는; 신랄한

2462 ★
**exchequer**
[ékstʃekər]

n. ① 국고(國庫) = national treasury
② (개인·회사 등의) 재원, 재력, 재정 (상태), 재정 형편 = coffers, funds
③ (영) (the E~) 재무부 = the Finance Ministry, the Ministry of Finance

The situation was aggravated by the state of my **exchequer**.
상황은 나의 재정 상태에 의해 악화되었다.

2463 ★★
**consign**
[kənsáin]

vt. ① 맡기다, 위탁하다, 위임하다 = commit
② (상품을) 위탁(판매)하다; (위탁 판매를 위해) 발송하다, 부치다
③ (좋지 않은 상황에) 처하게 만들다, ~을 (나쁜 상태 등에) 몰아넣다

The goods have been **consigned** to you by air.
그 상품은 항공편으로 당신에게 탁송되었다.

A car accident **consigned** him to a wheelchair for the rest of his life.
자동차 사고로 그는 여생을 휠체어 신세를 지게 되었다.

MVP consignment n. 위탁 (판매), 탁송; 위탁 화물

2464 ★★★
**invincible**
[invínsəbl]

a. 천하무적의, 아무도 꺾을 수 없는 = impregnable, unbeatable, unconquerable

Federer, ranked No.1 in the world, is virtually **invincible** on grass courts.
세계 1위에 올라 있는 페더러(Federer)는 사실상 잔디 코트에서는 무적이다.

MVP ↔ vincible a. 이겨낼 수 있는, 정복할 수 있는; 극복할 수 있는

2465 ★★
**dawdle**
[dɔ́:dl]

v. 꾸물거리다, 빈둥빈둥 시간을 보내다 = idle, loiter, procrastinate, tarry

Stop **dawdling** and try to finish your homework before bedtime.
빈둥거리지 말고 잠자리에 들기 전에 숙제를 마치도록 해라.

2466 ★
**swashbuckle**
[swɑ́ʃbʌkl]

v. 허세부리다, 젠체하다

No one could **swashbuckle** better than the often-shirtless Errol Flynn.
종종 상의를 탈의하는 에롤 플린(Errol Flynn)보다 더 허세를 잘 부릴 수 있는 사람은 아무도 없었다.

MVP swashbuckler n. 뻐기는[허세 부리는] 사람; 깡패, 무모한 사람(를 다룬 소설·영화)
swashbuckling a. 허세 부리는; (영화가) 모험과 스릴에 찬

---

2467 ★★★
**compass**
[kʌ́mpəs]

n. ① 나침반; (보통 pl.) (제도용) 컴퍼스
② 〈비유〉 한계, 범위; 둘레, 주위 = boundary, extent, limit, range; area

China is the birthplace of many great inventions such as papermaking, the **compass**, gunpowder, and printing.
중국은 제지, 나침반, 화약, 인쇄술과 같은 많은 위대한 발명품의 발상지이다.

---

2468 ★★
**naughty**
[nɔ́:ti]

a. ① (어린이가) 말을 듣지 않는, 장난꾸러기인, 버릇없는
= disobedient, impish, mischievous
② (행위 등이) 음탕한, 외설적인 = bawdy, improper, lewd, obscene

Santa Claus knows if you've been **naughty** or nice.
산타클로스(Santa Claus)는 네가 올해 말을 안 들었는지 잘 들었는지 알고 계신다.

MVP naughtiness n. 버릇없음; 품위가 없음, 음탕함
cf. naught n. 제로, 영; 파멸, 파괴

---

2469 ★
**modicum**
[mɑ́dəkəm]

n. 소량, 근소, 약간 = bit, drop, little

As a financial hub, Hong Kong draws in tens of thousands of well-heeled Western expatriates as well as a **modicum** of Asian professionals.
금융 중심지인 홍콩은 소수의 아시아계 전문가들 뿐 아니라 국외에서 거주하고 있는 수만 명의 부유한 서구인들도 끌어들이고 있다.

---

2470 ★★
**grumble**
[grʌ́mbl]

v. 불평하다, 투덜거리다, 푸념하다, 중얼거리다[at, about] = complain, moan
n. 투덜대는 소리, 불만, 불평, 푸념 = complaint, protest

She's always **grumbling** to me about how badly she's treated at work.
그녀는 직장에서 매우 험한 대우를 받는다고 내게 늘 투덜거린다.

MVP grumbly a. 투덜거리는, 불평을 말하는

2471 ★

**tergiversation**
[tə̀:rdʒivərséiʃən]

n. ① **핑계** = excuse, pretext
② **변절** = betrayal, defection, treachery

Government had to point out some **tergiversations** to find out the actual route.
정부는 실제적 경로를 찾아내기 위해 몇 가지 핑계들을 짚어내야 했다.

MVP tergiversate vi. 변절[전향, 탈당]하다; 얼버무리다, 핑계대다, 속이다

2472 ★★

**bosom**
[búzəm]

n. ① **가슴, 흉부; 여성의 유방** = breast, bust, chest
② **가슴 속의 생각, 속마음; 친애의 정, 애정**
a. **친한; 비밀을 털어놓을 수 있는, 심복의** = close, confidential, intimate

She is holding a baby in her **bosom**.
그녀는 품에 아기를 안고 있다.

I am treating you like my eternal **bosom** friend, and sharing with you all the essential things.
나는 너를 나의 영원한 친한 친구로 대하고, 가장 중요한 모든 것들을 당신과 나누고 있다.

MVP bosom friend 절친한 친구, 친한 친구

2473 ★★

**coeval**
[kouí:vəl]

a. **같은 나이[연대, 시기]의** = coetaneous, contemporary
n. **동시대[동연대]의 사람[것]**

The industry is **coeval** with the construction of the first railways.
그 산업은 첫 철도 건설과 같은 시기에 시작되었다.

2474 ★★★

**fret**
[fret]

v. ① **초조해 하다, 안달하다, 애태우다** = chafe, fuss, jitter, worry
② **(산·녹 때문에) 부식하다, 침식하다** = corrode, erode

It's no use **fretting** your life away because you can't have everything you want.
원하는 것을 모두 가질 수는 없기 때문에 안달하면서 인생을 보내봐야 아무 소용이 없다.

MVP fretful a. 안달하는, 초조해 하는

2475 ★★

**radiation**
[rèidiéiʃən]

n. ① **(빛·열 등의) 방사, 복사** = emanation, emission
② **복사선, 복사 에너지; 방사선**

It is well-known that **radiation** can cause mutation.
방사능이 돌연변이를 일으킬 수 있다는 것은 잘 알려져 있는 사실이다.

MVP radiate v. (중심에서) 방사상으로 퍼지다; 빛을 발하다; (빛·열 등을) 방사하다
radiative a. 방사성[복사성, 발광성]의

2476 ★
**educe**
[idjúːs]

v. ① (잠재적 능력 등을) 끌어내다 = draw, elicit
② (자료에서 결론을) 추론(推論)하다, 연역(演繹)하다 = deduce, infer
③ (화합물에서) ~을 추출하다 = extract

He tried to **educe** her potential strength during the training.
그는 훈련 중에 그녀의 잠재적인 힘을 끌어내려고 노력했다.

More information can be **educed** from these statistics.
이들 통계자료로부터 더 많은 정보를 추론할 수 있다.

MVP eduction n. 추단, 추론; 끌어내기, 추출; 추출물
educt n. 추론의 결과; 추출물
cf. adduce vt. (이유·증거 등을) 제시하다

---

2477 ★★
**unison**
[júːnisn]

n. 일치, 조화, 화합 = accord, harmony

They overcame the difficulties by working in **unison**.
그들은 한마음 한뜻으로 어려움을 이겨냈다.

MVP in unison 일제히, 일치[조화]하여[with]; 제창으로

---

2478 ★
**putative**
[pjúːtətiv]

a. 추정되는, 소문에 들리는 = alleged, conjectural, supposed, suppositional

The mysterious man is the **putative** father of this child.
신비에 싸인 그 남자가 이 아이의 아버지로 추정되는 사람이다.

There have been many attempts to track down the **putative** Loch Ness monster.
상상 속의 네스 호(湖) 괴물을 뒤쫓으려는 시도가 여러 차례 있어 왔다.

---

2479 ★★
**ingratiate**
[ingréiʃièit]

vt. 환심을 사다, 비위를 맞추다, 마음에 들게 하다, 영합하다
= curry favor with, flatter, make one's marbles good

He **ingratiates** himself with his superior all the time.
그는 언제나 상사의 비위를 맞춘다.

MVP ingratiation n. 아부; 아첨
ingratiating a. 알랑거리는; 애교 있는, 매력 있는
cf. ingrate n. 은혜를 모르는 사람, 배은망덕한 사람

---

2480 ★★
**puppet**
[pʌ́pit]

n. ① 작은 인형
② 꼭두각시 = marionette
③ 괴뢰, 앞잡이 = minion, pawn, tool

He was merely a **puppet** for the government.
그는 정부의 앞잡이에 불과했다.

2481 ★

**volant**

[vóulənt]

a. ① 나는, 날 수 있는 = flying, volitant
② 날쌘, 기민한, 민첩한, 몸이 가벼운 = agile, birdlike, nimble, nippy

I have considered the structure of all **volant** animals.
나는 날 수 있는 모든 동물들의 구조를 고찰해왔다.

MVP volante ad. 하늘을 날듯이 빠르고 경쾌하게

---

2482 ★★

**crusade**

[kru:séid]

n. ① 십자군
② (종교상의) 성전(聖戰); 개혁 운동 = campaign, drive, movement

They have long been involved in a **crusade** for racial equality.
그들은 인종적 평등을 위한 개혁 운동에 오랫동안 관여해 왔다.

---

2483 ★★

**leapfrog**

[lí:pfrɔ̀:g]

v. (더 높은 위치·등급으로) 뛰어넘다, 앞서다, 앞지르다
= bounce, leap, outdo, surpass

If we don't succeed in business and we don't get the running of our society right, others will **leapfrog** our position.
우리가 사업에 성공하지 못하고 사회의 흐름을 제대로 읽지 못한다면, 다른 업체들이 우리의 위치를 추월하고 말 것이다.

MVP leap v. 도약하다, 뛰어넘다

---

2484 ★

**hive**

[haiv]

n. ① 벌통, 벌집 = beehive
② 바쁜 사람들이 붐비는 곳, (활동 등의) 중심지 = center, hub

There is only one queen bee per **hive** and the queen has great power.
하나의 벌집에는 오직 한 마리의 여왕벌만 있으며, 그 여왕벌은 엄청난 권력을 가지고 있다.

MVP cf. hives n. (pl.) 두드러기; (목의) 염증

---

2485 ★★

**engulf**

[ingʌ́lf]

vt. ① (불·늪·파도 등이) 집어삼키다, 휩쓸리게 하다
= immerse, inundate, submerge, swamp
② (강한 감정 등이) 사로잡다, 압도하다 = overcome, overwhelm

When the fire department arrived, the house was **engulfed** in flames.
소방대가 도착했을 때, 그 집은 화염에 휩싸여 있었다.

MVP engulfment n. (파도·불길 등이) 삼켜버림, 휩씀
gulf n. 만(灣); (땅 속의) 깊은 구렁, 심연; (사고·생활 방식 등의 큰) 격차, 차이

2486 ★
**benison**
[bénizn]

n. 축복 = benediction, blessing

Father prayed for our **benison**.
신부님은 우리의 축복을 위해 기도했다.

---

2487 ★
**overcast**
[óuvərkæst]

a. 구름이 뒤덮인, 흐린, 우중충한; 음울한, 우울한
v. (구름이) ~을 덮다, 흐리게 하다, 어둡게 하다; (슬픔 등으로) 음울하게 만들다

Today was gloomy and **overcast** from morning till evening.
오늘은 아침부터 저녁까지 계속 어두침침하게 흐렸다.

Clouds began to **overcast** the sky.
구름이 하늘을 덮기 시작했다.

---

2488 ★★
**blockade**
[blakéid]

n. (항구·해안 등의) 봉쇄; (진행·교통의) 장애(물) = block; barrier, obstacle

Hamas-controlled Gaza was under a tight Israeli **blockade**.
하마스가 지배하고 있는 가자(Gaza) 지구는 이스라엘의 엄중한 봉쇄 하에 놓여 있었다.

---



2489 ★★
**rugged**
[rʌ́gid]

a. ① 울퉁불퉁한, 고저(高低)가 있는 = bumpy, rough, uneven
② 소박한, 조야한 = rude

This volcanic island has a particularly **rugged** landscape.
이 화산섬은 지형이 특히 울퉁불퉁하다.

MVP cf. ragged a. 누더기 옷을 입은; 텁수룩한

---

2490 ★
**ledge**
[ledʒ]

n. ① (특히 창문 아래 벽에 붙인) 선반 = shelf
② 절벽에서 (선반처럼) 튀어나온 바위, 돌출부 = jut, projection

She put the vase of flowers on the window **ledge**.
그녀는 꽃병을 창문 아래 선반에 놓았다.

---

2491 ★★
**transplant**
n. [trǽnsplæ̀nt]
v. [trænsplǽnt]

n. ① 이식 = graft
② 이식된 것[기관, 식물]
v. 이식하다, 옮겨 심다

The doctor said that the patient's only hope for a normal life was a **transplant**.
그 환자가 정상적인 삶을 살기 위한 유일한 희망은 이식을 받는 것뿐이라고 의사가 말했다.

2492 ★

## forte

[fɔ:rt]

**n. 장점; 특기, 장기 = specialty, strength, talent**

My **forte** as a singer is that I have a comparatively good voice.
가수로서 나의 강점이라 한다면 비교적 좋은 목소리를 갖고 있다는 점이다.

---

2493 ★★★

## dilapidated

[dilǽpədèitid]

**a. (집 따위가) 기울어진, (가구 따위가) 낡아빠진; (복장이) 남루한**
**= ramshackle, run-down, tumble-down**

The hotel we stayed in was really **dilapidated**.
우리가 묵은 호텔은 정말로 허름한 곳이었다.

We have to reform the **dilapidated** education system before it's too late.
우리는 너무 늦기 전에 황폐화된 교육 제도를 개혁해야 한다.

MVP dilapidate v. (건물 등을) 헐다, 황폐하게 하다
dilapidation n. 황폐, 파손; 산사태; 낭비

---

2494 ★★

## stipend

[stáipend]

**n. 급료, 수당, 봉급; 연금; 장학금 = allowance; pension; grant**

The cadets receive a **stipend** equal to just half France's minimum wage.
사관생도들은 프랑스의 최저임금의 절반에 해당하는 봉급을 받는다.

---

2495 ★★

## minister

[mínəstər]

**n. ① 성직자, 목사 = clergyman, divine, pastor, preacher, priest**
**② 장관, 대신, 각료 = secretary**
**v. ① (식·예배 등을) 거행하다, 집행하다 = celebrate, hold, observe**
**② 섬기다, 봉사하다; 보살펴 주다[to] = care for, look after, take care of**

She held office as a cabinet **minister** for ten years.
그녀는 10년 동안 정부 각료로 일했다.

MVP ministrant a. 봉사하는, 보좌하는; n. 봉사자, 보좌역

---

2496 ★

## pellucid

[pəlú:sid]

**a. ① 투명한, 맑은 = diaphanous, transparent**
**② (말·뜻·표현·문체가) 명료한, 명백한 = clear, lucid, plain**
**③ (머리가) 명석한 = bright, brilliant, clever**

Mark Twain's **pellucid** style is easy to understand.
마트 트웨인(Mark Twain)의 명료한 문체는 알기 쉽다.

2497 ★★
**constituency**
[kənstítʃuənsi]

n. ① (국회의원을 선출하는) 선거구 = precinct
② (특정 지역의) 선거구민, 유권자들 = balloter, elector, electorate, voter
③ (특정 인물·상품 등의) 지지층, 후원단체, 고객층, 구독자층

He owns a house in his Darlington **constituency**.
그는 달링턴 선거구에 주택을 하나 소유하고 있다.

The Senator is popular with the Jewish **constituency**.
그 상원의원은 유대인 유권자들에게 인기가 좋다.

MVP constituent n. 요소, 구성성분; 유권자, 선거구민; a. ~을 구성하는

---

2498 ★
**twig**
[twig]

n. ① 잔가지 = small branch, spray, sprig
② 〈해부학〉 (혈관·신경의) 지맥(枝脈)
v. (불현듯) 깨닫다, 이해하다

A withered leaf on the **twig** trembles in the wind.
잔가지 위의 시든 나뭇잎이 바람에 떨린다.

I finally **twigged** what the contents meant.
나는 마침내 그 내용들이 의미하는 바를 이해했다.

MVP twiggy a. 잔가지의; 잔가지가 많은; 연약한, 섬세한

---

2499 ★
**anneal**
[əníːl]

vt. (강철·유리 등을) 달구어 서서히 식히다; 벼리다; (의지·정신을) 단련[강화]하다
= harden, strengthen, temper, toughen

After the glass is **annealed**, it will be less subject to chipping and cracking.
유리가 담금질이 된 이후에는 이가 빠지거나 금이 가는 것이 덜해질 것이다.

---

2500 ★★
**infatuation**
[infætʃuéiʃən]

n. ① 정신을 잃게[열중하게] 함[됨]; 홀림; 심취, 사랑의 열병 = absorption
② 열중[심취]하게 하는 것[사람]

As she grew more sophisticated, she saw the folly of their youthful **infatuation**.
그녀는 점점 더 성숙해지면서, 그들의 치기 어린 열정을 어리석음으로 보았다.

MVP infatuate vt. 얼빠지게 만들다, ~에 분별[이성]을 잃게 하다, 혹하게 하다
infatuated a. 얼빠진; 열중한

## REVIEW TEST

### A. Write the meaning of the following words.

| | |
|---|---|
| □ zenith ________ | □ putative ________ |
| □ exemplary ________ | □ ingratiate ________ |
| □ declaim ________ | □ puppet ________ |
| □ armament ________ | □ volant ________ |
| □ shoddy ________ | □ crusade ________ |
| □ cornucopia ________ | □ leapfrog ________ |
| □ barb ________ | □ hive ________ |
| □ exchequer ________ | □ engulf ________ |
| □ consign ________ | □ benison ________ |
| □ swashbuckle ________ | □ overcast ________ |
| □ compass ________ | □ blockade ________ |
| □ naughty ________ | □ rugged ________ |
| □ modicum ________ | □ forte ________ |
| □ grumble ________ | □ stipend ________ |
| □ tergiversation ________ | □ minister ________ |
| □ bosom ________ | □ pellucid ________ |
| □ coeval ________ | □ constituency ________ |
| □ fret ________ | □ twig ________ |
| □ radiation ________ | □ anneal ________ |
| □ educe ________ | □ infatuation ________ |

※ 주어진 단어의 뜻을 본문에서 확인하시고 틀린 단어의 경우 박스에 체크한 뒤에 나중에 다시 학습하시기 바랍니다.

### B. Choose the synonym of the following words.

| | |
|---|---|
| 1. rejoice | Ⓐ old-fashioned |
| 2. invincible | Ⓑ impalpable |
| 3. unison | Ⓒ shelf |
| 4. transplant | Ⓓ loiter |
| 5. intangible | Ⓔ offspring |
| 6. dilapidated | Ⓕ delight |
| 7. ledge | Ⓖ unbeatable |
| 8. progeny | Ⓗ graft |
| 9. dawdle | Ⓘ harmony |
| 10. outmoded | Ⓙ run-down |

B. 1. Ⓕ 2. Ⓖ 3. Ⓘ 4. Ⓗ 5. Ⓑ 6. Ⓙ 7. Ⓒ 8. Ⓔ 9. Ⓓ 10. Ⓐ

2501 ★★★
**blatant**
[bléitənt]

a. ① 뻔뻔스러운; 속이 들여다보이는, 노골적인; 야한 = obtrusive, obvious
② 떠들썩한, 시끄러운 = noisy

The criminal showed the **blatant** gestures of threat.
범인은 노골적으로 위협하는 몸짓을 보였다.

That report is full of **blatant** lies.
그 보고서는 뻔한 거짓말들로 가득 차 있다.

MVP blatantly ad. 노골적으로, 뻔뻔스럽게

---

2502 ★★
**primordial**
[praimɔ́:rdiəl]

a. ① 태고의, 원시시대부터의, 원시 시대부터 존재하는 = primeval, primitive
② 원초적인, 근원적인, 근본적인 = basic, fundamental, primal, primary
n. 기본 원리 = basics, elements, fundamentals

Jupiter contains large amounts of the **primordial** gas.
목성에는 원시시대부터 존재하는 가스가 다량으로 존재한다.

Humans have a **primordial** desire to be around others.
인간에게는 다른 사람들 주변에 있고 싶은 원초적인 욕망이 있다.

---

2503 ★★
**explicate**
[éksplәkèit]

vt. (어떤 사상·문학 작품을) 설명[해석]하다 = clarify, elucidate, explain, expound

To **explicate** the nature of so-called the dark energy, astronomers need to observe billion-year old supernova.
소위 암흑 에너지의 성질을 밝혀내려면 천문학자들은 10억 년 된 초신성을 관찰해야 한다.

MVP explication n. 설명, 해설, 해석
explicative a. 설명이 되는, 해설적인(= explanatory)

---

2504 ★
**coronation**
[kɔ̀:rənéiʃən]

n. (국왕의) 대관식, 즉위식; 대관, 즉위 = enthronement

The king wore opulent robes for his **coronation**.
왕은 대관식을 위해 화려한 예복을 입었다.

MVP coronary a. 관(冠)의, 관 모양의; 〈의학〉 관상 동맥의; 심장의
corona n. 관(冠); (일식이나 월식 때 해나 달 둘레에 생기는) 무리, 코로나

---

2505 ★★
**roar**
[rɔ:r]

v. ① (짐승 등이) 으르렁거리다, 포효하다 = bay, growl, howl, snarl
② 고함치다, 소리 지르다 = bawl, cry, shout, yell
n. 으르렁거리는 소리, 고함소리; 노호, 굉음 = bellow, outcry

A huge plane appeared with a terrifying **roar**.
무시무시한 굉음과 함께 거대한 비행기 한 대가 나타났다.

DAY 51

2506 ★★★
**humility**
[hjuːmíləti]

n. 겸손, 비하; (pl.) 겸손한 행위 = humbleness, modesty

**Humility** is considered a virtue in Korean society.
한국 사회에서는 겸손이 미덕으로 간주된다.

---

2507 ★★
**stack**
[stæk]

n. ① 무더기, 더미 = bundle, heap, pile
② (a ~ 또는 pl.) 다량, 많음[of]
v. 산더미처럼 쌓다, 쌓아올리다 = load, pile, stockpile

There's a **stack** of unopened mail waiting for you at the house.
집에는 당신을 기다리는, 뜯지 않은 우편물이 잔뜩 있다.

The desk was **stacked** with papers.
그 책상 위에는 서류들이 쌓여 있었다.

---

2508 ★
**mollusk**
[máləsk]

n. 연체동물

Snails are **mollusks**, a group of animals that have a hard shell.
달팽이는 단단한 껍질을 가진 동물 집단에 속하는 연체동물이다.

MVP molluscklike a. 연체동물 같은; 패류·갑각류 동물 같은
malacology n. 연체동물학
malacological a. 연체동물학의

※ 연체동물

clam n. 대합조개
octopus n. 문어; 낙지
slug n. 민달팽이, 괄태충
squid n. 오징어
cuttlefish n. 오징어, 갑오징어
oyster n. 굴; 식용 조개
snail n. 달팽이

---

2509 ★★
**outlandish**
[autlǽndiʃ]

a. ① 이국풍(異國風)의 = exotic, foreign
② 이상스러운 = bizarre, odd, strange
③ 외진, 벽촌의 = outlying, remote

Lady Gaga is well-recognized for her **outlandish** sense of style in fashion, in performance and in her music videos.
레이디 가가(Lady Gaga)는 공연과 뮤직비디오에서 기이한(독특한) 패션 감각을 선보이는 것으로 잘 알려져 있다.

2510 ★★
**sedition**
[sidíʃən]

n. (반정부적인) 선동; 치안 방해, 폭동 교사; 반란, 폭동 = mutiny, rebellion

His words, though not treasonous in themselves, were calculated to arouse thoughts of **sedition**.
그의 말들은 그 자체로서는 반역적이지 않지만 폭동에 대한 생각을 불러일으킬 수 있는 것으로 평가되었다.

MVP seditionary a. 선동적인; n. 반란 선동자, 치안 방해자
seditious a. 선동적인, 치안 방해의

2511 ★
**construe**
[kənstrú:]

v. 해석하다, 번역하다 = interpret, render, translate

Different lawyers may **construe** the same law differently.
법률가가 다르면 같은 법률도 달리 해석될 수가 있다.

MVP misconstrue vt. 오해하다, 곡해하다

2512 ★★
**introspective**
[ìntrəspéktiv]

a. ① 내성적인 = diffident, introvert, introverted, mousy
② 자기성찰적인, 자기반성의 = inward-looking, meditative, reflective

He is generally afraid to speak his mind; he is somewhat quiet and **introspective**.
그는 보통 마음을 털어놓기를 두려워하며 다소 조용하면서 내성적이다.

MVP introspect vi. 내성(內省)하다, 자기 분석하다
introspection n. 내성(內省), 자기반성



2513 ★
**psalm**
[sa:m]

n. ① (성경에 나오는) 성가, 찬송가 = anthem, canticle, carol, hymn
② (the P~s) (구약 성서의) 시편(詩篇) = Psalter
v. 찬송가로 축하하다, 성가를 불러 찬미하다 = chant, hymn

This **psalm** tells us that our lives have meaning.
이 찬송가는 우리의 삶이 의미가 있다는 것을 이야기해준다.

MVP cf. palm n. 손바닥; 야자, 종려; (the ~) 승리, 영예

2514 ★★
**den**
[den]

n. ① (야수의) 잠자리, 굴, 동굴 = antre, cave, cavern, lair
② (부정한 행위를 하기 위한) 소굴 = cesspit, hangout, hotbed, ken, nest
③ (집 안에서 조용히 일할 수 있는) 서재[작업실] = atelier, studio, study

The hyena spends its day in holes in the ground, or in rocky **dens**.
그 하이에나는 땅속 구멍이나 바위 동굴에서 낮 시간을 보낸다.

The girl thought of New York as a **den** of iniquity.
그 소녀는 뉴욕을 죄악의 소굴로 여겼다.

MVP cf. din n. 소음, 떠듦

2515 ★

**twinkle**
[twíŋkl]

v. 반짝거리다, 반짝반짝 빛나다 = glitter, sparkle
n. ① (눈이 행복감·흥분으로) 반짝거림, 빛남
② 눈 깜박할 사이, 순간 = blink

He looked at me with a **twinkle** in his eye.
그가 눈을 반짝거리며 나를 바라보았다.

MVP twinkling a. 반짝반짝 빛나는, 번쩍거리는; n. 반짝임; 순간, 눈 깜짝할 사이

---

2516 ★★

**cryptic**
[kríptik]

a. ① 숨은, 비밀의, 뜻을 헤아리기 어려운 = mysterious
② (색깔 등이) 몸을 숨기기에 알맞은, 의태의

Michael couldn't understand what those **cryptic** words meant.
마이클(Michael)은 그 수수께끼 같은 단어들이 무슨 뜻인지 이해할 수 없었다.

Some words can have **cryptic** meanings.
어떤 단어들은 숨은 의미가 있을 수 있다.

MVP crypt n. 토굴; (교회당 등의) 지하실

---

2517 ★

**macrocosm**
[mǽkrəkὰzm]

n. ① 대우주 = macrocosmos
② 전체, 총체, 복합체; 확대모형

Some sociologists view society as a **macrocosm**.
어떤 사회학자들은 사회를 하나의 대우주로 본다.

MVP ↔ microcosm n. 소우주, 소세계; 축도

---

2518 ★★★

**insolent**
[ínsələnt]

a. 거만한, 버릇없는, 무례한 = arrogant, impertinent, impudent, rude

The **insolent** son slammed the door in his parents' face.
그 버릇없는 아들은 부모 면전에서 문을 쾅 닫아버렸다.

MVP insolence n. 오만, 무례

---

2519 ★★

**fulminate**
[fʌ́lmənèit]

v. 맹렬히 비난하다 = censure, denounce, execrate

Columnists continued to **fulminate** about grammatical failings of the person.
칼럼니스트들은 그 사람의 문법적인 실수에 대해서 계속 비난했다.

MVP fulmination n. 맹렬한 비난, 질책; 폭발

2520 ★★
**subservient**
[səbsə́:rviənt]

a. ① 복종하는, 종속하는; 비굴한 = menial, servile, submissive
② 도움이 되는, 유용한[to] = conducive, implemental, instrumental
③ (~보다) 부차적인[덜 중요한] = secondary

The press was accused of being **subservient** to the government.
언론은 정부에 굴종한다는 비난을 받았다.

The needs of individuals were **subservient** to those of the group as a whole.
개인의 욕구는 조직 전체의 욕구보다 부차적인 것이었다.

MVP subserve vt. 돕다, 보조하다; 공헌이 되다
subservience n. 공헌, 도움, 보조; 추종, 비굴

---

2521 ★★★
**court**
[kɔ:rt]

n. ① 법정(法廷), 법원; [집합적] 법관
② 궁전, 왕실 = palace, palazzo
v. ① ~의 환심을 사다 = flatter
② 구애하다; (칭찬 등을) 얻으려고 애쓰다 = woo; solicit

Her lawyer made a statement outside the **court**.
그녀의 변호사는 법원 밖에서 성명을 발표했다.

He sang beautiful songs that **courted** her love.
그는 감미로운 노래로 그녀에게 구애했다.

MVP courtly a. 궁정의; 예절 있는, 품격이 있는; 정중한; 아첨하는

---



2522 ★
**plenitude**
[plénətjù:d]

n. ① 충분, 풍부; 완전 = abundance, opulence, profusion; completeness
② (위(胃) 등의) 포만(飽滿) = repletion, satiety

We are dependent on the **plenitude** of products and services available to us.
우리는 우리가 이용할 수 있는 풍부한 재화 및 서비스에 의존하고 있다.

The meal brought him a feeling of **plenitude**.
그 식사는 그에게 포만감을 주었다.

MVP plenitudinous a. 충분한, 풍부한; 살찐, 뚱뚱한
plentiful a. 풍부한, 많은(= plenteous)
plenty n. 많음, 대량, 풍부; 충분; a. (수·양이) 많은, 풍부한; 충분한
cf. platitude n. 진부, 단조로움; 진부한 말, 상투어

---

2523 ★★
**tug**
[tʌg]

v. 당기다, (세게) 잡아당기다 = drag, haul, pull
n. ① (갑자기 세게) 잡아당김 = jerk, yank
② 예인선 = tugboat

He **tugged** the rope to save a man hanging off a cliff.
그는 벼랑 끝에 매달린 남자를 구하기 위해 줄을 힘껏 끌어당겼다.

MVP tug-of-love n. (이혼한 부부의) 자녀 양육권 다툼
tug-of-war n. 줄다리기; 주도권 싸움

2524 ★★
**venial**
[víːniəl]

**a. (죄·과실 등이) 용서받을 수 있는, 가벼운 = excusable, pardonable**

In Catholicism, one is warned to beware of **venial** sins because they lead so quickly to mortal sins.
천주교에서는 가벼운 죄를 주의해야 한다고 경고하는데, 왜냐하면 그 죄가 빠르게 큰 죄를 짓게 만들기 때문이다.

MVP veniality n. 용서받을 수 있음; 가벼운 죄(= venial sin)
cf. venal a. 매수할 수 있는; 타락한

---

2525 ★
**sterling**
[stə́ːrliŋ]

**n. 순은(純銀), 순은 제품; 영국 파운드화**
**a. 훌륭한; 진짜의; 신뢰할만한 = excellent; genuine; trustworthy**

She has a **sterling** good taste.
그녀는 매우 센스가 있다.

---

2526 ★★★
**greed**
[griːd]

**n. 탐욕, 욕심 = avarice, covetousness, cupidity, rapacity**

His **greed** drove him to steal another's money.
그는 탐욕에 눈이 멀어 남의 돈을 훔쳤다.

MVP greedy a. 욕심 많은, 탐욕스러운(= avaricious, rapacious)

---

2527 ★★
**besmirch**
[bismə́ːrtʃ]

**vt. 더럽히다; (명예·인격 등을) 손상시키다 = defile, soil, stain, sully, taint**

The scandalous remarks in the newspaper **besmirched** the reputations of every member of the society.
그 신문의 불명예스러운 비평이 그 사회단체의 모든 구성원들의 평판을 더럽혔다.

MVP smirch vt. (명성 등을) 더럽히다, 손상하다; n. 더러움, 오점

---

2528 ★
**apothegm**
[ǽpəθèm]

**n. 격언, 경구 = adage, aphorism, dictum, maxim, proverb, saying**

"Slow and steady wins the race" is an **apothegm** which emphasizes steadiness.
"천천히 꾸준히 하면 경주에서 이긴다."는 말은 끈기를 강조하는 격언이다.

---

2529 ★★
**livid**
[lívid]

**a. ① 몹시 화가 난, 격노한 = enraged, furious, outraged**
**② 납빛의, 검푸른, 창백한 = ashy, pale, pallid, wan**

Mom was **livid** when she found out we used her dress to clean up the Coke we spilled on the floor.
우리가 마루에 쏟은 콜라를 청소하기 위해 엄마의 드레스를 이용했다는 것을 알게 되었을 때 엄마는 노발대발하셨다.

2530 ★
**irrupt**
[irʌpt]

vi. ① 침입[난입]하다[into] = break in, burst in on, invade, rush in
② 거친[난폭한] 행동을 하다, 거친 감정을 나타내다

Violence once again **irrupted** into their peaceful lives.
그들의 평화로운 삶에 다시 한 번 폭력이 불쑥 끼어들었다.

MVP cf. erupt v. (화산재·간헐천 등이) 분출하다; (화산 등이) 분화하다

---

2531 ★
**peroration**
[pèrəréiʃən]

n. ① (연설 등의) 마무리 부분, 결론 부분, 끝맺는 말 = conclusion, epilogue
② 장황한[열변적인] 연설 = harangue, screed, sermon, tirade

He again invoked the theme in an emotional **peroration**.
그는 격정적인 끝맺음말로 그 주제를 다시 한 번 환기시켰다.

Gentleman must put a succinct question rather than engaging in a **peroration**.
신사는 장황한 연설하기보다 간결한 질문을 해야 한다.

MVP perorate vi. 연설을 끝맺다; 장황하게 연설하다, 열변을 토하다

---

2532 ★★★
**oath**
[ouθ]

n. ① 맹세, 서약; (법정의) 선서 = bond, pledge, promise, vow
② (화·놀람 등을 나타내는) 저주, 악담, 욕설 = curse, imprecation, malediction

The politician broke his **oath** not to raise taxes.
그 정치인은 세금인상을 하지 않겠다는 맹세를 깼다.

---

2533 ★★
**gossamer**
[gάsəmər]

a. 가볍고 얇은; 섬세한 = delicate
n. ① (공중에 떠돌거나 풀 같은 데 걸려 있는) 섬세한 거미줄[집]
② 섬세한 것, 가냘픈 것; 덧없는 것

The wings of a dragonfly are **gossamer**.
잠자리의 날개는 매우 얇고 섬세하다.

---

2534 ★
**duck**
[dʌk]

v. ① (책임·위험 등을) 피하다 = avoid, dodge, elude, evade, shun
② (머리나 몸을) 쑥 수그리다[숙이다] = bend, bow, incline, stoop
n. 오리, 집오리; 암오리

If they **duck** the responsibility, they will lose the right.
만일 그들이 책임을 지는 것을 피한다면, 갖고 있는 권리를 잃게 될 것이다.

MVP duckling n. 새끼오리
cf. drake n. 오리의 수컷, 수오리

2535 ★★★
**frontier**
[frʌntíər]

n. ① 국경, 국경 지방 = border, borderland
② 변경(邊境)(개척지와 미개척지와의 경계지방)
③ (지식·학문 등의) 미개척 영역

Government penetrated the back country only slowly, and conditions of anarchy often prevailed on the **frontier**.
통치의 손길이 오지(奧地)에는 매우 서서히 미칠 수밖에 없었고, 따라서 변방에서는 흔히 무정부 상태가 조성되었다.

---

2536 ★★
**monstrous**
[mάnstrəs]

a. ① 괴물 같은, 기괴한; 무시무시한; 극악무도한 = evil, horrifying, outrageous
② 엄청난 = colossal, huge, massive

The stadium can only hold 10,000 people but a **monstrous** crowd came for the concert.
그 경기장은 불과 10,000명을 수용할 수 있지만, 그 콘서트를 보러 엄청난 관객들이 왔다.

MVP monster n. 괴물, 요괴

---

2537 ★★
**bayonet**
[béiənit]

n. 총검; (the ~) 무력; (pl.) 보병

Many of the victims were executed by sword or **bayonet**.
대다수의 희생자는 칼이나 총검에 의해 살해당했다.

---

2538 ★
**piscatorial**
[pìskətɔ́:riəl]

a. 어부[어업]의; 낚시의, 낚시를 좋아하는; 어업에 종사하는

His interest in **piscatorial** activities took him to islands in the Bahamas and to icy mountain streams.
낚시에 대한 관심이 커서 그는 바하마의 섬들과 산 속의 얼음처럼 차가운 강으로 갔다.

---

2539 ★★
**aver**
[əvə́:r]

vt. 단언하다, 주장하다, 확언하다 = affirm, assert

She **averred** that she had never seen the man before.
그녀는 그 남자를 전에 본 적이 없다고 주장했다.

---

2540 ★★★
**evident**
[évədənt]

a. 분명한, 명백한, 뚜렷한 = apparent, conspicuous, manifest, obvious

The effort put into this piece is clearly **evident**.
이 작품에는 노력의 흔적이 역력하다.

The growing interest in history is clearly **evident** in the number of people visiting museums and country houses.
역사에 대한 관심의 증가는 박물관과 시골 저택들을 방문하는 사람들의 수에서 분명히 드러난다.

MVP evidently ad. 분명히, 명백하게

2541 ★
**snub**
[snʌb]

vt. ① 모욕하다, 무시하다 = affront, humiliate, ignore, insult
② (참석·수락을) 거부하다 = deny, rebuff, refuse, reject

I tried to be friendly, but the girl **snubbed** me completely.
내가 다정하게 해 보려 했지만 그 소녀는 나를 완전히 무시했다.

2542 ★★
**pavilion**
[pəvíljən]

n. ① (전시장 등으로 쓰는) 가설[특설] 건축물; (품평회 등의) (대형) 천막; (정원 등의) 정자
② (경기장의) 선수 대기실, 임시 관람석

There is a beautiful **pavilion** by a lake inside the palace.
궁 안의 호수에 아름다운 정자가 있다.

2543 ★
**catapult**
[kǽtəpʌ̀lt]

n. ① (Y자 모양의) 새총 = slingshot
② 투석기(무거운 돌을 날려 보내던 옛날 무기) = onager
v. ① ~을 세게 내던지다, 발사하다 = fling, hurl, hurtle, launch, project
② 갑자기 (어떤 상태에) 이르게 하다

In the past, armies used **catapults** to hurl heavy stones.
과거에 군대는 무거운 돌을 던지기 위해 투석기를 이용했다.

The movie **catapulted** him to international stardom.
그 영화로 그는 갑자기 국제적인 스타덤에 올랐다.

2544 ★★★
**affliction**
[əflíkʃən]

n. 고통, 고뇌, 고난, 불행 = misery, suffering, torment

She suffered the **affliction** of the death of her lovely dog.
그녀는 사랑스러운 개의 죽음으로 고통을 겪었다.

MVP afflict vt. 괴롭히다

2545 ★
**jostle**
[dʒɑ́sl]

v. ① 난폭하게 밀다, 밀치다, 밀어 제치다 = hustle, push, shove
② (이익·지위를 놓고) ~와 겨루다, 경합하다

People **jostled** me on the bus, and I nearly fell.
버스에서 사람들이 날 밀치는 바람에 거의 넘어질 뻔 했다.

People in the crowd were **jostling** for the best positions.
무리지어 있던 사람들이 제일 좋은 자리를 차지하려고 마구 다퉜다.

2546 ★★

**willful**
[wílfəl]

a. ① 계획[의도]적인, 고의의 = deliberate, intentional
② 고집 센, 외고집의, 제멋대로의
= headstrong, obstinate, stubborn, wayward

The worst criminal act is the **willful** taking of another's life.
최악의 범죄행위는 고의적으로 타인의 생명을 빼앗는 것이다.

MVP willfully ad. 고의로, 계획[의도]적으로

---

2547 ★★

**retract**
[ritrǽkt]

v. ① (앞서 한 말·약속·명령·합의 등을) 철회[취소]하다 = recant, revoke
② (몸통·껍질 등의 속으로) 들어가다[움츠리다]; (일부분을) 집어넣다

If I am wrong, I shall **retract** my statement immediately.
내가 틀렸다면, 난 내 진술을 바로 철회할 것이다.

MVP retraction n. 움츠림, 수축; 철회, 취소
retractable a. 움츠릴 수 있는; 철회 가능한

---

2548 ★

**votary**
[vóutəri]

n. ① (특정 종교의) 신봉자, 신자
② (이상·주의 등의) 지지자; (특정 일·취미 등의) 애호가 = devotee, enthusiast

She was a **votary** of every new movement in literature and art.
그는 문학과 예술에서 모든 새로운 운동의 추종자였다.

---

2549 ★★★

**encroach**
[inkróutʃ]

vi. ① (남의 나라·땅 등을) 잠식(蠶食)하다, 침략하다, 침입하다[on, upon]
= intrude, trespass
② (남의 권리 등을) 침해하다[on, upon] = infringe, violate
③ (바다가) 침식하다 = erode

As men **encroach** on their nesting and wintering grounds, the number of birds continues to dwindle.
인간이 새의 둥지와 겨울 서식지를 잠식해 감에 따라, 새의 숫자는 계속 감소하고 있다.

MVP encroachment n. 침입, 침해, 잠식(= infringement)

---

2550 ★★

**disheveled**
[diʃévəld]

a. ① (머리카락 등이) 흐트러진, 헝클어진 = uncombed
② (옷차림 등이) 단정치 못한, 난잡한 = messy, unkempt, untidy

A woman was walking around with **disheveled** hair.
한 여자가 머리를 산발한 채 돌아다니고 있었다.

MVP dishevel vt. (머리카락 등을) 흩뜨리다, 헝클다; 단정치 못하게 입다

## A. Write the meaning of the following words.

| | |
|---|---|
| □ blatant ______ | □ irrupt ______ |
| □ primordial ______ | □ peroration ______ |
| □ roar ______ | □ oath ______ |
| □ stack ______ | □ gossamer ______ |
| □ mollusk ______ | □ duck ______ |
| □ outlandish ______ | □ frontier ______ |
| □ sedition ______ | □ monstrous ______ |
| □ introspective ______ | □ bayonet ______ |
| □ den ______ | □ piscatorial ______ |
| □ twinkle ______ | □ aver ______ |
| □ cryptic ______ | □ evident ______ |
| □ macrocosm ______ | □ snub ______ |
| □ subservient ______ | □ pavilion ______ |
| □ court ______ | □ catapult ______ |
| □ plenitude ______ | □ jostle ______ |
| □ tug ______ | □ willful ______ |
| □ sterling ______ | □ retract ______ |
| □ besmirch ______ | □ votary ______ |
| □ apothegm ______ | □ encroach ______ |
| □ livid ______ | □ disheveled ______ |

※ 주어진 단어의 뜻을 본문에서 확인하시고 틀린 단어의 경우 박스에 체크한 뒤에 나중에 다시 학습하시기 바랍니다.

## B. Choose the synonym of the following words.

| | |
|---|---|
| 1. coronation | Ⓐ humbleness |
| 2. psalm | Ⓑ arrogant |
| 3. affliction | Ⓒ interpret |
| 4. greed | Ⓓ explain |
| 5. venial | Ⓔ censure |
| 6. explicate | Ⓕ misery |
| 7. fulminate | Ⓖ enthronement |
| 8. insolent | Ⓗ avarice |
| 9. humility | Ⓘ anthem |
| 10. construe | Ⓙ excusable |

B. 1. Ⓖ 2. Ⓘ 3. Ⓕ 4. Ⓗ 5. Ⓙ 6. Ⓓ 7. Ⓔ 8. Ⓑ 9. Ⓐ 10. Ⓒ

2551 ★★★

**explicit**
[iksplísit]

**a. 명백한, 명확한; 노골적인 = clear, clear-cut, definite, flagrant, unequivocal**

The reasons for the decision should be made **explicit**.
이런 결정을 내린 이유는 명백히 밝혀져야 한다.

MVP ↔ implicit a. 은연중의, 무언의, 함축적인

---

2552 ★★

**subjugate**
[sʌ́bdʒugèit]

**vt. 정복하다, 지배[통제]하에 두다, 종속시키다 = conquer, dominate**

The English people had used their violent power to **subjugate** Ireland.
영국인들은 폭력을 사용해서 아일랜드를 복속시켰다.

MVP subjugation n. 정복, 진압

---

2553 ★

**corollary**
[kɔ́:rəlèri]

**n. 추론; 필연적인[당연한] 결과 = conclusion, consequence, outcome, result**

Good health is a **corollary** of having good habits.
건강은 좋은 습관을 가진 데서 오는 당연한 결과이다.

---

2554 ★

**prim**
[prim]

**a. ① 까다로운, 지나치게 꼼꼼한; (여자가) 새침한**
**= old-maidish, precise; prudish**
**② (복장·정원 등이) 단정한, 깔끔한 = neat, trim**

The secretary is always so terribly **prim** and proper, and the whole atmosphere always seems very formal.
그 비서는 항상 매우 꼼꼼하고 예의가 바르며, 전체적인 분위기가 항상 대단히 격식을 갖추고 있는 듯 보인다.

---

2555 ★★

**blandish**
[blǽndiʃ]

**v. 달콤한 말로 구슬리다, 구슬려서 ~를 시키다, 구워삶다 = cajole, coax, wheedle**

Paul **blandished** David into buying his company's products.
폴(Paul)은 데이비드(David)를 구슬려서 자기 회사 물건을 사게 했다.

MVP blandishment n. 알랑거림, 아첨, 감언
cf. brandish vt. (칼·무기 등을) 휘두르다; 과시하다

---

2556 ★

**diatribe**
[dáiətràib]

**n. 통렬한 비난, 비방, 혹평 = denunciation, harangue, tirade, vituperation**

During the lengthy **diatribe** delivered by his opponent, he remained calm and self-controlled.
그는 상대편이 긴 통렬한 비난을 가하는 동안 조용히 자제하고 있었다.

2557 ★★★
**horrible**
[hɔ́ːrəbl]

**a. 무서운, 끔찍한; 소름 끼치도록 싫은; 지독한 = awful, dreadful, terrible**

Many people died a **horrible** death in the Spanish Civil War.
많은 사람들이 스페인 내전에서 끔찍한 죽음을 당했다.

2558 ★
**protégé**
[próutəʒèi]

**n. ① 피보호자, 피후견인 = ward**
**② (사회생활·재능 계발 등을 위한 도움을 받는) 후배[제자] = pupil**

In the movie, actor Robert Redford plays as a veteran CIA officer and Brad Pitt as his **protégé**.
그 영화에서 로버트 레드포드(Robert Redford)는 베테랑 CIA 요원 역을, 브래드 피트(Brad Pitt)는 그의 후배 역을 맡아서 연기한다.

2559 ★★
**repress**
[riprés]

**vt. ① (감정을) 억누르다, 억제하다 = control, hold back, suppress**
**② 진압하다, 억압하다 = crush, subdue**

He could not **repress** his laughter when he heard the rumor.
그는 그 소문을 듣고 실소를 금치 못했다.

MVP repression n. 진압, 제지; 억압
repressed a. 억제된, 억압된
repressive a. 억압하는
repressible a. 억제[제압]할 수 있는
irrepressible a. 억누를[억제할] 수 없는

2560 ★★
**skirmish**
[skə́ːrmiʃ]

**n. ① 전초전(前哨戰), (우발적인) 작은 전투, 승강이 = battle, fight**
**② 작은 충돌, 작은 논쟁 = argument, conflict, dispute**

For many parents, dinnertime is too often a series of exhausting **skirmishes** with small children who refuse to finish their spinach or salad.
많은 부모들에게 저녁식사 시간은 보통 시금치나 샐러드를 먹지 않으려는 어린 자녀들과 피곤한 승강이를 하는 때이다.

2561 ★
**adventitious**
[ædvəntíʃəs]

**a. ① 우연히 얻은, 우연의, 우발의 = inadvertent, incidental, occurrent**
**② 부수적인, 2차적인 = collateral, incidental, subordinate, subsidiary**
**③ 외래의 = adscititious, foreign, heterogenous**

My **adventitious** disease has made my family live an unhappy life.
우연히 얻은 나의 질병은 가족을 불행한 삶 속에서 살게 했다.

MVP adventive a. 〈생물〉 토착이 아닌, 외래의, 외래종의; n. 외래 동물[식물]

2562 ★★
**contour**
[kántuər]

n. ① 윤곽, 외형; 윤곽선; 등고선 = outline, profile, shape
② 형세, 정세, 상황 = conditions, situation, state

The round **contour** of the tire looked like that of a donut.
타이어의 둥근 윤곽이 도넛처럼 보였다.

MVP cf. detour n. 우회, 우회로

---

2563 ★
**stodgy**
[stádʒi]

a. ① (음식이) 소화가 잘 안 되는, 더부룩한 느낌을 주는
② 따분한, 지루한 = boring, dull, tedious, tiresome

The newspaper is occasionally kidded for its **stodgy** tradition.
그 신문은 따분한 전통으로 가끔 조롱거리가 된다.

---

2564 ★★
**demarcate**
[dimá:rkeit]

vt. 경계를 정하다; 한정[구분]하다 = define, differentiate, separate

The area's boundaries were **demarcated** in the Egyptian-Israeli armistice agreement of February 24, 1949.
이 지역의 경계는 1949년 2월 24일 이집트-이스라엘 사이의 휴전 협정에서 정해졌다.

MVP demarcation n. 경계 설정; 경계; 구분

---

2565 ★★★
**mirage**
[mirá:ʒ]

n. 신기루, 환상 = delusion, fantasy, hallucination, illusion

Michael Harrington warned that the recently proclaimed age of affluence was a **mirage**.
마이클 해링턴(Michael Harrington)은 최근에 선포된 풍요의 시대가 신기루에 불과하다고 경고했다.

---

2566 ★★
**chaste**
[tʃeist]

a. ① (육체적으로) 순결한; (여자가) 정숙한 = pure, virginal
② (사람·행위가) 조심스러운, 품위 있는 = decent, elegant, modest, refined

The holy spirit descended upon a **chaste** Mary and she was pregnant.
순결한 마리아(Mary)에게 성령이 강림하여, 그녀는 임신을 하게 됐다.

---

2567 ★★
**imbibe**
[imbáib]

v. ① (술 등을) 마시다 = drink
② (사상·정보 등을) 받아들이다, (양분을) 흡수하다 = absorb, assimilate

On that morning, did you **imbibe** any intoxicating drinks?
그날 아침에 당신은 술을 마셨나요?

Plants **imbibes** moisture from the soil.
식물은 토양으로부터 수분을 흡수한다.

2568 ★★
**consanguinity**
[kɑ̀nsæŋgwínəti]

n. ① 혈족 (관계), 동족, 친족 (관계) = blood-relationship, kin, kinship
② 밀접한 관계 = affinity, kindred, kinship, twinship

The marriage was annulled on grounds of **consanguinity**.
그 결혼은 친족 관계라는 이유로 무효가 되었다.

MVP consanguineous a. 혈족의, 혈연의, 동족의(= consanguine)

---

2569 ★
**emeritus**
[imérətəs]

a. 명예퇴직의; 전관 예우의
n. 명예교수; 전관 대우자

The university conferred on him the honorary degree of Doctor and the title of Professor **Emeritus** in recognition of his service to higher education.
그 대학은 고등 교육에 대한 공로를 인정하여 그에게 명예박사 학위와 명예교수 직함을 수여했다.

MVP emerita a. (여성이 퇴직 전의 칭호를 보유하고) 명예 퇴직한, 명예~; n. 여성 명예 퇴직자; (여성) 명예교수

---

2570 ★★★
**anguish**
[ǽŋgwiʃ]

n. (극심한) 괴로움, 고통, 고뇌 = agony, grief, pain, torment

Most people pass through a period of **anguish** in their lives.
대부분의 사람들은 자신의 삶에서 고통의 시기를 경험한다.

---

2571 ★★
**outshine**
[àutʃáin]

v. ~보다 밝게 빛나다, ~보다 뛰어나다, 무색하게 하다 = eclipse, outdo, surpass

His superb acting was enough to **outshine** the professionals.
그의 뛰어난 연기는 배우 뺨칠 정도로 훌륭했다.

---

2572 ★★
**clip**
[klip]

v. ① 자르다, 베다, 가위질하다, 깎다 = cut, prune, shave, shear, trim
② (기간 등을) 단축하다; (경비 등을) 삭감하다 = curtail, pare, reduce, shorten
n. 동영상; 방송용 영화필름

The **clip** showed high school students making fun of their teacher in class.
그 동영상에는 고등학생들이 수업시간에 교사를 놀리는 모습이 담겨있었다.

---

2573 ★
**defray**
[difréi]

vt. (비용을) 지불하다, 부담하다, 지출하다 = disburse, pay

Our school has money in the budget to **defray** the cost of the class's trip to New York.
우리 학교는 뉴욕으로 학급 여행을 가는 데 드는 경비를 지불할 돈을 예산으로 확보하고 있다.

2574 ★★
**ragged**
[rǽgid]

**a. 누더기를 걸친; (옷이) 해진, 너덜너덜[누덕누덕]한**
**= shabby, tattered, torn, worn**

She was ashamed of her **ragged** clothes.
그녀는 자신의 남루한 옷차림을 부끄러워했다.

MVP rag n. 넝마; 헝겊; 누더기
cf. rugged a. 울퉁불퉁한, 바위투성이의

---

2575 ★
**non sequitur**
[nan sékwətər]

**n. ① (전제와 아무런 연결이 안 되는) 불합리한 추론[결론]**
**② (이제까지의 화제와는) 무관한 이야기**

Your idea is preposterous and your conclusion is a **non-sequitur**.
당신의 생각은 터무니없으며, 당신이 내린 결론은 불합리한 추론이다.

---

2576 ★★★
**tricky**
[tríki]

**a. ① (다루기) 힘든[까다로운], 곤란한 = complicated, difficult**
**② 교활한, 교묘한 = crafty, cunning, guileful, sly**

The equipment can be **tricky** to install.
그 장비는 설치하기가 까다로울 수 있다.

MVP trick n. 책략, 계교, 속임수; v. 속이다; 속여서 ~하게 하다

---

2577 ★
**melee**
[méilei]

**n. ① 치고받기, 난투, 혼전 = brawl, fight, fracas, fray, tussle**
**② 혼란, 소동, 아수라장 = confusion, disturbance, fuss, perturbation**

The argument turned into a **melee**.
언쟁이 난투극으로 변했다.

---

2578 ★★
**enthrone**
[inθróun]

**vt. ① 왕좌[왕위]에 앉히다, 즉위시키다 = crown, scepter**
**② 떠받들다, 깊이 존경[경애]하다 = respect, revere**

The queen was **enthroned** on February 6, 1952, but her coronation took place on June 2, 1953.
여왕은 1952년 2월 6일에 즉위했지만, 이듬해 6월 2일에 대관식을 가졌다.

MVP throne n. 왕좌, 옥좌; 왕위
↔ dethrone vt. (왕을) 퇴위시키다; 권좌에서 몰아내다

2579 ★★
**unrest**
[ənrest]

n. (사회적인) 불안, 불만; 걱정; 동요
= insecurity, dissatisfaction; anxiety; disturbance

Unemployment causes social **unrest**.
실업은 사회 불안의 원인이다.

There is public **unrest** throughout the country.
전국적으로 민심이 동요하고 있다.

MVP unrestful a. 불안한, 안절부절못하는, 불안케 하는, 평정을 잃은
rest n. 휴식; 수면; 쉬는 부분; 쉼표; (어떤 것의) 나머지; v. 휴식하다; 자다

---

2580 ★★
**bulwark**
[búlwərk]

n. ① 성채, 보루 = bastion, citadel, fortress, rampart
② 방호물, 방벽 = barrier, dike

This castle has strong **bulwarks**.
이 성은 튼튼한 성채를 가지고 있다.

My savings were to be a **bulwark** against unemployment.
내 저축은 실업을 대비한 방벽이 될 것이었다.

---

2581 ★★★
**graft**
[græft]

n. ① 접목, 접붙이기; (피부·뼈 등의) 이식 = transplant
② (특히 정치 관계의) 부정 이득, 수뢰(收賄) = bribery
v. 접목하다; (피부·뼈 등을) 이식하다 = transplant

The reporter was awarded the prize for his coverage of **graft** in the construction industry.
그 기자는 건설업의 뇌물 비리를 파헤친 공로로 상을 받았다.

New skin was **grafted** onto the wound.
상처 부위에 새 피부가 이식되었다.

---

2582 ★★
**diurnal**
[daiə́:rnl]

a. ① 낮 동안의, 주간의 = daytime
② (동물이) 주행성(晝行性)의, 낮에 활동하는

Sunlight affects the **diurnal** rhythms of life.
햇빛은 주간의 생활리듬에 영향을 미친다.

Animals that are active during the daytime are called **diurnal**, and those that come out at night are known as nocturnal.
낮에 활발하게 활동하는 동물들은 주행성이라고 불리고, 밤에 나와서 활동하는 동물들은 야행성이라고 불린다.

MVP ↔ nocturnal a. 밤의, 야간의; 야행성의

2583 ★★
**verse**
[vəːrs]

**n. 운문, 시(詩) = poem, poetry**
**vt. ~에 정통[숙달]하다[in]**
**= be conversant with, be familiar with, be well acquainted with**

Muslim poets have written **verses** in admiration of Allah.
무슬림 시인들은 알라신을 찬양하는 시를 써왔다.

He was **versed** in a broad range of subjects including science, anatomy and philosophy.
그는 과학, 해부학, 철학을 포함한 다방면의 과목에 조예가 깊었다.

MVP versed a. 정통한, 조예가 깊은
versification n. 작시(법), 시작(詩作)
cf. prose n. 산문

---

2584 ★
**knowingly**
[nóuiŋli]

**ad. ① (사정 등을) 다 알고도, 고의로 = deliberately, intentionally, wittingly**
**② (비밀로 되어 있는 일을) 다 알고 있다는 듯이**

She was accused of **knowingly** making a false statement to the police.
그녀는 경찰에 고의로 거짓 진술을 했다는 혐의를 받았다.

He glanced at her **knowingly**.
그가 다 알고 있다는 듯이 그녀를 힐끗 쳐다보았다.

---

2585 ★★
**textile**
[tékstail]

**n. 직물, 옷감; 직물의 원료 = cloth, fabric, material**

Animal fur is widely used to make **textiles**.
동물의 털은 직물을 만드는 데 널리 사용된다.

---

2586 ★
**syllogism**
[síləd͡ʒìzm]

**n. 삼단논법; 연역적 추리**

The following is an example of a **syllogism**: Socrates is a man. All men are mortal. Socrates is mortal.
다음은 삼단논법의 예시이다. 소크라테스(Socrates)는 인간이다. 모든 인간은 죽는다. 소크라테스는 죽는다.

MVP syllogistic a. 삼단 논법의, 연역법의

---

2587 ★★★
**banal**
[béinl]

**a. 평범한, 진부한 = commonplace, hackneyed, trite**

The dinner conversation was so **banal** that Amanda fell asleep in her dessert dish.
저녁 만찬에서의 대화가 너무나 진부해서 아만다(Amanda)는 후식을 앞에 놓고 잠들어 버렸다.

MVP banality n. 평범, 진부; 진부한 말

2588 ★★
**alight**
[əláit]

vi. ① (탈것에서) 내리다, 하차하다 = descend, land
② (새·곤충이) ~에 내려앉다 = perch
a. ① 불붙은, 불타는 = aflame, burning, flaming
② (기쁨·흥분으로 눈이) 빛나는 = bright, gleaming, radiant, refulgent

Do not **alight** while the bus is still in motion.
버스가 완전히 정지하기 전에 하차하지 마세요.

2589 ★★
**foil**
[fɔil]

vt. (계획 등을) 좌절시키다, 저지하다, 미연에 방지하다 = frustrate, thwart

Customs officials **foiled** an attempt to smuggle the paintings out of the country.
세관원들은 그 그림들을 국외로 밀반출하려는 시도를 저지시켰다.

2590 ★★★
**gene**
[dʒiːn]

n. 유전자, 유전 인자

Your **genes** determine your hair, skin, and eye color at birth.
여러분의 유전자가 태어날 때 머리카락 색깔, 피부색, 그리고 눈의 색깔을 결정한다.

MVP genetic a. 유전의, 유전학적인
genetics n. 유전학, 유전적 특질

2591 ★★
**cull**
[kʌl]

vt. 고르다, 추려내다, 선택하다 = pick, select
n. 선별; 채집

The data have been **culled** from a variety of sources.
그 자료는 다양한 자료로부터 추려낸 것이었다.

2592 ★★
**would-be**
[wúdbìː]

a. (장차) ~이 되려고 하는, ~지망의; 자칭 ~의 = prospective; self-styled

There came many **would-be** actors in the contest.
대회에는 연기자 지망생이 많이 참가했다.

2593 ★
**limbo**
[límbou]

n. ① 망각의 구렁; 지옥의 변방; 중간 지역; 불확실한[어중간한] 상태
② 구치소, 교도소 = jail, prison

Until we've got official permission to go ahead with the plans, we're in **limbo**.
그 계획을 진행시켜도 좋다는 공식적인 허가를 얻을 때까지, 우리는 불확실한 상태에 있다.

2594 ★★
**page**
[peidʒ]

**n. (호텔 등의) 급사; 시동(侍童) = attendant, errand boy, varlet**
**v. 이름을 불러 (~를) 찾다; ~에게 휴대용 무선 호출기로 연락하다 = beep, call**

I heard myself **paged** in the hotel lobby.
호텔 로비에서 내 이름을 부르는 것을 들었다.

MVP pager n. 무선호출수신기
pageboy n. 급사, 시동

2595 ★★
**stunt**
[stʌnt]

**vt. 성장[발달]을 방해하다, 저해하다, 저지하다 = hamper, hinder, retard**
**n. 발육 저해; 성장을 방해하는 것**

The constant winds had **stunted** the growth of plants and bushes.
끊임없이 부는 바람이 화초들과 관목의 성장을 방해했었다.

MVP stunted a. 발육이 멎은, 왜소한

2596 ★★
**roster**
[rάstər]

**n. 근무자 명단, 근무 당번표, 직원[선수] 명단, 명부 = list, register, roll**

The couple drew up a **roster** of good-luck customs and activities.
그 부부는 행운을 가져다주는 습관들과 활동들의 목록을 작성했다.

2597 ★★
**forthright**
[fɔ́:rθráit]

**a. ① 기탄없이 말하는, 솔직한 = candid, frank, outspoken, straightforward**
**② 직진하는, 똑바른 = direct, straight**
**ad. 똑바로; 솔직히**

He became famous because he was an honest and **forthright** politician.
그는 정직하고 솔직한 정치인이었기 때문에 유명해졌다.

2598 ★★
**ignition**
[igníʃən]

**n. 점화, 발화, 인화(引火); 연소; (내연 기관의) 점화 장치 = combustion**

The original point of **ignition** was the garbage incinerator.
최초 발화 지점은 쓰레기 소각장이었다.

MVP ignite v. ~에 불을 붙이다, 점화하다

2599 ★★★
**presage**
n. [présidʒ]
v. [présidʒ, priséidʒ]

**n. 전조, 조짐, 예감, 육감[of] = omen, portent, prognostic**
**v. 전조가 되다, 예언하다, 예감하다 = augur, auspicate, bode**

There was an early-morning mist which **presaged** a fine day.
청명한 날씨를 예고하는 새벽안개가 끼었다.

2600 ★★

**iniquitous**
[iníkwətəs]

**a. 부정한, 불법의; 간악한 = unjust; vicious, wicked**

I cannot approve of the **iniquitous** methods you used to gain your present position.
나는 당신이 현재의 지위에 오르기 위해 사용한 부정한 방법들을 승인할 수 없다.

MVP iniquity n. 부정, 불법, 죄악; 부정[불법] 행위

## REVIEW TEST

### A. Write the meaning of the following words.

| | |
|---|---|
| □ explicit ____________ | □ ragged ____________ |
| □ corollary ____________ | □ non sequitur ____________ |
| □ prim ____________ | □ tricky ____________ |
| □ blandish ____________ | □ melee ____________ |
| □ horrible ____________ | □ enthrone ____________ |
| □ protégé ____________ | □ unrest ____________ |
| □ repress ____________ | □ bulwark ____________ |
| □ skirmish ____________ | □ graft ____________ |
| □ adventitious ____________ | □ knowingly ____________ |
| □ contour ____________ | □ syllogism ____________ |
| □ stodgy ____________ | □ alight ____________ |
| □ demarcate ____________ | □ gene ____________ |
| □ mirage ____________ | □ cull ____________ |
| □ chaste ____________ | □ would-be ____________ |
| □ imbibe ____________ | □ limbo ____________ |
| □ consanguinity ____________ | □ page ____________ |
| □ emeritus ____________ | □ stunt ____________ |
| □ outshine ____________ | □ roster ____________ |
| □ clip ____________ | □ forthright ____________ |
| □ defray ____________ | □ ignition ____________ |

※ 주어진 단어의 뜻을 본문에서 확인하시고 틀린 단어의 경우 박스에 체크한 뒤에 나중에 다시 학습하시기 바랍니다.

### B. Choose the synonym of the following words.

| | |
|---|---|
| 1. diurnal | Ⓐ cloth |
| 2. foil | Ⓑ conquer |
| 3. diatribe | Ⓒ frustrate |
| 4. presage | Ⓓ agony |
| 5. iniquitous | Ⓔ wicked |
| 6. textile | Ⓕ poem |
| 7. subjugate | Ⓖ denunciation |
| 8. verse | Ⓗ daytime |
| 9. banal | Ⓘ commonplace |
| 10. anguish | Ⓙ omen |

B. 1. Ⓗ 2. Ⓒ 3. Ⓖ 4. Ⓙ 5. Ⓔ 6. Ⓐ 7. Ⓑ 8. Ⓕ 9. Ⓘ 10. Ⓓ

DAY 53

2601 ★★★

**judicious**
[dʒuːdíʃəs]

**a. 현명한, 분별력 있는, 사려 깊은 = reasonable, sagacious, sensible, wise**

She made a **judicious** decision to save money for her old age.
그녀는 노후를 위해 저축하겠다는 현명한 결정을 내렸다.

---

2602 ★★

**chicanery**
[ʃikéinəri]

**n. 교묘한 속임수, 책략 = deceit, deception, subterfuge, trickery**

The president's press conference was just political **chicanery**.
대통령의 기자 회견은 단지 정치적인 교묘한 속임수에 불과했다.

---

2603 ★

**siphon**
[sáifən]

**v. ① 사이펀으로 빨아들이다; (수입·세금 등을) 빨아올리다, 흡수하다**
**② (이익 등을) 빼돌리다, (부정하게) 유용하다[off, from] = divert, pocket**

He **siphoned** off money from the company for his private use.
그는 공금을 사적으로 유용했다.

---

2604 ★★

**preemptive**
[priémptiv]

**a. 선제의, 선제적인, 선수를 치는, 예방의 = anticipative**

A **preemptive** action is one that is undertaken to prevent some other action from being undertaken.
선제적인 조치는 어떤 다른 행동이 시작되는 것을 방지하기 위해 취해지는 행동이다.

MVP preempt v. 선취하다, 선점하다; (선수를 쳐서) (예상되는 사태를) 피하다, 예방하다
preemptive strike 선제공격(= preventive war)

---

2605 ★

**behead**
[bihéd]

**vt. (형벌로) 목을 베다, 참수하다, 참수형에 처하다 = decapitate**

Another American was **beheaded** in Saudi Arabia.
또 한 명의 미국인이 사우디아라비아에서 참수 당했다.

MVP beheadal n. 참수(斬首); 참수형
beheader n. 참수형 집행자

---

2606 ★

**spree**
[spriː]

**n. ① 흥청거림, 법석댐; 술잔치 = bender, binge, carousal, orgy, revel**
**② (범행을) 한바탕 저지르기**

He had a **spree** with his friends all night.
그는 밤새도록 그의 친구들과 술을 거하게 마셨다.

Can we stop a lunatic from going on a shooting **spree**?
우리는 제정신이 아닌 사람이 무차별적으로 총기를 난사하는 것을 막을 수 있을까?

MVP crime spree 한바탕 마구 범행을 저지르고 돌아다님
shopping spree 물건을 마구 사들이기

2607 ★
**efficacy**
[éfikəsi]

**n. (약 등의) 효험, 효능; 유효성 = effectiveness, potency, virtue**

As engineers, as technologists, we sometimes prefer efficiency over **efficacy**.
우리는 엔지니어로서, 기술자로서, 가끔은 효능보다 효율성을 선호한다.

MVP efficacious a. 효과적인, (약·치료 등이) 효험[효능]이 있는

---

2608 ★★
**diaphanous**
[daiǽfənəs]

**a. (천이) 아주 얇은, 내비치는, 투명한 = gossamer, pellucid, sheer, transparent**

The actress wore a **diaphanous** gown.
그 여배우는 비치는 가운을 입고 있었다.

---

2609 ★
**contort**
[kəntɔ́:rt]

**v. 비틀다, 일그러뜨리다; (의미 등을) 왜곡[곡해]하다 = twist; distort**

His face had **contorted** with bitterness and rage.
그의 얼굴은 괴로움과 분노로 일그러졌다.

MVP contortion n. 뒤틀림, 일그러짐; 왜곡, 곡해

---

2610 ★★★
**subsidiary**
[səbsídièri]

**a. ① 부수적인; 보조의 = secondary, subordinate**
**② 보조금의, 보조금에 의한**
**n. ① 보조(물), 부가물 = additament, appendage**
**② 자회사 = affiliate, branch, division**

All other issues are **subsidiary** to that matter.
다른 모든 이슈들은 그 문제에 부수적인 것이다.

My brother works for a small **subsidiary** of a big car company.
내 동생은 큰 자동차 회사의 소규모 자회사에서 일하고 있다.

---

2611 ★★
**invidious**
[invídiəs]

**a. ① 비위에 거슬리는, 불쾌한, 기분 나쁘게 만드는 = offensive, unpleasant**
**② 불공평한, 부당한 = unfair, unjust**

His **invidious** proposal made everybody detest him.
그의 불쾌한 제안은 모든 사람들이 그를 혐오하게 만들었다.

It is **invidious** to choose between the two.
둘 중에 하나를 선택하는 것은 불공평하다.

MVP cf. insidious a. 음흉한; (질병이) 잠행성의

2612 ★

**promontory**
[práməntɔ̀:ri]

n. 곶(바다 혹은 강물의 융기지형), 갑(岬) = cape, foreland, headland

There's a castle built on the **promontory** overlooking the cliffs.
절벽을 내려다보는 곶에 성이 한 채 지어져 있다.

MVP cove n. 작은 만(灣); 한 구석; 골짜기, 협곡
estuary n. (간만의 차가 있는) 큰 강의 어귀

---

2613 ★★★

**belittle**
[bilítl]

vt. 얕잡아보다, 깔보다, 비하하다 = disparage, downplay, underestimate

If you **belittle** their opinions or dismiss their problems, they'll stop talking to you.
만약 당신이 그들의 의견을 깔보거나 그들의 문제를 묵살한다면, 그들은 당신에게 말하는 걸 중단할 것입니다.

---

2614 ★★

**sonorous**
[sənɔ́:rəs]

a. (소리가) 울리는, 울려 퍼지는, 낭랑한 = orotund, resonant, vibrant

He has a deep and **sonorous** voice.
그는 굵고 낭랑한 목소리를 갖고 있다.

---

2615 ★

**repartee**
[rèpərtí:]

n. 재치 있는 즉답, 현답; 재치 있는 말재주 = riposte, witticism, wordplay

Oscar Wilde's plays are full of witty **repartee**.
오스카 와일드(Oscar Wilde)의 희곡은 재치 넘치는 현답으로 가득 차 있다.

---

2616 ★★

**glutton**
[glʌ́tən]

n. ① 대식가, 탐식가 = gourmand
② 열중[탐닉]하는 사람, 싫증낼 줄 모르는 사람; 꾹 참고 견디는 사람

She is a **glutton** who eats everything in sight.
그녀는 눈에 띄는 것은 뭐든지 먹어 치우는 대식가다.

I'm not a **glutton** but a gourmet.
나는 대식가가 아니라 미식가다.

MVP gluttonous a. 게걸스러운, 걸신들린, 많이 먹는; 탐욕스러운

---

2617 ★

**assay**
[æséi]

v. 시험하다; 분석[시금]하다; 평가하다 = examine; analyze; evaluate

They **assayed** the chemical to test its purity.
그들은 순도를 조사하기 위해서 그 화학물질을 분석했다.

2618 ★★★

**complimentary**
[kὰmpləméntəri]

a. ① 무료의 = buckshee, gratis, gratuitous
② 칭찬하는 = commendatory, eulogistic, laudatory, panegyric

The commentary for these pictures were not always **complimentary**.
이 그림들에 대한 논평이 늘 칭찬 일색이었던 건 아니었다.

MVP cf. complementary a. 보충적인; 서로 보완하는

---

2619 ★★

**murmur**
[mə́:rmə(r)]

n. (불평·불만의) 중얼거림, 투덜거림 = grouse, grumble, moan
v. 중얼거리다; 불평하다, 투덜대다 = complain, grumble

When we are very nervous, we tend to **murmur** or stutter.
우리는 너무 긴장되면 중얼거리거나 말을 더듬는다.

MVP mumble v. 중얼거리다, 웅얼거리다
mutter v. 중얼거리다; 불평을 말하다

---

2620 ★

**fetid**
[fétid]

a. 악취를 내뿜는, 고약한 냄새가 나는 = foul, rank, stinking

There are dreadful, **fetid** slums within a mile of the heart of Rangoon.
랑군의 중심부 1마일 이내에는 끔찍하게 악취가 나는 빈민가들이 있다.

---

2621 ★★★

**aggregate**
a. n. [ǽgrigət]
v. [ǽgrigèit]

a. 집합한; 합계[총계]의 = gross, overall, total, whole
n. 합계, 총액 = total
v. 모으다, 집합하다; 총계 ~이 되다 = amount to

In **aggregate**, Japan's economy grew at half the pace of America's between 2001 and 2010.
전체적으로, 일본 경제는 2001년과 2010년 사이에 미국 경제의 절반에 해당하는 속도로 성장했다.

The money collected **aggregated** $2,000.
모인 돈은 총 2,000 달러였다.

MVP aggregation n. 집합, 집단

---

2622 ★★

**crumble**
[krʌ́mbl]

v. ① (빵 등을) 부스러뜨리다, 가루로 만들다; 산산조각 나다, 부서지다 = pulverize
② (건물이나 땅이) 허물어지다, 무너지다 = collapse, founder, shatter

Rice flour makes the cake less likely to **crumble**.
쌀가루가 케이크를 덜 바스러지게 한다.

Speculators demolished the region's currencies, and economies **crumbled**.
투기꾼들이 그 지역의 통화를 파괴시켰고, 경제가 무너졌다.

2623 ★★
**stagger**
[stǽgər]

v. ① 비틀거리다, 비틀거리며 걷다 = stumble, totter
② 큰 충격을 주다, 깜짝 놀라게 하다

Renowned curator Jacques Sauniere **staggered** through the vaulted archway of the museum's Grand Gallery.
유명 박물관장 쟈끄 소니에르(Jacques Sauniere)는 박물관 대회랑의 둥근 아치 모양 통로를 비틀거리며 걸었다.

MVP staggering a. 비틀거리는; 깜짝 놀라게 하는; 압도적인, 경이적인

2624 ★
**inflection**
[inflékʃən]

n. ① 굽음, 굴곡, 만곡
② 억양, 어조 = cadence, intonation, modulation, tone
③ (단어·언어의) 굴절, 어미·어형 변화

The **inflection** in his voice goes up when he asks a question.
그는 질문할 때 목소리 억양이 올라간다.

MVP inflect v. 구부리다; 억양을 붙이다; 어형 변화시키다

2625 ★★
**combustible**
[kəmbʌstəbəl]

a. ① 가연성인, 불붙기 쉬운 = flammable, inflammable
② 흥분하기 쉬운 = excitable, hotheaded

Don't put those **combustible** items near the fireplace.
난로 근처에 불에 타기 쉬운 것들을 두지 마십시오.

MVP combustion n. 연소; 흥분, 소동

2626 ★★
**avalanche**
[ǽvəlæntʃ]

n. ① 눈사태 = landslide, landslip, snowslide
② (질문·편지 등의) 쇄도 = barrage, deluge, torrent

The house was buried under an **avalanche**.
산사태로 집이 매몰되었다.

We received an **avalanche** of letters in reply to our advertisement.
우리 광고에 답하는 편지가 물밀듯이 밀려들었다.

2627 ★★
**rub**
[rʌb]

v. ① 문지르다, 비비다; 마찰하다 = chafe, scrape
② 닦다; 문질러 지우다, 비벼 떼다[없애다] = erase, polish, scour, scrub
③ 안달 나게 하다, 애먹이다 = nettle, rankle

You should never **rub** your eyes with dirty hands.
더러운 손으로 눈을 비벼서는 안 됩니다.

2628 ★★

**erratic**
[irǽtik]

a. ① 별난, 괴짜의 = bizarre, eccentric
② 불규칙한, 일정치 않은, 변덕스러운
= irregular, mercurial, unpredictable, wayward

She can be very **erratic**, one day she is friendly and the next she'll hardly speak to you.
그녀는 매우 별난 데가 있다. 하루는 친근했다가 다음 날에는 거의 말을 건네지 않는다.

The electricity supply here is quite **erratic**.
이곳은 전기 공급이 상당히 불규칙하다.

---

2629 ★

**deign**
[dein]

v. ① 황송하게도 ~해 주시다 = condescend
② 〈주로 부정문에서〉 머리를 숙여[체면 불구하고] ~하다

The King **deigned** to grant an audience.
황송하게도 국왕께서 접견을 허락해 주셨다.

---

2630 ★★

**travesty**
[trǽvəsti]

n. 익살스럽게 고친 것, 졸렬한 모방[모조품] = burlesque, caricature, parody
vt. ① (진지한 작품을) 우스꽝스럽게 만들다, 희화화(戱畵化)하다
② (말·버릇을) 서툴게 흉내 내다[연기하다]

It should never be the object of a satirist to make a **travesty** of a genuine work of art.
진정한 예술을 우스운 놀림감으로 만드는 것이 풍자가의 목적이 되어서는 안 된다.

---

2631 ★★★

**bountiful**
[báuntifəl]

a. ① (물건이) 많은, 풍부한 = abundant, ample, bounteous, plentiful
② (사람이) 아낌없이 주는, 통이 큰 = generous, liberal, munificent

We found a **bountiful** supply of coconuts on the island.
우리는 그 섬에 코코넛이 풍부하다는 것을 발견했다.

She distributed gifts in a **bountiful** and gracious manner.
그녀는 통 크고 품위 있게 선물을 나누어 주었다.

---

2632 ★

**interlope**
[ìntərlóup]

vi. ① 남의 일에 참견하다[주제넘게 나서다] = intermeddle, kibitz, meddle
② 무허가 영업을 하다

I don't want to be accused of **interloping** in this discussion.
나는 이 대화에 주제넘게 나선다고 비난받고 싶지 않다.

MVP interloper n. 주제넘은 사람; (불법) 침입자; 무면허 영업자, 무허가 상인

2633 ★
**warp**
[wɔːrp]

**v. ① (재목·판자 등을) 휘게 하다, 구부리다, 뒤틀다**
**= bend, buckle, contort, deform**
**② (마음·판단 등을) 비뚤어지게 하다; 왜곡하다 = distort, pervert, twist**

Her character was **warped** by repeated misfortunes.
그녀의 성격은 계속된 불행으로 인해 비뚤어지게 되었다.

MVP warp and woof 기본적 요소, 기초, 근본(= base, foundation)

2634 ★★
**hush**
[hʌʃ]

**n. 침묵, 고요, 조용함 = calm, quiescence, silence, stillness, tranquility**

A **hush** fell over the crowd and I knew something terrible had happened.
침묵이 군중을 엄습했고 나는 뭔가 끔찍한 일이 벌어졌다는 것을 알게 되었다.

MVP hushed a. 조용한, 고요한

2635 ★
**carouse**
[kəráuz]

**v. 술을 마구 마시고 법석대다 = booze, revel**
**n. 떠들썩한 잔치; 흥겹게 마시고 놀기 = binge, spree**

There was an opportunity to continue **carousing**, but I'd had enough.
계속 떠들썩하게 마시고 놀 기회가 있었지만, 나는 이미 충분했었다.

MVP carousal n. 큰 술잔치[연회], 흥청거림

2636 ★★
**ornate**
[ɔːrnéit]

**a. 화려하게 장식한; (문체가) 화려한, 매우 수사적인 = elaborate; flamboyant**

The room's **ornate** ceiling and wood paneling was destroyed in the fire.
그 방의 화려한 천장과 나무 장식판자가 불이 나면서 파괴되었다.

MVP ↔ inornate a. 꾸미지 않은, 간소한

2637 ★
**leviathan**
[liváiəθən]

**n. ① (강력하고) 거대한 것 = behemoth, colossus, mammoth**
**② (일반적으로) 거대한 바다 동물, (특히) 고래**
**③ (L~) 전체주의 국가 = totalitarian state**
**a. 거대한 = colossal, gargantuan, gigantic, huge, mammoth**

Our proposal would help to transform the **leviathan** state.
우리의 제안은 거대국가를 변화시키는 데 도움이 될 것이다.

2638 ★★
**foment**
[foumént]

**vt. (불화·반란 등을) 조장하다, 선동하다 = foster, instigate, provoke**

They accused him of **fomenting** political unrest.
그들은 그가 정치 불안을 조장한다고 비난했다.

2639 ★★★
**notion**
[nóuʃən]

n. ① 관념, 개념 = belief, concept
② 생각, 의견; 의향 = idea, opinion

Nowadays the **notion** of sexual purity has become diluted.
오늘날에는 정조 관념이 희박해졌다.

2640 ★★
**revitalize**
[riːváitəlàiz]

vt. 생기를 회복시키다, 소생시키다; 부활[부흥]시키다 = reanimate

The government should take some drastic measures to **revitalize** the ailing economy.
정부는 침체된 경제에 활력을 불어넣기 위해 과감한 조치를 취해야 한다.

MVP revitalization n. 새로운 활력[생명, 힘]을 줌; 경기 부양화
vitalize vt. 활력을 부여하다, 생명을 주다, 생기를 주다, 고무하다

2641 ★★
**privation**
[praivéiʃən]

n. ① (생활필수품 등의) 결여, 결핍; 궁핍 = destitution, impoverishment
② 박탈, 몰수, 상실

Economic **privation** due to frivolous spending eventually resulted in anarchy in that country.
경솔한 소비로 인한 경제적 궁핍이 마침내 그 나라에 무정부상태를 초래했다.

2642 ★
**turgid**
[tə́ːrdʒid]

a. ① 부푼, 팽창한; (손발이) 부어오른 = inflated, puffy, swollen
② (말·문체가) 과장된, 허풍떠는 = bloated, bombastic, pompous

The **turgid** waters of the river threatened to submerge the nearby areas.
강의 불어난 물은 인근 지역을 침수의 위험에 놓이게 했다.

MVP turgidity n. 부어오름, 부풀기; 과장
cf. turbid a. 흐린, 혼탁한

2643 ★★
**dope**
[doup]

n. ① (아편·모르핀 등의) 마약 = drug, narcotic
② 마약 (중독) 환자; 멍청이, 얼간이 = donkey, dunce, idiot, simpleton
③ (경마에 관한) 내부정보; 비밀 정보

A man asked them if they wanted to buy some **dope**.
한 남자가 그들에게 마약을 사겠느냐고 물었다.

MVP dopey a. (마약·술을 먹고) 멍한; 어리석은, 멍청한
cf. dote vi. 노망나다, 망령들다; ~에 홀딱 빠지다

2644 ★★

**expound**

[ikspáund]

v. 상세히 설명하다, 상술(詳述)하다, 해설하다 = elucidate, expatiate, explicate

They listened as she **expounded** on the government's new policies.
그들은 그녀가 정부의 새 정책에 대해 자세히 설명하는 동안 귀를 기울였다.

---

2645 ★

**bugaboo**

[bʌ́gəbùː]

n. 도깨비, 요괴; 몹시 두렵게 하는 것; (근거 없는) 걱정거리
= bogeyman, bogy, bugbear

The Iraq war has been one of my biggest **bugaboos** for over ten years.
지난 10년간 이라크 전쟁은 나에게 가장 두려운 대상 중의 하나였다.

---

2646 ★★★

**provision**

[prəvíʒən]

n. ① 예비, 준비, 설비[for, against] = arrangements, plan, preparation
② 공급, 지급; (pl.) 양식, 식량 = supplying
③ 규정, 조항 = clause, condition, term

Some of the **provisions** in the tax law are too stringent.
세법의 일부 조항은 지나치게 엄격하다.

MVP provide v. 주다, 공급하다; 규정하다; 준비하다, 대비하다
provisional a. 일시적인, 잠정적인, 임시의
provided conj. ~을 조건으로; 만약 ~이면

---

2647 ★★

**gloat**

[glout]

vi. 흡족한[기분 좋은, 고소한] 듯이 바라보다; 혼자서 히죽이 웃다[over, upon, on]

He **gloated** over the long lists of books he had read.
그는 자신이 읽은 책의 긴 목록들을 흐뭇하게 바라보았다.

---

2648 ★

**vine**

[vain]

n. ① 덩굴; 덩굴 식물 = creeper
② 포도나무 = grapevine

An old ivy **vine** climbed halfway up the brick wall.
오래된 담쟁이덩굴이 벽돌담의 중간까지 뻗어 올라가 있었다.

MVP vineyard n. 포도원; 일터
viny a. 덩굴 식물의[같은]; 덩굴 식물[포도나무]이 많은
die[wither] on the vine (계획·운동 등이) 끝나다, 좌절되다; 무시[방치]되다

2649 ★★
**devolve**
[diválv]

**v. (일·권리·의무 등을) 양도하다, 위임하다, 맡기다 = delegate, depute, entrust**

The government **devolved** most tax-raising powers to the regional authorities.
정부는 대부분의 징세 권한을 지방 당국에 위임했다.

---

2650 ★
**smudge**
[smʌdʒ]

**n. (더러운) 자국, 얼룩 = blot, smear, stain**
**v. 더럽히다, 얼룩을 남기다 = besmirch, soil**

Tears had **smudged** her mascara.
눈물 때문에 그녀의 마스카라가 번져 있었다.

## REVIEW TEST

### A. Write the meaning of the following words.

| | |
|---|---|
| □ judicious ______ | □ avalanche ______ |
| □ siphon ______ | □ rub ______ |
| □ preemptive ______ | □ erratic ______ |
| □ spree ______ | □ deign ______ |
| □ efficacy ______ | □ travesty ______ |
| □ diaphanous ______ | □ bountiful ______ |
| □ contort ______ | □ warp ______ |
| □ subsidiary ______ | □ carouse ______ |
| □ invidious ______ | □ ornate ______ |
| □ promontory ______ | □ leviathan ______ |
| □ belittle ______ | □ foment ______ |
| □ repartee ______ | □ privation ______ |
| □ glutton ______ | □ turgid ______ |
| □ assay ______ | □ dope ______ |
| □ complimentary ______ | □ bugaboo ______ |
| □ murmur ______ | □ provision ______ |
| □ aggregate ______ | □ gloat ______ |
| □ crumble ______ | □ vine ______ |
| □ stagger ______ | □ devolve ______ |
| □ inflection ______ | □ smudge ______ |

※ 주어진 단어의 뜻을 본문에서 확인하시고 틀린 단어의 경우 박스에 체크한 뒤에 나중에 다시 학습하시기 바랍니다.

### B. Choose the synonym of the following words.

| | |
|---|---|
| 1. behead | Ⓐ elucidate |
| 2. combustible | Ⓑ reanimate |
| 3. interlope | Ⓒ orotund |
| 4. notion | Ⓓ intermeddle |
| 5. hush | Ⓔ foul |
| 6. chicanery | Ⓕ decapitate |
| 7. expound | Ⓖ concept |
| 8. revitalize | Ⓗ stillness |
| 9. fetid | Ⓘ deceit |
| 10. sonorous | Ⓙ flammable |

B. 1. Ⓕ 2. Ⓙ 3. Ⓓ 4. Ⓖ 5. Ⓗ 6. Ⓘ 7. Ⓐ 8. Ⓑ 9. Ⓔ 10. Ⓒ

2651 ★★★
**quiver**
[kwívər]

v. 떨리다[떨다]; 흔들리다, 진동하다
= quake, shake, shiver, shudder, tremble, vibrate
n. 떨림, 떪; 진동 = tremor, vibration

Her bottom lip **quivered** and big tears rolled down her cheeks.
그녀의 아랫입술이 떨리면서 커다란 눈물이 볼을 타고 흘러내렸다.

MVP quivering a. 떨고 있는, 흔들리는(= trembling)

2652 ★★
**overt**
[ouvə́ːrt]

a. 명백한, 공공연한 = apparent, manifest, obvious, open, plain

**Overt** discrimination against women is slowly being eradicated.
여성들에 대한 공공연한 차별이 서서히 없어지고 있다.

MVP ↔ covert a. 감추어진, 숨겨진; 비밀의, 은밀한

2653 ★★
**anathema**
[ənǽθəmə]

n. ① 아주 싫은 것[사람] = detestation
② (가톨릭교회의) 파문(破門), 저주 = excommunication

The notion of a tax increase is **anathema** to all ordinary people.
증세안(增稅案)은 모든 보통 사람들의 미움을 받고 있다.

MVP anathematize v. 저주하다(= curse, damn, execrate)

2654 ★
**stint**
[stint]

n. ① (일정 기간 동안 특정한 곳에서 하는) 일, 활동 = assignment, service
② 제한; 아까워 함, 절약
v. (비용·식사 따위를) 바싹 줄이다, 절감하다 = scrape, scrimp, skimp on

He is returning to this country after a five-year **stint** in Hong Kong.
그는 5년간의 홍콩 근무를 마치고 귀국할 것이다.

A former student has donated money to the college without **stint**.
예전에 그 대학의 학생이었던 사람이 학교에 돈을 아낌없이 기부했다.

MVP without stint 제한 없이, 아낌없이

2655 ★★
**convulsion**
[kənvʌ́lʃən]

n. ① 경련, 경기 = cramp, crick, fit, spasm, tic, twitch
② (사회·정치 등의) 격동, 격변, 동란, 동요
= disturbance, turbulence, upheaval

The patient repeatedly had **convulsions** until he was given the medicine.
그 환자는 약을 먹을 때까지 반복해서 경련을 일으켰다.

The economic problems could bring fresh **convulsions**.
그 경제 문제들은 새로운 격변을 불러올 수 있었다.

MVP convulse vt. 진동시키다; 경련을 일으키게 하다; 큰 소동을 일으키다

2656 ★★
**suffocate**
[sʌ́fəkèit]

**v. 숨이 막히게 하다; 질식(사)시키다, 질식하다**
= asphyxiate, choke, smother, stifle, strangle

The scorching heat **suffocated** the beautiful girl.
폭염에 그 아름다운 소녀는 숨이 막힐 지경이었다.

In the spy novel, the hero **suffocated** the murderer under a pillow.
그 첩보 소설에서 주인공은 살인자를 베개로 질식시켜 죽였다.

MVP suffocation n. 질식; 질식시키기, 숨통을 끊기
suffocating a. 숨이 막힐 정도의, 억압적인

2657 ★
**equestrian**
[ikwéstriən]

**a. 승마의, 마술(馬術)의**
**n. 승마자, 기수(騎手)** = horseman, jockey

I didn't spend ten years in **equestrian** school for nothing.
내가 승마 학교에서 보낸 10년이 헛된 것은 아니었다.

MVP equestrianism n. 승마 기술, 마술(馬術)
equine a. 말(馬)의, 말과 같은

2658 ★★
**propensity**
[prəpénsəti]

**n. (특정한 행동을 하는) 경향, 성향** = disposition, inclination, tendency

In the classroom, the student has a **propensity** to exaggerate.
교실에서 그 학생은 과장해서 말하는 경향이 있다.

2659 ★★
**discredit**
[diskrédit]

**vt. ① 신용을 떨어뜨리다, 평판을 나쁘게 하다**
**② 의심하다, 신용하지 않다** = distrust
**n. 불신; 불명예** = mistrust; dishonor

These theories were **discredited** by later research.
이 학설들은 그 후 연구를 통해서 인정받지 못했다.

Such conduct **discredited** him with the public.
그러한 행위로 그는 세인들의 신용을 잃었다.



2660 ★★
**inexorable**
[inéksərəbl]

**a. ① 냉혹한, 무정한, 용서 없는**
= cold-blooded, cold-hearted, merciless, relentless
**② 멈출[변경할] 수 없는, 거침없는** = unstoppable

They are part of an **inexorable** law of nature.
그들은 냉혹한 자연법칙의 한 부분이다.

A glacier's progress is slow but **inexorable**.
빙하의 진행과정은 느리지만 거침이 없다.

MVP inexorably ad. 무정하게, 냉혹하게

DAY 54

2661 ★★

**assuage**
[əswéidʒ]

vt. (고통·슬픔·노여움 등을) 누그러뜨리다, 완화시키다
= allay, alleviate, appease, relieve, soothe

Daniel was extremely angry about my tardiness, so I promised him to be prompt next time in order to **assuage** him.
다니엘(Daniel)은 내가 지각한 것에 대해 몹시 화를 냈으며, 그래서 나는 그를 달래기 위해 다음번에는 시간을 지키겠노라고 약속했다.

2662 ★★

**cupidity**
[kjuːpídəti]

n. (재산·권력 등에 대한) 탐욕 = avarice, avidity, greed, rapacity

All of them met their deaths as a result of their **cupidity**.
그들 모두는 자신들의 탐욕으로 죽음을 맞이했다.

2663 ★

**rattle**
[rǽtl]

v. ① 덜걱덜걱[우르르] 소리나다; (차 등이) 덜거덕거리며 달리다
= clatter, jangle, jolt
② 재잘거리다, 나불나불 지껄이다 = chatter, gabble, prattle

Every time a bus went past, the windows **rattled**.
버스가 지나갈 때마다 창문들이 덜거덕거렸다.

MVP rattled a. 당황한, 어리둥절한
rattling a. 덜거덕[덜컹]거리는; 활발한
rattle snake 방울뱀

2664 ★

**preamble**
[príːæmbl]

n. (법률·조약 등의) 전문(前文); 서문, 머리말
= foreword, introduction, preface, prelude

The **preamble** to the document gives details of what it comprises.
그 문헌의 서문은 어떤 내용이 담겨 있는지를 자세하게 보여준다.

2665 ★★

**sacrosanct**
[sǽkrousæ̀ŋkt]

a. 신성불가침의, (사람·장소·법률 등이) 더할 나위 없이 신성한 = inviolable, sacred

Gathering to eat together in the weekends is still **sacrosanct** in most Italian families.
주말에 함께 모여서 식사하는 것은 대부분의 이탈리아 가정에서 아직도 더할 나위 없이 신성한 것이다.

MVP sacrosanctity n. 신성불가침

2666 ★★★

**meteor**
[míːtiər]

n. ① 유성(流星), 별똥별, 운석
② 일시적으로 화려한 것, 일시적으로 반짝하는 사람

The energy released from the **meteor** when it exploded in the air was about 30 times greater than the nuclear bomb which dropped on Hiroshima during World War Two.
유성이 대기권에서 폭발할 때 방출되는 에너지는 제2차 세계대전 당시 히로시마에 투하되었던 핵폭탄보다 약 30배 더 컸다.

MVP meteoric a. 유성의; 유성과 같은; 잠시 반짝하는; 급속한; 대기의, 기상상의
meteorite n. 운석, 유성체
meteorology n. 기상학, 기상상태

---

2667 ★

**inveigle**
[invéigl]

vt. 감언이설로 구슬리다, 꾀다, 속이다 = cajole, coax, entice, wheedle

Her son tried to **inveigle** her into giving her money for a car.
아들은 어머니를 좋은 말로 구슬려서 자신에게 차를 살 돈을 주도록 하려 했다.

---

2668 ★★

**snob**
[snab]

n. ① 속물(지위나 재산이 있는 자에게 아첨하고 남을 깔보는 사람) = philistine, vulgarian
② 학자인 체하는 사람, 사이비 학자 = highbrow, wiseacre

There is a **snob** value in driving the latest model.
최신 모델의 차를 운전하는 것에는 속물적 가치가 존재한다.

MVP snobbish a. 속물의, 속물근성의, 고상한 체하는, 우월감에 젖어 있는
snob hit 타인에게 지적으로 보이기 위해 관람하는 연극이나 영화

---

2669 ★★

**bush**
[buʃ]

n. ① 관목; 덤불; (덤불처럼) 숱 많은 머리[털]
② 미개간지, 오지 = outback, wasteland
③ (술집 간판으로서의) 담쟁이 가지; 술집의 간판; 술집

There was someone skulking behind the **bushes**.
덤불 뒤에 누군가가 몰래 숨어 있었다.

Good wine needs no **bush**.
좋은 포도주는 간판을 필요로 하지 않는다.(내용만 좋으면 선전이 필요 없다.)

MVP bushy a. (머리나 털이) 숱이 많은, 텁수룩한; 덤불이 우거진
cf. ambush n. 매복 (공격); v. 매복했다가 습격하다

2670 ★★★

**expedient**
[ikspíːdiənt]

a. ① (목적에) 맞는, 쓸모 있는, 편리한 = advantageous, convenient, useful
② (수단이) 편의(주의)적인; (사람이) 이기적인 = opportunistic, politic; selfish
n. (임시 변통적인) 조치, 수단, 방편, 응급조치 = makeshift

It is **expedient** to use a computer when you do this job.
이 일을 할 때는 컴퓨터를 사용하는 것이 편리하다.

The American labor market is relying on the short-term **expedient**.
미국의 노동시장은 단기간의 임시방편에 의존하고 있다.

MVP expediency n. 편의; 편의주의; (악착같은) 사리(私利) 추구
expediential a. 편의상의, 편의주의의, 방편적인
↔ inexpedient a. 불편한; 부적당한, 좋은 방책이 아닌

2671 ★★

**apparition**
[æpəríʃən]

n. ① 유령, 망령, 허깨비 = ghost, phantom, specter, spook, wraith
② (갑작스러운) 출현 = advent, appearance, emergence

The old woman says that she saw an **apparition** in that cave.
그 노파는 저 동굴에서 유령을 봤다고 말하고 있다.

The **apparition** of the comet gave us more information about the comet.
그 혜성의 출현은 우리에게 그 혜성에 관해 더 많은 정보를 제공해 주었다.

2672 ★★

**unravel**
[ʌnrǽvəl]

v. ① (뜨개질한 것·엉클어진 것·매듭 등을) 풀다 = disentangle
② 해명하다; 해결하다 = solve
② (시스템·계획·관계 등이) 흐트러지기 시작하다

I **unravelled** the string and wound it into a ball.
나는 그 줄을 풀어서 공 모양으로 감았다.

The discovery will help scientists **unravel** the mystery of the Ice Age.
그 발견은 과학자들이 빙하기의 미스터리를 푸는 데 도움이 될 것이다.

MVP untangle vt. ~의 엉킨 것을 풀다; (분규·불화 등을) 해결하다
↔ ravel v. 얽히게 하다; (사태·문제 등을) 복잡하게 하다

2673 ★

**tier**
[tiər]

n. ① (층이 진) 열, 단, 층 = layer, line, range, row
② 단계; (사회) 계층 = class, grade, level, order, rank

A single question may change students' eligibility for colleges in different **tiers**.
한 문제가 학생들이 다른 등급의 대학을 갈 수 있는 자격을 바꿀 수 있다.

MVP top-tier a. 일류의, 최고의

2674 ★★★
**crush**
[krʌʃ]

v. ① (물건을) 눌러 부수다, 으깨다 = break, pound, squash, trample
② (폭력으로) 진압하다, 탄압하다 = quash, quell, subdue, suppress
n. (보통 연상의 대상에 대한) 강렬한 사랑, 홀딱 반함 = infatuation

The heaviest rain easily **crushed** concrete and wooden homes.
최악의 폭우는 콘크리트 가옥과 목조 가옥을 쉽게 부수어 버렸다.

MVP crushing a. 압도적인; (상대방을) 찍소리 못하게 하는; 결정적인
crusher n. 분쇄기; 두말 못 하게 하는 대답; 통렬한 일격; 여성에게 인기 있는 남자

2675 ★★
**flare**
[flɛər]

v. ① (불꽃·불길이) 확 타오르다 = blaze, flame, flash
② (분노·반란 등이) 솟구치다, 갑자기 일어나다 = erupt, explode
n. 불길; 섬광

Refugee flows are up after years of decline as violence **flares** in hot spots around the globe.
폭력이 전 세계의 분쟁지역에서 일어남에 따라, 난민 유입이 수년간의 감소 끝에 다시 늘어나고 있다.

MVP flare-up n. 확 타오름; (감정의) 격발; 일시적인 인기
cf. flair n. 예민한 육감[직감]; (타고난) 재주, 재능; (스타일 등의) 세련, 멋

2676 ★
**hang-up**
[hæŋʌp]

n. 심리적 장애, 고민, 곤란, 문제, 콤플렉스

She has a real **hang-up** about her big bum.
그녀는 큰 엉덩이를 콤플렉스로 갖고 있다.

2677 ★★
**mutilate**
[mjúːtəlèit]

vt. (수족 등을) 절단하다, 불구로 만들다 = cripple, maim

Christian recusants were **mutilated** and sent to the mines and quarries.
저항하던 기독교인들을 불구로 만들어 광산과 채석장으로 보냈다.

MVP mutilation n. (수족 등의) 절단, 불구로 만들기

2678 ★
**ambulatory**
[ǽmbjulətɔ̀ːri]

a. ① 보행의, 이동하는, 이동성의, 돌아다니는 = movable, shifting, vagabond
② 〈의학〉 외래의, 통원의

He exercised a lot to improve his **ambulatory** abilities after the accident.
그는 사고를 당하고 나서 보행 능력을 키우기 위해 운동을 많이 했다.

MVP ambulant a. 걸을 수 있는; 이동하는

2679 ★★★

**wholesale**
[hóulsèil]

n. 도매
a. 도매의; 대량의, 다수의, 대규모의
ad. 도매로; 대량으로, 다수로, 대규모로

He gained a fair margin of profit through **wholesale**.
그는 도매로 상당한 이문을 얻었다.

MVP wholesaler n. 도매상인
cf. retail n. 소매; a. ad. 소매의[로]

---

2680 ★

**epicenter**
[épisèntər]

n. ① (지진의) 진원지(震源地), 진앙(震央); 발생지 = epicentre
② (활동·문제의) 중심(점), 핵심 = center, centre, core

Damage occurred in the immediate area of the earthquake's **epicenter**.
지진의 진앙에 인접한 지역에 피해가 발생했다.

Europe became the **epicenter** of the money-laundering activities.
유럽은 돈 세탁의 중심이 되었다.

MVP epicentral a. 진앙의, 진원지의; 발생지의; 중심점의

---

2681 ★★

**bereave**
[birí:v]

v. ① (가족·근친 등을) 앗아가다
② (희망·기쁨 등을) 빼앗다 = deprive, dispossess, rob, strip

The traffic accident **bereaved** her of her parents.
교통사고로 그녀는 부모를 잃었다.

MVP bereavement n. (가족·근친을) 여읨, 사별
bereft a. ~이 전무한, 잃은, ~을 상실한[빼앗긴]
the bereaved 사별을 당한 사람, 유족

---

2682 ★

**gallows**
[gǽlouz]

n. ① 교수대 = scaffold
② (the ~) 교수형 = hanging

**Gallows** were erected in many marketplaces to hang those who wandered around from town to town.
교수대가 많은 시장에서 세워졌고, 마을에서 마을로 떠돌아다니는 사람들을 목매달아 죽였다.

---

2683 ★★

**luminous**
[lú:mənəs]

a. ① 어둠에서 빛나는, 야광의, 형광의 = fluorescent, glow-in-the-dark
② 이해하기 쉬운, 명료한, 명쾌한 = accessible, clear, explicit, lucid
③ 지적으로 뛰어난, 총명한; 계몽적인 = intelligent; enlightening

It is a good idea to paint your bike with **luminous** paint so that you are more visible to motorists.
자전거를 야광 페인트로 칠해서 운전자들이 너를 좀 더 잘 볼 수 있게 하는 것은 괜찮은 생각이다.

His works are written in a **luminous** style which is unsurpassed in English prose.
그의 작품들은 영국 산문에서 독보적이라 할 만큼 명쾌한 스타일로 쓰여 있다.

MVP luminary n. 발광체; 선각자, 지도자

---

2684 ★★★
**infancy**
[ínfənsi]

n. ① **유년기, 유아기** = babyhood, early childhood
② **초기, 초창기, 요람기, 미발달기** = beginnings, cradle, dawn, inception

That business is still in its **infancy**; it just opened last week.
그 사업은 아직 걸음마 단계에 있다. 겨우 지난주에 시작했을 뿐이다.

MVP infant n. 유아; a. 유아의; 초기의
cf. infantry n. [집합적] 보병(대), 보병 연대

---

2685 ★
**crotchety**
[krátʃəti]

a. **변덕스러운, 까다로운** = bad-tempered, cranky, eccentric, petulant

Only a few students expected to receive feedback from their **crotchety** old professor.
그들의 까다로운 노교수로부터 피드백을 받을 것으로 기대하는 학생은 극소수에 불과했다.

---

2686 ★★
**engrave**
[ingréiv]

vt. ① **(금속·나무·돌 등에) 새기다, 조각하다[on, with]** = carve, etch, inscribe
② **(마음·기억 등에) 명심하다, 새겨두다** = embed, imprint

His mother's face is **engraved** on his memory.
어머니의 얼굴이 그의 뇌리에 새겨져 있다.

---

2687 ★
**prudish**
[prú:diʃ]

a. **(섹스와 관련하여) 얌전한[고상한] 체하는, 내숭떠는** = demure, genteel

**Prudish** people avoid talking about sex.
고상한 체하는 사람들은 성관계에 대해 이야기하는 것을 피한다.

MVP prude n. (섹스와 관련하여) 얌전한[고상한] 체하는 사람, 내숭을 떠는 사람

---

2688 ★★
**nuance**
[njú:a:ns]

n. **(색채·음조·의미·감정 등의) 미묘한 차이, 뉘앙스** = nicety, subtlety

The translator should choose words considering the differences in **nuance**.
번역가는 미묘한 뉘앙스 차이를 고려하여 단어를 선택해야 한다.

MVP cf. nuisance n. 성가심, 귀찮음

2689 ★★
**chasm**
[kǽzm]

n. ① (땅·바위·얼음 속 등에 난) 아주 깊은 틈[구멍] = crevice, fissure
② (사람·집단 사이의) 큰 차이[골] = gap

There still exists a huge **chasm** between the rich and the poor.
부자와 가난한 사람들 사이에는 아직도 깊은 골이 존재한다.

---

2690 ★★
**debauch**
[dibɔ́:tʃ]

v. ① 타락시키다; (여자를) 유혹하다 = corrupt, demoralize, deprave; seduce
② ~을 더럽히다, 손상시키다
③ 주색에 빠지다, 방탕하다
n. 방탕, 난봉; 폭음, 폭식

A life of luxury can **debauch** young people.
사치스런 생활은 젊은이들을 타락시킬 수 있다.

MVP debauchery n. 방탕, 도락; (pl.) 유흥, 야단 법석

---

2691 ★★
**gruesome**
[grú:səm]

a. 무시무시한, 소름끼치는, 섬뜩한 = awful, ghastly, grisly, horrible, macabre

The **gruesome** sight sent a shiver down my spine.
나는 그 끔찍한 장면을 보고 등골이 오싹했다.

---

2692 ★★★
**reservation**
[rèzərvéiʃən]

n. ① 예약 = booking
② 의구심, 거리낌; 보류, 유보
③ 조건, 단서 = term
④ 인디언 보호구역, 수렵금지 구역

We have a **reservation** in the name of Grant.
우리가 그랜트(Grant)라는 이름으로 예약을 했어요.

I have serious **reservations** about his ability to do the job.
나는 그가 그 일을 할 능력이 있을지 심각하게 의구심이 든다.

This is a wildlife **reservation**.
이곳은 야생동물 보호구역이다.

MVP reserve vt. 비축하다; 예약하다; 삼가다; n. (동·식물 등의) 보호구역

---

2693 ★★
**badger**
[bǽdʒər]

vt. (질문 등으로) 괴롭히다[with]; (물건을) 갖고 싶다고 조르다; (~해 달라고) 졸라대다[to do] = annoy, bother, harass, nag, pester, tease
n. 〈동물〉 오소리

Every time they go to the shop, the children always **badger** their father to buy them sweets.
그 가게에 갈 때마다 아이들은 항상 아빠에게 사탕을 사달라고 조른다.

2694 ★

**sophistry**
[sάfəstri]

n. 궤변, 궤변법 = casuistry, fallacy, quibble, sophism

It is pure **sophistry** to justify those exasperated acts.
그 같은 격분한 행동을 정당화하는 것은 순전(純全)한 궤변이다.

MVP sophist n. 궤변가

---

2695 ★★★

**tyranny**
[tírəni]

n. ① 압제, 폭정, 포악행위 = atrocity, coercion, oppression
② 독재(정치), 전제정치, 독재국가 = autocracy, despotism, dictatorship

The coup was the prologue to the beginning of **tyranny**.
그 쿠데타는 독재정치의 시작을 알리는 서막이었다.

MVP tyrannical a. 폭군의; 압제적인, 전제적인
tyrant n. 폭군; 전제군주

---

2696 ★★

**full-fledged**
[fúlflédʒd]

a. 깃털이 다 난; 제몫을 하게 된, 자격이 충분한; 어엿한 = mature, qualified

He is now a **full-fledged** head of his own house.
그는 이제 어엿한 가장이다.

MVP fledge v. (새 새끼를) 기르다; (새 새끼가) 깃털이 다 나다; 날 수 있게 되다
↔ unfledged a. 아직 깃털이 다 나지 않은; 어린, 미숙한

---

2697 ★★

**curator**
[kjuəréitər]

n. (박물관·도서관 등의) 큐레이터, 관리인, 관장
= conservator, custodian, keeper

The **curator** told us that every displayed piece had the reality of India in it.
큐레이터는 우리에게 전시된 모든 작품이 인도의 현실을 보여준다고 말했다.

MVP curatorial a. (박물관·미술관의) 관장의
curatorship n. 큐레이터의 지위[신분]
cf. procurator n. 〈법〉 (소송) 대리인; 〈고대 로마 역사〉 행정장관

---

2698 ★★

**rummage**
[rʌ́midʒ]

v. 샅샅이 뒤지다[찾다], 샅샅이 조사하다 = forage, ransack, search
n. ① 샅샅이 뒤지기, 수색 = search
② 잡동사니, 폐물

She was **rummaging** around in her bag for her keys.
그녀는 열쇠를 찾기 위해 가방 안을 이리저리 뒤지고 있었다.

MVP rummage sale (불용품 등의) 자선 바자; 떨이 판매, 재고 정리; 잡동사니 판매

2699 ★★

**plumb**
[plʌm]

**a.** ① 똑바른, 곧은; 수직[연직]의 = erect, upright; vertical
② 정확한; 순전한, 완전한 = exact, precise
**v.** ① 수직이 되게 하다
② (물 깊이 등을) 재다, 측량하다 = measure
③ ~에 배관(配管)하다, ~의 배관 수리 공사를 하다

When you hang a door, you need to make sure that it is both level and **plumb**.
문을 달 때는 수평과 수직이 모두 맞는지 확실하게 해 두어야 한다.

MVP plumber n. 배관공

---

2700 ★

**voyeur**
[vwaːjə́ːr]

**n.** (성적으로) 엿보는[훔쳐보는] 취미를 가진 사람
= peeper, peeping Tom, snooper

Viewers become **voyeurs** through the simple act of looking.
구경꾼들은 단순히 쳐다보는 행동을 통해 남을 엿보는 취미를 가진 사람들이 된다.

MVP voyeurism n. 관음증
voyeuristic a. 훔쳐보는 취미의, 관음증의

## REVIEW TEST

### A. Write the meaning of the following words.

| | |
|---|---|
| □ quiver ______ | □ ambulatory ______ |
| □ anathema ______ | □ wholesale ______ |
| □ stint ______ | □ epicenter ______ |
| □ convulsion ______ | □ bereave ______ |
| □ equestrian ______ | □ luminous ______ |
| □ discredit ______ | □ crotchety ______ |
| □ inexorable ______ | □ prudish ______ |
| □ rattle ______ | □ nuance ______ |
| □ sacrosanct ______ | □ chasm ______ |
| □ meteor ______ | □ debauch ______ |
| □ inveigle ______ | □ gruesome ______ |
| □ snob ______ | □ reservation ______ |
| □ bush ______ | □ badger ______ |
| □ expedient ______ | □ sophistry ______ |
| □ unravel ______ | □ tyranny ______ |
| □ tier ______ | □ full-fledged ______ |
| □ crush ______ | □ curator ______ |
| □ flare ______ | □ rummage ______ |
| □ hang-up ______ | □ plumb ______ |
| □ mutilate ______ | □ voyeur ______ |

※ 주어진 단어의 뜻을 본문에서 확인하시고 틀린 단어의 경우 박스에 체크한 뒤에 나중에 다시 학습하시기 바랍니다.

### B. Choose the synonym of the following words.

| | |
|---|---|
| 1. suffocate | Ⓐ scaffold |
| 2. apparition | Ⓑ foreword |
| 3. engrave | Ⓒ allay |
| 4. cupidity | Ⓓ tendency |
| 5. overt | Ⓔ ghost |
| 6. preamble | Ⓕ choke |
| 7. infancy | Ⓖ babyhood |
| 8. gallows | Ⓗ carve |
| 9. propensity | Ⓘ apparent |
| 10. assuage | Ⓙ greed |

B. 1. Ⓕ 2. Ⓔ 3. Ⓗ 4. Ⓙ 5. Ⓘ 6. Ⓑ 7. Ⓖ 8. Ⓐ 9. Ⓓ 10. Ⓒ

2701 ★★

**oscillate**
[ɑ́səlèit]

**v. ① (진자(振子)와 같이) 요동하다, 진동하다 = vibrate**
**② (마음·의견 따위가) 동요하다, 흔들리다, 갈피를 못 잡다 = vacillate, waver**

The president of the republic **oscillated** between a certain audacity and a prudent realism.
그 공화국의 대통령은 확신을 가지고 대담하게 나아가는 것과 신중하게 현실을 고려하는 것 사이에서 갈피를 못 잡고 있었다.

MVP oscillation n. 진동; 동요, 변동

2702 ★★★

**mischance**
[místʃæns]

**n. 불행, 불운, 재난 = calamity, disaster, misfortune, mishap**

It was sheer **mischance** that the stone struck her in the eye.
그녀의 눈에 돌이 맞은 것은 정말로 재수 사나운 일이었다.

2703 ★

**superannuated**
[sù:pərǽnjuèitid]

**a. ① 노령[병약]으로 퇴직한, 연금을 받고 퇴직한 = pensioned off, retired**
**② (사람·사물이) 너무 노쇠한, 노후화된, 시대에 뒤진**

Why do you want to go and see that **superannuated** rock band?
왜 당신은 그리 노쇠한 록밴드를 보러가기를 원하는가?

MVP superannuate v. 노령 때문에 퇴직시키다, 연금을 주어 퇴직시키다; 시대에 뒤진다 하여 제거하다
superannuation n. 노년[정년] 퇴직; 퇴직금, 연금; 노후(老朽), 노쇠

2704 ★★

**affinity**
[əfínəti]

**n. ① (~에 대한) 애호, 좋아함; 친근감, 공감, 호감 = fondness**
**② 유사점; 관련성, 밀접한 관계 = resemblance, similarity**
**③ 맞는 성질**

Sam was born in the country and had a deep **affinity** with nature.
샘(Sam)은 시골에서 태어났기 때문에 자연에 대해 강한 친밀감을 갖고 있었다.

There is a close **affinity** between Italian and Spanish.
이탈리아어와 스페인어 사이에는 밀접한 관련성이 있다.

2705 ★★

**rusty**
[rʌ́sti]

**a. ① 녹슨, 녹이 난 = corroded, rusted**
**② 색이 바랜; 낡은, 구식의 = faded; antiquated, old-fashioned**
**③ (쓰지 않아) 무디어진, 못쓰게 된, 서툴러진 = out of practice**

I'm so **rusty** after two years of serving in the military that I am having trouble studying.
나는 2년 동안 군대에 있었더니 머리가 굳어서 공부가 잘 되지 않는다.

MVP rust n. 녹; (재능 등이) 녹슮; v. 녹슬다, 부식하다; (재능 등이) 못 쓰게 되다

2706 ★
**inveigh**
[invéi]

vi. 통렬히 비난[항의]하다, 호되게 매도하다[against]
= berate, blame, censure, condemn, denounce, reproach

One cannot **inveigh** against every wrong which one comes across.
부당한 일을 접할 때마다 그것을 전부 비난할 수는 없는 일이다.

---

2707 ★★
**contumacious**
[kὰntjuméiʃəs]

a. 아무리 해도 말을 듣지 않는, 반항적인, 오만한 = defiant, mutinous, rebellious

The **contumacious** mob shouted defiantly at the police.
반항적인 폭도들이 경찰을 향해 도발적으로 소리를 질러댔다.

MVP contumaciously ad. 반항적으로
contumaciousness n. 반항적임
contumely n. (언어·태도의) 오만; 모욕, 모욕적 언동

---

2708 ★
**squint**
[skwint]

n. ① 사시, 사팔뜨기 = cockeye, cross-eye
② 잠깐 봄, 흘끗 보기 = glance, glimpse, peep
v. ① 눈을 가늘게 뜨고 보다, 찡그리고 보다
② (눈이) 사시이다

The ugly woman was **squinting** through the keyhole.
그 추악한 여인은 눈을 찡그리고 열쇠 구멍을 들여다보고 있었다.

MVP squinty a. 사시의

---

2709 ★★★
**precedent**
[présədənt]

n. 선례, 전례, 관례, 판례 = antecedent

The ruling set a **precedent** for future libel cases.
그 판결은 미래의 명예 훼손 사건들에 대한 선례를 만들었다.

There is no **precedent** for a disaster of this scale.
이런 규모의 재난은 전례가 없다.

---

2710 ★★
**awry**
[ərái]

ad. a. ① (계획 등이) 빗나간, 잘못되어 = wrong
② 구부러져, 비뚤어져, 비스듬히 = askance, askew

All my plans for the party had gone **awry**.
내 파티 계획이 모두 엉망이 되어 버린 상태였다.

DAY 55

2711 ★★
**extort**
[ikstɔ́ːrt]

v. ① 억지로 빼앗다, 갈취하다 = blackmail, exact, squeeze, wrest, wring
② (약속·자백 등을) 강요하다 = coerce, force

Landlords often make money by **extorting** high rents from tenants.
집주인들은 종종 세입자들로부터 비싼 임대료를 갈취함으로써 돈을 번다.

He **extorted** from his daughter the names of the men whom she had met.
그는 딸에게 윽박질러 그동안 만났던 남자들의 이름을 말하게 했다.

MVP extortion n. 강요, 강탈; 착취
extortionate a. (가격·요구 등이) 터무니없는, 엄청난, 폭리의; 강요[강탈]하는

---

2712 ★
**fugacious**
[fjuːgéiʃəs]

a. ① (꽃이) 빨리 지는, 시드는 = evanescent
② 덧없는, 순식간의 = ephemeral, evanescent, fleeting, transitory

A flower is beautiful, but it is generally **fugacious**.
꽃은 아름답지만, 일반적으로 빨리 시든다.

Everything that is currently in vogue is **fugacious**.
현재 유행하는 모든 것이 덧없다.

MVP fugacity n. 사라지기 쉬움; 덧없음
cf. deciduous a. (나무·덤불 등이) 매년 잎이 떨어지는, 낙엽성의
cf. persistent a. 잎이 지지 않는, 상록(常綠)의; 다년생의

---

2713 ★★
**consort**
[kənsɔ́ːrt]

n. ① (특히 국왕·여왕 등의) 배우자 = spouse
② 일치, 조화 = harmony
v. ① (나쁜 사람과) 교제하다, 사귀다[with] = associate with
② 일치[조화]하다 = agree, harmonize

Royal **consorts** have traditionally come from the ranks of Britain's aristocracy or other European royal houses.
왕실의 배우자들은 전통적으로 영국의 귀족층이나 다른 유럽의 왕실 출신들이었다.

We frequently judge people by the company whom they **consort** with.
우리는 흔히 교제하는 친구를 보고서 사람들을 판단한다.

---

2714 ★
**prehensile**
[prihénsil]

a. ① 〈동물〉 쥐기에 적당한, (발·꼬리 등이) 잡는 힘이 있는 = grabby, grasping
② 이해력[지각력]이 있는

Because their **prehensile** tail can support their body, monkeys can use their two hands on the tree without any danger of falling.
물건을 잡을 수 있는 꼬리가 몸을 지탱할 수 있기 때문에, 원숭이는 나무 위에서 떨어질 염려 없이 두 손을 다 사용할 수 있다.

2715 ★★
**subterfuge**
[sʌ́btərfjuːdʒ]

n. ① 핑계, 구실 = pretext
② 속임수 = deception, trick, trickery

Scientists argued that morphine therapy of the dying patients is only a **subterfuge** for killing them.
과학자들은 죽어가는 환자들에게 하는 모르핀 처방은 그들을 죽이는 구실일 뿐이라고 주장했다.

It was clear that they must have obtained the information by **subterfuge**.
그들은 틀림없이 속임수를 써서 정보를 얻었음이 분명했다.

---

2716 ★★
**dumbfound**
[dʌmfáund]

vt. ~을 어이가 없어 말도 하지 못하도록 하다, 아연실색케 하다
= amaze, astound, flabbergast, startle, stun

When they learned the truth of the incident, everyone was **dumbfounded**.
그들은 사건의 진실을 알고는 모두 아연실색하여 아무 말도 못했다.

---

2717 ★★★
**wound**
[wuːnd]

n. ① 부상, 상처 = cut, hurt, injury, lesion
② (정신적) 상처, 고통 = pain, trauma
v. ① 상처를 입히다 = hurt, injure
② (감정을) 해치다 = offend, pique

Achilles suffered a mortal **wound** from an arrow that pierced his Achilles tendon.
아킬레스(Achilles)는 그의 아킬레스건을 뚫은 화살로 인해 치명적인 부상을 입었다.

MVP wounded a. 상처를 입은, 부상당한; n. [집합적] (the ~) 부상자
cf. wind v. 감다, 돌리다

---

2718 ★★
**practitioner**
[præktíʃənər]

n. ① (전문직·기술 등의) 개업자, (특히) 개업 의사, 변호사 = professional
② (특정 생활·종교 양식 등을) 실천하는 사람

About 1,800 researchers and general **practitioners** gathered in New Orleans to exchange views on how better to combat obesity.
약 1,800명의 연구원들과 일반 개업의들이 뉴올리언스에 모여 어떻게 하면 비만을 더 잘 퇴치할 것인지에 대한 의견을 나눴다.

---

2719 ★
**careen**
[kəríːn]

v. ① (배가) 한쪽으로 기울다, (배를) 기울이다 = heel, incline, lean, tilt
② (자동차가 흔들리며) 위태롭게 질주하다

The captain will need our help to **careen** the ship soon.
그 선장은 곧 그 배를 기울이기 위해 우리의 도움이 필요할 것이다.

The sports car **careened** and crashed into a guardrail.
그 스포츠카는 위태롭게 질주하다가 가드레일을 들이받았다.

2720 ★★★
**treacherous**
[trétʃərəs]

a. ① 배반하는, 반역하는; (사람·언동이) 불성실한, 기대에 어긋나는
② (기후·기억 등이) 믿을 수 없는, 의지가 안 되는
③ (발판 따위가) 불안정한, 무너질 것 같은; 위험한

We strongly condemn Japan's **treacherous** words and acts.
우리는 일본의 기만적인 발언과 행동을 강력히 규탄한다.

The ice on the roads made driving conditions **treacherous**.
도로 위의 빙판이 운전 환경을 위험하게 만들었다.

MVP treachery n. 반역, 배반, 변절

---

2721 ★★
**internment**
[intə́:rnmənt]

n. (포로 등의) 억류, 감금 = confinement, detainment, detention

The government ordered the **internment** of all Japanese Americans.
그 정부는 모든 일본계 미국인들을 억류하라고 명령했다.

MVP intern vt. 구금하다, 억류하다; n. 피억류자(= internee)

---

2722 ★
**gush**
[gʌʃ]

v. ① (액체가) 쏟아져 나오다, 분출하다 = flow, pour, spurt, stream
② (감정적으로·과장하여) 지껄여대다, 마구 쏟아 내다 = rave, spout
n. (액체 등의) 쏟아짐, 분출; (감정·말 등의) 분출, 격발 = spate, torrent

The man was lying on the floor, and his blood was **gushing** out of his neck.
그 남자는 바닥에 쓰러져 있었고, 그의 목에서 피가 쏟아져 나오고 있었다.

MVP gushing a. (액체가) 세차게 흘러나오는; 과장해서 감정 표현을 하는, 지나치게 감상적인(= gushy)

---

2723 ★★
**euphemism**
[jú:fəmìzm]

n. 완곡어법; 완곡 어구[표현] = circumlocution

"Pass away" is a **euphemism** for "die."
"세상을 떠나다"는 "죽다"를 뜻하는 완곡한 표현이다.

MVP dysphemism n. 위악어법(보통의 표현 대신에 불쾌한 표현을 쓰기)
cf. euphuism n. 미사여구, 아름다운 말과 화려한 문구

---

2724 ★
**doctor**
[dάktər]

v. ① 치료하다 = medicate, treat
② (문서·증거 따위를) 조작하다, 변조하다 = fabricate, fake, manipulate

Experts suspected that the police evidence might have been **doctored**.
전문가들은 경찰의 증거가 변조되었을지 모른다고 의심했다.

2725 ★★

**contraband**
[kɑ́ntrəbæ̀nd]

n. ① 밀수품, 금수품 = smuggled goods
② 밀수, 밀매매, 불법 거래 = illicit traffic, smuggling

The dogs are trained to ignore most odors but sit down when they detect **contraband**.
그 개들은 대부분의 냄새를 무시하지만 밀수품을 발견하면 앉도록 훈련받는다.

MVP smuggle v. 밀수입[밀수출]하다; 밀항[밀입국]하다

2726 ★★

**stab**
[stæb]

v. (칼같이 뾰족한 것으로) 찌르다 = spear, stick, thrust
n. ① 찔린 상처, 자상(刺傷) = prick, wound
② 찌르는 듯한 통증, 쑤시는 느낌 = ache, pang

He was **stabbed** to death in a racist attack.
그는 인종차별적인 공격으로 칼에 찔려 죽었다.

The girl felt a sudden **stab** of pain in the chest.
소녀는 갑자기 가슴을 찌르는 듯한 통증을 느꼈다.

2727 ★★★

**benevolent**
[bənévələnt]

a. ① 자비심이 많은, 인정 많은, 친절한 = benign, charitable, generous
② 자선의 = charitable

Giving money to the poor is a **benevolent** act.
가난한 사람들에게 돈을 주는 것은 자비로운 행동이다.

A **benevolent** fund is an amount of money used to help people in need.
자선기금이란 곤궁에 처해 있는 사람들을 돕는 데 쓰이는 돈을 말한다.

MVP benevolence n. 자비심, 박애; 자선
↔ malevolent a. 악의 있는, 심술궂은

2728 ★★

**vertigo**
[və́:rtigòu]

n. 어지러움, 현기증 = dizziness, giddiness

She can't stand heights and has always suffered from **vertigo**.
그녀는 높은 곳을 견디지 못하며, 언제나 현기증으로 고생해 왔다.

MVP vertiginous a. 어지러운, 빙빙 도는

2729 ★

**holistic**
[hòulístik]

a. 전체론의, 전체론적인

In my personal opinion, the world needs AIDS programs which have a more **holistic** approach.
제 개인적인 의견으로는, 좀 더 전체적인 접근의 에이즈 프로그램이 세계에 필요하다는 것입니다.

2730 ★★
**quell**
[kwel]

vt. ① (반란·소요 등을) 진압[평정]하다 = put down, subdue, suppress
② (강렬하거나 불쾌한 감정을) 가라앉히다[누그러뜨리다] = suppress

Extra police were called in to **quell** the disturbances.
소요를 진압하기 위해 경찰이 추가로 투입되었다.

The government's assurances have done nothing to **quell** the doubts of the public.
정부의 보장이 대중의 의심을 가라앉히는 데 아무런 역할도 하지 못했다.

---

2731 ★★
**statute**
[stǽtʃuːt]

n. 법규, 법령; 규칙, 학칙, 정관

Corporal punishment was banned by **statute** in 1987.
체벌은 1987년에 법령으로 금지되었다.

Under the **statutes** of the university they had no power to dismiss him.
대학 학칙에 따르면 그들은 그를 퇴학시킬 권한이 없었다.

MVP statutory a. 법령의; 법으로 정해진
cf. statue n. 상(像), 조상(彫像)
cf. stature n. 키, 신장; 명성, 평판
cf. status n. 상태, 사정; 지위, 신분

---

2732 ★
**thoroughfare**
[θə́ːroufɛər]

n. ① (도시의) 주요[간선] 도로, 큰 거리 = road, street, way
② 왕래, 통행, 통과 = passage, transit

Police officers have been placed on the **thoroughfares** of the city.
경찰이 시내 주요 도로에 배치되었다.

---

2733 ★★
**mordant**
[mɔ́ːrdənt]

a. 신랄한, 독설적인, 통렬한 = acerbic, biting, caustic, scathing

He proved himself a **mordant** critic with far-reaching influence.
그는 자신이 광범위한 영향력을 가진 신랄한 비평가임을 증명해 보였다.

---

2734 ★
**rendition**
[rendíʃən]

n. ① 번역; 해석 = interpretation
② (연극·음악의) 연출, 연주, 공연 = performance

He had the crowd in a spin with an upbeat **rendition** of his solo hit.
그는 그의 솔로 히트곡을 경쾌하게 연주하여 관객들을 열광시켰다.

MVP render v. (어떤 상태가 되게) 만들다; 번역하다; 표현하다; 연기[연주]하다

2735 ★★
**lumber**
[lʌ́mbər]

n. ① 목재, 제재목(통나무·들보·판자 등) = timber
② 잡동사니
v. 재목을 베어내다; 육중하게 움직이다

The country exports great amounts of wheat and **lumber**.
그 나라는 많은 양의 밀과 목재를 수출한다.

The locomotive **lumbered** along.
기관차가 요란한 소리를 내며 지나갔다.

MVP lumbering a. (움직임이) 볼품없는, 육중하게 움직이는
cf. slumber n. 선잠, 겉잠, 잠

---

2736 ★★
**aperture**
[ǽpərtʃər]

n. 구멍, 틈, 균열 = gap, hole, interstice, orifice

A tiny **aperture** caused the whole wall to collapse.
작은 구멍이 벽 전체를 붕괴하게 만들었다.

---

2737 ★
**blurt**
[bləːrt]

vt. 불쑥 말하다, 무심코 말하다, 누설하다[out] = betray, burst out, disclose

I was about to answer the question when Jackson suddenly **blurted** out the answer.
내가 막 그 질문에 대답하려고 하는데 잭슨(Jackson)이 불쑥 나서서 대답을 했다.

---

2738 ★★
**inextricable**
[inékstrikəbl]

a. ① 빠져나올[탈출할] 수 없는
② (매듭이) 풀리지 않는 = tangled
③ 불가분한, 떼려고 해도 뗄 수 없는 = involved

The gum in her hair caused an **inextricable** knot.
그녀의 머리에 붙은 껌이 풀리지 않는 매듭을 만들었다.

There is an **inextricable** link between law and the judge.
법과 판사 간에는 떼려고 해도 뗄 수 없는 관계가 존재한다.

MVP extricate vt. (위험·곤경에서) 구출(救出)하다, 탈출시키다, 해방하다
extrication n. 구출, 해방

---

2739 ★
**arraign**
[əréin]

vt. ① (피고를) 법정에 소환하다; 죄상의 진위 여부를 묻다; 기소 인정 여부 절차를 밟다 = charge, indict, prosecute
② 규탄하다, 책망하다 = censure, denounce, impeach, reproach

The woman was **arraigned** on a charge of murder.
그 여자는 살인 혐의로 기소 인정 여부 절차에 부쳐졌다.

MVP arraignment n. 죄상의 인정 여부 절차; 비난, 문책, 힐난

DAY 55

2740 ★★

**deranged**
[diréindʒd]

**a. (특히 정신병으로 인해 행동과 사고가) 정상이 아닌, 미친 = crazy, insane, mad**

The patient has been **deranged** since the accident.
그 환자는 사고 이후 정상이 아니었다.

MVP derange vt. 혼란시키다; 발광시키다
derangement n. 교란, 혼란; 발광

2741 ★★

**fail-safe**
[féilsèif]

**a. 전혀 문제가 없는, 절대 안전한 = foolproof, infallible, sound**

I think you should adopt a plan that's **fail-safe**.
나는 당신이 절대적으로 안전한 계획을 취하는 편이 좋다고 생각한다.

2742 ★

**gouge**
[gaudʒ]

**vt. ① 둥근 끌로 파다, (눈알 따위를) 도려내다[out] = hollow, scoop, scrape**
**② 바가지를 씌우다; 값을 부당하게 올리다**

The boy **gouged** out the doll's eyes with his fingers.
그 아이는 인형의 눈을 손가락으로 후벼냈다.

2743 ★★

**overbearing**
[òuvərbέəriŋ]

**a. 거만한, 오만한; 고압적인 = arrogant, domineering, haughty; high-handed**

Milligan's childhood was marked by an **overbearing** mother and a distant father.
고압적인 어머니와 쌀쌀한 아버지는 밀리간(Milligan)의 어린 시절에 상처를 남겼다.

MVP overbear v. 위압[제압]하다, 압도하다

2744 ★★★

**beat**
[bi:t]

**v. ① (연속적으로) 두드리다, 때리다; (장단을) 맞추다; (심장이) 고동치다, 뛰다**
**② (상대방을) 이기다, 패배시키다; 능가하다 = defeat; outdo**
**③ (힘든 문제 등을) 억제하다, 통제하다 = control**
**n. 박자, 비트 = time**

South Korea's soccer team **beat** Japan and won the bronze medal.
대한민국의 축구팀이 일본을 이기고 동메달을 거머쥐었다.

The government's main aim is to **beat** inflation.
정부의 주된 목적은 인플레이션을 억제하는 것이다.

MVP upbeat a. 긍정적인, 낙관적인; n. (경기의) 상승기조; 번영, 호경기
downbeat a. 침울한; 비관적인; 열의가 없는; n. 감퇴, 쇠퇴
offbeat a. 판에 박히지 않은, 색다른, 별난, 엉뚱한

2745 ★★

**prurient**
[prúəriənt]

**a. 색을 밝히는, 음란한, 외설적인 = lascivious, libidinous, lustful, salacious**

The women got treated frequently as objects of **prurient** male interest.
그 여성들은 색을 밝히는 남성의 관심 대상으로 자주 취급받았다.

Some **prurient** scenes in the movie were ended up being cut because people would watch it for the wrong reasons.
그 영화에서 일부 선정적인 장면들은 사람들이 나쁜 동기로 볼 수 있다는 이유에서 결국 삭제되었다.

---

2746 ★★★

**clan**
[klæn]

**n. ① 씨족(氏族), 문중, 일족 = family, tribe**
**② 당파, 도당; 파벌 = band, clique, faction**

Many local **clan** leaders or nobles owned slaves who were once prisoners of war or extremely poor.
많은 지방 호족 지도자들 혹은 귀족들은 한때 전쟁 포로였거나 매우 가난했던 노예를 소유하고 있었다.

MVP clansman n. 종씨; 같은 문중의 사람; 동향 사람
clannish a. 당파적인, 배타적인
clannishness n. 파벌[배타]적임

---

2747 ★★

**swoon**
[swu:n]

**vi. ① 기절하다, 졸도하다, 까무러치다 = conk, faint, keel**
**② 황홀경에 빠지다**
**③ (소리 따위가) 약해지다, 차츰 사라져 가다**
**n. 기절, 졸도 = asphyxiation, fainting**

Her **swoon** immediately drew everyone's attention.
그녀가 기절하자 즉시 모든 사람들의 관심이 집중됐다.

She **swooned** when he proposed marriage to her.
그가 그녀에게 청혼했을 때 그녀는 너무 좋아 기절할 뻔했다.

MVP aswoon a. 졸도한, 기절한



---

2748 ★

**emollient**
[imάljənt]

**a. (마음·상황·피부 등을) 진정시키는, 부드럽게 하는**
**= assuaging, mitigative, mollifying**

They want to negotiate and they are sending out **emollient** signals.
그들은 협상하기를 원해서 상황을 진정시키는 신호를 보내고 있다.

2749 ★

**nomenclature**
[nóumənklèitʃər]

**n. ① 학명(學名), 전문어 = phraseology, terminology**
**② (특히 전문적인 학문의) (조직적) 명명법(命名法)**

It is very difficult to memorize all the botanic **nomenclature**.
식물학의 모든 학명을 외우는 것은 매우 어려운 일이다.

There is nothing to be gained by complicating the **nomenclature**.
명명법을 복잡하게 해 봐야 좋을 게 없다.

MVP nomenclator n. (학명의) 명명자; 용어집

---

2750 ★★

**reverberate**
[rivə́ːrbərèit]

**v. ① (소리가) 반향하다, 울려 퍼지다 = echo, resound**
**② (빛·열 등을) 반사시키다 = reflect**
**③ (사람들에게) 반향을 불러일으키다**

Her voice **reverberated** around the hall.
그녀의 목소리가 홀 안에 울렸다.

Repercussions of the case continue to **reverberate** through the financial world.
그 재판의 영향이 재계 전반에 계속 파문을 일으키고 있다.

MVP reverberation n. 반향; 여운; 반사

## A. Write the meaning of the following words.

| | |
|---|---|
| □ oscillate ________ | □ benevolent ________ |
| □ superannuated ________ | □ holistic ________ |
| □ affinity ________ | □ quell ________ |
| □ rusty ________ | □ statute ________ |
| □ inveigh ________ | □ thoroughfare ________ |
| □ awry ________ | □ mordant ________ |
| □ extort ________ | □ rendition ________ |
| □ fugacious ________ | □ aperture ________ |
| □ consort ________ | □ blurt ________ |
| □ prehensile ________ | □ inextricable ________ |
| □ subterfuge ________ | □ arraign ________ |
| □ dumbfound ________ | □ fail-safe ________ |
| □ wound ________ | □ gouge ________ |
| □ practitioner ________ | □ overbearing ________ |
| □ careen ________ | □ beat ________ |
| □ treacherous ________ | □ prurient ________ |
| □ gush ________ | □ clan ________ |
| □ doctor ________ | □ swoon ________ |
| □ contraband ________ | □ emollient ________ |
| □ stab ________ | □ nomenclature ________ |

※ 주어진 단어의 뜻을 본문에서 확인하시고 틀린 단어의 경우 박스에 체크한 뒤에 나중에 다시 학습하시기 바랍니다.

## B. Choose the synonym of the following words.

| | |
|---|---|
| 1. contumacious | Ⓐ circumlocution |
| 2. vertigo | Ⓑ antecedent |
| 3. deranged | Ⓒ misfortune |
| 4. squint | Ⓓ confinement |
| 5. euphemism | Ⓔ timber |
| 6. reverberate | Ⓕ defiant |
| 7. precedent | Ⓖ crazy |
| 8. lumber | Ⓗ echo |
| 9. mischance | Ⓘ cockeye |
| 10. internment | Ⓙ dizziness |

B. 1. Ⓕ 2. Ⓙ 3. Ⓖ 4. Ⓘ 5. Ⓐ 6. Ⓗ 7. Ⓑ 8. Ⓔ 9. Ⓒ 10. Ⓓ

2751 ★
**grisly**
[grízli]

**a. 무시무시한, 소름끼치는 = ghastly, gruesome, hair-raising, hideous, horrible**

The **grisly** murder scene made even seasoned detectives' hair stand on end.
소름끼치는 그 살인현장은 심지어 노련한 형사들조차 머리카락이 쭈뼛쭈뼛 서게 만들었다.

---

2752 ★★
**stupor**
[stjú:pər]

**n. (술·약물·충격 등으로 인한) 지각 마비 (상태), 인사불성 = stupefaction, torpor**

He came home to find her in a drunken **stupor**.
그가 집에 와 보니 그녀가 인사불성으로 취해 있었다.

---

2753 ★★
**maverick**
[mǽvərik]

**n. 어느 파에도 속하지 않는 정치가[예술가, 조직]; 독불장군**

He was too much of a **maverick** ever to hold high office.
그는 너무나도 독불장군이어서 고위직에 한 번도 오르지 못했다.

---

2754 ★
**dislodge**
[dislάdʒ]

**v. ① (특정 지위나 장소에서) 제거하다, 쫓아내다 = displace, eject, evict, oust**
**② (어떤 장소에서) 움직이다, 이동시키다**

The rebels have so far failed to **dislodge** the President.
반군들은 지금까지 대통령 축출에 실패했다.

---

2755 ★★★
**artifice**
[ά:rtəfis]

**n. ① 책략, 계략 = maneuver, ruse, stratagem, strategy, tactics**
**② 교묘함, 재주 좋음**

The Trojan War proved that **artifice** was often more effective than military might.
트로이 전쟁은 책략이 종종 군사력보다 더 효과적이라는 것을 입증했다.

MVP cf. artificial a. 인공의, 인위적인

---

2756 ★★
**sully**
[sʌ́li]

**v. (가치 등을) 더럽히다, 훼손하다 = besmirch, defile, soil, taint, tarnish**

You should not **sully** his dignity with your cash.
당신의 돈으로 그의 존엄성을 더럽혀서는 안 된다.

MVP unsullied a. 더럽혀지지 않은, 결백한
cf. surly a. 무뚝뚝한, 퉁명스러운, 불친절한; (날씨가) 험악한

2757 ★

**plangent**
[plǽndʒənt]

a. ① 구슬프게 울리는, 울려 퍼지는 = resonant, resounding, sonorous
② (파도가) 밀려와 부딪치는

We got the impression from the **plangent** tones of the singers that it was a lament of some kind.
우리는 노래 부르는 사람들의 구슬픈 음색에서 그 노래가 애가(哀歌)의 일종이라는 인상을 받았다.

2758 ★★

**imprecate**
[ímprikèit]

vt. (아무에게 재난·불행이 있기를) 빌다, 저주하다
= anathematize, curse, cuss, execrate

To **imprecate** Hitler's atrocities is not enough; we must insure against any future practice of genocide.
히틀러(Hitler)의 잔학행위에 저주를 보내는 것으로는 충분치 않다. 우리는 반드시 미래에는 어떠한 대량학살도 일어나지 않도록 해야 한다.

MVP imprecation n. 저주(= curse)
cf. deprecate vt. ~에 불찬성을 주장하다, 비난하다, (전쟁 등에) 반대하다

2759 ★★★

**amnesty**
[ǽmnəsti]

n. ① 대사(大赦), 사면(赦免) = absolution, pardon, remission
② (범행·무기의) 자진 신고 기간, 처벌 유예 기간

The president granted a general **amnesty** for all political prisoners.
대통령은 모든 정치범에 대해 일반 사면을 내렸다.

2,000 knives have been handed in during the month-long **amnesty**.
한 달간의 자진 신고 기간 동안에 2,000자루의 칼이 신고되었다.

MVP Amnesty International 국제 사면 위원회

2760 ★

**ecclesiastical**
[iklì:ziǽstikəl]

a. 교회의, 교회 조직의; 성직자의 = churchly, spiritual; clerical, priestly

The minister donned his **ecclesiastic** garb and walked to the pulpit.
목사는 성직자 복장을 하고서 설교단으로 걸어갔다.

MVP ecclesiastic n. (기독교의) 성직자, 목사(= clergyman)

2761 ★

**fritter**
[frítər]

v. (시간·돈 등을) 조금씩 낭비[허비]하다[away] = dissipate, squander, waste

Cheaper energy prices will increase the temptation to **fritter** away precious power.
에너지 가격이 더 싸면 귀중한 에너지원을 조금씩 낭비하고픈 유혹도 늘어날 것이다.

2762 ★

**apocryphal**
[əpákrəfəl]

a. ① 출처가 불분명한; 가짜의, 위작(僞作)의
= bogus, counterfeit, fake, phony, spurious
② 〈신학〉 (A~) 외전의, 경외서의

The legendary goddess story is **apocryphal**, but many Indians believe it.
전설의 여신 이야기는 낭설이지만 많은 인도 사람들은 그 이야기를 믿고 있다.

MVP cf. apocalyptic a. 계시[묵시](록)의; 종말론적인

---

2763 ★★

**prostrate**
[prástreit]

vt. ① 〈재귀용법〉 엎드리다; 넘어뜨리다
② 굴복시키다, 의기소침하게 하다 = disarm, overcome, overwhelm
a. ① 엎드린, 길게 누운 = fallen, flat, prone
② 굴복한, 항복한 = disarmed, overwhelmed
③ 기진맥진한 = drained, exhausted

The victim lay **prostrate** at the murderer's feet.
피해자는 살인자의 발밑에 엎드린 채로 쓰러져 있었다.

MVP cf. prostate n. 전립선

---

2764 ★

**squarely**
[skwɛ́ərli]

ad. ① 정면으로, 똑바로 = directly
② 정직하게; 공정하게; 솔직히 = justly
③ 단호하게, 분명히

She looked me **squarely** in the eye.
그녀가 내 눈을 똑바로 바라보았다.

We must meet the challenge **squarely**.
우리는 그 도전에 정면으로 부딪쳐야 한다.

MVP square n. 정사각형; a. 정사각형의; 정돈된; 공명정대한; 단호한

---

2765 ★★★

**charter**
[tʃáːrtər]

n. ① 헌장, 선언서
② 특허장, 면허장
③ (버스·비행기 등의) 대차계약, 전세
vt. ① ~에게 특허[면허]를 주다 = authorize, empower, license, permit
② (비행기·버스·선박 등을) 전세 내다 = hire, lease, rent

At the initiative of then-U.S. President Franklin Roosevelt, the UN **Charter** was drafted at an international conference from April-June in 1945.
당시 미국 대통령 프랭클린 루즈벨트(Franklin Roosevelt)의 제창으로 1945년 4월에서 6월까지 열린 국제회의에서 UN 헌장의 초안이 만들어졌다.

The president of the company has a **chartered** flight.
그 회사 사장은 전세 비행기를 가지고 있다.

MVP chartered a. 특허 받은; 면허의; 공인의; 전세 낸

2766 ★★
**truant**
[trúːənt]

**n. 무단결석생; 게으름쟁이, 꾀부리는 사람 = absentee, delinquent**
**a. 게으름피우는, 무단결석하는; 게으른 = absent, missing**

Most parents do not realize their children have played **truant** from school.
대부분의 부모들은 자기 자식들이 학교에 무단결석한다는 것을 모른다.

MVP truancy n. 태만, 무단결석
play truant (학교·근무처를) 무단결석하다, 농땡이 부리다

2767 ★
**seismology**
[saizmɑ́lədʒi]

**n. 지진학**

**Seismology** is the study of earthquakes and seismic waves that move through the earth.
지진학은 지구를 관통하는 지진과 지진파를 연구하는 학문이다.

MVP seismometer n. 지진계
seismograph n. 지진계, 진동계
seismic a. 지진의, 지진에 의한; (영향·규모가) 엄청난

2768 ★★
**overrule**
[òuvərúːl]

**v. ① 기각[각하]하다, (결정 등을) 뒤엎다 = disallow, overturn, reverse**
**② (의지 등을) 지배하다, 제압하다, 좌우하다 = dominate, govern, rule**

The Supreme Court **overruled** the lower court's decision.
대법원은 하급법원의 판결을 기각했다.

Liquor **overruled** his abnormal behavior.
그의 비정상적인 행동은 술김에 한 것이었다.

2769 ★★
**detonation**
[dètənéiʃən]

**n. 폭발; 폭발음 = blast, explosion**

The sound of the **detonation** seemed to be heard from miles away.
그 폭발음은 수마일 밖에서도 들릴 것 같았다.

MVP detonate v. 폭발하다, 폭발시키다
detonator n. 기폭장치, 뇌관
deflagrate v. 갑자기 타게 하다[타다]; 〈화학〉 폭연(爆燃)시키다[하다]
deflagration n. 〈화학〉 폭연(爆燃)

2770 ★
**countermand**
[kàuntərmǽnd]

**vt. (명령·주문을) 취소하다, 철회하다 = abrogate, annul, recant, rescind, revoke**

Only a court intervention could **countermand** Bloomberg's order.
법정의 개입만이 블룸버그(Bloomberg)의 명령을 철회할 수 있었다.

2771 ★★
**reverend**
[révərənd]

**a. ① (사람·사물·장소 등이) 귀하신, 존경할 만한, 거룩한 = respectable, venerable**
**② (the R~) ~님(성직자에 대한 경칭; 약어: Rev.)**
**n. 성직자, 목사, 신부 = clergyman, minister, priest**

In Nathaniel Hawthorne's *The Scarlet Letter*, **Reverend** Dimmesdale succumbed to Hester's charms.
나다니엘 호손(Nathaniel Hawthorne)의 작품 『주홍글씨(The Scarlet Letter)』에서 딤스데일(Dimmesdale) 목사는 헤스터(Hester)의 매력에 굴복하고 말았다.

MVP revere vt. 존경하다, 숭배하다
reverence n. 숭배, 존경; 경의; 공손한 태도
reverent a. 경건한, 공손한

---

2772 ★★★
**weed**
[wi:d]

**n. ① 잡초; 해초**
**② 쓸모없는 것[사람]; 잡초 같은 존재, 유해물**
**v. ① 잡초를 뽑다 = pluck, pull**
**② 없애다, 제거하다[out] = clear, eliminate, remove**

The abundant rain caused the **weeds** to grow fast.
호우는 잡초들이 빨리 자라게 하는 원인이 되었다.

---

2773 ★★
**lineal**
[líniəl]

**a. ① 직계의, 정통의 = direct**
**② 선(모양)의 = linear**

They are **lineal** descendants of King James.
그들은 제임스(James) 왕의 직계 후손이다.

MVP cf. collateral a. 부수[부차]적인; 방계(傍系)의

---

2774 ★★★
**evoke**
[ivóuk]

**vt. ① (감정·기억·이미지를) 떠올려 주다[환기시키다] = arouse, provoke**
**② (웃음·갈채 등을) 자아내다**
**③ (죽은 사람의 영혼 등을) 불러내다 = invoke**

The music **evoked** memories of her youth.
그 음악을 들으니 그녀는 젊은 날의 추억이 떠올랐다.

His case is unlikely to **evoke** public sympathy.
그의 사건이 대중의 연민을 자아낼 것 같지는 않다.

MVP evocation n. (기억·감정 등을) 불러일으킴, 환기
evocative a. 좋은 생각[기억]을 떠올리게 하는, 환기시키는

2775 ★★
**custody**
[kʌ́stədi]

n. ① 보관, 관리; (특히 미성년자의) 보호, 감독, 후견, 양육권
= safekeeping; care, protection
② 감금, 구류 = confinement, detention, imprisonment

The bank provides safe **custody** for valuables.
그 은행은 귀중품을 안전하게 보관해 준다.

The divorce court awarded **custody** to the child's mother.
이혼 법원은 아이 엄마에게 양육권을 주었다.

Sandra spent six weeks in **custody** before being released on bail.
산드라(Sandra)는 보석으로 석방되기 전 6주 동안 구금되었다.

MVP custodian n. 관리인; 후견인

2776 ★
**fustian**
[fʌ́stʃən]

n. 과장된 언사, 호언; (문장·말의) 과장 = bombast, rhetoric, verbose
a. 야단스러운, 과장된 = grandiloquent, pompous

Several in the audience were deceived by his **fustian** style; they mistook pomposity for erudition.
청중 가운데 몇 명은 그의 과장된 언사에 속았다. 왜냐하면 그들은 허풍떠는 것을 박학한 것으로 오해했기 때문이다.

2777 ★★
**quip**
[kwip]

n. 재치 있는 말, 경구(警句), 명언(名言) = epigram, wisecrack, witticism
v. 빈정대다, 놀리다 = banter, gibe, jeer, ridicule

Johnson has a history of colorful comments and **quips**.
존슨(Johnson)은 다채로운 발언과 재치 있는 말을 했던 이력이 있다.

"The more you have, the more you want." he **quipped** when she asked him more money.
그녀가 그에게 돈을 더 달라고 하자, 그는 "돈은 더 가질수록, 더 원합니다."라고 빈정댔다.

2778 ★★★
**banish**
[bǽniʃ]

vt. ① 추방하다; 내쫓다 = deport, exile, expatriate
② (아무를) 멀리하다; (근심 따위를) 떨어버리다

The king **banished** the murderer from the land.
왕은 살인자를 그 나라에서 추방했다.

MVP cf. vanish v. 사라지다, 자취를 감추다



2779 ★★
**heyday**
[héidèi]

n. (젊음·정력·성공 등의) 한창때, 전성기 = golden age, prime

Baltimore in its **heyday** was a major center of industrial and commercial activity.
볼티모어는 전성기에는 산업과 상업 활동의 주요 중심지였다.

2780 ★
**irenic**
[airénik]

a. 평화[협조]적인, 평화에 도움이 되는 = pacific, peaceful

Taylor was always **irenic** by temperament, and his sensitivity to others enabled him to bring together and work with people of very diverse views.
테일러(Taylor)는 그 기질이 항상 협조적이었으며, 다른 사람들을 배려하는 그의 세심한 면모는 다양한 견해를 가진 사람들을 모아 함께 일하는 것을 가능하게 해주었다.

---

2781 ★★★
**constrain**
[kənstréin]

vt. ① 억지로 ~시키다, 강요하다 = coerce, compel, force, impose
② 제한[제약]하다, 속박하다 = curb, limit, restrain, restrict

Wellman was **constrained** to agree to waive his right to testify.
웰먼(Wellman)은 증언할 수 있는 권리를 포기하도록 강요받았다.

Research has been **constrained** by a lack of funds.
연구 활동이 기금 부족으로 제약을 받아 왔다.

MVP constraint n. 강제, 구속, 속박, 제약
constrained a. 강제적인; 부자연스러운, 어색한
unconstrained a. 구속받지 않는, 자유로운
strain n. 부담, 중압감; 압박; v. (근육 등을) 무리하게 사용하다

---

2782 ★★
**repository**
[ripázətɔ̀:ri]

n. 저장소, 창고; (지식·정보 등의) 보고(寶庫) = warehouse; depository

To Pliny, the Roman savant, books were the ultimate **repository** of knowledge.
로마시대의 학자였던 플리니(Pliny)에게 있어서, 책이란 지식의 궁극적인 보고(寶庫)였다.

---

2783 ★
**vituperative**
[vaitjú:pərətiv]

a. 비난하는, 매도하는; 독설을 퍼붓는 = abusive, defamatory, invective, vitriolic

His **vituperative** criticism of U.S. foreign policy has made him a hero.
미국의 외교정책에 대한 그의 독설은 그를 영웅으로 만들었다.

MVP vituperate v. 꾸짖다; 욕하다; 나무라다
vituperation n. 비난, 욕설, 독설, 혹평

---

2784 ★★
**adumbrate**
[ǽdəmbrèit]

vt. ① 개요를[개략적으로] 알려주다 = outline, recapitulate, sketch, summarize
② (미래를) 예시하다 = foreshadow

The sociologist **adumbrated** the idea of a welfare state.
그 사회학자는 복지국가에 대한 개념을 개략적으로 알려주었다.

The play opens with a fierce storm which **adumbrates** the violence to follow.
그 연극은 다음에 이어질 폭력을 예시하는 맹렬한 폭풍으로 시작한다.

MVP adumbration n. 희미한 윤곽; 예시, 전조; 그늘

2785 ★★★

**stern**
[stə:rn]

**a. ① 엄격한, 단호한 = rigid, rigorous, strict, stringent**
**② (사태·사정 따위가) 심각한, 가혹한 = extreme, grave, serious, severe**
**n. (배의) 고물, 선미(船尾)**

He is at once **stern** and tender.
그는 엄격하기도 하고 상냥하기도 하다.

The police are planning **sterner** measures to combat crime.
경찰은 범죄와 싸우기 위해 보다 엄중한 조치를 계획하고 있다.

MVP ↔ bow n. 이물, 뱃머리

---

2786 ★★

**usury**
[jú:ʒəri]

**n. 고리대금 (행위); (법정 이율 이상의) 고리(高利) = loan-sharking**

Many countries limit the interest rate charged on loans to protect **usury**.
많은 나라들이 고리대금 행위를 방지하기 위해 대출금에 설정된 이자율을 제한하고 있다.

MVP usurer n. 고리대금업자(= loan shark)
interest n. 이자

---

2787 ★

**goof**
[gu:f]

**v. ① 실수하여 잡쳐 버리다[up]; 바보 같은 실수를 하다**
**② 빈둥거리다, 시간을 허비하다[off, around] = loaf, lounge**
**n. ① 바보, 멍청이 = dummy, dunce**
**② 실수 = blunder, mistake**

Regretfully, Jack **goofed** up on our project.
안타깝게도, 잭(Jack)이 우리의 계획을 망쳐놓았다.

MVP goofy a. 얼빠진, 어리석은; 제정신이 아닌; 홀딱 반한

---

2788 ★★

**fluke**
[flu:k]

**n. 뜻밖의 행운, 요행(수) = godsend, windfall**

They are determined to show that their last win was no **fluke**.
그들은 자신들의 지난번의 승리가 요행이 아니었음을 보여주려고 단단히 벼르고 있다.

---

2789 ★★★

**bleed**
[bli:d]

**v. ① 출혈하다, 피를 흘리다 = gush, hemorrhage, shed**
**② 마음이 몹시 아프다[at]**

Beachgoers should never swim when they are **bleeding**.
해수욕을 하는 사람들은 출혈이 있을 시에는 절대 수영을 해서는 안 된다.

MVP bleeding n. 출혈; a. 피투성이의; 끔찍한
blood n. 피, 혈액

2790 ★★

**exodus**
[éksədəs]

n. ① (많은 사람들이 동시에 하는) 탈출, 이동, 이주 = departure, flight, migration
② (E~) (구약 성서의) 출애굽기

The Great Depression spurred an **exodus** of displaced farmers to nearby cities or to the promised land of California.
대공황으로 인해 설자리를 잃게 된 농민들은 부근의 도시나 약속의 땅 캘리포니아로 집단적으로 빠져나갔다.

---

2791 ★

**contrived**
[kəntráivd]

a. 억지로 꾸민 듯한, 부자연스러운 = artificial, concocted, forced, unnatural

The happy ending of the popular book seemed **contrived**.
인기 있는 그 책의 행복한 결말은 억지로 꾸민 것 같았다.

MVP contrive v. 고안하다, 궁리하다; 용케 ~하다

---

2792 ★★

**droop**
[dru:p]

v. ① 축 늘어지다, 수그러지다; (머리 등을) 수그리다, 숙이다 = sag, sink
② (초목이) 시들다; (기력이) 쇠하다; 의기소침해지다 = wilt, wither; languish

n. ① 숙임, 수그러짐
② 풀이 죽음, 의기소침

Her eyelids were beginning to **droop** because she was so tired.
그녀는 너무 피곤해서 눈꺼풀이 아래로 처지기 시작하고 있었다.

MVP drooping a. 늘어진; 고개 숙인; 풀이 죽은

---

2793 ★★★

**propriety**
[prəpráiəti]

n. ① 예의바름; 예의범절, 예절 = courtesy, decency, decorum, etiquette
② (행동의 도덕적·사회적) 적절성 = appropriateness, relevance

Even though he knew that his mother had been ill, he did not have the **propriety** to write her.
그는 어머니가 편찮으셨다는 사실을 알았지만, 어머니에게 편지를 쓸 예절을 갖고 있지는 못했다.

Nobody questioned the **propriety** of her being there alone.
그녀가 그곳에 혼자 있는 것의 적절성에 대해 아무도 의문을 갖지 않았다.

MVP proper a. 적당[타당]한, 적절한; 예의바른, 품위 있는
improper a. 부적당한, 타당치 않은; 어울리지 않는
↔ impropriety n. 틀림, 부정, 잘못; 부적당; 무례, 야비

---

2794 ★

**culinary**
[kjú:lənèri]

a. 부엌의, 요리의; 부엌용의, 요리용의

TV cooking or **culinary** programs are hitting high of the ratings charts, sweeping people off their feet.
TV 요리 프로그램이 높은 시청률을 올리며 시청자들의 시선을 사로잡고 있다.

2795 ★★★
**incarnation**
[ìnka:rnéiʃən]

**n. 육체를 갖추게 함, 인간의 모습을 취함, 화신(化身); 구체화**
= embodiment, personification

In the movie *Amadeus*, Salieri recognizes Mozart as the **incarnation** of evil and seeks to destroy him.
영화 "아마데우스(Amadeus)"에서 살리에리(Salieri)는 모차르트(Mozart)를 악의 화신이라고 생각해서 그를 없애려고 한다.

MVP incarnate a. 인간의 모습을 한; 구체화한; vt. 구체화하다, 실현시키다
reincarnation n. 다시 육체를 부여함, 환생

2796 ★★
**resuscitate**
[risʌ́sətèit]

**v. ① (인공호흡법 등으로) 소생시키다, 의식을 회복시키다 = resurrect**
**② (과거의 것을) 부흥하다, 부활시키다 = revive**

He had a heart attack, and all attempts to **resuscitate** him failed.
그는 심장 발작을 일으켰는데, 그를 소생시키기 위한 모든 시도들은 실패로 돌아갔다.

MVP resuscitation n. 소생, 의식의 회복; 부활, 부흥
resuscitative a. 소생시키는; 부활[부흥]시키는
cardiopulmonary resuscitation (심박 정지 후의) 심폐 기능 회복[소생]법(= CPR)

2797 ★
**sinuous**
[sínjuəs]

**a. ① (강 등이) 꾸불꾸불한, 굽이진 = convoluted, curving, meandering, winding**
**② 복잡한 = complicated, intricate**
**③ 사악한 = sinister, wicked**

The walkers followed the **sinuous** path through the trees.
산책하는 사람들은 나무 사이로 난 구불구불한 길을 따라 걸었다.

2798 ★★
**nugget**
[nʌ́git]

**n. ① (귀금속 등의) 덩어리 = chunk, clump, hunk, lump, mass**
**② (소량의) 가치 있는 것, 귀중한 정보**

Unlike gold, **nuggets** of pure iron are rarely found in nature.
금과는 달리, 순수한 철 덩어리는 자연 상태에서 거의 발견되지 않는다.

2799 ★
**moot**
[mu:t]

**a. ① 논란의 여지가 있는, 논쟁 중인, 미해결의 = controversial, debatable**
**② (가능성이 적으므로) 고려할 가치가 없는**

Whether the study was actually scientific is a **moot** point.
그 연구가 실제로 과학적인지가 쟁점이다.

He argued that the issue had become **moot** since the board had changed its policy.
그는 이사회에서 정책을 바꿨으므로 그 쟁점은 고려할 가치가 없어졌다고 주장했다.

MVP moot point 논란의 여지가 있는 문제, 쟁점

2800 ★

**premiere**
[primíər]

n. ① (연극의) 첫날, 초연; (영화의) 개봉 = first night, unveiling; release
② (연극의) 주연 여배우 = main actress
v. (연극·작곡의) 첫 공연을 하다, (영화를) 개봉하다
a. 첫날의, 최초의; 주요한, 눈에 띄는

This movie is going to have its **premiere** in Korea soon.
이 영화는 한국에서의 개봉을 앞두고 있다.

The play was **premiered** at the Birmingham Repertory Theatre.
그 연극은 버밍엄 레퍼토리 극장(Birmingham Repertory Theatre)에서 초연되었다.

MVP trade premiere 〈영화〉 (영화사 관계자들만의) 시사회( = trade show)
cf. premier n. (영국·프랑스 등의) 수상, 국무총리; a. 최고의, 제1의, 첫째의

## REVIEW TEST

### A. Write the meaning of the following words.

| | | | |
|---|---|---|---|
| □ grisly | ______ | □ evoke | ______ |
| □ stupor | ______ | □ custody | ______ |
| □ maverick | ______ | □ fustian | ______ |
| □ dislodge | ______ | □ quip | ______ |
| □ artifice | ______ | □ heyday | ______ |
| □ plangent | ______ | □ constrain | ______ |
| □ imprecate | ______ | □ adumbrate | ______ |
| □ amnesty | ______ | □ stern | ______ |
| □ ecclesiastical | ______ | □ goof | ______ |
| □ fritter | ______ | □ fluke | ______ |
| □ apocryphal | ______ | □ exodus | ______ |
| □ prostrate | ______ | □ contrived | ______ |
| □ squarely | ______ | □ droop | ______ |
| □ charter | ______ | □ propriety | ______ |
| □ seismology | ______ | □ culinary | ______ |
| □ overrule | ______ | □ incarnation | ______ |
| □ countermand | ______ | □ sinuous | ______ |
| □ reverend | ______ | □ nugget | ______ |
| □ weed | ______ | □ moot | ______ |
| □ lineal | ______ | □ premiere | ______ |

※ 주어진 단어의 뜻을 본문에서 확인하시고 틀린 단어의 경우 박스에 체크한 뒤에 나중에 다시 학습하시기 바랍니다.

### B. Choose the synonym of the following words.

| | |
|---|---|
| 1. detonation | Ⓐ deport |
| 2. truant | Ⓑ abusive |
| 3. irenic | Ⓒ loan-sharking |
| 4. repository | Ⓓ blast |
| 5. usury | Ⓔ hemorrhage |
| 6. resuscitate | Ⓕ absentee |
| 7. sully | Ⓖ resurrect |
| 8. bleed | Ⓗ warehouse |
| 9. vituperative | Ⓘ peaceful |
| 10. banish | Ⓙ besmirch |

B. 1. Ⓓ 2. Ⓕ 3. Ⓘ 4. Ⓗ 5. Ⓒ 6. Ⓖ 7. Ⓙ 8. Ⓔ 9. Ⓑ 10. Ⓐ

2801 ★★

**brandish**
[brǽndiʃ]

vt. ① (칼·무기 등을) 휘두르다 = swing, wield
② 과시하다 = flaunt, parade, show off

A man was caught on the street where he was **brandishing** a knife.
한 남자가 길 한복판에서 칼부림을 하다가 잡혔다.

MVP cf. blandish v. 달콤한 말로 구슬리다, 구워삶다, 아첨하다

---

2802 ★

**puerile**
[pjúəril]

a. 어린아이 같은, 유치한, 미숙한 = babyish, childish, immature, infantile

I think his behavior is **puerile**.
나는 그의 행동이 철없다고 생각한다.

---

2803 ★

**spinster**
[spínstər]

n. 노처녀, 독신녀(특히 나이가 많고 결혼할 가능성이 적어 보이는 사람)

The **spinster** wanted to stop being so lonely.
그 노처녀는 그렇게 외롭게 지내는 것을 그만두고 싶어 했다.

---

2804 ★★★

**disabuse**
[dìsəbjúːz]

vt. ~의 어리석음을 깨우치다, (그릇된 관념·잘못 따위를) 깨닫게 하다
= disenchant, disillusion

The wrong idea of movements of heavenly bodies was **disabused** once more by Galileo.
천체 운행에 대한 잘못된 생각은 갈릴레오에 의해 다시 한 번 바로 잡아졌다.

---

2805 ★

**all-out**
[ɔ́ːláut]

a. 총력을 기울인, 전면적인 = full-out, full-scale, overall, total

The workers' declaration of an **all-out** strike forced management to improve working conditions.
노동자들이 전면 파업을 선언하자 경영진은 근로 조건을 개선할 수밖에 없었다.

---

2806 ★★

**promenade**
[prɑ̀mənéid]

n. ① 산책, 산보 = stroll, walk
② (말·수레를 탄) 행렬, 행진 = parade
③ 산책길, 산책하는 곳 = walkway
v. ① 슬슬 거닐다, 산책하다; (아무를) 산책시키다 = stroll, walk
② 뽐내며 걷다, 행진하다 = parade, strut

On the **promenade** strollers were taking the evening air.
산책로에는 산책하는 사람들이 저녁 공기를 쐬고 있었다.

2807 ★★

**stoke**
[stouk]

v. ① (연료를) 보급하다 = fuel
② (감정을) 부추기다, 불러일으키다[up] = stir

Such a step would simply **stoke** up anger and confusion.
그러한 과정은 분노와 혼란을 부추길 뿐이다.

MVP cf. stroke n. 때리기; 뇌졸중

---

2808 ★

**cocoon**
[kəkú:n]

n. (곤충의) 고치; 보호막
v. ~을 보호하다

Wrapped in the **cocoon**, the silkworm changes into a silk moth later.
고치로 둘러싸인 누에는 나중에 누에나방이 된다.

---

2809 ★★

**risque**
[riskéi]

a. 음란한, 외설스러운 = bawdy, lewd, obscene, salacious, scabrous

On a slightly **risque** track called "Baby," she coos terms of endearment with a sexy tone.
'Baby'라고 불리는 약간 외설적인 곡에서, 그녀는 섹시한 음성으로 사랑을 노래하는 가사를 정답게 소곤대듯이 노래한다.

---

2810 ★★★

**provident**
[právədənt]

a. ① 선견지명이 있는; (특히 돈을 저축하면서) 장래를 준비하는[of]
② 절약하는, 검소한 = economical, thrifty
③ 조심성 있는, 신중한 = careful, precautious, prudent

As a rule, bees are **provident** of the future.
일반적으로, 벌은 미래에 대한 대비를 게을리하지 않는다.

I do not think it is **provident** to turn down this offer.
나는 이 제안을 거절하는 것이 신중하다고 생각하지 않는다.

MVP providence n. (신의) 섭리; (P~) 신(神); 선견지명; 신중, 조심; 절약
providential a. 신의, 섭리의, 신의 뜻에 의한; 행운의
↔ improvident a. 선견지명이 없는; 장래에 대비하지 않는, 절약하지 않는

---

2811 ★

**immure**
[imjúər]

vt. ① 감금하다, 투옥하다, 가두다 = imprison, incarcerate, jail
② (어떤 범위에) 한정[제한]하다[in] = confine, restrict

**Immured** in a dark airless cell, the hostages waited six months for their release.
환기가 안 되는 어두운 쪽방에 갇힌 인질들은 6개월 동안 풀려나기만을 기다렸다.

MVP immurement n. 감금, 칩거(蟄居)
cf. immune a. 면역성이 있는; 영향을 받지 않는; ~이 면제되는

DAY 57

2812 ★★

**suspense**
[səspéns]

n. ① 미결정인 상태, 불안정, 어중간함 = insecurity, obscurity
② (소설·영화 등의) 지속적 긴장감, 서스펜스
③ 걱정, 근심, 불안 = anxiety, apprehension, uneasiness, worry

For a few days matters hung in **suspense**.
며칠 동안 사태는 불안정한 채로 있었다.

MVP suspension n. (일시적) 정지, 부유(浮遊); (결정의) 보류, 연기
suspenseful a. 서스펜스 넘치는, 긴장감 넘치는

---

2813 ★★

**animus**
[ǽnəməs]

n. ① 적의, 원한, 적개심, 증오 = animosity, antagonism, enmity, hostility
② 의도, 의사, 의향 = intention

The **animus** of the speaker became obvious to all when he began to indulge in sarcastic and insulting remarks.
그 연사의 적개심은 그가 비꼬고 모욕적인 말들을 하기 시작했을 때 모두에게 분명하게 느껴졌다.

---

2814 ★★

**clinch**
[klintʃ]

v. ① (사건·토론 등의) 결말을 짓다, 매듭짓다 = conclude, settle
② 성사시키다, 이뤄내다

Her boss congratulated her on **clinching** the deal.
그녀의 사장은 그녀가 그 거래를 매듭지은 것을 축하해 주었다.

---

2815 ★★★

**resolution**
[rèzəlú:ʃən]

n. ① 다짐, 결심; 결의안; 결단력; 확고부동
② (문제·불화 등의) 해결 = settlement, solution
③ (컴퓨터 화면·TV 등의) 해상도

The meeting passed a **resolution** against war.
그 회의는 전쟁 반대 결의안을 가결했다.

This page is best viewed at 800×600 or higher **resolution**.
이 페이지는 800×600 이상의 해상도에서 가장 잘 볼 수 있다.

MVP resolute a. 굳게 결심한; 단호한, 확고한; 강한 의지력을 나타내는
irresolute a. 결단력이 없는, 우유부단한, 망설이는

---

2816 ★★

**grope**
[group]

v. ① 손으로 더듬다, 더듬어 찾다[for, after] = fumble
② (암중) 모색하다, 찾다[for, after] = explore
③ 여성의 몸을 더듬다, 애무하다 [for, after]

There was no light, so we had to **grope** our way.
빛이 없었기 때문에, 우리는 손으로 더듬어 나가야 했다.

2817 ★
**crib**
[krib]

n. ① 구유, 여물 시렁, 여물통 = manger
② (난간이 있는) 어린이 침대, 요람 = bassinet, cradle
③ (흔히 시험 때 이용하는) 커닝 쪽지, 커닝 페이퍼 = cheat sheet
v. 도용하다, 표절하다, 커닝하다

Churches and homes also make Christmas **cribs** with the proper materials.
교회나 가정에서는 알맞은 재료를 가지고 크리스마스 말구유 모형을 만들기도 한다.

**Cribs** may be available and should be requested at the time of booking; fees may apply.
예약 시 요청하시면 유아용 침대를 사용할 수 있으며, 요금이 부과될 수 있습니다.

MVP cf. rib n. 늑골, 갈빗대; (고기가 붙은) 갈비

---

2818 ★★
**smug**
[smʌg]

a. ① 자만심이 강한, 자기만족의; 잘난 체하는 = complacent, self-satisfied
② 깔끔한, 산뜻한, 말쑥한 = neat, spruce, trim
n. (사교나 운동은 하지 않고) 공부만 하는 학생 = dig, grind, swot

Don't be so **smug**; you may have the wrong answer.
그렇게 우쭐해 하지 마라. 네 답이 틀릴 수도 있으니까.

MVP smugly ad. 자부심 강하게; 잘난 체하며

---

2819 ★★
**annals**
[ǽnlz]

n. 연대기, 연표; 역사적 기록 = chronicle

Records of his reign were included in the **Annals** of the Joseon Dynasty.
그의 재임에 관한 기록은 조선왕조실록에 실려 있었다.

MVP annalist n. 연대기 편찬자
annalistic a. 연대기의, 연대기 편찬자의
annalistically ad. 연대순으로, 사건 발생 순서대로
cf. annal n. 1년간의 기록(의 한 항목)
cf. anal a. 항문의, 항문 부근의; 지나치게 꼼꼼한

---

2820 ★★★
**momentum**
[mouméntəm]

n. ① (일의 진행에 있어서의) 탄력, 기세, 힘, 여세 = force, impetus, power
② 가속도 = acceleration

The fight for his release gathers **momentum** each day.
그의 석방을 위한 투쟁에 나날이 탄력이 붙고 있다.

The vehicle gained **momentum** as the road dipped.
도로가 내리막이 되자 차에 가속도가 붙었다.

2821 ★★
**implacable**
[implǽkəbl]

a. ① 달랠[누그러뜨릴] 수 없는, 화해하기 어려운, 앙심 깊은
② 용서 없는, 무자비한 = merciless, relentless, ruthless

The parents are **implacable** enemies, but the children are friends.
부모들은 철천지 원수지간이지만, 아이들은 서로 친구이다.

MVP placate vt. 달래다; 화해시키다
↔ placable a. 달래기 쉬운; 온화한; 관대한

---

2822 ★★
**excise**
v. [iksáiz]
n. [éksaiz]

vt. ① (어구·문장 등을) 삭제하다 = delete, erase, expunge
② (종기 등을) 잘라내다, 절제하다 = extract, remove
③ 물품세[소비세]를 부과하다 = impose, levy
n. (술·담배 등에 대한) 물품세, (국내) 소비세 = commodity tax

Under the military government, censors **excised** controversial articles from the major newspapers.
군사 정권 아래에서는 검열관들은 논쟁이 될 만한 기사들을 주요 신문에서 삭제했다.

MVP excision n. 삭제; 적출, 절제

---

2823 ★★
**refulgent**
[rifʌ́ldʒənt]

a. 빛나는, 찬란한 = brilliant, radiant, shining

We admired the **refulgent** moon and watched it for a while.
우리는 찬란한 달을 경탄해서 잠시 바라보았다.

MVP refulgence n. 광휘, 빛남, 광채(= refulgency)

---

2824 ★★★
**countenance**
[káuntənəns]

n. (얼굴의) 표정, 안색; 얼굴, 용모 = face, phiz, visage
vt. 지지하다, 동의하다 = agree, approve, concur, consent, subscribe, support

He got angry at the remarks and changed **countenance**.
그는 그 발언에 화를 냈고 안색을 바꾸었다.

The committee refused to **countenance** his proposals.
위원회는 그의 제안에 동의하려 하지 않았다.

MVP countenancer n. 찬성자, 원조자, 장려자
↔ discountenance vt. 창피를 주다; 찬성하지 않다; n. 불찬성, 반대

---

2825 ★
**jolly**
[dʒáli]

a. 명랑한, 즐거운, 유쾌한 = cheerful, gay, jocund, jovial, mirthful

She is smart and **jolly**, but she just doesn't belong.
그녀는 똑똑하고 쾌활하지만 그냥 사교성이 없다.

MVP jollity n. 즐거움, 유쾌함

2826 ★★
**trinket**
[tríŋkit]

n. 자질구레한 장신구 = doodad, knickknack, ornament

Ivory has been used to make **trinkets**, combs, and artwork.
상아는 장신구, 빗, 그리고 예술품을 만들기 위해 사용되어왔다.

---

2827 ★
**debonair**
[dèbənέər]

a. ① (보통 남자가) 멋지고 당당한, 세련된 = refined, urbane
② 사근사근한, 공손한; 명랑한, 쾌활한 = affable, courteous; cheerful

Serial killers usually act very **debonair** to get their victims to trust them.
연쇄 살인범들은 대개 피해자의 신임을 얻기 위해 정중하고 매우 사근사근하게 행동한다.

---

2828 ★★★
**originate**
[ərídʒənèit]

v. ① 비롯하다, 일어나다, 생기다, 시작하다[from, in, with] = begin, start
② 시작하다, 일으키다; 발명하다, 고안하다 = cause; invent

Typhoons **originate** from the ocean at a lower latitude.
태풍은 저위도 지방의 해상에서 발생한다.

MVP origination n. 시작, 개시; 창작; 발명; 시초, 발생

---

2829 ★
**mealy-mouthed**
[míːlimáuðd]

a. 완곡하게 말하는, 에둘러 말하는, 말을 솔직하게 하지 않는
= euphemistic, indirect

Jane's too **mealy-mouthed** to tell Frank she dislikes him.
제인(Jane)은 완곡하게 말할 뿐, 프랭크(Frank)에게 확실하게 싫다고는 말하지 못한다.

---

2830 ★★
**swagger**
[swǽgər]

v. ① 뽐내며 걷다, 거드름피우며 활보하다 = parade, prance, stride, strut
② 허풍을 떨다, 뻐기다 = boast, brag, vaunt
③ ~을 위협하여 …을 시키다[하지 못하게 하다]
= blackmail, bully, intimidate, threaten

The boxer **swaggered** around the ring.
그 권투선수는 뽐내며 링을 돌았다.

---

2831 ★★
**artisan**
[ɑ́ːrtizən]

n. 장인, 기술공 = artificer, craftsman

She is a famous **artisan** of pottery.
그녀는 유명한 도자기 장인이다.

A lot of master **artisans** participated in returning the gate to its original condition.
많은 장인들이 이 문을 원래의 상태로 되돌리는 데 참여했다.

2832 ★

**lagniappe**
[lænjǽp]

n. (물건을 산 고객에게 주는) 경품, 덤; 팁 = bonus, gift, gratuity, largess

The butcher threw in some bones for the dog as a **lagniappe**.
고기 장수는 개에게 줄 뼈다귀 몇 개를 덤으로 넣어줬다.

---

2833 ★★★

**yield**
[ji:ld]

v. ① (수익·결과·농작물 등을) 내다, 산출하다, 생산하다 = generate, produce
② 양도하다, 넘겨주다 = cede, devolve, relinquish
③ 항복[굴복]하다[to] = capitulate, succumb, surrender
n. 산출[수확]물; 산출[수확]량 = crop, harvest, output

Scientists are looking for the raw material that will **yield** a new generation of renewable fuel.
과학자들은 차세대 재생가능 연료를 생산해 낼 원재료를 찾고 있다.

He reluctantly **yielded** to their demands.
그는 마지못해 그들의 요구에 굴복했다.

I hope this year's crop **yield** will be the highest.
나는 올해 농작물 수확량이 최고이기를 희망한다.

---

2834 ★★

**exuberant**
[igzú:bərənt]

a. ① 열광적인, 열의가 넘치는 = ebullient, enthusiastic, passionate
② 무성한, 우거진 = lush, luxuriant
③ (부·상상력·재능 등이) 풍부한; (문체가) 화려한

They are having an **exuberant** party.
그들은 활기 넘치는 파티를 하고 있다.

Her **exuberant** supporters filled a school gymnasium in Henderson way past capacity.
그녀의 열광적인 지지자들은 헨더슨에 있는 학교 체육관을 인산인해로 만들었다.

MVP exuberate vi. 넘쳐흐르다, 무성하다; 탐닉하다[in]

---

2835 ★★

**prelude**
[prélju:d]

n. ① (사건 등의) 전조, 서곡[to]; 준비 행위, 서두[to]
② 〈음악〉 전주곡, 서곡; 서문, 서론 = overture, preamble, preface

The incident was merely a **prelude** to war.
그 사건은 전쟁의 시작을 알리는 서곡에 불과했다.

MVP interlude n. 간주곡; 막간
coda n. (악곡·악장 등의) 종결부
↔ postlude n. 〈음악〉 후주곡(後奏曲); 종말부; (문예 작품 등의) 최후의 장

2836 ★★

## disarm
[disáːrm]

v. ① 무기를 빼앗다, 무장 해제하다; 군비를 축소하다 = demilitarize, unarm
② 진정시키다, (노여움을) 가라앉히다; (적의를) 없애다
= appease, mollify, subdue

The policeman **disarmed** the criminal by taking away his gun.
경찰관은 범인의 총을 빼앗아 무장을 해제했다.

MVP disarming a. (적의·의혹 등을) 가시게 하는, (상대방의) 경계심을 풀게 하는, 안심시키는

---

2837 ★★

## notch
[natʃ]

n. ① (질·성취 정도를 나타내는) 급수, 단계, 정도, 계급 = degree, grade, step
② (기록 등을 위해 막대기 등에 새겨 놓은 V자) 표시, 새김눈
= indentation, mark, nick

The quality of the food here has dropped a **notch** recently.
이곳 음식의 질이 최근 급수가 떨어졌다.

MVP notched a. 새김 눈[벤 자국]이 있는; 톱니 모양의
top-notch a. 최고의, 아주 뛰어난

---

2838 ★

## whet
[hwet]

vt. ① (칼 등을) 갈다, 갈아서 날카롭게 하다 = sharpen
② (식욕·욕구·흥미를) 자극하다, 돋우다 = stimulate
n. ① 벼리기, 갈기, 연마
② 자극(물); 식욕을 돋우는 것; 한 잔의 술

She took out her dagger and began to **whet** its blade.
그녀는 단검을 꺼내서 날을 갈기 시작했다.

The book will **whet** your appetite for more of her work.
그 책을 읽으면 그녀의 작품을 더 보고 싶은 욕구가 동할 것이다.

MVP whetter n. (칼 따위를) 가는 사람; 자극하는 것
whetstone n. 숫돌; 자극물, 흥분제; 격려자; 타산지석(他山之石)

---

2839 ★★

## vein
[vein]

n. ① 정맥; (넓은 뜻으로) 혈관 = blood vessel
② 기질, 성질; (일시적인) 기분 = temper; mood

The **vein** carries the blood back to the heart.
혈관은 피를 다시 심장으로 보낸다.

MVP venous a. 정맥의; 〈식물〉 엽맥이 많은
intravenous a. 정맥 내의; 정맥 주사의
cf. artery n. 동맥

2840 ★★

**grill**
[gril]

v. ① 그릴[석쇠]에 굽다, (야외에서) 불에 굽다 = barbecue, broil, roast
② (경찰 등이) 엄하게 심문하다, 다그치다 = interrogate, question, quiz
n. (고기 따위를 굽는) 석쇠 = grid, gridiron

**Grill** meat for about four or five minutes on each side.
고기를 앞뒤로 각각 4~5분 정도 구우세요.

He **grilled** the government on its position towards the troop dispatch plan.
그는 파병계획에 대한 정부의 입장을 심문했다.

2841 ★★★

**fragment**
[frǽgmənt]

n. 파편, 조각, 단편 = bit, fraction, particle, piece
v. 산산이 부수다, 해체하다 = disintegrate, shatter

The explosion was so large that **fragments** of buildings were found a mile away.
그 폭발은 너무나도 커서 건물의 파편이 1마일 떨어진 곳에서 발견될 정도였다.

If you drop the vase, it will **fragment** into small pieces.
만일 당신이 꽃병을 떨어뜨린다면, 꽃병은 산산조각 날 것이다.

MVP fragmentary a. 파편의, 단편적인; 미완성의
fragmentation n. 분열, 파쇄; 파편화

2842 ★★

**enshrine**
[inʃráin]

vt. ① (신전·묘당 등에) 안치하다, 모시다
② (신성한 것으로서) 소중히 하다, (마음속에) 간직하다 = cherish, treasure

The Japanese prime minister has visited the Yasukuni Shrine, where the spirit tablets of some Class-A war criminals are **enshrined**.
일본 총리가 A급 전범들의 위패가 안치되어 있는 야스쿠니 신사를 참배했다.

MVP shrine n. (성인들의 유물·유골을 모신) 사당, 묘; 〈비유〉 전당, 성지

2843 ★

**prig**
[prig]

n. ① 박식한 척 하는 사람
② 깐깐한 사람, 잔소리꾼

He went to college an ass, and returned a **prig**.
그는 대학에 얼간이로 들어가서 아는 것 없이 학자인 척 하는 이가 되었다.

MVP priggish a. 지나치게 꼼꼼한, 까다로운; 건방진; 아는 체하는

2844 ★★

**baleful**

[béilfəl]

a. 악의적인, 해로운, 재앙의 = evil, harmful

The criminal gave a man a **baleful** look before hitting him.
범인은 그를 때리기 전에 악마 같은 표정을 지었다.

A **baleful** prelude to the catastrophe is soon to engulf the whole of Europe.
재앙의 불길한 서곡이 곧 유럽 전체를 삼킬 것이다.

MVP cf. baneful a. 파괴적인, 치명적인

---

2845 ★★

**cadet**

[kədét]

n. ① (경찰·군대의) 사관후보생, 사관학교 생도
② 차남 이하의 아들, 막내아들; 동생

Female **cadets'** entrance in military academies has only a short history.
사관학교에 여성 생도들이 입교하는 것은 역사가 오래되지 않았다.

MVP midshipman n. (해군의) 장교 후보생, 해군 사관학교 생도
plebe n. (육군 사관학교·해군 사관학교의) 최하급생, 신입생

---

2846 ★

**accrete**

[əkríːt]

v. ① 부착하다, 하나로 합하다 = adhere, attach, cleave, stick
② ~을 증대시키다, 보태다 = augment, expand, increase

Planets form by slowly **accreting** asteroids.
행성은 소행성들이 서서히 하나로 합치는 방식으로 만들어진다.

Companies like Amazon will **accrete** more data, occupying a technical edge.
아마존 같은 기업들은 더 많은 데이터를 증대시켜 기술 우위를 점할 것이다.

MVP accretion n. (부착·첨가에 의한) 자연적 증식[증대]; 첨가(물), 부가(물)

---

2847 ★

**rouse**

[rauz]

v. ① 깨우다, 일으키다; ~의 의식을 회복시키다 = awaken, wake up
② 분발하게 하다; (감정을) 돋우다, 선동하다; 성나게 하다
= arouse, provoke, stimulate, stir
n. 각성; 분기(奮起) = arousal, awakening

Haughty language can often **rouse** friction.
오만한 말투가 종종 마찰을 일으킬 수 있다.

MVP cf. louse n. 〈곤충〉 이; (새·물고기·식물 등의) 기생충

---

2848 ★★

**supple**

[sʌ́pəl]

a. ① 나긋나긋한, 유연한 = elastic, flexible, resilient
② (머리·정신 등이) 유연성 있는, 순응성 있는 = adaptable, flexible
③ (사람이) 유순한, 순종적인; (특히) 비위 맞추는, 빌붙는

Moisturizing cream helps to keep your skin soft and **supple**.
보습 크림은 피부를 부드럽고 유연하게 유지하도록 해준다.

2849 ★

**troupe**
[trúːp]

**n. (가수·배우 등의) 공연단, 극단; 일단, 한패 = band, company, group**

This is not the first time for the dance **troupe** to perform abroad.
그 무용단이 해외공연을 하는 것은 이번이 처음은 아니다.

---

2850 ★★

**interdict**
[íntərdìkt]

**vt. 금지하다, 금하다 = ban, forbid, injunct, outlaw, prohibit, proscribe**
**n. (법원·행정관의) 금지명령, 금지령 = ban, prohibition**

We must **interdict** the use of weapons of mass destruction.
우리는 대량 살상 무기의 사용을 금지해야만 한다.

MVP interdiction n. 금지, 금제

## A. Write the meaning of the following words.

| | |
|---|---|
| □ brandish ______ | □ originate ______ |
| □ puerile ______ | □ mealy-mouthed ______ |
| □ spinster ______ | □ swagger ______ |
| □ disabuse ______ | □ artisan ______ |
| □ all-out ______ | □ lagniappe ______ |
| □ stoke ______ | □ yield ______ |
| □ cocoon ______ | □ prelude ______ |
| □ provident ______ | □ disarm ______ |
| □ immure ______ | □ notch ______ |
| □ suspense ______ | □ vein ______ |
| □ animus ______ | □ grill ______ |
| □ clinch ______ | □ fragment ______ |
| □ resolution ______ | □ enshrine ______ |
| □ grope ______ | □ prig ______ |
| □ crib ______ | □ baleful ______ |
| □ smug ______ | □ cadet ______ |
| □ momentum ______ | □ accrete ______ |
| □ implacable ______ | □ rouse ______ |
| □ excise ______ | □ supple ______ |
| □ debonair ______ | □ troupe ______ |

※ 주어진 단어의 뜻을 본문에서 확인하시고 틀린 단어의 경우 박스에 체크한 뒤에 나중에 다시 학습하시기 바랍니다.

## B. Choose the synonym of the following words.

| | |
|---|---|
| 1. risque | Ⓐ sharpen |
| 2. countenance | Ⓑ forbid |
| 3. trinket | Ⓒ chronicle |
| 4. exuberant | Ⓓ bawdy |
| 5. jolly | Ⓔ knickknack |
| 6. refulgent | Ⓕ stroll |
| 7. whet | Ⓖ enthusiastic |
| 8. interdict | Ⓗ cheerful |
| 9. annals | Ⓘ face |
| 10. promenade | Ⓙ brilliant |

B. 1. Ⓓ 2. Ⓘ 3. Ⓔ 4. Ⓖ 5. Ⓗ 6. Ⓙ 7. Ⓐ 8. Ⓑ 9. Ⓒ 10. Ⓕ

2851 ★★
**propitiate**
[prəpíʃièit]

**vt. 달래다; 비위를 맞추다; 화해시키다**
**= appease, comfort, conciliate, mollify, placate, soothe**

Jane did her best to **propitiate** her bestial husband.
제인(Jane)은 그녀의 흉포한 남편의 비위를 맞추기 위해 최선을 다했다.

MVP propitiative a. 달래는, 화해적인(= propitiatory)

---

2852 ★★
**evanescent**
[èvənésnt]

**a. 쉬이 사라지는, 덧없는, 무상한 = ephemeral, fleeting, transient**

Art is long and time is **evanescent**.
예술은 길고 인생은 짧다.

MVP evanescence n. 소실; 덧없음

---

2853 ★
**squabble**
[skwábəl]

**vi. (사소한 일로) 말다툼하다[about, over] = argue, quarrel, wrangle**
**n. 시시한 언쟁, 입씨름 = argument, dispute, quarrel**

They **squabble** over nothing every time they meet.
그들은 만날 때마다 아무것도 아닌 일로 티격태격 싸운다.

---

2854 ★★
**beleaguer**
[bilí:gər]

**vt. ① 포위(공격)하다, 에워싸다 = beset, besiege**
**② 괴롭히다, ~에 끈덕지게 붙어 다니다**

The **beleaguered** party leader was forced to resign.
사면초가에 몰린 당 대표는 어쩔 수 없이 사임해야 했다.

MVP beleaguered a. 사면초가에 몰린; 포위된

---

2855 ★★★
**coward**
[káuərd]

**n. 겁쟁이, 비겁자 = craven, dastard, poltroon, wimp**

**Cowards** die many times before their death: the valiant never taste of death but once.
겁쟁이들은 진짜 죽기 전에 여러 번 죽지만, 용감한 사람들은 죽음을 한 번만 경험한다.

MVP cowardice n. 겁, 소심, 비겁
cowardly a. 겁 많은, 소심한, 비겁한

---

2856 ★
**swarthy**
[swɔ́:rði]

**a. (피부 등이) 거무스름한, 가무잡잡한 = dark-skinned, dusky, somber, sooty**

Many people from that country have **swarthy** complexions.
그 나라 사람들 대부분이 피부색이 가무잡잡하다.

2857 ★
**dovetail**
[dʌ́vtèil]

**v. (사실·지식 등을) 긴밀히 연관시키다; 꼭 들어맞다**
**= link; coincide, correspond, fit together**

My plans **dovetailed** nicely with hers.
내 계획은 그녀의 계획과 아주 잘 들어맞았다.

---

2858 ★★
**amenity**
[əménəti]

**n. ① (pl.) 기분 좋은 응대[태도]; 예의 = civility, courtesy**
**② (pl.) 생활 편의 시설 = conveniences, facilities**
**③ (장소·기후 등의) 쾌적함, (성질·태도 등의) 상냥함 = agreeableness**

Many of the houses lacked even basic **amenities**.
많은 집들이 기본적인 생활 편의 시설도 갖추고 있지 못했다.

---

2859 ★★
**trifle**
[tráifl]

**n. ① 하찮은 것[일] = bagatelle, bauble, triviality**
**② 소량, 약간; 푼돈 = bit, little, pittance**
**v. ① 가벼이[소홀히] 다루다, 우습게 보다[with] = look down on, make light of**
**② 시간을 헛되이 보내다, 빈둥거리다 = dawdle, idle, loaf, squander**

He argued with her over **trifles**.
그는 그녀와 사소한 일로 말다툼을 했다.

MVP trifling a. 하찮은, 사소한; 약간의, 소량의

---

2860 ★★
**provenance**
[prάvənəns]

**n. 기원, 출처, 유래 = origin, quarry, source**

In a world awash in information of dubious **provenance**, whom can you trust to tell you the truth?
출처가 의심스런 정보로 가득 찬 세상에서 당신은 누가 당신에게 진실을 말해줄 거라고 믿을 수 있겠는가?

---

2861 ★★
**choke**
[tʃouk]

**v. ① 질식시키다, 숨막히게 하다; 숨이 막히다**
**= smother, stifle, strangle, suffocate**
**② (성장·행동 등을) 저지[억제]하다 = block, obstruct**
**③ (감정·눈물을) 억누르다 = restrain, suppress**

Dusty winds whipped around the city, literally **choking** everybody.
먼지바람이 도시를 휩쓸고 갔는데, 말 그대로 모든 사람들을 질식시킬 정도였다.

2862 ★★★
**austere**
[ɔːstíər]

a. ① (태도 등이) 엄격한, 엄한 = rigorous, severe, stern, strict
② (문체·건물 등이) 꾸밈없는, 간결한 = plain, simple, unadorned
③ (생활 등이) 검소한, 절약하는, 긴축적인 = economical, frugal, thrifty

My father was a distant, **austere** teacher to students.
나의 아버지는 학생들에게 냉정하고 엄한 선생님이었다.

He sold his car and lived an **austere** life to pay tuition.
그는 수업료를 내기 위해 차를 팔고 긴축생활을 했다.

MVP austerity n. 엄격, 엄숙; 간소; 내핍, 긴축; (보통 pl.) 내핍 생활

---

2863 ★★
**restraint**
[ristréint]

n. 억제, 규제, 제지; 구속, 속박; 자제 = constraint; control; moderation

The government has imposed export **restraints** on some products.
정부가 일부 상품에 대해 수출 규제를 내렸다.

He exercised considerable **restraint** in ignoring the insults.
그는 상당한 자제력을 발휘하여 그 모욕을 무시했다.

MVP restrain vt. (감정·행위 등을) 억제하다, 억누르다(= curb, repress)

---

2864 ★★★
**intercept**
[ìntərsépt]

vt. ① 가로막다, 가로채다 = block, hijack, interrupt, seize
② (적기·미사일을) 요격하다
n. ① 방해, 저지 = deterrence, obstruction
② 요격

She **intercepted** the mail before her parents could find the letter.
그녀는 부모님이 보기 전에 그 편지를 도중에서 가로챘다.

The PAC-3's **intercept** altitude is 40km, while the THAAD's is 40 to 150km.
PAC-3의 요격 고도는 40km인데 반해, 사드의 요격 고도는 40~150km이다.

---

2865 ★
**lugubrious**
[lugjúːbriəs]

a. 침울한, 우울한, 애처로운, 가련한 = dismal, gloomy, sad

Two **lugubrious** men sat in silence, without ordering anything.
침울한 두 남자는 어떤 주문도 하지 않은 채 조용히 앉아있었다.

---

2866 ★
**febrifuge**
[fébrifjùːdʒ]

a. 해열성의
n. 해열제; 청량음료

After taking a **febrifuge**, the child's body temperature dropped to normal.
해열제를 하나 먹은 후에, 그 아이의 체온은 정상으로 떨어졌다.

2867 ★★
**glare**
[glɛər]

n. ① 번쩍이는[눈부신] 빛, 섬광 = blaze, brilliance
② 노려봄
v. ① 번쩍번쩍 빛나다, 눈부시게 빛나다 = dazzle, flare, shine
② 노려보다 = glower, scowl

These sunglasses are designed to reduce **glare**.
이 선글라스는 눈부심을 완화해 주도록 만들어져 있다.

He didn't shout, he just **glared** at me silently.
그는 고함을 지르지 않고 그저 말없이 나를 노려보기만 했다.

MVP glaring a. (좋지 않은 것이) 확연한, 두드러진; 번쩍이는, 눈부신; 노려보는
glaringly ad. 번쩍번쩍하게; 눈에 띄게; 분명히(= obviously)

2868 ★★★
**strip**
[strip]

v. ① 옷을 벗다[벗기다] = disrobe, unclothe, undress
② (막·껍질 등을) 벗기다 = peel, scale, scrape, skin
③ (처벌로서 재산·명예를) 박탈하다, 빼앗다 = deprive, dispossess, rob

They **stripped** him of his money.
그는 그의 돈을 빼앗았다.

2869 ★★
**contraception**
[kὰntrəsépʃən]

n. 피임, 피임법 = birth control

In the early 1980s, the high number of babies born to unmarried parents was due to lack of social awareness on **contraception**.
1980년대 초 혼외 출생아가 많았던 것은 피임에 대한 사회적 인식이 부족했기 때문이다.

MVP contraceptive a. 피임의, 피임용의; n. 피임약; 피임 기구

2870 ★
**disown**
[disóun]

vt. ① (자식 등과) 인연을 끊다, 의절하다 = renounce, repudiate
② (저작물 등을) 자기 것이 아니라고 말하다; ~와의 관계를 부인하다

Her family **disowned** her for marrying a foreigner.
그녀의 가족은 외국인과 결혼했다고 그녀와 의절했다.

The embassy has **disowned** a letter purportedly written by its ambassador.
그 대사관은 그 대사가 썼다고 알려진 편지가 자기가 쓴 편지가 아니라고 말했다.

MVP own a. 자기 자신의, 직접의; v. 소유하다; ~의 작가[부친, 소유자]임을 인정하다; (죄·사실 등을) 인정하다, 고백하다
owner n. 주인, 임자, 소유자, 소유권자

2871 ★★

**rife**

[raif]

a. ① (병·소문 등이) 유행하는, 널리 퍼져 있는 = prevailing, prevalent, rampant
② (나쁜 것으로) 가득 찬, 풍부한[with] = abundant, plentiful, replete, rich

Rumors were **rife** and one of them was that the master of the castle died.
소문은 무성했고, 그 중 하나가 그 성의 주인이 죽었다는 것이다.

Los Angeles is **rife** with gossip about stars' private lives.
로스앤젤레스에는 스타들의 사생활에 대한 소문이 가득하다.

---

2872 ★

**nonentity**

[nanéntəti]

n. ① 별 볼일 없는 사람, 하찮은 사람 = cipher, lightweight
② 실재하지 않는 것, 상상의 것 = imaginings, unreality

Having been considered a **nonentity**, Albert aspired to be a world-renowned author one day.
보잘것없는 존재로 여겨졌던 앨버트(Albert)는 어느 날 세계적으로 유명한 작가가 되고자 하는 포부를 품었다.

---

2873 ★★

**de facto**

[di: fǽktou]

a. (법적으로는 받아들여지지 않더라도) 사실상의, 실질적인
= actual, effective, real

The company is the **de facto** holding company of the group's 19 affiliates.
그 회사는 그 그룹산하 19개 계열사의 실질적인 지주회사이다.

---

2874 ★

**appurtenance**

[əpə́:rtənəns]

n. ① (보통 pl.) 부속물, 부속품 = accessory, adjunct, appendage, appendix
② 장치, 기계 = device

He bought the estate and all its **appurtenances**.
그는 부동산과 그것에 딸린 모든 부속물들을 사들였다.

---

2875 ★★

**extemporize**

[ikstémpəràiz]

v. (연설·연주 등을) 즉석에서 만들다, 즉흥적으로 하다 = ad-lib, improvise

Since the speaker had not prepared his speech, he had to **extemporize** one.
그 연설자는 연설을 준비하지 않았기 때문에, 그는 연설을 즉흥적으로 해야 했다.

MVP extemporaneous a. (연설·연주·연기 등이) 즉석의; 준비 없이 하는

---

2876 ★★★

**impunity**

[impjú:nəti]

n. 처벌을 받지 않음, 무사 = exemption

You cannot do this with **impunity**.
이것을 하면 반드시 벌을 받는다.(무사히 넘기지 못한다)

In some countries, government restrictions are so lax that businesses operate with nearly complete **impunity**.
어떤 나라에서는 정부의 규제가 너무 느슨해서 기업들이 처벌을 받는 일이 거의 없이 운영된다.

MVP with impunity 벌을 받지 않고, 무사히

---

2877 ★
**mellifluous**
[melífluəs]

**a. (음악이나 사람의 목소리가) 달콤한, 감미로운 = dulcet, euphonious, mellow**

His violin playing has been described by reviewers as **mellifluous**, yet powerful.
그의 바이올린 연주는 평론가들에 의해서 감미로우면서도 힘차다는 평가를 받았다.

---

2878 ★★
**comity**
[kámәti]

**n. 예의, 예절, 예양(禮讓) = courtesy**

There is little debate that there has been a long term decline in **comity** in the parliament.
의회에서 장기적으로 예의가 쇠퇴해왔다는 데는 논란의 여지가 거의 없다.

---

2879 ★★
**hoist**
[hɔist]

**vt. (깃발 등을) 내걸다; (무거운 것을) 천천히 감아올리다, 들어[끌어] 올리다 = elevate, erect, heave, lift**

His job is to **hoist** the flag at 6 every morning.
그의 일은 매일 아침 6시에 기를 게양하는 것이다.

Although they have never won a World Cup, Portuguese players will try their hardest in order to **hoist** the World Cup trophy.
월드컵 우승을 한 번도 해보지 못하긴 했지만, 포르투갈의 선수들은 월드컵 트로피를 들어 올리기 위해 최선을 다할 것이다.

---

2880 ★
**iffy**
[ífi]

**a. 조건부의; 불확실한, 의문점이 많은, 모호한**

That meat smells a bit **iffy** to me.
저 고기는 내게 뭔가 이상한 냄새가 난다.

---

2881 ★★
**upstart**
[ʌ́pstɑ́:rt]

**n. 벼락출세한 사람, 벼락부자 = parvenu, nouveau riche, arriviste**
**a. 벼락출세한**

People think he's an **upstart** because he was so young when he was promoted.
그가 승진했을 때 너무 젊어서 사람들은 그가 벼락출세를 했다고 생각한다.

2882 ★★

**muse**

[mjuːz]

**v. 명상하다, 깊이 생각하다 = contemplate, meditate, ponder, reflect**
**n. 시적 영감, (작가·화가 등에게 영감을 주는) 뮤즈**

He sat quietly, **musing** on the events of the day.
그는 조용히 앉아서 그 날 있었던 일들을 골똘히 생각했다.

---

2883 ★

**ergonomics**

[ə̀ːrgənámiks]

**n. 인간공학; 생물공학 = human engineering; biotechnology**

**Ergonomics** is the science of designing equipment to meet the needs of the worker.
인간공학은 근로자의 요구에 부응하는 장비를 설계하는 학문이다.

---

2884 ★★

**reprobate**

[réprəbèit]

**n. 부도덕한 사람, 방탕아, 무뢰한 = profligate, rogue, scamp, scoundrel**
**a. 사악한, 타락한, 불량한 = corrupt, degenerate, depraved, wicked**
**vt. 책망하다, 비난하다 = condemn, denounce, reprehend, reproach, reprove**

A **reprobate** son who habitually beat his parents was arrested.
부모를 상습적으로 폭행해 온 패륜아가 구속되었다.

MVP reprobation n. 비난, 질책; 배척

---

2885 ★

**viand**

[váiənd]

**n. 식품; (pl.) 음식, 양식; 고급 요리 = comestibles, edibles, provisions, victuals**

Mechado is a stew served as a **viand** in the Philippines.
메차도(Mechado)는 스튜의 일종인 필리핀 음식이다.

---

2886 ★★

**disgruntle**

[disgrʌ́ntl]

**vt. 기분 상하게 하다, ~에게 불만을 품게 하다 = annoy, discontent, irritate**

Growing up, he became **disgruntled** at his father.
커가면서 그는 아버지에게 불만을 품게 되었다.

MVP disgruntled a. 언짢은, 기분 상한; 불만인
↔ gruntle v. 투덜대다, 불평하다; 기쁘게 하다, 만족시키다

---

2887 ★★

**greasy**

[gríːzi]

**a. ① 기름투성이의, 기름기 있는; (음식이) 기름기 많은 = fatty**
**② 아첨하는; 미덥지 못한 = unreliable**

She doesn't like **greasy** food much.
그녀는 기름진 음식을 별로 좋아하지 않는다.

MVP grease n. 수지(獸脂), 지방; 아첨; 뇌물; vt. 뇌물을 주다; (일을) 잘 되게 하다
oily a. 기름의; 기름기가 많은; 입담 좋은, 알랑거리는

2888 ★
**primogeniture**
[pràimoudʒénitʃər]

n. 장자의 신분; 장자 상속제, 장자 상속권

In the system of **primogeniture**, inheritance was passed on to the oldest son.
장자 상속제에서는 유산을 장자에게 물려주었다.

MVP cf. primogenitor n. 시조(始祖); 조상, 선조
cf. ultimogeniture n. 막내 상속 제도

---

2889 ★★
**consummate**
v. [kάnsəmèit]
a. [kənsʌ́mət]

vt. ① 성취[완성]하다; 절정에 달하게 하다 = accomplish, achieve, finish, fulfill
② (결혼식 후) 첫날밤을 치르다[성관계를 하다]
a. ① 완성된, 완전한 = complete, perfect
② 숙련된, 유능한 = gifted, skilled

His ambition was **consummated** when he defeated my plan.
그의 야심은 나의 계획을 좌절시켰을 때 완성되었다.

MVP consummation n. 완성; (목적·소망 등의) 달성, 성취

---

2890 ★
**tirade**
[táireid]

n. 긴 연설, (비난·공격 등의) 장광설, 격론 = diatribe

She launched into a **tirade** of abuse against politicians.
그녀가 정치인들을 매도하는 긴 연설에 들어갔다.

---

2891 ★★
**oust**
[aust]

vt. 내쫓다, 몰아내다, 축출하다 = depose, dislodge, expel

They plotted to **oust** me from power.
그들은 나를 권력에서 몰아내기 위해 모략을 꾸몄다.

The umpire **ousted** the player from the game.
심판은 그 선수에게 퇴장을 명했다.

---

2892 ★★
**apotheosis**
[əpὰθióusis]

n. ① 신격화 = deification, divinization, glorification
② (누구의 인생이나 사회생활에서) 절정기 = heyday, prime

The **apotheosis** of a Roman emperor was designed to insure his greatness.
로마 황제의 신격화는 그의 위대함을 다지기 위해 만들어졌다.

His appearance as Hamlet was the **apotheosis** of his career.
햄릿(Hamlet)으로 그가 출연했을 때가 그의 경력에 있어서 절정기였다.

MVP apotheosize vt. 신으로 받들다, 신격화하다; 숭배하다

2893 ★★★

**branch**
[bræntʃ]

n. ① 가지
② 지부, 지국, 지점, 출장소 = bureau, subsidiary
③ 분과(分科), 부문 = department, section

The bank has thirty-one **branches** in Korea and also one in Kyrgyzstan.
그 은행은 한국에 31개의 지사가 있고, 키르기스스탄에도 하나가 있다.

MVP bough n. 큰 가지
limb n. 큰 가지; 갈라진 가지[부분], 돌출부
spray n. (꽃·잎·열매가 달린) 작은 가지
twig n. 작은 가지

---

2894 ★

**superimpose**
[súːpərimpóuz]

vt. ① 겹쳐 놓다, 포개놓다 = cross, heap, overlap, stack, superpose
② (어떤 요소·특징을) 덧붙이다, 첨가하다 = add, append, superinduce

A diagram of the new road layout was **superimposed** on a map of the city.
신설 도로 배치도를 그린 도형이 그 도시 지도 위에 겹쳐 놓여졌다.

She has tried to **superimpose** her own opinion onto this story.
그녀는 이 이야기에 자기 자신의 의견을 덧붙이려고 노력해 왔다.

---

2895 ★★

**polyglot**
[páliglàt]

n. 여러 언어에 통하는 사람; 여러 개의 국어로 쓴 책
a. 여러 개의 국어에 통하는; 여러 개의 국어로 쓴

New York City is a **polyglot** community because of the thousands of immigrants who settle there.
뉴욕 시는 그곳에 정착하고 있는 수천 명의 이민자들 때문에 여러 개의 국어가 사용되는 사회다.

---

2896 ★★

**enjoin**
[indʒɔ́in]

vt. ① 명령하다, 요구하다, 강요하다 = command, direct, instruct, order
② 금지하다, 못하게 하다[from] = ban, bar, forbid, prohibit

He is a conscientious objector to military service because he is **enjoined** by a deep religious conviction not to take a human life.
그는 군복무를 양심적으로 반대하는 사람인데, 그의 깊은 종교적 확신이 인간의 생명을 빼앗지 말도록 명하기 때문이다.

MVP adjoin v. 접하다, ~에 인접[이웃]하다
disjoin v. 떼다, 분리하다[되다]
subjoin vt. 추가[보충, 증보]하다(= append)

---

2897 ★

**yummy**
[jʌ́mi]

a. 아주 맛있는 = delicious, luscious, tasty, toothsome

During the 8 days there, the weather was lovely and food was **yummy**.
그곳에서 보낸 8일 동안, 날씨가 아주 좋았고 음식도 매우 맛있었다.

2898 ★

**astringent**
[əstríndʒənt]

a. ① 수렴성의, 수축시키는
② (표현 등이) 통렬한, 신랄한; (성격·태도 등이) 엄한, 엄격한
= bitter, harsh, severe, sharp
③ (맛이) 떫은 = acerbic

The **astringent** quality of the unsweetened lemon juice made swallowing difficult.
감미료를 넣지 않은 레몬주스는 떫은 맛 때문에 삼키기가 어려웠다.

MVP cf. stringent a. (규칙이) 엄격한; (사태가) 긴박한

---

2899 ★★

**spasm**
[spæzm]

n. ① 경련, 쥐 = convulsion, throe, twitch
② 발작(돌발적인 활동·감정 등) = burst, fit, outburst, paroxysm, seizure

My grandfather felt a painful muscle **spasm** yesterday.
나의 할아버지는 어제 고통스러운 근육경련을 느꼈다.

MVP spasmodic a. 경련의, 경련성의; 발작적인

---

2900 ★

**corral**
[kəræl]

vt. ① 울타리 안으로 몰아넣다, 가두다 = cage, confine, coop
② (사람들을 한 곳으로) 모으다
n. 울타리; 가축우리, 축사 = pen

They drove the ponies into a **corral**.
그들은 조랑말들을 울타리 안으로 몰아넣었다.

The credit card industry has made a profitable art of **corralling** consumers into ruinous interest rates.
신용카드 업계는 소비자들을 턱없이 비싼 이자율로 몰아넣어 수익을 올리는 방법을 만들어 냈다.

## REVIEW TEST

### A. Write the meaning of the following words.

| | |
|---|---|
| □ propitiate ______ | □ iffy ______ |
| □ coward ______ | □ upstart ______ |
| □ dovetail ______ | □ ergonomics ______ |
| □ amenity ______ | □ reprobate ______ |
| □ trifle ______ | □ viand ______ |
| □ choke ______ | □ disgruntle ______ |
| □ austere ______ | □ greasy ______ |
| □ restraint ______ | □ primogeniture ______ |
| □ intercept ______ | □ consummate ______ |
| □ febrifuge ______ | □ tirade ______ |
| □ glare ______ | □ oust ______ |
| □ strip ______ | □ apotheosis ______ |
| □ contraception ______ | □ branch ______ |
| □ disown ______ | □ superimpose ______ |
| □ rife ______ | □ polyglot ______ |
| □ nonentity ______ | □ enjoin ______ |
| □ appurtenance ______ | □ yummy ______ |
| □ extemporize ______ | □ astringent ______ |
| □ impunity ______ | □ spasm ______ |
| □ hoist ______ | □ corral ______ |

※ 주어진 단어의 뜻을 본문에서 확인하시고 틀린 단어의 경우 박스에 체크한 뒤에 나중에 다시 학습하시기 바랍니다.

### B. Choose the synonym of the following words.

| | |
|---|---|
| 1. beleaguer | Ⓐ dulcet |
| 2. de facto | Ⓑ ephemeral |
| 3. provenance | Ⓒ dark-skinned |
| 4. mellifluous | Ⓓ courtesy |
| 5. squabble | Ⓔ quarrel |
| 6. muse | Ⓕ actual |
| 7. comity | Ⓖ dismal |
| 8. swarthy | Ⓗ besiege |
| 9. lugubrious | Ⓘ origin |
| 10. evanescent | Ⓙ meditate |

B. 1. Ⓗ 2. Ⓕ 3. Ⓘ 4. Ⓐ 5. Ⓔ 6. Ⓙ 7. Ⓓ 8. Ⓒ 9. Ⓖ 10. Ⓑ

2901 ★★★
**outstanding**
[àutstǽndiŋ]

a. ① 두드러진, 현저한; 뛰어난, 걸출한
= distinguished, eminent, excellent, prominent, superior
② (문제·부채 등이) 미결정의, 미해결의, 미결제의, 미불의
= pending, unpaid, unsettled, unsolved

The manager received kudos for his **outstanding** work.
부장은 탁월한 업무처리로 칭찬을 받았다.

She has **outstanding** debts of over £500.
그녀는 아직 갚지 못한 빚이 500파운드가 넘는다.

---

2902 ★★
**espouse**
[ispáuz]

vt. (주의·학설 등을) 신봉[지지, 옹호]하다 = advocate, defend, support, uphold

They **espoused** the notion of equal opportunity for all in education.
그들은 교육에 있어서는 모든 사람이 평등한 기회를 갖는다는 개념을 옹호했다.

MVP espousal n. (주의·주장 등의) 지지, 옹호
espouser n. 지지자, 신봉자
cf. spouse n. 배우자

---

2903 ★★
**atrocity**
[ətrάsəti]

n. (특히 전쟁 때의) 잔혹 행위 = barbarity, brutality, cruelty, savagery

The **atrocities** of war are glossed over in news reports.
전쟁의 잔혹 행위들이 뉴스 보도에서는 그럴 듯하게 포장된다.

MVP atrocious a. 끔찍한, 극악무도한

---

2904 ★★★
**vernacular**
[vərnǽkjulər]

n. (특정 지역·집단이 쓰는) 말, 지방어, 사투리, 방언; 자국어, 제 나라말
= dialect, patois, provincialism

Galileo wrote in the **vernacular** to reach a larger audience.
갈릴레오(Galileo)는 더 많은 독자들을 이해시키기 위해 자국어로 글을 썼다.

---

2905 ★
**sumptuary**
[sʌ́mptʃuèri]

a. 비용 절감의, 절약의, 사치 금지[단속]의 = cost-cutting, frugal, thrifty

The **sumptuary** law stated that women needed to dress modestly.
그 사치 금지법은 여성이 옷을 검소하게 입어야 한다고 명시했다.

MVP cf. sumptuous a. 고가의, 사치스러운, 호화스러운



---

2906 ★
**lance**
[læns]

n. (옛날에 말을 탄 무사들이 쓰던) 긴 창; 작살 = javelin, spear

Men on horses used to charge the enemy with **lances**.
말을 탄 사람들은 창으로 적을 공격하곤 했다.

2907 ★★
**recompense**
[rékəmpèns]

n. ① 보수; 보답 = requital, reward
② 보상, 배상 = compensation
vt. ① 보답하다, 갚다 = reimburse
② 보상하다, 배상하다 = indemnify, requite

She rewarded the boy with 5 dollars in **recompense** for helping her.
그녀는 자신을 도와준 데 대한 보답으로 그 소년에게 5달러를 주었다.

---

2908 ★
**excrescence**
[ikskrésns]

n. ① (군살·사마귀 등의) 이상 생성물
② 방해물, 무용지물

Increasing numbers of fish are being caught with **excrescences** on various parts of their body.
몸의 여러 부분에 이상 생성물이 생긴 물고기들이 점점 더 많이 잡히고 있다.

MVP excrescent a. 이상적(異常的)[병적]으로 생성된[증식하는]; 쓸데없는
wart n. (피부에 생기는) 사마귀; (나무 줄기의) 혹
abscess n. 종기, 농양
bump n. 혹

---

2909 ★★
**decrepit**
[dikrépit]

a. 노쇠한, 노후한, 늙어빠진 = dilapidated, feeble, infirm

That poor old man is so **decrepit** that he can scarcely walk.
저 불쌍한 노인은 너무 노쇠해서 거의 걷지를 못 한다.

MVP decrepitude n. 노쇠, 노후

---

2910 ★★
**tycoon**
[taikú:n]

n. (실업계·정계의) 거물 = bigwig, magnate, mogul

The real estate **tycoon** invested money to rebuild the weather-torn island resort.
그 부동산 거물은 악천후로 부서진 섬의 리조트를 재건하기 위해 돈을 투자하였다.

---

2911 ★
**ball-park**
[bɔ́:lpà:rk]

a. (견적·추정이) 대강의, 대략적인 = approximate, rough

Can you give me a **ball-park** figure of how much it costs to rent a bus?
버스를 빌리는 데 대충 얼마가 드는지 알 수 있을까요?

---

2912 ★★
**aspersion**
[əspə́:rʃən]

n. 비난, 비방, 중상 = calumny, defamation, detraction, slander

People have cast **aspersion** on the child abuse.
사람들은 아동 학대에 대한 비난을 쏟아냈다.

MVP asperse vt. 헐뜯다, 중상하다

2913 ★★
**fast**
[fæst]

v. 단식[절식]하다, 정진(精進)하다 = abstain from food, starve
n. (특히 종교상의) 단식; 금식; 단식 기간

Doctors say that **fasting** for long periods of time can lower your blood sugar, cause dizziness, and make you tired.
의사들은 장기간의 단식은 혈당을 낮추고, 어지러움을 야기하며, 피곤하게 만든다고 말하고 있다.

2914 ★
**spoliation**
[spòuliéiʃən]

n. ① (특히 중립국에 대한) 강탈, 약탈, 파괴 = despoliation, extortion, plunder
② (어음·유서 등의) 문서 변조[파기]

We regard this unwarranted attack on a neutral nation as an act of **spoliation** and we demand that it cease at once and that proper restitution be made.
우리는 중립국에 대한 이러한 불법 공격을 약탈행위로 간주하며, 그러한 행동을 즉각 중지하고 적절한 배상을 할 것을 요구한다.

2915 ★
**immanent**
[ímənənt]

a. 내재(內在)하는, 내재적인 = inherent, intrinsic

Ambition is **immanent** in human nature.
야망은 인간 본성에 내재해 있다.

MVP cf. imminent a. 절박한, 급박한, 긴급한

2916 ★★★
**protrude**
[proutrú:d]

vi. 튀어나오다, 돌출하다; 내밀다 = jut, overhang, project

The peninsula **protrudes** northeast between the Celebes and Molucca seas.
그 반도는 셀레베스(Celebes) 섬과 몰루카(Molucca) 해(海) 사이에서 북동쪽으로 돌출해 있다.

MVP protrudent a. 불쑥 나온, 튀어나온(= protruding)
protrusive a. 돌출한; 주제넘게 나서는
protuberant a. 돌출[돌기]한, 불룩 솟은, 융기한; 현저한

2917 ★
**crabbed**
[krǽbid]

a. ① (성격이) 심술궂은, 괴팍한 = ill-natured, perverse
② (문체·작가 등이) 이해하기 어려운, 난해한
= abstruse, intricate, unintelligible
③ (필적이) 판독하기 어려운
= hieroglyphic, illegible, indecipherable, unreadable

The **crabbed** old man was avoided by children because he scolded them.
괴팍한 그 노인이 어린이들을 야단쳤기 때문에 어린이들은 그 노인을 피했다.

MVP crab n. 게; 심보가 고약한 사람; v. 헐뜯다; 불평하다
crabby a. 게 같은; 심술궂은, 까다로운

2918 ★★

## muddle
[mʌdl]

**v. 뒤죽박죽으로 만들다, 혼란시키다; 혼동하다**
**= confuse, embarrass, jumble, perplex**
**n. 혼란, 난잡; 혼란 상태 = confusion, disorder, mess**

Their letters were all **muddled** up together in a drawer.
그들의 편지는 서랍 안에 온통 함께 뒤죽박죽 섞여 있었다.

There followed a long period of confusion and **muddle**.
오랜 기간의 혼동과 혼란이 뒤따랐다.

2919 ★

## gargantuan
[gaːrgǽntʃuən]

**a. 거대한, 엄청나게 큰 = enormous, gigantic, huge, immense**

It was a **gargantuan** asteroid, which slammed into the Earth.
그것은 지구에 충돌한 거대한 운석이었다.

2920 ★

## rustle
[rʌ́sl]

**v. (나뭇잎·비단·종이 등이) 와삭거리다, 바스락거리다 = swish, whisper**
**n. 살랑살랑[바스락바스락]하는 소리 = whispering**

The fallen leaves **rustled** in the wind.
바람이 불자 낙엽이 바스락거렸다.

MVP cf. bustle n. 붐빔, 웅성거림

2921 ★

## baptism
[bǽptizm]

**n. 세례(식), 침례, 영세(領洗) = christening**

Christian names are those one receives at **baptism**.
세례명은 세례 시에 받는 이름이다.

MVP immersion n. 담금, 잠금; (교회) 침례; 열중, 몰두
christen vt. 세례(명)를 주다; 이름[명칭]을 붙이다

2922 ★★

## dissemble
[disémbl]

**v. ① (감정·사상·목적 등을) 숨기다, 속이다 = conceal, dissimulate, hide, mask**
**② 가장하다, ~인 체하다 = affect, disguise, feign, pretend**

Government **dissembled** about the fact that public medical insurances program had been a total disaster.
정부는 공공 의료보험 제도가 그 동안 완전한 실패였다는 사실을 숨겼다.

MVP dissembler n. 위선자, 가면 쓴 사람

2923 ★
**ablution**
[æblúːʃən]

**n. (주로 pl.) 몸[손]을 씻음, 목욕재계; 목욕 = cleansing, lavation, purification**

The man renders thanksgiving to God after performing his **ablution**.
그 남자는 목욕재계를 한 후에 신에게 감사 기도를 드린다.

MVP abluent n. 세제(= detergent)

2924 ★
**curmudgeon**
[kərmʌ́dʒən]

**n. 심술궂은 구두쇠, 노랭이 = cheapskate, miser, tightwad**

The self-made millionaire regretted later that people had become to refer to him as a **curmudgeon**.
자수성가한 그 백만장자는 나중에 사람들이 자신을 심술궂은 구두쇠로 부르게 된 것에 대해 유감스럽게 생각했다.

2925 ★★★
**elegant**
[éligənt]

**a. (인품 등이) 기품 있는; (문체 등이) 우아한, 세련된 = graceful, refined**

An **elegant** old woman was walking down the street.
기품 있는 한 노부인이 길을 걷고 있었다.

MVP elegance n. 우아, 고상, 기품
elegantly ad. 우아하게, 기품 있게

2926 ★★
**innuendo**
[ìnjuéndou]

**n. 풍자, 비꼼, 빗대어 빈정거림 = allusion, insinuation**

You are afraid to attack him directly; you, therefore, are resorting to **innuendo**.
당신은 그를 직접적으로 비난하는 것을 두려워하고 있다. 그래서 비꼬면서 빈정거리는 방법에 의존하고 있는 것이다.

2927 ★
**suavity**
[swɑ́ːvəti]

**n. ① 유화, 온화, 상냥함 = amiability, benignity, kindliness, placidity**
**② 온화한 태도, 점잖은 태도, 예의 = civility, courteousness, courtesy**

Her **suavity** pleased all people around her.
그녀의 상냥한 태도는 그녀 주변의 모든 사람들을 기쁘게 했다.

MVP suave a. 온화한, 상냥한, 점잖은

2928 ★★★
**humdrum**
[hʌ́mdrʌm]

**a. 단조로운, 평범한, 지루한 = drab, monotonous, tedious**

You share my love of all that is outside the conventions and **humdrum** routine of everyday life.
관습과 판에 박힌 일상생활의 단조로움에서 벗어나 있는 모든 것들을 사랑하는 나의 마음을 당신은 함께 나누고 있습니다.

2929 ★
**confectionery**
[kənfékʃənèri]

**n. 과자류; 과자 제조(업); 제과점**

The company leads the local **confectionery** market by taking up 43 percent.
그 회사는 시장 점유율 43%로 국내 제과업계를 선도하고 있다.

MVP confection n. 과자, 캔디

---

2930 ★★
**apocalypse**
[əpάkəlips]

**n. ① 계시, 묵시; 예언 = revelation; prognostication, prophecy**
**② 세계의 종말[파멸]; 인류[우주] 종말의 날 = doom, downfall; doomsday**
**③ (사회의) 대참사, 대재난, 대재앙 = calamity, cataclysm, catastrophe**

The Apocalypse is the subject of the Book of Revelation.
세상의 종말이 요한계시록의 주제이다.

Our civilization is on the brink of **apocalypse**.
우리가 살고 있는 문명세계가 파멸될 위기에 처해 있다.

MVP apocalyptic a. 묵시적인, 예언적인; 종말론적인; 세기말적인

---

2931 ★★★
**proclivity**
[prouklívəti]

**n. (흔히 좋지 못한) 경향, 성벽, 기질 = disposition, penchant, predisposition**

He has a **proclivity** to threaten people by using improper words.
그는 적절하지 않은 말을 사용해 사람들을 위협하는 경향이 있다.

MVP acclivity n. 오르막, 치받이 경사
declivity n. 경사, 내리받이

---

2932 ★
**yelp**
[jelp]

**v. ① (개·여우 등이) 날카롭게 짖어대다 = bark, howl, yap, yip**
**② 날카로운 소리로 외치다, 비명을 지르다 = scream, screech, shriek, yell**
**n. (날카롭게) 짖는 소리, 외치는 소리, 비명 = cry, scream, screech, shriek**

The puppy let out a **yelp** when someone stepped on its tail.
누군가가 강아지 꼬리를 밟았을 때, 그 강아지는 날카롭게 짖어댔다.

---

2933 ★★
**crook**
[kruk]

**n. ① 갈고리; 갈고리 모양의 것; 손잡이가 구부러진 지팡이**
**② 사기꾼 = con man, fraud, fraudster, mountebank, swindler, trickster**
**v. ① (팔·손가락 등을) 구부리다 = bend, curve**
**② (물건을) 훔치다, 사취하다 = cheat, defraud, ramp, steal, swindle**

A shepherd's **crook** is a long and sturdy stick used to manage sheep.
손잡이가 구부러진 양치기의 지팡이는 양을 관리하는 데 사용되는 길고 견고한 지팡이다.

Maude **crooked** a finger, beckoning Lydia to come in.
모드(Maude)는 손가락을 구부려, 리디아(Lydia)에게 들어오라고 손짓했다.

MVP crooked a. 비뚤어진, 구부러진; 정직하지 않은

2934 ★

**manure**
[mənjúər]

n. (동물의 배설물로 만든) 거름, 천연 비료 = compost, fertilizer, ordure

Farmers enrich soil with **manure**.
농부들은 거름을 통해 토지를 비옥하게 만든다.

MVP muck n. 거름, 퇴비; v. 거름[비료]을 주다; 더럽히다

---

2935 ★★★

**fortitude**
[fɔ́:rtətjù:d]

n. (곤란·역경·위험·유혹에 직면해) 꿋꿋함, 불요불굴, 불굴의 정신
= bravery, courage, perseverance, resolution

Throughout that difficult period of illness and bereavement she showed great **fortitude**.
질병과 사별의 힘든 세월을 거치는 동안 그녀는 엄청난 용기를 보여주었다.

MVP with fortitude 의연하게

---

2936 ★

**nook**
[nuk]

n. ① (방 등의 아늑하고 조용한) 구석, 모퉁이 = alcove, corner, niche, recess
② 외진 곳, 벽지(僻地) = backwater, backwoods, boondocks

I searched every **nook** and cranny of the room to find my missing ring.
잃어버린 반지를 찾기 위해 나는 방 구석구석을 뒤졌다.

---

2937 ★

**quotidian**
[kwoutídiən]

a. ① 매일의, 매일같이 일어나는 = daily, diurnal
② 흔해빠진, 평범한, 시시한 = commonplace, everyday, ordinary, trivial

A cellular phone has become a part of our **quotidian** existence.
휴대전화는 일상생활의 일부가 되었다.

---

2938 ★★★

**consecrate**
[kánsəkrèit]

vt. ① 신성하게 하다, 성화(聖化)하다 = bless, hallow, sacralize, sanctify
② (주교 등) 성직에 임명하다 = institute, ordain
③ (생애 등을 어떤 목적·용도에) 바치다 = dedicate, devote

The church was **consecrated** by Pope Innocent IV in 1253.
그 교회는 1253년 교황 이노센트(Innocent) 4세에 의해 성화(聖化)되었다.

The person was **consecrated** as bishop last year.
그 사람은 작년에 주교로 임명되었다.

MVP consecration n. 신성화; 헌신; 성직[주교] 서품
cf. execrate v. 혐오[증오]하다; 저주하다
↔ desecrate vt. ~의 신성을 더럽히다, 모독하다; (신성한 물건을) 속된 용도에 쓰다

2939 ★★
**incinerate**
[insínərèit]

v. ① 태워서 재로 만들다, 태워 없애다, 소각하다 = burn up, char, flame, ignite
② (시체를) 화장하다 = cremate

He was **incinerating** hazardous waste without a license.
그는 허가 없이 유독한 폐기물을 소각하고 있었다.

MVP incineration n. 소각; 화장(火葬)
incinerator n. (쓰레기의) 소각로

---

2940 ★
**adipose**
[ǽdəpòus]

a. 지방(질)의, 지방이 많은 = fatty, sebaceous

If you had no fat cells and no **adipose** tissue, you'd be out of energy balance.
만약 당신이 지방 세포나 지방 조직을 전혀 가지고 있지 않다면, 당신의 에너지 균형은 깨지고 말 것이다.

---

2941 ★★
**strangle**
[strǽŋgl]

vt. ① 목 졸라 죽이다, 질식(사)시키다
= asphyxiate, choke, smother, suffocate, throttle
② (활동·비판 등을) 억누르다, 억압하다 = inhibit, repress, subdue, suppress

The criminal **strangled** her with her scarf.
그 범인은 그녀의 스카프로 그녀를 목 졸라 죽였다.

---

2942 ★★
**guise**
[gaiz]

n. ① 외관, 모습 = appearance, aspect, semblance
② 가장, 변장, 구실 = disguise, dressing-up, pretense

The story appears in different **guises** in different cultures.
그 이야기는 문화에 따라 다른 모습으로 나타난다.

The men who were in the **guise** of drug dealers were actually undercover police officers.
마약상을 가장한 남자들이 실제로는 첩보활동을 하는 경찰관들이었다.

---

2943 ★
**douse**
[daus]

v. ① (물에) 처넣다; (물을) 끼얹다, 흠뻑 적시다 = drench, drown, saturate, soak
② (불·전등 따위를) 끄다 = extinguish, quench, smother

He **doused** the car with petrol and set it on fire.
그는 그 승용차에 휘발유를 잔뜩 부어 불을 질렀다.

Luckily fire crews managed to **douse** the flames.
다행히도 소방관들이 그 불길을 잡는 데 성공했다.

2944 ★★
**suture**
[sú:tʃər]

**n. 〈의학〉 봉합용 실, (꿰맬 때 쓰는) 실, 봉합사(縫合絲)**
**vt. (상처 따위를) 봉합하다, 꿰매다 = seam, sew, stitch**

**Sutures** are removed on the 5th to 7th day after the operation.
수술 후 5~7일째 날에 봉합용 실을 제거한다.

The wound was then **sutured** together with dissolvable materials.
그 상처는 용해성 물질로 봉합되었다.

---

2945 ★★★
**repulsive**
[ripʌ́lsiv]

**a. ① 역겨운, 혐오스러운 = disgusting, foul, offensive, repugnant**
**② 매정한, 쌀쌀한, 냉담한 = chilly, cold, frigid, wintry**

The **repulsive** smell came from the garbage can.
쓰레기통에서 역겨운 냄새가 났다.

MVP repulse vt. 격퇴하다; 거절하다, 퇴짜 놓다; 불쾌감[혐오감]을 주다
repulsion n. 격퇴; 반박; 거절; 혐오

---

2946 ★★
**trek**
[trek]

**n. (특히 힘든) 여행**
**v. 길고 힘든 여행을 하다; 집단 이동하다**

Paul Salopek has begun his own global journey, a seven-year, 21,000-mile **trek** that touches four continents.
폴 살로펙(Paul Salopek)은 혼자서 세계여행을 시작했는데, 그것은 7년 동안 21,000마일을 걸어서 네 개의 대륙에 닿는 것이었다.

※ 여행 관련 어휘

excursion n. 소풍, 짧은 여행, 유람
hike n. 도보 여행, 하이킹
journey n. (보통 육상의 긴) 여행
peregrination n. 여행, 편력
outing n. 소풍, 유람 여행
travel n. 여행; (pl.) (외국) 여행
voyage n. 여행, 항해
expedition n. 탐험, 원정
jaunt n. 짧은 여행, 소풍
junket n. 유람 여행
odyssey n. 장기간의 모험 여행
tour n. 관광[유람] 여행
trip n. (짧은) 여행
walkabout n. 도보 여행

---

2947 ★
**slate**
[sleit]

**vt. ① 예정하다, 계획하다 = plan, schedule**
**② (책 등을) 혹평하다; (부하 등을) 호되게 꾸짖다 = criticize, pan, slam**
**n. 슬레이트, 석판**

Another big Hollywood movie starring a Korean actress is **slated** to open this summer.
한국인 여배우가 출연하는 또 하나의 대형 할리우드 영화가 올 여름 개봉할 예정이다.

2948 ★★

**phantom**
[fǽntəm]

n. ① 환영(幻影), 유령 = apparition, ghost, spirit
② 환각, 착각, 망상 = hallucination, illusion, vision

a. ① 환상의, 망상의; 유령의 = fictitious, imaginary
② 실체가 없는, 겉뿐인

Over the years several **phantoms** have been sighted in the old cottage.
지난 몇 년간 그 오래된 오두막집에서 유령이 여러 번 목격되었다.

---

2949 ★

**execrable**
[éksikrəbl]

a. 혐오[증오]할, 저주할; 몹시 서투른[형편없는]
= abominable, detestable, horrible

I've never heard such an **execrable** performance of the concerto.
나는 그렇게 형편없는 협주곡 연주를 들어본 적이 없었다.

MVP execrate v. 통렬히 비난하다; 혐오[증오]하다; 저주하다

---

2950 ★★

**bristle**
[brísl]

v. ① (털·깃털 등이) 곤두서다 = prickle
② 화내다, (화가 나서) 발끈하다, 초조해하다 = irritate, rage

n. 뻣뻣한 털

When the soldiers moved closer, the cow **bristled** up its hair.
그 군인들이 가까이 다가오자, 암소는 털을 곤두세웠다.

Scientists **bristled** when politicians didn't show interest in our wetlands.
정치가들이 우리의 습지에 관심을 보이지 않자, 과학자들이 화를 냈다.

MVP bristled a. 뻣뻣한 털이 있는[많은]; 털이 곤두선

## A. Write the meaning of the following words.

| | |
|---|---|
| □ outstanding ______ | □ apocalypse ______ |
| □ vernacular ______ | □ yelp ______ |
| □ sumptuary ______ | □ crook ______ |
| □ lance ______ | □ manure ______ |
| □ recompense ______ | □ fortitude ______ |
| □ excrescence ______ | □ nook ______ |
| □ decrepit ______ | □ quotidian ______ |
| □ ball-park ______ | □ consecrate ______ |
| □ fast ______ | □ incinerate ______ |
| □ spoliation ______ | □ adipose ______ |
| □ protrude ______ | □ strangle ______ |
| □ crabbed ______ | □ guise ______ |
| □ muddle ______ | □ douse ______ |
| □ rustle ______ | □ suture ______ |
| □ baptism ______ | □ repulsive ______ |
| □ dissemble ______ | □ trek ______ |
| □ ablution ______ | □ slate ______ |
| □ innuendo ______ | □ phantom ______ |
| □ suavity ______ | □ execrable ______ |
| □ confectionery ______ | □ bristle ______ |

※ 주어진 단어의 뜻을 본문에서 확인하시고 틀린 단어의 경우 박스에 체크한 뒤에 나중에 다시 학습하시기 바랍니다.

## B. Choose the synonym of the following words.

| | |
|---|---|
| 1. tycoon | Ⓐ miser |
| 2. gargantuan | Ⓑ monotonous |
| 3. espouse | Ⓒ barbarity |
| 4. proclivity | Ⓓ disposition |
| 5. humdrum | Ⓔ inherent |
| 6. aspersion | Ⓕ advocate |
| 7. elegant | Ⓖ gigantic |
| 8. curmudgeon | Ⓗ magnate |
| 9. atrocity | Ⓘ calumny |
| 10. immanent | Ⓙ graceful |

B. 1. Ⓗ 2. Ⓖ 3. Ⓕ 4. Ⓓ 5. Ⓑ 6. Ⓘ 7. Ⓙ 8. Ⓐ 9. Ⓒ 10. Ⓔ

2951 ★★★
**exacerbate**
[igzǽsərbèit]

**vt. ① (고통·병·노여움 따위를) 악화시키다 = aggravate, worsen**
**② (감정 따위를) 격화시키다; 화나게[짜증나게] 하다**

The use of force will only **exacerbate** the situation.
무력의 사용은 상황을 오직 악화시키기만 할 것이다.

MVP exacerbation n. 격화, 악화; 분노
cf. acerbate vt. 쓰게[떫게] 하다; 화나게 하다; a. 쓰게[떫게] 한; 화나는

---

2952 ★★
**resurgence**
[risə́ːrdʒəns]

**n. (활동의) 재기, 부활 = rebirth, renewal, resurrection**

The **resurgence** of nationalism in Europe is a danger to us all.
유럽에서의 민족주의의 부활은 우리 모두에게 위험하다.

MVP resurgent a. 되살아나는, 소생[부활]하는; n. 부활자, 되살아난 사람

---

2953 ★
**ultimatum**
[ʌltəméitəm]

**n. 최종 제안, 최후통첩**

The **ultimatum** contained the threat of military force.
그 최후통첩에는 군사력을 동원하겠다는 협박이 들어 있었다.

---

2954 ★★
**maraud**
[mərɔ́ːd]

**v. 약탈하다, 습격하다[on, upon] = despoil, loot, pillage, plunder, raid, ransack**

They protected the children from **marauding** bears.
그들은 아이들을 곰들의 습격으로부터 보호했다.

MVP marauder n. 약탈자, 습격자
marauding a. 약탈하려고 돌아다니는, 습격하고 돌아다니는

---

2955 ★★
**prank**
[præŋk]

**n. 농담, 못된 장난 = joke, trick**

His mischievous **prank** turned into a fight.
그의 짓궂은 장난은 싸움으로 번졌다.

MVP prankster n. 장난꾸러기
prankish a. 장난치는, 희롱하는

---

2956 ★
**daredevil**
[dɛ́ərdèvl]

**a. n. 무모한, 물불을 가리지 않는, 저돌적인 (사람) = madcap, risk-taker**

He is well-known for his business prowess, but he's also a well-known **daredevil**.
그는 뛰어난 사업수완으로 잘 알려져 있지만 대담무쌍한 모험가로도 유명하다.

MVP daredevilry n. 무모(한 행위); 만용(= daredeviltry)

2957 ★★

**steppingstone**
[stépiŋstòun]

n. 디딤돌; 수단, 발판 = foothold, means

Failure is a **steppingstone** to success.
실패는 성공의 디딤돌이다.

MVP cf. cornerstone n. 초석, 토대, 기초

2958 ★★★

**beneficent**
[bənéfəsənt]

a. 자선을 베푸는; 친절한, 인정 많은 = benevolent, charitable, generous

He was a **beneficent** old man and wouldn't hurt a fly.
그는 자비심 많은 노인으로 파리 한 마리 해치려 하지 않았다.

MVP beneficence n. 선행, 은혜; 자선; 자선행위

2959 ★★

**alacrity**
[əlǽkrəti]

n. 민활, 민첩, 기민함 = agility, alertness, nimbleness, promptitude

Senegal responded with **alacrity** to its Ebola outbreak.
세네갈은 에볼라의 창궐에 민첩하게 대응했다.

MVP alacritous a. 민활한, 민첩한; 시원시원한

2960 ★★★

**rebel**
n. a. [rébəl]
v. [ribél]

n. 반역자, 모반자 = insurgent, mutineer
a. 모반한, 반역의; 반항적인 = insurrectionary, mutinous
vi. 반역하다, 반란[모반]을 일으키다; 반항하다[against] = mutiny, resist, revolt

The government announced that the **rebel** was subdued.
정부는 반란군이 진압되었다고 발표했다.

MVP rebellion n. 모반, 반란, 폭동; 반항, 배반
rebellious a. 반역하는, 반항적인; 고집이 센, 완고한

2961 ★

**pungent**
[pʌ́ndʒənt]

a. ① (맛·냄새가) 톡 쏘는 듯한[몹시 자극적인] = acrid, piquant
② (말 등이) 날카로운, 신랄한 = acid, biting, caustic, incisive, pointed

Korean Kimchi is quite **pungent** but it's delicious.
한국의 김치는 아주 자극적이지만 정말 맛있다.

MVP pungency n. 얼얼함, 톡 쏨; 자극; 신랄함, 날카로움

2962 ★★

**crumb**
[krʌm]

n. ① (보통 pl.) 작은 조각, 빵부스러기 = fragment, particle, scrap, shred
② 〈비유〉 소량, 약간[of] = bit, grain, jot, morsel

My son spilled the popcorn **crumbs** on the carpet.
내 아들이 카펫에 팝콘 부스러기를 쏟았다.

2963 ★
**salve**
[sæv]

**n. ① (상처 등에 바르는) 연고 = ointment, unction, unguent**
**② (괴로움 등을) 달래주는 것, (~에 대한) 위안, 위로 = solace**
**vt. ① (자존심·양심 따위를) 달래다 = solace, soothe**
**② (불화·의혹 등을) 적당히 처리하다, 미봉하다, 얼버무리다**

She gently applied **salve** to Abra's foot.
그녀는 친절하게 아브라(Abra)의 발에 연고를 발라주었다.

She tried to **salve** her conscience by confessing everything in her diary.
그녀는 일기에 모든 것을 고백하여 양심을 달래려고 했다.

MVP cf. salvo n. 일제 사격; 박수갈채, 환호

---

2964 ★★
**ineffable**
[inéfəbl]

**a. 말로 표현할 수 없는, 이루 말할 수 없는, 형언할 수 없는 = indescribable**

Korean students claim that Japanese prime minister should not pay tribute to those war criminals who inflicted **ineffable** harm on the neighboring countries.
한국 학생들은 일본의 총리가 이웃 나라에 말할 수 없이 심각한 상처를 준 전범들에게 참배해서는 안 된다고 주장한다.

MVP ↔ effable a. 말[설명, 표현]할 수 있는

---

2965 ★★★
**breed**
[bri:d]

**v. ① 새끼를 낳다, 알을 까다**
**② 번식시키다; 사육하다; (품종을) 개량하다 = multiply, reproduce**
**③ 일으키다, 야기하다 = cause, create, produce**
**④ 기르다, 양육하다 = nurture, raise, rear**
**n. 종류; 유형; 품종; 종족; 혈통**

Many animals **breed** only at certain times of the year.
많은 동물들이 연중 특정한 시기에만 새끼를 낳는다.

Familiarity **breeds** contempt.
잘 알면 무례해지기 쉽다.

MVP breeding n. 번식; 부화; 양육, 사육; 교양, 예의범절

---

2966 ★★
**compendium**
[kəmpéndiəm]

**n. ① 개설, 개론 = introduction, outline, survey**
**② 적요, 요약 = abridgment, abstract, digest, epitome, summary**

The scholar wrote a **compendium** of 20th-century physics.
그 학자는 20세기 물리학 개론을 저술했다.

The new book is the best **compendium** of Catholic-Jewish history.
새로 나온 그 책은 가톨릭-유대교 역사를 가장 잘 요약해 놓은 것이다.

MVP compendious a. (책 등이) 간결한, 간명한

2967 ★

**gung-ho**
[gʌ́ŋhóu]

a. ① 충성을 다하는; 〈미국·속어〉 바보처럼[무턱대고] 열심인, 열혈적인 = ardent, enthusiastic, zealous
② 〈미국·속어〉 세련되지 않은, 감정적인

Your friends are really **gung-ho** about that computer game.
당신의 친구들은 그 컴퓨터 게임에 정말로 과도하게 열광하고 있다.

2968 ★★

**fusion**
[fjúːʒən]

n. ① 용해, 융해; 용해[융해]물 = dissolution, liquefaction, melting
② (정당 등의) 합동, 연합, 합병; 연합체 = alliance, coalition

The movie displayed the perfect **fusion** of image and sound.
그 영화는 영상과 음향의 완벽한 결합을 보여주었다.

MVP fuse v. 녹이다; 융합시키다; 융합하다; n. (포탄 등의) 신관(信管), 도화선

2969 ★★★

**summon**
[sʌ́mən]

vt. ① 소환하다, 호출하다; 소집하다 = call, convene, subpoena
② (용기 등을) 불러일으키다, 환기하다[up]

The prosecution **summoned** all the parties concerned.
검찰은 관계자들을 모두 소환했다.

She was trying to **summon** up the courage to leave him.
그녀는 그를 떠날 용기를 내기 위해 애를 쓰고 있었다.

MVP cf. sermon n. 설교

2970 ★★

**prescience**
[préʃəns]

n. 예지, 선견, 혜안, 통찰 = foresight, precognition, presage

The **prescience** of another European War harassed him.
다시 유럽 전쟁이 일어나리라는 예감으로 그는 마음이 괴로웠다.

MVP prescient a. 선견지명[예지력]이 있는

2971 ★★

**lucubrate**
[lúːkjubrèit]

vi. (밤늦게까지) 열심히 공부하다[일하다] = cum, moil, toil

I should **lucubrate** on the shortcomings unveiled by the recent evaluation.
나는 최근 평가에서 나온 부족한 점과 관련해 열심히 공부해야 한다.

MVP lucubration n. (특히 야간에) 열심히 일[공부]하기; 문학적 노작, 역작
elucubrate vt. (특히 문예 작품 등을) 고심해서 만들어 내다

2972 ★

**hydrophobia**
[hàidrəfóubiə]

n. 공수병(恐水病), 광견병 = rabies

The curative and preventive treatments for **hydrophobia** we know today are based on Pasteur's vaccination.
오늘날 우리에게 알려진 광견병 치료 및 예방처치는 파스퇴르(Pasteur)가 개발한 백신 접종을 토대로 하고 있다.

---

2973 ★★

**ostentatious**
[àstəntéiʃəs]

a. 과시하는, 허세부리는 = flaunting, pretentious, showy

John was a noisy, **ostentatious** man who loved to talk about his yachts, mansions, and gaudy jewelry.
존(John)은 자신의 요트, 대저택, 그리고 화려한 보석들에 대해 이야기하기 좋아하는 시끄럽고, 과시욕이 있는 사람이었다.

MVP cf. ostensible a. 표면의, 겉치레의
↔ unostentatious a. 허세부리지 않는, 젠체하지 않는

---

2974 ★★

**atrophy**
[ǽtrəfi]

n. 위축; 퇴화, 쇠퇴 = shrinkage; degeneracy, degeneration, deterioration
v. 위축시키다, 위축되다; 퇴화[쇠퇴]시키다 = shrink; degenerate, deteriorate

Japan reminds us of the **atrophy** in the domestic auto industry.
일본은 우리에게 국내 자동차 업계의 쇠퇴를 상기시켜준다.

If you don't excercise, your muscles will **atrophy**.
운동하지 않으면, 당신의 근육이 위축될 것이다.

MVP cf. trophy n. (경기 입상 기념의) 트로피, 기념품; 전리품, 노획물
↔ hypertrophy n. (인체 장기·조직 등의) 비대, 이상 발달

---

2975 ★

**dingy**
[díndʒi]

a. ① 거무스름한; 더러운 = dirty, grimy
② 음침한, 칙칙한 = dreary, somber

He could find only a **dingy** room in an old rundown hotel.
그는 오래된 허름한 호텔에서 지저분한 방 하나 밖에 찾을 수 없었다.

---

2976 ★★

**turpitude**
[tə́:rpətjù:d]

n. 대단히 부도덕한 행위, 타락한 행위 = depravity, immorality, wickedness

A visitor was convicted for a crime involving moral **turpitude**.
어떤 관광객이 도덕적으로 타락한 행위와 관련한 범죄로 유죄판결을 받았다.

---

2977 ★★

**moribund**
[mɔ́(:)rəbʌnd]

a. 빈사 상태의, 죽어가는, 소멸[절멸] 직전의 = dying

The Korean economy was **moribund** immediately after the Korean War.
한국전쟁 직후 한국 경제는 빈사 상태에 빠졌다.

2978 ★
**splice**
[splais]

vt. ① (필름·밧줄·테이프의 두 끝을) 잇다 = connect, join, knit, unite
② 결혼시키다 = marry, wed

The researchers then **spliced** together more than 100 separate pages by hand.
그 연구원들은 100장이 넘는 별도의 페이지들을 직접 자기 손으로 하나로 이었다.

2979 ★★
**cult**
[kʌlt]

n. ① (종교상의) 예배(식), 제사 = rite, ritual
② (사람·물건·사상에 대한) 숭배; (일시적) 유행; 숭배의 대상 = adoration, worship
③ 이교(異教); 광신적 교단, 사이비 종교 집단

The members of that **cult** do anything their leader says.
그 사이비 종교 집단의 신도들은 교주가 말하는 것이면 무엇이든 한다.

2980 ★
**immolate**
[íməlèit]

vt. 제물로 바치다, 희생하다 = sacrifice, victimize

The tribal king offered to **immolate** his daughter to quiet the angry gods.
그 부족의 왕은 노한 신들을 달래기 위해 자신의 딸을 제물로 바쳤다.

MVP immolation n. 산 제물을 바침; 산 제물, 희생
self-immolate vt. 항의의 형태로 분신자살하다

2981 ★★
**stricken**
[stríkən]

a. ① (~으로) 시달리는[고통 받는], (피해·질병 등을[에]) 당한[걸린] = affected
② 〈합성어〉 ~에 시달리는[찌든]

Whole villages were **stricken** with the disease.
모든 마을들이 그 질병에 걸려 있었다.

He was born into a poverty-**stricken** family.
그는 찢어지게 가난한 집에서 태어났다.

MVP grief-stricken a. 슬픔에 젖은
heart-stricken a. 슬픔에 젖은, 비탄에 잠긴
poverty-stricken a. 가난에 시달리는, 매우 가난한
terror-stricken a. 공포에 사로잡힌

2982 ★
**query**
[kwíəri]

n. 질문, 의문 = inquiry, question
v. 묻다, 질문하다 = ask, inquire

If you have any **queries** about this topic, please get in touch with me.
이 주제와 관련하여 문의사항이 있으시면 저에게 연락주세요.

2983 ★★
**desiccate**
[désikèit]

v. ① 건조시키다, (음식물을) 말려서 보존하다 = dehydrate, dry up
② 생기를 잃게 하다, 무기력하게 하다 = devitalize, enervate

In the hot, dry desert air, the cut flowers eventually became completely **desiccated**.
뜨겁고 건조한 사막의 대기 속에서, 베어진 꽃들이 결국엔 완전히 말라 비틀어졌다.

MVP desiccation n. 건조, 마름
desiccated a. 건조한, 분말의; 생기가 없는

---

2984 ★★
**celibate**
[séləbət]

a. ① (특히 종교적인 이유로) 결혼을 하지 않는, 독신의
② 성관계를 하지 않은, 금욕하는
n. 독신주의자

The man vowed to remain **celibate**.
그 남자는 독신으로 지내기로 다짐했다.

MVP celibacy n. 독신 (생활); 독신주의; 금욕

---

2985 ★★★
**insurance**
[inʃúərəns]

n. ① 보험; 보험업
② (보험사에 내는) 보험료 = premium
③ (미래의 불행에 대비한) 보호[예방] 수단 = preventive

Mona Lisa has the highest **insurance** value for a painting in history.
"모나리자(Mona Lisa)"는 미술 역사상 보험가액이 가장 높다.

MVP insure v. 보험에 가입하다, 보장하다
reinsure v. 재보험하다, 재보증하다
reassure vt. 안심시키다, 기운 차리게 하다; 재보증[재확인, 재보험]하다

---

2986 ★★
**envisage**
[invízidʒ]

vt. (미래의 일·상황 따위를) 마음속에 그리다, 상상하다, 예견[구상]하다
= conceive, envision, imagine, visualize

I can't **envisage** her coping with this job.
나는 그녀가 이 일을 처리할 것이라고 상상할 수 없다.

It is **envisaged** that the talks will take place in the spring.
그 회담은 봄에 열릴 것으로 예상된다.

MVP visage n. 얼굴, 용모

---

2987 ★
**lump**
[lʌmp]

n. ① 덩어리, 응어리 = clod, clump, mass
② 혹, 종기, 부스럼 = bump, swelling
③ 대다수, 여럿, 무더기, 많음 = bulk, lion's share, majority

The hump on the camel's back is a **lump** of fat.
낙타 등의 혹은 지방 덩어리이다.

MVP lumpy a. 덩어리진; 울퉁불퉁한

2988 ★★
**fraught**
[frɔ:t]

a. ① (좋지 않은 것들) 투성이의, 가득한[with] = full of, replete
② (물건을) 실은, 적재한 = laden
③ 걱정하는, 난처한

The idea is very innovative but it is **fraught** with problems.
그 생각은 매우 혁신적이지만 여러 가지 문제투성이이다.

---

2989 ★★
**sobriety**
[səbráiəti]

n. ① 술에 취하지 않은 상태, 맨 정신 = soberness
② 절주, 금주 = abstemiousness, abstinence, temperance
③ 냉철함, 진지함 = earnestness, seriousness, solemnness

The police have stopped a motorist for a **sobriety** test.
경찰은 음주단속을 위해 한 운전자를 멈춰 세웠다.

MVP sober a. 술 취하지 않은; 절주하고 있는; 냉철한, 진지한
sobriety test (운전자에 대한) 음주 측정[테스트]

---

2990 ★★
**overhaul**
[òuvərhɔ́:l]

v. ① 철저히 조사[검사]하다 = examine, inspect, investigate, scrutinize
② (경주에서 남을) 앞지르다 = outdistance, outrun, outstrip, overtake
n. 철저한 조사, 정밀 조사[검사] = inspection, scan, scrutiny

Air filtration system needs a complete **overhaul**.
공기 정화 시스템은 철저한 점검을 필요로 한다.

---

2991 ★
**volley**
[váli]

n. (화살·총알 등의) 일제 사격; (질문·비난 등의) 연발[of] = barrage, fusillade

Police fired a **volley** over the heads of the crowd.
경찰이 군중들의 머리 위로 일제 사격을 퍼부었다.

---

2992 ★★
**drone**
[droun]

n. ① (꿀벌의) 수벌
② 게으름뱅이; 무위도식하는 자 = idler, loafer; parasite
③ (무선 조종에 의한) 무인 비행기[선박, 미사일], 드론
v. 게으름피우다, 빈둥거리다 = idle, loaf, loiter

A post office in France is planning on using a **drone** to deliver parcels.
프랑스의 한 우체국은 소포를 배달하기 위해 드론을 사용할 계획이다.

---

2993 ★
**animadversion**
[ænəmædvə́:rʒən]

n. 비평, 비난, 혹평 = censure, criticism, stricture

The movie received harsh **animadversion** from the critics.
그 영화는 비평가들로부터 호된 혹평을 받았다.

MVP animadvert vi. 비평하다, 비난하다

2994 ★

**concatenate**
[kankǽtənèit]

**vt. 사슬같이 잇다; (사건 등을) 연결시키다 = connect, join, link**

You should not try to **concatenate** disconnected statements.
아무 관계없는 진술들을 연결 지으려 애쓰지 말아야 한다.

MVP concatenation n. 연쇄; (사건 등의) 연결, 연속

2995 ★★

**ribald**
[ríbəld]

**a. 음란한[상스러운] 말을 하는, 음란한 = lewd, lubricious, obscene, vulgar**
**n. 상스러운[음란한] 말을 하는 사람**

Lincoln was very fond of witty, and quite often **ribald**, stories.
링컨(Lincoln)은 재치 있으면서도 꽤나 자주 음란한 이야기들을 매우 좋아했다.

MVP ribaldry n. (우스꽝스러운) 음담패설, 상스러운[야비한] 말, 더러운 말

2996 ★★

**equinox**
[íːkwənɑ̀ks]

**n. 주야 평분시, 춘분, 추분**

An **equinox** is when day and night are of equal length.
춘분 혹은 추분은 밤과 낮의 길이가 같은 때를 말한다.

MVP the spring[vernal] equinox 춘분; 춘분점
the autumnal[autumn] equinox 추분; 추분점

2997 ★★

**pounce**
[pauns]

**v. ① 달려들다, 갑자기 덤벼들다 = assault, attack, jump**
**② 달려들어 와락 움켜잡다 = clutch, grab, seize**

We were simply going about our business when we were **pounced** upon by these police officers.
이 경찰관들이 갑자기 들이닥쳤을 때 우리는 그저 우리 일을 하고 있었을 뿐이었다.

2998 ★

**anodyne**
[ǽnədàin]

**n. 진통제; (감정을) 누그러뜨리는 것 = analgesic, painkiller, paregoric, sedative**
**a. 진통[진정] 작용을 하는; 기분을 달래는 = calmative, sedative, soothing**

After being injected with an **anodyne**, the pain vanished completely.
진통제를 맞고 난 후, 고통이 완전히 사라졌다.

Classical music is more effectively **anodyne** for headaches.
클래식 음악은 두통을 보다 효과적으로 진정시켜 준다.

2999 ★★

**token**

[tóukən]

n. ① 표시, 징후; 상징 = mark, sign, symbol
② 기념품[물], 선물 = memento, souvenir
③ (버스·지하철·오락 기계 등에 쓰이는) 대용 화폐; 토큰 = coupon, voucher

a. ① 증거로서 주어진[행해진]
② 형식적인; 명목상의, 이름뿐인 = perfunctory, superficial; nominal

We charge only a **token** fee for use of the facilities.
우리는 그 시설 사용에 대해 명목상의 사용료만 부과한다.

MVP betoken vt. ~의 조짐이[전조가] 되다; 보이다
as a token of ~의 표시로

---

3000 ★

**supernumerary**

[sù:pərnjú:mərèri]

a. 규정수 이상의, 정원 외의; 여분의, 남는 = excess, extra, redundant, spare

n. (정원 외의) 임시로 고용한 배우, 단역 배우 = extra, walk-on

Books were **supernumerary**, and he began jettisoning them.
책이 남았고, 그는 여분의 책들을 폐기하기 시작했다.

He took his first step into the film industry as a **supernumerary**.
그는 단역배우로 영화계에 첫 발을 내딛었다.

## REVIEW TEST

### A. Write the meaning of the following words.

□ exacerbate ______________
□ resurgence ______________
□ ultimatum ______________
□ maraud ______________
□ daredevil ______________
□ steppingstone ______________
□ beneficent ______________
□ rebel ______________
□ pungent ______________
□ crumb ______________
□ breed ______________
□ compendium ______________
□ gung-ho ______________
□ fusion ______________
□ summon ______________
□ lucubrate ______________
□ ostentatious ______________
□ atrophy ______________
□ dingy ______________
□ turpitude ______________
□ moribund ______________
□ splice ______________
□ cult ______________
□ stricken ______________
□ celibate ______________
□ insurance ______________
□ envisage ______________
□ lump ______________
□ fraught ______________
□ sobriety ______________
□ overhaul ______________
□ volley ______________
□ drone ______________
□ concatenate ______________
□ ribald ______________
□ equinox ______________
□ pounce ______________
□ anodyne ______________
□ token ______________
□ supernumerary ______________

※ 주어진 단어의 뜻을 본문에서 확인하시고 틀린 단어의 경우 박스에 체크한 뒤에 나중에 다시 학습하시기 바랍니다.

### B. Choose the synonym of the following words.

1. prank
2. ineffable
3. query
4. animadversion
5. desiccate
6. hydrophobia
7. alacrity
8. immolate
9. prescience
10. salve

Ⓐ ointment
Ⓑ rabies
Ⓒ foresight
Ⓓ agility
Ⓔ criticism
Ⓕ indescribable
Ⓖ joke
Ⓗ dehydrate
Ⓘ inquiry
Ⓙ sacrifice

B. 1. Ⓖ 2. Ⓕ 3. Ⓘ 4. Ⓔ 5. Ⓗ 6. Ⓑ 7. Ⓓ 8. Ⓙ 9. Ⓒ 10. Ⓐ

# APPENDIX

**a fortiori** ad. 더 한층 강력한 이유로
**a posteriori** a. ad. 귀납적인[으로]; 결과에서 원인을 분석해 들어가는
**a priori** a. ad. 선험적인[으로]; 연역적인[으로]; 원인에서 결과로
**aback** ad. 돛이 역풍을 받고
**abacus** n. 주판
**abattoir** n. 도살장(= slaughterhouse)
**abdominal** a. 복부의
**abjuration** n. 포기; 포기 선언
**ablaze** a. 불길에 휩싸인; 흥분한
**ableism** n. (건강한 사람의) 신체 장애인 차별
**abounding** a. 풍부한, 많은
**about-face** n. 뒤로 돌기; (주의·태도 등의) 180도 전향
**aboveboard** ad. a. 공명정대하게[한], 솔직히[한]
**abrade** v. 문질러[비벼] 마모시키다; 닳다, 벗겨지다
**abrasion** n. (피부의) 벗겨짐; 찰과상
**abroad** ad. 국외로, 해외로의; 널리, 유포되어; 넓게, 사방으로
**abscise** v. 절제하다; (잎이) 떨어지다
**absence** n. 부재, 결석, 결근; 없음, 결여
**absentee** n. 부재자; 결석자, 불참자
**absenteeism** n. 계획적 결근(노동 쟁의 전술의 하나); 장기 결석[결근]
**absent-minded** a. 방심 상태의, 멍해 있는, 얼빠진, 건성의
**abstersion** n. 세정, 세척, 정화(淨化); 설사케 함, 하제 사용
**academia** n. 학구적인 세계; 학계
**acarpous** a. (식물이) 열매를 맺지 않는
**acclimatize** v. 순응하다(= acclimate)
**accredit** vt. ~의 공적으로 돌리다; 신용[신임]하다, 믿다
**acephalous** a. 머리가 없는; 지도자가 없는
**acetic** a. (맛이) 신
**acolyte** n. 조수, 풋내기, 〈가톨릭〉 (미사의 시중을 드는) 복사
**actuary** n. 보험 회계사; (법정의) 서기
**acuminate** a. 뾰족한, 날카로운
**ad hominem** a. 지성보다 감정에 호소하는, 인신공격식의
**ad infinitum** ad. 무한히, 영구히
**addendum** n. 부가물; 부록, 추가
**addition** n. 추가, 부가
**additional** a. 부가의, 추가의
**additionally** ad. 게다가
**adit** n. 입구
**adjective** n. 형용사; a. 부수[종속]적인; 소송 절차의

**adjudge** vt. 결정하다; 선고하다
**adjutant** a. 보조의; n. 부관, 조수
**ad-lib** v. 즉흥적으로 연주[노래, 연기, 연설]하다; ad. 즉흥적으로
**admeasure** vt. 할당하다; 재다, 측정하다
**admiral** n. 제독, 해군대장
**adobe** n. (햇볕에 말려 만든) 어도비 벽돌 (집); 어도비 제조용 찰흙
**adscititious** a. 외래의; 보충적인
**adventurous** a. 모험을 좋아하는, 대담한; 위험이 많은
**advertent** a. 주의 깊은
**advocator** n. 주창[창조]자, 옹호자
**aegis** n. 보호, 비호, 후원; 방패
**aeronaut** n. 기구 조종사; 비행기의 조종사
**aeronautics** n. 항공학; 항공술
**affair** n. 일, 사건; 불륜의 연애, 정사
**afferent** a. (혈관이) 수입성의; (신경이) 구심성의(↔ efferent)
**afflatus** n. (시인·예언자 등의) 영감(靈感), 계시
**affranchise** vt. 자유의 몸으로 하다, 해방하다
**affray** n. 싸움, 법석, 소란, 소동
**aficionado** n. 열렬한 애호가
**afoul** ad. a. 엉클어져, 충돌하여
**agape** ad. a. 입을 딱 벌리고[벌린]; 멍하니; n. 하느님의 인간에 대한 사랑
**ageless** a. 늙지 않는; 영원의
**agglomerate** v. 한 덩어리로 하다[되다]; n. 덩어리
**agglomeration** n. 덩이짐, 응집; 덩어리
**aglow** a. 새빨갛게 빛나는; 불타오르는
**agnomen** n. 별명
**agog** a. ad. 흥분한[하여], ~하고 싶어 못 견디는[견뎌]
**agonistic** a. 논쟁의, 논쟁을 좋아하는; 지기 싫어하는
**agrestic** a. 시골(풍)의; 세련되지 않은
**airborne** a. 공수(空輸)의; 공기로 운반되는
**airtight** a. 밀폐한, 기밀(氣密)의; 공격할 틈이 없는
**alarm** vt. 깜짝 놀라게 하다
**alcove** n. (벽의 일부를 들어가게 만든) 작은 방; (공원 등의) 정자
**alfresco** ad. a. 야외에서[의]
**algae** n. 조류(藻類)
**algorithm** n. 연산, 알고리듬
**alible** a. 영양가 있는(= nutritive)
**alienist** n. 정신병 의사
**allegro** a. ad. 빠른[빠르게]; n. 빠른 악장

**alley** n. 뒷골목, 좁은 길, 샛길; (볼링의) 레인
**allodium** n. (봉건 시대의) 완전 사유지
**allonym** n. (작가의) 가명, 필명; 남의 이름으로 출판된 작품
**also-ran** n. (선거 등에서의) 낙선자
**alter ego** n. 분신; 또 하나의 자기
**amaranth** n. (전설상의) 시들지 않는 꽃
**amateurish** a. 아마추어 같은; 서투른
**amatory** a. 연애의, 호색적인
**amazon** n. 활발하고 억척스러운 여자, 여장부
**ambages** n. 우회적으로 하는 말, 우회적인 방식; 우회로
**amber** n. 호박색; 황갈색; 황색 신호
**ambit** n. (행동·권한 등의) 범위, 영역; 구내, 구역
**ambition** n. 야망, 포부, 야심
**ambitious** a. 야심 있는
**amble** n. 느리게 걷는 걸음; vi. (사람이) 천천히 걷다
**ambrosia** n. 신(神)의 음식; 맛있는 음식; 시적 영감
**amenorrhea** n. 〈병리〉 무월경(無月經), 월경 불순
**amigo** n. 친구
**amoral** a. 도덕관념이 없는
**amorous** a. 호색의; 연애의; 요염한
**amort** a. 죽은 듯한; 원기[활기]가 없는, 의기소침한
**amour** n. 정사(情事), 연애 사건; 애인
**amplitude** n. 넓이, 크기, 폭; 충분함
**amuck** ad. 미친 듯이 날뛰어(= amok)
**amygdala** n. 편도선
**anagram** n. 철자를 바꾸기, 글자 수수께끼
**analeptic** n. 강장제, 보약, 강심제; a. 체력을 회복시키는
**analgesia** n. 무통각(증), 통각 상실(증)
**analgesic** a. 통증이 느껴지지 않는; n. 진통제(= analgetic)
**analogue** n. 유사한 것, 대등한 상대
**anastrophe** n. 〈수사학〉 도치법, 도치(= anastrophy)
**anchovy** n. 멸치
**androcentric** a. 남성중심의
**androgynous** a. 남녀 양성의; 자웅동체의
**android** n. 로봇, 인조인간
**anglicize** v. 영국풍[식]으로 하다[되다]; (외국어를) 영어화하다
**anima** n. 정신, 생명, 혼
**animism** n. 정령 숭배
**annular** a. 고리 모양의, 환상(環狀)의

anode n. 양극(陽極)(↔ cathode)
anomie n. 사회적[도덕적] 무질서, 아노미 현상
anorexia n. 거식증, 신경성 식욕부진증(= anorexia nervosa)
answerable a. 책임이 있는; 대답할 수 있는
antarctic a. 남극의(↔ arctic)
ante meridiem n. 오전(午前, AM)
antebellum a. (특히 미국 남북) 전쟁 전의(↔ postbellum)
antedate vt. (시기적으로) ~에 앞서다, ~보다 먼저 일어나다
antelope n. 영양
anterior a. 앞의, 전방의; 먼저의
anteroom n. 대기실, 곁방
anthropomorphism n. 의인화(擬人化), 인격화
anthropophagi n. 식인종
anthropophagous a. 사람 고기를 먹는, 식인의
anthropotomy n. 인체의 해부학적 구조
antigen n. 〈의학〉 항원(抗原)
antilogy n. 전후모순, 자기모순
antioxidant n. 산화[노화] 방지제
antitoxin n. 항독소; 면역소; 항독소 혈청
aorta n. 대동맥
apace ad. 빨리, 신속히; 발맞추어
apepsia n. 소화불량
aphelion n. 원일점(행성이나 혜성이 태양에서 가장 멀리 떨어진 위치)
aphrodisiac a. 성욕을 촉진하는, 최음의; n. 최음제
apiary n. 양봉장
apnea n. 무호흡, 일시적 호흡 정지; 질식
apodictic a. 필연적으로 진리인, 자명한
apologue n. 우화, 교훈담
apoplexy n. 뇌졸중; 뇌일혈
apostrophe n. 생략 기호, 소유격 기호
appellate a. 상소의, 항소의
appertain vi. 속하다, 부속되다; 관련되다
appetence n. 욕망, 성욕; 본능
apple-pie a. (도덕관 등이) 미국적인; 완전한, 정연한
apple-polisher n. 아첨꾼
apportion vt. 할당하다; 배분[배당]하다
appose vt. 병렬하다, 병치하다
apropos ad. 적당[적절]히; ~한 김에; a. 적당한, 적절한
aquamarine n. 남옥(藍玉); 연한 청록색, 남청색

**aquarelle** n. 수채화
**aqueduct** n. 송수로, 수도, 도수관(導水管)
**aqueous** a. 물의, 물 같은; (암석이) 수성의
**aquiline** a. 독수리의; 굽은, 갈고리 모양의
**Arcadian** a. 전원풍의; 목가적인; 순박한
**archaism** n. 고어, 옛말; 오래된 문체
**archetype** n. 전형(典型)
**Archilles' heel** n. 아킬레스 건, 취약점
**arctic** a. 북극의, 북극지방의
**arenaceous** a. 모래땅의, 모래의; 무미건조한
**argute** a. 빈틈없는; 예민한
**argy-bargy** n. 시끄러운 논쟁[언쟁]; vi. 토론[언쟁]하다
**ark** n. (노아의) 방주; 피난처
**arm's-length** a. (관계가) 서먹서먹한; (거래 등이) 서로 대등한 입장에서의
**armada** n. 함대, (버스·트럭·어선 등의) 대집단
**Armageddon** n. 최후의 괴멸적인 대결전
**armature** n. 갑옷; 틀, 뼈대; (군함의) 장갑판
**armed** a. 무장한
**arms** n. 무기, 병기; 군사, 전투
**aromatic** a. 향기로운
**arrear** n. (보통 pl.) 지연, 지체; 미불금, 연체금
**arroyo** n. 시내, 협곡; 물이 마른 수로
**arthralgia** n. 〈병리〉 관절통
**arthritis** n. 〈병리〉 관절염
**artillery** n. 포, 대포, 포병
**artistry** n. 예술적 수완[기교]; 예술성
**artless** a. 꾸밈없는, 순진한, 소박한
**asbestos** n. 석면
**aseptic** n. 방부제; a. 무균의, 방부처리의
**asexual** a. 〈생물〉 무성(無性)의, 성별이 없는
**ashen** a. 회색의; 창백한
**asphyxiate** v. 질식시키다
**ass** n. 골칫거리, 바보
**assist** v. 원조하다, 돕다, 조력하다
**assistance** n. 원조, 도움, 조력
**assistant** n. 조수, 보좌역
**assured** a. 확실한; 자신 있는; 뻔뻔스러운
**asterisk** n. 별표; 별 모양의 것; vt. 별표를 달다
**asthma** n. 〈의학〉 천식

astrict vt. 제한[속박]하다; 변비를 일으키게 하다(= constipate)
astronaut n. 우주비행사
atavism n. 〈생물〉 격세유전
atavistic a. 인간 본래의; 격세 유전적인
ataxia n. 혼란, 무질서; 운동 실조
atelier n. 화실, 작업실
athlete n. 경기자, 운동가
athletic a. 운동의, 체육의, 경기의
athwart prep. ~을 가로질러; ~에 거슬러, 반대로; ad. 엇갈리게, 비스듬히
Atlantic n. 대서양
atop a. ~의 꼭대기에 있는
audition n. 청각, 청력; 심사, 오디션
auditor n. 회계감사관, 감사
auditorium n. 강당; 방청석
auditory a. 귀의, 청각의
Augean stable n. 적폐, 부패
august a. 당당한; 존엄한; n. 8월(A~)
aural a. 청각의
aureate a. 금빛의, 빛나는; 미사여구를 늘어놓은
aureole n. (순교자가 받는) 보관(寶冠), 〈기상〉 (해·달의) 무리
auroral a. 새벽의; 서광의; 장밋빛의
auscultation n. 〈의학〉 청진(법)
austral a. 남쪽의, 남국(南國)의
autarky n. 경제적 자급자족; 경제 자립국
author n. 저자; (저자의) 저작물, 작품
authoritarianism n. 권위주의, 독재주의
autochthonous a. 토착의, 자생적인
autocritique n. 자기비판
automatic a. 자동적인, 무의식적인
automaton n. 자동장치, 자동기계
automotive a. 자동차의; 자동의
avail v. 소용되다; 쓸모가 있다; n. 이익, 효용
availability n. 유용성, 유효성; 이용도
avant-garde a. 전위적인; n. (예술의) 전위파, 전위 예술가들
avatar n. 화신(化身); 구현, 구체화
avenue n. 길, 대로; 방법
avian a. 새의, 조류의
aviary n. 새장, 새집
aviso n. 통보, 급송 공문서

**avoirdupois** n. 무게, 체중
**avouch** v. 단언[확언]하다, 보증하다
**avow** vt. 공언하다; 인정하다; 자백하다
**avuncular** a. 아저씨의, 삼촌의; 자애로운
**awash** ad. a. 물에 덮여 (있는); (장소·사람 등이) ~으로 넘치는
**aye** ad. 언제나, 항상
**Babbittry** n. 저속한 장사꾼 기질
**babbling** a. 수다를 떠는; n. 수다; (어린애의) 재잘거림
**baccalaureate** n. 학사 학위; 대학 입학 자격시험
**bacchanalian** a. 흥청거리는
**backbreaking** a. (일 등이) 몹시 힘든
**backdrop** n. 배경막, 배경
**back-of-the-envelope** a. 간단하게 계산되는, 면밀한 계산[분석]에서 나온 것이 아닌
**backpack** v. 배낭을 지고 걷다; n. (도보 여행용) 배낭; 등짐
**backseat driver** n. 참견하기 좋아하는 사람, 무책임한 비평가
**backstop** v. ~을 위해 진력하다, 지지하다; n. 〈야구·테니스〉 백네트
**back-to-school** a. 신학기의
**backtrack** vi. 같은 길로 돌아오다; 손을 떼다; 철회하다
**badinage** n. 농담, 놀림, 야유
**bagatelle** n. 하찮은 것, 사소한 일
**balefire** n. 큰 화톳불, 봉화, 모닥불
**ballast** n. (배의) 바닥짐; (철도·도로의) 자갈; (마음의) 안정
**balloon** v. (풍선처럼) 부풀다[부풀게 하다]; 급증[급등]하다; n. 기구(氣球), 풍선
**ballyhack** n. 지옥, 파멸
**balm** n. 향유; 방향(芳香); 진통제, 위안, 위안거리; vt. (통증 따위를) 진정시키다
**baloney** n. 잠꼬대, 허튼 수작
**bamboo** n. 대나무
**bandwidth** n. 〈통신〉 주파수 대역폭
**bandy** vt. (타격·말 등을) 주고받다; (소문 등을) 퍼뜨리다; a. 안짱다리인
**bantam** a. 몸집이 작은; 공격적인; 건방진
**bard** n. 음유 시인; 방랑 시인
**bare** a. 벌거벗은; 숨기지 않는; vt. 드러내다; (비밀·마음 등을) 털어놓다
**bargain hunter** n. 싼 것만 찾아다니는 사람
**barge** n. 바지선, 거룻배; 유람선; v. 끼어들다; 헤치고 나아가다
**bark** v. (개·여우 등이) 짖다; n. 나무껍질; 짖는 소리
**barn** n. (농간의) 헛간, 광
**baroque** a. 기이한, 기괴한; 저속한; (문체가) 지나치게 수식적인
**barrel** n. (목재·금속으로 된 대형) 통
**barring** prep. ~을 제외하고는

barycenter n. 〈물리·수학〉 무게중심
bash v. 세게 때리다, 강타하다; 맹렬히 비난하다
bashful a. 수줍어하는, 부끄러워하는
basket case a. 무력한; 기능이 마비된; n. 경제가 마비된 국가[조직], 머리가 이상한 사람
batch n. 한 벌; 한 묶음; 한 떼
bate v. (동작·감정 등을) 누그러뜨리다; (요구·흥미 등을) 약화하다; n. 노여움, 화
bathe v. 목욕시키다; 담그다, 씻다
batten v. 살찌다; 살찌게 하다
batter v. 난타[연타]하다
bawdy a. 추잡한, 음란[음탕]한
bazaar n. 시장, 상점가
bead n. 구슬, 염주알; (땀 등의) 방울
beatify vt. 행복하게 하다; 축복하다
beat-up a. 오래 되어 낡은; 지친
beau n. 미남, 애인, 구혼자
beaver n. 〈동물〉 비버; 부지런한 사람(= eager beaver)
bed n. 침대, 침상; 토대; 하천[호수] 바닥
bedeck vt. (화려하게) 꾸미다, 장식하다
bedevil vt. 귀신 들리게 하다; 괴롭히다
bedraggle vt. (의복 등을) 흙투성이로 만들다, 더럽히다
beef v. 강화하다, 보강하다[up]; n. 쇠고기; 근육
beefy a. 몸이 우람한, 건장한
befoul vt. 더럽히다; 헐뜯다
befriend vt. ~의 친구가 되다, ~와 사귀다
beg v. 구걸하다; 간청[애원]하다
beggar n. 거지; 가난뱅이
behave v. 행동하다; (특히) 예절 바르게 행동하다
behavior n. 행동, 행실, 태도
behest n. 명령; 간절한 부탁
believable a. 믿을[신용할] 수 있는
bellow n. 우는 소리, 울부짖는 소리; v. 큰 소리로 울다; 짖다
bellows n. 풀무
belly n. 배, 복부; v. 부풀리다, 불룩해 지다
belt-tightening n. 긴축(정책), 내핍(생활)
bemuse vt. 멍하게 만들다; 생각에 잠기게 하다
bemused a. 생각에 잠긴; 멍한, 어리벙벙한
benchmark n. 〈측량〉 기준점; 기준, 척도
beriberi n. 〈병리〉 각기병
berth n. (기차·여객기 따위의) 침대; 정박; 숙소, 거처; vt. 정박시키다

**besmear** vt. 잔뜩 처바르다; 더럽히다
**bete noire** n. 몹시 싫은 것
**bethink** vt. 숙고하다, 생각해 내다
**better** v. 개선하다, 향상시키다[되다]
**betterment** n. 개량, 개선, 개정; 출세
**between Scylla and Charybdis** a. 진퇴양난의
**bevy** n. 떼, 무리
**biblical** a. 성경의; 성경에서 인용한
**bibliography** n. 저서목록, 출판목록
**bibliophile** n. 서적 수집가, 애서가
**bibliopole** n. 서적상
**bibulous** a. 술꾼의, 술을 좋아하는; 음주의
**bicameral** a. (의회가) 상하 양원제의
**bifocal** a. 이중 초점의
**big daddy** n. 창시자; 가장 중요한 것
**big-name** a. 유명한, 유명인의; n. 명사, 유명인; 명성
**bile** n. 담즙; 기분이 언짢음, 역정
**bilious** a. 곧 토할 것 같은; 보기 싫은, 불쾌한; 성질이 나쁜; 〈생리·병리〉 담즙의
**bilk** v. (갚을 돈을) 떼어먹다, 먹고[돈을 안 내고] 달아나다; n. 사기, 사기꾼
**billingsgate** n. 거친[상스러운] 말, 욕설
**billionaire** n. 억만장자
**billow** n. 큰 파도, 놀; v. 크게 굽이치다; 부풀다; 소용돌이치게 하다
**bimonthly** a. ad. 두 달에 한 번의[으로], 격월의[로]
**bin** n. 궤; 저장소; 쓰레기통
**biodegradable** a. 생물 분해성이 있는
**biodiversity** n. 생물적 다양성
**biologist** n. 생물학자
**biosphere** n. 생물권
**bipartisan** a. 양당의; 초당파적인
**biped** n. 두발 동물
**birthright** n. 타고난 권리, 생득권
**bistro** n. 작은 음식점, 술집
**biting** a. 쏘는 듯한; 얼얼한; 날카로운; 신랄한; 부식성의
**bits and pieces** n. 이런저런 것들[잡동사니들]
**bitter** a. 쓴; (언쟁 등이) 격렬한; 쓰라린; 호된, 신랄한
**blab** v. 지껄여 대다; (지절거려) 비밀을 누설하다
**Black Death** n. (the ~) 흑사병, 페스트
**black swan** n. 아주 진귀한 것
**bladder** n. (the ~) 방광; 공기주머니; 허풍선이

**blare** v. (소리를) 요란하게 울리다
**blase** a. 환락에 물린; 무관심한
**blather** n. 실없는 말, 잡담; v. 실없는 말을 늘어놓다
**blazon** n. 문장(紋章); (문장 있는) 방패; 과시; 표창
**bleacher** n. 표백업자; 표백제; (보통 pl.) 외야석
**blear** a. (눈이) 흐린, 침침한; 희미한
**bleary** a. 눈이 흐릿한[게슴츠레한]; (윤곽이) 흐릿한
**blindside** vt. 상대의 무방비한 곳[약점]을 치다[찌르다]; n. 약점, 허점
**blinkered** a. 시야가 좁은, 편협한
**blitzkrieg** n. 전격작전, 기습전법
**blob** n. (잉크 등의) 얼룩; (걸쭉한 액체의) 한 방울; 물방울
**bloodstream** n. (인체의) 혈류(량)
**blotch** n. (잉크 등의) 얼룩, 반점; 종기; vt. (얼룩으로) 더럽히다
**bloviate** vi. 장광설을 늘어놓다
**bludgeon** n. 곤봉; 공격의 수단
**blue moon** n. 매우 오랜 기간; 홍등가
**blue-chip** a. (증권이) 확실하고 우량한; 우수한, 일류의
**blues** n. 울적한 기분, 우울
**blue-sky** a. 비현실적인, 공상적인
**blurb** n. (책 커버의) 선전 문구, 추천문; 과대광고
**blurry** a. 더러워진; 흐릿한, 희미한
**bluster** v. 거세게 몰아치다; 떠벌리다, 허세 부리다; 고함치다
**boastful** a. 자랑하는, 허풍떠는
**bob** v. ~을 까딱[상하로] 움직이다
**bobbin** n. (실을 감는) 실패
**bog** n. 소택지, 습지; 수렁; v. 교착 상태에 빠지다[down]
**bogeyman** n. 도깨비; 악귀, 무서운 것; 고민거리
**boggle** v. 놀라서 펄쩍 뛰다, 멈칫하다; 망설이다, 난색을 표시하다
**bogy** n. 악귀, 악령; 무서운 사람[것](= bogey)
**bohemian** a. 방랑적인, 전통에 얽매이지 않은, 자유분방한
**boilerplate** n. (계약서·보증서 등의) 상투어, 공통 조항
**bolt** n. 빗장, 걸쇠; 전광, 번개; v. 달아나다, 도망하다; 불쑥[무심코] 말하다
**bombast** n. 호언장담, 허풍
**bonfire** n. 큰 화톳불; 모닥불
**bookish** a. 책을 좋아하는; 문학적인; 학구적인
**boom** v. 갑자기 경기가 좋아지다, 인기가 좋아지다; 폭등하다
**boor** n. 시골뜨기, 촌놈
**boosterism** n. 열렬한 지지, 격찬
**boot** v. 내쫓다, 해고하다

**bootlicker** n. 아첨꾼(= toady)
**booze** n. 술; 술잔치, 폭음
**bossy** a. 두목 행세하는, 으스대는
**botch** v. (서투른 솜씨로) 망쳐 놓다[up]; n. 서투른 일[솜씨]
**bottle-feed** v. (모유가 아닌) 우유를 먹이다
**bottom line** n. 최종결과, 결론; 순익
**bottom-up** a. 상향식의, 하급자에서 비롯된
**bourgeois** n. 중산계급의 시민, 부르주아
**bowl** n. 사발, 공기, 큰 술잔
**bracelet** n. 팔찌
**bradypepsia** n. 소화불량
**braille** n. 브라유 점자법, (일반적으로) 점자; vt. (브라유) 점자로 쓰다[번역하다]
**brainchild** n. 아이디어; 발명품
**brass** n. 놋쇠, 황동; 놋 제품
**brawn** n. 근육, 완력
**brawny** a. 건장한, 억센, 튼튼한
**breadth** n. 폭; 넓이
**breakaway** n. 분리, 절단; 탈출, 도주
**breakneck** a. 위험천만의; 몹시 가파른
**breakup** n. 붕괴, 와해; 해체; 해산
**breast-feed** v. 모유를 먹이다; 모유로 키우다
**brick** n. 벽돌; 믿고 의지하는 남자
**brief** n. 보고서, 개요; a. 짧은, 단시간의
**briefcase** n. 서류가방
**brig** n. (군함내의) 영창; 교도소
**brigand** n. (여행자를 노리는) 도둑, 산적
**brindle** n. 얼룩, 얼룩무늬; 얼룩무늬의 동물
**brindled** a. 얼룩진, 얼룩무늬의
**brine** n. 소금물, 염수(鹽水); 바닷물
**brinkmanship** n. 위기정책, 벼랑 끝 전술
**broadcast** v. 방송하다, 방영하다
**brocade** n. (금은실을 섞어 짠) 비단, 양단; vt. 무늬를 넣어 짜다
**brogue** n. 방언, 사투리
**broil** v. (석쇠 등에 고기를) 굽다; 싸우다; n. 싸움, 소동
**broker** n. 중개인
**bromide** n. 진부한 이야기[말]
**bromidic** a. 평범한, 진부한, 흔해 빠진
**bronchia** n. 〈해부〉 기관지
**broth** n. (살코기) 묽은 수프; 고깃국

**brothel** n. 사창가; 매춘을 하는 집
**brouhaha** n. 떠들썩한 세상 공론, 소동; (하찮은 일에 대한) 분규
**brown-nose** v. 환심을 사다, 아첨하다
**brush** v. 닦다, 털어 버리다, 털어내다; n. 솔; 솔질; 붓
**brushstroke** n. 솔질, 붓놀림
**buccaneer** n. 해적
**buck** n. 수사슴; 달러; v. 저항하다, 맞서다
**bucket** n. 양동이, 두레박; 버킷
**Buddhism** n. 불교
**buddhist** n. 불교도, 불교 신자; a. 불교(도)의
**buddy** n. 친구
**buffer** n. 완충기, 완충물
**buggy** n. 유모차; 2륜마차; a. 벌레가 많은
**bugle** n. (군대용) 나팔
**building block** n. 기초적 요소, 성분
**bulb** n. 전구; (pl.) 편도선
**bull's-eye** n. (과녁의) 중심; 적중, 명중
**bum** n. 부랑자, 룸펜; 게으름뱅이
**bump** v. 부딪히다, 충돌하다; 밀어내다
**bumper** n. 범퍼, 완충장치; v. 가득 따르다; 건배하다; a. 매우 큰, 풍작의
**bumper-to-bumper** a. ad. (자동차가) 꼬리를 문[물고]
**bumpkin** n. 시골뜨기
**bunch** n. 무리, 다발, 묶음
**bunkum** n. (선거구민에게) 인기 끌기 위한 연설; 쓸데없는 이야기
**burial** n. 매장; 장례, 장례식
**burly** a. 건장한, 튼튼한; 무뚝뚝한
**bursar** n. (대학의) 회계원, 출납원
**busker** n. 거리의 악사[배우]
**busybody** n. 참견하기 좋아하는 사람
**but** prep. ~을 제외하고, ~외에
**buttock** n. 엉덩이
**button-down** a. (복장·행동 등이) 틀에 박힌, 독창성이 결여된
**buzz** v. (벌이나 기계 등이) 윙윙거리다, 바쁘게 돌아다니다
**byzantine** a. 미로같이 복잡한; 권모술수의
**cabin** n. 객실, 선실; 오두막
**caddish** a. 야비한, 천한
**cadre** n. 간부, 핵심당원; 구조, 조직
**Caesarean** a. 시저의; 전제 군주적인; 제왕 절개의
**Caesarean section** n. 제왕절개술

**cagey** a. 빈틈없는, 조심성 있는(= cautious)
**cakewalk** n. 식은 죽 먹기, 누워서 떡먹기
**calcification** n. 석회화
**calcify** v. 석회화하다
**calefacient** a. 더운; 매운; n. 발열(發熱)물질(후추 등)
**calorific** a. 열을 내는, 발열의; 열의
**cameo** n. (명배우가 단역으로서 연기하는) 짧은 묘미 있는 연기[역할]
**campestral** a. 들판의, 시골의
**canaille** n. 하층민, 깡패; 대중, 군중
**cancel** v. 취소하다; 삭제하다
**cancer** n. 암, 암종
**cancerous** a. 암의; 암에 걸린; 불치의
**canker** n. 구강 궤양; 폐해, 해독
**cankerous** a. 궤양의
**cannabis** n. 마리화나
**canon** n. 교회법; 규범, 기준
**canonical** a. 교회법상의; 규범[표준]적인
**canonize** v. 성인으로 공표하다[시성하다]
**canopy** n. 닫집, 천개(天蓋); 하늘; vt. ~을 닫집으로[처럼] 가리다
**canteen** n. 물통; 매점; 간이식당
**canter** v. 느린 구보로 나아가다
**cantillate** vt. 영창(詠唱)하다, 가락을 붙여 노래하다
**canton** n. (스위스 연방의) 주(州); 작은 구획; 부분
**cantor** n. (성가대의) 합창 지휘자, (유대 교회의) 주창자
**capability** n. 능력, 재능; 성능
**cape** n. 어깨 망토; 곶, 갑(岬)
**caper** vi. 깡충깡충 뛰어다니다; n. 무분별한 행동
**capias** n. 구속[체포] 영장
**capillary** n. 모세관
**capture** n. 포획; 포획물; vt. 붙잡다, 포획하다; 획득하다
**caravan** n. (사막의) 대상(隊商); 캐러반
**carbohydrate** n. 탄수화물
**carbon dioxide** n. 이산화탄소
**cardiac** a. 심장의; 심장병의; n. 심장병 환자
**cardiovascular** a. 심장 혈관의
**carditis** n. 〈병리〉 심장염
**carefree** a. 근심[걱정]이 없는; 태평한
**caricature** n. 만화, 풍자
**carnival** n. 카니발, 사육제(謝肉祭)

carpe diem 현재를 즐겨라
carrousel n. 회전목마
carte blanche n. 백지 위임, 백지 위임장
cartilage n. 연골
cartographer n. 지도 제작자
cartography n. 지도 제작법
carve v. 새기다, 파다, 조각하다
cask n. 통; 한 통의 양
cassia n. 계피(桂皮); 계수나무
caste a. 특권 계급의, 카스트의; n. 카스트 제도
cat's cradle n. 실뜨기; 실뜨기의 복잡한 모양
catacomb n. 지하묘지; 포도주 저장실
catalog n. 목록, 카탈로그, 일람표
catamaran n. 뗏목배; (두 선체를 연결한) 쌍동선; 잔소리가 심한 여자
catarrh n. 콧물; 감기
catatonia n. 긴장증
catcall n. (집회·극장 등에서의) 야유, 휘파람
catch phrase n. (짤막한) 유행어, 경구, 표어
categorize vt. 분류하다
caterpillar n. 애벌레
catfish n. 메기
catharsis n. 배변; 카타르시스, 정화
cathartic a. 배변의; 카타르시스의
cathedral n. 대성당
catholicon n. 만병통치약
cattish a. 고양이 같은; 교활한
catwalk n. 좁은 통로; (패션쇼 따위의) 객석으로 튀어나온 좁다란 무대
cauldron n. 큰 솥[냄비]
causerie n. 잡담, 한담; 수필
cauterize vt. 소작하다; 뜸을 뜨다; 부식시키다; (양심 등을) 마비시키다
cautionary a. 주의를 촉구하는; 경고적인
cavalier n. 기사; 예절 바른 신사; a. 대범한, 호방한, 기사다운
caveat n. (특정 절차를 따르라는) 통고[경고]
cavort vi. 신나게 뛰놀다
cease-fire n. 휴전, 정전 (명령); 사격 중지 구령
ceiling n. 천장; (가격 등의) 최고 한도
celadon n. 청자; 청자색; a. 청자색의
celeste n. 하늘빛; a. 하늘빛의
cellar n. 지하실; 포도주 저장실

**celluloid** n. 셀룰로이드(상표명); 영화; a. 영화의
**Celsius** n. 섭씨; a. 섭씨의(= centigrade)
**cenotaph** n. 기념비
**centaur** n. 켄타우루스(반인반마의 괴물); 명기수(明騎手)
**centenarian** n. 100세(이상)의 사람
**centerfold** n. 잡지의 한가운데에 접어 넣는 페이지
**centerpiece** n. 중심부 장식; 중요한 항목; 주된 특징
**centipede** n. 지네
**centrifugal** a. 원심력의
**centripetal** a. 구심성의; 중앙 집권적인
**centurion** n. 백부장
**cephalous** a. 〈동물〉 머리가 있는
**cereal** n. 곡물, 곡류; 곡물류; 곡물식
**cerebellum** n. 소뇌
**cerebrate** v. 머리를 쓰다; 생각하다
**cerebrum** n. 대뇌, 뇌
**certitude** n. 확신; 확실성
**cesspool** n. 시궁창; 불결한 장소
**chaff** n. 여물; 폐물, 찌꺼기; 하찮은 것; v. 놀리다, 희롱하다
**chain-smoke** vi. 줄담배를 피우다
**chalice** n. 성배(聖杯)
**chamberlain** n. 시종(侍從); 출납 공무원
**chameleonic** a. 변덕스러운, 지조 없는
**champ** v. 우적우적 씹다; (~하고 싶어) 안달하다[to do]
**changeable** a. 변하기 쉬운; (날씨 등이) 변덕스러운; 불안정한
**chap** n. 놈, 녀석
**chaperon** n. (사교계의 여성의) 보호자; vt. 보호자로서 동반하다
**chapter** n. (책 등의) 장(章); (인생 등의) 한 시기
**chariot** n. (고대의) 전차
**charisma** n. 카리스마적 자질; 카리스마적 존재
**charm** n. 매력; 마력; v. 매혹하다; 마법에 걸다
**charming** a. 매력적인, 황홀하게 하는
**chase** v. 쫓다, 추적하다; 추격하다
**chat** vi. 잡담하다, 담화하다; n. 잡담, 한담
**chattel** n. 〈법률〉 동산(動産); 소지품; 노예
**chauffeur** n. (주로 자가용차의) 운전사
**chauvinism** n. 광신적 애국주의
**cheap** a. 값이 싼; 싸구려의
**cheating** n. (시험에서의) 부정행위

cheeky a. 건방진, 뻔뻔스러운
cheer n. 환호, 갈채; v. 환호하다; 기운 나게 하다
cheque n. 수표(= check)
chic a. 멋진, 세련된
chicane v. 얼버무리다, 둘러대다
childish a. 유치한; 어리석은
childlike a. (좋은 의미로) 어린애 같은
chime v. (종이나 시계가) 울리다
chimera n. 키메라(불을 뿜는 괴물); 망상
chin n. 턱; 턱끝
chink n. 〈속어·경멸적〉 중국인; 갈라진 틈, 틈새; (법·계획의) 맹점
chintzy a. 〈구어〉 값싼, 야한
chiralgia n. 손통증(= cheiralgia)
chirognomy n. 손금보기, 수상술(手相術)
chirography n. 필법, 서도
chirology n. 수화법; 손의 연구
chiromancy n. 수상술, 손금 보기
chiropodist n. 손발 치료 전문 의사
chiropody n. 발 치료(= podiatry)
chiropractor n. 척추 지압사
chirp n. (새·곤충 등의 울음소리) 짹짹
chlorine n. 염소(鹽素)
chomp v. 어적어적 씹다
choosy a. 까다로운, 가리는
chop-chop ad. 급히, 빨리빨리
chopper n. 헬리콥터
choppy a. 파도가 치는; (시장의) 변동이 심한; (문체가) 일관성이 없는
chromosome n. 염색체
chronograph n. 초시계, 스톱워치
chronometer n. 정밀 시계
chrysalis n. 번데기, 유충; 과도기, 미숙기
chrysanthemum n. 국화
chuckle n. 낄낄 웃음, 미소; vi. 낄낄 웃다; (혼자서) 기뻐하다
chum n. 단짝; (대학 등의) 같은 반의 친구; 동료
chummy a. 아주 친한; 붙임성 좋은
churn v. 거세게 휘젓다; 동요하다
chute n. 비탈진 수로; 낙하산(= parachute)
chutzpah n. 당돌함, 뻔뻔스러움, 후안무치
ciliated a. 속눈썹[솜털]이 있는

**cincture** n. 주변 지역; 〈문어〉 띠
**cinephile** n. 영화광
**cinnamon** n. 계피
**circa** prep. 대략, ~쯤, 경
**circadian** a. 24시간 주기의
**circinate** a. 소용돌이 모양의; 둥글게 된
**circlet** n. 장식고리, 반지
**circular** a. 원형의; 순환하는, 순회하는
**circumambulate** v. 두루 돌아다니다, 순행하다
**circumcise** vt. 할례(割禮)를 베풀다; 〈의학〉 포경수술을 하다
**circumcision** n. 할례; 정신적 정화; 포경수술
**circumference** n. 원주(圓周); 주위; 주변
**circumfuse** vt. (빛·액체 등을) 주위에 쏟다; 둘러싸다; 끼얹다(= bathe)
**circumjacent** a. 주변의, 주위의
**cirque** n. 〈지질〉 원형의 협곡; 원, 고리
**cistern** n. 물통, 수조, 물탱크; 저수지
**citizenry** n. (일반) 시민
**civic** a. 시의, 도시의; 시민[공민]의
**civil** a. 시민의; 문명의; 예의바른
**civism** n. 공민 정신, 공공심; 공민의 자격
**civvy** n. 민간인, 비전투원, 일반 시민
**clamber** vi. 기어오르다
**clangor** n. 땡그랑, 쨍그랑(금속성의 소리); vi. 쨍그랑[땡그랑] 울리다
**claque** n. [집합적] (극장 등에 고용된) 박수 부대; 아첨 떠는 무리
**clarion** a. 낭랑하게 울려 퍼지는, 명쾌한
**clarity** n. 명료함, 명확함; 맑음
**classy** a. 고급의, 귀족적인; 멋진
**clause** n. (법률 등의) 조항; 〈문법〉 절
**clavicle** n. 쇄골(鎖骨)
**clavier** n. 건반
**claw** n. 발톱; 집게발; v. 할퀴다, 쥐어뜯다
**claw-back** n. (교부금을) 세금으로 환수하기; 결점, 약점(= drawback)
**clay** n. 점토, 찰흙; 흙
**clean sheet** n. 깨끗한 경력, 흠이 없는 이력
**clean-cut** a. 말쑥한, 단정한; 명확한
**clearance** n. 정리, 제거; 통관절차
**clear-cut** a. 윤곽이 뚜렷한, 선명한, 명쾌한
**clench** vt. (손·주먹 등을) 꽉 쥐다; (이를) 악물다
**clergyman** n. 성직자, 목자

cleric n. 성직자, 목사
clerical a. 서기의, 사무원의; 성직자의
clientele n. 소송 의뢰인; 고객, 단골
cliff n. (특히, 해안의) 낭떠러지, 절벽
climate n. 기후; 풍토; 환경, 분위기
clime n. 나라, 지방; 풍토
clinic n. 진료소; 개인 병원
clinical a. 진료소의; 임상(강의)의; 분석적인, 객관적인
clipping n. 가위질, 깎기; a. 잘라내는; 훌륭한, 멋진; 빠른
clockwork n. 시계 장치; 태엽 장치
clod n. 흙덩어리, 흙; 인체, 바보
close call n. 위기일발, 구사일생(= narrow shave)
close-knit a. 긴밀한, 굳게 맺어진
cloud v. 어둡게 하다, (기억력·판단력 등을) 흐리다; n. 구름
clown n. 어릿광대; 천한 사람
clubbed a. 곤봉 모양의; 손가락 끝이 굵은
clubby a. 사교적인; 회원제의; (입회) 자격이 까다로운, 배타적인
cluck v. (암탉이) 꼬꼬 울다; (혀를) 차다
clump n. 덩어리; 수풀, 관목; v. (세균 등이) 응집하다
coadjutor n. 조수, 보좌인; (가톨릭) 보좌 신부
coaptation n. 접착, 접합; 접골
coattail n. 약한 동료 후보자도 함께 당선시키는 유력 후보자의 힘
coauthor n. 공동 집필자
cobble vt. (구두를) 수선하다; n. 자갈, 조약돌
cobblestone n. (철도·도로용의) 조약돌, 자갈
cockeyed a. 사팔뜨기의, 사시의; 기울어진, 비뚤어진; 괴짜의
cockiness n. 건방짐, 자만심
cod n. 〈어류〉 대구; 주머니; v. 속이다, 놀리다
coed a. 남녀공학의; n. (남녀 공학 대학의) 여학생
coempt vt. 매점(買占)하여 지배하다
coetaneous a. 같은 시대[기간]의(= coeval)
coffer n. 귀중품 상자; 금고, 자산
cog n. (톱니바퀴의) 이; 큰 조직 속에서 톱니바퀴의 이와 같이 작은 역할을 하는 사람
cogitate v. 숙고하다; 궁리[계획]하다
cognizance n. 인식; 지각; (사실의) 인지
cognize vt. 인지[인식]하다
cognoscente n. (미술·문학 등의) 감정가(= connoisseur)
cohabit v. 공동생활 하다, 동거하다
cohabitation n. 동거

**cohere** vi. 밀착하다; (이론 등이) 조리가 서다
**colander** n. 여과기
**cold feet** n. 겁내는 모양, 도망칠 자세
**colitis** n. 대장염
**collar** n. 칼라, 깃; vt. ~에 칼라[깃]를 달다; 붙잡다, 체포하다
**colleague** n. 동료
**collier** n. (탄광의) 갱부, 선탄선
**collocate** v. 나란히 놓다; 배열[배치]하다; 연어를 이루다
**collocation** n. 배열
**colloquy** n. 대화, 대담; 자유 토의; 회담
**colon** n. 대장(大腸); 결장(結腸); 콜론(:의 기호)
**colonialism** n. 식민주의, 식민지
**colorable** a. 듣기에 그럴듯한, 허울만의, 거짓의
**colossus** n. 거상(巨像); 거인, 거대한 물건
**column** n. 기둥, 원주; 칼럼, 특별 기고란
**combatant** n. 전투원
**combative** a. 투쟁적인, 전투적인
**comeliness** n. (용모의) 예쁨; 적합, 적당
**comestible** a. 먹을 수 있는; n. (보통 pl.) 식료품
**comeuppance** n. 당연한 벌[응보], 인과응보
**comfort** vt. 위로하다; n. 위로, 위안; 안락
**comfortable** a. 기분 좋은, 편한, 위안의
**commentator** n. 주석자; (시사) 해설자
**comminate** v. (천벌을 받을 거라고) 위협하다
**commissary** n. 대표자; (군대의) 매점
**commode** n. (서랍 달린) 옷장; 세면대; 실내 변기
**commodore** n. 제독, 함대 사령관, (해군) 준장
**common sense** n. 상식; 일반인 공통의 견해
**commonality** n. 평민, 일반시민
**commons** n. 평민, 서민
**commotive** a. 격동적인; 동요하는
**communique** n. 공식 발표, 성명
**commutate** vt. (전류의) 방향을 전환하다, 정류(整流)하다
**commutation** n. 교환; (지급 방법의) 대체; 〈법률〉 감형
**compatriot** n. 동포, 동료
**compete** vi. 경쟁하다, 겨루다
**complaisance** n. 정중, 공손; 상냥함; 고분고분함
**complete** a. 완전한, 완벽한; 철저한
**completely** ad. 완전히, 전적으로

**completion** n. 성취, 완성; (목적의) 달성
**comportment** n. 처신, 행동, 태도
**compost** n. 혼합물; 배합토; 퇴비
**compotation** n. 술잔치, 주연
**con** a. 신용 사기의; vt. 속이다, 사기하다
**con man** n. 사기꾼(= confidence man)
**concave lens** n. 오목 렌즈
**conch** n. 소라, 조가비
**concordat** n. 협약, 화친(和親) 조약
**concourse** n. (사람·물건의) 집합; (강 등의) 합류점; 군집; 집합 장소
**concubine** n. 첩; 내연의 처
**concupiscence** n. 강한 욕망; 색욕, 육욕
**concuss** vt. ~에게 뇌진탕을 일으키게 하다
**condensed** a. 응축한; 요약한, 간결한
**confederacy** n. 연합, 동맹
**configuration** n. 배치, 지형(地形); (전체의) 형태, 윤곽
**conflate** vt. 융합[합체]하다
**conflation** n. 용접; 융합
**Confucianism** n. 유교, 공자의 가르침
**confute** vt. 논파[논박]하다; 찍소리 못하게 만들다
**congener** n. 같은 종류의 것[사람]
**congeneric** a. 같은 종[속]의; 관련이 있는
**congeries** n. 모인 덩어리; 집단, 집적; 퇴적
**congratulate** vt. 축하하다, 경축하다
**congressman** n. 국회의원, 하원의원
**conjoin** v. 결합하다, 연합하다
**conjoint** a. 결합[연합]한; n. (pl.) (특히 재산의 공유자로서의) 부부
**conjugate** v. (동사를) 활용[변화]시키다; 활용하다
**conjunctivitis** n. 〈의학〉 결막염
**conjuration** n. 주술, 마법
**connate** a. 타고난, 선천적인; 동시 발생의
**conquistador** n. 정복자, (특히) 16세기에 멕시코·페루를 정복한 스페인 사람
**consequential** a. 결과로서 일어나는; 당연한, 필연적인; 중대한
**consist** vi. 이루어져 있다; ~에 존재하다; 양립하다, 일치하다; 공존하다
**consortium** n. 협회, 조합, 공동체
**conspectus** n. 개관; 개요, 줄거리
**consubstantial** a. 동질의, 동체의
**consuetude** n. (사회적) 관습, (법적 효력이 있는) 관례, 관행
**consul** n. 영사; 집정관

**conterminous** a. 경계선을 같이하는, 인접하는
**continuous** a. (시간·공간적으로) 연속적인, 끊이지 않는
**contumacy** n. 완고한 불복종; 〈법〉 관명(官命) 항거, 법정 모욕
**contusion** n. 〈의학〉 좌상, 타박상(= bruise)
**convection** n. 전달, 운반; (열·공기의) 대류
**convective** a. 대류(對流)의, 전달성의
**convertible** a. 바꿀 수 있는, 개조할 수 있는; n. 지붕을 접을 수 있게 된 자동차
**convive** n. 연회[회식] 친구
**convolution** n. 소용돌이; (논의 등의) 얽힘
**convolve** v. 감다; 감기다; 둘둘 말다[감다]
**coop** n. 닭장, 우리; vt. (좁은 곳에) 가두다
**co-opt** vt. 선임[선출]하다
**copacetic** a. 훌륭한, 만족스러운
**copestone** n. 〈건축〉 갓돌, 관석(冠石); 〈비유〉 최후의 마무리, 극치
**cop-out** n. 회피, 도피, 타협; 핑계, 구실
**coprolite** n. (동물의) 똥의 화석, 분석(糞石)
**copulate** v. 성교하다; 교미하다, 교접하다
**copulation** n. 교미, 교접
**coquetry** n. 교태, 아양(떨기)
**coquette** n. 교태부리는 여자; 바람둥이 여자, 요부(妖婦)
**cordon** n. (경찰의) 비상경계선; (전염병 발생지의) 방역선
**core** n. (과일의) 응어리; 핵심; 정수
**cormorant** a. 많이 먹는; 욕심 많은; n. 대식가, 욕심 많은 사람; 〈조류〉 가마우지
**corner** n. 구석, 모퉁이; v. 궁지에 몰아넣다; 매점하다
**cornice** n. 처마 돌림띠; vt. ~에 돌림띠를 붙이다
**corny** a. 곡물[옥수수]의; 촌스러운, 세련되지 않은
**coronary** a. 왕관 모양의; 〈의학〉 관상 동맥의; 심장의
**corpus delicti** n. 범죄의 주체; 〈구어〉 범죄의 명백한 증거
**corpus** n. 신체, 시체, 송장; 집대성, 전집
**corrigible** a. 교정할 수 있는; 솔직하게 잘못을 인정하는
**corrugated** a. 물결 모양의, 주름 잡힌, 골진
**cortex** n. (대뇌) 피질(皮質), 외피(外皮)
**coruscate** vi. 번쩍이다, 반짝반짝 빛나다; (재치·지성 등이) 번득이다
**cosmos** n. 우주, 천지 만물; 질서 있는 체계; 질서, 조화
**costume** n. 의상, 복장
**coterminous** a. 경계선을 같이하는; 인접하는
**couch potato** n. 소파에 앉아 TV만 보며 많은 시간을 보내는 사람
**counterattack** n. 반격, 역습; v. 역습하다, 반격하다
**counterbalance** vt. 균형을 맞추다, 평형시키다; 상쇄하다; n. 평형추

counterblow n. 반격, 역습(逆襲), 보복
countercharge n. 역습, 반격; 반소; vt. 반격[역습]하다; 반소하다
counterpoint n. 대위법; 대조적인 요소; vt. 대조시켜 강조하다; 대조하다
countersign n. 〈군사〉 암호(= password); 응답 신호; vt. (문서에) 부서하다; 확인[승인]하다
countess n. 백작부인
countless a. 무수한, 셀 수 없는
coup de grace n. 최후의 일격(= mercy stroke)
couplet n. 시(詩)의 대구(對句)
courageous a. 용감한
courtier n. 조신(朝臣); 아첨꾼, 알랑쇠
courtship n. (여자에 대한) 구애, 구혼
cow vt. 으르다, 위협[협박]하다
cowed a. 위협받은, 겁먹은
cozen v. 속이다; 속여 빼앗다; 속여서 ~하게 하다
crag n. 울퉁불퉁한 바위, 험한 바위산
craggy a. 바위가 많은; (얼굴이) 우악스럽게 생긴
crampon n. (보통 pl.) (등산용) 아이젠
crane n. 두루미, 학; 기중기, 크레인
cranium n. 두개골
cranky a. 성미가 까다로운; 야릇한
cranny n. 갈라진 틈, 금
crater n. (화산의) 분화구
cream n. 가장 좋은 부분, 정수; v. 속이다; (멋진 성공을) 거두다
creative a. 창조적인, 창의적인, 독창적인
creativity n. 창조성; 독창력; 창조의 재능
crescent n. 초승달, 상현달
cretinous a. 크레틴병의; 바보 같은, 백치의
crew n. (배·열차·비행기의) 탑승원, 승무원; 선원; 동료, 패거리
crimson a. 심홍색의, 짙은 붉은색의
crisis n. 위기, (흥망의) 갈림길
cromlech n. 고인돌, 선사시대의 무덤
crone n. 노파
crony n. 친구, 옛벗
cross n. 십자가; 고난; 잡종; a. 교차한; 시무룩한, 성을 잘 내는
crossbred a. 잡종의; 교배종의; n. 잡종
cross-current n. 역류; (종종 pl.) 상반되는 경향
crossroad n. 교차로; (종종 pl.) (행동 선택의) 기로(岐路)
crowd n. 군중; 다수, 많음; v. 떼 지어 모이다
crucible n. 도가니; 〈비유〉 호된 시련

**cruelty** n. 잔인함, 잔학함; 잔인한 행위
**crumple** v. 구기다; 찌부러뜨리다; (상대를) 압도하다
**crustacean** n. 갑각류
**crusty** a. 딱딱한 껍질이 있는; 신경질적인
**cryptogenic** a. (병 등이) 원인 불명의
**cryptogram** n. 암호, 암호문
**cryptology** n. 암호 작성[해독]법; 암호문(= cryptography)
**crystallization** n. 결정화; 구체화
**cub** n. (곰·호랑이 등의) 새끼; 애송이, 젊은이
**cucumber** n. 오이
**cuddle** vt. 꼭 껴안다, 부둥키다, (어린 아이 등을) 껴안고 귀여워하다
**cuddly** a. 꼭 껴안고 싶은, 귀여운(= cuddlesome)
**cudgel** n. 곤봉
**cultured** a. 교양 있는; 세련된; 점잖은
**culvert** n. 지하수로, 배수구
**cum laude** ad. 우등으로
**cumber** vt. 방해[훼방]하다; 괴롭히다; n. 방해(물), 장애(물)
**cumulate** a. 쌓아올린, 산적한; vt. 쌓아올리다, 축적하다
**cuneiform** n. 설형문자
**cupboard** n. 찬장; 작은 장, 벽장
**curate** n. 부목사; 목사, 신부
**curative** a. 치료용의; 치유력이 있는
**curdle** v. 엉기게 하다, 응결시키다
**cure** n. 치료; 치료법
**curly** a. 곱슬머리의; 소용돌이 모양의
**cursive** a. 흘림으로 쓴; n. 필기체 글씨
**curt** a. 무뚝뚝한, 퉁명스러운
**cuspid** n. (특히 사람의) 송곳니(= canine tooth)
**cuss** n. 저주, 욕설, 악담; 녀석
**cutback** n. (생산·인원 등의) 삭감, 축소
**cutlery** n. 식기; 식칼; 날붙이(나이프·포크·스푼 등)
**cyanide** n. 시안화물, 청산가리
**cyclic** a. 순환하는, 주기적인(= cyclical)
**cynic** n. 비꼬는 사람, 냉소가
**cynosure** n. 주목[찬미]의 대상; 지침, 목표
**cytoplasm** n. 세포질
**dactylogram** n. 지문(= fingerprint)
**dactylology** n. (청각 장애자의) 수화법
**dagger** n. (양날의) 단도

dais n. 연단
dale n. 골짜기
damnify vt. ~에 손상을 주다
dandelion n. 민들레
dandruff n. (머리의) 비듬
dandy a. 멋진, 훌륭한, 굉장한; n. 멋쟁이
darn vt. 깁다, 꿰매다
dart n. 던지는 창; 창던지기 놀이; v. 돌진하다; (창·시선을) 던지다
daub v. (도료 등을) 칠하다, 바르다; 서투르게 그리다
deacon n. 〈가톨릭〉 부제(副祭); 〈개신교〉 집사
deactivate v. 효과를 제거하다; (화학 작용 등을) 비활성화시키다
dead end n. (길의) 막다름; 종점; 막힌 끝
deadbeat a. 몹시 지친; 빈털터리의; 평판이 좋지 않은
deaden v. (조직·활동력 등을) 죽이다, 무감각하게 하다
deadhead n. (초대권·우대권을 쓰는) 무료 입장자; 무용지물
dead-on a. 아주 정확한
deadpan a. ad. 무표정한[하게]; v. 무표정한 얼굴을 하다[로 말하다]; n. 무표정한 얼굴
deafening n. 방음 장치; a. 귀청이 터질 듯한
dean n. 학장, 원장
debenture n. 채무 증서, 사채(社債)
debutante n. 첫 무대를 밟는 여배우
Decalogue n. (모세의) 십계명(= the Ten Commandments)
decamp vi. 야영을 거두다; 도망하다; 폐회하다
decant vt. (용액의 웃물을) 가만히 따르다; 딴 그릇에 옮기다; 〈비유〉 이동시키다
decapitate vt. 목을 베다, 참수하다; 해고[추방]하다
decasualize vt. (임시 근로자의) 고용을 중지하다; 상시 고용화하다
deck vt. 몸치장하다[out]
decollate vt. 목을 베다, 참수하다(= behead)
decolletage n. 어깨를 드러냄; 옷깃을 깊이 판 네크라인의 여성복
decontaminate vt. 오염을 제거하다, 정화하다
decumbent a. 드러누운
deductive a. 연역적인; 추론적인
deed n. 행위; 업적, 공적
deepen v. 심화시키다, 깊게 하다
defecate v. 배변하다, 대변을 보다; 맑게 하다, 깨끗이 하다
defender n. 방어자, 옹호자; 선수권 보유자
definitive a. 결정적인, 최종적인; 한정적인
deflate v. ~의 공기[가스]를 빼다; 공기가 빠지다; (통화가) 수축하다
defloration n. 꽃을 땀; 미(美)를 빼앗음, (처녀) 능욕

**deforce** vt. (남의 재산, 특히 토지를) 불법으로 점유하다
**deforestation** n. 삼림 벌채; 삼림 파괴
**deformed** a. 불구의; 기형의
**deformity** n. 모양이 흉함; 기형; 신체장애자
**degradation** n. 분해; 오염; 붕괴, 하락; 악화
**dehydration** n. 탈수, 건조
**deictic** a. 지시적인; n. 대상 지시어[용법]
**deific** a. 신격화하는; 신과 같은
**delate** vt. 고소[고발]하다; 공표하다
**delay** v. 미루다, 연기하다; 늦추다; n. 지연; 연기, 유예
**delict** n. 불법[위법] 행위, 범죄
**demimonde** n. 화류계 여자, 화류계
**demit** v. 해고시키다; 사직하다
**demiurge** n. 조물주
**democratic** a. 민주주의의; 민주적인
**demoded** a. 유행에 뒤진, 낡은, 구식의
**demon** n. 악마, 귀신
**demonic** a. 악마의, 악마 같은(= demoniac); 귀신들린
**demoralization** n. 풍기문란, 타락, 퇴폐
**dentate** a. 〈동물〉 이가 있는; 〈식물〉 톱니 모양의
**dentifrice** n. 치약
**denture** n. (한 벌의) 틀니; 한 벌의 이
**denude** vt. 발가벗기다; 박탈하다
**deontology** n. 〈철학〉 의무론
**dependence** n. 의뢰, 의존; 신뢰; 종속
**depilate** vt. 털을 뽑다, 탈모(脫毛)하다
**derring-do** n. 대담[용감]한 행위
**description** n. 기술, 묘사, 서술
**descriptive** a. 기술적인, 묘사적인
**desegregate** v. 인종차별을 폐지하다
**desideratum** n. 원하는[필요한] 것; 절실한 요구
**desperado** n. 무법자, 악당
**detente** n. (국제 관계 등의) 긴장 완화
**deterge** vt. (상처 등을) 깨끗이 하다, 세척하다
**determined** a. 단단히 결심한; 결연한, 단호한
**detestable** a. 증오할, 몹시 싫은
**detractive** a. 비난하는, 욕하는
**devitalize** vt. ~의 생명[활력]을 빼앗다
**devolution** n. (관직·권리·의무의) 이전

dew n. 이슬, 물방울
diachronic a. 통시적인
diacritic a. 진단의(= diagnostic); (차이를) 구분하기 위한(= diacritical)
diadem n. 왕관; 왕권, 왕위
dialysis n. 〈생리〉 투석; 신장 투석
diamondback a. 등에 마름모꼴 무늬가 있는(뱀·거북 따위)
diapason n. 화성; 선율; (악기·음성의) 음역; 전(全)범위
diaper n. 기저귀
diaphragm n. 횡격막; 격막, 막
diathesis n. (병에 걸리기 쉬운) 소질, 특이 체질
dice n. 주사위; 주사위 노름[놀이]; v. 노름하다
dicey a. 위험한, 아슬아슬한
dicker n. 작은 거래; v. 작은 거래를 하다, 흥정하다
dictum n. (권위자·전문가의) 공식 견해, 언명, 단정; 격언
diehard n. 완강한 저항자, 끝까지 버티는 사람
dietary a. 식사의, 음식의; 식이요법의
dignitary n. 고위 인사, 고관; (특히) 고위 성직자
dilation n. 팽창, 확장(= dilatation)
dilly-dally vi. 꾸물[빈둥]거리다; 빈둥거리며 지내다
diluent a. 묽게 하는; n. 희석제
diluvial a. 대홍수의
dimple n. 보조개; 잔물결
diocese n. (가톨릭) 교구
direction n. 방향, 방위; 방면; 지도
director n. 지도자; 관리자; 지휘자, 감독
dirigible n. 비행선; a. 조종할 수 있는
dirt n. 흙; 쓰레기, 먼지; 오물
dis vt. 경멸하다(= diss)
disadvantage n. 불리한 처지[조건]; 불리, 손실
disadvantageous a. 불리한, 손해를 입히는
disaffect vt. ~에게 불만[불평]을 품게 하다, (실망하여) 배반케 하다
disaffection n. 불만, 불평
disaffirm vt. 부정하다; 〈법률〉 파기하다, 취소하다
disagreeable a. 불쾌한
disagreement n. 불일치; 논쟁, 불화
disappear vi. 사라지다; 멸종되다
disavow vt. 부인하다, 거부하다
disavowal n. 부인, 부정
disbelieve v. 믿지 않다, 신용하지 않다

**disburden** v. 부담을 덜어 주다
**disburse** vt. 지급[지출]하다
**discombobulate** vt. 혼란시키다
**discomfort** n. 불쾌; 불편
**discompose** vt. (마음의) 평정을 잃게 만들다, 불안하게 하다
**disconfirm** vt. ~의 부당성을 증명하다
**discourteous** a. 무례한, 버릇이 없는
**discourtesy** n. 무례, 버릇없음; 무례한 언행
**disembark** v. 상륙시키다[하다]
**disengage** vt. 자유롭게 하다, (의무·속박 등에서) 해방하다
**disgorge** v. 토해내다; 세차게 배출하다
**dishabille** n. 홀가분한 옷차림, 평상복
**dishearten** vt. 낙담시키다, 기운을 잃게 하다
**disheartened** a. 낙담한, 실망한
**disheartening** a. 의기소침하게 하는
**dishonesty** n. 부정직함, 불성실
**dishonor** n. 불명예; 치욕; vt. ~에게 굴욕을 주다; (약속 등을) 어기다; 부도내다
**disinclination** n. 마음 내키지 않음; 싫증
**disjunction** n. 분리, 분열, 괴리, 분단
**dislocate** vt. 탈구시키다; 차례[위치]가 뒤바뀌게 하다; 혼란시키다
**disloyal** a. 불충한, 불성실한
**dismember** vt. ~의 손발을 자르다; 해체하다
**dismount** v. (말·자전거 등에서) 내리다
**disoriented** a. 방향 감각을 잃은; 정신적 혼란에 빠진
**dispirited** a. 기운 없는, 의기소침한
**disport** v. 장난치며[흥겹게] 놀다
**disquiet** v. 불안하게 하다, 동요하게 하다, 걱정시키다
**disrepute** n. 악평, 평판이 나쁨; 불명예
**dissatisfaction** n. 불만, 불평; 불만의 원인
**dissatisfied** a. 불만스러운
**dissatisfy** vt. 불만을 느끼게 하다, 불평을 갖게 하다
**dissidence** n. 차이, 불일치
**distaff** a. 여성의, 모계의
**distain** vt. 변색시키다, 더럽히다; 명예를 손상시키다
**distinguishable** a. 구별[분간]할 수 있는
**distrait** a. (불안·근심 따위로) 얼빠진, 멍한(= absent-minded)
**ditch** v. ~에 도랑을 파다; ~에 해자를 두르다; n. 도랑, 개천, 해자
**dither** vi. 우유부단하게 행하다, 망설이다; n. 떨림; 당황
**ditto** n. 위와[앞과] 같음; 같은 것, 꼭 닮은 것

diva n. 탁월한 여가수
divagate vi. 헤매다, 방황하다; (이야기가) 옆으로 빗나가다[from]
divorce n. 이혼, 별거; 분리; v. 이혼하다
divulsion n. 잡아 째기; 〈외과〉 열개(裂開)
divvy n. 몫, 배당; v. 나누다, 분배하다[up]
docent n. (대학의) 강사; (미술관 등의) 안내인
dock n. 부두, 선창; v. (임금 등에서) ~을 빼다[공제하다], 삭감하다
doddle n. 아주 쉬운 일, 식은 죽 먹기(= cinch)
dodge v. (타격 등을) 홱 피하다, (책임 따위를) 요령 있게 빠지다, 교묘히 속이다
dodge-ball n. 피구
dodger n. 사기꾼; 책임을 모면하는 사람
doff vt. (모자·옷 등을) 벗다; (나쁜 습관을) 버리다, 폐지하다
dog-ear n. 페이지의 접힌 모서리
dog-eat-dog a. 치열하게 다투는; n. 동족상잔, 골육상쟁
dolce a. 달콤한, 감미로운, 부드러운
dollop n. 덩어리; 소량, 조금
dolor n. 슬픔, 비탄
doltish a. 어리석은; 멍청한
don n. 명사(名士), 거물; vt. (옷·모자 등을) 입다, 쓰다
doodad n. 작은 장식물; 값싼 장식품
doppelganger n. 살아 있는 사람의 유령; 꼭 닮은[똑같은] 사람
dossier n. (한 사건·한 개인에 관한) 일건 서류; 사건 기록
dot n. 점, 작은 점; v. ~에 점을 찍다; 산재하다
doting a. 맹목적으로 사랑하는
double-cross vt. 기만하다, 배반하다, 감쪽같이 속이다
double-edged a. 양 날의; (적과 자기편) 양쪽을 다 노린
doubtable a. 의심할 만한; 불확실한
doubtful a. 의심을 품고 있는
doubtless ad. 의심할 여지없이, 확실히; a. 의심 없는, 확실한
dough n. 밀가루 반죽; 돈, 현금
doughty a. 강한, 대담한, 용감한
downbeat a. (영화 등이) 비관적인; 불행한 결말의; n. 몰락, 감퇴
downcast a. 아래로 향한; 기가 꺾인, 풀죽은
downhill a. (운·건강 등이) 더 나빠진; n. 내리막길
downplay vt. 중시하지 않다, 경시하다
downpouring n. 억수, 호우
downside a. 아래쪽의; 하락세의; n. 아래쪽; 내림세; 불리한 면
downsize vt. (인원을) 감축하다; (차 등을) 소형화하다
downtrodden a. 짓밟힌, 억압된

**downturn** n. 감소, 하락; (경기) 하강[침체]
**doxology** n. 영광의 찬가, 찬송가
**doyen** n. (단체의) 고참자, 원로, 장로; 수석자; 제1인자
**doze** v. 꾸벅꾸벅 졸다, 선잠 자다; n. 졸기, 선잠
**drag** v. 끌다; (일·시간 등을) 질질 끌다; n. 저인망; 장애물; 싫증나는 사람[물건]
**dragon's teeth** n. 분쟁의 원인
**dramatic** a. 극적인, 급격한; 인상적인
**drapery** n. 긴 커튼; 주름이 진 휘장
**draught** n. (한 줄기의) 찬바람; 마시기; 한 모금, 1회분
**drawer** n. 서랍, 보관함
**drawl** n. 느린 말투; v. 느리게 말하다, 점잔빼어 말하다
**drawn-out** a. 장시간 연장된; 지루한
**dribble** v. (물방울 등이) 똑똑 떨어지다; n. 똑똑 떨어짐, 물방울; 소량; 가랑비
**drivel** n. 군침, 콧물
**droit** n. 권리; 소유권; 법률
**droll** a. 우스운, 익살스러운
**drollery** n. 익살스러운 짓; 우스운 이야기
**dromedary** n. 〈동물〉 단봉(單峰) 낙타
**droplet** n. 작은 물방울
**dross** n. (녹은 금속의) 뜬 찌끼; 찌꺼기; 쓸모없는 것
**drove** n. 가축 떼; 대군중
**drowse** v. 꾸벅꾸벅 졸다, 졸다
**drug** n. 약, 약품; 마약
**dry nurse** n. 보모, 젖을 먹이지 않는 유모
**dry run** n. 예행연습, 리허설; vt. ~의 예행연습을 하다
**dualism** n. 이중성, 이원성
**duchess** n. 공작부인
**dud** n. 쓸모없는 것[사람]; 실패; 옷, 의류
**dulcet** a. 듣기[보기]에 상쾌한, (특히 음색이) 아름다운, 감미로운
**dullard** n. 둔한 사람, 멍청이
**dumbo** n. 바보, 얼간이; 어리석은 잘못
**dump** v. 털썩 내려뜨리다; (쓰레기 등을) 내버리다
**dunce** n. 열등생, 저능아; 바보
**dupable** a. 속기 쉬운
**dupe** n. 잘 속는 사람; vt. 속이다
**duplex** a. 중복의, 이중의, 두 배의
**dusky** a. 어스레한, 희미한
**duty** n. 의무, 본분; 의리
**dysphoria** n. 불쾌, 불쾌감

**dystrophy** n. 영양실조[장애]
**earsplitting** a. (소리·음성 등이) 귀청이 떨어질 듯한, 지축을 울리는
**earthenware** n. 토기, 질그릇; 오지 그릇
**easel** n. 화가(畵架); 이젤
**easement** n. (고통·무거운 짐 등의) 완화, 경감; 안도, 위안
**ebony** n. 흑단; a. 흑단의; 흑단색의
**echelon** n. (지휘 계통 등의) 단계; 계층
**eczema** n. 습진
**edacious** a. 탐식(貪食)하는, 대식(大食)의
**eddy** n. 소용돌이; 회오리 (바람)
**effluent** a. 유출[방출]하는
**effluvial** a. 발산의, 증발의; 악취의
**effluvium** n. 발산, 증발; 악취
**effortless** a. 노력하지 않는, 힘들지 않는
**effusion** n. 발산, 방출, 유출
**egg** vt. 부추기다, 선동하다
**egghead** n. 대머리; 지식인, 인텔리
**ego** n. 자아; 자존심
**egoist** n. 이기주의자; 자기 본위의 사람
**egression** n. 퇴거, 물러남
**eke** vt. 늘리다, 크게 하다
**elan** n. 예기(銳氣), 활기; 열의, 열정
**elder** a. 손위의, 연장의; n. 연장자, 연상의 사람
**electrocardiogram** n. 심전도
**eleemosynary** a. (은혜를) 베푸는, 자선의; 자선에 의지하는
**elephantine** a. 코끼리 같은; 거대한
**eleventh hour** n. 마지막 기회, 최후의 순간, 막판
**elf** n. 꼬마 요정, 난쟁이
**elfin** a. 꼬마 요정의[같은]; n. 꼬마 요정; 장난꾸러기
**elutriate** vt. 깨끗이 씻다; 씻어 갈라내다
**elysian** a. 행복이 가득한; 극락의
**Elysium** n. 이상향; 최상의 행복
**embalm** vt. (시체를) 방부 처리하다, 미라로 만들다
**embankment** n. 둑, 제방
**embarrass** vt. 당황하게 하다
**embarrassment** n. 당황, 곤혹, 거북함; 어줍음
**embellishment** n. 꾸밈, 장식; (이야기 등의) 윤색; 장식물
**embitter** vt. (약 등을) 쓴맛이 나게 하다; 괴롭히다; 마음을 상하게 하다
**embolden** vt. 대담하게 하다, 용기를 주다

emboss vt. 양각[돋을새김]하다
emperor n. 황제, 제왕
emporium n. 상업 중심지; 큰 시장, 백화점
empyreal a. 가장 높은 하늘의; 숭고한
encephalon n. 〈해부학〉 뇌, 뇌수(= brain)
encircle vt. (둥글게) 둘러싸다[두르다]
encomiastic a. 찬사의; 추종하는, 빌붙는
encrust v. 외피(外皮)로 덮다[를 형성하다]; 아로새기다
encrypt v. 암호로 고쳐 쓰다, 암호화하다(= encode)
energize v. 정력을[에너지를] 주입하다, 활기를 돋우다
enthuse v. 열중시키다; 열광하다
enthusiast n. 광, 팬
entrance vt. 넋을 잃게 하다, 매혹하다
environ vt. 둘러[에워]싸다, 포위하다
environment n. 환경
enzyme n. 효소
epicurean a. 쾌락주의의; 식도락의; n. 쾌락주의자; 미식가
epicurism n. 쾌락주의
epidemiologist n. 전염병 학자
epidermis n. 표피, 외피
epigone n. (조상보다 못한) 자손; (문예·사상 등의) 아류(亞流)
epilepsy n. 〈병리〉 간질(= epilepsia)
epithalamium n. 결혼 축가, 결혼축시
epoch-making a. 획기적인, 신기원을 이루는(= epochal)
ept a. 유능한, 솜씨 있는, 효율적인
equestrienne n. 여자 기수, 여자 곡마사
equipollence n. (힘 등의) 균등, 등가(等價)
era n. 기원; 시대, 연대
erose a. (물어 뜯어낸 것처럼) 불규칙한; (잎이) 들쭉날쭉한
erring a. 잘못을 저지른, 죄 많은
ersatz a. 대용의, 모조품의; n. 대용품
erstwhile a. 이전의, 옛날의
escapement n. 탈출구, 도피구
escapist a. 도피주의의, 현실도피의
escutcheon n. 장식쇠; (문장(紋章)이 그려진) 방패
esophagus n. 식도
espy vt. 발견하다, 찾아내다
esquire n. ~님, 귀하
ether n. (옛 사람들이 상상한) 대기 밖의 공간; 창공; 공기

ethnocentricity n. 자기민족 중심주의
ethnology n. 민족학, 인류학
étude n. 연습; 〈음악〉 연습곡; 〈문학·미술〉 습작
euphoric a. 큰 기쁨의; 행복감의; 도취감의
euthenics n. 생활개선학, 환경우생학
eutrophy n. (호수의) 부영양(富營養) 상태
even-tempered a. 침착한, 차분한
eventual a. 최후의, 궁극적인
eventually ad. 최후에는, 드디어, 결국
eventuate vi. 결국 ~이 되다[in]; (우발적으로) 일어나다, 생기다[from]
evil a. 사악한, 나쁜; n. 악마
evitable a. 피할 수 있는
evulsion n. 뽑아냄, 빼냄
ewer n. 손잡이 달린 물병
ex officio a. 직권상의, 직권에 의해
ex post facto ad. 사후에, 소급해서
exceedingly ad. 대단히, 매우, 몹시
excitable a. 흥분하는, 격하기 쉬운
executable a. 실행 가능한, 집행할 수 있는
exegesis n. 설명, 해설
exemplification n. 예증; 표본
exhilarated a. 마음이 들떠 있는, 유쾌한
exhortation n. 권고, 충고, 경고, 훈계
exiguity n. 미소, 근소, 부족
existentialism n. 실존주의
existing a. 기존의, 존재하는, 현존하는
exit n. 출구; 퇴출, 퇴거
exogenous a. 외부적인 원인에 의한
exordium n. (사물의) 처음; (강연·논문 등의) 서론
experienced a. 경험이 많은, 숙련된, 노련한
experiment n. 실험; 시험, 시도; vi. 실험하다, 시험[시도]하다
experimental a. 실험의; 경험상의
experimentation n. 실험, 실험법
explanatory a. 설명을 위한, 설명적인
expletive a. 부가적인, 덧붙이기의
exploration n. 탐사, 탐험; 조사
explore v. (문제·사건 등을) 탐구하다, 조사하다; 탐험하다, 답사하다
exponent n. 주창자, 대표자; 〈수학〉 지수
export vt. 수출하다; n. 수출품

**expository** a. 설명적인, 해설적인(= expositive)
**exsanguinate** v. ~에서 피를 뽑다, 방혈(放血)하다; 출혈하여 죽다
**exsanguine** a. 핏기 없는, 빈혈의(= anemic)
**exsanguinity** n. 빈혈(= anemia)
**exterior** a. 바깥쪽의, 외부의
**extravaganza** n. 광상곡, 괴이한 이야기
**extroverted** a. 외향적인, 사교적인
**eye-catching** a. 남의 눈을 끄는
**eye-opener** n. 눈이 휘둥그레지게 하는 것, 놀랄 만한 일[사건]
**eyesore** n. 눈에 거슬리는 것
**facetiae** n. 익살; 익살맞은 내용의 책
**facsimile** n. (책·필적·그림 등의) 모사, 복사; 팩시밀리; 사진전송
**facts and figures** n. 정확한 지식
**fain** ad. 기꺼이, 자진하여
**fallback** n. (필요한 때에) 의지가 되는 것, 준비품[금]; 후퇴
**fancied** a. 상상의, 공상의, 가공의
**fancier** n. (새·동물·식물) 애호가
**fancysick** a. 사랑에 고민하는, 상사병에 걸린(= lovesick)
**fancywork** n. 수예(품), 편물, 자수
**fanfare** n. 허세, 과시; 팡파르
**fang** n. (육식 동물의) 엄니, 견치(= canine tooth)
**fantasy** n. 상상, 공상; vt. 마음속에 그리다, 상상하다
**fantoccini** n. 꼭두각시; 인형극
**farewell** n. 작별, 고별
**farraginous** a. 잡다한, 잡동사니의
**farsighted** a. 선견지명이 있는, 분별 있는
**fascism** n. 파시즘, 독재적 국가 사회주의
**fathomable** a. 잴 수 있는, 헤아릴 수 있는
**fatten** v. (도살하기 위하여) 살찌우다; 살찌다[on]; 비옥해지다
**fatty** a. 지방질의; 지방이 많은, 기름진
**fatuousness** n. 어리석음, 얼빠짐
**faux pas** n. 실례, 무례
**faze** vt. 〈보통 부정문〉 당황하게 하다, 마음을 혼란스럽게 하다
**fearless** a. 겁 없는, 용감한
**fearsome** a. 무서운, 무시무시한
**feckless** a. 허약한, 무기력한, 쓸모없는
**feculent** a. 더러워진, 탁한
**fell** vt. (나무를) 베어 넘어뜨리다; 쳐서 넘어뜨리다; a. 잔인한, 맹렬한, 무서운
**fellow** n. 사나이, 녀석(= fella); (보통 pl.) 동료

femme fatale n. 요부(妖婦)
fern n. 양치류(類)
ferric a. 철분을 함유한
ferrous a. 철을 함유한
fervency n. 열렬, 열성, 열정(= fervor)
fervid a. 뜨거운; 열정적인, 열렬한
festive a. 축제의, 즐거운, 명랑한
festoon n. 꽃 장식, 꽃줄; vt. 장식하다
fete n. 축제, 축제일; 축연; vt. 잔치를 베풀어 환대하다
fib n. 악의 없는[사소한] 거짓말; vi. 악의 없는 거짓말을 하다
fiber n. 섬유, 실
fictional a. 꾸며낸, 허구의; 소설적인
fiducial a. 〈천문·측량〉 기점(起點)의, 기준의; 신탁의
fiduciary a. 신탁의; n. 수탁자
fiery a. 불같은, 격한
fifth column n. 제5열
figurehead n. 명목상의 우두머리; 허수아비
filament n. 가는 실, (전구) 필라멘트
filature n. 실뽑기; 물레, 실 뽑는 기계
filial piety n. 효(孝), 효도
filling n. (베개 등의) 속; (음식의) 소
fin de siècle a. (19)세기말의; 퇴폐적인; n. (19)세기말
fin n. (물고기 등의) 지느러미
finale n. 최후의 막(幕), 대미, 대단원
finery n. 화려한 옷, 아름다운 장식품; 정련로(= refinery)
fingerstall n. 손가락 싸개, 골무
fir n. 전나무
firearm n. 화기, 소화기
firebrand n. 횃불; 선동자
fist n. 주먹
fixity n. 정착, 고정; 불변(성); 고정물
fixture n. 고정물, 설치물, 설비
flabby a. (근육 등이) 축 늘어진; 연약한, 무기력한
flagellate vt. 매질[채찍질]하다; n. 편모충
flail vt. (곡물을) 도리깨질 하다; 연타하다, 때리다
flake n. 얇은 조각, 박편(薄片)
flambeau n. 횃불, 큰 촛대
flank n. 측면, 옆구리
flap vi. 날개를 치다, 펄럭이다

**flask** n. (실험용) 플라스크; 휴대용 병
**flat-out** ad. 갑자기; 솔직히; a. 철저한, 철두철미한; 전(속)력의
**flatulent** a. (가스로) 배가 부른; (말이) 허세를 부린, 공허한; 자만하는
**flax** n. 아마(亞麻); 아마섬유
**flay** vt. 껍질[가죽]을 벗기다; 돈[물건]을 빼앗다; 혹평하다
**fleck** n. (피부의) 반점, 주근깨(= freckle)
**fleece** n. 양털; vt. (양의) 털을 깎다; 빼앗다
**fleet** n. 함대; v. (세월이) 어느덧 지나가다
**fleshy** a. 살찐; (과일의) 다육질의
**flick** v. 가볍게 치다, 휙 튀기다; 잽싸게[휙] 움직이다
**flicker** vi. 깜박이다; 나부끼다
**flighty** a. 변덕스러운, 경박한, 들뜬, 엉뚱한
**fling** vt. 내던지다, 팽개치다
**flipper** n. 오리발, 지느러미
**flirt** v. 이성과 시시덕거리다[with]; n. 바람난 여자[남자]
**flit** vi. (새·곤충 등이) 훨훨 날다; (사람이) 경쾌하게 지나가다; (시간이) 지나가다
**flock** n. 떼, 무리; v. 떼 짓다, 몰려들다, 모이다
**floe** n. 빙원, 부빙, 유빙(= ice floe)
**flood** n. 홍수; 범람, 쇄도; v. 범람시키다, 잠기게 하다
**flop** v. 털썩 주저앉다[드러눕다]; 완전히 실패하다; n. 실패(자); (책·연극 등의) 실패작
**floral** a. 꽃의; 꽃무늬의; 식물의
**flotilla** n. 소함대
**flu** n. 독감, 감기
**fluffy** a. 솜털 같은, 솜털로 뒤덮인
**flurry** n. 질풍, 돌풍; 혼란, 동요
**fluster** n. 당황, 낭패, 혼란; v. 당황하게 하다
**flutter** v. (깃발·돛 등이) 펄럭이다; (새가) 날개치다; 가슴이 두근거리다
**fluvial** a. 강의, 하천의
**flyer** n. 급행열차, 쾌속선
**foal** n. 망아지
**foam** n. 거품; v. 거품이 일다
**focal** a. 초점의
**fodder** n. 마초, 꼴, (가축의) 사료; (작품의) 소재
**foe** n. 적, 원수; 적군, 경쟁자
**foist** vt. (가짜 물건 따위를) 억지로 떠맡기다, 속여 팔다; (부정한 문구 따위를) 몰래 삽입하다
**folio** n. 2절판의 책, 2절지
**folksiness** n. 서민적임, 소탈함
**folksy** a. 사교적인; 소탈한
**fond** a. 좋아하는, 정다운, 다정한

**fondle** v. 귀여워하다, 애지중지하다; 애무하다
**foodstuff** n. 식량, 식료품
**footprint** n. (사람·동물의) 발자국
**foppish** a. 멋 부린, 멋 부리는
**fordo** vt. 죽이다, 멸망시키다; 지치게 하다
**forecast** v. 예상[예측]하다; 예보하다; n. 예상, 예측; 예보
**forefront** n. 맨 앞; 선두; 중심
**foreign** a. 외국의, 외국산의; 관계없는; 성질에 맞지 않는
**foremost** a. 맨 먼저의, 최초의
**foreshadow** vt. ~의 전조가 되다; 예시하다
**foreword** n. 머리말, 서문
**forfend** vt. 피하다, 방지하다
**forgive** v. 용서하다, 눈감아 주다
**forgiving** a. 관대한; 인정 많은
**format** n. (서적 등의) 체제, 형(型), 판형
**formative** a. 모양을 이루는, 구성하는
**former** a. (시간적으로) 전(前)의, 앞의; 이전의; (양자 중에서) 전자(前者)의
**formerly** ad. 이전에는, 원래는, 옛날에는
**formula-feed** vt. 분유를 먹이다
**fornicate** vi. 간통[간음]하다
**fort** n. 성채, 보루, 요새
**fortalice** n. 작은 요새; 요새
**fortune-teller** n. 점쟁이
**fossil** n. 화석; 시대에 뒤진 사람
**fossilize** v. 화석으로 만들다[되다]; 시대에 뒤지게 하다
**foul** a. 더러운, 불결한; vt. 더럽히다
**foundry** n. 주조; 주물공장
**foxy** a. 여우같은, 교활한; 매력적인
**frangible** a. 부서지기 쉬운, 무른
**fraternity** n. 형제임, 형제 사이; 동포애, 우애; (미국 대학의) 남학생 사교 클럽
**freckle** n. 주근깨, 기미
**freeboot** vi. 약탈하다, 해적질을 하다
**freebooter** n. 약탈자, 해적
**free-for-all** n. 참가 자유의 경기[토론]; 무질서 상태, 무한 경쟁; 난투극; a. 참가 자유의; 입장 무료의
**frenetic** a. 열광적인; n. 광란자; 열광자
**freshet** n. (호우·해빙으로 인한) 증수, 홍수; (바다로 흘러드는) 민물의 흐름
**friable** a. 부서지기 쉬운, 무른
**frill** n. 주름 장식, (새·짐승의) 목털
**frisky** a. 쾌활한; 까불며 노는

**frontsman** n. 가게 앞에 서서 파는 점원
**froth** n. (맥주 등의) 거품; 객담(客談)
**froward** a. 심술궂은, 고집 센
**frowzy** a. 더러운, 지저분한, 불결한; 곰팡내 나는
**fructify** v. 열매를 맺다; 비옥하게 되다[하다]
**fruitful** a. 다산의, 효과적인
**fruition** n. 결실; 성취, 실현, 성과
**fruitless** a. 열매를 맺지 않는; 효과 없는, 무익한
**frumpish** a. 칠칠치 못한, 지저분한(= frumpy)
**fudge** n. 날조, 꾸민 일, 속임; v. 속임수를 쓰다, 부정을 하다
**fuel** v. ~에 연료를 공급하다; 부채질하다
**full-blown** a. 성숙한, 만발한
**fulsome** a. 신물나는, 집요한; 억척스런
**fume** n. 증기, 가스, 연무; 노여움; vt. 연기[매연]를 내뿜다
**fumigate** vt. 그을리다; 향을 피우다
**function** n. 기능; 직무, 임무; vi. 작용하다, 기능하다
**fund** n. 자금, 기금, 재원
**fungus** n. 버섯, 균류
**funk** n. 겁, 두려움; 지독한 악취; v. 겁내다; ~에 연기[악취]를 내뿜다
**furlough** v. 휴가를 주다; (보통 자금 부족으로 노동자를) 일시 해고하다
**furrow** n. 밭고랑, 도랑; (얼굴의) 깊은 주름살; v. (밭에) 고랑을 만들다, (미간을) 찡그리다
**gabber** n. 수다쟁이; (라디오의) 시사 해설자
**gabble** v. 재잘거리다; n. 빨라서 알아들을 수 없는 말
**gabby** a. 수다스러운
**gadfly** n. 등에, 쇠파리; 귀찮은 사람
**gaff** n. 작살; 갈고리
**gainful** a. 벌이가 되는, 수지맞는
**gala** n. 축제, 제례; 축하; 나들이옷
**galaxy** n. 은하, 은하수; 화려한 대집단, 기라성 같은 모임
**gall** n. (동물의) 담즙, 쓸개즙; 뻔뻔스러움; v. 화나게 하다
**gallivant** vi. 이성의 꽁무니를 따라다니다, 건들건들 돌아다니다
**gallop** v. (말을 타고) 전속력으로 달리다, 질주하다
**gallstone** n. 담석(膽石)
**galvanic** a. (웃음 등이) 발작적인; 전류를 발생시키는
**gambol** vi. 뛰놀다, 장난하다
**game changer** n. 전환점, 승부수
**game** n. 사냥감; (종종 pl.) 계략, 책략; a. 용감한; v. 내기[도박]하다
**gamely** ad. 투계[싸움닭]처럼; 용감하게
**gamesome** a. 놀이를[장난을] 좋아하는, 뛰노는

**gamester** n. 도박꾼, 노름꾼
**gangly** a. 키다리의, 호리호리한(= gangling)
**gangrene** n. 괴저(壞疽); (도덕적) 부패[타락]의 근원
**gangster** n. 갱, 악한
**gape** vi. (놀라서) 입을 벌리고 바라보다; 입을 크게 벌리다; 하품하다
**garb** n. 복장; 옷매무새, 옷차림
**gasconade** n. 허풍, 자랑 이야기
**gash** n. 깊이 베인 상처; 갈라진 틈
**gawk** n. 멍청이, 얼뜨기; vi. 멍청히 바라보다
**gawky** a. 서투른, 어색한; 얼빠진
**geek** n. 괴짜; 컴퓨터 통(通)[광(狂)]; 샌님, 책벌레; 기인(奇人)
**gelatinous** a. 젤리 비슷한, 아교질의; 안정된
**geld** v. (말 따위를) 거세하다; 정기(精氣)를 없애다
**geniality** n. 온화, 친절, 상냥함; 온난
**genital** n. 성기, 생식기
**genius** n. 천재, 비상한 재주; 수호신
**gentility** n. 고상함, 우아; 세련된 몸가짐
**geopolitics** n. 지정학(地政學)
**germy** a. 세균이 묻은, 세균이 가득한
**gerontocracy** n. 노인 정치[정부]; 노인 지배
**gerontology** n. 노인학, 노년학
**gerrymander** vt. (선거구를) 자기 당에 유리하게 고치다
**gerund** n. 〈문법〉 동명사
**ghetto** n. 빈민가; (과거의) 유대인 거주 지역
**ghostwriter** n. 도굴꾼
**gibbet** n. (사형수의) 교수대; 교수형
**gibe** v. 비웃다, 조롱하다, 우롱하다; n. 비웃음, 조롱, 우롱(= jibe)
**gig** n. 작살; 작은 과실; 징계; 일시적인 일
**giggle** v. 낄낄 웃다
**gill** n. 아가미
**gimcrack** a. n. 값싸고 번지르르한 (물건), 허울만 좋은 (물건)
**gimlet** n. 나사송곳, 목공용 송곳
**gird** vt. 띠를 매다, 에워싸다
**gladiator** n. 검투사
**glaring** a. 빛나는; 휘황찬란한; 명백한
**glass ceiling** n. 여성에 대한 승진 등에서의 보이지 않는 차별
**glen** n. 골짜기, 좁은 계곡, 협곡
**glide** v. 미끄러지듯이 움직이다
**glitzy** a. 야한, 현란한, 화려한

**gloaming** n. 땅거미, 황혼
**globefish** n. 〈어류〉 복어(= puffer)
**globule** n. (특히 액체의) 작은 원형 물체, 작은 물방울; 혈구; 환약
**glorious** a. 영광스러운, 명예[영예]로운
**glossographer** n. (어휘) 주석자, 주해자
**glottal** a. 성문(聲門)의; 〈음성〉 성문으로 발음되는
**glow** vi. 타다; 빛을 내다; 붉어지다; n. 백열, 붉은 빛
**glower** vi. 노려보다; 무서운[언짢은] 얼굴을 하다
**glowing** a. 백열의, 작열하는
**glum** a. 무뚝뚝한, 뚱한, 음울한
**glutinous** a. 끈적끈적한; 아교질의
**gluttony** n. 폭음, 폭식
**glyph** n. 그림문자, 상형문자
**gnarl** n. (나무의) 마디, 혹; v. 비틀다; 마디지게 하다
**gnarled** a. 마디[혹] 투성이의
**gneiss** n. 〈지질〉 편마암
**gobble** v. 게걸스럽게 먹다[삼키다]
**godsend** n. 뜻밖의 행운, 하나님의 선물
**goggle** v. (눈알이) 희번덕거리다; 눈알을 굴리다; 눈을 부릅뜨다
**goldbrick** n. 가짜 금괴; 겉만 번드르르한 것; 건달; v. 속이다; 게으름 피우다
**gonad** n. 〈해부〉 생식선
**gonorrhea** n. 임질(= clap)
**gooseflesh** n. (추위·공포 등에 의한) 소름, 소름 돋은 피부
**gore** n. (상처에서 나온) 피, 핏덩이
**gormandizer** n. 대식가, 게걸스럽게 먹는 사람
**gory** a. 피투성이의; 유혈이 낭자한
**gossip** n. 잡담, 한담
**grabby** a. 욕심 많은, 탐욕스러운
**gracile** a. 호리호리한, 가냘픈, 날씬한
**gradient** n. 기울기, 경사도; 언덕, 비탈; (온도·기압의) 증감
**grain** n. 곡물, 곡식; 알갱이, 낟알
**graminivorous** a. 낟알을 먹는; 초식성의
**gramophone** n. 축음기(= phonograph)
**grandstand** n. 특별 관람석; a. 특별 관람석의; 화려한, 박수를 노린
**granivorous** a. (새 등이) 곡식을 먹는
**granulate** v. 알갱이로 만들다[되다], 꺼칠꺼칠하게 하다[되다]
**graphite** n. 〈광물〉 흑연
**grate** v. 갈다, 문지르다
**grating** a. 삐걱거리는; 귀에 거슬리는

**gravel** n. 자갈
**gravelly** a. 자갈이 많은; (목소리가) 걸걸한, 귀에 거슬리는
**green** a. (과일이) 덜 익은; 미숙한, 풋내기의; 환경 친화적인
**greenback** n. (미국 달러의) 지폐
**greenhorn** n. 풋내기; 초심자
**greet** v. 인사하다; 맞이하다, 환영하다
**greeting** n. 인사; 환영(의 말); (보통 pl.) (계절에 따른) 인사말
**grenade** n. 수류탄; 최루탄
**grim reaper** n. 죽음의 신, 사신(死神)
**grin** v. (이를 드러내고) 밝게 웃다; n. 씽긋 웃음
**grind** v. (곡식 등을 잘게) 갈다; n. 힘들고 단조로운[지루한] 일
**grinder** n. 분쇄기; 숫돌
**gripe** v. 괴롭히다; 불평을 하다; n. 파악, 제어, 지배
**grit** n. (끈질긴) 근성, 용기, 담력
**gritty** a. 의지가 굳센; 불쾌한 현실을 그대로 보여주는
**grocery** n. 식료품류, 잡화류
**groom** n. 신랑; vt. (말을) 돌보다; 훈련하다
**gross** a. 부피가 큰; 총계의; n. 총계, 총액
**grossly** ad. 크게, 심하게; 조잡하게; 총체적으로
**grotto** n. 작은 동굴
**ground-breaking** a. 신기원을 이룬, 획기적인
**groundless** a. 근거 없는; 사실 무근의
**grovel** vi. 기다; 굴복하다, 비굴한 태도를 취하다
**grown-up** n. 어른, 성인
**growth** n. 성장; 발전; 종양(腫瘍)
**grub** v. 파다; 애써서 얻다[찾아내다]; 부지런히 일[공부]하다; n. (곤충의) 유충
**grubby** a. 더러운, 단정치 못한
**grumpy** a. 까다로운, 심술궂은
**grunt** v. (돼지 따위가) 꿀꿀거리다; (사람이) 투덜투덜 불평하다, 푸념하다
**gudgeon** n. 잘 속는 사람; 얼뜨기; v. 속이다
**guidance** n. 안내, 지도, 지시
**guild** n. 동업 조합, 길드
**guileless** a. 간계[악의]가 없는, 정직한, 순진한
**guillotine** n. 단두대, 기요틴
**guinea pig** n. 실험 대상
**gull** n. 갈매기; 쉽게 속는 사람; vt. 속이다
**gullet** n. 식도; 목
**gurgle** v. (물 등이) 콸콸 흐르다[소리내다]
**gustatory** a. 맛의; 미각의

**gusty** a. 폭풍우가 휘몰아치는; (비바람 등이) 세찬, 거센
**gutter** n. 하수도; 도랑
**guttural** a. 목구멍의; 후음의; n. 후음
**gynecology** n. 부인과 의학
**gyrate** vi. 선회[회전]하다
**habilitate** v. (사회 복귀를 위해 심신장애자를) 교육[훈련]하다
**habitation** n. 주소; 주택; 식민지
**hack** v. 난도질하다; 프로그램을 교묘히 변경하다; (컴퓨터 시스템·데이터 따위에) 불법 침입하다
**hag** n. 추한 노파; 마녀; 늪, 소택지
**hair-raising** a. 소름이 끼치는, 머리끝이 쭈뼛해지는
**hale** a. 강건한, 꿋꿋한, 정정한
**handheld** a. 포켓용의; 손에 들고 쓰는
**handicapped** a. 신체[정신]적 장애가 있는
**handout** n. (학회 등에서의) 배포 인쇄물, 유인물; 기부
**handpick** vt. (과일 등을) 손으로 따다; 정선하다; 자기 형편에 맞게 뽑다
**handy** a. 알맞은; 편리한, 간편한
**hangar** n. 격납고; 차고
**hanker** vi. 동경하다, 갈망[열망]하다
**hankering** n. 갈망, 열망
**haplography** n. 중자(重字)탈락(philology를 philogy로 틀리게 씀)
**haplology** n. 중음(重音)탈락(papa를 pa로 발음)
**happenso** n. 우연한[뜻하지 않은] 일
**happenstance** n. 생각지도 않던 일, 우연한 일
**hard-nosed** a. 냉철한
**hard-to-crack** a. (문제가) 풀기 어려운
**hard-working** a. 근면한, 열심히 일[공부]하는
**hardy** a. 튼튼한, 단련된
**hare-brained** a. 경솔한; 무모한, 말도 안 되는
**harem** n. (회교국의) 후궁
**harlot** n. 매춘부; 음탕한 여자
**harmonious** a. 조화된, 균형 잡힌; 화목한
**harmonize** v. 조화[화합]시키다; 조화[화합]하다, 어울리다
**harp** v. 하프를 타다; 같은 소리를 되풀이 하다[on, upon]
**harpoon** n. (고래잡이용) 작살
**harridan** n. 심술궂은 노파, 마귀할멈(= hag)
**harried** a. 몹시 곤란을 겪는, 곤경에 처한
**harrow** vt. (정신적으로) 괴롭히다
**hassle** n. 싸움, 말다툼; 귀찮은[번거로운] 상황[일]
**hay** n. 건초, 마초

**haze** n. 아지랑이, 안개, 연무
**headlong** ad. 곤두박질쳐서, 거꾸로; 무모하게
**head-on** ad. 정면으로, 정통으로
**headway** n. 전진, 진행, 진보
**heady** a. 무모한, 성급한, 완고한
**healthful** a. 건강에 좋은; 건강[건전]한(= healthy)
**hearten** v. 기운[용기]을 북돋우다, 격려[고무]하다
**heartening** a. 용기를 북돋워 주는
**heart-rending** a. 가슴이 터질 것 같은; 비통한
**hebetude** n. 우둔, 둔감
**hebetudinous** a. 우둔한, 무기력한
**hector** v. 못살게 굴다; 괴롭히다
**hegira** n. 도피, 도주, 집단적 이주
**heist** n. 강도, 노상강도, 도둑
**heliacal** a. 태양의; (별이) 태양과 같은 무렵에 출몰하는
**helianthus** n. 〈식물〉 해바라기
**helical** a. 나선의, 나선형의
**heliocentricism** n. 〈천문〉 태양중심설
**heliosis** n. 〈의학〉 일사병
**helot** n. 농노, 노예, 천민
**hem** n. (천·옷 등의) 단; 가장자리
**hematic** a. 혈액의
**hemiplegia** n. 〈의학〉 반신불수
**hemisphere** n. 반구(半球)
**hemostatic** a. 지혈의; n. 지혈제
**henpecked** a. 공처가의
**hepatitis** n. 〈의학〉 간염
**herbaceous** a. 풀 같은, 초본(草本)의
**herd** n. 짐승의 떼; 군중; vt. (사람을) 모으다; (소·양 따위를) 무리를 짓게 하다, 모으다
**herder** n. 목동, 목양자
**hermitage** n. 은둔처, 암자, 은자(隱者)의 집
**hetaerism** n. (공공연한) 축첩; 잡혼
**heuristic** a. 학습을 돕는; 학생으로 하여금 스스로 발견하게 하는
**hew** v. (도끼·칼 등으로) 자르다, 마구 베다
**hexapod** n. 곤충, 육각류(六脚類)의 동물
**hick** n. 시골뜨기, 촌놈; a. 시골뜨기의, 촌스러운
**hidden** a. 숨겨진, 숨은, 비밀의; 신비한
**hide** v. 숨기다; n. 짐승의 가죽; 사람의 피부
**hideaway** n. 숨은 곳, 은신처; 사람 눈에 띄지 않는 곳

**hieratic** a. 성직자의
**hierocracy** n. 성직자 정치; 성직자 단체
**hieroglyphic** a. 상형 문자의; n. 상형 문자
**highbrow** a. 지식인의, 학자티를 내는; n. 지식인, 교양인
**high-flown** a. (언어·표현 등이) 과장된
**high-flying** a. 크게 성공한
**hike** v. 도보 여행[하이킹]하다; 대폭 인상하다; n. 도보 여행; (임금·가격) 인상
**hilarity** n. 환희, 유쾌한 기분
**hilt** n. (칼·도구 등의) 자루, 손잡이
**hind** a. 후부(後部)의, 후방의
**hindmost** a. 가장 뒤쪽의, 최후방의
**hippocampus** n. (대뇌 측두엽의) 해마
**hippodrome** n. (고대 그리스·로마의) 경마[경주]장; 극장
**hippopotamus** n. 하마
**hireling** a. n. 고용되어 일하는 (사람); 돈을 목적으로 하는 (사람)
**historic** a. 역사적으로 유명한[중요한]
**historical** a. 역사상의, 역사적인; 역사에 기인하는
**histrionic** a. 배우의; 연극의; 연극 같은
**hobble** v. 방해하다, 곤란하게 하다
**hobo** n. 뜨내기 노동자; 부랑자; vi. 방랑생활을 하다
**hodgepodge** n. 뒤범벅, 뒤죽박죽, 잡동사니
**hoe** n. (자루가 긴) 괭이
**hog** n. 돼지; v. 게걸스럽게 먹다; 독차지하다
**hokum** n. (소설 등에서) 인기를 노리는 대목; 저속한 수법
**holler** vt. 외치다, 투덜대다, 불평하다; n. 외치는 소리; 불평
**holograph** n. 자필문서
**homeopathy** n. 〈의학〉 동종요법(同種療法)
**homeostasis** n. 항상성(恒常性); (사회 조직 등의) 평형 유지력
**homesickness** n. 향수에 잠김; 향수병을 앓음
**homespun** a. 손으로 짠, 소박한
**homiletics** n. 설교법, 설교술
**hominoid** n. 인류, 인류와 비슷한 동물
**homologate** v. 동의[인가]하다; 일치하다, 동조하다
**homunculus** n. 난장이; 태아
**honcho** n. 책임자; 지도자; 반장
**honeycomb** n. 벌집; 벌집 모양의 물건
**honk** v. 경적을 울리다
**honorific** a. 존경의, 경의를 표하는; n. 경어; 경칭
**hoof** n. 발굽; v. 쫓아내다

**horny** a. 뿔의, 뿔 모양의; 발정한, 호색의
**horology** n. 시계학, 시계법
**horoscope** n. 별점, 천체 위치 관측
**horrific** a. 무서운, 끔찍한
**horripilation** n. 소름, 소름이 끼침
**hortation** n. 장려, 충고, 경고
**hortatory** a. 충고의, 장려의
**hostelry** n. 유스호스텔; 여관(= inn)
**hotbed** n. 온상, 소굴
**hothouse** n. 온실; (범죄의) 온상
**hound** vt. 사냥개로 사냥하다; 추적하다
**household** n. 가족, 세대; 한 집안
**housekeeping** n. 가사, 가계, 가계비
**hovel** n. 광, 헛간; 가축의 우리
**hoyden** n. 말괄량이
**hubbub** n. 왁자지껄, 소음; 함성
**huge** a. 거대한; 막대한
**humbug** n. 사기, 속임수
**humorous** a. 유머러스한, 익살스러운
**humorsome** a. 변덕스러운; 성마른, 괴까다로운; 익살맞은
**hump** n. 군살, (낙타 등의) 혹
**humpback** n. 꼽추, 곱사등이
**hunker** vi. 쭈그리고 앉다, 웅크리다; n. (pl.) 궁둥이
**hurriedly** ad. 서둘러, 다급하게, 허둥지둥
**hurtle** v. 충돌하다, 돌진하다
**husk** n. 껍질, 꼬투리
**husky** a. 껍질의; 목소리가 쉰; 건장한, 튼튼한
**hustings** n. 법정, 재판
**hut** n. 오두막, 오막살이집
**hydrant** n. 급수전, (노상의) 소화전
**hydrate** v. 수화시키다[하다]
**hydraulic** a. 수력의, 수압[유압]의
**hydroponics** n. 수경법(水耕法), 수경재배
**hygrometer** n. 습도계
**hyperborean** a. 극북(極北)의; 매우 추운; n. 북극 사람, 북방인
**hypercritical** a. 흠을 들추어내는; 비판이 지나치게 엄한
**hyperemia** n. 충혈
**hypodermic** a. 피하 주사의, 피하의; n. 피하 주사(기)
**hypothecate** vt. 저당 잡히다, 담보에 넣다

**iambic** a. n. (고전시(詩)에서) 단장격(短長格)의 (시)
**ichthyology** n. 어류학
**icon** n. (회화·조각의) 상, 초상
**iconic** a. 상(像)의, 초상의; 우상의
**idealism** n. 이상주의
**ideogram** n. 표의문자
**idiotic** a. 백치의; 바보스러운
**idly** ad. 빈둥거리며; 무익하게
**igneous** a. 불의[같은]; 불로 인하여 생긴, 화성(火成)의
**ignescent** a. n. 불꽃이 튀는 (물질); 연소성의 (물질)
**ill-advised** a. 사려[분별] 없는, 경솔한
**illation** n. 추리, 추론, 추정; 결론
**ill-conceived** a. (계획 등이) 착상이 나쁜
**illimitable** a. 무한한, 광대한, 끝없는
**ill-will** n. 악의, 나쁜 감정
**imbrue** vt. (손·칼을) 더럽히다, 물들이다(= embrue)
**imitative** a. 모방의, 모방적인; 모조의
**immaterial** a. 실체가 없는; 정신상의; 중요하지 않은
**immerge** vi. (물 따위에) 뛰어들다, 뛰어들듯이 사라지다
**immortelle** n. 시들지 않는 꽃
**imp** n. 꼬마 도깨비; 개구쟁이
**impassioned** a. 정열적인, 열정적인, 열렬한
**imperishable** a. 불멸의, 불후의
**imperturbable** a. 쉽게 동요하지 않는, 냉정한, 침착한
**impish** a. 개구쟁이의, 짓궂은
**impolitic** a. 무분별한, 졸렬한, 불리한
**impotence** n. 무력, 무기력, 허약
**impoverished** a. 가난해진; 힘을 잃은, 동식물의 종류[수]가 적은
**impregnate** vt. 임신[수태]시키다; 스며들게 하다
**impresario** n. (가극·음악회 등의) 흥행주, (가극단·악단 등의) 감독; 지휘자
**imprimatur** n. (특히 로마 가톨릭 교회의) 출판 허가; 허가, 승인
**imprint** vt. (도장·기호·문자 등을) 누르다, 찍다; ~에게 감명을 주다
**improbable** a. 일어날 것 같지 않은
**inadvertence** n. 부주의, 태만, 소홀; 실수
**inbred** a. 타고난; 근친교배의
**incarnadine** n. a. 살색(의), 진홍색(의); vt. 붉게 물들이다(= redden)
**incest** n. 근친상간(죄)
**incoherence** n. 앞뒤가 맞지 않음; 모순된 생각
**income** n. (정기적인) 수입, 소득

**incomparable** a. 비길 데 없는
**inconsequential** a. 중요하지 않은; 논리에 맞지 않는
**inconvenient** a. 불편한, 형편이 나쁜
**inconvincible** a. 납득시킬 수 없는
**increasingly** ad. 점점, 더욱더; 증가하여
**Indian summer** n. (만년에 맞게 되는) 행복한 성공, 평온한 시기
**indistinguishable** a. 분간[구별]할 수 없는
**indite** vt. (시문 등을) 쓰다, 짓다
**indurate** v. 경화시키다[하다]; 무감각하게 하다[되다]; a. 경화된; 무감각한
**ineptitude** n. 무능력, 부적합
**inerrant** a. 잘못[틀림] 없는
**inexperienced** a. 경험이 부족한, 미숙한
**inexpugnable** a. 정복할 수 없는, 난공불락의; (주장 등이) 논파할 수 없는
**infallibility** n. 과오가 없음, 무과실성; 절대 확실
**infecund** a. 열매를 맺지 않는; 불모의
**influent** a. 흘러 들어가는, 유입하는
**influenza** n. 유행성 감기, 독감
**informed** a. 견문이 넓은; 교양 있는, 박식한
**infrared** n. 적외선
**infrastructure** n. 기간시설, 산업기반, 인프라
**infrequent** a. 희귀한, 드문; 진귀한
**ingenue** n. 천진난만[순진]한 소녀
**ingest** vt. 섭취하다; (정보 등을) 수집하다; (사상 등을) 받아들이다
**ingravescent** a. (병 등이) 점차 악화하는
**inherited** a. 상속한; 계승한; 유전의
**inhuman** a. 냉혹한; 비인간적인
**inhumane** a. 몰인정한, 무자비한
**inimitable** a. 흉내 낼 수 없는; 비길 데 없는
**inlay** vt. (장식으로서) 박아 넣다, 아로새기다; 상감하다
**inn** n. 여인숙, 여관; 선술집, 주막
**inoperable** a. 실행할 수 없는; 수술 불가능한
**inseminate** vt. (씨를) 뿌리다; 수정시키다
**insemination** n. 씨 뿌리기; (인공) 수정
**insensate** a. 감각이 없는; 비정한, 잔인한
**insensitive** a. 무감각한, 둔감한
**insolate** vt. 햇빛에 쬐다
**insoluble** a. 용해하지 않는; 해결할 수 없는
**instauration** n. 회복, 부흥, 재흥, 복구
**intaglio** n. 음각; vt. (무늬를) 새겨 넣다

**integer** n. 완전한 것, 완전체; 정수(整數)
**inter** vt. 매장하다, 묻다(= bury)
**interactive** a. 상호적인, 상호작용하는, 서로 영향을 미치는
**interior** n. 실내, 내부
**interment** n. 매장
**interpellate** vt. (의원이 장관에게) 질의[질문]다, 설명을 요구하다
**interpose** v. 사이에 끼우다, 삽입하다
**interpretative** a. 설명적인; 추론에 입각한; 해석에 의한(= interpretive)
**interrelate** vt. 상호 관계를 갖게 하다
**interrelated** a. 서로 관계가 있는
**intersperse** vt. 흩뿌리다, 산재(散在)시키다
**interval** n. (장소적인) 간격, 거리; (시간적인) 간격, 사이
**intestate** a. (적법한) 유언(장)을 남기지 않은; n. 유언 없는 사망자
**intestinal** a. 창자의, 장[腸]에 있는
**intifada** n. 인티파다, 아랍인 반란
**invariant** a. 불변의, 변함없는, 한결같은
**inventive** a. 창의력이 풍부한, 독창적인
**investiture** n. 수여(식), 임관(식)
**inviolate** a. 범하여지지 않은; 더럽혀지지 않은; 신성한
**involute** a. 뒤얽힌, 복잡한; 소용돌이[나선] 모양의
**iota** n. 소량, 조금
**iridescene** n. 무지개 빛깔, 진주빛
**iridescent** a. 무지개 빛깔의, 진주빛의
**iron** n. 철; 다리미; a. 철 같은; 냉혹한; v. 다리미질하다
**irreconcilable** a. 화해할 수 없는; 조화되지 않는; 대립[모순]된
**irredeemable** a. 구제할 수 없는
**irrefragable** a. 논박할 수 없는, 부정할 수 없는; 범할[어길] 수 없는
**irremediable** a. (병이) 불치의; 고칠 수 없는
**islet** n. 아주 작은 섬; 동떨어진 것
**isocracy** n. 평등 참정권, 만민 평등 정치
**isthmus** n. 지협(地峽); 협부
**item** n. 항목, 조항; 물품, 물건
**iterate** vt. (몇 번이고) 되풀이하다; 되풀이하여 말하다
**itty-bitty** a. 아주 작은, 조그마한(= itsy-bitsy)
**jabberwocky** a. 종잡을 수 없는; n. 무의미한 말
**jack** v. 올리다, 끌어올리다[up]; 자동차를 털다, 자동차 운전자에게서 금품을 빼앗다
**jackpot** n. 대성공; 거액의 상금
**jade** n. 옥, 비취; v. (말을) 지치게 하다, 혹사하다
**jag** n. (톱니 같이) 뾰족뾰족함; v. 뾰족뾰족하게 만들다

**jagged** a. (물건이) 들쭉날쭉한; (목소리 등이) 귀에 거슬리는
**jail** n. 교도소, 감옥; 구치소
**janitor** n. 관리인, 청소원; 문지기, 수위
**jarring** a. 삐걱거리는, 귀에 거슬리는
**jaywalker** n. 무단횡단 하는 사람
**jeer** v. 조롱하다, 조소하다, 야유하다; n. 조롱, 조소, 야유
**jerk** n. 갑작스런 움직임; 경련
**jesting** n. 익살; 희롱; a. 농담의; 농담을 좋아하는, 익살맞은; 시시한
**jetsam** n. 해양 폐기물, 표류물
**jetty** n. 둑, 방파제, 부두
**jewel** n. 보석; (보석으로 만든) 장신구
**jewelry** n. 보석류, 장신구
**jilt** vt. (애인을) 버리다, 차다
**jitter** n. 신경과민, 초조, 불안감; vi. 안절부절못하다
**jittery** a. 신경질적인, 초조해하는
**jollity** n. 즐거움, 유쾌함; 술잔치
**jolt** v. 갑자기 세게 흔들다; (정신적으로) 동요를 일으키다
**jot** n. 아주 조금, 극소량; vt. 간단히 메모하다
**journeyman** n. 장인, 기능인, 유능한 기능공
**jubilation** n. 환희, 환호; 환호성; 축하
**jubilee** n. 기념 축제; 축제; 환희
**Judaism** n. 유대교; 유대정신; 유대인
**judicature** n. 사법제도; 재판권; 법관
**juggle** v. 곡예하다, 요술을 부리다; 속이다; 조작하다
**juggler** n. 곡예사; 마술사; 사기꾼
**junta** n. 군사 정권; 의원, 내각
**junto** n. (정치상의) 비밀결사; 도당, 파벌; 〈문예〉 동인(同人)
**jurist** n. 변호사; 법관; 법학자
**jus soli** n. 〈법〉 출생지주의
**jut** n. 돌기, 돌출부; v. 돌출하다, 튀어나오다
**juvenescence** n. 젊음, 청춘; 회춘
**juvenilia** n. (작가·화가의) 젊은 시절 작품; 소년·소녀를 위한 읽을거리
**kaleidoscopic** a. 만화경의; 변화무쌍한
**keepsake** n. 기념품, 유품
**kempt** a. 빗질한; (집 등이) 깨끗한
**kennel** n. 개집; 개 사육장
**kerosine** n. 등유(燈油), (등불용) 석유
**kettle** n. 냄비, 주전자
**keynote address** n. (정당·회의 등의) 기조 연설

**kiln** n. (벽돌 등을 굽는) 가마, 노(爐)
**kink** n. 구부러진[꼬인] 것, 뒤틀림; 경련
**kiosk** n. 벽 없는 오두막; (역·광장 등에 있는) 신문 매점; 공중전화 박스; 광고탑; 키오스크
**kismet** n. 숙명, 운명
**kiss-and-tell** a. (친했던 사람의) 비밀을 폭로하는, (헤어진 연인의) 과거를 공개하는
**kite** n. 연; 〈조류〉 솔개
**kitschy** a. (작품이) 저속한, 저질의
**kitty-cornered** a. 대각선상의, 비스듬한; ad. 대각선상으로, 비스듬히
**knee-jerk** a. 자동적인; 반사적인; 예상대로 반응하는
**knickknack** n. (작은) 장식품, 작은 장신구
**knoll** n. 작은 산, 둥근 언덕; 둔덕
**knowledgeable** a. 아는 것이 많은, 식견이 있는
**kowtow** vi. 고두(叩頭)의 예를 올리다, 머리를 조아리다; 굽실거리다
**lab** n. 연구실, 실험실
**labefaction** n. (도덕·질서 등의) 동요, 쇠퇴, 몰락
**labor-intensive** a. 노동집약적인
**lachrymation** n. 눈물을 흘림, 눈물을 흘리고 욺(= lacrimation)
**lackey** n. 하인; 아첨꾼; v. 아첨하다
**lactary** a. 젖의, 젖 같은
**lactate** vi. 젖을 분비하다; n. 젖산염
**lactobacillus** n. 젖산균
**laid-back** a. 한가로운, 느긋한; 무감동한, 냉담한
**lair** n. (야생 짐승의) 굴; 은신처
**lambaste** vt. (공개적으로) 맹공격하다
**lambent** a. (불꽃·빛이) 어른거리는; (기지가) 경묘한
**lamella** n. (세포 등의) 얇은 판; (버섯의) 주름
**lamely** ad. 절룩거리며; 불안하게
**laminate** v. 얇은 조각으로 자르다; ~에 얇은 판을 씌우다; n. 합판; 얇은 판을 여러 장 붙여 만든 것
**laminated** a. 얇은 판[조각] 모양의, 얇은 판으로 된
**land** v. 상륙[착륙]시키다[하다]; (노력의 결과로서) 얻다, 획득하다
**landed** a. 많은 토지를 소유한; 양륙한
**landfill** n. 쓰레기 매립지, 매립 쓰레기
**landlord** n. 지주, 집주인, 하숙집 주인
**landmine** n. 지뢰
**languorous** a. 나른한, 노곤한; 울적한
**laparoscopy** n. 복강경수술
**laparotomy** n. 〈의학〉 개복 수술
**lapidary** n. 보석 세공인; a. 보석 세공의; 비문의; 정교한
**lard** vt. 꾸미다, 윤색하다; n. 돼지기름, (몸의) 여분의 지방

largely ad. 대체로, 주로; 다량으로, 많이
larynx n. 후두; 발성 기관(= voice box)
last name n. (이름의) 성(姓)(= surname)
lasting a. 영속적인, 지속적인
latrine n. (야영·병영 따위의) 임시 변소
law-abiding a. 법률을 준수하는, 준법적인
lawmaker n. 국회의원, 입법자
lazybones n. 게으름뱅이
lb n. (무게를 나타내는) 파운드
lead n. 실마리, 단서; 납, 연필심
leaden a. 납빛의; 무거운; 활기 없는, 둔한
leading a. 주요한; 일류의; 주역[주연]의
leafy a. 잎이 많은, 잎이 무성한
leaning n. 기울기, 경사; 경향, 성향
learned a. 박식한, 조예 깊은, 정통한
leer n. 음흉한 시선, 곁눈질, 추파; vi. 음흉하게 보다, 곁눈질하다
leftist a. 좌익[좌파]의; 좌익 사상의; n. 좌익, 좌파, 급진파 사람
legality n. 적법, 합법, 정당함
legume n. 콩과(科)의 식물, 콩류
lenitive a. (약 등이) 완화성의, 진통성의; n. 완화제, 진통제
lenity n. 자비; 관대한 조치[행위]
Lent n. 사순절(四旬節)
letdown n. 후퇴, 감퇴, 이완; 환멸, 실망
lethal dose n. (약의) 치사량
leukemia n. 〈의학〉 백혈병
levigate vt. 가루로 만들다, 갈다
lexical a. 어휘의; 사전의; 사전적인
lexis n. 어휘, 용어집; 어휘론
libation n. 헌주(獻酒); 술잔치, 술
libra n. 중량 파운드(약어: lb); (L~) 천칭자리, 천칭궁
librarian n. (도서관의) 사서(司書)
librate vi. 진동하다; 균형이 잡히다
licentiate n. 면허장 소유자, (개업) 유자격자
lichen n. 지의(地衣)류의 식물; 이끼
lickerish a. 미식(美食)을 좋아하는; 게걸스럽게 먹는; 호색의, 음란한
life expectancy n. 기대수명, 여명(餘命)
lifelong a. 일생 동안의, 평생의; 긴 세월의
ligament n. 인대(靭帶); 끈, 띠; 유대
ligature n. 끈, 줄, 띠; 굴레

**lighthouse** n. 등대
**likelihood** n. (어떤 일이 있을) 가능성
**lilliputian** a. 아주 작은; 편협한; n. 난쟁이; 도량이 좁은 사람
**limber** a. 나긋나긋한, 유연한; 경쾌한; v. 유연하게 하다
**limelight** n. 각광, 세상의 이목[관심]; 세상의 이목을 끄는 입장
**limestone** n. 석회석, 석회암
**limited** a. 한정된, 유한의; 유한책임회사의
**limn** vt. (그림을) 그리다; 묘사하다
**linchpin** n. 중심[핵심]인물, 핵심; 요점
**lineament** n. (보통 pl.) 용모, 생김새; 외형, 윤곽; 특징
**linkage** n. 결합, 연합; 관련성; 연결 장치
**lion** n. 유명한 사람, 명물
**lip service** n. 말뿐인 친절, 입에 발린 말
**lipid** n. 〈화학〉 지질(脂質), 지방질
**liquefaction** n. 〈화학〉 액화, 용해; 액화상태
**liquescent** a. 액화하기 쉬운; 액화 상태의
**litany** n. 연도(선창자를 따라 신도들이 제창하는 기도); 장황한 설명
**lithe** a. (사람·동물이) 나긋나긋한, 유연한; 뼈가 연한
**litotes** n. 완서법(반의어의 부정을 써서 강한 긍정을 나타내는 표현법)
**littoral** a. 해안[연해]의; 해안에 사는; n. 연안 지역
**live ammunition** n. 실탄, 아직 쓸 수 있는 탄약
**loafer** n. 게으름뱅이
**locomotive** a. 기관차의; 이동할 수 있는; n. 기관차
**locution** n. 말투, 말씨, 어법
**lode** n. 광맥; 풍부한 원천
**loggerhead** n. 바보, 멍텅구리
**logistic** a. 물류에 관한; 병참(학)의
**logistics** n. 물류; 화물; 군수(軍需); 택배
**logjam** n. 정체, 막힘
**logogram** n. 표어문자, 기호; 약어
**logorrhea** n. (지나치고 때로는 두서없는) 요설(饒舌), (말의) 장황함
**logroll** v. (법안을) 협력하여 통과시키다; 서로 칭찬하다; 서로 돕다
**logy** a. (동작이나 지능이) 느린, 둔한, 굼뜬
**loll** v. 축 늘어져 기대다; 빈둥거리다
**long shot** n. 모험을 건 도박; 대담한 기도; 〈경마〉 승산 없는 말; 〈영화·TV〉 원사
**longeval** a. 오래 계속되는, 장수의
**longevous** a. 장수의, 수명이 긴
**longhead** n. 선견지명
**long-term** a. (계약·계획·영향 등이) 장기적인, 장기에 걸친

**longways** a. 긴; 세로의; ad. 길게; 세로로
**lookism** n. 외모에 의한 판단[차별]
**loony** n. 미치광이; a. 미친; 어리석은, 철없는
**lope** v. (말 따위가) 천천히 뛰다[뛰게 하다]; (사람이) 성큼성큼 걷다[뛰다]
**lordly** a. 군주다운, 당당한
**lotion** n. 세정제(洗淨劑), 화장수, 로션
**loudmouthed** a. 큰 목소리의, 큰소리로 말하는
**lout** n. 시골뜨기
**loutish** a. 버릇없는, 촌스러운
**lovesick** a. 상사병에 걸린
**low-end** a. (비교적) 싼, 저급의
**lower-case** n. 소문자
**lowly** a. (지위·신분 등이) 낮은, 비천한; 초라한; 겸손한
**lubricative** a. 미끄럽게 하는, 윤활성의
**lubricous** a. (표면 등이) 매끄러운; 음란한, 외설적인; 불안정한
**lucent** a. 빛을 내는, 번쩍이는
**lucre** n. 돈벌이, 이득, 이익
**luculent** a. (설명 등이) 명쾌[명료]한; 설득력이 있는; 빛나는
**luminant** a. 빛나는, 빛을 내는; n. 발광체
**lumpen** n. 부랑인, 룸펜; a. 떠돌이 생활을 하는
**lurch** n. (배·차 등의) 갑자기 기울어짐; 비틀거림; 곤경; vi. 비틀거리다
**macerate** v. (물에 담가) 불리다; 야위게 하다; 쇠약해지다
**machinery** n. 기계, 기계장치; (사회·정치 등의) 조직, 기관
**macho** a. 남자다운, 남성적인; 남자다움을 과시하는
**mackerel** n. 〈어류〉 고등어
**macroeconomics** n. 거시경제학
**macroscopic** a. 육안으로 보이는(↔ microscopic); 거시적인
**madrigal** n. 합창곡; 가곡
**maestro** n. 명지휘자; (예술의) 대가, 거장
**magic bullet** n. 마법의 해결책[특효약]
**magisterial** a. (사람·행동이) 무게 있는, 위엄 있는, 권위 있는
**magistrate** n. (행정·사법을 겸한) 행정 장관, 치안판사
**magnolia** n. 목련
**magnum opus** n. (특정화가·음악가·작가의) 대표작, 최고작
**magpie** n. 까치; 수다쟁이
**mahatma** n. (인도의) 대성(大聖); 거장, 대가
**maiden** a. 처녀의; 처음의, 최초의; n. 소녀, 아가씨, 처녀
**major-domo** n. (왕가·귀족 집안 등의) 집사
**makeup** n. 화장; (사람의) 체격, 체질; 성질, 기질

**maladept** a. 충분한 능력이 없는, 부적격인, 서투른
**malapropism** n. 말의 우스꽝스런 오용
**malapropos** a. 적절하지 않은; ad. 부적절하게
**malarkey** n. 허튼 소리; 엉터리 같은 짓
**mall** n. (나무 그늘이 있는) 산책로; 쇼핑몰, 쇼핑센터
**maltreat** vt. 학대[혹사]하다
**malversation** n. 독직(瀆職), 공금 횡령, 배임
**mammonish** a. 배금주의의, 황금만능주의의
**mandamus** n. 직무 집행 영장; vt. ~에게 직무 집행 영장을 발부하다
**mandarin** n. 고위 공무원, 고관, 거물
**manducate** vt. 씹다, 저작하다, 먹다
**mane** n. (사자의) 갈기; (사람의) 길고 숱이 많은 머리털
**mangy** a. (가축 등이) 옴이 오른; (융단 등이) 털이 빠진; 지저분한
**man-made** a. 사람이 만든, 인공의, 인조의
**manned** a. 승무원이 있는, 유인(有人)의
**mannerism** n. (문학·예술에서의) 틀에 박힌 수법, 매너리즘
**manor** n. 영주의 저택; 장원(莊園)
**manse** n. (스코틀랜드 장로 교회의) 목사관
**mantel** n. 벽난로의 앞·옆면 장식; 벽난로 선반(= mantelpiece)
**mantra** n. 만트라(특히 기도·명상 때 외는 주문), 진언(眞言), 주문; 슬로건, 모토
**maple** n. 단풍나무
**mare liberum** n. 공해(公海)
**marigold** n. 천수국, 금잔화
**marina** n. (해안의) 산책길; 계류장
**mariner** n. 선원, 뱃사람
**marionette** n. (팔·다리·머리에 줄을 매달아 움직이는) 인형, 꼭두각시
**markdown** n. 가격 인하(↔ markup)
**marksman** n. 사격의 명수; 저격병
**marquee** a. 가장 중요한[유명한]; n. 대형천막; (극장·호텔 등의 입구 위에 쳐져 있는) 차양
**marquis** n. 후작(侯爵)
**marsupial** a. 주머니가 있는; (캥거루 같이 주머니가 있는) 유대류의
**Martian** n. 화성인; a. 화성의, 화성인의
**masochism** n. 마조히즘, 피학대 성애; 자기 학대
**masochist** n. 피학대음란자, 마조히스트
**masochistic** a. 피학대음란증의; 자기 학대의
**mast** n. (배의) 돛대
**masterful** a. 능수능란한; 거장[대가]다운
**mastery** n. 숙달, 정통, 통달; 지배
**masticate** vt. (음식을) 씹다

mastodon n. 마스토돈(코끼리 비슷한 동물); 매우 큰 것[사람]
match v. ~에 필적하다; ~에 어울리다; n. 성냥; 경기, 시합; 호적수
matching a. (색·외관이) 조화되는, 어울리는
materfamilias n. 어머니; 주부
maternity n. 어머니임, 모성, 모성애
mathematical a. 수학의; 아주 정확한
mathematician n. 수학자
mathematics n. 수학; 계산
mating n. (동물의) 짝짓기, 교미
matriculation n. 대학 입학 허가, 입학식
matron n. 부인, 여사
matronymic a. n. 모계 조상의 이름에서 딴 (이름)
mausoleum n. 장려한 무덤, 능(陵)
maven n. 전문가, 숙련자
maximize v. 극대화하다; 최대한 활용하다
maximum n. 최고, 최대한; a. 최대의, 최고의; 극대의
mayor n. 시장, 군수
means n. 수단, 방법, 방도; (개인이 가진) 돈, 재력, 수입
medial a. 중간의, 중앙의
median a. 중앙의, 중간의; n. 중앙값
medic n. 의사; 위생병, 군의관
medicaster n. 가짜의사
medication n. 투약, 약물치료; 약, 약물
medicinal a. 약효가 있는, 치유력이 있는
medicine n. 의학, 의술, 의료; 약, 약물
medicolegal a. 법의학의
melancholia n. 〈정신의학〉 우울증, 울병
melange n. (여러 가지의) 혼합물; 뒤범벅
melanian a. 흑색의; 검은 머리의, 검은 피부의, 흑색 인종의
meld v. 섞다[섞이다]; 혼합시키다[하다]
meliorate v. 개량하다, 개선하다, 좋아지다
melliferous a. 벌꿀을 만드는; 꿀이 나는; (말·음악 등이) 감미로운
membrane n. (얇은) 막(膜)
memento mori n. 죽음의 상징; 죽음의 경고
memorabilia n. 기록[기억]할만한 사건
menage n. 살림, 가정, 세대
menagerie n. (이동하면서 다니는) 동물원, (구경시키기 위한) 동물
meniscus n. 초승달 모양(의 물건); (관절의) 반월판
mentee n. 멘토에게 조언을 받는 사람

**mentor** n. 성실한 조언자; 스승, 은사
**mercifully** ad. 자비롭게, 관대하게
**mere** a. 단순한, ~에 불과한; n. 호수, 연못
**merely** ad. 단지, 오직
**mesa** n. 〈지질〉 대지(臺地), 암석 대지
**mesh** n. 그물망, 철망; v. 그물로 잡다
**mesomorph** n. 중간 체격의 사람
**metamorphic** a. 변화의, 변성(性)의, 변태의
**metamorphose** v. 변형시키다, 변태시키다
**metamorphosis** n. 변형, 변태, 변성
**metaphrase** n. 번역, (특히) 직역; vt. 번역하다, 직역하다
**metempirical** a. 선험적(先驗的)인, 경험을 초월한
**metempsychosis** n. 영혼의 재생, 윤회
**metonymic** a. 환유적(換喩的)인(= metonymical)
**metonymy** n. 환유, 전유(어떤 낱말 대신에 그것을 연상시키는 다른 낱말을 쓰는 비유)
**metrics** n. 운율학, 작시법
**metrology** n. 도량형학; 도량형
**metropolis** n. 주요 도시; 수도; 중심지
**miasma** n. (소택지에서 발생하는) 독기; 악영향
**microeconomics** n. 미시경제학
**midget** a. 소형의, 극소형의; n. 난쟁이, 난쟁이 같이 아주 작은 사람이나 동물
**midwife** n. 산파, 조산사; 산파역; vt. 출산을 돕다; 산파역을 맡다
**miff** n. 말다툼, 하찮은 싸움
**mildew** n. 곰팡이
**military** a. 군대의; 군인다운; 군인의; n. 군대, 군부; 군인
**militate** vi. 작용하다, 영향을 미치다
**Milky Way** n. 은하, 은하수, 은하계
**mill** n. 방앗간, 제분소, 맷돌; v. 맷돌로 갈다, 빻다
**millennial** a. 천년의; 천년간의
**millionaire** n. 백만장자, 대부호
**millipede** n. 〈동물〉 노래기
**minar** n. (인도 건축 등의) 작은 탑
**minatory** a. 위협적인, 협박하는(= menacing)
**mindless** a. (사람·행위 등이) 지성이 없는; 생각이 모자라는, 어리석은
**mindset** n. 심적 경향, 사고방식
**miniature** a. 아주 작은, 축소된; n. 축소 모형, 미니어처
**minikin** a. 작은, 소형의; 점잔 빼는; n. 작은 것[생물]
**minus** prep. ~을 잃고, ~이 없이
**miracle** n. 기적; 경이, 놀라운 일

miraculous a. 기적적인, 초자연적인
misappropriation n. 남용; 착복; 횡령
misbegotten a. 사생아인, 서출인; (계획·생각 등이) 덜된, 형편없는
misbehave v. 버릇없는 짓을 하다; 부정을 저지르다
miscible a. 섞일 수 있는, 혼화성의
misconduct n. 위법[불법] 행위, 직권남용
misconstruction n. 그릇된 해석, 완전한 오해
miscreant a. (사람이) 사악한, 타락한; n. 악한, 범법자
misdeed n. 나쁜 짓, 악행; 범죄행위
misdiagnose vt. 오진하다, 잘못 진찰하다
misdirect vt. 오도하다, 잘못 지시하다
misfire n. (총의) 불발; (계획 등의) 실패; vi. 불발이 되다; 실패하다
misfit n. 부적격자, 부적응자; v. (옷 등이) 잘 맞지 않다
misfortune n. 불운, 불행; 불행한 일, 재난
misguided a. 잘못 이해한, 잘못 판단한
mishmash n. 뒤범벅, 잡동사니, 뒤죽박죽
misleading a. 호도하는, 오도하는, 오해의 소지가 있는
misoneism n. 새로운 것을 싫어하기, 개혁을 싫어하기, 보수주의
mission n. 임무, 사명; 사절단; 전도
missionary n. 선교사, 전도사
missive n. 편지; (특히) 공문서
mistreat vt. 혹사하다, 학대하다
misunderstand v. 오해하다, 잘못 생각하다
misunderstanding n. 오해, 의견차이
misuse n. 오용, 악용, 남용; vt. 오용하다, 악용하다
mitten n. 벙어리장갑
mixture n. 혼합, 혼합물
mnemonics n. 〈심리학〉 기억술, 암기법
moat n. 해자(성 주위에 둘러 판 못)
mobocracy n. 폭민[우민] 정치
modus operandi n. (작업) 방식, (작업) 절차
modus vivendi n. 생활 방식; 잠정 협정
moist a. 습기 있는, 축축한
moisture n. 습기, 수분; 수증기
molar n. 어금니
mole n. 두더지; 검은 점, 사마귀
molt v. 털을 갈다, 탈피하다, 허물 벗다
mom-and-pop a. 부부[가족] 경영의; 소규모의, 영세한
monitor v. (기계 등을) 감시[조정]하다; n. (학급의) 반장

**monitory** a. 경고[훈계]를 주는
**monocle** n. 외알 안경
**monody** n. 비가(悲歌); 애도시
**monogyny** n. 일처주의, 일처제
**monotone** a. 단조로운, 변화가 없는(= monotonous)
**monsoon** n. (여름철의) 우기(雨期); (동남아시아 지역의) 계절풍
**monstrosity** n. 기괴함, 괴상함
**morass** n. (빠져 나가기 힘든) 늪, 난국, 곤경
**morganatic** a. 귀천상혼(貴賤相婚)의
**morgue** n. 시체 보관소, 영안실
**moron** n. 우둔한 사람; 바보, 얼간이
**moronic** a. 저능아의, 바보의
**mortar** n. 회반죽, 모르타르; 박격포
**moss** n. 이끼; vt. 이끼로 뒤덮다
**moth** n. 나방
**motherhood** n. 어머니인 상태; 모성; 어머니의 특성, 어머니의 마음
**motor** a. 움직이게 하는; 운동의; 운동 신경의; n. 모터; 운동신경
**mottled** a. 얼룩덜룩한, 반점이 있는
**mousy** a. (머리카락이) 칙칙한 갈색인; (사람이) 소심한, 내성적인
**mow** v. (잔디를) 깎다; (풀 등을) 베다
**moxie** n. 정력, 원기, 활력; 용기, 투지
**mucus** n. (코 등에서 나오는) 점액
**muff** n. 실수, 실책; 얼뜨기, 바보; v. 실수하다
**mugging** n. 노상강도
**mugwump** n. (정치적으로) 우유부단한 사람; 거물, 우두머리
**multifold** a. 다양한, 가지각색의
**multinomial** a. 〈수학〉 다항(多項)의; n. 다항식(= polynomial)
**multivocal** a. 여러 가지 뜻을 가진, 뜻이 다양한; 뜻이 애매한
**mum** a. 무언의, 말하지 않는; n. 침묵
**mummery** n. 무언극, 가면극; 허례; 야단스런 겉치레 의식
**mummify** vt. 미라로 하다; 말려서 보존하다
**mummy** n. 미라; 바싹 마른 것; (미라처럼) 말라빠진 사람
**munch** v. 우적우적 씹어 먹다; n. 스낵, 과자
**muniment** n. (pl.) 부동산 권리 증서, 증서; 공식 기록, 공문서; 방어, 보호
**muscle** n. 근육; 근력; v. 우격다짐으로 밀고 나아가다
**muscular** a. 근육의; 근육질의, 근육이 발달한, 강건한
**must-have** a. 꼭 필요한, 반드시 가져야 할; n. 필수품
**mystic** a. 비전의, 비밀의; 신비주의의; n. 비전[비법]을 전수받은 사람
**mystify** vt. 혼란스럽게 만들다, 신비화하다, 불가사의하게 하다

mystique n. 신비스러운 분위기, 불가사의함; (직업 등에서의) 비법, 비결
mythic a. 신화의, 신화적인; 상상의, 가공의; 사실무근인
nag v. (계속) 잔소리를 하다, 바가지를 긁다; 계속 괴롭히다
nagging a. 성가시게 잔소리하는; (의심·통증 등이) 계속되는
naissance n. (사람·조직·사상·운동 등의) 탄생, 생성, 태동; 기원
naked a. 벌거벗은; 있는 그대로의
narcolepsy n. 〈의학〉 (간질병의) 기면 발작(嗜眠發作), 발작성 수면
narrow-minded a. 속이 좁은, 편협한; (의견이) 치우친; 독선적인
nasal a. 코의, 코에 관한
natal a. 탄생의, 출생에 관한; 타고난
natant a. 헤엄치고 있는; 물에 떠 있는
natation n. 수영; 수영법
natatorium n. (특히 실내) 수영장
nativity n. 출생, 탄생(= birth); (the N~) 예수의 성탄
natural selection n. 자연 도태, 자연선택
nauseous a. 욕지기나는, 메스꺼운; 몹시 싫은
nautical a. 선원의; 선박의; 해상의, 항해
NCND n. 긍정도 부정도 아님(= neither confirm nor deny)
nebbish n. 무기력한 사람, 쓸모없는 사람
nebula n. 〈천문〉 성운(星雲)
necklace n. 목걸이
necrolatry n. 사자(死者) 숭배
necromancy n. 마술, 마법
necropolis n. (고대 도시 등의) 대규모 공동묘지; 매장지
necropsy n. 검시(檢屍), 부검(剖檢)
nectar n. (꽃의) 꿀; (짠 그대로의 진한) 과일즙; 감미로운 음료
needle v. 바늘로 꿰매다; 자극하다; 괴롭히다
needy a. 가난한, 빈곤한
negligee n. (여성용) 실내복, 화장복; 평상복, 약식 복장
neology n. 신조어; 신조어 사용
neonatal a. (생후 1개월 이내) 신생아의
neoteric a. 현대의, 최근의, 새로운; n. 현대인; 현대 작가
nephogram n. 구름 사진
nephritis n. 〈병리〉 신장염(= Bright's disease)
nerd n. 바보, 얼간이; 샌님
nervy a. 대담한, 용기 있는; 건방진; 뻔뻔스러운
nescience n. 무지(= ignorance); 〈철학〉 불가지론(= agnosticism)
nescient a. 무지한, 모르는
nestle v. (아늑한 곳에) 따뜻이 눕히다; (아늑한 곳에) 자리 잡다

**nestling** n. (아직 둥지를 떠날 때가 안 된) 어린 새; 갓 깐 병아리; 유아
**nestor** n. 현명한 노인; 장로(長老)
**nether** a. 지하의, 지옥의; 아래의, 밑의
**netherworld** n. 지옥; 내세, 황천, 저승; (범죄자의) 어둠의 세계, 암흑가
**neural** a. 신경(계통)의, 신경중추의
**newcomer** n. 신입자, 신출내기, 풋내기
**newlywed** a. 신혼의; n. 신혼인 사람; 신혼부부
**newsletter** n. (회사의) 사보; (클럽·조직의) 소식지, 회보
**nib** n. (새의) 부리; 펜촉
**nick** n. 새김눈; 교도소, 유치장
**nifty** a. 멋진, 재치 있는, 훌륭한
**niggle** v. 하찮은 일에 시간을 낭비하다; 괴롭히다; 트집을 잡다
**nil** n. 무(無); (주로 영) (경기 득점의) 영점
**nimbus** n. 후광(後光); 숭고한 분위기; 비구름
**nip and tuck** a. 막상막하의; ad. 막상막하로
**nip** v. 꼬집다, 물다; (추위 등이) 할퀴고 가다, 얼게 하다
**nipple** n. 젖꼭지, 고무젖꼭지
**noctambulism** n. 몽유병(夢遊病)
**noctambulist** n. 몽유병 환자
**nocturn** n. (가톨릭) 저녁 기도
**nocuous** a. 해로운, 유해한, 유독한
**node** n. (나무줄기에 있는) 마디; (뿌리의) 혹
**noel** n. 크리스마스; 크리스마스 축가
**noetic** a. 지성의; n. 지식인
**nom de plume** n. 필명, 아호(=pen name)
**nonagenarian** a. n. 90대의 (사람)
**nonconformist** n. 일반적인 관행을 따르지 않는 사람; 비국교도
**nonesuch** n. 비길 데 없는 사람[것]; 모범, 전형, 일품
**non-porous** a. 작은 구멍이 없는, 통기성이 없는
**nonsensical** a. 터무니없는; 무의미한
**nonsuit** n. 소송 각하[취하]; vt. (원고의) 소송을 기각[취하]하다
**nonverbal** a. 말로 할 수 없는, 말을 쓰지 않는
**noontide** n. 한낮; 정오; 전성기, 절정
**nosegay** n. (작은) 꽃다발; 칭찬의 말, 공치사
**no-show** n. (레스토랑 등에) 좌석을 예약해 놓고 나타나지 않는 사람
**nostril** n. 콧구멍
**nota bene** 주의하라(약어: nb, NB)
**notandum** n. 주의 사항; 각서
**notarize** vt. (증서·계약 등을 공증인을 통하여) 공증하다, 인증하다

notation n. 표시법, 기호법; 기록; 주석, 주해
notice n. 주의, 주목; 인지; 통지; v. 알아채다; 주의하다; 통지하다
nova n. 〈천문〉 신성(新星)
novella n. 짧은 이야기; 중편 소설
nudge v. (팔꿈치로 살짝) 쿡 찌르다, 밀치고 나아가다; (~을 특정 방향으로) 조금씩 밀다[몰고 가다]
nuke n. 원자폭탄; 원자력 발전소
numerous a. 다수의, 매우 많은, 수많은
numismatics n. 화폐학, 고전(古錢)학; 화폐[메달]의 연구[수집]
nursing n. (직업으로서의) 보육, 간호
nuzzle v. 코[입]를 비비다
nyctalopia n. 〈안과〉 야맹증(夜盲症)(= night blindness)
oaf n. 바보; 멍청이; 기형아
oarsman n. (특히 팀의 한 사람으로서) 노 젓는 사람(= rower)
obelisk n. 오벨리스크, 방첨탑(方尖塔)
obit n. 사망한 날, 기일(忌日); 사망기사, 사망광고(= obituary)
oblate a. 편구(偏球)의(↔ prolate); 수도 생활에 몸을 바친; n. 수도 생활에 몸을 바친 사람
obsecrate vt. ~에게 탄원[애원]하다(= beseech)
obsequial a. 장례식의
obtest v. 증인으로 부르다; 탄원하다; 항의하다
octagon n. 8각형
octogenarian a. n. 80세[대]의 (사람)
octopus n. 문어; 낙지; 여러 면에 (유해한) 세력을 떨치는 사람[단체]
ode n. 송시(頌詩), 부(賦)(특정한 사람·사물을 기리는 서정시)
odium n. 증오, 미움; 비난; 악평; 오명
odometer n. (자동차의) 주행 거리계(= hodometer)
odontalgia n. 〈의학〉 치통(齒痛)(= toothache)
odyssey n. 장기간의 모험 여행; 지적 탐구 여행, 정신적 방황
offal n. 폐물, 쓰레기; 내장; 썩은 고기; (종종 pl.) 겨, 왕겨
offbeat a. 보통과 다른, 색다른, 별난, 기묘한, 파격적인
off-color a. 안색이 좋지 않은; 기분이 좋지 않은; (성적으로) 음란한
offertory n. (교회에서 모으는) 헌금
off-limits a. 출입금지의
off-season n. 한산한 시기, 비수기; a. 한산한 시기의; 철이 지난; 비수기의
offshoot n. 파생물; 파생적인 결과
offshore a. 앞바다의; 앞바다로 향하는
off-the-wall a. 틀에 박히지 않은; 별난, 기발한, 보통이 아닌, 상식 밖의
oft-quoted a. 자주 인용되는
ogre n. (민화·동화의) 사람 잡아먹는 귀신; 괴물, 무섭고 잔인한 사람
old boy n. (보통 사립학교의 남자) 졸업생, 교우, 동창생

**old-line** a. 보수적인; 역사가 오래된, 전통적인, 전통 있는
**old-school** a. 구식의, 전통적인; n. 보수주의자; 출신교, 모교
**oleaginous** a. 유성(油性)의; 말주변이 좋은
**olfaction** n. 후각; 후각 작용
**omnidirectional** a. 전(全)방향성의
**omnishambles** n. 총체적 난맥상, 총체적 혼란
**omnium** n. 총액
**omnium-gatherum** n. 잡동사니, 뒤범벅; 잡다한 사람의 모임; 공개 파티
**on-and-off** a. 불규칙한, 단속적인, 끊어졌다 이어졌다 하는
**oncology** n. 〈의학〉 종양학(腫瘍學)
**oneness** n. 단일성, 통일성, 동일성; (사상·감정·목적 등의) 일치, 조화
**one-size-fits-all** a. (옷이) 프리사이즈의; 널리[두루] 적용되도록 만든
**on-site** a. 현장의, 현지의
**opacity** n. (유리·액체 등이) 불투명함; (말·태도 등이) 불분명함
**opalescent** a. 유백광을 내는
**open-minded** a. (새로운 사상 등을) 받아들이기 쉬운; 편견이 없는
**operable** a. 사용[실시]할 수 있는; 수술 가능한
**operant** a. 움직이고 있는, 작용하는, 효력이 있는; 〈심리〉 자발적인; n. 기능공, 기사
**operation** n. 〈외과〉 수술; (조직적인) 작전; (대규모) 기업, 사업체; 사업; (기계 등의) 운용, 작동
**operative** a. 작용하는, 영향을 미치는; n. 직공, 숙련공; 정보원, 첩보원
**operose** a. 부지런한, 공들인; 고된
**opiate** n. 아편제; 진정제; a. 최면의, 마취시키는
**opine** v. 의견을 말하다, ~라고 생각하다
**opportunism** n. 편의주의, 기회주의
**opportunistic** a. 편의주의적인, 기회주의적인
**oppugn** v. 비난하다, 논박하다; 공격하다; ~에 이의를 제기하다
**optical** a. 시력을 돕는; 시각의, 시력의; 시력을 돕는; 광학(상)의
**optometry** n. 검안, 시력 측정(법)
**orb** n. 구(球), 구체(球體); 천체
**orchard** n. 과수원; 과수원 내의 모든 과수
**orchid** n. 난초
**ordered** a. 정돈된, 질서 정연한
**orderly** a. 규칙적인, 정연한, 질서 있는
**ordinal** n. 서수(first, second와 같은 수)
**ordinary** a. 보통의, 일상적인; 평범한
**ordnance** n. 대포; 무기, 병기; 군수품
**ordure** n. (사람·동물의) 오물, 배설물; 매우 상스러운 것[말]
**orison** n. 기도(祈禱)
**orphan** n. 고아; vt. (아이를) 고아로 만들다

**orthodontics** n. 치과 교정술; 치열 교정(= orthodontia)
**orthodontist** n. 치열 교정 의사
**orthodoxy** n. 정통파적 신념; 정설(正說)
**orthogonal** a. 직각의, 직교(直交)의(= right-angled)
**orthopedics** n. 정형외과
**ossified** a. 골화한; 경직화된; 술에 취한
**ostentation** n. 겉치레, 허식, 과시
**osteomyelitis** n. 〈병리〉 골수염
**otherworldly** a. 저승의; 내세의
**otorhinolaryngology** n. 이비인후과학
**outback** n. 오지(奧地); 미개간지
**outclass** vt. (경쟁 상대를) 압도하다, 훨씬 능가하다, ~보다 뛰어나다
**outdo** vt. ~보다 낫다, 능가하다; 물리쳐 이기다
**outdoors** ad. 옥외에서, 야외에서
**outface** vt. 노려보다; 대담하게 맞서다
**outfit** n. (특정 목적을 위해 입는 한 벌로 된) 옷, 장비
**outgo** n. 지출
**outing** n. (단체가 하는) 여행[견학], 야유회; 동성애자임을 밝힘
**outlast** vt. ~보다 오래 가다[계속하다]; ~보다 오래 살다
**outlay** n. 지출, 경비; vt. 소비[지출]하다
**outlive** vt. ~보다 오래 살다
**outnumber** vt. ~보다 수가 많다, 수적으로 우세하다
**out-of-print** a. n. 절판된 (책)
**outpace** vt. 앞지르다, 앞서다; ~보다 속도가 빠르다
**outperform** vt. (기계 등이) 작업[운전]능력에서 ~을 능가하다, ~보다 성능이 뛰어나다
**outpost** n. (군대의) 전초 부대; 최선단; 변경의 식민지
**output** n. 생산, 산출; 생산고, 산출량
**outrance** n. 최후, 극한
**outsell** vt. ~보다 많이 팔다[팔리다]
**outsider** n. 문외한, 비조합원, 제3자, 외부인; 승산이 없는 말[사람]
**outworn** a. (생각·습관 등이) 시대에 뒤진, 케케묵은; (옷이) 낡은
**overarch** v. ~의 위에 아치를 만들다; 지배하다
**overarching** a. 무엇보다 중요한, 모든 것에 우선하는
**overblow** v. 지나치게 중시[평가]하다; 지나치게 부풀리다
**overcome** v. 이기다, 극복하다
**overdo** v. 지나치게 하다[이용하다]; 과장하다
**overflight** n. 특정 지역의 상공 통과, 영공 비행[침범]
**overhead** a. 머리 위의; 모든 비용을 포함한, 간접비의; n. (보통 pl.) 간접비
**overlay** n. 도금; 위에 덮는 것; v. 덮어씌우다[입히다]

**overload** n. 과부하; vt. 짐을 너무 많이 싣다; 과부하가 걸리게 하다
**overly** ad. 과도하게, 지나치게
**overpass** n. 고가 도로, 고가 철도, 육교(= overbridge)
**overplay** v. 과장하여 연기하다; 과대평과하다, 지나치게 강조하다
**overreach** v. (지나치게 욕심을 내다가) 도를 넘다
**overseas** ad. 해외로, 외국으로, 국외로
**oversee** vt. 감독[감시]하다; 두루 살피다
**overseer** n. 감독, 감독관
**overshadow** vt. (~의 그늘에 가려) 빛을 잃게 하다, 무색하게 만들다
**oversight** n. (잊어버리거나 못 보고 지나쳐서 생긴) 실수, 간과; 관리, 감독
**overstatement** n. 과장한 말, 허풍; 과대 표시
**overwrought** a. 과로한; 너무 긴장한; 지나치게 장식한
**oviparous** a. (동물이) 난생(卵生)의
**ovum** n. 〈생물〉 난자, 알
**oxidation** n. 산화(酸化), 산화(酸化) 작용
**oxidize** v. 산화시키다, 녹슬게 하다
**oz** n. 온스(= ounce)
**pace** n. 걸음; 걸음걸이, 걷는 속도; (일이나 생활의) 속도
**pachyderm** n. 후피 동물(코끼리처럼 가죽이 두꺼운 동물); 둔감한 사람
**pacific** a. 평화로운; 온순한; n. (the P~) 태평양
**pacifism** n. 전쟁 반대; 평화[반전]주의; 양심적 징병기피
**packed** a. (특히 사람들이) 꽉 찬, 혼잡한; ~이 가득 찬
**packman** n. 행상인(= peddler)
**padre** n. (특히 군대 내의) 신부, 목사
**paid-up** a. (회비 등을) 납입을 끝낸; ~을 강력히 지지하는, 열렬한
**painkiller** n. 진통제
**painstakingly** ad. 힘들여, 공들여
**pal** n. (보통 남자) 동료, 친구, 동무; 공범자, 짝패
**paleozoic** a. 고생대의; n. (the ~) 고생대(= palaeozoic)
**palingenesis** n. 재생, 부활; 윤회, 윤회설
**palliation** n. (병·통증의) 일시적 완화; (잘못의) 경감, 참작; 변명; 완화책
**palmer** n. 성지 순례자, 순례자
**palmiped** n. 물새, 오리발을 가진 새; a. 물갈퀴 발의, 오리발의
**palmistry** n. (운수를 헤아리기 위한) 손금 보기(= palm reading)
**palpability** n. 감지할 수 있음; 명백함
**palter** vi. 적당히 얼버무리다; 흥정하다, 값을 깎다
**pan** v. (연극·책 등을) 혹평하다, 헐뜯다
**panache** n. (투구·모자의) 깃털 장식, 장식; 위풍당당, 당당한 태도
**panhandler** n. (거리에서 돈을 구걸하는) 걸인, 거지

**pansophism** n. 보편적 지식이 있다고 과시함, 백과사전적 지식, 박식
**pansy** n. 여성적인 남성; a. (목소리 등이) 간드러진
**pantheism** n. 범신론; 다신교
**pantheon** n. 만신전; 사원, 사당
**pantomime** n. 무언극, 팬터마임; 몸짓, 손짓
**pantry** n. 탕비실, 식료품 저장실
**parabola** n. 포물선
**parachute** n. 낙하산
**paragraph** n. 단락, 절; 작은 기사, 촌평
**paralogism** n. 〈논리학〉 잘못된 추리
**paramecium** n. 〈동물〉 짚신벌레
**parameter** n. 매개변수; 조건; 한계
**paranoiac** n. 편집증 환자, 편집병 환자; a. 편집병의, 편집증의
**paranormal** a. 과학으로 설명할 수 없는, 초자연적인, 불가사의한
**parapet** n. (발코니·교량 등의) 난간
**pared-down** a. 삭감한, 긴축한
**paregoric** a. 진통제[진정제]의; n. 진통[진정]제
**parish** n. (교회·성당의) 교구(敎區); 전체 교구민; 지역 교회
**parlor** n. 응접실, 거실
**parlous** a. 위험한, 위태로운, 불안한
**parrot** n. 앵무새; 뜻도 모르면서 흉내 내는 사람; v. 앵무새처럼 흉내 내다
**parry** v. (공격·질문을) 받아넘기다, 회피하다, 얼버무리다
**parson** n. (성공회의) 교구 목사; (특히 개신교의) 목사, 성직자
**parsonage** n. (교구) 목사관
**part and parcel** n. 중요 부분, 본질적인 부분, 요점
**participle** n. 〈문법〉 분사
**particle** n. 미립자, 분자; 극소량
**particular** a. 특정한; 특별한; 까다로운
**particularly** ad. 특히, 각별히, 두드러지게
**parting** n. 이별, 고별, 작별; 분할, 분리
**partisanship** n. 당파심, 당파 근성; (맹목적) 가담
**pasquinade** n. 풍자문, 풍자시; 풍자, 비꼼; vt. 풍자적으로 공격하다, 비꼬다
**paste** n. 풀, 반죽, 가루반죽
**pasteurize** vt. (우유·치즈를) 저온 살균하다
**pastiche** n. (문학·음악 등의) 모방작품; vt. (여러 작품의 내용을) 뒤섞다
**pastor** n. 목사, 종교적 지도자; 양치기
**paterfamilias** n. (남자) 가장(家長), 가부장
**paternoster** n. 주기도문; 주문(呪文)
**pathogen** n. 병원균, 병원체

**patrol** n. 순찰; 순찰대; v. 순찰을 돌다
**patter** vi. 재잘대다
**paycheck** n. 급료 지불 수표; 급료, 봉급
**peacemaking** n. 조정, 중재, 화해
**peak** n. 절정, 최고조; (산의) 정상
**pebble** n. 조약돌, 자갈
**pedrail** n. 무한궤도(차)(= caterpillar)
**peek** v. 살짝 들여다보다, 엿보다; n. 엿보기
**peg** n. 못, 핀; 말뚝; v. 고정시키다; 안정시키다
**pejorate** vt. 악화시키다, 타락시키다
**pelagian** n. 심해[원양] 동물
**pelagic** a. 대양의, 원양의; 원양에서 사는
**pelf** n. 금전; 부정한 돈[재물]; 쓰레기, 폐물
**pell-mell** n. 엉망진창, 뒤범벅; 혼란, 난잡
**pen** n. 우리, 축사; vt. 가두다, 감금하다
**penetrable** a. 돌파[관통, 침입]할 수 있는
**pensee** n. 생각, 사색, 명상, 회상
**pensile** a. 매달린, 드리워진; (새가) 매달리게 집을 짓는
**pepper** n. 후추; v. (후추를) 치다; (총알·질문 등을) 퍼붓다; 연타(連打)하다[with]
**peppy** a. 원기 왕성한, 기운 넘치는
**perambulate** v. 소요[배회]하다; 순회하다; 답사하다
**perambulator** n. 유모차; 순회자
**perch** n. (새의) 횃대(= roost); v. (새가) 횃대에 앉다; (사람이) 앉다, 자리잡다
**perchance** ad. 아마, 어쩌면; 우연히
**perdue** a. 보이지 않는, 숨은; 잠복한
**perfervid** a. 매우 열심인, 열렬한, 백열적인
**perforce** ad. 필연적으로; 부득이
**perfume** n. 향기; 향수
**perfuse** vt. 쫙 끼얹다[뿌리다], 살포하다, 흩뿌리다
**periapt** n. 부적(= amulet)
**perihelion** n. 근일점(태양계의 천체가 태양에 가장 가까워지는 위치)
**perimeter** n. (어떤 구역의) 주위, 주변
**periphrase** v. 넌지시[에둘러] 말하다
**peristome** n. 입가, 입술
**perky** a. 기운찬, 활발한; 건방진
**permit** n. 허가증
**permutation** n. (순서를) 바꾸기, 교환; 변경; 〈수학〉 치환, 순열
**pernickety** a. 옹졸한, 까다로운; 다루기 힘든
**persevering** a. 참을성 있는, 끈기 있는

persimmon n. 〈식물〉 감나무; 감
persnickety a. 속물적인; 소심한, 안절부절못하는; 까다로운
persona n. 페르소나, 가면; 사람, 인물; (pl.) (극·소설 등의) 등장인물
personable a. 외모가 단정한, 품위 있는, 매력적인
personage n. 사회적 지위가 높은 사람, 저명인사; (연극 등의) 등장인물
personal a. 개인의, 개인적인; 직접[몸소] 한; 개개인을 위한
personality n. 성격, 인격; (매력적인) 개성; (연예인 등의) 유명인
pert a. (특히 여성이) 기운찬, 활발한; 주제넘은, 건방진; (복장이) 멋진, 세련된
pesky a. 성가신, 귀찮은; 번거로운
pestilential a. 역병을 일으키는; 해로운; 귀찮은
pet n. 애완동물; 총애를 받는 사람; a. 특별한 관심[애정]을 갖는
petal n. 꽃잎
petite a. (여자가) 몸집이 작고 세련된; (여자 옷 등이) 작은
petroleum n. 석유
pettifogging n. 협잡, 속임, 궤변
phalanx n. 밀집대형; (사람·사물이) 밀집해 있는 집단
phallic a. 음경의, 남근의, 남근 숭배의
phallicism n. 음경의, 남근의, 남근 숭배의
phallus n. 남근상(像); 〈해부〉 음경; 음핵
phantasm n. 환상, 환영, 환각; 귀신, 유령; 상상의 산물
phantasmagoria n. 변화무쌍한 광경, 주마등 같이 변화는 광경
pharmaceutical a. 약학의, 제약의, 약국의; n. 조제약, 약, 제약
pharmacopoeia n. 약전(藥典), 조제서; 약물류
philologist n. 언어학자; 문헌 학자
philology n. 문헌학; 언어학
philosophize v. 철학적으로 연구[사색]하다
philter n. 미약(媚藥); 마법의 약; vt. 미약으로 홀리다
phobia n. 병적 공포, 병적 혐오; 공포증
phoenix n. 불사조; 매우 훌륭한 사람; 절세미인; 일품; 전형
phonogenic a. 듣기 좋은 소리를 지닌, 아름다운 소리의; 음향이 좋은
phonogram n. 표음문자
phosphor n. 형광체, 인광체; (P~) 샛별
phosphorescence n. 인광을 발하기; 인광; 푸른 빛
photofinish n. (육상경기 등에서 이뤄지는) 사진판정; 대접전
photogene n. 잔상(殘像)(= afterimage)
photon n. 광자(光子), 광양자(光量子)
phrenic a. 횡격막의; 정신적인
phrenitis n. 〈의학〉 뇌염; 착란
phthisis n. 소모성 질환; 폐결핵

**physiocracy** n. 중농(重農)주의(농업 중시의 경제 사상)
**physiolatry** n. 자연숭배
**physique** n. 체격; 지형
**piazza** n. (특히 이탈리아 도시의) 광장
**pickle** n. (종종 pl.) 절인 것, 피클; 난처한 입장, 곤경
**pick-me-up** n. 기운을 차리게[기분이 좋아지게] 해 주는 것(특히 약이나 술)
**pickpocket** n. 소매치기; vt. (지갑·돈을) 소매치기하다
**pictography** n. 그림[상형] 문자 기술
**piecemeal** a. 조금씩의; 단편적인; ad. 조금씩, 점차; 단편적으로
**pied** a. 얼룩얼룩한, 잡색의
**piffling** a. 하찮은, 시시한
**pike** n. 유료 도로(= turnpike); (유료 도로의) 요금 징수소; 창, 창끝; v. 창으로 찌르다; 죽다
**pillar** n. 기둥; (국가·사회의) 중심 인물, 대들보, 주석(柱石)
**pillow** n. 베개; 방석
**pilose** a. (부드러운) 털이 많은(= pilous)
**pily** a. 솜털 같은[이 있는]
**pimp** n. 매춘알선업자, 포주
**pimple** n. 뾰루지, 여드름
**pinion** vt. (사람의 양팔을) 묶다; (사람을) 속박하다
**pink** vt. 찌르다, 꿰뚫다
**pink-slip** n. 해고 통지서; vt. (종업원을) 해고하다
**pinprick** n. 따끔하게 찌르는 말; 성가시게 굴기
**pint-size** a. 조그마한, 소형의; 작고 하찮은
**pioneer** n. 개척자; 선구자; v. 개척하다; 솔선하다
**pip** n. (사과·귤 따위의) 씨; v. 씨를 골라내다; 삐악삐악 울다; 배척하다
**piquancy** n. 얼얼한[짜릿한] 맛; 신랄; 통쾌
**piquant** a. (맛이) 얼얼한; 통쾌한, 짜릿한, 흥미진진한; 매력적인
**pirouette** n. vi. (발레·스케이트의) 발끝으로 돌기[돌다]; 급회전[하다]
**piscina** n. 양어지(養魚池)
**pistil** n. (꽃의) 암술(↔ stamen)
**pistol** n. 권총
**piteous** a. 불쌍한, 비참한, 가엾은
**pitiable** a. 가련한, 불쌍한; 비참한
**pitiful** a. 인정 많은, 동정적인; 가엾은
**pitiless** a. 무자비한, 몰인정한, 냉혹한
**pity** n. 불쌍히 여김, 동정; 애석한 일, 유감스러운 일
**pixilated** a. 머리가 좀 이상한; 별나고 우스운; 술 취한
**plaid** a. 격자무늬의
**plait** n. (머리털 등을) 땋은 것; 주름; vt. 땋다, 주름잡다

plane a. 평평한, 평탄한; n. 수평면; 수준, 정도
plantation n. (열대지방의 대규모의) 농장
plaque n. (치아에 끼는) 치석, 치태
plateau n. 고원, 대지(臺地)
playback n. 녹음[녹화] 재생; 재생 장치; v. 재생하다
plaything n. 장난감, 완구; 놀림감, 노리개
plaza n. 광장; 시장; 쇼핑센터
pleasant a. 쾌적한, 즐거운, 기분 좋은; 상냥한, 예의 바른
plebiscite n. 국민 투표; 일반 투표
plenipotentiary a. 전권을 위임받은; n. (외교상의) 전권 사절[대사]
plentiful a. 풍부한, 넉넉한, 충분한
plethoric a. 과다한; 다혈증의
plow n. 쟁기; 경작; 농업; v. 쟁기질하다(= plough)
pluck n. 용기, 결단; v. (머리카락 등을) 뽑다; (기타 등을) 퉁기다
plucky a. 용기 있는, 용감한, 결단력 있는
plug n. 마개; v. 틀어막다; 광고[추천]하다; 꾸준히 일하다
plutolatry n. 황금숭배, 배금(拜金)주의
ply v. (무기·연장 따위를) 부지런히 쓰다, 바쁘게 움직이다; 열심히 일하다
pneuma n. 정신, 영혼; (P~) 성령(= Holy Ghost)
pneumatic a. 공기의, 기체의
pogrom n. (조직적·계획적인) 학살; 유대인 학살
pointless a. 무의미한, 할 가치가 없는
poised a. 침착한; 태세를 갖춘, 준비가 된
poke v. 찌르다; 삐져나오다; ~에 구멍을 내다
poker-faced a. 무표정한, 속마음을 알 수 없는 얼굴을 한
Polaris n. 북극성
polemics n. 논쟁; 논쟁술
polestar n. 북극성; 지도자; 주목의 대상
poliomyelitis n. 척수성 소아마비, 폴리오
polity n. 정치적 조직체; 정부 형태; 행정절차
polliwog n. 올챙이(= tadpole)
poltroon n. 비겁한 사람, 겁쟁이; a. 비겁한, 겁쟁이의
polyandry n. 일처다부제
polyclinic n. 종합 병원; 종합 진료소
polygon n. 〈기하〉 다각형
polygyny n. 일부다처(제)
polytheism n. 다신교(多神敎), 다신론
pommel vt. 호되게 때리다
pontiff n. (가톨릭교의) 교황

**pontificate** n. (가톨릭) 교황의 직책[임기]; v. 거들먹거리며 말하다
**pony** n. 조랑말; v. 참고서로 예습하다; (돈을) 지불하다, 청산하다[up]
**pooh-pooh** v. 깔보다, 업신여기다
**poppy** n. 양귀비; 양귀비 진액, 아편
**porcelain** n. 도자기, 자기제품
**porch** n. 현관; 베란다, 툇마루
**pork barrel** n. (선거에서 표를 얻기 위한) 지방 개발 사업; 정부 보조금
**porridge** n. 죽; 교도소, 형기(刑期)
**portfolio** n. 서류 가방; 작품집; 유가증권 보유 일람표
**portly** a. (특히 나이든 남자가) 살찐, 약간 뚱뚱한
**posada** n. 여관, 여인숙
**posh** a. 호화로운, 멋진
**posit** vt. 놓다, 앉히다; 가정하다
**position** n. 위치; 입장; 태도; 지위
**posse** n. (공통의 목적을 가진) 군중; 범인 추적대, 민병대
**post** n. 우편물; 직책, 자리
**postage** n. 우편 요금
**postbellum** a. 전후(戰後)의; (미국) 남북 전쟁 후의
**postern** n. 뒷문; 지하도; a. 뒷문의; 은밀한
**postwar** a. 전후(戰後)의(↔ prewar); 2차 세계 대전 후의
**potion** n. (한 번 마실 만큼의) 물약, 독약; (마법의) 물약, 묘약
**potlatch** n. (선물을 주는) 잔치; (권력 유지를 위한) 후한 대접
**potpourri** n. 혼성곡; (문학 등의) 잡집(雜集)
**poultice** n. 찜질약, 습포(= cataplasm); vt. ~에 찜질약을 붙이다
**pour** v. 따르다, 쏟다; 퍼붓다; 쇄도하다; 넘쳐흐르다
**pout** v. (못마땅하여 입술이) 삐죽거리다; 토라지다
**practiced** a. 경험이 많은, 숙련된, 능숙한
**praiseworthy** a. 칭찬할 만한, 기특한, 갸륵한
**prance** v. (뽐내며) 활보하다; 껑충거리며 다니다; 의기양양하게 가다
**prate** v. 재잘재잘 지껄이다; n. 수다, 지껄이기
**prattle** n. 수다; 떠듬거리는 말; v. 재잘재잘 지껄이다; 떠듬떠듬 말하다
**preceptor** n. 교사, 개인 지도교사, 교장
**precious** a. 비싼, 귀중한, 가치 있는; 사랑스러운
**preclinical** a. 〈의학〉 증상이 나타나기 전의; 잠복기의; 임상 전의
**preconceive** vt. 미리 생각하다, 예상하다, 선입관을 갖다
**preconception** n. 예상, 예측; 선입견, 편견
**predacious** a. 포식성의, 육식의; 탐욕스런
**predestine** vt. (~하도록) 숙명을 지우다, 운명 짓다
**predetermine** vt. 미리 결정하다; 운명 짓다

predicative a. 단정적인, 서술적인; n. 서술어
prefect n. 사령관, 장관; 반장, 대표
pregnable a. 공격할 수 있는, 약점이 있는
prehistoric a. 유사 이전의, 선사 시대의
prehistory n. 선사 시대; 초기 단계
preindustrial a. 산업화 이전의; 산업혁명 전의
prelate n. (대주교·주교·추기경 등의) 고위 성직자
premarital a. 결혼 전의, 혼전(婚前)의
prenatal a. 태어나기 전의, 태아기의
preordained a. 미리 결정된, 이미 운명 지워진
prepense a. 미리 숙고한; 고의의, 계획적인
presbyter n. (초대 교회의) 장로; 사제
presence n. 존재, 실재; 출석, 참석; 면전
presentable a. (모습이) 남 앞에 내놓을 만한; 받아들여질 만한
pressure n. 압박; 기압; 압박감, 스트레스
prestidigitation n. 요술(妖術)
presuppose vt. 미리 추정[예상]하다
pretension n. 허세, 가식; 주장, 요구
preterition n. 간과(看過), 생략, 탈락
preview n. 사전 조사; (일반 공개 전인) 시사회; (선전용) 예고편
previous a. (시간·순거가) 이전의, 사전의
previously ad. 이전에; 미리, 사전에
pricey a. 값 비싼, 돈이 드는
primer n. 기본 지침서, 입문서, 초급 독본
primeval a. 태고의, 원시시대부터 내려온
primipara n. 〈산부인과〉 초산부(初産婦)
primp v. 몸치장을 하다, 단정히[꼼꼼히] 꾸미다
primrose a. 담황색의; 화려한; 명랑한
princely a. 기품 있는, 위엄 있는; 장엄한, 훌륭한; 왕자의, 왕자 같은
prisoner n. 재소자, 죄수; 포로
privateer n. (전시에 정부 허가를 얻은 민간의) 사략선(私掠船)
privity n. 내밀히 관여하기
pro bono a. (특히 법률 관련 업무가) 무료의
proactive a. (사람이) 상황을 앞서서 주도하는, 사전 대책을 강구하는
probability n. 개연성; 확률
problematic a. 문제가 많은; 의심스러운
proboscis n. (코끼리 같이 길고 신축성 있는) 코; (곤충 등의) 입, 주둥이
procreate vt. 아이[새끼]를 낳다; 만들어 내다, 가져오다
Procrustean a. (규정 등이) 지나치게 획일적인, 개인차를 고려하지 않는

**prodrome** n. 〈의학〉 전구(前驅) 증상
**prolegomenon** n. 머리말, 서문, 서언; 서론
**proletarian** a. 무산자[노동자] 계급의; n. 무산자 계급의 한 사람
**proletariat** n. 프롤레타리아 계급, 무산 계급
**prolocutor** n. 의장, 사회자; (영국 국교 교직 회의의) 하원 의장
**Promethean** a. 프로메테우스 같은; 독창적인
**proofreading** n. (책의) 교정
**prophylactic** a. (질병) 예방의; n. (질병) 예방약, 예방법; 콘돔
**propinquity** n. (장소·시간상으로) 가까움, 근접; 친근; 유사
**propound** vt. 제출하다, 제의하다
**prorogue** v. (의회를) 정회[휴회]하다; (의회가) 정회[휴회]되다
**pros and cons** n. 찬반양론, 장단점
**prosody** n. 운율학, 시형론, 작시법
**prospector** n. 탐광자(探鑛者), 시굴자
**prosthesis** n. 의족, 의수, 보철(pl. prostheses)
**protectionism** n. 보호무역주의; (환경의) 보호주의[정책]
**protectorate** n. (대국의 소국에 대한) 보호 관계; 보호국; 섭정 정치
**protein** n. 단백질
**protoplasm** n. 〈생물〉 원형질; 세포질
**protozoan** n. a. 원생동물(의)
**protuberance** n. 융기, 돌출; 융기부, 돌출부
**provender** n. 여물, 꼴; 음식물, 식량
**provisory** a. 일시적인; 임시의; 조건부의
**proximate** a. 근접한; 대략의
**prudery** n. 고상한 체하기, 숙녀인 체하기
**pseudo** a. 허위의, 가짜의
**pseudocyesis** n. 상상 임신
**pseudoscience** n. 사이비 과학
**psyche** n. 마음, 정신
**psychedelic** n. 환각제; a. 황홀한; 환각을 일으키는
**psychiatry** n. 정신의학
**publicize** vt. 알리다, 광고[선전]하다
**public-relations** n. 선전 활동, 홍보 활동
**pucker** v. 주름지다, 오그라들다; n. 주름, 주름살; 불안, 당혹
**puckish** a. 개구쟁이의, 장난기 있는
**puddle** n. 웅덩이; v. 더럽히다; 진흙투성이로 만들다; 휘젓다
**pudency** n. 수줍음, 내성적임
**pudicity** n. 정숙, 정절
**puff** v. (연기 등을) 내뿜다; 헐떡이다

**puffed** a. 숨이 찬, 헐떡이는; 우쭐한, 자만하는
**pugilism** n. 권투; 맨손으로 서로 때리기
**pugilist** n. 권투선수
**puissance** n. 권력, 세력, 힘
**puissant** a. 권력 있는, 강력한
**puke** n. 구토, 토한 것; 구역질; v. 구토하다
**pulchritude** n. (육체의) 아름다움, 미모
**pulley** n. 도르래
**pullout** n. (군대·주민 등의) 철수, 이동
**pulmonary** a. 폐 모양의, 폐의
**pulp** n. 과육(果肉); 펄프; 싸구려 잡지
**pulpit** n. 설교단; 목사; 설교
**pun** n. 말장난, 익살
**punch line** n. (농담에서) 핵심을 찌르는 말
**pupa** n. 번데기(pl. pupae)
**pupate** v. 번데기가 되다
**puppy** n. 강아지, (동물의) 새끼(= pup)
**purloin** v. 훔치다, 절도질하다
**purpose** n. 목적; 의지; 결심, 결의; 의미
**purposeful** a. 고의의; 의미심장한, 중대한
**purposely** ad. 목적을 갖고, 고의로, 일부러
**pus** n. 고름
**pushover** n. 식은 죽 먹기, 낙승; 약한 상대
**pygmy** n. 난쟁이
**pyre** n. (화장(火葬)을 위해 쌓아 놓은) 장작더미
**pyrolatry** n. 불의 숭배; 배화교(拜火敎)
**Pyrrhic victory** n. 너무 많은 희생[대가]을 치르고 얻은 승리
**quaff** v. 벌컥벌컥 마시다; n. 폭음, 통음
**quail** n. 메추라기; vi. 움츠리다, 겁먹다
**questionable** a. 의심나는, 미심쩍은; 수상쩍은
**quibbler** n. 말을 얼버무리는 사람, 어물쩍 넘기는 사람
**quid pro quo** n. (~에 대한) 보상[대가]으로 주는 것
**quietude** n. 안정, 고요
**quietus** n. 죽음, 소멸
**quill** n. 깃대, 깃펜
**quilt** n. 퀼트, 누비이불
**quintet** n. 5인조, 5중주단
**quittance** n. (채무·의무로부터의) 면제, 해제; 영수증; 보상, 보답
**quizzical** a. 기묘한, 이상한; 당황한; 놀리는, 조롱하는

**rabble** n. 오합지졸, 구경꾼
**rabble-rouse** vi. 민중을 선동하다
**racket** n. (테니스) 라켓; 소음, 야단법석
**rackety** a. 떠들썩한, 유흥을 좋아하는
**racy** a. 활기 있는; 짜릿한
**radioactive** a. 방사능의, 방사성의
**radish** n. 〈식물〉 무
**raffish** a. 평판이 나쁜, 야비한
**raffle** n. 복권 판매, 제비뽑기
**raillery** n. 농담, 조롱, 야유
**rake** n. 갈퀴
**rakish** a. 세련된; 방탕한; 멋진
**rallying cry** n. 표어, 구호; 함성
**ram** n. 숫양(↔ ewe); v. 들이받다; 부딪치다
**ranch** n. 대농장, 목장
**randy** a. 소란스러운, 난잡한; 저속한
**rank** n. 열, 행렬; 계급; 높은 지위; v. 위치를 정하다; 정렬시키다
**rankle** v. 마음을 괴롭히다
**rapid** a. 빠른, 신속한; 민첩한
**rapine** n. 강탈, 약탈
**rapprochement** n. 화해, 친선, 국교회복
**raptorial** a. (새·짐승이) 육식인; 맹금류의
**rarefied** a. (지위 등이) 매우 높은, 고상한; 난해한; 희박한
**rarefy** v. 희박하게 하다; 순화[정화]하다; 세련하다
**raspy** a. 삐걱거리는; 신경질적인, 성마른
**rat race** n. 치열한 경쟁
**ratchet** n. (톱니바퀴의 역회전을 막는) 미늘, 제동기; v. 단계적으로 증가시키다
**ratiocinate** vi. 추리[추론]하다
**ratiocination** n. (논리적인) 추론, 추리
**rationalism** n. 합리주의, 이성론
**rationalistic** a. 합리주의의, 이성주의의; 합리주의자의
**raunchy** a. 선정적인; 야비한
**reactant** n. 반응[반작용]하는 사람[것]; 반대자; 반응물[체]
**readily** ad. 쉽게; 즉시; 기꺼이
**readiness** n. 준비; 신속
**ready-made** a. (옷 등이) 기성품인; (사상·의견 등이) 진부한, 빌려 온
**reaffirm** vt. 재확인하다
**real estate** n. 부동산
**realism** n. 현실주의, 사실주의

realty n. 부동산
reasoning n. 추리, 논리
reassuring a. 안심시키는, 용기를 북돋는
rebirth n. 재생, 갱생
recension n. 교정; 교열; 개정판
recommendation n. 추천; 추천장, 소개장
recreant n. 겁쟁이; 배신자; a. 겁 많은, 비겁한
recreate v. 기분전환하다, 심신을 일신시키다
recriminate v. 비난에 비난으로 맞서다; 맞고소하다
recrudescence n. 재발(再發), 도짐; 재연
rectangle n. 직사각형
rector n. 교구 목사; 교장, 학장, 총장
rectum n. 〈해부학〉 직장(直腸)
red herring n. 사람의 주의를 딴 데로 돌리는 것, 사람을 헷갈리게 만드는 것
redact vt. (원고 등을) 수정[편집]하다; (진술서 등을) 작성하다
reed n. 갈대
reef n. 암초, 산호초
reek n. 김, 증기; 연기; 악취; v. 악취를 풍기다
reel n. 릴, 얼레; v. 얼레에 감다; 비틀거리다; 동요하다; 현기증이 나다
refectory n. (수도원·대학 등의) 식당; 휴게실
reflex a. 반사적인, 반사의; n. 반사; 영상
reformatory n. 소년원(= detention home, remand home)
refract vt. (빛을) 굴절시키다
refraction n. 굴절
refresh v. 상쾌하게 하다, 새롭게 하다; 먹고 마시다
regain vt. 되찾다, 회복하다
regeneration n. 갱생, 재건
region n. 지방, 지역
regional a. 지방의, 지역의
regnum n. 왕국
regrettable a. 유감스러운, 후회되는, 가엾은
reindeer n. 순록
reinless a. 고삐 없는; 자유로운
reinvigorate vt. 활기를 불어넣다, 소생시키다
rejoinder n. 대답, 응답
relievo n. 양각, 돋을새김, 부조(= relief)
religious a. 종교의, 독실한
relocation n. 이전, 이주, 재배치
remembrance n. 기억; 추억, 회상

**reminder** n. 생각나게 하는 사람[사물], 추억; 기념품
**remonstrance** n. 충고; 항의
**repair** vt. 수리[수선]하다; n. 수리, 수선
**reparable** a. 수선할 수 있는; 배상[보상]할 수 있는
**repatriate** vt. 본국으로 송환하다
**repine** vi. 불평하다; 투덜거리다
**reposit** vt. 보존하다, 저장하다; 맡기다
**reproof** n. 꾸지람; 비난, 비평
**requital** n. 보답, 답례; 앙갚음, 보복
**rescission** n. 폐지, 취소
**rescript** n. 답서, 칙령; 사본
**reshuffle** vt. (내각 등을) 개편하다, 개조하다; n. (내각 등의) 인사이동, 인원 개편
**reticulate** a. 그물 모양의, 망상의; v. 그물 모양으로 하다[되다]
**retina** n. 〈해부학〉 망막
**reunion** n. 모임, 상봉, 동창회
**reunite** v. 모이다, 재결합하다
**rev** v. 활성화되다, (엔진의) 회전속도를 올리다
**reverie** n. 몽상, 환상; 백일몽(= revery)
**review** n. 재검토; (영화·책 등의) 평가; v. 복습하다; 비평하다
**rhinoceros** n. 코뿔소, 무소
**rhinoplasty** n. 코 성형술
**rhinorrhea** n. 비루(묽은 콧물의 다량의 분비)
**rhubarb** n. 왁자지껄; 격론, 말다툼
**riant** a. 환한; 미소 짓는; 명랑한
**rickety** a. 흔들흔들하는; 허약한; 낡아빠진; 구루병에 걸린
**ridden** a. (보통 복합어를 이루어) 지배당한; 고통 받은
**riddled** a. 가득 차 있는[with]
**ridge** n. 산등성이
**ridiculous** a. 웃기는, 어리석은, 터무니없는
**rill** n. 시내, 실개천; 갈라진 홈
**rind** n. 껍질, 껍데기
**rip** v. 잡아 뜯다, 찢다
**riposte** n. (비판에 대한 기지 있는) 응수
**ripple** n. 잔물결, 파문; v. 잔물결[파문]일으키다
**rip-roaring** a. 야단법석인, 떠들썩한; 용감한
**risk** n. 위험, 모험, 위험성; vt. 위험을 무릅쓰다
**risk-taking** n. 위험 감수
**ritzy** a. 호화로운, 화려한
**rive** v. 찢다, 쪼개다

**rivulet** n. 시내, 개울
**roast** n. 구운[볶은] 것; 불고기; v. 굽다, 볶다; 구워지다
**roborant** a. 힘을 돋우는; n. 강장제(= tonic)
**robustious** a. 난폭한; (기후·폭풍이) 사나운, 모진; 건장한
**rock** v. 흔들다, 움직이다, 요동시키다
**rococo** a. 로코코식의; (건축·가구·문체 등이) 장식이 많은; 구식의
**rod** n. 막대기, 낚싯대
**rodent** n. 설치류의 동물(쥐, 다람쥐 등); a. 설치류의
**roe** n. 노루, 암사슴
**roister** vi. 야단스럽게 뽐내다, 으스대다
**romp** v. (아이들이) 까불며 뛰놀다; (경마·경주 등에서) 쾌주하다; 낙승하다
**roomy** a. 널찍한, 여유가 있는
**root** v. 뿌리를 내리다, 정착하다; 응원하다, 성원하다
**rooted** a. 뿌리 깊은, 정착한
**roughride** v. (사나운 말·야생마를) 길들이다; 거친 방법으로 억압하다
**rough ride** n. 곤란한 시기
**rough-and-ready** a. 대충하는, 임시변통의
**roundly** ad. 노골적으로, 솔직하게; 가차없이; 어림으로, 대강
**rousing** a. 자극하는, 깨우치는; 활동적인; 터무니없는
**rubber** n. 고무
**rubber-stamp** vt. 맹목적으로 찬성하다; n. (충분히 검토하지 않은) 허가
**rubble** n. 잡석, 거친돌; 쇄빙; 파편
**rubric** n. 주의 사항; 설명, 주석; 제목
**ruckus** n. 야단법석; 소동; 떠들썩한 혼란
**rude** a. 버릇없는; 자연 그대로의; 세련되지 못한
**ruffle** v. 물결이 일게 하다; 성나게 하다, 어지럽히다
**ruler** n. (길이를 재는 데 쓰는) 자; 통치자, 주권자
**rumble** v. 우르릉거리는 소리를 내다
**rump** n. 엉덩이, 둔부; 나머지, 찌꺼기
**rumple** n. 주름, 구김살; v. 구기다; 헝클어뜨리다
**run-down** a. 황폐한; 지친, 피로한
**runic** a. 신비적인
**runner-up** n. (경기·경주의) 차점자[팀], 2위의 경기자[팀]
**runoff** n. (땅 위를) 흐르는 빗물; 결승전
**runway** n. 활주로, 수로, 통로, 차도
**rurban** a. 전원 도시의[에 사는]; 교외에 있는[사는]
**rye** n. 호밀
**saber** n. 기병, 기병대; 무력
**saber-rattling** n. (언어에 의한) 무력의 과시

**sable** n. 검은담비; a. 검은색의; 음침한; 무서운
**sabot** n. 나막신
**saccharine** a. 달콤한, 설탕의
**sacerdotal** a. 성직자[사제]의
**sacrament** n. 성찬
**sadism** n. 사디즘, 가학성 성애
**sadistic** a. 사디스트적인; 잔혹한
**safety valve** n. (분노 등의) 안전한 배출구
**salina** n. 염전, 제염소
**saltant** a. 뛰는; 춤추는; 도약하는
**saltatory** a. 도약의; 비약적인
**salted** a. 소금에 절인; (말이) 전염병에 면역이 된; (사람이) 숙련된
**salvo** n. 일제 사격; 박수갈채, 환호
**sanatorium** n. 요양소; 휴양지(= sanitarium)
**sanctify** vt. 신성하게 하다
**sanguineous** a. 피의; 다혈질의; 유혈의
**sapling** n. 어린 나무, 묘목; 젊은이
**sapor** n. 맛, 풍미; 미각
**sapphic** a. (여성의) 동성애의
**saprozoic** a. 부패유기물을 영양원으로 하는
**sarcophagous** a. 육식의
**sardine** n. 정어리
**satchel** n. 작은 가방
**satyr** n. 호색가
**saucy** a. 건방진; 활발한; 음탕한
**savanna** n. 대초원, 사바나
**savant** n. 학자, 석학
**saw** n. 톱; 속담, 격언
**saying** n. 속담, 격언
**scabbard** n. 칼집
**scald** vt. (끓는 물·김으로) 데게 하다; 끓는 물로 소독하다
**scallop** n. 가리비, 조개 관자
**scalp** n. 머릿가죽; 전리품
**scalper** n. 암표상
**scamp** n. 건달; 장난꾸러기
**scamper** n. 도주; vi. 도망치다; 뛰어놀다
**scan** n. 스캔, 촬영; v. 조사하다, 자세히 살피다
**scarecrow** n. 허수아비; 초라한 사람
**scenery** n. 경치, 풍경; 무대

scenic a. 경치의, 풍경의, 아름다운; 극적인; 생생한, 그림 같은
Schadenfreude n. 남의 불행에 대해 갖는 쾌감
scholarly a. 학술적인; 전문적인; 학자의
scholarship n. 학문, 학식; 장학금
scion n. (특히 귀족·명문의) 자제, 자손; (접목의) 어린 가지
sclerosis n. 경화증
scout n. 정찰(병), 척후(병)
scrappy a. 부스러기의; 단편적인; 싸움[토론, 경쟁]을 좋아하는
scrawny a. 여윈, 앙상한; 왜소한
screech v. 비명을 지르다
screed n. 장황한 이야기, 장광설
screwy a. 별난, 터무니없는; 나사꼴의, 꾸불꾸불한; 약간 취한
scribe n. 필경자, 사본 필사자; 작가
scrimmage n. 격투, 난투
scrip n. 서류, 증명서; 영수증
scuffle n. 난투, 충돌; 소란; vi. 난투하다
scullion n. 부엌 하인; 천한 사람
scurf n. (머리의) 비듬; 때; 오물
scurrilous a. 상스러운; 업신여기는
scuttle v. 서둘러 가다, 허둥지둥 달아나다
scythe n. 큰 낫; vt. 큰 낫으로 베다
seafarer n. 해상 여행자; 선원, 뱃사람
seafaring a. 항해의; 해양 산업의; n. 선원 생활; 항해
sebaceous a. 지방질의; 지방 과다의
second-guess vt. 뒤에 깨달은 지혜를 사용하다; 예언하다, 사후비판하다
secretarial a. 서기의, 비서의
secretariat n. 사무국; 비서실; 장관직
secretary n. 비서, 서기; 사무관
sector n. 부채꼴; 분야, 부문; 영역
seed n. 종자, 씨앗; 원인
seek v. 찾다, 추구하다
seepage n. (물 등의) 삼출, 침투
seethe v. 끓어오르다; 펄펄 끓다; (분노·불만·흥분 등으로) 뒤끓다
self-appointed a. 자기 멋대로 정한, 독단적인
self-centered a. 자기중심의, 이기적인
self-conscious a. 수줍어하는; 이목을 의식하는
self-deprecating a. 겸양의, 자기 비하의
self-discipline n. 자기수양
self-effacing a. 표면에[주제넘게] 나서지 않는

**self-employed** n. 자영업자; a. 자영업의
**self-esteem** n. 자존감
**self-evident** a. (사물이) 자명한, 뻔한
**self-fulfilling** a. 자기충족적인
**selfie** n. 셀카(셀프카메라); 자신의 모습을 직접 찍은 사진
**self-important** a. 젠체하는, 자만심이 강한
**self-imposed** a. 스스로 과한, 자진해서 하는
**self-inflicted** a. 스스로 초래한, 자초한
**selfless** a. 이타적인, 사심 없는
**self-possessed** a. 냉정한, 침착한
**self-possession** n. 냉정, 침착
**self-righteous** a. 독선적인
**self-sacrifice** n. 자기희생, 헌신
**self-satisfied** a. 자기만족의
**self-seeking** n. a. 이기주의(의), 자기 본위(의)
**self-serving** a. 자기 잇속만 차리는, 이기적인
**self-sufficiency** n. 자급자족; 자만, 거만
**self-willed** a. 자기 뜻대로 하는, 외고집의
**semen** n. 정액
**semiarid** a. 반 건조지대의, 비가 매우 적은
**semiconductor** n. 반도체
**seminary** n. 학교, 학원; 양성소; 신학교
**senescence** n. 노화, 노쇠
**senescent** a. 노년에 접어든, 늙은, 노쇠한
**seniority** n. 연상(年上), 선임자의 특권
**sensational** a. 선정적인; 세상을 놀라게 하는
**sensuality** n. 관능성; 호색
**sententious** a. 금언적인, (표현이) 간결한
**sentimentality** n. 감상적임; 감상적인 생각
**septic** a. 부패시키는, 부패에 의한
**septuagenarian** a. n. 70세(대)의 (사람)
**sequacious** a. (무턱대고) 남을 따르는
**sequestrate** vt. 가압류하다, 압수하다; 은퇴시키다
**seraglio** n. 후궁; 처첩의 방; 매춘굴
**seraph** n. 치품천사, 천사
**seraphic** a. 천사 같은; 거룩한
**serenade** n. 세레나데, 소야곡
**serf** n. 농노, 노예
**sergeant** n. 하사관; 병장

serried a. 밀집한, 우거진, 빽빽이 늘어선
serum n. 〈의학〉 혈청
serviceable a. 실용적인, 쓰기[입기] 편한
settled a. 고정된, 안정된, 확립된, 정착한
seventh heaven n. 매우 행복한 상태, 지복(至福)
sexagenarian a. n. 60세[대]의 (사람)
sexism n. 성차별
sexist n. 성차별 주의자
sextant n. 육분의(六分儀)
sexual assault n. (완곡어) 성폭행
sexual harassment n. 성희롱; 성적학대
shade n. 그늘, 그림자; 명암; 색조; 미묘한 차이
shadow n. 그늘, 그림자; 실체가 없는 것
shadowy a. 그림자 같은, 어두운
shady a. 그늘이 많은, 그늘진; 수상한
shaft n. 한 줄기의 광선; 화살, 창; vt. 속이다
sharp-eyed a. 눈치 빠른
sheaf n. 한 다발, 한 단; vt. 묶다, 다발 짓다
sheath n. 칼집, 덮개; vt. 칼집에 넣다, 씌우다
sheathe vt. 칼집에 넣다[꽂다]; 덮다, 싸다
sheepish a. 수줍어하는, 소심한
shenanigan n. 허튼소리, 장난; 속임, 사기
sheriff n. 보안관; 사법 장관
shibboleth n. 국적·계급 등을 판별하는 특징을 이루는 말투·말버릇; (정당인 등의) 구호, 표어
shifty a. 꾀가 많은, 책략을 좋아하는
shilly-shally n. 우유부단, 주저; a. 우유부단한; vt. 주저하다, 망설이다
shin n. 정강이, 정강이뼈
shingle n. 지붕널; (의사·변호사 등의) 작은 간판
shirk v. 회피하다; 게을리 하다
shirker n. 기피자, 회피자; 게으름뱅이
shoestring n. 구두끈(= shoelace); 적은 돈; a. 아슬아슬한, 가까스로의
shoo-in n. 승리가 확실시되는 후보자
shoplifter n. 가게 물건을 슬쩍하는 사람
short-circuit v. 단락[누전]시키다; 방해하다; n. 단락, 누전
short-term a. 단기간의(보통 1년 이하)
showcase n. (관계자를 위한) 특별 공개[공연]; 전시장
show-stopper n. (박수갈채를 받는) 명연기
shrew n. 바가지 긁는 여자
shrivel v. 시들다; 위축되다

sibyl n. 무당; 여자 예언자[마법사]
sibylline a. 무당의, 예언적인
sicken v. 구역질나게 하다, 신물 나게 하다; 구역질나다, 물리다
sickle n. 낫; a. 낫 모양의
sickly a. 병약한, 병난
side effect n. (약 등의) 부작용
sideline vt. (부상·사고 등이 선수를) 출전하지 못 하게 하다
sideshow n. 부차적인 일, 지엽적인 일
sidetrack vt. 주제에서 벗어나다; 사람을 따돌리다
sidewalk n. 보도, 인도
sierra n. 산맥
signet n. 도장, 인장
silent majority n. 말 없는 다수; 일반 대중
silhouette n. 실루엣, 윤곽
silo n. 목초용 지하실; 지하 격납고; vt. 저장하다
silver bullet n. 묘책, 특효약(= magic bullet)
simmer v. 서서히 끓다, (분노·웃음 등이) 당장에라도 터지려고 하다
simmering a. 당장 폭발할 것 같은, 들끓는
simpleton n. 얼간이, 바보
sin n. (종교상·도덕상의) 죄, 죄악
sine qua non n. 꼭 필요한 것, 필수 조건
sinful a. 죄 많은, 사악한; 과분한
single-handedly ad. 단독으로
singlehood n. 독신, 독신상태
sizable a. 상당한 크기의, 꽤 큰
skiff n. 소형 보트
skill n. 숙련, 노련, 솜씨; 기능, 기술
skilled a. 숙련된, 능숙한
skillful a. 능숙한, 교묘한, 숙련된
skimp v. 절약하다, 인색하게 굴다
skimpy a. 불충분한, 빈약한; 인색한; (옷이) 꼭 끼는
skinflint n. 지독한 구두쇠; 인색한 사람
skit n. 조소, 풍자문; 빈정댐, 비웃음
skulduggery n. 야바위, 속임수, 사기
skulk vi. 살금살금 숨다
slab n. 석판; 널빤지
slake v. 갈증을 풀다, (굶주림·욕망 등을) 채우다, 만족시키다
slam v. 쾅 닫다, 세게 놓다; 맹비난하다; n. 탕[탁, 쾅] 하고 닫기[놓기]
slattern n. 단정치 못한 여자; 매춘부

slavish a. 노예 근성의; 천한, 비굴한; 독창성이 없는
sleazy a. 지저분한, 추잡한(= lousy); 하찮은
sled n. 썰매; (놀이용) 소형 썰매
sledge n. (말·개·순록이 끄는 사람·짐 운반용의) 썰매
sleeper n. 뜻밖에 성공한 사람[것]; 경마의 다크호스
sleigh n. (보통 말이 끄는) 썰매
slice v. (얇게) 자르다; 속이다
slick a. 매끄러운, 반들반들한
sling n. 투석기, 새총, 고무총
sliver n. (깨지거나 잘라 낸) 조각
slobber n. 군침; 감상적인 언동; v. 군침을 흘리다; 몹시 감상적으로 말하다
sloppy a. 묽은, 물기가 많은; 단정치 못한
slot n. 가늘고 긴 틈[홈]; v. ~을 사이에 끼워 넣다
slouch v. (게으르게) 구부정하니 서다[앉다, 움직이다]; n. 구부정한[축 늘어진 듯한] 자세
slush fund n. 비자금
slut n. 단정치 못한 여자, 매춘부
smallpox n. 〈의학〉 천연두
smarm v. 아첨하다; n. 아첨
smarmy a. 지나치게 아첨하는; 매끄러운
smash hit n. 대성공
smattering n. 수박 겉핥기의 지식; 소수
smelt v. (광석을) (용해하여) 제련하다; (금속을) 용해하다
smirk vi. 히죽히죽[능글맞게] 웃다
smitten a. 홀딱 반한, 매료된; (감정·질병 등에) 엄습 당한, 고통 받는
smokestack n. 굴뚝
smoking gun n. 명백한 증거, 결정적 증거
smolder v. 연기가 나다, 그을다; (감정이) 속에서 맺히다
snag n. 뜻하지 않은 장애물, 난관
snake in the grass n. 눈에 띄지 않는 위험
snake oil n. 터무니없는 말, 허풍
snarl v. 으르렁거리다; 엉클어지게 하다; 혼란하다
snicker v. 킬킬 웃다; (말이) 울다; n. 킬킬 웃음, 숨죽여 웃는 웃음(= snigger)
snip v. 싹둑 자르다; n. (천·실 등의) 자투리; 싸게 산 물건(= bargain)
snit n. 흥분(상태), 초조
snitch v. 고자질[밀고]하다
snivel vi. 콧물을 흘리다; 코를 훌쩍이다; 우는 시늉을 하다
snout n. (큰) 코; 주둥이; 밀고자
snow v. (감언이설로) 설득하다, 속이다(= dupe)
snuff v. 코로 들이쉬다, 맡다; 낌새채다

**soap** n. 비누; 뇌물, 아첨
**soap opera** n. (연속) 멜로드라마
**soapbox** n. 연설자 앞에 놓인 탁자; vi. 가두연설을 하다
**sociopath** n. 반(反)사회적 인격 장애자
**sod** n. 잔디
**sodality** n. 우호, 동지애
**sodden** a. 흠뻑 젖은; v. 흠뻑 적시다[젖다]
**soft-spoken** a. (말투가) 부드러운; 상냥한; 설득력 있는
**solder** n. 땜납; v. 납땜하다
**solecist** n. 문법 위반자; 버릇없는 사람
**solifidian** n. 유신론자
**somnifacient** n. 수면제; a. 최면성의
**somniferous** a. 졸리게 하는, 최면의; 졸린
**somnolence** n. 졸림, 졸음
**sooty** a. 검댕투성이의; 거무스름한
**sop** n. 뇌물; v. 흠뻑 젖게 하다
**sophism** n. 궤변
**sorcery** n. (악령의 힘을 빌려 행하는) 마법, 마술, 요술, 무술(巫術)
**sorites** n. 연쇄[삼단] 논법; 궤변
**sorority** n. (교회 등의) 여성회; (미국 대학의) 여학생 클럽
**sorrel** a. 밤색의; n. 밤색
**sorrow** n. 슬픔, 애도, 유감
**sortilege** n. 제비로 점치기, 추첨; 마법
**soubrette** n. (연극 중의) 몸종, 시녀; 말괄량이
**sound-bite** n. 짧은 인상적인 발언; v. (방송용으로) 간략히 줄이다
**soupcon** n. 아주 적은 양, 조금, 기미
**spar** n. 실전 연습; 언쟁; v. 언쟁하다, 스파링하다
**sparkplug** n. 점화 플러그; 지도자, 주동자; vt. 분발시키다; 주도하다
**spartan** a. 검소하고 엄격한
**spat** n. 승강이, 옥신각신함, 입씨름
**spatula** n. 주걱, 프라이 뒤집개; 약숟가락
**spear** n. 창; (식물의) 싹; v. 창으로 찌르다; 싹이 나다
**specialist** n. 전문가, 전문의
**specifically** ad. 명확하게; 특히
**speed** n. 속도; 빠름, 신속; v. (일 등을) 촉진[진척]시키다; 속도를 높이다[up]
**spermatozoon** n. 〈생물〉 정자, 정충
**sphinx** n. 수수께끼의 인물, 불가해한 사람
**spicy** a. 양념이 된; 매운
**spiel** n. 과장된 이야기, 연설; v. 과장되게 지껄이다

**spigot** n. (수도·통 등의) 마개; (액체를 따르는) 주둥이, 물 꼭지
**spindly** a. 가늘고 긴, 호리호리한
**spiny** a. 가시가 있는; (문제 등이) 곤란한, 번거로운
**spirited** a. 활발한, 용기 있는; 겁 없는
**spite** n. 악의, 원한
**splash** v. (물·흙탕물 등을) 튀기다; 얼룩무늬를 만들다
**splinter** n. (나무·금속 등의) 조각, 가시; v. 쪼개지다; 쪼개다
**spokesperson** n. 대변인
**spool** n. 실감개, 실패, 얼레
**spoonerism** n. 두음(頭音)전환
**sport** v. 장난치다, 놀다; 자랑해 보이다, 과시하다
**sprig** n. 잔가지, 어린 가지; 자손
**sprightly** a. 활발한, 기운찬, 쾌활한; ad. 활발하게
**springy** a. 탄력[탄성]이 있는
**sprint** n. (달리기 등의) 단거리 경기, 전력 질주; v. (단거리를) 전력 질주하다
**spruce** n. 가문비나무; a. 말쑥한, 깔끔한; v. 말쑥하게 하다, 몸치장하다[up]
**spry** a. 활발한, 기운찬, 날쌘
**spume** n. 거품; v. 거품이 일다; 분출하다
**spurt** v. 쏟아져 나오다, 분출하다
**sputum** n. 가래; 침, 타액
**squad** n. ~계; 〈군대〉 분대; 〈스포츠〉 선수단; (특정 작업을 하는) 반, 소집단
**squall** n. 질풍, 돌풍; v. 질풍[돌풍]이 불다
**squawk** v. 꽥꽥[깍깍] 울다; 큰 소리로 불평하다
**squeak** v. (쥐가) 찍찍 울다; 밀고하다, 고자질하다
**squelch** v. 눌러 찌그러뜨리다; 억누르다; 진압하다
**squirm** vi. 꿈틀거리다; 몸부림치다
**squirrel** n. 다람쥐
**stacked** a. (여성이) 매력적인 몸매의, 육감적인
**staid** a. 침착한, 착실한, 성실한
**stalactite** n. 종유석
**stalagmite** n. 석순
**stalking horse** n. (진짜 목적을 숨기기 위한) 구실, 위장; 허수아비 입후보자
**stamen** n. 〈식물〉 수술
**stamina** n. 체력, 지구력
**standard** n. 표준, 기준; a. 표준의; 일반적인, 보통의
**standardize** vt. 표준화하다, 규격화하다
**stanza** n. 스탠자, 연(聯), 절(보통 운(韻)이 있는 시구 4행 이상으로 이루어진 것)
**starch** n. 녹말, 전분; (세탁용의) 풀
**star-crossed** a. 박복한, 불운한, 불행한(= ill-fated)

**stardom** n. 스타의 지위
**stare** v. 빤히 쳐다보다, 응시하다
**stasis** n. (세력 등의) 균형[평형] 상태
**statesman** n. 정치가, 정치인
**station** n. 정거장, 역; 방송국; vt. 주둔하다
**stave** n. 막대기, 장대; 〈음악〉 보표(= staff); v. 부수다
**steely** a. 강철 같은; 냉혹한
**stela** n. 기념 석주(石柱), 석비(石碑); (건물 정면의) 현판
**stench** n. 악취; (나쁜 것의) 낌새
**stenchful** a. 악취가 가득 찬
**stenosis** n. 협착(증)
**stertorous** a. (병으로) 크게 코를 고는
**stifling** a. 숨 막히는 듯한
**stilt** n. 대말, 죽마(竹馬); (건조물의) 지주(支柱)
**stinking** a. 악취가 나는, 코를 찌르는
**stockpile** n. 사재기, 비축, 저장량; v. 비축하다, 저장하다
**stomp** vi. 발을 구르다
**stonemason** n. 석수, 석공
**stopover** n. (비행기 등의) 경유, 단기 체류
**stopper** n. 멈추는 사람[것]; 마개; vt. 마개로 막다
**storied** a. (이야기·역사·전설 등에서) 유명한; (건물이) ~층의
**stork** n. 〈조류〉 황새
**stowaway** n. 밀항자; 무임 승객
**straight** a. 곧은, 똑바른; 수직의
**strangulate** vt. 질식시키다, 교살하다(= strangle)
**straphanger** n. 손잡이를 잡고 선 승객; 통근자
**stratocracy** n. 군인정치, 무단정치
**straw man** n. 밀짚 인형; 위증자, 앞잡이; 하찮은 사람[것]
**straw** n. 짚, 밀집; 빨대; 하찮은 물건
**striated** a. 줄[줄무늬, 홈]이 있는
**strigiform** a. 올빼미류의
**stubborn** a. 완고한, 완강한, 고집스러운
**studious** a. 학문적인; 열심인
**stuffily** ad. 숨이 막힐 듯이; 거만하게
**stuffy** a. 통풍(通風)이 잘 안 되는, 숨 막히는; 딱딱한, 격식적인
**stupidity** n. 어리석음, 우둔; 어리석은 언동
**stutter** v. 말을 더듬다
**stygian** a. 어두운, 음침한
**suasive** a. 설득하는, 말주변이 좋은

sub rosa ad. 몰래, 비밀히
subaltern a. 하위의, 종속하는; n. 하급자
subculture n. 하위문화
subpar a. 표준 이하의, 수준 아래의
subsume vt. (규칙·범주 따위에) 포섭[포함]하다
subtitle n. (영화·텔레비전 화면의) 자막; (책의) 부제(副題)
subvention n. (정부의) 보조금
successor n. 후계자, 상속인; 후손
suckling n. 젖먹이, 유아, 풋내기
suffuse vt. 가득 차게 하다, 뒤덮다
sugarcoat vt. 먹기 좋게 하다; 나쁜 소식을 좋게 전하다, 겉을 잘 꾸미다
sulky a. 부루퉁한, 뚱한
sum n. 총계, 총액; 금액
summation n. 덧셈, 합계; 요약
sumption n. 가정, 억측; 〈논리〉 대전제
sunder v. 떼다, 가르다, 찢다, 자르다
superego n. 초자아(超自我)
supererogatory a. 여분의; 직무 이상의 일을 하는
supernatural a. 초자연적인
suppliant a. 탄원하는, 간청하는
support vt. 지지[후원]하다; 부양하다; n. 지지, 지원; 부양
supportive a. 지지가 되는, 협조적인
supposititious a. 가짜의; 몰래 바꿔친
surcease v. 그치다, 정지하다; n. 정지
surety n. 보증금, 보석금; 인수인; 확실(성)
surgery n. 외과 (의술), 수술; 수술실
surreal a. 초현실주의의
swag n. 약탈품; 부정이득
swank n. 허세, 허풍
swansong n. (시인·음악가 등의) 마지막 작품, 절필(絕筆); 최후의 업적
swathe vt. 싸다, 감다; n. 붕대
sweating n. 발한(發汗); 착취당하기; 고문
swig v. 꿀꺽꿀꺽[벌컥벌컥] 마시다; n. 벌떡벌떡 마시기, 통음
swing voter n. 부동표 투표자
swinger n. 세련된 사교가; 유행의 첨단을 가는 사람
swish v. 쉭[휙] 하고 소리내다; a. 멋진, 근사한
sybarite n. 사치와 향락을 일삼는 무리, 쾌락주의자
sybaritic a. 쾌락의, 호색의
syllable n. 음절, 한마디

**symbolism** n. 상징주의, 기호체계
**symbolize** v. 상징하다
**synagogue** n. (예배를 위한) 유대인 집회; 유대교 회당
**synapse** n. 신경세포 접합부, 시냅스
**syndicate** n. 기업 합동, 기업 조합[연합]
**syntax** n. 구문론
**syphilis** n. 매독
**syringe** n. 주사기
**systematic** a. 체계적인; 질서 있는; 규칙적인
**tabernacle** n. 임시로 지은 집, 천막
**tableau** n. 그림, 그림 같은 묘사; 극적인[인상적인] 장면
**tabloid** n. 타블로이드판 신문, 그림을 넣은 소형 신문; 요약
**tabula rasa** n. (마음 등의) 백지 상태, 순결한 마음
**tabulate** v. 표로 만들다, 일람표로 만들다
**tack** v. 압정으로 고정시키다; n. 납작한 못, 압정
**tacky** a. 끈적끈적한; 초라한, 볼품없는
**tadpole** n. 올챙이
**tag** n. 표, 꼬리표, 물표; 정가표
**tagrag** n. 하층민, 어중이떠중이; 넝마
**tailgate** n. (트럭·왜건 등의) 뒷문; v. (앞차에) 바싹 붙어 운전하다
**takeover** n. 탈취; 인계, 인수
**tale** n. 이야기, 설화; 꾸민 이야기
**talent** n. (타고난) 재주, 재능; 재간, 수완, 솜씨
**talented** a. 재주 있는, (타고난) 재능이 있는
**talon** n. 맹금(猛禽)의 발톱
**tan** v. (가죽을) 무두질하다; (피부를) 햇볕에 태우다
**tandem** ad. 세로로 일렬로 서서, 앞뒤 한 줄로
**tangent** a. 접하는, 접선의, 접한
**tangy** a. (맛이) 싸한; (냄새가) 코를 쏘는
**tapestry** n. 태피스트리(색실로 짠 주단); vt. 태피스트리로 장식하다
**tar** v. ~에 타르를 칠하다; ~에게 오명을 씌우다
**tardiness** n. 완만; 지체; 지각
**tasteless** a. 맛없는; 멋[취미]이 없는, 무미건조한
**tasty** a. 풍미[맛]있는; 재미있는; 점잖은, 멋진, 고상한
**tatterdemalion** n. 누더기를 입은 사람; a. 넝마를 걸친, 누덕누덕한
**tattle** v. 고자질하다
**tautophony** n. 동음 반복
**tax** n. 세금; vt. 과세하다
**taxidermy** n. 박제술

**taxonomist** n. 분류학자
**taxonomy** n. 분류법, 분류
**tectonic** a. 지질 구조의, 지각변동운동의
**teeny** a. 작은, 조그마한, 십대의
**teetotal** a. 절대 금주주의의; 절대적인, 완전한
**teetotalism** n. 절대 금주주의
**tegular** a. 기와 모양의; 〈곤충〉 어깨판의
**telegram** n. 전보, 전신
**telegraph** n. 전신, 전보
**teleology** n. 목적론, 목적
**temblor** n. 지진; 떨림
**temperature** n. 온도, 기온; 체온
**tempo** n. 빠르기, 박자, 템포
**tenderfoot** n. 신참, 신출내기; 풋내기
**tendon** n. 〈해부〉 힘줄; 철근
**tensile** a. 장력의, 잡아 늘일 수 있는
**tentacle** n. 촉수
**termagant** n. 성미가 사나운 여자, 잔소리가 심한 여자
**terrible** a. 무서운, 끔찍한; 심한, 지독한
**terribly** ad. 무섭게; 몹시, 지독하게
**tertiary** a. 제 3의; (산업이) 제 3차의, 서비스 부문의
**testator** n. 유언자
**testicle** n. 정소(精巢), 고환
**testing** a. 최대한의 노력이 요구되는, 극히 곤란한
**tetanus** n. 파상풍
**tether** vt. 묶다, 매어 두다; 속박하다
**text** n. (서문·부록 등에 대하여) 본문; (요약·번역에 대하여) 원문
**textbook** n. 교과서, 교재, 교본
**textual** a. 원문의, 원문대로의
**thaumatology** n. 기적학, 기적론
**thaumaturgy** n. 마술, 요술
**theatre** n. 공연장, 극장
**theft** n. 도둑질, 절도
**theologist** n. 신학자
**theorem** n. 증명할 수 있는 일반 원리, 법칙
**thespian** n. (비극) 배우; a. 비극의; 연극의; 극적인
**theurgy** n. 기적, 신기; 마법, 주술
**thews** n. 근육; 근력, 체력
**thief** n. 도둑; 절도범

**thieve** v. 훔치다; 도둑질하다
**thigh** n. 넓적다리
**thimble** n. 골무
**thorax** n. 가슴, 흉곽; (곤충의) 흉부
**thrash** v. 마구 때리다; 격파하다, 이기다
**threnody** n. 비가, 애가
**thresh** v. 타작[탈곡]하다; 철저히 검토하다; n. 탈곡, 타작
**thug** n. 자객, 살인 청부업자; 흉악범
**thumbs-down** n. 거절, 불찬성, 비난
**thunderbolt** n. 천둥번개, 벼락, 낙뢰(落雷)
**tick** n. (시계 등의) 똑딱똑딱 소리; v. (시계 등이) 똑딱거리다
**tidbit** n. 맛있는 가벼운 음식, (맛있는 것의) 한 입; 토막 뉴스(= titbit)
**tide** n. 조수, 조류; 흥망
**tidy** a. 말쑥한, 단정한; v. 정돈[정리]하다
**tiff** n. 사소한 말다툼; vi. 말다툼하다
**tight-fisted** a. 인색한, 구두쇠의
**till** v. 갈다, 경작하다(= cultivate)
**tillable** a. 경작할 수 있는[에 알맞은]
**time-consuming** a. 시간이 걸리는; 시간을 낭비하는[보내기 위한]
**time-honored** a. 옛날부터의, 오래된; 전통 있는, 유서 깊은
**time-lag** n. 시간적 차이, 시차
**timeless** a. 시대를 초월한; 영원한
**timely** a. 때에 알맞은, 시기적절한
**tin** n. 주석; 함석
**tinder** n. 부싯깃, 불이 잘 붙는 물건
**tingle** n. 따끔거림, 쑤심; 설렘, 흥분
**tinker** n. 땜장이; v. 땜질하다; 수선하다; 어설프게 만지작거리다
**tipple** v. (술을) 늘 마시다, 술에 젖어 살다; n. (독한) 술
**tiptoe** vi. 발끝으로 걷다; n. 발끝
**tireless** a. 지칠 줄 모르는, 피로를 모르는
**tiring** a. (일 등이) 힘든; 지루한
**tissue** n. 조직; 직물
**titter** vi. 킥킥거리다; n. 킥킥 웃음, 소리를 죽여 웃음
**toad** n. 두꺼비; 무가치한 녀석
**toad-eater** n. 아첨쟁이
**toady** n. 아첨꾼; v. 아첨하다, 알랑거리다
**tocsin** n. 경종, 경보
**toddler** n. 아장아장 걷는 아기, 유아
**tomboy** n. 말괄량이

**tombstone** n. 묘석, 묘비
**tomograph** n. 단층 사진 촬영 장치
**tongs** n. 집게; 부젓가락
**tonicity** n. (심신의) 강건, 강장; (근육 등의) 탄력성
**tonsil** n. 〈의학〉 편도선
**tonsure** n. 삭발; 머리를 민 부분; 삭발식
**toothless** a. 효과 없는, 권력[권한]이 없는
**top** n. 정상, 꼭대기; 팽이; 친구, 대장
**torque** n. 토크, 비트는 힘; v. ~에 회전력을 주다; 회전시키다
**tort** n. 불법행위
**tortious** a. 불법 행위의
**totalitarianism** n. 전체주의
**totter** vi. 비틀거리다; n. 비틀거림; 넝마주이
**touchable** a. 만져 알 수 있는; 감동시킬 수 있는
**touching** a. 감동시키는; 애처로운, 가여운
**tousle** v. (머리를) 헝클어뜨리다; n. 헝클어진 머리; 난잡
**tow** vt. 끌다, (배·자동차를) 밧줄[사슬]로 끌다, 견인하다; n. 견인, 예인선
**toward** a. 바야흐로 일어나려는; 형편에 좋은, 상서로운; prep. ~을 향하여
**tractile** a. 잡아 늘일 수 있는
**traction** n. 끌기, 견인력
**trademark** n. (등록) 상표; 사람[사물]을 상징하는 특징
**tradeoff** n. (특히 타협을 위한) 교환, 거래; (바람직하게 하기 위한 양자의) 균형
**traditional** a. 전통의, 전통[인습]적인
**tranquilizer** n. 진정시키는 사람[것]; 진정제
**transilient** a. (상황 등이) 급변하는
**transmigration** n. 이주, 이동; 윤회
**trappings** n. (장식적인) 의상; 치장; 예복
**trash** n. 쓰레기, 폐물
**trashy** a. 쓰레기의, 쓸모없는
**treasure** n. 보물, 보배; 재산; vt. 대단히 귀하게 여기다
**treasurer** n. 회계 담당자, 출납원
**treble** a. 3배의, 3겹의
**tremble** v. 떨리다; 흔들리다, 진동하다
**trembling** a. 떠는, 전율하는
**trencherman** n. 대식가
**trendy** a. 최신 유행의; 유행을 따르는
**tribune** n. 호민관, 민권 옹호자
**trickery** n. 속임수, 사기, 야바위; 책략
**trident** n. 삼지창

**trigger-happy** a. 권총 쏘기 좋아하는; 호전적[공격적]인
**trigonometry** n. 삼각법, 삼각술(術)
**trillion** n. 1조(兆)
**Trinity** n. 〈기독교〉 삼위 일체
**trio** n. 트리오, 삼중주
**tripod** n. 삼각대
**trochaic** a. n. 강약[장단]격의 (시)
**Trojan horse** n. 트로이의 목마
**trolley** n. 손수레
**trope** n. 말의 수사(修辭); 비유적 용법; 수사어구
**trot** v. (말 등이) 속보로 가다; 빠른 걸음으로 가다
**trough** n. 구유, 여물통; 기압골; (경기의) 저점
**trout** n. 〈어류〉 송어; 심술궂은 늙은이, 지겨운 노파
**truckle** vi. 굴종하다, 굽실굽실하다
**trudge** v. 무거운 발걸음으로 걷다, 터벅터벅 걷다
**true-life** a. 실제의, 실생활의, 박진한, 진짜에 가까운
**trump card** n. 〈카드놀이〉 으뜸패; 비법; 비장의 수, 최후 수단
**trumped-up** a. 날조된
**trumpery** n. 겉만 번드르르한 물건, 하찮은 물건; 허튼 소리
**truncheon** n. 곤봉, 경찰봉; 지휘봉
**trustee** n. 피신탁인; (대학 등의) 평의원, 이사
**truthful** a. 정직한, 진실한
**truthfulness** n. 정직함, 진실함
**trying** a. 괴로운, 고된
**tryst** n. (애인 등과의) 만날 약속; 약속한 회합, 데이트; 밀회[회합]의 장소
**tub** n. 통, 물통; 목욕통, 욕조
**tubbish** a. 통 같은, 통통하게 살찐
**tubby** a. 통 모양의; 땅딸막한, 뚱뚱한
**tuberculosis** n. 결핵
**tumbler** n. (굽·손잡이가 없는) 컵, 텀블러
**tumefaction** n. 부어오름; 종창(腫脹)
**tumescent** a. 부어오르는; 발기한; 과장된; 정서가 풍부한
**tumid** a. 과장된; 부은, 부어오른
**turf** n. 잔디
**turnaround** n. 선회; (의견·행동 등의) 180도 전환; (처리를 위한) 소요 시간
**turncoat** n. 배반자, 변절자
**turnip** n. 순무
**tusk** n. (코끼리·멧돼지 등의) 엄니
**tussle** n. 몸싸움, 난투; v. 격투하다, 난투하다

**twain** v. 둘로 나누다, 둘로 나눠지다
**tweak** v. 홱 잡아당기다, 비틀다
**twinge** n. 고통, 통증; 양심의 가책; v. 쑤시듯이 아프다
**twitch** n. 실룩거리기; (근육의) 경련
**typhlitis** n. 〈병리〉 맹장염
**typhoid** n. 〈의학〉 장티푸스
**ukase** n. 칙령, 포고
**ulcer** n. 궤양, 종기; 병폐, 폐해
**ultramarine** a. 군청색의; n. 군청색
**ultraviolet** n. 자외선
**umbilicus** n. 배꼽
**unaided** a. 도움을 받지 않는
**unalienable** a. 양도할 수 없는, 빼앗을 수 없는
**unbearable** a. 견딜 수 없는, 참기 어려운
**unbelievable** a. 믿을 수 없는, 믿기 어려운
**unbidden** a. 명령[요청]받지 않은; 초대받지 않은
**unbridle** vt. (말에서) 말굴레를 벗기다; 구속에서 풀다, 해방하다
**uncalled** a. 초대받지 않은, 불청객인
**unchangeable** a. 변하지 않는, 불변의
**uncivil** a. 버릇없는, 무례한; 미개한, 야만적인
**uncluttered** a. 어수선하지 않은, 깔끔한
**uncontrollable** a. 제어[통제]할 수 없는, 억제하기 어려운, 걷잡을 수 없는
**unconvincing** a. 설득력이 없는
**unction** n. 바르는 기름, 연고; 마음을 위안하는 것
**undecided** a. 아직 결정되지 않은, 미정인; 우유부단한
**undefined** a. 확실하지 않은, 막연한; 한정되지 않은
**undercurrent** n. 속에 품은 진의, 저의; a. 표면에 나타나지 않은, 숨은
**undergird** vt. ~의 밑을 단단히 묶다; 뒷받침하다
**underhand** a. 비밀의, 음흉한; ad. 비밀히, 음흉하게
**underhanded** a. 비밀리의; 일손이 부족한
**underling** n. 부하, 하급 직원
**underplay** v. 소극적으로 연기하다; 신중히 다루다
**understandable** a. 이해할 수 있는
**under-the-table** a. 은밀히[암시장에서] 거래되는
**undervalued** a. 저평가된
**underworld** n. 하층 사회; 암흑가
**undetermined** a. 결정되지 않은; 확인되지 않은; 결단을 못 내리는, 우유부단한
**undiminished** a. 줄어들지 않은, 약화되지 않은, 사라지지 않은
**undoubted** a. 의심할 여지가 없는

**undoubtedly** ad. 의심할 여지없이; 확실히
**undulant** a. 물결치는, 파도처럼 움직이는
**unemployed** a. 실직한, 실업자인
**unemployment** n. 실업, 실업률, 실업자 수
**unfailing** a. 틀림없는; 충실한
**unfeigned** a. 거짓 없는, 진실한, 성실한
**unfit** a. (특정 기준에) 부적합한; 건강하지 못한, 몸 상태가 안 좋은
**unfounded** a. 근거가 없는, 이유가 없는, 사실무근의
**unfriendly** a. 비우호적인, 불친절한
**unfurl** vi. (돛·깃발 등을[이]) 펴다[펴지다]
**unguent** n. (상처·염증용) 연고, 고약
**unhealthful** a. 건강에 해로운, 몸에 나쁜, 비위생적인
**unhealthy** a. 건강하지 못한; 건강에 좋지 않은
**unheard-of** a. 지금까지 들어본 적이 없는, 전대미문의, 전례가 없는
**unheeding** a. 주의하지 않는, 부주의한
**unhitch** vt. (매어 둔 것을) 풀다, 놓아주다; 떼어 내다
**unicameral** a. (의회가) 단원제의
**unidentifiable** a. 정체를 알 수 없는, 신원을 확인할 수 없는
**unidentified** a. 정체불명의, 신원 미상의
**unimpassioned** a. 냉정한, 침착한
**uninformed** a. 충분한 지식이 없는, 무식한
**unintentionally** ad. 본의 아니게, 별다른 뜻 없이, 무심코
**univocal** a. 단조로운 목소리로 말하는; 뜻이 명료한
**unjust** a. 부당한, 이치에 맞지 않은
**unknown** a. 알려지지 않은, 미지의
**unlikely** a. 있을 법하지 않은; 가망이 없는
**unlucky** a. 불행한, 불길한
**unmoved** a. 마음이 동요되지 않은, 냉정한; 확고한
**unnecessary** a. 불필요한, 필요 이상의; 쓸데없는, 부적절한
**unnerving** a. 용기[기력]를 잃게 하는
**unpredictable** a. 예측할 수 없는, 종잡을 수 없는
**unrelated** a. 관련 없는, 관계없는; 친족[혈연관계]이 아닌
**unreliable** a. 믿을 수 없는, 신뢰할 수 없는
**unreserved** a. 기탄없는, 솔직한; 거리낌 없는; 제한 없는
**unrestrained** a. 억제되지 않은, 거리낌 없는
**unrivaled** a. 경쟁 상대가 없는, 무적의, 무쌍의, 비할 데 없는
**unsatisfactory** a. 만족스럽지 못한
**unseasonal** a. 계절에 맞지 않는, 때 아닌; 시기가 나쁜
**unsettle** v. 뒤흔들다; 불안하게 하다

unsophisticated a. 세상 물정을 모르는, 순진한, 세련되지 못한
unspoken a. 입 밖에 내지 않은, 무언의
unsurpassed a. 그 누구[무엇]에게도 뒤지지 않는, 타의 추종을 불허하는
untarnished a. 변색되지 않은; 더럽혀지지 않은
untether vt. (동물의) 맨 줄을 풀다
untouchable a. 손댈 수 없는; 비길 데 없는, 무적의
untoward a. 형편이 나쁜, 불리한; 온당[적당]치 못한; 고집 센
unusually ad. 대단히, 몹시; 평소와 달리
unvarying a. 불변의, 한결같은, 일정한
unwanted a. 원치 않는, 반갑지 않은
unwavering a. 동요하지 않는; 확고한
unwieldy a. (크기·모양·무게 때문에) 다루기 불편한, 거추장스러운
upbringing n. 양육, 훈육, (가정) 교육
upend v. 거꾸로 하다, 뒤집다; 서다
uphill a. 오르막의; 힘드는, 어려운
upper hand n. 우세, 우위
uppermost a. 가장 위의; 가장 중요한
uprising n. 반란, 폭동
uproarious a. 소란한, 시끄러운
upscale a. (수입·사회적 지위가) 평균 이상의; 부유층의
upsurge n. 급증; 갑작스런 증가; vi. (파도·감정이) 치솟다; (요구 등이) 증가하다
uptake n. (the ~) 이해(력); (생체의) 흡수, 섭취
uptick n. (사업 등의) 상승 기운, 강세
upturn n. 대변동, 격변, 혼돈; (가격·경기 등의) 상승(세), 호전
urbanite n. 도시 거주자, 도회지 사람
urbanize vt. 도시화하다, 도회풍으로 하다
urchin n. 장난꾸러기, 개구쟁이
urea n. 〈화학〉 요소(尿素)
urine n. 오줌, 소변
usual suspect n. 유력한 용의자, 범죄를 저질렀을 것으로 의심을 받는 사람
vacate v. 비우다; 물러나다
vacation n. 방학, 휴가
vagarious a. 상식을 벗어난, 엉뚱한, 기발한; 변덕스러운; 방랑하는
vagina n. 질(膣); 여자의 성기, 음부
valise n. 작은 여행 가방, 배낭
valley n. 계곡, 골짜기
valorization n. 물가 안정책
valorous a. 씩씩한, 용감한
vanishing a. n. 사라지는 (일)

**vasectomy** n. 정관 절제(술)
**vection** n. 병원체 전염
**veganism** n. 완전 채식주의
**veiled** a. 베일로 덮인; 숨겨진, 감추어진; 분명치 않은
**velocipede** n. (어린이용) 세발 자전거(= tricycle)
**velodrome** n. 자전거 경주장, 경륜장
**vendue** n. 공매, 경매
**venereal** a. 성병의; 성병에 감염된
**venery** n. 성적 쾌락의 추구; 성교(性交)
**ventricle** n. (심장의) 심실
**verve** n. (예술 작품에서의) 열정, 기백; 힘, 활기, 정력
**vesper** n. 해질 무렵, 저녁; 저녁 기도[예배]
**vested rights** n. 기득권
**vet** n. 수의사; v. (상세히) 조사[검사, 심사]하다
**viaduct** n. 구름다리, 고가교
**viator** n. 나그네, 여행자(= traveler)
**vicegerent** n. 대리인, 대리자
**vicereine** n. 부왕의 부인, 태수 부인
**vigilante** n. 자경단원
**vilipend** vt. 업신여기다; 헐뜯다
**vim** n. 정력, 활력, 원기; 열의
**violation** n. 위반, 위배; 방해; 침해
**violent** a. 격렬한, 맹렬한; 광포한
**violently** ad. 격렬하게; 난폭하게
**virginal** a. 처녀의; 처녀성을 지키는
**viridity** n. 녹색, 젊음; 순수함; 미경험
**virility** n. 사내다움; (남자의) 한창때; 생식력, 정력
**vis-a-vis** prep. ~에 대하여; ~와 비교하여
**viscount** n. 자작(子爵)
**vision** n. 시력; 예지력, 선견지명
**visitation** n. 방문; 공식 방문; 천벌; 재해
**visualize** v. 마음속에 그려 보다, 상상하다; 시각화하다
**vitreous** a. 유리질의; 유리 비슷한; 유리에 관한
**viva voce** n. (영국 대학의) 구두시험; ad. 구두로
**vivat** n. 만세; 만세 소리; 감탄사
**viviparous** a. (동물이) 태생(胎生)의
**vixen** n. 암여우; 심술궂은 여자
**vocal cords** n. 성대(聲帶)
**voice** n. 목소리; (사상·감정 등의) 발언; 발언권; 〈문법〉 태

**volitant** a. 날 수 있는, 나는; 활발한, 잘 돌아다니는
**vox populi** n. 민중[백성]의 소리; 여론
**vulcanian** a. 화산(작용)의(= volcanic); 대장장이의
**vulgarian** n. 천박한 사람, 속물
**vulgus** n. 민중, 평민, 서민
**vulture** n. 독수리, 콘도르; 남의 불행을 이용해 먹는 자
**wacko** n. 미친 사람; 괴짜; a. 미친, 제정신이 아닌; 분별없는
**wade** v. (강 등을) 걸어서 건너다
**waffle** v. 쓸데없는 말을 지껄이다; 애매하게 말하다[쓰다]; n. 쓸데없는 말, 애매한 말
**waft** v. (냄새·소리 등을) 떠돌게 하다; 떠돌다, 부유하다
**wag** v. 꼬리를 흔들다; 지껄이다
**waggery** n. 우스꽝스러움, 익살, 장난
**waggish** a. (사람·언행 등이) 익살스러운, 우스꽝스러운
**waif** n. (몹시 여윈) 부랑자, 떠돌이; (소유주 불명의) 동물[습득물]
**walrus** n. 〈동물〉 해마, 바다코끼리
**wandering** a. (정처 없이) 돌아다니는, 헤매는; 종잡을 수 없는
**wangle** n. 감쪽같이 가로챔; v. 감쪽같이 가로채다; 속이다
**warfare** n. 전투; 싸움, 전쟁
**warmonger** n. 전쟁 도발자, 전쟁광
**warning** n. 경고, 경고문, 주의
**warren** n. 토끼 사육장; 북적거리는[과밀한] 지역[건물]
**wart** n. (피부에 생기는) 사마귀; 결점
**wasp** n. 〈곤충〉 말벌; 성을 잘 내는 사람
**waste** v. 낭비하다; 황폐시키다; n. 낭비; (종종 pl.) 폐물; 황무지
**wasteful** a. 낭비하는
**wastrel** n. 게으른 낭비자; 쓰레기; 부랑아
**watchdog** n. 감시인, 감시 단체
**watering hole** n. 사교장; 해수욕장
**wayfarer** n. 나그네, (특히) 도보 여행자; (여관·호텔의) 일시적 투숙객
**weasel** n. 족제비
**weathering** n. 풍화, 풍화작용
**wed** v. 혼인하다, 결혼하다; 결합하다
**welkin** n. 하늘; 천국; 상공
**well-being** n. 행복, 안녕, 복지
**well-bred** a. 가정교육을 잘 받은; 품위 있는
**well-grounded** a. 충분히 기초 교육[훈련]을 받은; 정당한 사유[근거]가 있는
**well-off** a. 유복한, 부유한
**welter** vi. 뒹굴다; n. 혼란, 뒤죽박죽; 강타; 엄청난 양
**wet blanket** n. 좌중의 흥을 깨는 사람, 남의 의욕을 꺾는 사람

**wetland** n. 습지, 습지대
**whack** v. 세게 치다; 나누다, 분배하다[up]; 죽이다, 해치우다
**wheeler-dealer** n. 수완이 좋은 사업가; vi. 수완을 발휘하다
**whereabouts** n. 소재, 행방; ad. 어디쯤에(서)
**whetstone** n. 숫돌; 자극물; 흥분제
**whimper** v. 훌쩍이다; 훌쩍이며 말하다
**whimsy** n. 일시적 기분; 엉뚱한 생각[행동], 기발한 생각[행동]
**whisk** n. (요리용) 거품기; v. 휘저어 거품을 내다
**whit** n. 소량, 미량, 아주 조금
**white elephant** n. 돈만 많이 들고 더 이상 쓸모는 없는 것, 무용지물
**whore** n. 매춘부; 음탕한 여자; 절개가 없는 여자
**wick** n. (양초나 기름등잔의) 심지
**widen** v. 넓어지다; 넓히다
**wide-ranging** a. 광범위한, 폭넓은
**wide-spread** a. 광범위한, 널리 퍼진
**widget** n. 소형 장치; (규격품 등의) 대표적[전형적] 제품
**widow** n. 미망인, 과부
**width** n. 폭, 너비; (마음의) 넓음, 도량이 큼, 관대함
**willow** n. 버드나무
**willowy** a. 버드나무 같은, 가냘픈; (특히 여성이 키가 크고) 호리호리한
**willy-nilly** ad. 싫든 좋든 (상관없이); 닥치는 대로, 되는 대로
**winding** a. (강·길 등이) 굽이진; (이야기 등을) 둘러말하는
**winding-up** n. 청산; 기업 폐쇄, 점포 정리
**windshield** n. (자동차 등의) 앞[전면]유리
**winning** a. 이긴, 우승한, 승리한; (사람의) 마음을 끄는, 애교 있는
**wishful thinking** n. 부질없는 기대, 희망 사항(에 불과한 일)
**wispy** a. 작게 묶은; 가냘픈; (머리털 따위가) 성긴
**womanize** v. 여자 꽁무니를 쫓아다니다, 여색에 빠지다; 여성화하다
**wondrous** a. 놀라운, 불가사의한
**wonk** n. 공부벌레, 일벌레; 하찮은[따분한] 녀석
**woolly-minded** a. 고수머리의; (생각이) 혼란한
**woozy** a. (정신이) 멍한, (머리가) 띵한
**wordy** a. 말수가 많은, 장황한; 말의, 말에 의한
**workaday** a. 평범한, 보통의; 별로 흥미로울 것 없는
**worn-out** a. 닳아 해진; 지친, 녹초가 된
**worsen** v. 악화되다; 악화시키다
**worthwhile** a. 가치 있는, 보람 있는, ~할 가치가 있는
**wrangling** n. 논쟁
**wrench** v. (발목·무릎·어깨를) 삐다

**wrenching** a. 비통한, 고통스러운
**wrest** vt. 비틀다; 억지로 빼앗다; 애써서[억지로] 얻다; 왜곡하다
**wrestle** v. 몸싸움을 벌이다; 레슬링을 하다; (문제 등과) 씨름하다
**wriggle** v. 꿈틀거리다, 꼼지락거리다; 꿈틀거리며 가다; n. 꿈틀거리기, 꼼지락거리기
**wring** v. 짜다, 비틀다
**wrinkly** a. 주름이 있는, 구김살이 생긴
**wrongdoer** n. 악행자; 범죄자; 가해자
**wrongdoing** n. 범법[부정] 행위, 비행
**wronged** a. 부당한 취급을 받은, 학대받은
**wrought** a. 형체가 갖추어진, 만들어진
**yap** v. (특히 작은 개가) 요란하게 짖어 대다; 시끄럽게 지껄여 대다
**yawn** v. 하품하다
**yearning** n. 갈망, 동경, 간절한 생각; a. 동경[사모]하는, 갈망하는
**year-to-date** ad. 올해 초부터 현재까지
**yob** n. 건달, 깡패
**YOLO** You only live once의 약자로 '인생은 한번뿐'이라는 의미
**yore** n. 옛날, 지나간 시대
**youngster** n. 청소년, 아이
**zealotry** n. 열광; 열광적 행위
**zilch** n. 제로, 영(零); 무명인사
**zing** n. 원기, 열정
**zoology** n. 동물학
**zoophilous** a. (식물이) 동물에 의해 수분되는, 동물 매개의
**zoster** n. 〈병리〉 대상포진(帶狀疱疹)

# INDEX

# INDEX

## A

# INDEX

## B

## C

# INDEX

# INDEX

# INDEX

## D

## E

## F

## G

## H

## I

## J

## K



## L

# INDEX

## M

## N

## O

## P

# INDEX

# INDEX

## Q



## R

## S

# INDEX



## T

# INDEX



## W

# X



# Y

## Z

MEMO

MEMO